AF714112

WALTER RODNEY

WIE EUROPA AFRIKA UNTERENTWICKELTE

Mit Beiträgen von Peluola Adewale, Bafta Sarbo und René Arnsburg

Aus dem Englischen von Andreas Brandl

manifest.
marxistische schriften.

In der Edition **marxistische schriften.** veröffentlichen wir Werke marxistischer Autor*innen, die zur Klassikerliteratur zählen und grundlegende Auseinandersetzungen mit den Ideen bestimmter Personen oder politischer Richtungen.

First published in the UK by Bogle–L'Ouverture Publications 1972

Zuerst veröffentlicht 1972 unter dem Titel »How Europe Underdeveloped Africa« bei Bogle–L'Ouverture Publications, London, und Tanzania Publishing House, Daressalam

3., durchgesehene Auflage, 2025

Manifest Verlag (Arnsburg, Koschitzki und Sol e.V. GbR)
Dieffenbachstr. 17, 10967 Berlin
Telefon: (030) 24 72 38 02
Email: info@manifest-verlag.de
Internet: www.manifest-verlag.de

Umschlagfoto oben: Streikende Minenarbeiter in Marikana, Südafrika, 2012
Umschlagfoto unten: »Freedom Train« auf dem Weg nach Khartum, Sudan, 2019

Umschlaggestaltung: James Jones, René Arnsburg
Satz: René Arnsburg
Übersetzung: Andreas Brandl
Korrektur: Alexandra Arnsburg

Unser Dank gilt auch Christian Frings, Hjalmar Jorge Joffre-Eichhorn und anderen, die für die Korrekturen der 2. und 3. Auflage wertvolle Anmerkungen machten.

Druck: CPI

ISBN 978-3-96156-126-1

Inhaltsangabe

Wie Europa Afrika Unterentwickelte

5. Afrikas Beitrag zur kapitalistischen Entwicklung Europas – Die Kolonialzeit

6. Der Kolonialismus als System zur Unterentwicklung Afrikas

Nachwort

Weiterführende Literatur

Für Pat, Muthoni, Mashaka
und die große Familie

Der Kapitalismus hemmt noch immer die Entwicklung Afrikas

Eine Einführung in Walter Rodneys »Wie Europa Afrika unterentwickelte«

Vor 51 Jahren, im Jahr 1972, veröffentlichte Walter Rodney »How Europe Underdeveloped Africa.« Es ist ein bahnbrechendes Werk, das den Grund für die derzeitige Armut Afrikas trotz seiner enormen menschlichen und materiellen Ressourcen nachzeichnet. Was die natürlichen Ressourcen betrifft, so ist Afrika vielleicht der reichste Kontinent der Welt. Der ehemalige französische Staatspräsident Jacques Chirac bemerkte auf dem alle zwei Jahre stattfindenden Frankreich-Afrika-Gipfel einmal, wenn auch scheinheilig: *»Afrika ist reich, aber die Afrikaner sind es nicht. Der Kontinent verfügt über ein Drittel der Mineralienreserven der Erde. Er ist eine Fundgrube.«* Es ist lehrreich zu betonen, dass die westlichen Kapitalistenklassen, einschließlich Chiracs Frankreich, zu den schlimmsten Schuldigen gehören, die Afrika inmitten seines kolossalen Reichtums im Wesentlichen unterentwickelt machen.

Afrika ist ein Paradoxon: Massenarmut und Unterentwicklung inmitten eines gewaltigen Reichtums. Nach Angaben der Konferenz der Vereinten Nationen für Handel und Entwicklung (UNCTAD) in ihrem African Economic Outlook 2021 hat der Kontinent mit 23 der ärmsten 28 Länder der Welt den größten Anteil an extremer Armut weltweit. Der Bericht fügt hinzu, dass die Rate der extremen Armut in Afrika im Jahr 1981 fast dem Durchschnitt der übrigen Welt entsprach, im Jahr 2015 jedoch 6,8 Mal so hoch war wie der Durchschnitt der übrigen Welt. Aus dem Bericht der Vereinten Nationen über den Index der menschlichen Entwicklung von 2022 geht ebenfalls hervor, dass mindestens 27, also die Hälfte der 54 afrikanischen Länder, zu den 30 am wenigsten entwickelten Ländern der Welt gehören. Außerdem ist der Anteil Afrikas am Welthandel von 6 Prozent im Jahr 1980 auf 2,8 Prozent im Jahr

2019 gesunken. In Afrika südlich der Sahara gibt es 22 Länder, die vom IWF für 2022 als schuldengeplagt oder hochgradig schuldengeplagt eingestuft werden, 2015 waren es nur acht Länder. Und das, obwohl sie mehrere Milliarden Dollar aus ihren Exporteinnahmen für die Rückzahlung ihrer größtenteils abscheulichen Schulden beim Westen sowie für die Teilnahme am so genannten Schuldenerlassprogramm von IWF und Weltbank verwendet haben, was auf Kosten der Bereitstellung von Sozialleistungen ging. Infolge der kränkelnden kapitalistischen Wirtschaft ist praktisch jedes Land in Afrika hoch verschuldet.

Bezeichnenderweise spiegeln die oben genannten Statistiken, neben anderen, angesichts der gewaltigen natürlichen Ressourcen Afrikas die Merkmale der Unterentwicklung wider. Und Rodney hat Recht, dass *»Unterentwicklung [...] ein Produkt kapitalistischer, imperialistischer und kolonialistischer Ausbeutung«*[1] ist. Es ist der Kapitalismus in all seinen Entwicklungsstadien, der den Kontinent seiner Ressourcen beraubt hat, angefangen vom transatlantischen Sklav*innenhandel über den Kolonialismus, der ein Aspekt der imperialistischen Epoche war, bis hin zur gegenwärtigen neokolonialen Ära, in der der Imperialismus weiterhin hartnäckig um sich greift. Der Kontinent ist der Ressourcen beraubt, um seine Entwicklung zu finanzieren und die Grundbedürfnisse seiner Bevölkerung zu decken.

Die Beziehungen zwischen der Ausbeutung Afrikas und den herrschenden Eliten Europas begannen mit dem transatlantischen Sklav*innenhandel für den Betrieb von Minen und Plantagen in Amerika, der der Schaffung von Reichtum für die europäischen Länder und der Entwicklung von Industrien diente. Aber die direkte Herrschaft begann mit der Ära des Kolonialismus, der 1885 auf der Berliner Konferenz »legalisiert« wurde, auf der, wie Rodney es treffend formuliert, sich *»die Räuberbarone in Berlin zusammensetzten, um zu entscheiden, wer welchen Teil Afrikas stehlen sollte.«*[2] Rodney erklärt jedoch, dass der Kolonialismus Afrika nicht in eine kapitalistische Gesellschaft verwandelt hat, die mit den Metropolen – also Westeuropa und Nordamerika – vergleichbar ist.

> Ihm zufolge schuf *»[d]er Kolonialismus [...] keine kapital- und fabrikbesitzende Klasse unter den Afrikaner*innen oder auch nur innerhalb Afrikas; auch schuf er kein nennenswertes städtisches Proletariat (insbesondere nicht außerhalb Südafrikas). Mit anderen Worten: Der Kapitalismus in der Form des Kolonialismus schaffte es nicht, in Afrika die Aufgabe zu bewältigen, die*

1 S. 99.
2 S. 230.

er in Europa bewältigt hatte, indem er die Gesellschaftsverhältnisse veränderte und die Produktivkräfte freisetzte.«[3]

Denn die Kolonien wurden von den europäischen Kapitalisten nicht nur zur direkten Ausbeutung der reichlich vorhandenen, aber unerschlossenen natürlichen Ressourcen geschaffen, sondern auch als Quelle billiger Rohstoffe für die europäische Industrie und als Absatzmarkt für Industrieerzeugnisse sowie als profitables Investitionsfeld, d. h. für das Finanzkapital. Dies ist auch in der postkolonialen Zeit so geblieben, denn das Ende der Kolonialzeit mit einer direkten politischen Herrschaft bedeutet nicht das Ende des Imperialismus, der im Wesentlichen ein wirtschaftliches Phänomen ist. Wie Rodney es ausdrückt, traten *»die Kapitalisten der Metropole nicht an[...], um andere Kapitalisten hervorzubringen, die eine Konkurrenz für sie dargestellt hätten.«*[4] Ausnahmen von dieser allgemeinen Regel sind die asiatischen Tigerstaaten wie Südkorea, Malaysia und Singapur, denen die westlichen Imperialisten während des Kalten Krieges aus strategischen Gründen zu ihrer Entwicklung verhalfen, sowie die modernen »Stadtstaaten« in Ländern wie den Vereinigten Arabischen Emiraten, die auf der Grundlage riesiger Bodenschätze und winziger Bevölkerungszahlen florierten.

Daher weigerten sich die raubgierigen Kolonialherren bewusst, in Afrika Industrien zu entwickeln, die ein wesentliches Element für die Entwicklung des Kapitalismus sind. Zur Untermauerung dieses Punktes führt Rodney das Muster der Mittelvergabe des Colonial Development and Welfare (CD & W) an, das von Großbritannien und seinem französischen Pendant FIDES in den 1940er Jahren eingerichtet wurde. Er legt dar:

> *»Von den CD&W-Krediten zwischen 1946 und 1956 gingen weniger als 1 Prozent in die Industrie. Im Fall von FIDES betrug zwischen 1949 und 1953 die entsprechende Summe weniger als 0,5 Prozent.«*[5]

Außerdem sagt Rodney, dass *»[w]o immer interne Kräfte den Anschein machten, in Richtung afrikanischer Industrialisierung zu drängen, wurden sie von den Kolonialregierungen, die im Interesse der Industriellen in den Metropolen handelten, ausgebremst.«*[6] Als Beispiel führt er die Erdnussölmühlen an, die 1927 im Senegal gegründet wurden und mit dem Export nach Frankreich begannen,

3 S. 319.
4 ebd.
5 S. 317.
6 S. 320f.

aber schon bald wegen der Proteste der französischen Ölmühlen Beschränkungen unterworfen wurden.

Die Notwendigkeit, die heimische Industrie mit Rohstoffen zu versorgen und das Profitstreben der europäischen Industrie- und Finanzkapitalisten zu fördern, war der Grund für den Bau begrenzter wirtschaftlicher Infrastrukturen wie Häfen, Eisenbahnen und Straßen sowie für die Entwicklung der mineralgewinnenden Industrie, der Plantagen und der kapitalistischen Farmen. Mit anderen Worten: Die Kolonialisten stellten nur solche Infrastrukturen zur Verfügung, die der Ausbeutung der Ressourcen des Kontinents dienten. So wurden beispielsweise in Nigeria Eisenbahnlinien gebaut, um verschiedene Wirtschaftszentren miteinander zu verbinden, z. B. Enugu mit Kohle, Kano mit Erdnüssen, Kaduna mit Baumwolle und Ibadan mit Kakao, Cashew usw., die schließlich in Lagos endeten, um diese Produkte ins Ausland zu verschiffen. Das Muster der Bereitstellung der wirtschaftlichen Infrastruktur unterlag *»einer klaren geographischen Verteilung, je nachdem in welchem Ausmaß eine bestimmte Region für Import-Export-Aktivitäten geöffnet werden musste. Wo keine Exportgüter zu holen waren, sah man für Straßen und Schienen keinen Grund,«*[7] so Rodney weiter.

Dies spiegelte sich auch im Bildungsbereich wider, dessen Finanzierung weitgehend durch die begrenzte Zahl der für die Kolonialverwaltung erforderlichen Arbeitskräfte bestimmt wurde. Dies geschah nicht aus Mangel an Ressourcen. Rodney bringt es auf den Punkt: *»Wie bereits erwähnt, wurde das meiste des afrikanischen Überschusses exportiert und von dem kleinen Teil, der als Staatseinnahme zurückblieb, floss wiederum nur ein winziger Teil in die Bildung.«*[8] Er beschreibt weiter, dass *»[i]n jeder Kolonie [...] das Budget für Bildung, verglichen mit den Summen, die im kapitalistischen Europa selbst ausgegeben wurden, unglaublich gering«*[9] war. Er zitiert zum Beispiel:

> *»Im Jahr 1935 wurde von den Gesamteinnahmen, die sich aus der Besteuerung der Afrikaner*innen Französisch-Westafrikas ergaben, nur 4,03 Prozent in die Bildung investiert. In der britischen Kolonie Nigeria waren es nur 3,4 Prozent. In Kenia flossen bis ins Jahr 1946 sogar nur 2,26 Prozent der Einnahmen in die Ausbildung afrikanischer Menschen.«*[10]

Außerdem gründete die britische Regierung 1948, mehr als 100 Jahre nach Beginn ihrer Kolonialherrschaft, zwei Universitäten in Ibadan (Nigeria) und

7 S. 311.
8 S. 351.
9 ebd.
10 ebd.

Accra (Ghana) für das britische Westafrika, zusätzlich zum Fourah Bay College, das ursprünglich 1827 von der anglikanischen Kirche gegründet worden war. Für ganz Französisch-Westafrika wurde 1957, am Vorabend der Unabhängigkeit, eine Universität in Dakar, Senegal, gegründet. »*Trotzdem,*« so Rodney, waren »*mehr als die Hälfte der Studierenden französischer Herkunft.*«[11]

Aufgrund der kolonialen Wirtschaft, die auf der Abhängigkeit Afrikas von Europa beruhte, bestand kaum Bedarf an einer Universitätsausbildung. Selbst im voruniversitären Bereich war die Situation so schlecht, dass zum Beispiel in Ghana, so Rodney, »*unter denjenigen, die die Grundschule verließen, viele frustriert waren, weil sie weder Plätze an weiterführenden Schulen, noch Arbeit finden konnten, die den Werten, die sie in der Schule erworben hatten [...] entsprachen.*«[12]

Da der Kolonialismus keine greifbaren wirtschaftlichen Grundlagen und keine ausreichende Zahl reicher Individuen hinterlassen hatte, die eine vom Privatsektor getragene Wirtschaftsordnung anführen konnten, lag es in der unmittelbaren Zeit nach der Unabhängigkeit in der Verantwortung der afrikanischen Führer*innen, den notwendigen Entwicklungsprozess einzuleiten und unter dem Druck der Bevölkerung zumindest Elemente eines sozialistischen Staates einzuführen. Natürlich wurde ein sozialistischer Staat, der auf der keynesianischen Theorie des Staatsinterventionismus in kapitalistischen Volkswirtschaften aufbaut, von den herrschenden Klassen als dringende Notwendigkeit angesehen, um zu verhindern, dass die Idee des »Sozialismus« bei den Arbeitern Anklang findet. Eine solche Politik war weltweit in Mode, auch in den entwickelten kapitalistischen Ländern in der Nachkriegszeit bis in die 1970er Jahre, als die kapitalistischen herrschenden Klassen nicht-kapitalistische Staaten wie die ehemalige UdSSR fürchteten.

Stalinismus

Mit anderen Worten: Vor dem Zusammenbruch des Stalinismus, einer von diktatorischen Eliten geführten Karikatur des echten Sozialismus, in der Sowjetunion und in den deformierten Arbeiterstaaten Osteuropas lieferte die Existenz ihrer Planwirtschaft ein konkretes Beispiel dafür, dass eine alternative Gesellschaft zum Kapitalismus möglich ist. Darüber hinaus verschaffte sie den herrschenden Klassen in den neuen unabhängigen Ländern in Afrika und anderswo den Spielraum, um zwischen den beiden Hauptlagern der Ära des Kalten Krieges, dem Imperialismus unter Führung der USA und dem Stalinismus unter

11 S. 353.
12 S. 382.

Führung der Sowjetunion, zu manövrieren. So stellt Rodney fest: »*In jüngerer Zeit weigerten sich westliche Kapitalist*innen, den Volta-Staudamm für Ghana unter Kwame Nkrumah zu bauen, bis sie realisierten, dass die Tschechoslowakei einspringen würde, um den Auftrag anzunehmen; sie weigerten sich, den Assuan-Staudamm für Ägypten zu bauen, weswegen die Sowjetunion zur Rettung eilen musste.*«[13] Auch Nigeria musste auf die Sowjetunion zurückgreifen, um den Bau der Stahlindustrie in Ajaokuta zu unterstützen, nachdem Großbritannien sich geweigert hatte. Das damalige globale Kräfteverhältnis in Verbindung mit dem Aufschwung der Weltwirtschaft nach dem Zweiten Weltkrieg ermöglichte es der aufstrebenden herrschenden Elite in den afrikanischen Ländern in den 1960er und 1970er Jahren, im Rahmen des Kapitalismus eine vom öffentlichen Sektor geleitete Wirtschaft zu betreiben, wenn auch nicht auf dem Niveau, das später in den südostasiatischen Ländern erreicht wurde.

Die Schwächung und der anschließende Zusammenbruch der Sowjetunion ermöglichten es dem westlichen Imperialismus jedoch seit Ende der 1980er Jahre, seine Kontrolle über die ehemals koloniale Welt mit der Durchsetzung des neoliberalen Wirtschaftsmodells wiederherzustellen, auch wenn es jetzt durch das einzigartige chinesische Modell des staatlich gelenkten Kapitalismus in Frage gestellt wird. Damit wurde die Fähigkeit der afrikanischen kapitalistischen Elite, einschließlich derjenigen, die sich eine »sozialistische« Phraseologie zu eigen machten, weiter eingeschränkt, unabhängig vom Imperialismus zu handeln. Außerdem war der Keynesianismus auch im Westen in die Krise geraten. Die afrikanische kapitalistische Elite ist also darauf bedacht, den Kapitalismus – die Quelle ihres eigenen Reichtums, ihrer Privilegien und ihrer Macht – zu bewahren, und ist daher nicht in der Lage, eine Politik umzusetzen, die das Eigentum, die Vorherrschaft, die Kontrolle und die Ausbeutung der Ressourcen des Kontinents durch die multinationalen Konzerne und die imperialistischen Institutionen und Regierungen in Frage stellen und brechen könnte.

Vielmehr begannen sie, mit neoliberalen Privatisierungsangriffen und Kürzungen bei den Sozialausgaben alle Errungenschaften der 1960er und 1970er Jahre, in denen massiv öffentliche Mittel in Entwicklungsprojekte und soziale Dienste wie Bildung investiert wurden, weitgehend zunichte zu machen. Unter dem Druck des IWF, der Weltbank und anderer imperialistischer Institutionen wurden jährlich Milliarden von Dollar ausgegeben, um abscheuliche Schulden zu begleichen, die angeblich westlichen Gläubigern geschuldet waren, wodurch lebenswichtige soziale Dienste wie Bildung, Gesundheit, Wohnungsbau usw.

13 S. 197.

nicht mehr mit den erforderlichen Mitteln ausgestattet wurden. Außerdem basieren neue Entwicklungsinitiativen für den Kontinent, wie die NEPAD, darauf, ausländische Investitionen auf den Kontinent zu locken, indem Schutzmaßnahmen und Beschränkungen aufgehoben werden, die ursprünglich eingeführt wurden, um die übermäßige Ausbeutung der menschlichen und materiellen Ressourcen des Kontinents zu verhindern oder zu minimieren.

China

Der Aufstieg Chinas, eines ehemals stalinistisch-maoistischen Staates, der sich auf dem unumkehrbaren Weg zum Kapitalismus befindet, hat den afrikanischen Führer*innen jedoch eine Option eröffnet, vor allem in Bezug auf Handel, Kredite und Infrastrukturfinanzierung, insbesondere seit dem Jahr 2000. Die Tatsache, dass sich die Beziehungen zu China immer noch innerhalb der Grenzen des Kapitalismus bewegen, bedeutet jedoch, dass sie Afrika nicht auf den Weg der Entwicklung gebracht haben. Hinzu kommt, dass der westliche Imperialismus über multinationale Unternehmen und internationale kapitalistische Institutionen wie den IWF und die Weltbank die afrikanische Wirtschaft nach wie vor dominiert.

Im Gegensatz zur Ära des Kalten Krieges, als das Regime in Peking, genau wie die stalinistische Sowjetunion, rivalisierende Befreiungsbewegungen unterstützte, wenn auch nicht aus ideologischen Gründen, sondern um Unterstützung zu gewinnen, ist die Motivation heute in erster Linie wirtschaftlicher Natur. Genau wie der westliche Imperialismus braucht auch China Afrika als reiche Quelle natürlicher Ressourcen für seine Industrie und natürlich als großen Absatzmarkt für seine Industriegüter. So beliefen sich die Ausfuhren aus China nach Afrika im Jahr 2000 auf gerade einmal 5 Mrd. USD, während sie bis 2021 auf rund 145 Mrd. USD angestiegen waren. Zwischen 2000 und 2014 stieg der chinesische Handel mit Afrika von etwa 10 Mrd. USD auf 222 Mrd. USD, und seit 2009 ist China die wichtigste Handelspartnerin des Kontinents.

Während die von China unterstützten Entwicklungsprojekte weitgehend willkommen sind, hat China jedoch auch berechtigte Ressentiments in Afrika auf sich gezogen. Der Grund dafür ist, dass lokale Unternehmen, die sich in chinesischem Besitz befinden, als Ausbeuterbetriebe arbeiten, in denen im Allgemeinen harte Bedingungen herrschen und die Rechte der Arbeitnehmer missachtet werden. Außerdem überschwemmt China den Kontinent mit billigen Waren, die zum Niedergang der lokalen Industrie, insbesondere der Textil- und Bekleidungsindustrie, beitragen.

BRICS

Der Aufstieg Chinas geht jedoch mit dem Niedergang des US-Imperialismus einher, der zwar immer noch das mächtigste Land ist, aber nicht mehr die unipolare Macht genießt, die er nach dem Ende des Kalten Krieges innehatte. In der neuen multipolaren Welt ist einer der wichtigen Wirtschaftsblöcke, die sich gebildet haben, die BRICS-Gruppe unter der Führung von China und Russland. Ihm gehören auch Indien, Brasilien und Südafrika an. Es gibt auch andere Blöcke, die auf geopolitischer Grundlage gebildet wurden.

Obwohl die BRICS schon 2010 gegründet wurden, werden sie erst seit kurzem als Alternative zum westlichen Imperialismus und den von ihm beherrschten internationalen Institutionen gesehen. Dies könnte auf die Verschärfung der Krise des globalen Kapitalismus in dieser Zeit zurückzuführen sein, deren Ende nicht abzusehen ist, sowie auf die Verschärfung der Spannungen zwischen China und den USA. In den afrikanischen Ländern gibt es eine gewisse Bewegung, die die Regierungen auffordert, den BRICS beizutreten, was ein wachsendes antiimperialistisches Bewusstsein widerspiegelt. Das Bündnis kündigte auf seinem Gipfeltreffen 2023 in Südafrika eine Erweiterung um neue Mitgliedsländer an, nämlich Saudi-Arabien, Iran, Äthiopien, Ägypten, Argentinien und die Vereinigten Arabischen Emirate.

Die Erweiterung hat jedoch das bereits bestehende Spannungspotential innerhalb des Blocks erhöht, da es Mitglieder gibt, die die Gruppierung zu einem Gegengewicht zum Westen ausbauen wollen – insbesondere China, Russland und jetzt auch der Iran – und solche, die weiterhin enge Beziehungen zu den USA und Europa pflegen. Schon vor der Erweiterung schien es im Block widersprüchliche Bestrebungen zu geben. So halten beispielsweise China, Russland und Indien in Bezug auf Afrika getrennte bilaterale Gipfeltreffen ab. Allerdings haben sich Russland und China, die beiden Hauptmächte des Blocks, Afrika und anderen neokolonialen Ländern gegenüber zunehmend als wirtschaftliche und militärische Partnerin präsentiert, ohne dabei, anders als der Westen, scheinheilig Forderungen nach Demokratie oder Menschenrechten an die diplomatischen Beziehungen zu knüpfen. Nichtsdestotrotz stellt der Block keine Bedrohung für den Kapitalismus dar, sondern lediglich eine wirtschaftliche Rivalität mit dem Westen und bietet den neokolonialen Ländern vielleicht neue Möglichkeiten, zwischen den Mächten zu manövrieren

Anti-imperialistische Stimmung

Das Scheitern des Kapitalismus in neokolonialen afrikanischen Ländern mit korrupten, rückständigen Führungseliten und die Enttäuschung der Entwicklungshoffnungen in einigen Ländern in den 1990er und frühen 2000er Jahren haben sich auch in einer in letzter Zeit wachsenden Stimmung gegen den westlichen Imperialismus auf dem Kontinent niedergeschlagen. Dies zeigt sich in einer starken Abneigung gegen den französischen Imperialismus, die sich in der massiven Unterstützung niederschlägt, die das Wiederaufleben von Militärputschen in den west- und zentralafrikanischen Regionen, insbesondere in Mali, Burkina Faso und Niger, derzeit erfährt. Zwischen 2020 und 2023 gab es in diesen Regionen acht Putsche, alle in französischsprachigen Ländern. Es sollte jedoch betont werden, dass das Versagen des Kapitalismus und der bürgerlichen Demokratie, der großen Mehrheit ein menschenwürdiges Leben zu garantieren, was eine Grundlage für die wachsende Unterstützung für die Umkehrung eines vergangenen Trends hin zu ziviler Herrschaft ist, nicht nur den frankophonen afrikanischen Ländern eigen ist. Dennoch gilt Frankreich als Stütze für korrupte Machthaber*innen, die seinen Schutz im Gegenzug für die fortgesetzte wirtschaftliche Ausbeutung und politische Kontrolle einschließlich direkter militärischer Interventionen in die inneren Angelegenheiten genießen. Dieses postkoloniale Arrangement, das abwertend als Francafrique bezeichnet wird, wurde von Frankreich eingeführt, um seine Einflusssphäre in den rohstoffreichen afrikanischen Ländern vor den konkurrierenden Interessen der rivalisierenden imperialistischen Mächte zu schützen. Infolgedessen wird die Wirtschaft, einschließlich der Ausbeutung der Bodenschätze, von französischen Unternehmen und multinationalen Konzernen beherrscht. Daher ist Frankreich direkt mit dem wirtschaftlichen Versagen der frankophonen afrikanischen Führer*innen verbunden.

Ein weiteres Element der Vereinbarung ist die Währung von 14 frankophonen Ländern in West- und Zentralafrika, der CFA-Franc, der an den Euro gekoppelt ist, was diese Länder Berichten zufolge dazu verpflichtet, die Hälfte ihrer Devisenreserven beim französischen Schatzamt zu hinterlegen. Dieses System der Ausbeutung und Beherrschung geht auf die Kolonialzeit zurück. Rodney beschreibt es zutreffend als eine Dienstleistung, die den Afrikanern schadet und *»Afrika den Zugriff auf seine eigenen, durch den Export angehäuften, Mittel«*[14] verwehrt. Er betont sogar, dass *»[g]erade in der Währungsfrage […] die Kolonial-*

14 S. 312.

regierung die meisten Manipulationen vorgenommen [hatte], um sicherzustellen, dass der Reichtum Afrikas in die Kassen der Metropolen floss.«[15]

Während andere Kolonialherren wie Großbritannien und Belgien diese Praxis einige Jahre nach der Unabhängigkeit mit dem Ende des »Sterling-Gebiets« beendeten, hält Frankreich immer noch an ihr fest. Zusammen mit der Existenz französischer und anderer westlicher Militärstützpunkte wird dies als ein koloniales Relikt angesehen und ist daher in vielen frankophonen Ländern, vor allem unter jungen Menschen, eine Quelle wachsenden Unmuts.

Außerdem sehen viele Menschen in diesen Ländern keine Hoffnung auf eine Verbesserung ihres Lebens unter französischer Vorherrschaft. Als Symbol des Widerstands gegen den französischen Imperialismus wurden bei verschiedenen Protesten russische Flaggen inmitten von antifranzösischen Parolen geschwenkt, um für die Unterstützung der Militärputsche in Mali, Burkina Faso und Niger zu werben. Es ist klar, dass Russland dies ausnutzt, um in seiner Rivalität mit dem westlichen Imperialismus zu punkten. Kurz vor seinem Tod bei einem Flugzeugabsturz im August 2023 lobte Jewgeni Prigoschin, Leiter der Wagner-Gruppe, den Putsch in Niger. In einer antiimperialistischen Rhetorik sagte er: »*Was in Niger passiert ist, ist nichts anderes als der Kampf des nigrischen Volkes gegen seine Kolonialherren ... [Das nigrische Volk] erlangt tatsächlich seine Unabhängigkeit. Der Rest wird zweifellos von den Bürgern Nigers abhängen und davon, wie effektiv die Regierung sein wird, aber die Hauptsache ist, dass sie die Kolonisatoren losgeworden sind.*« Wagner ist eine private russische Söldnertruppe mit engen Verbindungen zum Kreml-Regime, deren Truppen unter anderem in Mali und der Zentralafrikanischen Republik präsent sind.

Auch in Afrika genießt Russland trotz seines verbrecherischen Einmarsches in der Ukraine Unterstützung gegen die NATO. Dies hängt mit dem zusammen, was zu Recht als Heuchelei und Doppelmoral des Westens bei der Verurteilung Russlands angesehen wurde, angesichts der Geschichte westlicher imperialistischer Gräueltaten, einschließlich ungerechter Militärinterventionen. Viele in Afrika kochen noch immer vor Wut über die Rolle der NATO bei der Verwüstung und Zerstörung Libyens und der Ermordung seines Führers Muammar Gaddafi im Jahr 2011. Obwohl er diktatorisch und korrupt war, konnte Gaddafi den Öl- und Gasreichtum nutzen, um für einen Lebensstandard zu sorgen, der relativ besser war als der im übrigen Afrika. Der Zusammenbruch des Gaddafi-Regimes hat weiterhin verheerende Auswirkungen auf das übrige Afrika, insbesondere auf die Sahelzone sowie die west- und zentralafrikanischen Regionen.

15 S. 270.

Dies liegt daran, dass das Regime sein reichhaltiges Waffenarsenal öffnete und zu einer wichtigen Quelle für Schusswaffen wurde, die für islamistische Aufstände und Banditentum verwendet werden, die die Regionen verwüsten.

Während die antiwestliche imperialistische Stimmung in Afrika eine positive Entwicklung ist, da sie das Potential hat, die Frage nach einer Alternative zum Kapitalismus zu stellen, ist die Akzeptanz einer anderen imperialistischen Herrin in Form von Russland kein Ausweg. Das derzeitige despotische Regime von Wladimir Putin ist nicht dasselbe wie die ehemalige Sowjetunion, die aus eigenen Gründen den antikolonialen Kampf in Afrika bis zu einem gewissen Grad unterstützt hat. Die aus der sozialistischen Oktoberrevolution 1917 hervorgegangene Sowjetunion war, obwohl sie unter der stalinistischen Herrschaft größtenteils bürokratisiert war, nicht kapitalistisch, und ihre herrschende Elite stützte sich auf eine andere soziale Klasse und wirtschaftliche Basis als Putins kapitalistisches Regime heute. Putins Regime ist ein kapitalistisches Regime, das sich auf russische Oligarch*innen stützt, die nach dem Zerfall der Sowjetunion in den späten 80er und frühen 90er Jahren an die Macht kamen. Sein Interesse an Afrika ist ebenso imperialistisch wie das der USA oder Frankreichs. Aus diesem Grund hat Putin nie einen echten antiimperialistischen und antikapitalistischen Aufstand in Afrika unterstützt und wird dies auch nie tun.

Korruption

Afrikas Leid wird durch die charakteristische Korruption seiner Führer*innen noch verschlimmert. Es ist jedoch lehrreich festzustellen, dass Korruption nicht auf Afrika oder Entwicklungsländer beschränkt ist. Sie ist dem kapitalistischen System inhärent. Der größte Teil der Ressourcen, die Afrika nach den Verlusten durch unfairen Handel, multinationale Ausbeutung und Schuldenrückzahlung verbleiben, wird von den korrupten Führer*innen des Westens gestohlen und auf privaten Auslandskonten in Europa und Nordamerika gebunkert.

Diese Plünderung zeigt auch, dass die rückständige herrschende Elite nicht daran glaubt, dass Afrika sich auf kapitalistischer Basis entwickeln kann, und auch nicht die Fähigkeit dazu hat. Die Tatsache, dass die afrikanischen Volkswirtschaften auf Rohstoffen basieren, mit denen man schnell reich werden kann, erklärt auch, warum die rückständige herrschende Elite kaum an einer Industrialisierung interessiert ist, deren Produkte im Gegensatz zu Nahrungsmitteln und Baumaterialien den Wettbewerb auf den Weltmärkten erfordern. Außerdem hat der kapitalistische Neoliberalismus, der seit vielen Jahren die herrschende Philosophie des Regierens ist, den afrikanischen Machthaber*innen mehr Spielraum für die Plünderung der Staatskassen gegeben, da sie nicht verpflichtet sind, die Ressourcen zur Deckung der Grundbedürfnisse der Menschen einzusetzen.

Kriege und die nationale Frage

Die durch den Neoliberalismus hervorgerufene Massenarmut, die Marginalisierung der großen Mehrheit der arbeitenden Bevölkerung und ungelöste nationale Fragen, die hauptsächlich ein Erbe des Kolonialismus sind, sind in den meisten Fällen die Ursache für die Kriege, die den Kontinent heimsuchen. Die meisten afrikanischen Länder sind künstliche Gebilde, die von den Kolonialherren aus strategischen und wirtschaftlichen Interessen geschaffen wurden, ohne Rücksicht auf die verschiedenen Nationen mit unterschiedlicher Geschichte, Tradition und Sprache, die sie in einen Topf geworfen haben.

Es ist klar, dass die afrikanische bürgerliche Elite nicht in der Lage ist, die nationale Frage zu lösen. Sie bietet ihnen nur unruhige Gewässer zum Fischen. Die verärgerten Teile der herrschenden Elite machen sich die Enttäuschung der arbeitenden Bevölkerung über eine amtierende Regierung zunutze und nutzen die ethnische Zugehörigkeit aus, um für Kampagnen und sogar Kriege zu mobilisieren, die in Wirklichkeit der Durchsetzung ihrer eigenen Interessen dienen. Sie ziehen aus diesen Konflikten ungebührliche Vorteile, um ihre eigene Position zu verbessern, indem sie entweder direkt an die Macht kommen oder verhandeln, um vollständig in den Mainstream der herrschenden Klasse integriert zu werden – auf Kosten der armen arbeitenden Massen, die als Kanonenfutter benutzt werden. Diese Kriege haben seit dem Ende der Kolonialherrschaft in vielen afrikanischen Ländern Dutzende von Millionen von Menschenleben gefordert.

Nur die arbeitenden Menschen können auf der Grundlage eines sozialistischen Programms die nationale Frage lösen, indem sie die vollen Rechte der Nationen und Minderheiten, einschließlich der vollen Selbstbestimmung, unterstützen und gleichzeitig eine vereinte Bewegung gegen gemeinsame kapitalistische Feinde anstreben. Ein Merkmal einer echter Arbeiter*innenbewegung ist es, dass Menschen verschiedener Nationalitäten gemeinsam und vereint gegen kapitalistische Angriffe auf ihre Lebensbedingungen marschieren und damit das Potential zum Aufbau einer vereinten revolutionären Massenbewegung zeigen, die die Gesellschaft verändern kann.

Widerstand der Arbeiter*innenklasse

Im Großen und Ganzen haben sowohl der Imperialismus als auch die lokalen kapitalistischen Eliten bei der Entwicklung der afrikanischen Wirtschaft und des Lebensstandards der Menschen versagt. Während der gesamten Zeit nach der Unabhängigkeit Afrikas haben sowohl die militärischen als auch die zivilen Teile der Kapitalist*innenklasse den Kontinent mit demselben ruinösen kontraproduktiven Effekt regiert. Sowohl in Bezug auf die allgemeine wirtschaftliche Entwicklung als auch auf den Lebensstandard der Arbeiter*innenklasse liegt Afrika heute weit hinter Europa und dem Rest der entwickelten kapitalistischen Welt zurück, als es vor sechs Jahrzehnten nach der Unabhängigkeit war.

Allerdings ist eine winzige Schicht der afrikanischen Bevölkerung genauso stinkreich wie die meisten kapitalistischen Elemente selbst in der fortgeschrittenen kapitalistischen Welt. Dies ist, wie zu betonen ist, in der Regel das Ergebnis direkter Plünderung der Staatskassen oder spezieller Deals und einer faulen Zusammenarbeit mit dem Imperialismus und den lokalen kapitalistischen Regierungen, um Afrikas menschliche und materielle Ressourcen zu plündern.

Die positive Seite des Kapitalismus ist die Entwicklung und Existenz der Arbeiter*innenklasse. Sie ist die Klasse, die den Schlüssel für das tägliche Funktionieren des Systems in der Hand hält, ohne die nichts geschieht, und die zu kollektiven Aktionen fähig ist. Betrachtet man die kapitalistische Weltgeschichte und insbesondere die begrenzte Geschichte des Kapitalismus in Afrika, so verfügt nur die Arbeiterklasse über das Potential, das kapitalistisch bedingte Massenelend inmitten des Überflusses zu beenden. Natürlich ist die organisierte Arbeiter*innenklasse angesichts der ungleichmäßigen Entwicklung des Kapitalismus relativ klein. In Nigeria zum Beispiel waren im ersten Quartal 2023 laut offizieller Statistik 92,6 Prozent der Erwerbstätigen informell und damit weitgehend unorganisiert tätig. Dennoch erhalten die Gewerkschaften immer wieder, wenn sie ernsthaft zum Handeln aufrufen, massive Unterstützung aus allen Teilen der arbeitenden Bevölkerung und den Armen. Das zeigt die Macht der Arbeiter*innenklasse.

Afrikanische Arbeiter*innen haben sich seit der Kolonialzeit an politischen Kämpfen für eine bessere Gesellschaft beteiligt. Wie Rodney berichtet: »*Folglich waren in den 1940er- und 1950er-Jahren Streiks üblich, die gezielt mit dem Kampf um die Unabhängigkeit verbunden waren, insbesondere an der Goldküste, in Nigeria und dem Sudan*«[16] In Nigeria wurde die erste große Bewegung, die die

16 S. 393.

Forderung nach Unabhängigkeit auslöste, von der von Michael Imoudu angeführten Arbeiterbewegung mit dem berühmten COLA-Kampf (Cost of Living Allowance) von 1948 angeführt, der dem heutigen Kampf um den Mindestlohn ähnelt. Auch im Kampf gegen die Apartheid im südlichen Afrika waren die Arbeiter*innen aktiv.

All dies geschah in dem Glauben, dass sich das Los der Arbeiter*innen und anderer unterdrückter Schichten in Afrika unter der einheimischen Herrschaft verbessern würde, da sie glaubten, ihr Leid sei nur durch die Kolonial- oder Fremdherrschaft verursacht. Nach der Unabhängigkeit sind sie jedoch desillusioniert worden. Ihre Lebensumstände haben sich nicht grundlegend verbessert. Nun gibt es auf dem Kontinent einige, die angesichts des Versagens und der Korruption ihrer rückständigen Führungselite frustriert sind und sogar den Irrglauben hegen, dass Afrika mehr Entwicklung hätte verzeichnen können, wenn die Kolonialisten länger geblieben wären. Doch auch wenn die Kolonialherrschaft die massenhafte Plünderung durch die afrikanische Elite hätte verringern können, hätte sie nicht zu einer abgerundeten Entwicklung geführt, da die Kolonialisten aus eigenem Profitstreben und strategischen Interessen regierten. Das Hauptproblem ist also der Kapitalismus, der nach der Überwindung des Kolonialismus und der Apartheidherrschaft fortbesteht. Dennoch sollte betont werden, dass der Kampf gegen den Kolonialismus und die Apartheid fortschrittlich war, indem er die direkte Fremdherrschaft beendete und die Möglichkeit schuf, demokratische Rechte zu erlangen.

Rodney führt zwar einige Beispiele für Arbeiter*innenkämpfe an, geht aber nicht auf die politischen Fragen ein, vor denen die Arbeiter*innenbewegung steht. Für ihn steht »*jede Afrikanerin und jeder Afrikaner […] in der Verantwortung, dieses [imperialistische] System zu verstehen und an seinem Umsturz zu arbeiten.*«[17] Er argumentiert, dass »*[d]er Rückzug der den Kolonisator*innen direkt unterstehenden Militär- und Justizapparate […] notwendig [war], bevor irgendwelche neuen Alternativen hinsichtlich politischer Organisation, Gesellschaftsstruktur und wirtschaftlicher Entwicklung vorgelegt werden konnten.*«[18], was impliziert, dass sozialistische Forderungen bis nach der Unabhängigkeit warten müssten. Auch wenn Rodney am Ende des Buches richtigerweise die Rolle der »*Element[s] des* bewussten Handelns« in Bezug auf die Arbeiter*innen und Bäuer*innen in der postkolonialen Zeit betont, die »*ihr Schicksal selbst in die Hand […] nehmen,*«[19] lässt er die Frage nach dem Programm, nach dem, was zu tun ist, aus.

17 S. 116.
18 S. 397.
19 S. 398.

Er stellt fest, dass: »*Soweit es die Masse der Bäuer*innenschaft und der Arbeiter*innen betraf, machte das Ende der offenen Fremdherrschaft den Weg frei für ein tieferes Verständnis von Ausbeutung und Imperialismus.*«[20] Rodney beendet das Buch mit dem Beginn der neokolonialen Ära und lässt damit wahrscheinlich bewusst die weitere Frage des Programms aus. Diese müsste an anderer Stelle behandelt werden, was er in einigen Artikeln, Reden und Debatten auch tat.

Nichtsdestotrotz hat er absolut Recht, was das Potential der afrikanischen Arbeiter*innenmassen betrifft, für Verbesserungen zu kämpfen. In jüngster Zeit hat es Kämpfe gegen korrupte, verrottete Regime und für ein besseres Leben gegeben, wie die Massenaufstände in der arabischen Welt, insbesondere in Nordafrika, gezeigt haben, die zwischen 2010 und 2011 mindestens drei langjährige Diktatoren zu Fall brachten. In Burkina Faso war es ein Massenaufstand, der 2014 dazu beitrug, Blaise Campaore nach 27 Jahren Diktatur abzusetzen. In den 1990er Jahren bis Anfang 2000 waren es von der Arbeiter*innenklasse angeführte Aufstände, die dazu beitrugen, die unpopulären kapitalistischen Regierungen von Mattew Kerekou in der Republik Benin und Kenneth Kaunda in Sambia zu stürzen. Auch anderswo in Afrika gab es zahlreiche Beispiele für solche Kämpfe. Die mächtige »12. Juni«-Bewegung in Nigeria in den Jahren 1993 und 1994, die Massenproteste und Generalstreiks umfasste, stürzte zwar nicht die Militärherrschaft, aber sie verdrängte den Militärdiktator Ibrahim Babangida von der Macht.

Auch in Nigeria, Südafrika, Kenia usw. hat es seit Ende der 1980er Jahre mehrere Kämpfe gegen die Strukturanpassungsprogramme des IWF und die neoliberale kapitalistische Politik gegeben. So gab es im Januar 2012 den größten Generalstreik und Massenprotest in der Geschichte Nigerias gegen die Erhöhung der Kraftstoffpreise. Auch in Südafrika kam es 2012 zu einem massiven Aufstand der Bergarbeiter*innen in Marikana.

Leider haben jedoch alle diese Kämpfe, einzeln und gemeinsam, Schwächen gezeigt, die überwunden werden müssen, wenn wir von Protesten und Abwehrkämpfen zu einer Veränderung des Systems übergehen wollen. Dies erfordert den Aufbau einer Massenbewegung mit einem klaren sozialistischen Programm, die zwar konsequent für eine Verbesserung der wirtschaftlichen und politischen Bedingungen kämpft, aber auch bereit ist, die politische Macht an sich zu reißen und eine Arbeiter*innenregierung zu bilden.

20 ebd.

Sozialistische Alternative

Eine solche Regierung mit sozialistischer Planung wird die menschlichen und materiellen Ressourcen zum Wohle der großen Mehrheit und auch zur Besiegung des Kapitalismus einsetzen. Afrika wird nur aus dem Teufelskreis des Niedergangs herauskommen, wenn es mit dem Kapitalismus bricht und die wirtschaftlichen Ressourcen des Kontinents aus den Händen des Imperialismus und der lokalen Kapitalist*innen nimmt. Nur auf der Grundlage einer demokratischen Planwirtschaft könnte ein Anfang gemacht werden, um die Ressourcen im Interesse der Masse der Menschen zu nutzen. Dies ist nicht das alte System, in dem die lokalen Eliten den Staat ausplünderten und die Industrien für ihre eigenen Zwecke verstaatlichten. Im Gegenteil, die Sozialist*innen stehen für eine Verstaatlichung unter demokratischer Kontrolle und Verwaltung der Werktätigen, um Korruption und Wirtschaftssabotage zu verhindern und sicherzustellen, dass die Ressourcen zur Entwicklung der Wirtschaft und im Interesse der arbeitenden Massen eingesetzt werden.

Eine erfolgreiche sozialistische Revolution in einem Land kann die revolutionäre Bewegung in anderen afrikanischen Ländern inspirieren und eröffnet die Möglichkeit, dass sich die Arbeiter*innenregierungen in einer sozialistischen Konföderation Afrikas zusammenschließen und die vom Imperialismus geschaffenen und aufrechterhaltenen künstlichen Barrieren niederreißen. Dies erfordert auch, dass die Solidarität der internationalen Arbeiter*innenklasse, insbesondere der Arbeiter*innen in den fortgeschrittenen kapitalistischen Ländern, bewusst gepflegt werden muss, um den zu erwartenden Widerstand des Imperialismus einschließlich konterrevolutionärer Sanktionen und Angriffe zu brechen. Am wichtigsten ist, dass solche Bemühungen als Teil des Kampfes für den Aufbau einer sozialistischen Weltföderation gesehen werden müssen, um Kapitalismus und Imperialismus endgültig zu beenden.

Ein System, das einen Kontinent, der enorm reich an menschlichen und natürlichen Ressourcen ist, in eine ständige Krise stürzt, muss geändert werden. Aber der Sozialismus wurde fälschlicherweise und zu Unrecht mit dem Stalinismus gleichgesetzt – einem diktatorischen System, das zwar auf Planwirtschaft beruhte, aber keine Arbeiter*innendemokratie und keine echte marxistische Methode kannte. Auch Rodney selbst bezeichnete unkritisch die Sowjetunion, China und Nordkorea mit ihren diktatorischen Regimen als sozialistische Länder. Während seines Aufenthalts in Tansania und insbesondere in den Jahren nach seinem Buch *Wie Europa Afrika unterentwickelte* erarbeitete er jedoch eine tiefgreifendere Kritik an dem, was er später als »Staatssozialismus« bezeichnete, und setzte sich nachdrücklich für die Arbeiter*innendemokratie als Vorbedingung für den Aufbau eines echten Sozialismus ein.[21]

Im Großen und Ganzen warf der Zusammenbruch des Stalinismus das Klassenbewusstsein weltweit zurück und machte es der Mehrheit der Arbeiter*innenklasse schwer, zu einer sozialistischen Schlussfolgerung zu gelangen. Außerdem verschaffte er dem Imperialismus den Vorteil, in die ideologische Offensive zu gehen und eine brutale, armutsfeindliche neoliberale Politik durchzusetzen. Die nicht enden wollende Krise des Kapitalismus, insbesondere seit der globalen Rezession von 2008, und die damit einhergehende Verschärfung der Angriffe haben jedoch dazu geführt, dass die Suche nach einer Alternative zum Kapitalismus in den Vordergrund gerückt ist. Dies könnte dazu führen, dass viele Menschen aus der Arbeiter*innenklasse und die Jugend vor allem in Afrika – das am stärksten vom Scheitern des Kapitalismus betroffen ist – zu sozialistischen Schlussfolgerungen gelangen und die revolutionäre Idee und die wirkliche Methode des Marxismus wiederentdecken.

Lagos, September 2023
Peluola Adewale

21 Die Anfänge dafür waren bereits 1969 zu sehen, als er nach einer Rede, in der er sich nachdrücklich für einen Sturz der nationalistischen Führer der neuen afrikanischen Staaten durch das Proletariat und die bäuerlichen Massen aussprach, mit der TANU-Regierung aneinandergeriet. Für eine weitere Diskussion von Rodneys Kritik und seinem Verständnis der Permanenten Revolution in Afrika siehe folgende Beiträge von Bafta Sarbo und René Arnsburg. [Anm. d. Red.]

Black Power und Klassenkampf

Die Entwicklung des Marxismus in Walter Rodneys Leben und Wirken[22]

Am 27. Juli 2007 hielt der damalige französische Präsident Nicolas Sarkozy auf seiner Afrikareise in Senegal vor den Studierenden der Universität von Dakar eine Rede. Darin sagte er: *»Die Tragödie Afrikas ist, dass der Afrikaner noch nicht in die Geschichte eingetreten ist.«*[23]

Diese Vorstellung eines Afrikas ohne historische Entwicklung und ohne eigenen Beitrag zur Weltgeschichte lässt sich schon bei Hegel finden. Bei diesem wandert der Weltgeist von Osten nach Westen, angefangen in China, über Indien in den sogenannten Orient, und durch das antike Griechenland, das römische Reich und erreicht seinen Höhepunkt im protestantischen Preußen, das heißt in Mitteleuropa. Dieser Weltgeist lässt Afrika völlig unberührt.[24] Die Afrikanischen Zivilisationen, die es gab, wurden, wie das antike Ägypten, dem asiatischen Raum zugerechnet und die anderen finden keine Erwähnung. Diese Vorstellungen von Afrika als Ort ohne Geschichte, das heißt ohne menschliche Entwicklung, kennzeichnet im Wesentlichen das moderne Afrikabild im Westen. Das ist auch das Bild, das den Rassismus gegen Afrikaner*innen charakterisiert: kindlich und unfähig zu intellektueller Leistung.

22 Für Unterstützung bei der Literaturauswahl und Überarbeitung sowie hilfreiche Anmerkungen und anregende Diskussion möchte ich mich bei René Arnsburg bedanken und für Hilfe beim akkuraten Übersetzen einiger englischsprachiger Zitate bedanke ich mich bei Christian Frings.

23 Das Zitat geht weiter: *»Der afrikanische Bauer, der seit Jahrtausenden mit den Jahreszeiten lebt, dessen Ideal das Leben in Einklang mit der Natur ist, kennt nur die ewige Wiederkehr der Zeiten, deren Rhythmus die pausenlose Wiederholung der immergleichen Zeichen und Worte ist. In dieser Vorstellung, in der ständig alles von neuem beginnt, gibt es keinen Platz für die Ideen des Fortschritts oder das Abenteuer der Menschheit. In diesem Universum (...) streckt sich der Mensch nicht der Zukunft entgegen. Niemals kommt ihm die Idee, sich diesen Wiederholungen zu entziehen, sich ein Schicksal selbst zu wählen.«*
Nicolas Sarkozy, https://www.lemonde.fr/afrique/article/2007/11/09/le-discours-de-dakar_976786_3212.html

24 Georg Wilhelm Friedrich Hegel: Vorlesungen über die Geschichte der Philosophie, Reclam Leipzig, 1924.

Unter Afrikaner*innen ist Walter Rodneys *Wie Europa Afrika unterentwickelte (WEAU)* ein Standardwerk. Ich muss ungefähr 14 gewesen sein, da zeigte mir mein Vater seine alte zerfledderte Ausgabe von dem Originalverlag *Bogle–L'Ouverture Publications* aus dem Jahr 1978. Er sagte mir, wenn ich nur ein Buch lesen wolle, dann solle es das sein. Über afrikanische Geschichte vor der Kolonisierung durch Europa lernte ich, genauso wie die meisten Menschen, nichts in der Schule und dieses Buch leistete, trotz der Probleme der ersten deutschen Übersetzung, einen wichtigen, wenn nicht sogar den wichtigsten Beitrag zur Geschichtsschreibung Afrikas. Es dauerte noch einige Jahre, bis ich das Buch tatsächlich lesen sollte und bis dahin hatte ich mir eine gewisse marxistische Grundbildung angelesen, sodass ich von der deutschen Ausgabe, die ich antiquarisch erwarb, etwas verwundert war. Allein der Titel »Afrika. Die Geschichte einer Unterentwicklung« drückte eine gewisse inhaltliche Verzerrung aus. Aber auch die Übersetzung wies darauf hin, dass die marxistischen Bezüge Rodneys nur verzerrt wiedergegeben wurden.

Das drückte sich auch in der marxistischen Rezeption aus, in der Rodney innerhalb des Kanons in Deutschland kaum auftauchte. Das hat sicherlich viele Gründe, einer davon, dass der deutsche Marxismus vor allem in der Tradition des westlichen Marxismus stand. Dies ist ein Marxismus, der in Abgrenzung zum östlichen Marxismus in der Sowjetunion und den Ländern des real existierenden Sozialismus, vor allem an akademischen Institutionen praktiziert wurde.[25] In eine solche Tradition passen panafrikanische Marxist*innen, wie Rodney, aber auch Frantz Fanon oder CLR James vermeintlich nicht rein, da sie Anhänger eines Marxismus waren, der in Deutschland antikommunistische Reflexe auslöst. Damit ist konkret ein revolutionärer Marxismus gemeint, dem es nicht um intellektuelle Selbstbeschäftigung geht, sondern den Aufbau des Sozialismus.

In den letzten Jahren ist jedoch ein Wandel in der Diskussion, um Marxismus in Deutschland zu beobachten. Die Neuauflage von CLR James *Die Schwarzen Jakobiner*[26] ist erschienen und dass unser Buch *Die Diversität der Ausbeutung. Zur Kritik des herrschenden Antirassismus*[27] in weniger als einem Jahr viermal aufgelegt wurde, zeigt ein wachsendes Interesse an einem Marxismus, der sich

25 Vgl. Perry Anderson: Über den westlichen Marxismus. Mit einem Nachwort von Stephan Lessenich. Dietz Berlin, 2023.

26 C.L.R. James: Die schwarzen Jakobiner. Toussaint Louverture und die Haitianische Revolution. Dietz Berlin, 2021.

27 Eleonora Roldán Mendívil & Bafta Sarbo (Hrsg.): Die Diversität der Ausbeutung. Zur Kritik des herrschenden Antirassismus. Dietz Berlin, 2022.

nicht einfach als akademische Disziplin versteht, sondern situiert ist in politischen Kämpfen, ein Marxismus, der sich als antiimperialistisch versteht, weil er die globale Dimension des Kapitalismus als solchen versteht und der keinen Hehl daraus macht, dass es um den Kampf für Sozialismus geht. Dazu sagte Rodney selbst:

> *»Von Zeit zu Zeit sind Marxisten aufgetaucht, die versucht haben, dem Marxismus seinen revolutionären Gehalt abzusprechen oder zu entziehen. Das ist richtig. Es gibt Marxisten, die zu legalen oder Kathedermarxisten geworden sind, die den Marxismus lediglich als eine weitere Variante der Philosophie betrachten möchten und ihn auf sehr eklektische Weise behandeln, als stünde es einem frei, aus dem Marxismus in gleicher Weise wie aus dem griechischen Denken und seinen Entsprechungen zu schöpfen, ohne die Klassenbasis zu betrachten und ohne zu prüfen, ob eine Ideologie den Status quo unterstützt oder nicht.*
>
> *Dennoch können wir den Marxismus und den wissenschaftlichen Sozialismus im Großen und Ganzen als subversiv und antithetisch zur Aufrechterhaltung des Produktionssystems, in dem wir leben, betrachten. Denn Ideen, ich wiederhole es, schweben nicht im Himmel, sie hängen nicht in der Luft, sie sind mit konkreten Produktionsverhältnissen verbunden. Bürgerliche Ideen entstammen den bürgerlichen Produktionsverhältnissen. Sie dienen dazu, diese Produktionsverhältnisse zu erhalten und zu bewahren. Sozialistische Ideen entstammen derselben Produktion, aber sie ergeben sich aus einem anderen Klasseninteresse und ihr Ziel ist es, dieses Produktionssystem zu stürzen.«*[28]

Black Power in der Karibik

Walter Rodney wuchs in Georgetown, Guyana in einer Arbeiter*innenfamilie auf. Er studierte in Jamaika an der *University of the West Indies* und in England an der *School of Oriental and African Studies*. Bereits in Jamaika begann er eine Auseinandersetzung mit der russischen Revolution und marxistisch-leninistischer Theoriebildung. In diesem Zusammenhang sollte sich sein politischer Anspruch formen. In seiner Auseinandersetzung mit der russischen Revolution und insbesondere Lenin als politischer Figur darin prägte er das Konzept eines *revolutionären Intellektuellen*, der für ihn ein zentraler Anspruch in seiner

28 Marxism and African Liberation, In: Walter Rodney: Decolonial Marxism. Essays from the Pan-African Revolution. Verso London, 2022. S.44.

Arbeit werden sollte.[29] Insbesondere die Kubanische Revolution, bei der, wie er es selbst formulierte, weniger als 200 km von ihm entfernt eine erfolgreiche sozialistische Revolution durchgeführt wurde, war auch für Rodney ein Moment der politischen Ermächtigung. Dies brachte ihm den Marxismus näher, denn dieser war für ihn nicht nur als Theorie überzeugend. Es waren vielmehr auch die realen Erfahrungen erfolgreicher antikolonialer Befreiung durch sozialistische Bewegungen:

> *»Man begann auch, die marxistische Erfahrung an sich genauer zu betrachten, Transformationserfahrungen wie China, das eine große emotionale Anziehungskraft hatte, weil es ein nicht-weißes Land war, zu einer Zeit, als das Rassenbewusstsein sehr ausgeprägt war.«*[30]

So begann Rodney eine politische Auseinandersetzung mit der Geschichte der Karibik, bei der ihn vor allem Eric Williams *Capitalism and Slavery*[31] und CLR James *Die Schwarzen Jakobiner* stark theoretisch beeinflussen sollten.[32] In London machte er die persönliche Bekanntschaft mit CLR und Selma James, mit denen er in einem marxistischen Studienzirkel die Auseinandersetzung mit der Geschichte der russischen Revolution, klassischen marxistischen Texten und der Methode und Argumentation im Kontext bürgerlicher Wissenschaftsproduktion vertiefte. Was er in seiner Zeit in London lernte, nahm er mit, als er für einen Lehrauftrag nach Jamaika zurückkehrte. Dort nahm er nicht nur seine akademische Arbeit auf, sondern involvierte sich in die aktive Black Power Bewegung, die in den 60er Jahren aufkam. Sein erstes Buch *The Groundings with my Brothers*[33] war eine Sammlung der Vorträge und Diskus-

29 Walter Rodney Speaks. The Making of an African Intellectual, Africa World Press, 1990. S. 19. [Walter Rodney Spricht. Die Entstehung eines Afrikanischen Intellektuellen Anm. d. Red.]

30 ebd. S. 22.

31 Dt.: Kapitalismus und Sklaverei, erscheint 2025 erstmalig auf Deutsch im Manifest Verlag. [Anm. d. Red.]

32 *»Später verstand ich natürlich, vor allem als ich begann, die Geschichtsschreibung über die haitianische Revolution zu durchforsten, wie bestimmte konzeptionelle Werkzeuge, ideologische Werkzeuge – eine marxistische Methodologie – James' Arbeit beeinflusst hatten und zu einem großen Teil dafür verantwortlich waren, dass ihre Qualität über die einiger anderer Formulierungsversuche zur Revolution hinausging.«* ebd. S. 15.

33 Der Begriff »Grounding« lässt sich nicht mit einem Wort ins Deutsche übersetzen. Grob übersetzt bedeutet es, sich auf Augenhöhe zu begegnen und gemeinschaftlich auszutauschen. Rodney bezog sich damit auf die zeremonielle Praxis der Rastafaris in Jamaika, sonntags zu Versammlungen zusammenzukommen, zu beten und zu diskutieren. Dies geschah nicht selten, indem man sich auf den Boden (engl. Ground) um ein Lagerfeuer herumsetzte. Dass dies ein international angesehener Dozent der Universität mitmachte und damit der akademischen Hierarchie eine Absage erteilte, war für die jamaikanischen Behörden bereits ein Akt der Subversion.
In ihrem Vorwort zu der englischen Neuausgabe schreibt Carole Boyce Davies: *»Groundings fasst*

sionen, die er zu dieser Zeit in unterschiedlichen Zusammenhängen in Jamaika hielt.

Black Power war eine politische Bewegung der 60er Jahre, die ein neues Schwarzes Selbstbewusstsein propagierte. Schwarz als politische Selbstbezeichnung sollte dabei alte rassistische Fremdbezeichnungen ablösen und damit das Recht auf Selbstbestimmung repräsentieren.

Während es innerhalb der transnationalen Black Power Bewegung auch durch die unterschiedlichen nationalen Kontexte verschiedene und teilweise widersprüchliche Begriffe davon gab, was Schwarz genau bedeutete, war Rodneys ein politisches Verständnis von Schwarz-Sein, was damals als politische Selbstbezeichnung weit verbreitet war. So lässt sie sich zum Beispiel bei dem südafrikanischen Anti-Apartheitskämpfer und Mitbegründer der Black Consciousness Bewegung Steve Biko finden.[34] Ebenso in Großbritannien und den USA, wo Political Blackness (Dt. Politisches Schwarzsein), die nichtweißen Bevölkerungen fassen sollte.[35] Das bedeutet, dass Schwarz nicht unbedingt an eine Hautfarbe oder afrikanische Abstammung gekoppelt war, sondern an die Erfahrung rassistischer Unterdrückung und Entmachtung.

> *»Sogar ob du Schwarz bist oder nicht wird von weißen Menschen – von weißer Macht entschieden. Wenn ein jamaikanischer Schwarzer Mann versucht ein Zimmer zu bekommen, von einer Vermieterin in London, die sagt ›keine Farbigen‹, würde es sie nicht interessieren, wenn er sagt er sei westindisch, abgesehen von der Tatsache, dass sie ihm bereits die Tür vor seinem Schwarzen*

den verwurzelten Wissensaustausch zwischen der Akademie und der Gemeinschaft zusammen (ohne den wissenschaftlichen Intellektuellen gegenüber dem organischen oder gemeinschaftlichen Intellektuellen zu privilegieren), der seine Praxis war. Was Walter anbot, war ein Weg, Wissen in den Dienst der Befreiung unserer Gemeinschaften von den unterdrückerischen europäischen Geschichten und Erkenntnistheorien zu stellen, die versuchen, dieses Wissen einzuschließen, so wie sie historisch unsere Körper eingeschlossen haben. Groundings bietet also die Möglichkeit, Wissen real werden zu lassen und es in den Dienst unserer Gemeinschaften zu stellen, sozusagen zur Basis zurückzukehren und unser Verständnis der Welt zu zurückzubringen.« (Walter Rodney. The Groundings with my Bbrothers, Verso London, 2019. S. 1.) [Anm. d. Red.]

34 Steve Biko: What is Black Consciousness. In: I write what I like. University of Chicago Press, 2002.

35 Vgl. *»Natürlich war diese erweiterte Bedeutung des Begriffs ›Schwarz‹ nicht gerade eine Neuheit. Malcolm X kündigte in einer Rede aus dem Jahr 1964 schwarze Revolutionäre in aller Welt an und erklärte: ›Wenn ich Schwarz sage, meine ich nicht-weiß. Schwarz, braun, rot oder gelb.‹ Jeder, der von den Europäern kolonisiert oder ausgebeutet worden war, kam in Frage. Malcolm X wiederum berief sich auf eine internationalistische Tradition, die sechs Jahrzehnte zuvor von W.E.B. Du Bois begründet worden war. ›Das Problem des 20. Jahrhunderts‹, schrieb er, ›ist das Problem der [Haut]Farbengrenze; das Verhältnis der dunkleren zu den helleren Menschenrassen in Asien und Afrika, in Amerika und auf den Inseln des Meeres.‹«* Kwame Anthony Appiah, In: https://archive.ph/20201008162520/https://www.nytimes.com/2020/10/07/opinion/political-blackness-race.html

Gesicht zugemacht hätte. Wenn ein Pakistaner nach Mittelengland geht, ist er genauso farbig, wie ein Nigerianer. Der Indonesier ist das Gleiche, wie ein Surinamese in Holland; Die Chinesen in Neuguinea haben genauso wenig Chance darauf Anwohner und Bürger Australiens zu werden, wie du und Ich. Die Definition, die am meisten verwendet wird ist, dass wenn du nicht offensichtlich weiß bist, dann bist du Schwarz und von der Macht ausgeschlossen – Macht wird rein milchig weiß gehalten.«[36]

So beschreibt er die Arbeiterklasse in der Karibik, als vor allem zusammengesetzt durch ehemals afrikanische Sklav*innen und Kolonialmigrant*innen aus Indien:

»Ich bestehe weiterhin darauf, dass es die weiße Welt ist, die definiert, wer die Schwarzen sind. Aber es ist offensichtlich, dass die westindische Situation durch Faktoren, wie die Vielfalt an rassischen Typen und Mischungen und durch den Prozess der Klassenformierung verkompliziert wird. Wir müssen deshalb nicht nur zur Kenntnis nehmen, was die weiße Welt sagt, sondern auch, wie Individuen sich gegenseitig wahrnehmen. Trotzdem können wir bei der Bevölkerung der westindischen Inseln davon sprechen, dass sie Schwarz sind – Entweder afrikanisch oder indisch. Es gibt anscheinend einige Zweifel am letzten Punkt und einige befürchten, dass Black Power sich gegen Inder richtet. Das wäre eine schamlose Leugnung der historischen Erfahrung der westindischen Inseln und der heutigen Realität. Als Inder nach Westindien gebracht wurde, wurde ihnen mit derselben rassistischen Verachtung begegnet, die Weiße an Afrikanern angewandt haben. Inder wurden auch auf einen einzigen Stereotyp reduziert – den Arbeiter oder Hilfsarbeiter. Er war auch ein Holzhauer oder Wasserbringer.«[37]

Darin zeigt sich auch eine weitere Komponente von Black Power, nämlich dass es eine bestimmte Klassenerfahrung charakterisierte, die der rassistischen Unterdrückung von Teilen der globalen Arbeiterklasse. In der Karibik war die Klassentrennung buchstäblich offensichtlich, so bestand die Arbeiterklasse Guyanas zum Beispiel fast vollständig aus Afrikaner*innen und Inder*innen. Black Power war für Rodney in diesem Zusammenhang ein politisches Projekt, bei dem es darum ging, dass die Teile der Bevölkerung die ausgebeutet und unterdrückt wurden, für ein Recht auf Selbstbestimmung kämpften.[38]

36 Walter Rodney. The Groundings with my Brothers, Verso London, 2019. S. 37.
37 Ebd. S. 54.
38 Ebd. S. 56.

Er war aufgrund seiner radikalen Inhalte und seinem antihierarchischen Verständnis von Bildung bei den Studierenden in Jamaika sehr beliebt. In den *Groundings* stellte er bereits Diskussionen, die er mit unterschiedlichen radikalen Kräften in Jamaika hatte, dar und formulierte: *»Der Schwarze Intellektuelle, der Schwarze Akademiker, muss sich an die Praxis der Schwarzen Massen anschließen.«*[39] Er begriff Theorie und Bildung nicht als topdown[40] Aktivität, sondern setzte sich mit verschiedenen Schwarzen Gruppen in Jamaika wie den Rastafari auseinander. Rodneys Arbeit zu dieser Zeit war darüber hinaus geprägt durch ein wachsendes panafrikanisches Bewusstsein und der Motivation, den afrikanischen Kontinent auch moralisch aufzuwerten, sodass er seine Studien zur vorkolonialen Geschichte Afrikas als Auseinandersetzung mit der eigenen Geschichte begann.[41] Gegen Ende seines Lebens verfasste er auch Kinderbücher, die Schwarzen Kindern die Möglichkeiten geben sollten, mit positiven Identifikationsfiguren aufzuwachsen. In diesem Sinne zeigt sich auch, wie er im Laufe seines Lebens trotz wissenschaftlich anspruchsvoller Arbeit immer eine kritische Distanz zu akademischen Institutionen hielt. Über *Wie Europa Afrika unterentwickelte* sagte er 1975 selbst:

> *»Dieser Text war dazu bestimmt, außerhalb der Universität zu agieren. Er gelangt vielleicht in die Universität, ja. Ich habe gehofft, dass er es tun würde. Aber er war insofern dazu bestimmt, von außen zu agieren, als dass er nicht von denjenigen gefördert wurde, die zu dieser Zeit als diejenigen galten, die das letzte Wort in Bezug auf afrikanische Geschichte und Studien hatten. Das Ziel dieser Publikation war es, unsere eigenen Leute zu erreichen, ohne die Vermittlung durch bürgerliche Bildungsinstitutionen.«*[42]

Dieser Anspruch machte ihn in Jamaika schnell sehr einflussreich, was der jamaikanischen Regierung zuwider war. Als er nach einem Auslandsaufenthalt von der Regierung an der Wiedereinreise nach Jamaika gehindert wurde, brachen 1968 in der Hauptstadt Kingston die *Rodney Riots*[43] aus. Diese studentischen Proteste galten als die zentralen Straßenproteste der 68er Bewegung in Jamaika.

39 Ebd. S. 102.

40 Dt.: von oben herab [Anm. d. Red.]

41 Panafrikanismus ist eine politische Bewegung, die im weitesten Sinne die Vereinigung und Befreiung Afrikas beansprucht. Es gibt darin unterschiedliche Flügel und Strömungen, aber in Abgrenzung zu anderen Pan-Nationalistischen Bewegungen war er nie ein Herrschaftsprojekt, sondern eine Antwort auf Verschleppung und Versklavung von Afrikaner*innen und die koloniale Teilung Afrikas unter den Kolonialmächten Europas. Heute steht die Afrikanische Union (AU) in der Tradition dieser Bewegung, sie entspricht allerdings nicht dem, was der linke Flügel des Panafrikanismus wollte, nämlich ein vereintes sozialistisches Afrika.

42 Walter Rodney Speaks. The Making of an African Intellectual, Africa World Press, 1990. S. 26.

43 Dt.: Rodney-Unruhen [Anm. d. Red.]

Marxismus als Methode

Nachdem Rodney aus Jamaika verbannt wurde, zog er nach Tansania, das, jüngst dekolonisiert, unter dem Präsidenten Julius Nyerere als das Mekka der afrikanischen Befreiung galt.[44] Dort begann er an einem Buch zur russischen Revolution aus afrikanischer Perspektive zu schreiben.[45] Dieses Projekt schob er zur Seite und konzentrierte sich zunächst auf die Herausgabe des vorliegenden Buches, das sein Hauptwerk werden sollte. Es ging ihm darum zu beweisen, dass die Unterentwicklung Afrikas nicht Ergebnis einer natürlichen oder kulturellen Minderwertigkeit der Afrikaner*innen war, sondern das Resultat der Entstehung und Reproduktion des Kapitalismus, der in Europa seinen Ursprung nahm. Dies hatte auch die ideologische Selbstermächtigung von Schwarzen Menschen zum Ziel. Rassismus als begleitende Ideologie des Kolonialismus hatte neben den ökonomischen und politischen Effekten auch auf das Selbstbewusstsein der Schwarzen Bevölkerung einen negativen Einfluss. Nicht zuletzt Frantz Fanon verwies auf die psychologischen Effekte des Kolonialismus und untersuchte während des Algerienkrieges die besonderen Ausprägungen des Minderwertigkeitskomplexes, den Schwarze in Folge einer rassistischen Klassengesellschaft erfuhren.[46]

Rodney geht in *WEAU* bei seiner Untersuchung der Unterentwicklung dabei zunächst von einem dialektischen Entwicklungsbegriff aus. Er zeigt zunächst die menschliche Entwicklung in unterschiedlichen Weltteilen in ihrem Zusammenhang mit der Ausbeutung auf und geht dann auf die Spezifika kapitalistischer Entwicklung und den Beitrag der Dritten Welt[47] ein, konkret den Afrikas zur Entstehung des Kapitals in Europa. Er setzt sich dabei mit der afrikanischen Geschichte vor der Kolonisierung auseinander, um aufzuzeigen, dass es durchaus Entwicklung gegeben hat. Unterentwicklung beschreibt hier damit keinen

44 https://roape.net/2022/04/07/the-mecca-of-african-liberation-walter-rodney-in-tanzania/

45 Das Buch »The Russian Revolution. A View from the Third World« [Die Russische Revolution. Eine Perspektive aus der Dritten Welt] ist 2018 auf Basis seiner unveröffentlichten Manuskripte bei Verso erschienen.

46 Frantz Fanon: Schwarze Haut, weiße Masken. Turia + Kant Wien-Berlin, 2016.

47 Afrika ist für Rodney dabei ein Teil der Dritten Welt, mit der er sich als Afrikaner beschäftigte. Während dieser Begriff heute als veraltet gilt, war er damals auch ein Selbstverständnis von Ländern die unterentwickelt waren, weil sie asymmetrisch in den Weltmarkt integriert wurden und deshalb keine eigne Bourgeoisie besaßen, aber sich im Gegensatz zur zweiten Welt nicht durch sozialistische Revolution von kapitalistischer Abhängigkeit gelöst hatten. Das Verhältnis der Dritten Welt, insbesondere Afrikas, zur ersten und zweiten Welt war dabei keines der Äquidistanz, sondern eines das die zweite Welt, den sozialistischen Block, auch als möglichen Verbündeten in der Befreiung der Dritten Welt sah.

absoluten Zustand, bei dem keinerlei Entwicklung stattfindet, sondern Entwicklung und Unterentwicklung im Kapitalismus stehen in einem Verhältnis, bei dem das eine das andere bedingt. Das war ebenfalls der Grund, wieso Rodney konkret von unterentwickelten Ländern und nicht von Entwicklungsländern spricht, wie es sich heute durchgesetzt hat. Ein solcher Ausdruck impliziert, dass eine nachholende Entwicklung unabhängig oder parallel zur Kapitalakkumulation in den entwickelten Ländern stattfinden würde, während die ökonomische Unterentwicklung sich in der Realität weiter vertieft.[48][49]

Während Rodney bereits in seiner frühen Politisierung seines Studiums ein marxistisches Selbstverständnis ausdrückte und die Relevanz einer Klassenanalyse betonte, schärfte er dieses Verständnis über die darauffolgenden Jahre. Zu Beginn waren die realen Erfahrungen erfolgreicher Revolutionen in unterentwickelten Ländern ein wichtiger Politisierungspunkt. Während er sich von diesem Standpunkt später weiterentwickelte, ist es wichtig zu verstehen, welche Relevanz es für Rodney in den politischen Bewegungen der Zeit hatte, den Marxismus nicht als intellektuelle Selbstbeschäftigung an den Universitäten zu erfahren, sondern durch seine praktische Präsenz als treibende Kraft antikolonialer Bewegungen.

Marxismus ist für Rodney eine Methodologie, mit der sich Menschen gesellschaftliche Phänomene aneignen können und es ist gleichzeitig eine politische Ideologie, die das Interesse der arbeitenden Klasse widerspiegelt.[50] Beide Seiten machen ihn zu einer Weltanschauung, die zwar einen wissenschaftlichen Anspruch hat, die Geschichte so darzustellen, wie sie wirklich ist, aber nicht mit dem Anspruch einer vermeintlichen bürgerlichen Objektivität, denn das lehnte er ab. Er sah Marx und Engels dabei nicht als eurozentrische Denker, die sich lediglich mit den Gesellschaften Europas befassten, sondern eher als Entdecker einer Methode, die sich auf Grundlage der universellen Bewertungsgesetze der Gesellschaft und unabhängig von Zeit und Ort überall da anwenden lässt wo menschliche Gesellschaften existieren.[51] In diesem Zusammenhang sah er die Aufgabe von Marxist*innen aus der dritten Welt vor allem darin, die marxistische Theorie durch praktische Anwendung in unterschiedlichen Kontexten weiterzuentwickeln:

48 siehe vorliegendes Buch, S. 100f.

49 Weiteres dazu im Beitrag »Walter Rodney und die Permanente Revolution« von R. Arnsburg

50 Marxism and African Liberation [Dt.: Marxismus und Afrikanische Befreiung Anm. d. Red.] In: Walter Rodney: Decolonial Marxism. Essays from the Pan–African Revolution. Verso London, 2022. S. 43.

51 Vgl. Marxism as a Third World Ideology, In: ebd. S. 61 oder Marxism and African Liberation S. 36 Dt.: Marxismus als Dritte–Welt–Ideologie. [Anm. d. Red.]

»In diesem Prozess hat Lenin also zum Wachstum der marxistischen Ideologie beigetragen. Das Gleiche gilt für die Beiträge von Mao, für die Beiträge von Che Guevara oder für die Beiträge von Amílcar Cabral. Beiträge, die anerkennen, dass der Marxismus selbst ein wachsender Corpus wissenschaftlicher Erkenntnis ist, dass wir eine Ontologie haben, dass wir eine Epistemologie haben, und dass wir von dort aus dazu übergehen müssen, uns mit den Besonderheiten zu beschäftigen, die an einem bestimmten Ort zu einer bestimmten Zeit auftreten.«[52]

Rodney vertrat dabei die Auffassung, dass Lenin die marxistische Theorie so definiert und angewandt hatte, dass es unmöglich war, nach ihm Marxismus zu betreiben, ohne sich auf ihn zu beziehen. Lenin war sicherlich derjenige, der dazu beitrug, dass die Theorie bei Rodney und in der dritten Welt nicht als eurozentrisch aufgefasst wurde. Insbesondere sein Werk *Der Imperialismus, das höchste Stadium des Kapitalismus*[53] bot die theoretische Grundlage, um den Kapitalismus als globales System der ungleichen Ausbeutung nachvollziehen zu können. Anlässlich Lenins 100sten Geburtstages verfasste Rodney den Artikel *Die imperialistische Teilung Afrikas*. Lenin habe sich zwar selbst mit Afrika kaum befasst, seine Theorie biete aber die Kategorien mit der sich die Teilung Afrikas nachvollziehen lasse, indem er die Leninsche Imperialismustheorie auf den afrikanischen Kontinent anwendet.[54]

Genauso wie er *WEAU* als Bezug auf Debatten zur Geschichte und Zukunft Afrikas schrieb, verfasste er seine Auseinandersetzung mit der russischen Revolution als Vorbereitung seiner Vorlesungen, die er an der Universität von Dar es Salaam in Tansania hielt. Er wollte seine Studierenden, mit denen er einen politischen Austausch pflegte, mit dem Historischen Materialismus als Methode vertraut machen. Die Russische Revolution war dabei für Rodney ein wichtiger Anhaltspunkt, um Fragen der Revolution in Afrika klären zu können, da sich dort eine sozialistische Revolution in einem noch nicht industrialisierten Land vollzog.

»Aber auf Russland im 19. Jahrhundert zu schauen war fast wie auf Tansania heute zu schauen – die große Mehrheit der Bevölkerung waren bäuerliche Produzenten, also hat sich Marx auch mit russischen Bauern befasst.«[55]

52 ebd. S. 62.

53 W.I. Lenin: Der Imperialismus, das höchste Stadium des Kapitalismus. Manifest Berlin, 2017.

54 Walter Rodney: The Imperialist partition of Africa. In: https://www.marxists.org/subject/africa/rodney-walter/works/partition.htm

55 Walter Rodney: Marx, Marxism and the Russian Left. In: The Russian Revolution – A View from

In der Frage, wie marxistische Theorie sich auf die Gesellschaften außerhalb Westeuropas übertragen ließ, diskutierte er zwar anhand der Marxschen und Engelschen Werke in Bezug auf Russland, aber vor allem durch ihre praktische Anwendung in realen sozialistischen Revolutionen. Ob der Marxismus eurozentrisch sei, war also keine theoretische Frage, sondern eine praktische und dass er es nicht war, bewies seine praktische Umsetzung in der russischen Revolution.

Sozialismus von unten

Diese Methode entwickelte er auch in seinem eigenen Wirken weiter. Aus seiner Zeit in Tansania und der Erfahrung des Afrikanischen Sozialismus zog er theoretische Schlüsse. Afrikanischer Sozialismus nannten sich unterschiedliche Projekte in Afrika nach der Dekolonisierung, die sich an einem dritten Weg jenseits des Kapitalismus und des Marxismus versuchten. Während Rodney ideologisch zwar zu diesen Projekten eine gewisse Distanz wahrte, da er weiterhin den wissenschaftlichen Sozialismus, das heißt den Marxismus vertrat, verteidigte er den afrikanischen Sozialismus zu Beginn und das obwohl der Präsident Tansanias, Nyerere, von Rodneys Wirken nicht begeistert war. Das lag unter anderem daran, dass Tansania einen realen Beitrag zur Befreiung Afrikas vom Imperialismus leistete, indem zum Beispiel die nationalen Befreiungsbewegungen im südlichen Afrika materiell und ideologisch unterstützt wurden. So wurden Büros und Militärbasen für die Befreiungsfront von Mozambique (FRELIMO), und Angolas (MPLA) und Trainingscamps für den paramilitärischen Flügel des südafrikanischen *African National Congress* (ANC) für den Kampf gegen Apartheid-Südafrika eröffnet. Rodney profitierte selbst davon, indem er nicht nur militärisch ausgebildet wurde, als er die Camps der FRELIMO besuchte, er lernte auch Delegationen aus Vietnam kennen, mit denen er einen prägenden Austausch hatte.[56]

Ujamaa wurde in der sogenannten Arusha Declaration 1967 von der durch Julius Nyerere geführten *Tanganyika African National Union* (TANU) verabschiedet. Es ging in der Philosophie von Ujamaa darum moderne Entwicklungsansprüche zu verbinden mit den Werten des vorkolonialen Afrikas, das vermeintlich klassenlos war. Die Landwirtschaft sollte kollektiviert werden, indem unterschiedliche Bauern und Familien sich zu Ujamaa-Villages, also erweiterte Dorfgemeinschaften zusammenschließen sollten. Dazu wurden Land-

the Third World. Verso London, 2018. S. 50. [Dt.: Marx, Marxismus und die Russische Linke Anm. d. Red.]

56 https://roape.net/2022/04/07/the-mecca-of-african-liberation-walter-rodney-in-tanzania/

reformen verabschiedet, eine breite Alphabetisierung der Bevölkerung initiiert und Banken und Unternehmen verstaatlicht. Zu Beginn erfuhren die zahlreichen Reformen breite Unterstützung, doch die Politik unter Nyerere wurde immer repressiver, bis hin zu Streikverboten.[57]

In Tansania hatte sich in diesem Zusammenhang eine Position durchgesetzt, die die Unterdrückung der Arbeiter*innen in den urbanen Zentren rechtfertigen sollte, so galten Arbeiter*innen, die höheren Lohnforderungen stellten als solche, die Bäuer*innen in der Verteilung des Nationaleinkommens etwas abziehen wollten. Eine ähnliche Position fand sich auch bei Fanon, der in der Arbeiterklasse in den Kolonien eine gegenüber den Bäuer*innen privilegierte Gruppe sah. Issa Shivji, dessen Werk *Class Struggle in Tansania*[58] für Rodney als zentraler Text zum Verständnis von Unterentwicklung in Afrika galt, widersprach Fanons Position und konstatierte, dass Arbeiter*innen und Bäuer*innen keine widersprüchlichen Interessen im Kampf hätten.[59] Rodney lehnte diese Position ebenfalls ab, in Anschluss an Amílcar Cabrals[60] Kritik, dass die Bauernschaft zwar das größte Interesse am Kampf hätte, und zwar relevant im Kampf sei, aber sie nicht die revolutionäre Kraft wäre.[61]

Das Scheitern von Ujamaa in Tansania aber auch der Putsch gegen Nkrumah in Ghana verfestigten seine Überzeugung, dass der wissenschaftliche Sozialismus als Lösung unausweichlich war.

> *»Ich denke, dass die meisten Ideologen des Afrikanischen Sozialismus, die beanspruchen einen dritten Weg gefunden zu haben eigentlich nur billige Betrüger sind, die versuchen die Mehrheit der Bevölkerung zu täuschen. Ich denke nicht, dass sie darauf aus sind Sozialismus zu entwickeln. Ich denke nicht, dass sie darauf aus sind irgendetwas zu entwickeln, das auf das Interesse der Afrikanischen Menschen abzielt.«*[62]

Er wurde dabei auch geprägt durch die marxistisch orientierten Studierenden, die im Gegensatz zu Rodney von Anfang an eine kritische Haltung zum

57 Leo Zeilig: A Revolutionary for our Time. The Walter Rodney Story. Haymarket Books Chicago, 2022. S. 289. [Dt.: Ein Revolutionär für unsere Zeit. Die Walter-Rodney-Geschichte. Anm. d. Red.]

58 Dt.: Klassenkampf in Tansania [Anm. d. Red.]

59 Ebd., S. 290.

60 Amilcar Cabral war ein Unabhängigkeitskämpfer und antikolonialer Intellektueller aus Guinea-Bissau und Cabo Verde, dessen theoretische, wie praktische Arbeit ähnlich wie Rodney durch Marxismus und Panafrikanismus geprägt war.

61 Walter Rodney: A Brief Tribute to Amílcar Cabral. [Ein kurzer Tribut an Amílcar Cabral.] In: Walter Rodney: Decolonial Marxism. Essays from the Pan-African Revolution. Verso London, 2022. S. 5.

62 Marxism and African Liberation. In: ebd. S. 47.

Projekt des Afrikanischen Sozialismus pflegten.[63] Die reale Erfahrung unter diesem formte bei Rodney darüber hinaus eine grundsätzlich kritischere Haltung zu einem Sozialismus von oben.

Die dekolonisierten Staaten Afrikas, die auch nach der formalen Abhängigkeit unter afrikanischer Führung weiterhin die Massen unterdrückten, machten deutlich, dass die inneren Widersprüche der afrikanischen Gesellschaften auch Produkt der unterschiedlichen Klasseninteressen der arbeitenden Klasse und des Bürgertums in Afrika waren. Vor dem 6. Panafrikanischen Kongress 1975 hielt er eine Rede, in der er scharfe Kritik an der panafrikanischen Bewegung übte. Dieser Kongress 1975 gewann seine besondere Relevanz dadurch, dass er der erste war, der auf dem afrikanischen Kontinent stattfand und der erste, bei dem sich vor allem Regierungen dekolonisierter Staaten trafen und nicht Aktivist*innen und Intellektuelle in der Diaspora, wie bei den Kongressen vorher. Dort verschärft sich seine Kritik an der konterrevolutionären Rolle des afrikanischen Kleinbürgertums. Die Phase des Neokolonialismus machte diese Widersprüche offensichtlich, denn während das afrikanische Kleinbürgertum während des antikolonialen Kampfes gemeinsam mit den Arbeiter*innen und Bäuer*innen noch einen nationalistischen Block gegen die Kolonialmächte geformt hatte, kämpfte es sich an die Spitze der antikolonialen Bewegungen und kooperierte schließlich mit dem Kapital in der Zeit nach der Unabhängigkeit.[64]

Hier lässt sich eine Entwicklung Rodneys beobachten, der in einigen Beiträgen in *Groundings* Politik noch als Widerspruch zwischen einem richtigen Schwarzen und einem weißen Bewusstsein begreift. So beschreibt er zum Beispiel die repressive Politik der jamaikanischen Regierung, als Teil einer *»weißen Machtstruktur«*[65] und nicht als etwas, das aus widersprüchlichen Klasseninteressen entsteht. Das mag auch daran liegen, dass diese Widersprüche in der Phase nach der Dekolonisierung offensichtlicher zutage traten. Die Existenz der Klassen im postkolonialen Afrika ist dabei für ihn keine theoretische Schablone, sondern bewiesen durch die politischen Vorgänge in den postkolonisierten Staaten Afrikas. So schreibt er über den Coup gegen Nkrumah: *»Nkrumah leugnete die Existenz von Klassen in Ghana, bis das Kleinbürgertum ihn stürzte.«*[66]

63 Leo Zeilig: A Revolutionary for our Time. The Walter Rodney Story. Haymarket Books Chicago, 2022. S. 104.

64 Walter Rodney Aspects of the international working class struggle. In: https://www.marxists.org/subject/africa/rodney-walter/works/internationalclassstruggle.htm

65 Walter Rodney. The Groundings with my Brothers, Verso London, 2019. S. 55.

66 Marxism and African Liberation. In: Walter Rodney: Decolonial Marxism. Essays from the Pan-African Revolution. Verso London, 2022. S. 48.

In seinem weiteren Wirken ging sein Fokus immer mehr in Richtung Organisierung der Arbeiterklasse. Seine Position war dabei nicht die vollständige Abkehr von sozialistischen Staaten, sondern eher eine Verschiebung in der Schwerpunktsetzung hin zur Zentrierung der Kämpfe der arbeitenden Klasse.[67] Im Juli 1978 während eines Aufenthaltes in Hamburg erschien ein Text von ihm im Spiegel, der sich mit der Rolle Kubas in Afrika auseinandersetzte. In diesem Artikel zeigt sich nicht nur, dass Rodney sich keinesfalls von sozialistischen Staaten abwandte, sondern sich eher sehr genau anschaute, welche Regimes sich als sozialistisch erklärten und welche diesem Anspruch tatsächlich gerecht wurden.[68] In dem bereits erwähnten *Class Struggle in Tanzania* von Issa Shivji zitierte dieser Lenin *»Sozialismus ohne Klassenkampf ist eine leere Phrase oder ein naiver Traum.«*[69] Seine Sympathie für wilde Streiks und nicht von offiziellen Gewerkschaften organisierte Praxis wuchs dabei immer mehr.[70]

Aufbau der WPA in Guyana

Rodney verstand Tansania nie als zuhause und dass er Swahili nicht fließend sprach, behinderte ihn oft im Austausch mit der Bevölkerung. Dass er sich als Gast verstand hemmte ihn aber auch in seiner Freiheit, seiner wachsenden politischen Kritik am Afrikanischen Sozialismus Ausdruck zu verleihen. Seine Rückkehr nach Guyana war schließlich motiviert durch persönliche und politische Entscheidungen. Er wollte dort wirkmächtig werden, wo er sich wirklich mit den lokalen Verhältnissen vertraut fühlte. Deshalb beteiligte er sich nach seiner Rückkehr nach Guyana intensiv am Aufbau der *Working People's Alliance* (WPA), einer Partei, die die Selbstorganisierung der Arbeiterklasse jenseits rassistischer Linien anstrebte.

Bereits in *The Groundings with my Brothers* schreibt Rodney über die Situation in der Karibik, wo die Arbeiterklasse von Anfang an rassistisch organisiert war, aber während die Arbeiterklasse fast vollständig aus Afrikaner*innen und Inder*innen bestand, waren diese lebensweltlich getrennt. Guyana unter dem Burnham Regime war darüber hinaus geprägt durch eine Afro-Guyanesische

67 Leo Zeilig: A Revolutionary for our Time. The Walter Rodney Story. Haymarket Books Chicago, 2022. S. 297.

68 Walter Rodney: Kuba vertritt eine gerechte Sache, Spiegel Juli 1978. In: https://www.spiegel.de/politik/kuba-vertritt-eine-gerechte-sache-a-4e967999-0002-0001-0000-000040942741

69 Leo Zeilig: A Revolutionary for our Time. The Walter Rodney Story. Haymarket Books Chicago, 2022. S. 286

70 Dies drückt sich auch in seinen Vorlesungen während des Hamburg Aufenthaltes 1978 aus. Leo Zeilig: A Revolutionary for our Time. The Walter Rodney Story. Haymarket Books Chicago, 2022. S. 285.

Elite, die Indo-Guyaner*innen rassistisch diskriminierte. Das Potential einer gemeinsam organisierten Arbeiterklasse sollte durch die Gründung der WPA realisiert werden. Die Arbeit in der Partei war für ihn auch Ausdruck einer Entwicklung in seiner Position zum Aufbau des Sozialismus, den er durch die selbstständige Praxis der Arbeiterklasse ausbauen wollte.

> *»Weder die WPA, noch irgendeine andere Organisation muss einen Masterplan für den nationalen Kampf gegen den Diktator ausarbeiten. Wir können uns auf die Initiative und das Urteilsvermögen unserer Bevölkerung verlassen, vorausgesetzt es gibt einen Geist des Widerstandes.«*[71]

In diesem Sinne nahm die WPA nicht an Wahlen teil, sondern konzentrierte sich auf Initiativen zur sozialistischen Bildung von Arbeiter*innen, wilde Streiks und Formen des zivilen Ungehorsams als Praxis gegen das Regime von Forbes Bunham und seiner PNC. Die WPA forderte jedoch auch eine nationale Front aller Klassen in Guyana, da sie ein gemeinsames Interesse hätten, das sich unter der Führung der arbeitenden Klasse in Guyana realisieren ließe. Dieses gemeinsame Interesse ergebe sich vor allem durch die Situierung Guyanas als durch den Imperialismus ausgebeutete Nation:

> *»Die höchste Form des modernen Kapitalismus lässt sich in multinationalen Unternehmen finden. Die Macht des modernen Kapitalisten ist enorm, weil sie sich auf einem Niveau befindet, dass sie gesamte Nationen dominieren und imperialistische Ausbeutung aufrechterhalten kann.«*[72]

Insbesondere das Kleinbürgertum erlebte sinkende Lebensstandards, sodass sie durch verstaatlichte Zucker- und Bauxitindustrien von ausgeweiteten Produktionskapazitäten und der Entwicklung der Produktivkräfte in Guyana profitieren könnten.[73] In dieser Kampagne vereinten sich viele Fragen, die Rodney sein Wirken hindurch begleiteten, wie das Verhältnis von Imperialismus, Nationalismus und Klassenkampf.

Parallel zu seinem politischen Aktivismus in der Partei arbeitete er auch an einer Theoretisierung der Situation in Guyana, wie in dem nach seinem Tod erschienenen Buch *A History of the Guyanese Working people 1881–1905*.[74] Ähnlich wie in *Wie Europa Afrika unterentwickelte* ging es ihm darum, allgemein

71 Walter Rodney: Peoples Power, No Dictator. In: https://www.marxists.org/subject/africa/rodney-walter/works/peoplespowernodictator.htm

72 Ebd.

73 Ebd.

74 Dt.: Eine Geschichte des guyanesischen arbeitenden Volkes. [Anm. d. Red.]

verbreitete rassistische Narrative mit einer historischen Analyse zu widerlegen. Indem er die Entstehung der Arbeiterklasse Guyanas nachzeichnete, wollte er das Potential gemeinsamer Klassenkämpfe trotz aufgespaltener Lebensrealitäten aufzeigen. Ursprünglich waren mehrere Bände geplant, doch Rodney hinterließ nur das Manuskript für den ersten.

Im Alter von nur 38 Jahren wurde Walter Rodney durch eine Autobombe des sozialdemokratischen Burnham Regimes in Guyana getötet. Er hinterließ eine Frau und drei Kinder sowie das Erbe eines revolutionären Intellektuellen, der das Verhältnis von Theorie und Praxis wie kaum jemand vor und nach ihm verkörperte.

Walter Rodneys Erbe

In der Auseinandersetzung mit Rodneys Werk und seiner Rezeption ist auffällig, wie unfassbar groß sein historisches Wissen ist, auf das er in unterschiedlichen Werken scheinbar beiläufig zugreifen kann. Ob es die Geschichte des Panslawismus und der Balkanisierung, die europäische Arbeiterbewegung oder feudalen Dynastien in Vietnam sind. Die Tiefe seines historischen Wissens und die Zugänglichkeit seiner Sprache machen den Text sowohl für ein akademisches als auch für ein politisches Publikum relevant. Interessant ist in der Rezeption auch, von welchen unterschiedlichen Seiten er vereinnahmt wird. Marxismus und Panafrikanismus waren bei ihm untrennbar verbunden und begleiteten ihn durch sein politisches Wirken, beides sind Teile seines politischen Wirkens.

Mit *Wie Europa Afrika unterentwickelte* verfasste er eine historische Studie, die die vergangenen Jahre bis zur Phase der Dekolonisierung nachzeichnen sollte, um den Zustand der afrikanischen Unterentwicklung zu erklären. In seinen Schriften danach befasst er sich mit Neokolonialismus und der wachsenden Relevanz der USA sowie von Weltbank und IMF. Die Fragen, die sich in diesem Zustand stellen, sind andere als die, die sich während des Kolonialismus gestellt haben[75] und weil die Gesellschaft sich bewegt, muss es auch die Analyse.[76]

Die Entwicklung des Marxismus bei Rodney ist weniger ein Wandel als eine kohärente Bewegung, die durch seine politische Aktivität und die objektiven Bedingungen der Zeit gegeben waren. Black Power als Ausgangspunkt ist dabei nicht nur das Übernehmen des damaligen Zeitgeistes, es ist vielmehr ein naheliegender Start für seine politischen Auseinandersetzungen. Wenn wir Ras-

75 Walter Rodney Speaks. The Making of an African Intellectual. Africa World Press, 1990. S. 69.
76 Ebd. S 28

sismus als *»die Ethnisierung der Arbeiterklasse«*[77] verstehen, wird das an kaum einem Ort so offensichtlich, wie in der Karibik, wo die globale Dimension des kapitalistischen Weltmarktes sichtbar wird und Schwarz gewissermaßen gleichbedeutend ist mit Arbeiterklasse. Mit der formalen Dekolonisierung, die die politischen Probleme von Afrikas Unterentwicklung nicht gelöst hatte, wurde für Rodney offensichtlicher, dass die Probleme vor allem ökonomisch fundiert sind und die Grundlage dieser Unterdrückung, der Widerspruch zwischen Kapital und Arbeit ist. In seinem späteren Werk zentriert er deshalb die Praxis der Arbeiterklasse als wichtigste revolutionäre Kraft und Grundlage für den Aufbau des Sozialismus als demokratischer Gesellschaften von unten. Sein Marxismus war deshalb nicht dogmatisch, weil er seine Erkenntnisse aus der Realität ableitete und nicht umgekehrt. Statt klassische marxistische Werke zu nehmen und sie schablonenhaft auf die eigene Zeit und Ort zu übertragen[78], eignete er sich das theoretische Werkzeug an, um afrikanische Geschichte und die Bedingungen afrikanischer Befreiung nachvollziehen zu können. Er verstand die Aufgabe einer jeden Person, die sich als Marxist*in versteht darin, dass der Marxismus nicht einfach als sie Summe der Geschichte anderer Leute auftaucht, sondern als lebende Kraft innerhalb seiner eigenen Geschichte.[79]

Berlin, Oktober 2023
Bafta Sarbo

77 Immanuel Wallerstein: Der historische Kapitalismus. Argument Hamburg, 1984.
78 Walter Rodney Speaks. The Making of an African Intellectual, Africa World Press, 1990. S. 100.
79 Marxism and African Liberation. In: Walter Rodney: Decolonial Marxism. Essays from the Pan-African Revolution. Verso London, 2022. S. 50.

Walter Rodney und die Permanente Revolution

Was ist die Permanente Revolution?

Außerhalb des engen Kreises der Menschen, die sich etwas intensiver mit der Frage der Revolution in unterentwickelten Ländern[80] und dem Kampf für Sozialismus beschäftigt haben, dürften nur vage bis keine Vorstellungen darüber existieren, was hinter dem Begriff »Permanente Revolution« steckt. Durch den Kampf der Fraktion um Josef Stalin gegen die Kritik der linken Opposition in der Sowjetunion ab Mitte der 1920er Jahre wurden viele Vorwürfe und falsche Vorstellungen über die »Permanente Revolution« verbreitet, die bis heute vorhalten. Auch wurde dieser Begriff untrennbar mit Leo Trotzki und dem Trotzkismus insgesamt verbunden. In »Die Permanente Revolution« schrieb Trotzki:

> *»Die Frage der permanenten Revolution wurde nach einer längeren Pause scheinbar ganz unerwartet im Jahre 1924 wieder erhoben. Politische Gründe gab es dafür nicht: handelte es sich doch um Meinungsverschiedenheiten, die längst der Vergangenheit angehörten. Der psychologischen Gründe dagegen gab es viele. Die Gruppe der sogenannten ›alten Bolschewiki‹, die den Kampf gegen mich eröffnet hatte, stellte mir vor allem diesen ihren Titel entgegen. Ein großes Hindernis auf dem Wege dieser Gruppe war das Jahr 1917. So wichtig die vorangegangene Geschichte des geistigen Kampfes und der Vorbereitung in bezug auf die Partei als Ganzes wie auch in bezug auf einzelne Personen gewesen war, so hatte diese Periode ihre höchste und unwiderrufliche Nachprüfung in der Oktoberrevolution gefunden.«*

---

80 Wenn wir von Unterentwicklung schreiben, ist dies nicht wertend gemeint. Wir stützen uns dabei auf Walter Rodneys Verständnis von Entwicklung und Unterentwicklung, wie er es zu Beginn dieses Buchs formuliert: »*Selbstverständlich ist Unterentwicklung nicht einfach nur die Abwesenheit von Entwicklung, da sich jedes Volk auf die eine oder andere Weise und mal in geringerem oder größerem Ausmaß entwickelte. Der Begriff der Unterentwicklung ergibt nur Sinn, wenn man ihn verwendet, um verschiedene Stufen der Entwicklung miteinander zu vergleichen. Er hängt in weiten Teilen mit dem Umstand zusammen, dass die gesellschaftliche Entwicklung des Menschen ungleichmäßig vonstatten ging und sich einige menschliche Gesellschaften im strikt ökonomischen Sinne weiter entwickelten als andere, indem sie mehr produzierten und wohlhabender wurden.*« siehe vorliegendes Buch S. 99.

Die Theorie der »*Permanenten Revolution*« stellt »*nach der Lehre der Epigonen*[81] *des Leninismus (Sinowjew*[82], *Stalin*[83], *Bucharin*[84] *usw.), die Erbsünde des ›Trotzkismus‹*« dar.[85]

81 Epigonen (griechisch für »Nachgeborene«) – in der griechischen Mythologie wurden die Söhne der »Sieben gegen Theben«, die ebenfalls gegen Theben Krieg führten und es zerstörten, als Epigonen bezeichnet. Im übertragenen Sinne werden damit geistige Nachfahren – besonders, im abwertenden Sinne, unbedeutende Nachahmer*innen – bezeichnet. Trotzki bezeichnete die Stalinist*innen vor allem in der zweiten Hälfte der 1920er oft als Epigonen von Marx und Lenin.
82 Sinowjew, Grigori Jewsejewitsch (1883–1936) – Bolschewik. Er wurde 1901 Sozialdemokrat und 1903 Bolschewik. Auf dem Londoner Parteitag 1907 wurde er ins Zentralkomitee gewählt, 1908 wurde er verhaftet und emigrierte nach seiner Freilassung ins Ausland, wo er der Redaktion des Zentralorgans der Bolschewiki, »Sozialdemokrat«, angehörte. In den Jahren des Krieges war er ein enger Mitarbeiter Lenins; mit diesem zusammen nahm er an den Konferenzen von Zimmerwald und Kiental teil. Nach der Februarrevolution kehrte er mit Lenin nach Russland zurück. In den Oktobertagen 1917 war er, zusammen mit Kamenjew, gegen den Aufstand. Nach dem siegreichen Aufstand forderte er die Bildung einer Koalitionsregierung »aller sozialistischen Parteien« und trat aus dem Zentralkomitee der Partei aus. Nach der Oktoberrevolution war er bis 1926 Vorsitzender des Petersburger Sowjets. Von 1919 bis 1926 war er Vorsitzender des Exekutivkomitees der Kommunistischen Internationale. 1923/24 bildete er mit Stalin und Kamenjew die »Troika» gegen Trotzki.
83 Stalin, Josef Wissarionowitsch (1878–1953) – einer der wichtigsten Organisator*innen der bolschewistischen Fraktion vor dem Krieg. Auf der Aprilkonferenz im Jahre 1917 wurde er in das Zentralkomitee gewählt. Zusammen mit Swerdlow leitete er die organisatorische Arbeit des ZK in der Epoche der Kerenskiade. Auf dem 2. Sowjetkongress wurde Stalin zum Volkskommissar für nationale Angelegenheiten gewählt. Dieses Amt behielt er bis zur Auflösung des Kommissariats im Jahr 1923. In den Jahren des Bürgerkriegs war Stalin auch in der Armee tätig, als Mitglied des Revolutionären Militärrats der Republik und an bestimmten Fronten. In den letzten Jahren arbeitet er als Generalsekretär des ZK der RKP. Er bildete eine Geheimfraktion mit Sinowjew und Kamenjew gegen Trotzki, 1925–28 ein Bündnis mit Bucharin gegen die Leningrader und Vereinigte Opposition. Von Zugeständnissen an die Kapitalisten schwenkte er 1928 auf überstürzte Kollektivierung der Landwirtschaft und Industrialisierung um, ab 1936 begann er die Ausrottung der alten Bolschewiki, 1941 brachte Stalins Vertrauensseligkeit gegenüber Hitler die Sowjetunion an den Rand der Katastrophe. Im Krieg schürte er russischen Nationalismus, 1953 starb er während der Vorbereitung einer neuen Terrorkampagne.
84 Bucharin, Nikolai Iwanowitsch (1888–1938) – einer der Führer*innen der RKP. Er wurde im Jahre 1888 geboren. Das erste Mal wurde er im Jahre 1909 arretiert; anschließende Verhaftungen zogen die Verbannung ins Archangelsker Gouvernement nach sich, von wo Bucharin floh. Danach emigrierte Bucharin ins Ausland, beteiligte sich an der Arbeit der bolschewistischen Auslandsorgane und arbeitete an in Russland herausgegebenen Zeitungen mit. Seit dem Beginn des imperialistischen Krieges wurde Bucharin in unterschiedlichen Ländern (in Schweden, Englands, Österreich) für seine internationalistische Tätigkeit arretiert.
Seit dem Juli des Jahres 1917 war Bucharin ständiges Mitglied des ZK, er war Mitglied des Exekutivkomitees der Komintern seit dem Anfang dieser Organisation und Redakteur des Zentralorgans der RKP »Prawda.« Nach Lenins Tod entwickelte sich Bucharin zum Parteirechten. Nach Stalins Sieg über die Leningrader Opposition um Sinowjew und Kamenjew bildete er mit Stalin die Parteispitze und wurde Vorsitzender der Komintern. 1929 bekämpfte Stalin ihn als »Rechten». Bucharin kapitulierte und wurde 1934 Chefredakteur der »Iswestija.« 1937 wurde er verhaftet und nach dem dritten Moskauer Prozess 1938 hingerichtet.
85 Leo Trotzki: Die Permanente Revolution. Fischer Frankfurt, 1969, S. 21

Eine bis heute weit verbreitete Annahme ist, dass die »Permanente Revolution« der vereinfachten Übersetzung der Worte nach bedeutet, dass man immer und überall die ganze Zeit lang Revolution »machen« könne. Damit wird die komplexe Frage der sozialistischen Revolution in den unterentwickelten Ländern in der Phase des Imperialismus, die mit der »Permanenten Revolution« behandelt wird, auf die Vorstellung reduziert, dass mit dem Begriff einfach nur die Taktik eines überall und immer möglichen Aufstandes gemeint wäre.

Dabei war der Ausgangspunkt der Überlegungen, die Trotzki, Parvus-Helphand[86] und andere in den Jahren 1904–1906 anstellten[87], die Frage, welchen Weg die Revolution in agrarischen, halbfeudalen oder feudalen Ländern einschlagen würde, welche Klasse sie anführen würde, wie das Proletariat und die Bäuer*innenschaft im Verhältnis zueinander stünden und nicht zuletzt, welchen Charakter die Revolution hätte – bürgerlich oder sozialistisch. In diesen Ländern ging es gerade um die unvollendeten Aufgaben der bürgerlichen Revolution[88], wie die Abschaffung des feudalen Großgrundbesitzes und die Aufteilung des Landes unter den von der Leibeigenschaft befreiten Bäuer*innen. Welche Klasse mit welchem Programm würde diese Aufgabe übernehmen, auf welche Widerstände würde sie dabei stoßen, wie weit würde das Proletariat (im

86 Parvus Alexander, eigentlich Israel Lasarewitsch Helphand (1869–1924) war ein russischer Emigrant und theoretisch gebildet. Er führte in der deutschen Sozialdemokratie schon Ende der 90er Jahre seinen theoretischen Kampf gegen Bernstein und gab dem Revisionismus des letzteren eine Abfuhr. In diesen ganzen Jahren trat Parvus mit einer Reihe von Artikeln auf, in welchen er die Praxis des revolutionären Marxismus begründete und die deutschen Opportunist*innen kritisierte: Auer, Heine und andere. In einer anderen Artikelserie verteidigte er die Idee des Generalstreiks als Mittel des revolutionären Kampfes. In der ganzen Zeit schrieb er eine Reihe glänzender ökonomischer Untersuchungen. In der russischen Sozialdemokratie schloss sich Parvus etwa im Jahre 1904 den Menschewiki an. Vor der Revolution trennte er sich von ihnen, verteidigte in den Jahren 1905–1906 zusammen mit L. D. Trotzki die Theorie der »permanenten Revolution». Nach der Niederlage der Revolution wurde Parvus als einer der Leiter*innen des Petrograder Sowjets arretiert und nach Sibirien verbannt. Seine Tätigkeit als Revolutionär beendete Parvus mit Beginn des Krieges und wurde Germanophiler, aber später einfach Spekulant. Nach dem Oktober versuchte er sich zu rehabilitieren, aber erfolglos. In den letzten Jahren schloss er sich den Anhänger*innen Scheidemanns an, gab eine Zeitschrift heraus, die die verräterische Politik der Sozialdemokratie theoretisch begründete.

87 Vgl. Kautsky/Luxemburg/Mehring/Parvus/Trotzki: Auf dem Weg zur Permanenten Revolution. Texte zur Russischen Revolution 1905. Manifest Berlin, 2017.

88 Die Aufgaben der bürgerlichen Revolution lassen sich nach Marx und Engels in folgende Punkte zusammenfassen: die Herstellung des Nationalstaates, die Konstitution des Staates auf der Grundlage der Volkssouveränität, Durchsetzung der bürgerlichen Herrschaft möglichst in Form einer demokratischen Republik, die Aufhebung der Leibeigenschaft und damit die Trennung der Produzent*innen von den Produktionsmitteln (Vertreibung der Bäuer*innen von ihrem Land und deren Verwandlung in freie Lohnarbeiter*innen), die Aufhebung der Zünfte, Freiheit der Kapitalanlage und damit die freie Entwicklung der Produktivkräfte.

Bündnis mit den Bäuer*innen) gehen müssen, würde es über die bürgerliche Revolution hinausgehen usw. Diese und andere Fragen spielten in der damaligen Debatte eine Rolle.

Ihnen lag die Erkenntnis zugrunde, dass die Bourgeoisie nicht mehr die revolutionäre Rolle, wie sie sie Ende des 18. Jahrhunderts in Frankreich beim Sturz der Monarchie spielte, einnehmen könne. Ausgehend von der konkreten Analyse der Entwicklung Russlands im Vergleich zu den entwickelten Nationen Westeuropas, legte Trotzki in »Ergebnisse und Perspektiven« 1905/6 dar, dass es in Russland keine einfache Wiederholung der Entwicklung im Westen geben kann. Er ging auf die Unterschiede der Revolutionen von 1789, 1848 und 1905 ein und kam zur Schlussfolgerung, dass das Bürgertum durch den entwickelten Klassengegensatz zwischen dem Kapital auf der einen und dem Proletariat und der armen Bäuer*innenschaft auf der anderen Seite, keine die ganze Nation einigende, also auch aller Ausgebeuteten und Unterdrückten, Stellung mehr einnehmen konnte. In einer revolutionären Bewegung gegen die feudalen Überreste würde sich unweigerlich dieser Klassengegensatz niederschlagen. Die Werktätigen würden die politische und soziale Macht des Bürgertums selbst angreifen.

Der Kapitalismus hatte sich auch in halbfeudalen Nationen wie dem Zarenreich durchgesetzt, aber in einer dem westlichen Kapital untergeordneten Stellung. Das so von mehreren Seiten bedrängte russische Bürgertum setzte daher auf den Ausgleich mit der Autokratie, wie das bereits zuvor 1848 in Deutschland passierte. Hier ging die deutsche Bourgeoisie ein Bündnis mit der Aristokratie und dem ostelbischen Landadel ein und brachte die Revolution zur Strecke. Aus Angst vor dem aufbegehrenden Proletariat suchte es das Bündnis mit den reaktionärsten Kräften.

Dieser, 1789 unvollständig entwickelte, später aber offen zutage tretende Klassenwiderspruch und Widerstand der Bourgeoisie gegen revolutionäre Veränderungen – selbst wenn es um die Erfüllung der Aufgaben der bürgerlichen Revolution wie Zerschlagung des Großgrundbesitzes, Einigung der Nation, Schaffung einer bürgerlichen Republik, ging – stellte die Frage, ob im Kampf gegen die feudale Selbstherrschaft nicht bereits über den Rahmen der bürgerlichen Revolution hinaus gegangen werden musste.

Das bedeutete, eine andere Klasse als die Bourgeoisie musste die Führung und Einigung der Nation übernehmen, um eine Revolution durchzuführen. Das Bauerntum ist eine entscheidende Kraft während der Revolution. Auf Grund seiner Zerstreutheit, seiner Fesselung an den Boden, seinen sozialen Schichtungen vermag es jedoch kein einheitliches Programm, geschweige denn eine revolutionäre Partei herauszubilden. Die führende Rolle fällt dem Proletariat, obwohl damals in seiner Zahl deutlich kleiner, zu. Es besaß gerade in der städtischen Industrie eine größere Kohärenz in seiner sozialen Stellung als Arbeiter*innen ohne jegliches Eigentum und die Organisation in der (Groß)industrie. Denn obgleich Russland vom ausländischen Kapital abhängig, halbfeudal, halb kolonisiert war, existierte in den Städten eine wachsende Industrie auf dem modernsten europäischen Niveau. Das ist nach Trotzki Ausdruck des Gesetzes der kombinierten und ungleichen Entwicklung, wo Elemente vorhergehender Gesellschaften (wie dem Feudalismus) neben denen der neuesten Entwicklung bestehen. Ohne die Periode der kapitalistischen Manufaktur, der kleinen und mittleren Betriebe durchgemacht zu haben, begann die russische Industrie mit der Errichtung großer Fabriken, in denen zum Teil zehntausende Arbeiter*innen ihr tägliches Werk verrichteten.[89]

Diese nur kurze Beschreibung lässt schon erahnen, dass die Fragen, wie sie sich 1905 in der ersten Russischen Revolution und dann dort noch einmal zwölf Jahre später stellten, einen direkten Bezug zur kolonialen Revolution in Asien, Afrika, der Karibik usw. haben. Ein für diese Revolutionen lebenswichtiger Aspekt ist die Frage der Überwindung der eigenen Unterentwicklung, wie sie von der vorhergehenden Gesellschaft ererbt wurde. Dazu kommt die Unmöglichkeit, den Sozialismus auf nationalem Boden zu vollenden. Die feindliche Umringung kapitalistischer Nationen kann nur durch die Ausbreitung der Revolution international durchbrochen werden. Das ist ein zentraler Bestandteil der »Permanenten Revolution.«

Rodney selbst kam in »Wie Europa Afrika unterentwickelte« in seinen eingehenden Betrachtungen zur Frage der Entwicklung und Unterentwicklung auf das Gesetz der kombinierten und ungleichen Entwicklung zu sprechen. Er stellte fest, dass *»[f]ür die frühe Entwicklung Afrikas [...] das Prinzip, nach dem die Entwicklung in den verschiedenen Weltteilen immer ungleich verlief, vermutlich von größerer Relevanz [ist].«*[90] Das gesamte vorliegende Buch ist eine Darstellung dessen, was dieses Gesetz in der Beziehung Afrika – Europa bedeutete, wo erstere Gesellschaften in einem Zustand vor-kapitalistischer Unterentwicklung gehalten wurden und doch untrennbarer Teil der – und Voraussetzung für – die entwickelte kapitalistische Welt waren.

Entwicklung hieß für ihn nicht die immer gleiche Abfolge bestimmter historischer Etappen:

---

89 Ausführlich dazu: Leo Trotzki: Ergebnisse und Perspektiven. In: Leo Trotzki: Die Permanente Revolution. Mehring Essen, 2016.

90 siehe vorliegendes Buch S. 93.

»Die ungleiche Entwicklung sorgte schon immer dafür, dass Gesellschaften miteinander in Berührung kamen, die sich auf unterschiedlichen Stufen befanden – z.B. Gesellschaften, von denen eine kommunalistisch und die andere kapitalistisch war.

Kommen zwei Gesellschaften unterschiedlicher Art in längeren und erfolgreichen Kontakt miteinander, werden Tempo und Charakter des Wandels in beiden Gesellschaften so stark beeinflusst, dass völlig neue Muster entstehen. In solchen Fällen sind zwei allgemeine Regeln zu beachten. Erstens wird die schwächere der beiden Gesellschaften (d. h. diejenige mit der geringeren Wirtschaftskraft) zwangsläufig in Mitleidenschaft gezogen – und je größer der Abstand zwischen den beiden betreffenden Gesellschaften ist, desto nachteiliger sind die Folgen. Als beispielsweise der europäische Kapitalismus mit den indigenen Jagdgesellschaften Amerikas und der Karibik in Berührung kam, wurden letztere praktisch ausgerottet. Zweitens kann die schwächere Gesellschaft – sofern sie überlebt – ihre eigenständige Entwicklung nur dann fortsetzen, wenn sie ein höheres Niveau erreicht als die Wirtschaft, von der sie zuvor beherrscht wurde. Konkrete Beispiele für die Gültigkeit der zweiten Regel finden sich in der Geschichte der Sowjetunion, Chinas und Koreas.«[91]

Er sprach hier also vom Überspringen der (vor)feudalen Epoche und des Kapitalismus, der vormals die Kolonien dominiert hatte, ohne welches diese Nationen ihre eigenständige Entwicklung nicht fortsetzen konnten.

Trotzki hat die Theorie der Permanenten Revolution in seiner Einleitung zur gleichnamigen Broschüre in drei miteinander verbundene Hauptelemente unterteilt:

1. Das Hinüberwachsen der bürgerlichen Revolution in die sozialistische: Wie auch Rodney feststellte[92], war das ein Gedanke, den Marx und Engels bereits während und nach der Revolution 1848 äußerten und wofür sie eine unbedingte Unabhängigkeit des Proletariats von bürgerlichen Kräften propagierten, um das zu ermöglichen.[93]
2. Daraus folgt der permanente Charakter der Revolution, der nach der Machtergreifung des Proletariats (im Bündnis mit der Bäuer*innenschaft, wie sich herausstellte) nicht in immer erneuten sozialen oder

91 ebd. S. 96.

92 Siehe Abschnitt »Die Permanente Revolution bei Rodney«.

93 Vgl. Marx/Engels: Ansprache der Zentralbehörde an den Bund vom März 1850. In: Marx/Engels: Werke. Band 7. Dietz Berlin, 1971. S 244 – 254.

politischen Revolutionen besteht, sondern in einer fortwährenden Umgestaltung der Gesellschaft hin zum kommunistischen Endziel.

3. *»Der internationale Charakter der sozialistischen Revolution, der den dritten Aspekt der Theorie der permanenten Revolution bildet, ergibt sich aus dem heutigen Zustande der Ökonomik und der sozialen Struktur der Menschheit. Der Internationalismus ist kein abstraktes Prinzip, sondern ein theoretisches und politisches Abbild des Charakters der Weltwirtschaft, der Weltentwicklung der Produktivkräfte und des Weltmaßstabes des Klassenkampfes. Die sozialistische Revolution beginnt auf nationalem Boden. Sie kann aber nicht auf diesem Boden vollendet werden. Die Aufrechterhaltung der proletarischen Revolution in nationalem Rahmen kann nur ein provisorischer Zustand sein, wenn auch, wie die Erfahrung der Sowjetunion zeigt, einer von langer Dauer. Bei einer isolierten proletarischen Diktatur wachsen die inneren und äußeren Widersprüche unvermeidlich zusammen mit den wachsenden Erfolgen. Isoliert bleibend, muß der proletarische Staat schließlich ein Opfer dieser Widersprüche werden. Der Ausweg besteht für ihn nur in dem Siege des Proletariats der fortgeschrittenen Länder. Von diesem Standpunkte aus gesehen, ist eine nationale Revolution kein in sich selbst verankertes Ganzes: sie ist nur ein Glied einer internationalen Kette. Die internationale Revolution stellt einen permanenten Prozeß dar, trotz aller zeitlichen Auf- und Abstiege.«*[94]

Kommen wir kurz zum eingangs erwähnten Vorurteil zurück, dass sich hinter der Permanenten Revolution verberge, dass immer überall eine Revolution »gemacht« werden könne.

Trotzki beschrieb selbst, dass im Gegensatz dazu, dass einige historische Etappen in einer Revolution, wie die der bürgerlichen Demokratie in Russland, übersprungen werden, andere wiederum in Zeiten der Ruhe oder der Konterrevolution nicht übersprungen werden können.

> *»Jeder Versuch des Überspringens realer, d.h. objektiv bedingter Etappen in der Entwicklung der Massen, bedeutet politisches Abenteurertum. Solange die Arbeitermasse in ihrer Mehrheit den Sozialdemokraten vertraut, oder, sagen wir der Kuomintang*[95] *oder den Trade-Unionisten, können wir die Aufgabe*

94 Leo Trotzki: Die Permanente Revolution. Fischer Frankfurt, 1969, S. 29

95 Kuomintang (oder Guomindang, Chinesische Nationalpartei) – entstand 1919 unter Sun Yat-sen aus verschiedenen Vorläuferorganisationen. Die 1921 gegründete Kommunistische Partei Chinas (KPCh) arbeitete auf Rat der Kommunistischen Internationale in der Kuomintang mit, auch als es nach dem Tod Sun Yat-sens 1925 unter seinem Nachfolger Tschiankaischek einen Rechtsruck gab und 1925 die zweite chinesische Revolution begann. Tschian arbeitete mit der KPCh zusammen,

der unmittelbaren Niederwerfung der bürgerlichen Macht nicht stellen. Die Masse muß darauf vorbereitet werden. Die Vorbereitung kann sich als eine sehr große ›Stufe‹ erweisen.«[96]

Die Erfahrung der Russischen Revolution 1905, im Februar und Oktober 1917, belegt die grundlegende Erkenntnis, die Trotzki hier formulierte:

> *»Die Möglichkeit des Erfolges in diesem Kampfe wird selbstverständlich in hohem Maße von der Rolle des Proletariats in der Wirtschaft des Landes, also vom Grade ihrer kapitalistischen Entwicklung bestimmt. Dies ist jedoch keinesfalls das einzige Kriterium. Keine geringere Bedeutung besitzt die Frage, ob im Lande ein so weitgehendes und brennendes ›Volksproblem‹ besteht, an dessen Lösung die Mehrheit der Nation interessiert ist, und das für seine Lösung die kühnsten revolutionären Maßnahmen verlangt. Zu den Problemen dieser Art gehören die Agrarfrage und die nationale Frage, in ihren verschiedensten Verbindungen. Bei dem zugespitzten Agrarproblem und bei der Unerträglichkeit der nationalen Unterjochung in den Kolonialländern kann das junge und verhältnismäßig nicht zahlreiche Proletariat auf der Basis einer national-demokratischen Revolution früher zur Macht kommen als das Proletariat eines fortgeschrittenen Landes auf der Basis einer rein sozialistischen Revolution.«*

> *»Folgt aus dem Gesagten, daß heute bereits alle Länder der Welt so oder so für die sozialistische Revolution reif sind? Nein, das ist eine falsche, eine tote, scholastische, stalinistisch-bucharinsche Fragestellung. Die Weltwirtschaft in ihrer Gesamtheit ist zweifellos für den Sozialismus reif. Das bedeutet aber nicht, daß jedes Land einzeln reif ist. Was soll dann mit der Diktatur des Proletariats*[97] *in den verschiedenen zurückgebliebenen Ländern geschehen, in China, Indien usw.? Darauf antworten wir: Die Geschichte wird nicht auf Bestellung gemacht. Ein Land kann für die Diktatur des Proletariats ›reif‹ werden, nicht nur bevor es für den selbständigen Aufbau des Sozialismus, sondern auch bevor es für weitgehende Sozialisierungsmaßnahmen reif ist. Man darf nicht von einer vorgefaßten Harmonie der gesellschaftlichen Entwicklung ausgehen.«*

---

solange ihm das politisch nutzte, unterdrückte sie 1927 brutal. Im Zweiten Weltkrieg versuchte die Kuomintang, dem Kampf gegen die japanischen Besatzer auszuweichen und ihre Kräfte für den zu erwartenden Bürgerkrieg gegen die KPCh zu sparen. Die Folge war aber, dass sich die KPCh in der Bevölkerung verankern konnte und den Bürgerkrieg 1946–49 gewann. Die Kuomintang musste nach Taiwan fliehen, wo sie jahrzehntelang diktatorisch herrschte.

96 Ebd., S. 117

97 Diktatur wird hier nicht im Sinne von gewaltsamer Unterdrückung durch eine Minderheit (wie in Militärdiktatur) verstanden, sondern als Herrschaft des Proletariats im Gegensatz zur Herrschaft (Diktatur) der Bourgeoisie/der Kapitalist*innenklasse.

Die Lösung für diese Situation kann nur im internationalen Maßstab gefunden werden.

> *»Bedeutet das wenigstens, daß jedes Land, auch das rückständigste Kolonialland, wenn nicht für den Sozialismus, so doch für die Diktatur des Proletariats reif ist? Nein, das bedeutet es nicht. Was soll dann mit der demokratischen Revolution überhaupt – und in den Kolonien insbesondere – geschehen? Wo steht es denn geschrieben – beantworte ich die Frage mit einer Frage –, daß jedes Kolonialland für die sofortige und restlose Lösung seiner national-demokratischen Aufgaben reif ist? Man muß die Frage vom andern Ende betrachten. Unter den Bedingungen des imperialistischen Zeitalters kann die national-demokratische Revolution nur dann bis zum siegreichen Ende durchgeführt werden, wenn die sozialen und politischen Verhältnisse des Landes reif dazu sind, das Proletariat als den Führer der Volksmassen an die Macht zu stellen. Und wenn dieses noch nicht der Fall ist? Dann wird der Kampf um die nationale Befreiung nur sehr geteilte, und zwar gegen die werktätigen Massen gerichtete Resultate ergeben.[...]*
>
> *Wann und unter welchen Bedingungen das eine oder das andere Kolonialland für die wirklich revolutionäre Lösung seiner Agrarfrage und seiner nationalen Frage reif wird, läßt sich nicht voraussagen.«*[98]

An dieser Stelle waren etwas längere Zitate nötig, da die Fragen durch diese Textstellen am besten beantwortet werden. Ein entscheidender Faktor ist dabei die Frage, ob es eine revolutionäre Partei gibt, die in der Lage ist, die objektiven Aufgaben zu erfüllen. Seit über einem Jahrzehnt sehen wir immer wieder starke Volksbewegungen, Aufstände, die Diktatoren von ihren Thronen stürzen. Die objektiven Voraussetzungen eines sozialistischen Umsturzes sind mehr als reif in Ländern wie Ägypten, Sudan, Chile usw. Eine revolutionäre proletarische Partei, die wie 1917 in Russland, die Nation der Unterdrückten eint und eine sozialistische Alternative darstellt, fehlt.

Dazu kommen die Jahrzehnte des Niedergangs der Arbeiter*innenbewegung und ihrer Organisationen. Der Niedergang der Sowjetunion hat nicht nur für die westliche Linke einen Bruch dargestellt und zur vollständigen Verbürgerlichung ehemaliger reformistischer und sozialdemokratischer Parteien geführt. In der neokolonialen Welt fielen damit auch ein Orientierungspunkt und Verbündete weg, die Durchsetzung des Kapitalismus unter der Führung der USA, mit den Instrumenten NATO, IWF und Weltbank haben tiefe Spuren hinterlas-

98 Ebd., S. 129ff.

sen. Die staatliche Infrastruktur wurde weitgehend privatisiert und öffentliche Subventionen wurden und werden unter dem Druck neoliberaler Maßnahmen, die die Bedingung für die Vergabe von Krediten waren, gekürzt. Die Offensive des Kapitals hat auch in diesen Ländern zu einer Niederlage der Arbeiter*innen und Armen geführt. Sozialistische Ideen wurden verdrängt, das Klassenbewusstsein ging zurück. Ein Ausdruck davon ist auch der Umgang mit Walter Rodney, dessen Werke seit den 2000ern stark zurückgedrängt wurden. Nicht nur im Westen wurde der Marxismus an den Universitäten durch bürgerliche Wissenschaften ersetzt.

In seinem Buch »The enduring relevance of Walter Rodney's ›How Europe Underdeveloped Africa‹«[99] beschreibt Karim F Hirji, einer von Rodneys früheren Student*innen in Dar Es Salam, sehr eindringlich den Siegeszug des Westens nach 1989/90 und wie Rodney aus den Unterrichtsräumen verschwunden ist.[100] Er bezeichnet das als »Große Wende.« Seinen Platz haben Autor*innen eingenommen, die vor allem den Kapitalismus und die Möglichkeiten preisen, die er angeblich für die unterentwickelten Länder bietet. Während Hirji das Bewusstsein zu dieser Zeit noch als sehr niedrig beschrieb, sehen wir, dass es zur Zeit eine Wiederbelebung der Debatte um den Imperialismus, den Kampf dagegen und damit auch Autor*innen wie Rodney gibt. Das ist nicht zuletzt Ausdruck der Kämpfe in der neokolonialen Welt, die sich in den letzten Jahren enorm zugespitzt haben.

Die Massen in den unterentwickelten Ländern selbst haben mehr als einmal bewiesen, dass sie die Energie und den Willen besitzen, einen revolutionären Weg zu gehen.

Die Permanente Revolution bei Rodney

Nicht nur für Rodney war eine entscheidende Frage, was auf die Unabhängigkeit folgt. Schwarze Marxist*innen und Revolutionär*innen verschiedener Generationen haben sich intensiv damit beschäftigt – CLR James[101], Frantz

99 Dt.: Die fortwährende Bedeutung von Walter Rodneys »Wie Europa Afrika Unterentwickelte«

100 Karim F Hirji: The enduring relevance of Walter Rodney's ›How Europe Underdeveloped Africa‹, Daraja Press 2017, Wakefield.

101 Cyril Lionel Robert James (1901 – 1989) war ein bedeutender schwarzer Historiker und Sozialist aus Trinidad. Er gehörte zur ersten Generation der panafrikanischen Bewegung und beeinflusste die folgenden Generationen, unter ihnen Walter Rodney. Während der 1930er und 1940er Jahre gehörte James zur trotzkistischen Bewegung (unter anderem als Mitglied der Socialist Workers Party in den USA) und verfasste während dieser Zeit erste wichtige Werke wie »World Revolution 1917–1936. The Rise and Fall of the Communist International.« (dt.: Weltrevolution 1917 – 1936. Aufstieg und Fall der Kommunistischen Internationale« und »The Black Jacobins: Toussaint L'Ouverture and

Fanon[102], Amílcar Cabral[103] und viele andere. Innerhalb des linken Flügels der panafrikanischen Bewegung gab es weitgehende Einigkeit darüber, dass die politische Unabhängigkeit nicht die Frage der wirtschaftlichen Abhängigkeit von den imperialistischen Nationen löst. Damit hingen viele weitere Probleme zusammen wie die indirekte politische Abhängigkeit, die Einbindung in internationale Bündnisse, der Transfer von Technologien, die kulturelle Beeinflussung des Westens und das koloniale Erbe insgesamt. Trotzdem gerade Rodney und Fanon eine sehr explizite Kritik an den nationalistisch-bürgerlichen Führer*innen der exkolonialen Staaten formulierten, gingen die Vorstellungen darüber, wie man dieses Stadium überwindet, welche Klasse die revolutionäre Kraft ist und welches Programm man braucht, stark auseinander.[104]

Ein tieferes Verständnis von Ausbeutung und Imperialismus zu entwickeln und zu vermitteln, anhand aktueller und historischer Erfahrungen, war eine der Hauptaufgaben, die Rodney sich stellte.

In seiner Einleitung zu »Wie Europa Afrika unterentwickelte« legte er in seinen Ausführungen zu Entwicklung und Unterentwicklung ein sehr umfassendes Verständnis der menschlichen Entwicklung, ausgehend von der marxistischen Methode des historischen Materialismus dar. Mechanische Analysen lehnte er ab:

> *»Die Tatsache, dass der Kapitalismus heute immer noch neben dem Sozialismus[105] existiert, sollte uns eine Warnung sein, dass die Produktionsweisen*

the San Domingo Revolution.» (dt.: Die Schwarzen Jakobiner. Toussaint L'Ouverture und die Haitianische Revolution. 2021 vom Karl Dietz Verlag Berlin neu aufgelegt). Ab den 1950er Jahren wandte er sich vom Bolschewismus ab und hielt engen Kontakt zu Führer*innen der Befreiungsbewegung in Afrika und der Karibik.

102 Frantz Fanon (1925 – 1961) stammte aus der französischen Überseekolonie Martinique und schloss sich als junger Erwachsener als Freiwilliger der französischen Armee im Kampf gegen die Wehrmacht in Nordafrika an. Seine persönlichen Erfahrungen mit dem Rassismus innerhalb der französischen Truppen bestärkten seine Erfahrungen, die er als Schwarzer (und damit Mensch zweiter Klasse in Frankreich) auf Martinique bereits gemacht hat. Fanon nahm als Arzt am algerischen Befreiungskrieg teil und wurde nach der Unabhängigkeit Repräsentant der algerischen Regierung. Seine Erfahrungen mit dem Kolonialsystem und seine Vorstellungen der antikolonialen Revolution verarbeitete er u.a. in den bekannten Werken »Schwarze Haut, weiße Masken« und »Die Verdammten dieser Erde.«

103 Amílcar Cabral (1924 – 1973) war Gründer und langjähriger Anführer der Afrikanische Partei für die Unabhängigkeit von Guinea und Kap Verde (PAIGC). Kurz vor der Unabhängigkeit des Landes putschte ein Teil der Unabhängigkeitsarmee und Cabral wurde ermordet. Er stand, im Gegensatz zu den Machthabern Nkrumah in Ghana und Touré in Guinea, für den Versuch, einen sozialistischen Kurs im Zuge des Unabhängigkeitskampfes einzuschlagen.

104 Zu Rodneys Kritik an Fanon siehe »Black Power und Klassenkampf« von Bafta Sarbo

105 Rodney macht sich, wie damals und zum Teil noch heute üblich, die Selbstbezeichnung der Sowjetunion u.a. als »sozialistisch« zu eigen. Er selbst hat der These der Verwirklichung des Sozialis-

nicht einfach als aufeinander folgende Stufen betrachtet werden können. Die ungleiche Entwicklung sorgte schon immer dafür, dass Gesellschaften miteinander in Berührung kamen, die sich auf unterschiedlichen Stufen befanden – z.B. Gesellschaften, von denen eine kommunalistisch und die andere kapitalistisch war.«[106]

Das starre Schema voneinander abgegrenzter historischer Etappen war und ist ein Merkmal stalinistischer und reformistischer Geschichtsbetrachtung. Denen zufolge muss ein Land, das keine Phase bürgerlich-demokratischer Entwicklung durchlaufen hat, diese erst absolvieren, bevor es zum Sozialismus fortschreiten könne. Dass historisch auf den Feudalismus der Kapitalismus und auf der Grundlage umfassender kapitalistischer Entwicklung der Sozialismus folgen würde, war die Erkenntnis des wissenschaftlichen Sozialismus von Marx und Engels. Was jedoch für die grundlegende geschichtliche Entwicklung korrekt ist, wird falsch, wenn man dies als starre Abfolge für jedes einzelne Land festlegen will.

Rodney erteilte denjenigen, die behaupten, dass jedes Land angeblich nach Marx eine starre Abfolge historischer Etappen zu durchlaufen habe eine klare Absage:

»Wenn diese Leute also sagen, dass der Marxismus behauptet, dass alle Gesellschaften die gleichen Prozesse durchlaufen müssen, und dass das Wichtigste das Vorhandensein einer bestimmten Arbeiterklasse in einer bestimmten Art und Weise ist, und dass wir davon daher notwendigerweise absehen müssen, weil unsere Gesellschaft anders ist als die von Marx beschriebene – dann denke ich, dass diese Leute im Grunde nicht verstanden haben, was er gesagt hat. Und ich glaube nicht, dass es sich dabei nur um ein Versehen handelt; ich denke, dass es ein Element der Verzerrung gibt, das absichtlich ist.«[107]

Nach Ansicht der Etappentheorie hätte in Russland nach dem Sturz des Zaren eine Etappe der kapitalistischen Entwicklung unter Führung der Bourgeoisie stattfinden müssen, bevor das Proletariat die Macht ergreifen konnte. Die Menschewiki[108] vertraten offen diese Position während der Februarrevolution, die den Zar stürzte.

---

mus widersprochen (siehe weiter unten). Wir würden von bürokratisch gelenkten Planwirtschaften oder degenerierten/deformierten Arbeiter*innenstaaten sprechen.

106 Siehe vorliegendes Buch, S. 96.

107 Walter Rodney: Decolonial Marxism. Essays from the Pan-African Revolution. Verso London, 2022. S. 61f.

108 Die reformistische sozialdemokratische Partei, im Gegensatz zur revolutionären sozialdemokratischen Partei, den Bolschewiki

Neben der Position der Permanenten Revolution und der menschewistischen Etappentheorie gab es bis zum Beginn der Russischen Revolution 1917 eine dritte Position, die Lenin vertrat. Während die Menschewiki die Vollendung der bürgerlichen Revolution in die Hände der liberalen Bourgeoisie legten und sich darauf beschränkten, auf diese maximalen Druck auszuüben, um eine soziale Gesetzgebung zu erlangen, lehnten Lenin und die Bolschewiki dies als Kapitulation ab. Sie erklärten, dass die Bourgeoisie reaktionär geworden war und weder den feudalen Staat zerschlagen, noch den Grundbesitz aufteilen oder die Macht der Kirche brechen würde. Sie würden – historisch unfähig geworden, eine unabhängige Rolle zu spielen – das Bündnis mit dem Adel eingehen und den Staat allenfalls reformieren, um darin einen Platz zu finden und eine Revolution der ausgebeuteten Massen gewaltsam zu verhindern. Proletariat und Bäuer*innenschaft würden dabei leer ausgehen. Lenin formulierte gegen die Herrschaft der Bourgeoisie die »demokratische Diktatur des Proletariats und der Bäuer*innenschaft«, womit die politische Macht der Bourgeoisie bereits gebrochen wäre. Diese demokratische Diktatur würde die Monarchie und deren Gutsbesitz zerschlagen, die Leibeigenschaft aufheben, demokratische Freiheiten durchsetzen usw. Gerade das Bündnis von Proletariat und Bäuer*innenschaft als zwei unterschiedlicher Klassen und der Vorsatz »demokratisch« betonte den bürgerlichen Charakter dieser Formel. Sowohl Lenin, als auch Trotzki gingen davon aus, dass das Proletariat mit der Bäuer*innenschaft an der Landfrage während einer sozialistischen Revolution in Konflikt kommen würde. Die bürgerliche Revolution bedeutet die Zerschlagung des feudalen Großgrundbesitzes und die Aufteilung des Landes unter die Bäuer*innen. Das war die Grundlage des Bündnisses der beiden Klassen. Das sozialistische Programm des Proletariats war jedoch die komplette Verstaatlichung und geplante Bewirtschaftung des Bodens, was der Forderung nach dem Besitz an Boden durch die Bäuer*innenschaft widersprach. In der Zeit nach der Russischen Revolution sollte das immer wieder eine der Hauptfragen werden.

Während der ersten Wochen nach der Februarrevolution in Russland und nachdem das Proletariat wie bereits 1905 mit den Sowjets eigene Machtorgane und damit den Kern eines Arbeiter*innenstaats geschaffen hatte, kam Lenin zu dem Schluss, seine bisherige Formel der demokratischen Diktatur fallen zu lassen. Bereits in seinen berühmten »Aprilthesen« formulierte er:

> *»Die Eigenart der gegenwärtigen Lage in Rußland besteht im Übergang von der ersten Etappe der Revolution, die infolge des ungenügend entwickelten Klassenbewusstseins und der ungenügenden Organisiertheit des Proletariats*

der Bourgeoisie die Macht gab, zur zweiten Etappe der Revolution, die die Macht in die Hände des Proletariats und der ärmsten Schichten der Bauernschaft legen muss.«[109]

Er ging zur Position der »Diktatur des Proletariats« (im Bündnis mit der Bäuer*innenschaft) über und formulierte bereits die Grundzüge eines sozialistischen Programms, das durch die Sowjetmacht verwirklicht werden sollte. Das war das Programm der Permanenten Revolution, gegen das die alten Bolschewiki viele Jahre erbitterte Polemiken geführt hatten.

Damit befand er sich im Gegensatz zur bolschewistischen Führung, die in der provisorischen Regierung und den parallel existierenden Sowjets die »demokratische Diktatur des Proletariats und Bäuer*innenschaft« verwirklicht sahen. Lenins Unnachgiebigkeit, seine Weitsicht und der Verlauf der Ereignisse sollten bald dafür sorgen, dass sich seine Position durchsetzte.

Nach nicht einmal acht Monaten offenbarten die bürgerlichen und reformistischen Kräfte ihre Unfähigkeit, die Forderungen der Massen nur annähernd zu erfüllen. Ohne im Geringsten eine bürgerliche Etappe abgeschlossen zu haben, gingen die russischen Arbeiter*innen im Bündnis mit den bäuerlichen Massen dazu über, den Kapitalismus und mit ihm den autokratischen Staat und die feudalen Überreste in dem riesigen Land zu beseitigen. Die sozialistische Revolution erfolgte also nicht in einer der entwickelten kapitalistischen Nationen, sondern im halb feudalen, gegenüber dem westlichen Kapital halb kolonialen, Russland.

Dieser historische Fakt strafte die Etappentheorie lügen, die nichtsdestotrotz ab Mitte der 1920er Jahre eine Neuauflage fand. Diesmal nicht durch die reformistische Sozialdemokratie, sondern durch die vormals revolutionäre Kommunistische Partei unter der zunehmenden Führung Stalins und seiner Fraktion selbst.

Der Kapitalismus als Weltsystem war jedoch zu dieser Zeit fest etabliert und selbst unterentwickelte, feudale oder sogar vorfeudale Gesellschaften und Völker gerieten unter seinen Einfluss. Das bedeutete, dass nicht jedes Land für sich denselben Prozess historischer Entwicklung hin zum Kapitalismus durchmachen konnte, da die Rahmenbedingungen sich dafür geändert hatten. Das war auch nicht nötig und so wurden, wie in Russland, bestimmte Stadien übersprungen.

Rodney ging selbst auf diese Fragen in »The Russian Revolution«[110] ein und diskutiert im Kapitel »Marx, Marxism and the Russian Left«[111] die Kritik, die

109 Wladimir I. Lenin: Aprilthesen, Werke Band 24, Dietz Berlin, 1959. S. 4.

110 Dt.: Die Russische Revolution

111 Dt.: Marx, Marxismus und die Russische Linke

sich gegen das Überspringen historischer Stufen wandte und die Russische Revolution als antimarxistisch darstellte:

> *»Kermit E. McKenzie beklagt, dass die Russische Revolution nicht in den verschiedenen, von Marx festgelegten, aufeinanderfolgenden Stufen der Gesellschaft erfolgte. Es hätte eine bürgerliche Revolution geben sollen, aber stattdessen brachten Lenin und Trotzki ihre fremde Doktrin der permanenten oder ununterbrochenen Revolution hinein, durch die das Proletariat die Macht übernahm. Mit anderen Worten: Lenin widersetzte sich dem ›Muster der historischen Entwicklung‹, das Marx wahrgenommen und ausgearbeitet hatte, zumindest in Bezug auf Westeuropa.«*[112]

Er ging dann auf die oben dargelegten Fragen von der historischen Abfolge gesellschaftlicher Formationen ein und darauf, wie Marx und Engels selbst ab den 1870er Jahren die Perspektive einer vorzeitigen Revolution in Russland aufwerfen, die das Proletariat im Bündnis mit der Bäuer*innenschaft vollziehen könnte. Letztendlich kommt er mit Marx und Engels und ihrer »Ansprache der Zentralbehörde an den Bund vom März 1850« selbst auf die Permanente Revolution zu sprechen:

> *»In ihrer Ansprache der Zentralbehörde an den Bund der Kommunisten forderten Marx und Engels die Kommunisten auf, in den Revolutionen von 1848 eine von der bürgerlichen Liga unabhängige Rolle zu spielen, sich in Gemeinderäten zu organisieren und dafür zu sorgen, dass die Arbeiter bewaffnet und organisiert sind. Ihre Aufgabe war es, ›die Revolution permanent zu machen [...] bis die Staatsgewalt vom Proletariat erobert [...] ist.‹*[113] *Dies ist eine neue Auffassung von Bewusstsein statt Passivität, von gemeinsamem und doch un-*

---

112 Walter Rodney: The Russian Revolution. A View from The Third World. Verso London, 2018. S. 46

113 Im Vorgriff auf die nächsten Abschnitte zur Permanenten Revolution lohnt es sich, etwas länger aus diesem Abschnitt der »Ansprache« zu zitieren, da Trotzki selbst auf diesen Aspekt zurückkam: *»Während die demokratischen Kleinbürger die Revolution möglichst rasch und unter Durchführung höchstens der obigen Ansprüche zum Abschlusse bringen wollen, ist es unser Interesse und unsere Aufgabe, die Revolution permanent zu machen, so lange, bis alle mehr oder weniger besitzenden Klassen von der Herrschaft verdrängt sind, die Staatsgewalt vom Proletariat erobert und die Assoziation der Proletarier nicht nur in einem Lande, sondern in allen herrschenden Ländern der ganzen Welt so weit vorgeschritten ist, daß die Konkurrenz der Proletarier in diesen Ländern aufgehört hat und daß wenigstens die entscheidenden produktiven Kräfte in den Händen der Proletarier konzentriert sind. Es kann sich für uns nicht um Veränderung des Privateigentums handeln, sondern nur um seine Vernichtung, nicht um Vertuschung der Klassengegensätze, sondern um Aufhebung der Klassen, nicht um Verbesserung der bestehenden Gesellschaft, sondern um Gründung einer neuen.«* (Marx/Engels: Ansprache der Zentralbehörde an den Bund vom März 1850. In: Marx/Engels: Werke. Band 7. Dietz Berlin, 1971. S 247f.)

abhängigem Handeln. Sowohl Lenin als auch Trotzki sollten dies weiterentwickeln und auf die Bedingungen der Russischen Revolution anwenden.«

Im Abschnitt »Trotsky as Historian of the Russian Revolution«[114] ging Rodney ausführlich auf das »Gesetz der ungleichen und kombinierten Entwicklung« und der »Permanenten Revolution« ein, welcher er größten Stellenwert beimaß:

> *»Er beschreibt es so: ›Unter der Knute äußerer Notwendigkeit ist die Rückständigkeit gezwungen, Sprünge zu machen.‹[115] Auf dieser Grundlage legt Trotzki ein neues Konzept vor, das er das Gesetz der kombinierten Entwicklung nennt und das seiner Meinung nach auf Russland und andere rückständige Länder anwendbar ist. Damit meint er ›eine Annäherung verschiedener Wegetappen, Verquickung einzelner Stadien, des Amalgams archaischer und neuzeitiger Formen.‹[116] Dieses Gesetz zeigt sich am deutlichsten im Bereich der Industrie. Russland begann spät und passte die neuesten Errungenschaften an seine eigene Rückständigkeit an. Die wirtschaftliche Entwicklung Russlands übersprang Etappen wie die der Handwerkszunft, während technische Etappen, die anderswo Jahrzehnte gedauert hatten, einfach ausgelassen wurden. […]*
>
> *Aus dem Gesetz der kombinierten und ungleichmäßigen Entwicklung leitete Trotzki seine berühmte Idee der permanenten Revolution ab. […] Trotzki stützte sich auf die marxistische Theorie, als diese am wichtigsten war.«*[117]

Rodney und Trotzki

Rodney wusste, dass die Erfahrungen der Russischen Revolution unschätzbare Lehren für die Revolution in der (neo)kolonialen Welt bereithalten und studierte sie eingehend. So kam er auch an Trotzki als einem führenden Kopf der Russischen Revolution nicht vorbei und ebenso nicht an seinem Kampf für die Permanente Revolution, die in den Jahren von 1905/6 bis 1917 eine weitsichtige Theorie war und von der Oktoberrevolution in der Praxis bestätigt wurde.

In der Behandlung historischer Persönlichkeiten ist man oft versucht, Belege in deren Schaffen für die eigene Haltung zu finden. Gerade wenn diese sich nicht mehr äußern können, muss man sehr vorsichtig mit der Behandlung ihres

114 Dt.: Trotzki als Historiker der Russischen Revolution.

115 Leo Trotzki: Die Geschichte der Russischen Revolution. Band 1. Manifest Berlin, 2021. S. 14

116 Ebd.

117 Alle Zitate: Walter Rodney: Decolonial Marxism. Essays from the Pan-African Revolution. Verso London, 2022. S. 83f. (Dt.: Dekolonialer Marxismus. Essays aus der Pan-Afrikanischen Revolution)

politischen Erbes umgehen und sich an das halten, was sie selbst gesagt, geschrieben und getan haben. Es hat jedoch noch niemand für alle Zeiten, nicht für die Vergangenheit und schon gar nicht für die Zukunft, eine absolut eindeutige Beantwortung aller Fragen gegeben. Eine Anwendung bestimmter Erkenntnisse – in diesem Fall Rodneys – für heute, für die Revolution in den unterentwickelten Ländern, schließt auch eine Interpretation vergangener Aussagen ein. Umso vorsichtiger und genauer muss man im Umgang mit dem Erbe Walter Rodneys sein, um ihn nicht für diese oder jene Strömung zu vereinnahmen. Wenn wir uns in diesem Text mit dem Verhältnis von Rodney und der Permanenten Revolution auseinandersetzen, bedeutet das also nicht, ihn posthum zu einem Trotzkisten zu machen.

Rodney war nicht nur kein Trotzkist, sondern er lehnte bewusst jede Strömungspolitik ab, da er sie schädlich für den Kampf für den Sozialismus in Afrika und der Karibik hielt.[118] Daraus sollte man aber nicht schlussfolgern, dass er gleichgültig gegenüber bestimmten Konzepten und Theorien war. Im Gegenteil, aus seinem literarischen Nachlass und den Berichten seiner Zeitgenoss*innen geht eindeutig hervor, dass er den Marxismus und die Lehren der Russischen Revolution im Oktober 1917 auf das Genaueste studierte.

Ein Ausdruck davon ist die Niederschrift seiner Vortragsreihe, die aus seiner Zeit an der Universität in Dar Es Salaam, Tansania stammt. Verso hat sie 2018 unter dem Titel »The Russian Revolution. A View from the Third World.«[119] auf-

118 In seinem Text »Marxism as a Third World Ideology« (Dt.: Marxismus als eine Dritte-Welt-Ideologie) positioniert er sich gleich zu Beginn: *»Im Zuge dieser Entwicklung hat es zwangsläufig auch eine Tendenz zur Fraktionierung gegeben – eine Tendenz, logischerweise die Position einzunehmen, die von den Anhängern des Marxismus oder des wissenschaftlichen Sozialismus als die am meisten theoretische und letztlich praktische Interpretation dessen, was Marxismus ist, angesehen wird. Ich für meinen Teil werde es der Einfachheit halber von vornherein vermeiden, in eine Diskussion einzutreten, in der zwischen rivalisierenden Anwärtern auf den Titel Marxismus ein Urteil gefällt wird. Ich glaube nicht, dass es unsere Analyse in der zur Verfügung stehenden Zeit voranbringt, wenn wir versuchen, zwischen den so genannten Stalinisten und den so genannten Trotzkisten, zwischen der einen oder der anderen Seite in der chinesisch-sowjetischen Auseinandersetzung, zwischen der alten und der neuen Linken zu entscheiden, wer eigentlich Marxist-Leninist ist. Das heißt, ich werde der Einfachheit halber die Komplikationen vermeiden, die mit diesen sehr oft polemischen Unterscheidungen verbunden sind. Darüber hinaus glaube ich jedoch, dass man prinzipiell argumentieren kann, dass es ein gemeinsames Verständnis – oder einen Korpus eines gemeinsamen theoretischen Verständnisses – unter all denen gibt, die sich zum Marxismus bekennen, und dass es einen kleineren, aber dennoch bedeutenden Bereich gemeinsamer Praxis gibt – eine gemeinsame antikapitalistische und antiimperialistische Praxis – unter diesen rivalisierenden Gruppen. Und das ist einer der Gründe, warum ich diese Behauptung vermeide. Außerdem werde ich an einem späteren Punkt der Analyse darauf hinweisen, dass die Einführung von marxistischem Fraktionalismus in politische Diskussionen in der Dritten Welt a priori meist destruktiv und bestenfalls sinnlos ist.«* Ebd. S. 52

119 Dt.: Die Russische Revolution. Eine Betrachtung aus der Dritten Welt.

gelegt. Sie zeugen von der intensiven Beschäftigung mit der Revolution in einem unterentwickelten Land, dem damaligen Zarenreich, mit einem revolutionären städtischen Proletariat, das gegenüber dem Bauerntum in einer absoluten Minderheit war.

Dennoch führten er und seine Partei 1917 die erste erfolgreiche sozialistische Revolution in einem halbkolonialen Land mit einem brutalen absolutistischen Regime unter dem Zaren an. Die Voraussetzungen für die Oktoberrevolution ließen und lassen sich leicht auf die kolonialen und neo-kolonialen Länder übertragen.

Rodney wollte dies seinen Student*innen vermitteln. Nicht als sterile Abhandlung von historischen Ereignissen und Auflistung von Zahlen und Namen, sondern er versuchte, die Methode des Marxismus zu lehren, ein Verständnis für die Widersprüche zwischen den Klassen, die auf ökonomischen Entwicklungen beruhen und ihre Bedeutung für die Revolution herauszustellen.

Jesse J. Benjamin und Robin D. G. Kelley schreiben in ihrer Einleitung zu »The Russian Revolution«:

> *»Obwohl er Trotzkis spätere Einschätzungen der Entwicklung des sowjetischen Staates kritisiert, entnimmt Rodney seinem dynamischen Konzept der kombinierten und ungleichmäßigen Entwicklung eine Erklärung dafür, wie das Überspringen der vielgepriesenen ›Stufen‹ der Geschichte ein Weg sein könnte, einen sozialistischen Weg für Afrika zu einzuschlagen.«*[120]

Rodney ging in »The Russian Revolution« in dem Abschnitt, in dem er verschiedene Strömungen beschrieb, die die Oktoberrevolution behandeln, auf den Trotzkismus ein:

> *»In Bezug auf Leo Trotzki gibt es eine ähnliche Situation, in der eine zeitgenössische Debatte direkt zu einer späteren historischen Kontroverse führt. Trotzki begann bereits vor seiner Abreise aus der Sowjetunion, historische und polemische Berichte zu schreiben. Der Teil seines Werks, der sich mit der Zeit vor 1924 befasst, ähnelt den offiziellen sowjetischen Fassungen erheblich. Aber wenn Trotzki über die Zeit schreibt, in der er der wichtigste Gegner Stalins war, ist die Kluft zwischen seiner Interpretation und derjenigen der sowjetischen Historiker praktisch unüberbrückbar. Trotzki war nicht nur ein Teilnehmer im Zentrum der Russischen Revolution, sondern auch ein Historiker für sich. Er war auch der Gründer der Vierten Internationale und hatte*

120 Walter Rodney: The Russian Revolution. A View from The Third World. Verso London, 2018. S. LIX

eine große intellektuelle Anhängerschaft. Das Werk der ›Trotzkisten‹, sowohl in Form von Pamphleten als auch in Form ausführlicher historischer Interpretationen, stellt eine eigenständige Literatur dar, die in einer Studie wie der vorliegenden gesondert behandelt werden muss.«[121]

Auch wenn bei weitem nicht alle Dokumente aus Rodneys Nachlass veröffentlicht wurden, ist zu vermuten, dass diese separate Auseinandersetzung nur sehr rudimentär oder gar nicht stattfinden konnte, abgesehen von den Abschnitten in »The Russian Revolution.«

In diesem Beitrag kann nicht auf alle Fragen eingegangen werden, sondern wir konzentrieren uns auf die oben dargelegte Problemstellung. Es sei nur so viel gesagt, dass die Niederschrift seiner Vorlesungen fragmentarisch ist. Für die geplante Veröffentlichung wollte er sie überarbeiten, konnte sie jedoch, auf Grund des Mordanschlag eines Schergen Burnhams[122], nicht fertigstellen.

Das erklärt vielleicht, warum seine Kritik an Trotzki teilweise unverständlich, teilweise widersprüchlich ist. Denn in seiner Analyse und Kritik der Stalinschen Periode in der Sowjetunion gibt es eine Übereinstimmung mit der Kritik, die von Trotzki in »Verratene Revolution« und von der Linken Opposition insgesamt geäußert wurde.

Rodney diskutierte nicht nur die verschiedenen Konzeptionen der Russischen Revolution innerhalb der russischen Linken, sondern ging im Kapital »On Democracy: Lenin, Kautsky and Luxemburg«[123] auf die internationale Kritik an der bolschewistischen Politik ein. Als Überleitung zum nächsten Kapitel »Building the Socialist State« geht er auf die Kritik Rosa Luxemburgs zur Frage der Demokratie ein:

»Eigenartiger Weise hatte Luxemburgs Kritik mehr Bedeutung für die Zukunft als für die Zeit, in der sie schrieb. Es ging um die langfristigen Folgen der dialektischen Beziehungen zwischen Lenin und dem Zentralkomitee, zwischen dem Zentralkomitee und den Mitgliedern, zwischen der Bürokratie und dem Volk. Nehmen wir die Frage der demokratischen repräsentativen Institutionen und des Volkes. Die lebendige Bewegung der Massen übt einen

121 Ebd., S. 9

122 Linden Forbes Sampson Burnham (1923 –1985) war von 1964 bis zu seinem Tod der zunehmend diktatorische Staatschef Guyanas. Nach seiner Rückkehr in das Land im Jahr 1975 organisierte Rodney die »Working People's Alliance« (Dt.: Allianz der arbeitenden Menschen), eine multiethnische Partei, die auf den Sturz Burnhams hinarbeitete. Um deren wachsenden Einfluss zu brechen, ging Burnham gewaltsam gegen ihre Führer*innen vor. Rodney, mittlerweile ein international bekannter Aktivist und wichtigster Kopf der Partei, wurde 1980 Opfer eines Bombenanschlags.

123 Dt.: Zur Demokratie: Lenin, Kautsky und Luxemburg

Druck auf diese Institutionen aus und verleiht ihnen Vitalität. Nur von den Massen kann man die Korrektur von Mängeln in den gesellschaftlichen Institutionen bekommen. Da die Revolution und die Diktatur ein Experiment sind, müssen die Dinge durch Versuch und Irrtum und nicht durch ein Dekret gelöst werden. Die Menschen dürfen in ihrer Improvisation und Kreativität nicht behindert werden. Wenn die Masse des Volkes entfremdet wird, wächst die Bürokratie, es entsteht eine Diktatur und es kommt zu einer ›Verrohung des öffentlichen Lebens.‹ Diese Art von Vorhersage wird sehr wichtig sein, um die Periode der Stalinschen Herrschaft zu bewerten und sie mit den von Lenin geschaffenen politischen Ideen und Institutionen in Beziehung zu setzen.«[124]

In »Building the Socialist State«[125] wies er nach, wie Stalin und dessen Politik vom leninistischen Verständnis in Bezug auf die Bäuer*innenschaft abgewichen war. Er wandte sich gegen die Erstickung der Parteidemokratie, gegen die Anwendung von Gewalt während der Phase der Zwangskollektivierung und später gegen die Ersetzung der Leninschen Nationalitätenpolitik durch die Russifizierung.

Er geht im Kapitel »The Critique of Stalinism«[126] vor allem im Abschnitt »Bureaucracy«[127] darauf ein, wie die Ursachen der Entstehung der Bürokratie in der Rückständigkeit und den spezifischen historischen Umständen lagen, die der Sowjetstaat vom Zarenreich erbte. Insofern gab er die Kritik der Trotzkist*innen im Groben korrekt wieder. Er wies sie jedoch mit dem Argument zurück, dass in der Erklärung der konkreten Entstehung bereits das Argument enthalten wäre, warum es keine Alternative zu dieser Entwicklung gegeben hätte. Das widerspricht allerdings seinen Ausführungen, welche Rolle das Eingreifen der Regierung in einem Arbeiter*innenstaat für dessen Entwicklung, gerade im Gegensatz zum Kapitalismus, spielt. Damit wischte er die vielfältigen Alternativen, die von Trotzki und der Opposition vorgebracht wurden, vom Tisch.

Das widerspricht auch Aussagen, die er an anderer Stelle in Bezug auf die Entwicklung der Bürokratie tätigte. So stellte er in »Problems of Third World Development«[128] fest:

»Es hat sich eine Bürokratie entwickelt. Das ist nicht einzigartig; es geschah in der Sowjetunion, es geschah in China, es geschah in Kuba. Die Bürokratie hat

124 Ebd., S. 116
125 Dt.: Der Aufbau des sozialistischen Staats
126 Dt.: Die Kritik des Stalinismus
127 Dt.: Bürokratie, Ebd., S. 175ff.
128 Dt.: Probleme der Entwicklung der Dritten Welt

sich als eine soziale Formation herausgebildet, die für die sozialistische Entwicklung – oder das Fehlen einer solchen – entscheidend ist, selbst dort, wo die Eigentumsbasis einer Ausbeuterklasse liquidiert wurde. Das ist also ein sehr reales Problem im nationalisierten Sektor.«[129]

Er sprach dort vom Kampf der Arbeiter*innen gegen die neue Bürokratie, von Arbeiter*innendemokratie und wie sie mit Streiks um die Kontrolle in den Fabriken kämpften. Da diese Kämpfe nicht mit Waffengewalt ausgefochten wurden, bezeichnete er das als »stillen Klassenkampf.« Damit wurde auch klar, dass es, auch wenn es objektive Ursachen für die Entstehung der Bürokratie (»Fehlen einer sozialistischen Entwicklung«) gab, diese nicht unwidersprochen hingenommen werden musste – gerade, weil sie zu einem Hindernis im Aufbau des Sozialismus wurde. Die Frage der proletarischen Demokratie gegen die Staatsbürokratie nahm im Laufe der 70er Jahre einen größeren Raum in seinen Schriften ein.[130]

Rodney wandte sich gegen die in den 30ern von den Sowjetoffiziellen getroffene Aussage, dass die Sowjetunion vor der unmittelbaren Vervollkommnung des Sozialismus stand. Der Punkt der internationalen Revolution als Vorbedingung zur Verwirklichung des Sozialismus und dass die Bürokratie mit ihrer internationalen Politik zu einem Hindernis dafür geworden war, fällt bei Rodneys

129 Walter Rodney: Decolonial Marxism. Essays from the Pan-African Revolution. Verso London, 2022. S. 148

130 S. Abschnitt »Sozialismus von unten« bei Bafta Sarbo
In »Class Contradictions in Tanzania« (dt.: Klassenwidersprüche in Tansania) schrieb Rodney: »*Die Aufforderung an die Menschen, umzuziehen, ein neues Leben zu beginnen, sich an einer völlig neuen Produktionsform zu beteiligen, würde natürlich eine erhebliche Politisierung erfordern. Dies war die Prämisse, auf der die Umgruppierung in China beruhte – von der gegenseitigen Hilfe über die Brigaden bis hin zu den Kommunen. Es handelte sich in erster Linie um einen politischen Prozess, aber die Bürokraten konnten ihn nur auf einen bürokratischen Prozess reduzieren, nicht auf einen Prozess, bei dem es darum geht, in und mit der Masse der Bevölkerung einen Wandel zu bewirken, sondern auf eine Frage der Logistik und der Zahlen und der Karten mit kleinen Stecknadeln, die zeigen, wo die Ujamaa-Dörfer liegen und was wo wächst. Sie können sich ein Problem vorstellen, bei dem es heißt: ›Wir müssen eine bestimmte Anzahl von Menschen von diesem Punkt zu einem anderen bringen, und wir brauchen so viele Lastwagen, also besorgen Sie die Lastwagen, fahren Sie in das Gebiet, lassen Sie die Polizei mitkommen und zerstören Sie die Dörfer der Menschen, und sagen Sie ihnen, dass es für sie viel besser sein wird. Vielleicht klappt es ja, vielleicht entscheiden diese Menschen, dass es besser für sie ist.‹ Aber in der Welt gibt es viele Praktiken, bei denen bestimmte Personen anderen Personen sagen, was gut für sie ist, und ihnen sagen, dass sie sie zu ihrem eigenen Besten umbringen werden, wenn es nötig ist. Das Ergebnis davon sehen wir heute in Südostasien. Aus einer sozialistischen Perspektive ist es natürlich immer gefährlich, wenn sich die Bürokratisierung im Namen des Sozialismus breit macht. Das geschah natürlich unter Stalin, und es hat dem Sozialismus lange Zeit einen gewissen Schaden zugefügt. Deshalb betrachtet man auch diese Erscheinung mit einiger Sorge.*« Walter Rodney: Decolonial Marxism. Essays from the Pan-African Revolution. Verso London, 2022. S. 269

Betrachtungen allerdings hinten runter. Dies, die Rolle der Kommunistischen Internationale und ihr Einfluss auf die Geschehnisse in China in den 1920ern, dem Spanischen Bürgerkrieg, den Zickzacks von ultralinkem zum Volksfrontkurs, spielten bei Rodney keine Rolle. Er ging sogar soweit, die Rolle der Partei bei der Unterordnung unter die Kuomintang zu leugnen, als wäres es nicht eine bewusste Entscheidung gewesen, welches Programm die Kommunistische Partei Chinas und die Komintern aufstellte. Er zieht sich auf die Aussage zurück, dass »*soziale Revolutionen [...] ihre Wurzeln in dem Ort [haben], an dem sie stattfinden.*«[131] Das ist zwar grundsätzlich richtig, aber da das Programm der revolutionären Partei kein Automatismus ist und Rodney selbst sein Leben mit der genauen Analyse konkreter Situationen verbrachte, um daraus Schlussfolgerungen zu ziehen, wirkt diese oberflächliche Aussage erstaunlich wenig ernsthaft. Daher fiel es ihm leicht, die Kritik als »hohl« zu bezeichnen, doch mit der Analyse der Entstehung der Bürokratie oder bestimmter programmatischer Haltungen ist noch nicht ihre historische Unvermeidbarkeit bewiesen.

In seinem Aufsatz »Transition« (zum Sozialismus) schlägt er einen ganz anderen Ton über die leitende Rolle der Arbeiter*innen, die bewusste Umgestaltung der Gesellschaft und die Zentralität der Demokratie an:

> *»Der Sprung zum Sozialismus ist untrennbar mit den bewussten Absichten der Arbeiterführung verbunden, die durch den Staat umgesetzt werden. Nicht alle historischen Sprünge sind bewusst gesteuert worden. Im Gegenteil, die Übergänge von einer Produktionsweise zur anderen, die dem Sozialismus vorausgingen, waren das Ergebnis von Kräften, die selbst von den Hauptklassen im Drama nicht richtig verstanden wurden. Man kann kaum behaupten, dass die Bourgeoisie die frühe Entstehung der kapitalistischen Gesellschaft gelenkt hat. Der Sozialismus ist einzigartig, weil das Bewusstsein der beiden kämpfenden Klassen – der Bourgeoisie und des Proletariats – hoch entwickelt ist. Die sozialen Verhältnisse in den Ländern der Dritten Welt können heute nicht unabhängig vom Willen der Menschen verändert werden. Es müssen bewusste Entscheidungen getroffen werden, um die Produktionskräfte (einschließlich Größe, Qualifikation und Zusammensetzung der Arbeiterklasse), die Produktionsverhältnisse und die Vermittlung dieser Verhältnisse durch den Staat zu verändern. Natürlich bedeuten ›bewusste Absichten‹ viel mehr als bloße Aussagen oder ideologische Erklärungen. Das verbale Bekenntnis zum Marxismus in Kongo-Brazzaville, Guinea, Somalia und Äthiopien ging mit*

131 Walter Rodney: The Russian Revolution. A View from The Third World. Verso London, 2018. S. 174.

> *gesellschaftlichen Entwicklungen einher, die sich nicht von denen in Staaten unterscheiden, in denen die Theorie der Klassenwidersprüche ausdrücklich abgelehnt wurde: Das heißt, marxistische Intellektuelle wurden zum Schweigen gebracht, Arbeitervertreter wurden ausgeschaltet und die Arbeiterklasse insgesamt von der demokratischen Beteiligung am gesellschaftlichen Wiederaufbau ausgeschlossen. Der Übergang kann nur dann Gültigkeit haben, wenn er eine umfassende Förderung der sozialistischen Bildung ohne Karikatur beinhaltet und sich fest auf die Arbeiterdemokratie stützt.*
>
> *Die Widersprüche innerhalb des imperialistischen Systems und zwischen Imperialismus und Sozialismus bilden die objektive Grundlage für den Übergang zum Sozialismus in den abhängigen kapitalistischen Ländern. Dies ist zu bekräftigen und dann zu präzisieren durch die ebenso wichtige Größe des Handelns der klassenbewussten Elemente. Der Übergang ist also gleichbedeutend mit einer geführten Transformation; er bedeutet eine von der Arbeiterklasse in ihrem eigenen Interesse geführte Sozialpolitik. Der Begriff der Arbeiterdemokratie eröffnet weitreichende und ehrgeizige Möglichkeiten, die sowohl am Ort der Produktion als auch innerhalb der verschiedenen Ebenen und Zweige des Staates von Bedeutung sind.«*[132]

Auch bezeichnete er Trotzkis Haltung zur Wirtschaftspolitik bis 1925 als eine der »Superindustrialisierung«, was nicht zutrifft. In ihren Endnoten zu diesen Abschnitten bringen die Editoren des Buchs, Kelley und Benjamin, ihr Erstaunen darüber zum Ausdruck, wie Rodney diese Themen behandelte.[133]

Es wirkt auch, als würde er auf der Grundlage dieser falsch verstandenen Positionierung Trotzkis und seiner späteren Kritik an der Industrialisierungspolitik Stalins eine Unterscheidung zwischen Trotzki dem Politiker (vor seinem Ausschluss aus der KPdSU) und Trotzki dem Historiker machen. Seine Teilnahme an der Oktoberrevolution in führender Stellung, seine Arbeit als Chronist und Lehrer der Revolution und seine daraus folgende Opposition gegen die Fraktion Stalins, sind jedoch nicht voneinander zu trennen.

Zu Trotzkis »Geschichte der Russischen Revolution«[134] schrieb er: »*Dieses monumentale Werk ist Geschichte auf dem höchsten Niveau der Analyse.*« Er

132 Walter Rodney: Decolonial Marxism. Essays from the Pan–African Revolution. Verso London, 2022. S. 287f.

133 Walter Rodney: The Russian Revolution. A View from The Third World. Verso London, 2018. S. 240f.

134 Leo Trotzki: Die Geschichte der Russischen Revolution. 2 Bände und Ergänzungsband. Manifest Berlin, 2021.

schätzte es höher als das, was über die Oktoberrevolution von der offiziellen sowjetischen Geschichtsschreibung zu lesen war.[135]

Auf alle Aspekte der Auseinandersetzung Rodneys mit Trotzki einzugehen, würde den Rahmen dieses Beitrags sprengen. Für eine wirkliche Einschätzung, wie Rodney gerade zum Ende seines Lebens zu Trotzki stand, wäre es nötig, seine Zeitgenoss*innen zu befragen, sein Archiv zu sichten, usw.

Vielleicht lässt sich soviel sagen: Rodney wahrte bewusst seine Unabhängigkeit von Vordenker*innen bestimmter Strömungen und war dennoch in seiner Kritik an der stalinistischen Etappentheorie der Permanenten Revolution, auch aus eigener Erfahrung mit den Prozessen in Ghana, Tansania und anderen exkolonialen Ländern, zugeneigt. Das fügt sich gut in das Bild eines revolutionären Intellektuellen ein, der den Marxismus nicht als Schablone, sondern als flexible Methode verstand, um konkrete Situationen in ihrem Werden und ihrem Fortlauf zu verstehen. Davon zeugen sein Buch »Wie Europa Afrika unterentwickelte« und viele weitere Texte.

Die nationale Frage

Walter Rodney zog am Ende seiner historischen Abhandlung über die Unterentwicklung Afrikas ein kurzes Zwischenfazit:

> *»Die Unabhängigkeit Afrikas wurde mit Pomp, Feierlichkeiten und einem Wiederaufleben traditioneller afrikanischer Musik und Tanz begangen. ›Ein neuer Tag ist angebrochen‹, ›Wir befinden uns an der Schwelle eines neuen Zeitalters‹, ›Wir sind nun in das politische Königreich eingetreten‹ – das waren die Phrasen der Stunde und sie wurden wiederholt, bis sie zu Klischees wurden. Doch all das hin und her von Cotonou nach Paris und von London nach Lusaka und all das Hissen und Streichen von Flaggen kann nicht als vollkommen bedeutungsleer bezeichnet werden. Der Rückzug der den Kolonisator*innen direkt unterstehenden Militär- und Justizapparate war notwendig, bevor irgendwelche neuen Alternativen hinsichtlich politischer Organisation, Gesellschaftsstruktur und wirtschaftlicher Entwicklung vorgelegt werden konnten.*
>
> *Die oben genannten Themen wurden von der Minderheit der afrikanischen Anführer*innen, die in ihrer Denkweise einen nicht-kapitalistischen Entwicklungsweg eingeschlagen hatten, am ernsthaftesten behandelt. Die Probleme wurden im Zusammenhang der Ungleichheit und den Widersprüchen nicht*

135 Walter Rodney: The Russian Revolution. A View from The Third World. Verso London, 2018. S. 82.

*nur zwischen Afrika und Europa, sondern auch innerhalb Afrikas als Folge von vier Jahrhunderten Sklaverei und einem Jahrhundert Kolonialismus betrachtet. Soweit es die Masse der Bäuer*innenschaft und der Arbeiter*innen betraf, machte das Ende der offenen Fremdherrschaft den Weg frei für ein tieferes Verständnis von Ausbeutung und Imperialismus. Selbst in Ländern wie Kamerun, wo die Imperialisten die Bäuer*innenschaft und die Arbeiter*innen brutal niederschlugen und ihre eigene bewährte Marionette installierten, wurden Fortschritte erzielt, insofern die Massen bereits einen Versuch unternommen hatten, ihr Schicksal selbst in die Hand zu nehmen. Dieses Element des bewussten Handelns kennzeichnet die Fähigkeit, Geschichte zu machen – als Ringen mit dem Erbe der objektiven materiellen Zustände und der gesellschaftlichen Verhältnisse.«*[136]

Dieser nur zwei Absätze umfassende Abschluss bildet den Auftakt für seine intensive Beschäftigung mit der Frage, was auf die politische Unabhängigkeit für die ehemals kolonialen Länder folgt und mit der er sich während der gesamten 1970er Jahre ausgiebig befasste. Schon 1971, als er die Arbeit am vorliegenden Buch beendete und noch große Hoffnungen auf das revolutionäre Potential in Tansania hegte[137], war für ihn klar, dass in keinem Land Afrikas der Kampf bis zum Ende geführt wurde.

Für Rodney bedeutete das, dass weder die Massen in einem Land die wirkliche Macht erobert hatten, noch der Imperialismus in Afrika oder der Welt besiegt war. Die Unabhängigkeit war für ihn nur ein Schritt, der Möglichkeiten eröffnete, wenn auch ein sehr wichtiger. In einem Satz kommt die Aufgabe, die sich daraus für ihn und die werktätigen Massen ergibt prägnant zum Ausdruck:

> *»Soweit es die Masse der Bäuer*innenschaft und der Arbeiter*innen betraf, machte das Ende der offenen Fremdherrschaft den Weg frei für ein tieferes Verständnis von Ausbeutung und Imperialismus.«*

Das ist eine in zweierlei Hinsicht programmatische Aussage:

1. Das Recht auf Selbstbestimmung der Nationen in Form der politischen Unabhängigkeit
2. Durch die Beseitigung des äußeren Feindes wird ein besseres Verständnis von Ausbeutung und Imperialismus möglich

136 Siehe vorliegendes Buch, S. 397f.

137 Zu seiner in den darauffolgenden Jahren formulierten Kritik an den nationalistischen Führern und der Behinderung der Entwicklung hin zum Sozialismus durch die neue (klein)bürgerliche Staatsbürokratie in den exkolonialen Staaten, siehe den Beitrag von Bafta Sarbo im vorliegenden Band.

Letzteres verbessert die Voraussetzungen für den Klassenkampf, da die Auseinandersetzung ihr klassenübergreifendes Korsett der nationalen Frage verliert und den Klassenwiderspruch im exkolonialen Land deutlich hervortreten lässt.

Damit bewegt er sich auf der Grundlage der von den Bolschewiki bereits bestimmten Haltung zur Frage der nationalen Unabhängigkeit und des Rechts auf nationale Selbstbestimmung:

> *»Die Herrschaft des Finanzkapitals, wie des Kapitals überhaupt, ist durch keinerlei Umgestaltungen auf dem Gebiete der politischen Demokratie zu beseitigen. Und das Selbstbestimmungsrecht der Nationen liegt ganz und ausschließlich auf diesem Gebiete. Aber diese Herrschaft des Finanzkapitals hebt nicht im mindesten die Bedeutung der politischen Demokratie als einer freieren, weiteren und klareren Form der Klassenunterdrückung und der Klassenkämpfe auf.«*[138]

In diesem grundsätzlichen Artikel ging Lenin auf die Grenzen des Nationalismus der unterdrückten Völker ein, der zwar den äußeren Feind bekämpft, aber gleichzeitig dazu tendiert, sich mit den heimischen Unterdrücker*innen zu arrangieren. Dem könne man nur den proletarischen Internationalismus entgegenstellen, den gemeinsamen Kampf der Arbeiter*innen der unterdrückenden sowie der unterdrückten Nation. Der Klassenkampf steht dabei über allem und die Frage der nationalen Unabhängigkeit, der Gründung von Föderationen sind der Vereinigung der Arbeiter*innen im Kampf gegen die Bourgeoisie untergeordnet. Das heißt, dass die Anerkennung des Rechts auf nationale Selbstbestimmung nicht automatisch heißt, diese Forderung in jeder Situation zu erheben.

Sie sind ein Zugeständnis an die unvollendete bürgerlich-demokratische Revolution in den unterentwickelten Ländern wie damals dem russischen Zarenreich. Notwendige Kompromisse müssen jedoch dazu führen, dass die Ausgangsbedingungen für den Klassenkampf gestärkt werden. In Bezug auf die nationale Frage bedeutet das, durch das Recht auf Selbstbestimmung den Faktor der Fremdherrschaft auszuschalten. Vor allem die Arbeiter*innen der unterdrückenden Nation bringen damit zum Ausdruck, dass sie keine Machtbestrebungen gegenüber dem Proletariat der unterdrückten Nation hegen. Das Bündnis der Arbeiter*innen dieser Nationen beruht nicht darauf, dass in den Kolonien einfach Ablegerorganisationen der Metropole geschaffen werden, wie das durch

138 Wladimir I. Lenin: Die sozialistische Revolution und das Selbstbestimmungsrecht der Nationen (1916), Werke Band 22, Dietz Berlin, 1960. S. 146.

die Gewerkschaftsverbände passierte, die damit die Sozialpartnerschaft und den Reformismus meist gleich mit exportierten. Das Bündnis beruht auf einer programmatischen Übereinstimmung auf Augenhöhe, die sich bestenfalls in der Zusammenfassung der revolutionären Parteien in einer Internationale wie der frühen Kommunistischen Internationale ausdrückte.

Dabei darf nicht vergessen werden, dass die nationale Frage nicht nur die Unabhängigkeit und Selbstbestimmung der Kolonien bedeutet. Innerhalb vieler vom Imperialismus geschaffenen Staaten existiert seit Jahrzehnten das ungelöste Problem der Selbstbestimmung von Völkern. Der Kolonialismus hat nicht nur Nationen auseinandergerissen, sondern Teile vormals unabhängiger Völker in ein Staatsgebilde gepresst. Die so fortwährenden Konflikte helfen den mächtigen Nationen, den jeweiligen Teil des Landes gegen den anderen auszuspielen, um die Unterwerfung aufrechtzuerhalten. Die Anerkennung des Rechts auf Selbstbestimmung wird auch hier zu einer Bedingung, um im Kampf gegen die Unterdrückung die Einheit herzustellen.

Da die Phase des Imperialismus jedoch endgültig bürgerlich-demokratische Revolutionen, bei der das Bürgertum die Nation eint und in die Unabhängigkeit führt, beendete und der internationale Klassenkampf der entscheidende Inhalt jeder Auseinandersetzung wurde, auch im Kampf um nationale Unabhängigkeit, musste man diese demokratische Forderung mit dem sozialistischen Programm des Proletariats verbinden. Durch die international beherrschende Rolle der imperialistischen Nationen und ihrer Bourgeoisie ergab sich auch eine Abhängigkeit der untergeordneten Bourgeoisien und Eliten (sogenannte Kompradoren) in den unterdrückten Nationen von den Weltmächten, wirtschaftlich, politisch, kulturell usw. Eine Unabhängigkeit unter bürgerlicher Führung wäre so ohnehin nur eine Farce, nur das Bündnis der werktätigen Klassen konnte diese Aufgabe bis zum Ende führen und muss dafür bereits über den bürgerlich-demokratischen Rahmen hinausgehen.

> *»Denn nicht nur das Selbstbestimmungsrecht der Nationen, sondern alle grundlegenden Forderungen der politischen Demokratie sind beim Imperialismus nur unvollständig, verstümmelt und als eine seltene Ausnahme (zum Beispiel die Abtrennung Norwegens von Schweden im Jahre 1905) ›durchführbar‹. Die Forderung der sofortigen Befreiung der Kolonien, die von allen revolutionären Sozialdemokraten aufgestellt wird, ist ebenfalls beim Kapitalismus ohne eine Reihe von Revolutionen ›undurchführbar‹. Aber daraus folgt keinesfalls der Verzicht der Sozialdemokratie auf den sofortigen und entschiedenen Kampf für alle diese Forderungen. Das wäre ja nur in die Hand der*

Bourgeoisie und Reaktion gespielt. Ganz im Gegenteil, man muß alle diese Forderungen nicht reformistisch, sondern entschieden revolutionär formulieren, sich nicht auf den Rahmen der bürgerlichen Legalität beschränken, sondern diesen Rahmen zerbrechen, sich nicht mit dem parlamentarischen Auftreten und äußerlichen Protesten begnügen, sondern die Massen mit in den aktiven Kampf hineinziehen, den Kampf um jede demokratische Forderung bis zum direkten Ansturm des Proletariats auf die Bourgeoisie verbreiten und anfachen, das heißt ihn zur sozialistischen Revolution, die die Bourgeoisie expropriiert, führen.«[139]

Die Einheit im Kampf wird dadurch hergestellt, dass man, wenn man es oberflächlich betrachtet, das Recht zur Aufspaltung in Nationalstaaten anerkennt. Aber gerade dadurch kann das Proletariat der unterdrückenden Nation gegenüber seinen Geschwistern in der unterdrückten Nation deutlich machen, dass es nicht vor hat, an die Stelle der alten Unterdrücker*innen zu treten. Damit wird die Einheit im Klassenkampf, national und international, hergestellt – auf proletarischer Basis.

»Anderseits müssen die Sozialisten der unterdrückten Nationen auf die vollständige und bedingungslose, auch organisatorische Einheit der Arbeiter der unterdrückten Nation mit denen der unterdrückenden Nation besonders bestehen und sie ins Leben rufen. Ohne dies ist es unmöglich, auf der selbständigen Politik des Proletariats sowie auf seiner Klassensolidarität mit dem Proletariat der anderen Länder bei all den verschiedenen Streichen, Verrätereien und Gaunereien der Bourgeoisie zu bestehen. Denn die Bourgeoisie der unterdrückten Nationen mißbraucht beständig die Losungen der nationalen Befreiung um die Arbeiter zu betrügen: in der inneren Politik benutzt sie diese Losungen zur reaktionären Verständigung mit der Bourgeoisie der herrschenden Nation (zum Beispiel die Polen in Österreich und Rußland, die eine Abmachung mit der Reaktion treffen zur Unterdrückung der Juden und Ukrainer); in der äußeren Politik bemüht sie sich, sich mit einer der wetteifernden imperialistischen Regierungen zu verständigen, um ihre räuberischen Ziele zu verwirklichen (die Politik der kleinen Balkanstaaten u.a.m.).«[140]

Was Rodney, wie Lenin, sehr gut verstand, war, dass der Kampf für nationale Unabhängigkeit die Voraussetzung des Klassenkampfes verbessern kann, durch die Konfrontation mit der eigenen Bourgeoisie, die die Klassenwidersprüche

139 Ebd. S. 146f.
140 Ebd. S. 149f.

im eigenen Land verdeutlicht, gepaart mit dem fortwährenden Kampf mit dem ausländischen Imperialismus:

> *»Selbst in Ländern wie Kamerun, wo die Imperialisten die Bäuer*innenschaft und die Arbeiter*innen brutal niederschlugen und ihre eigene bewährte Marionette installierten, wurden Fortschritte erzielt, insofern die Massen bereits einen Versuch unternommen hatten, ihr Schicksal selbst in die Hand zu nehmen. Dieses Element des bewussten Handelns kennzeichnet die Fähigkeit, Geschichte zu machen – als Ringen mit dem Erbe der objektiven materiellen Zustände und der gesellschaftlichen Verhältnisse.«*[141]

Lenin hat für den Fall, dass im Prozess der Unabhängigkeit reaktionäre Kräfte die Oberhand gewinnen klar formuliert:

> *»Wenn bei demokratischer Abstimmung die Reaktionäre die Mehrheit haben, so gibt es und kann es überhaupt nur eines von beiden geben: entweder wird der Beschluss der Reaktionäre verwirklicht und seine schädlichen Folgen treiben die Massen mehr oder weniger schnell auf die Seite der Demokratie, gegen die Reaktionäre; oder der Konflikt der Demokratie mit den Reaktionären wird durch den Bürgerkrieg oder einen anderen Krieg entschieden, der [...] auch unter der Demokratie möglich ist.«*[142]

Gerade der Konflikt der Reaktion mit der Demokratie, bzw. mit den unterdrückten Massen hat in Ländern mit unvollendeter nationaler Unabhängigkeit (wie in Irlands Free State[143] nach den Jahren des Kriegs gegen die englische Krone) oder vielen afrikanischen Staaten mit der ungelösten nationalen Frage zu langen und blutigen Bürgerkriegen geführt, die bis heute andauern.

---

141 Siehe vorliegendes Buch, S. 398.

142 Lenin, Wladimir I.: Das nationale Programm der SDAPR (1913), Werke Band 19, Dietz Berlin, 1977. S. 540.

143 Der irische *Free State* ging aus dem Bürgerkrieg gegen die englische Besatzung hervor. 1922 einigte sich ein Teil der nationalistischen Kräfte mit der englischen Krone auf die Gewährung von Autonomierechten für Irland (bis auf die sechs Counties des heutigen Nordirland). Die Krone und der Gouverneur als Vertreter des Königshauses blieben die Oberhäupter des Free States. Der radikalere Teil der Nationalist*innen um de Valera verweigerte diesen Kompromiss und es kam zu anhaltenden Kämpfen zwischen beiden Seiten, bis 1937 endgültig die politische Unabhängigkeit der heutigen Republik Irlands vollzogen wurde.

Die koloniale Revolution und die Kommunistische Internationale

Nicht nur für einzelne kommunistische Vordenker*innen wie Lenin oder Trotzki war die Frage der kolonialen Revolution von zentraler Bedeutung. Sie wurde auf dem Zweiten Weltkongress der Kommunistischen Internationale im Sommer 1920 und dem später im selben Jahr abgehaltenen »Kongress der Völker des Ostens« intensiv diskutiert.

In ihrer Einleitung zu »The Russian Revolution« schreiben Kelley und Benjamin:

> *»Auf dem Zweiten Kongress der Kommunistischen Internationale (1920) brachte Lenin seine berühmten ›Thesen zur nationalen und kolonialen Frage‹ ein. Während er an der Idee festhielt, dass die Kolonien zuerst eine bürgerliche vor einer sozialistischen Revolution durchlaufen müssten, bestand er darauf, dass ›alle kommunistischen Parteien die revolutionären Bewegungen in den abhängigen oder nicht gleichberechtigten Nationen [...] und in den Kolonien direkt unterstützen‹[144] müssen.«[145]*

Im »Ursprünglichen Entwurf der Thesen zur nationalen und kolonialen Frage«, aus dem sie hier zitieren, ist jedoch eine solche Haltung Lenins nicht zu finden. Das widerspräche auch der Erfahrung der Russischen Revolution, die – wie oben ausgeführt – die These der »Permanenten Revolution« bestätigte. Die Haltung, die Kelley und Benjamin hier dem Lenin von 1920 in den Mund legen, war die von vor 1917. Dass in Russland die Aufgaben der bürgerlichen Revolution vollendet werden musste, daran zweifelte niemand. Dass die Vollendung der bürgerlichen Revolution unter der Führung des Proletariats und dem Hinüberwachsen in die sozialistische Revolution vollzogen würde, das war die Erkenntnis nach der Februarrevolution von 1917.[146]

Unter den führenden Bolschewiki war Lenin 1917 der erste, der erkannte, dass seine Formel der »revolutionär-demokratischen Diktatur des Proletariats und der Bäuer*innenschaft« der Vergangenheit angehört. Ihr lag der Gedanke zugrunde, dass die Aufgaben der bürgerlichen Revolution unter der Führung

144 Wladimir I. Lenin: Ursprünglicher Entwurf der Thesen zur nationalen und kolonialen Frage, Werke Band 31, Dietz Berlin, 1966. S. 136.

145 Walter Rodney: The Russian Revolution. A View from The Third World. Verso London, 2018. S. IVII

146 Lenin beschreibt in seiner Polemik gegen Kautsky 1918 mit eigenen Worten die Änderung dieser Position im Kapitel »Liebedienerei vor der Bourgeoisie unter dem Schein der ökonomischen Analyse.« (Wladimir I. Lenin: Die proletarische Revolution und der Renegat Kautsky, Manifest Berlin, 2023.)

der Arbeiter*innen und Bäuer*innen nach dem Sturz des Zarentums in Russland vollendet würden, ohne direkt sozialistische Maßnahmen zu ergreifen. Die Geschichte überholte diese Voraussage und 1920 war der Übergang zur Diktatur des Proletariats auf sozialistischer Grundlage, im Bündnis mit der Bäuer*innenschaft, wie es in Sowjetrussland nach der Revolution geschehen war, allgemein anerkannt. In seinem »Bericht der Kommission für die nationale und die koloniale Frage« ließ er an der Frage keine Zweifel aufkommen:

> *»Die Frage wurde folgendermaßen gestellt: können wir die Behauptung als richtig anerkennen, dass das kapitalistische Entwicklungsstadium der Volkswirtschaft unvermeidlich sei für diejenigen rückständigen Völker, die sich jetzt befreien und unter denen wir jetzt, nach dem Kriege, eine fortschrittliche Bewegung beobachten? Diese Frage haben wir mit einem ›Nein‹ beantwortet. Wenn das siegreiche revolutionäre Proletariat unter ihnen systematische Propaganda treiben wird und wenn die Räteregierungen ihnen mit allen ihnen zur Verfügung stehenden Mitteln zu Hilfe kommen werden, dann ist es falsch, anzunehmen, dass das kapitalistische Entwicklungsstadium für die rückständigen Völker unvermeidlich sei. In allen Kolonien und rückständigen Ländern müssen wir nicht nur selbständige Kader von Kämpfern, Parteiorganisationen schaffen, nicht nur Propaganda treiben für die Organisierung von Bauernräten und sie den vorkapitalistischen Verhältnissen anzupassen suchen, sondern die Kommunistische Internationale muss auch die These aufstellen und theoretisch begründen, dass die rückständigen Länder mit Hilfe des Proletariats der vorgeschrittensten Länder unter Vermeidung des kapitalistischen Überwinterungsstadiums zur Sowjetordnung und dann über bestimmte Entwicklungsstufen zum Kommunismus kommen können.«*[147]

Lenin stellte in seinen Thesen die Forderung nach einem Sowjetsystem für die unterentwickelten Länder sogar explizit auf und rief dazu auf, die bürgerlich-demokratischen Kräfte zu bekämpfen:

> *»Insbesondere sind alle Anstrengungen darauf zu richten, die Grundprinzipien des Rätesystems auf Länder anzuwenden, in denen vorkapitalistische Verhältnisse herrschen, und zwar durch Gründung von ›Räten der Werktätigen‹ usw.;*
>
> *fünftens die Notwendigkeit, einen entschiedenen Kampf zu führen gegen die Versuche, den bürgerlich-demokratischen Befreiungsströmungen in den zu-*

147 Wladimir I. Lenin: Bericht der Kommission für die nationale und die koloniale Frage 26. Juli [1920], Werke Band 31, Dietz Berlin, 1966. S. 232.

rückgebliebenen Ländern einen kommunistischen Anstrich zu geben. Die Kommunistische Internationale darf die bürgerlich-demokratischen nationalen Bewegungen in den Kolonien und zurückgebliebenen Ländern nur unter der Bedingung unterstützen, daß die Elemente der künftigen proletarischen Parteien, die nicht nur dem Namen nach kommunistische Parteien sind, in allen zurückgebliebenen Ländern gesammelt und im Bewußtsein ihrer besonderen Aufgaben, der Aufgaben des Kampfes gegen die bürgerlich-demokratischen Bewegungen innerhalb ihrer Nation, erzogen werden. Die Kommunistische Internationale muß ein zeitweiliges Bündnis mit der bürgerlichen Demokratie der Kolonien und der zurückgebliebenen Länder eingehen, darf sich aber nicht mit ihr verschmelzen, sondern muß unbedingt die Selbständigkeit der proletarischen Bewegung - sogar in ihrer Keimform - wahren;«[148]

Die letztendlich beschlossenen »Leitsätze über die Nationalitäten- und Kolonialfrage« enthielten sogar einige deutliche Verschärfungen, die auf der Erfahrung von Delegierten wie M. N. Roy aus Indien mit bürgerlich-demokratischen Kräften im antikolonialen Befreiungsskampf beruhten. Gerade die praktischen Schlussfolgerungen für die Kommunistischen Parteien und deren Verhältnis zu bürgerlichen Kräften in den Kolonien wurden einer Überarbeitung unterzogen, wie Lenin in seinem Bericht zur Kommission wiedergab.

Aus Lenins These:

»11. In bezug auf die zurückgebliebeneren Staaten und Nationen, in denen feudale oder patriarchalische und patriarchalisch-bäuerliche Verhältnisse überwiegen, muß man insbesondere im Auge behalten:

erstens die Notwendigkeit, daß alle kommunistischen Parteien die bürgerlich-demokratische Befreiungsbewegung in diesen Ländern unterstützen; die Pflicht zur aktivsten Unterstützung haben in erster Linie die Arbeiter desjenigen Landes, von dem die zurückgebliebene Nation in kolonialer oder finanzieller Hinsicht abhängt;«[149]

wurde beispielsweise:

»11. In Bezug auf die Staaten und Nationen, die einen mehr zurückgebliebenen, vorwiegend feudalen oder patriarchalen oder patriarchal-bäuerlichen Charakter tragen, muss man insbesondere folgende Punkte im Auge behalten:

148 Wladimir I. Lenin: Ursprünglicher Entwurf der Thesen zur nationalen und kolonialen Frage, Werke Band 31, Dietz Berlin, 1966. S. 137f.
149 Ebd. S. 137.

a) Alle kommunistischen Parteien müssen die revolutionären Freiheitsbewegungen in diesen Ländern durch die Tat unterstützen. Die Form der Unterstützung muss mit der kommunistischen Partei des betreffenden Landes erörtert werden, wenn es eine solche Partei gibt. In erster Linie trifft diese Verpflichtung zur tatkräftigen Hilfe die Arbeiter desjenigen Landes, von dem die zurückgebliebene Nation in kolonialer oder finanzieller Hinsicht abhängt.«[150]

An verschiedenen anderen Stellen wurde die Kooperation mit »bürgerlich-demokratischen« Kräfte durch »revolutionäre« Kräfte ersetzt und auch diese unter sehr klaren Bedingungen formuliert. Darin spiegelt sich die Lehre daraus wider, welche schädliche Rolle nationalistische Kräfte für die Vereinigung der Werktätigen bereits Anfang des 20. Jahrhunderts gespielt haben. Viele der damals aufgestellten Thesen behalten heute ihre volle Gültigkeit, auch wenn natürlich klar ist, dass es nicht einmal ansatzweise eine revolutionäre Organisation in Form einer Kommunistischen Internationale wie 1920 gibt.

Die von M. N. Roy formulierten und ebenfalls einstimmig angenommenen »Ergänzungsthesen über die Nationalitäten- und Kolonialfrage«[151] wirken wie ein Vorgriff auf die mehrere Jahrzehnte später intensiv geführte Debatte über das Verhältnis von Entwicklung und Unterentwicklung, von imperialistischem Zentrum und Kolonien. Er beschrieb, wie die Extragewinne aus der Kolonialwirtschaft dazu führen, dass die Arbeiter*innen des Zentrums ruhiggestellt wurden, um sie letztendlich weiter ausbeuten zu können. Roys Thesen zeugen von dem zu der Zeit zutiefst verinnerlichten Internationalismus und dem untrennbar miteinander verbundenen Kampf der Befreiung der Ausgebeuteten und Unterdrückten in den Kolonien und den Werktätigen in den entwickelten Nationen.

Ein direkter Ausdruck der von der Kommunistischen Internationale formulierten Leitsätze war die Diskussion auf dem im September 1920 im befreiten Baku stattfindenden »Kongress der Völker des Ostens.« Dort diskutieren 1.900 Delegierte (1.200 von ihnen Kommunist*innen) vor allem aus Europa und Asien über die Aufgaben in den kolonialen Ländern.[152]

150 https://sites.google.com/site/sozialistischeklassiker2punkt0/komintern-1/2-weltkongress/3-leitsaetze-ueber-die-nationalitaeten--und-kolonialfrage

151 https://sites.google.com/site/sozialistischeklassiker2punkt0/komintern-1/2-weltkongress/4-ergaenzungsthesen-ueber-die-nationalitaeten--und-kolonialfrage

152 Viele nahmen bei der Anreise große Gefahren in Kauf, einige Delegierte aus Persien verloren dabei sogar ihr Leben.

Auch hier zeigt sich, dass die in der »Permanenten Revolution« formulierten Grundsätze keineswegs eine »Erbsünde des Trotzkismus« waren. Bela Kun[153], der das Referat zu den »Thesen über die Sowjetmacht im Osten« hielt, ließ keinen Zweifel daran aufkommen, dass eine dem Westen vergleichbare bürgerliche Entwicklung im Osten im Zeitalter des Imperialismus nicht nur nicht möglich wäre. Es läge nicht im Interesse des werktätigen Volkes, die ausländische Ausbeutung durch eine heimische zu ersetzen.[154] Der Sozialismus stünde auf der Tagesordnung und mit ihm die Sowjetmacht, auch im Osten. Wo es kein Proletariat gäbe, würde die arme Bäuer*innenschaft, in Räten organisiert, die Revolution anführen. Wo es ein, wenn auch kleines Proletariat gäbe, übernähme es die politisch führende Rolle.[155] Die Bäuer*innenschaft könne diese Rolle spielen, weil es die Sowjetmacht gäbe und mit ihr die revolutionäre Partei und deren revolutionäres Programm. Die Revolution in den Kolonien könne den Schritt hin zum Sozialismus wagen, weil der Kapitalismus international dafür reif wäre und weil es damals ein Sowjetrussland gab, mit dem sie ein Bündnis eingehen könnten.[156]

All diese Punkte gehen aus Kuns Referat hervor und noch viel deutlicher aus den daraufhin verabschiedeten »Thesen zur Sowjetmacht im Osten«[157] Nur wenige Jahre später wurden diese wichtigen Positionen der internationalen kommunistischen Bewegung als »Trotzkismus« verurteilt, unter anderem von Bela Kun. Als führendes Mitglied der Kommunistischen Internationale

153 Bela Kun (1886 – 1938) war ein ungarischer Kommunist und Anführer der dortigen Rätebewegung. Nach deren Niederschlagung war er in Deutschland und anderen Ländern als Vertreter der Kommunistischen Internationale tätig und schloss sich nach 1923 der Fraktion um Stalin an. 1938 fiel er einer Säuberungswelle zum Opfer.

154 *»Ganz kurz möchte ich mich gegen die veraltete Auffassung aussprechen, wonach die Völker, die noch keine Phase der kapitalistischen Entwicklung und damit der bürgerlichen Demokratie durchlaufen haben, all dies erleben müssen, bevor sie zum Sowjetsystem übergehen können. Diese Vorstellung wird nur deshalb aufrechterhalten, um die ärmste Bäuer*innenschaft des Ostens noch länger in der Gewalt der Emire, Paschas, Beys und ausländischen Kolonialisten zu halten. Ein weiterer Einwand, der gegen die Bildung von Sowjets im Osten vorgebracht wird, lautet, dass die Diktatur des Proletariats ohne ein Industrieproletariat unmöglich ist, und im Osten ist die Zahl des Industrieproletariats verschwindend gering. Dem entgegnen wir: ›Im Westen ist die Sowjetmacht in der Tat die Form und der Ausdruck der Diktatur des Proletariats, aber im Osten, wo das ausgebeutete Element nicht die Industriearbeiter, sondern die ärmste Bäuer*innenschaft ist, muss letztere auch das führende Element in den Sowjets sein.‹«* Brian Pearce: Congress of the Peoples of the East. Baku, September 1920. Stenographic Report. New Park Publications London, 1977. S. 126.

155 Ebd. S. 124.

156 Heute, ohne die Existenz eines Sowjetstaats als Verbündeten, ist die internationale Ausweitung der Revolution in der neokolonialen Welt und die Mobilisierung der Arbeiter*innen in den imperialistischen Nationen eine unmittelbare Überlebensfrage.

157 Ebd. 127ff.

wurde er zu einem der Hauptprotagonist*innen im Kampf gegen die Permanente Revolution.

Die 1920 aufgestellten Thesen berühren alle Themen, mit denen sich Walter Rodney ein halbes Jahrhundert später intensiv beschäftigte. Der Kongress wendete sich gegen Illusionen in *»sogenannte demokratische Selbstverwaltung, [die] die Verwaltung ausschließlich in die Hände einer privilegierten Schicht legt, [...], [und] hält die werktätigen Massen davon ab, ihre eigenen Geschicke zu verwalten.«*[158] Es war für die Delegierten klar, dass *»die Revolution der werktätigen Massen des Osten nicht Halt machen wird, nachdem die Herrschaft der ausländischen Imperialisten ausradiert wurde.«*[159]

Skachko, der das Referat zur Agrarfrage hielt, begann mit der Frage der Unterentwicklung:

> *»Aufgrund verschiedener Bedingungen, vor allem aber aufgrund der Unterdrückung durch die westeuropäischen Kapitalisten, die ihnen die Möglichkeit einer eigenständigen Entwicklung verwehrten, haben die Bewohner dieser Länder keine eigene Industrie entwickelt und sind bis heute ausschließlich in der Landwirtschaft tätig.«*[160]

Er adressierte das Problem der Organisierung der zersplitterten Bäuer*innenschaft. Für ihn bestand die Herstellung der Einigkeit darin,

> *»die Bauern zu Dutzenden und Hunderten von Organisationen aller Art zusammenzubringen, in landwirtschaftlichen und handwerklichen Erzeugerorganisationen und Genossenschaften sowie Konsumgenossenschaften aller Art, die die Bauernschaft mit allen Produkten der städtischen Industrie versorgen, die sie benötigt. Alle diese Organisationen werden die Bauernschaft von kommerziellen Zwischenhändlern befreien und es ihr ermöglichen, ihre Produkte direkt gegen die Produkte der Fabrikindustrie einzutauschen. Alle Zwischenhändler, alle Schmarotzer werden weggefegt, und die Werktätigen werden ihnen nicht den geringsten Anteil an dem, was sie produzieren, abliefern müssen.«*[161]

Die politische Organisation, die auf diesen kollektiven Wirtschaftseinheiten basierte, sollte der Bäuer*innensowjet sein. Die Genossenschaften sollten die Produktivität steigern und mit staatlicher Unterstützung Schritte in Richtung

158 Ebd. S. 129.
159 Ebd. S. 128.
160 Ebd. S. 130.
161 Ebd. S. 137.

einer zunehmenden Verstaatlichung machen. Wie Rodney bereits die Anwendung von Gewalt bei der Kollektivierung ablehnte, ging es auch in den »Thesen zur Agrarfrage« um eine Überzeugung der Bäuer*innenschaft durch die Verbesserung ihrer Lebensumstände, das Vorbild kommunistischer Farmen, wie es zum Teil in Russland versucht wurde.[162]

Er betonte ebenfalls, dass die nationale Befreiung nicht darin enden dürfe, die Macht unter Beibehaltung des Kapitalismus auf eine lokale Elite zu übertragen. Dann würden *»all die politisch-unabhängigen Länder des Osten ökonomisch abhängig bleiben.«*[163]

Besonders weitsichtig und bemerkenswert war Skachkos Perspektive, sollte die sozialistische Revolution in den agrarischen Ländern scheitern:

> *»Die politische Unabhängigkeit würde sie nicht vor dem Eindringen des Industriekapitals bewahren, und mit diesem Eindringen oder mit der Bildung des einheimischen Industriekapitals und der Entwicklung der einheimischen Industrie auf der Grundlage des Privateigentums an den Produktionsmitteln würde die Bauernschaft gezwungen sein, eine qualvolle Periode der ursprünglichen kapitalistischen Akkumulation zu durchlaufen, in der sie schließlich ruiniert, von ihrem Land vertrieben und alle zu Lohnarbeitern ohne eigenen Besitz gemacht würden. Und diese in Arbeiter verwandelte Bauernschaft würde von der einheimischen oder ausländischen Bourgeoisie in ihre Plantagen, Fabriken und Bergwerke getrieben und dort zu miserablen Löhnen für die Bereicherung der Kapitalisten arbeiten müssen – sie würden sich in einer noch schlimmeren Versklavung durch das Kapital befinden als heute.«*[164]

Dies klingt noch einhundert Jahre später wie eine exakte Beschreibung dessen, was während dieser Zeitspanne in vielen Ländern Afrikas und Asiens vor sich ging.

Die Theorie der Permanenten Revolution war ein theoretischer Grundpfeiler der Kommunistischen Internationale. Der Sieg des Sozialismus konnte nur durch die internationale Revolution ermöglicht werden. Die neue Sowjetbürokratie, die hinter der Stalinclique stand, basierte auf der Unterentwicklung des Landes, denn sie wusste, wie sie sich ihren Einfluss durch die Verwaltung des

162 Anklänge an diese Experimente fand man in Tansania, wo mit den Ujamaa die Vorstellung einer sozialistischen Kommune verbunden war. Rodney beteiligte sich aktiv an der Arbeit in einer dieser Kommunen und hegte große Hoffnungen in das Potential, das in ihnen steckte. Im Laufe seines Aufenthalts in Tansania stellte er jedoch fest, dass die Umsetzung rein formal und bürokratisch war und sich daraus keine wirkliche Selbstverwaltung der ländlichen Bevölkerung entwickelte.

163 Ebd. S. 138.

164 Ebd.

Mangels sicherte. Um ihre Stellung zu sichern, erklärte die Bürokratie durch Stalin und Co., dass der Sozialismus in einem Land möglich wäre, denn der wirkliche Sieg des Sozialismus hätte den Mangel und damit unweigerlich auch sie beseitigt. Indem die Permanente Revolution angegriffen wurde, wurde das Fundament, auf dem die Dritte Internationale errichtet wurde, selbst angegriffen, wie sich zeigen sollte. Dieser Angriff mündete während des zweiten imperialistischen Weltkriegs 1943 in ihrer Auflösung, als die Notwendigkeit einer revolutionären Internationale nicht hätte größer sein können.

Die (neo)koloniale Revolution und die Permanente Revolution heute

Aus den vorhergehenden Abschnitten dürfte deutlich geworden sein, dass die Frage der permanenten Revolution 1905 und 1917 eine ebenso große Rolle spielte wie in den kolonialen Befreiuungskämpfen der Zeit nach dem Zweiten Weltkrieg. Der Kampf gegen den Imperialismus und den Neokolonialismus währt fort und – wie Peluola Adewale in seinem Beitrag beschreibt – verschärft sich zur Zeit enorm. Die Frage, wie Bewegungen in den unterentwickelten Ländern nicht nur zu einem »Regime-Change« führen, der die Abhängigkeit von imperialistischen Nationen wie den USA, Deutschland, Frankreich usw. nicht beendet, stellt sich unmittelbar. Russland und China verfolgen eine oberflächlich gesehen weniger aggressive Taktik bei der Ausweitung ihres Einflusses im Gegensatz zu den Knebelverträgen von IWF und Weltbank als Instrumente westlichen Kapitals. Die Deals mit China zielen meist auf eine »win-win« Situation ab, wobei das »win« dabei vor allem auf Seite des chinesischen Kapitals und einiger günstiger Bedingungen für lokale Machthaber*innen, aber nicht für die verarmten Massen steht. Die Ersetzung der ökonomischen Abhängigkeit von einem imperialistischen Block mit der Abhängigkeit von einem anderen bietet keinen Ausweg für sie.

Nach Jahrzehnten der formal-politischen Unabhängigkeit wissen die ausgebeuteten Massen Afrikas sehr genau, dass eine eigene Flagge, so wichtig dieses Ereignis auch sein kann, nicht das Ende ihres Elend bedeutete. Die Überwindung des Kapitalismus und das Zerschlagen der Fesseln, die die imperialistischen Nationen ganzen Regionen angelegt haben, bleiben die dringendsten Aufgaben.

Die Voraussetzungen für eine dem westlichen Kapitalismus vergleichbare kapitalistische Entwicklung, wie sie von den Bürgerlichen für die neokolonialen Ländern gepredigt wird, sind seit der Formulierung der Permanenten Revolution nicht besser, sondern schlechter geworden.

Es gibt zwar einige exkoloniale Länder, die sich unter bestimmten historischen Bedingungen sogar zu regionalen Mächten entwickelt haben wie Brasilien, Indien oder Ägypten. Doch weder spielen sie im imperialistischen Machtgefüge die Rolle, die die USA, China oder Deutschland einnehmen, noch gibt es dort ansatzweise eine bürgerliche Demokratie wie in Westeuropa oder einen vergleichbaren Lebensstandard für die Mehrheit.

Dem gegenüber steht, dass sich die objektiven Bedingungen für eine sozialistische Revolution unter der Führung des Proletariats in diesen Ländern jedoch verbessert haben. In Südafrika, Nigeria, Südkorea und anderen ex- und neokolonialen Ländern hat sich über die Jahrzehnte seit der Unabhängigkeit eine zwar abhängige, aber deutlich vorhandene Bourgeoisie entwickelt. Die Faktoren dafür waren verschieden und sind unter anderem auf das Vorkommen bestimmter Ressourcen oder geostrategische Interessen der Großmächte zurückzuführen. Das hat die Entwicklung einer heimischen Bourgeoisie unter bestimmten Bedingungen befördert.

Aber auch das hat nicht zur Nachahmung der Entwicklung einer bürgerlichen Demokratie geführt, sondern vor allem zur Verschärfung der Klassengegensätze in den Ländern.

Zwar befindet sich die Klasse der Lohnarbeiter*innen in den meisten afrikanischen Ländern weiterhin zahlenmäßig in einer Minderheit, doch ihr Gewicht hat zugenommen. Die ursprüngliche Akkumulation, die Vertreibung der agrarischen Bevölkerung von ihrem Land ist, wie 1920 beschrieben, unaufhaltsam fortgeschritten und die Verstädterung nimmt zu, jedoch nicht im Interesse der afrikanischen Massen.

Es gibt kein Land, in dem es nicht zumindest in den Ballungszentren ein Proletariat gibt. Das bedeutet nicht, dass jede Person, die ihre Ortschaft in Richtung Stadt verlässt zu eine*r Arbeiter*in nach europäischen Vorstellung mit fester Anstellung, regulären Arbeitszeiten, Lohnauszahlung usw. wird. Viele werden in eine halb-proletarische Existenz von informeller Arbeit, Tagelöhnerei oder, wo möglich, als kleine Selbstständige gezwungen.

Diese, jeden Tag in ihrer Existenz bedrohte Masse, bildet dennoch ein enormes revolutionäres Potential, denn die Millionen-Städte funktionieren nicht ohne diese informelle Arbeit. Aber auch ohne Teil eines Großbetriebs zu sein, sind die Probleme allgemein, Stromversorgung, fehlender Zugang zu jeglicher Infrastruktur, Hunger, finanzielle Not, zunehmende Bedrohung durch das sich verändernde Klima, persönliche Unversehrtheit, usw.

Dazu kommt die weitere Durchdringung der Welt durch die kapitalistische Warenproduktion. Marx und Engels sprachen in den 1840ern bereits von einem kapitalistischen Weltmarkt. Lenin und andere stellten in den 1910er Jahren fest, dass die Aufteilung der Welt unter den imperialistischen Nationenen und ihrer Konzerne abgeschlossen war. Dennoch war damals der Prozess der kapitalistischen Durchdringung nichts im Vergleich zu heute.

Die Eingliederung in globale Wertschöpfungsketten reicht bis in den kleinsten Produktionsstandort Asiens, bis in die kleinste Farm Afrikas. Wo vormals selbstständige Produzent*innen für einen lokalen oder regionalen kapitalistischen Markt tätig waren, sind sie jetzt Glieder eines Produktionsprozesses, der bis ins kleinste Detail von international tätigen Konzernen kontrolliert wird.

Diese Durchdringung enteignet die früher selbstständigen Handwerk*innen und Bäuer*innen, macht sie mittels direkter Überwachung oder indirekter Unterwerfung durch Verschuldung, restriktivem Zugang zu Technologie usw. zu höchstens scheinselbstständigen, aber direkt abhängigen Produzent*innen. Die Zwischenschichten werden ausradiert, die materiellen Unterschiede werden nivelliert, die Landarmut, sofern sie nicht in die Städte flüchtet, wird zum ländlichen Proletariat, das Boden bearbeitet, der ihm nicht gehört, verbleibt in der abhängigen Stellung des Pacht- oder Schuldbauerntums oder verhungert.

Gleichzeitig haben sich die Probleme der sich selbst bereichernden Elite, der abhängigen Kleinbourgeoisie in der Administration und die Kompradorenbourgeoisie, die die Interesse der Imperialist*innen in den neokolonialen Ländern durchsetzte, nicht verringert, auf die Rodney und andere bereits vor 50 Jahren und mehr hingewiesen haben. Der Klassenwiderspruch in diesen Nationen blieb und bleibt bestehen.

Auf der einen Seite mögen diese objektiven Voraussetzungen den Kampf für Sozialismus begünstigen, auf der anderen Seite wird der Widerspruch, der sich im Fehlen einer sozialistischen Kraft ausdrückt, die es schafft, diese Werktätigen hinter ihrem revolutionären Programm zu einen, immer größer. Jeder Tag, der ohne den Sturz des Kapitalismus vergeht, bedeutet konkret tausende Tote durch Hunger, Krankheit und Krieg und andere Ursachen, die ihre Grundlage in diesem System haben.

Rodney beschrieb in den 70er Jahren, warum der wachsende Zuspruch für den Marxismus und mit ihm für die Idee, dass man bei der formalen Unabhängigkeit nicht stehen bleiben könne und für Sozialismus kämpfe müsste, auf der praktischen Erfahrung dieser Zeit beruhte:

»Der Marxismus ist in der Dritten Welt auf dem Vormarsch, und ich glaube nicht, dass dies nur auf eine theoretische Raffinesse seitens der Marxisten selbst zurückzuführen ist – wenn dies überhaupt eine Rolle spielt. Vielmehr scheint mir dies auf die praktischen Erfahrungen der Dritten Welt in den letzten anderthalb Jahrzehnten zurückzuführen zu sein – die praktischen Erfahrungen, die gemacht wurden, seit die Länder insbesondere in Afrika und Asien ihre sogenannte Unabhängigkeit, ihre nominelle verfassungsmäßige Unabhängigkeit, erlangt haben. Seit ihrer Unabhängigkeit haben diese Länder bestimmte Erfahrungen gemacht; sie haben sich zum Beispiel auf den Weg gemacht, sich selbst zu entwickeln, was immer das für andere bedeutet. Aber sie hatten sehr oft die bewusste Vision, sich zu entwickeln, voranzukommen, und dabei oder bei dem Versuch, das zu tun, bedienen sie sich der bekannten bürgerlichen theoretischen Annahmen darüber, wie man sich entwickelt, sie bedienen sich bürgerlicher Berater, um ihre Vier- und Fünf-Jahres-Entwicklungspläne aufzustellen; sie bedienen sich bürgerlicher internationaler Experten, um ihnen zu sagen, wie sie loslegen sollen. Und das Ergebnis ist für jeden sichtbar. Es ist ein Versagen des bürgerlichen Denkens, wenn man so will, die gewünschten Ergebnisse zu liefern.«[165]

Das ist heute nicht anders. Niemand hat den praktischen Beleg für das Versagen des Kapitalismus in den neokolonialen Ländern direkter vor Augen, als die verarmten Massen, die dort leben. Während jedoch Anfang der 70er Jahren ein berechtigter Optimismus herrschte, dass sich der Sozialismus auf dem Vormarsch befindet, ist heute das Gegenteil der Fall. Die Arbeiter*innenbewegung insgesamt, aber besonders revolutionär-sozialistische Kräfte sind seit dem Fall der stalinistischen Staaten enorm zurückgeworfen. Mit dem Sieg des Kapitalismus mit den USA als führender Nation, wurde der Idee einer sozialistischen Umwälzung und dem Marxismus als zugrunde liegende Theorie großen Schaden zugefügt. Die Massen, deren anti-imperialistische Haltung auch in der Unterstützung von anti-amerikanischen Militärregimen einen verqueren Ausdruck findet, müssen einen schmerzlichen Prozess durchlaufen, um festzustellen, dass Russland und China keine »besseren« Ausbeuter*innen als USA, Deutschland oder Frankreich sind. Ihre Schlussfolgerung kann nur darin liegen, den zerrissenen Faden der internationalen sozialistischen Revolution, den Rodney und viele andere knüpften, wieder aufzunehmen. Die Bildung revolutionärer Parteien in diesen Ländern aus den klassenbewussten

165 Walter Rodney: Decolonial Marxism. Essays from the Pan-African Revolution. Verso London, 2022. S. 66

Elementen des städtischen Proletariats und der Armut in Stadt und Land ist eine unabdingbare Voraussetzung, um diesen Prozess in Gang zu setzen und zu beschleunigen.

Berlin, September 2023
René Arnsburg

WALTER RODNEY

WIE EUROPA AFRIKA UNTERENTWICKELTE

Vorwort

Dieses Buch ist das Ergebnis einer Auseinandersetzung mit der gegenwärtigen Lage in Afrika. Es befasst sich mit der Vergangenheit nur deshalb, weil es sonst unmöglich wäre, zu verstehen, wie die Gegenwart entstand und welche Tendenzen sich für die nahe Zukunft abzeichnen. Um ein Verständnis dafür zu gewinnen, was heute als »Unterentwicklung« Afrikas bezeichnet wird, mussten die Grenzen der Untersuchung weit gesteckt werden, sodass sie vom 15. Jahrhundert einerseits bis zum Ende der Kolonialzeit andererseits reichen.

Idealerweise sollte eine Analyse der Unterentwicklung noch näher an die Gegenwart heranreichen als nur bis an das Ende der Kolonialzeit in den 1960er-Jahren. Das Phänomen des Neokolonialismus verlangt nach einer umfassenden Untersuchung, damit Strategie und Taktik der afrikanischen Emanzipation und Entwicklung formuliert werden können. So weit geht diese Studie nicht, aber zumindest deutet sie – durch eine korrekte historische Bewertung – bestimmte Lösungen an, so wie in der Medizin, durch eine korrekte Diagnose des Zustands des Patienten und eine genaue Anamnese, bestimmte Heilmittel angezeigt oder kontraindiziert sind. Hoffentlich leisten die folgenden Fakten und Darstellungen einen kleinen Beitrag dazu, den Schluss zu untermauern, dass die Entwicklung Afrikas nur auf der Grundlage eines radikalen Bruchs mit dem internationalen kapitalistischen System möglich ist, das in den letzten fünf Jahrhunderten die Hauptursache der Unterentwicklung Afrikas darstellte.

Die Frage nach der Entwicklungsstrategie wird im letzten Abschnitt kurz von A. M. Babu, dem ehemaligen Minister für Wirtschaft und Entwicklungsplanung, behandelt, der aktiv an der Gestaltung einer entsprechenden Politik in Tansania beteiligt war. Dass der gesamte Text in Tansania verfasst wurde, wo der Wunsch nach Entwicklung von deutlich mehr positiven Maßnahmen begleitet wurde als in anderen Teilen des Kontinents, ist kein Zufall.

Viele Kolleg*innen und Genoss*innen haben ihren Teil zu diesem Werk beigetragen. Besonderer Dank gilt den Genossen Karim Hirji und Henry Mapolu von der Universität Dar es Salaam, die, im Geiste konstruktiver Kritik, das Manuskript gelesen haben. Aber ich werde nicht, wie es in den meisten Vorworten üblich ist, hinzufügen, dass für »alle Fehler und Unzulänglichkeiten ausschließlich ich verantwortlich bin.« Das ist reiner bürgerlicher Subjektivismus. Die Verantwortung in solchen Angelegenheiten ist immer eine kollektive, vor allem wenn es um die Beseitigung von Mängeln geht. Das Ziel war es, Afrikaner*innen zu erreichen, die die Art ihrer Ausbeutung genauer untersuchen wollen und nicht, die von unseren Unterdrücker*innen und ihren Wortführer*innen in der akademischen Welt gesetzten »Standards« zu erfüllen.

Walter Rodney
Dar es Salaam

1. Einige Fragen zum Begriff der Entwicklung

Im Gegensatz zu dem rasanten Wachstum der sozialistischen Länder und der – wenn auch sehr viel langsameren – Entwicklung in den meisten kapitalistischen Ländern steht die unbestreitbare Tatsache, dass ein großer Teil der so genannten unterentwickelten Länder in völliger Stagnation verharrt und dass in einigen von ihnen das Wirtschaftswachstum niedriger ist als das Bevölkerungswachstum.

Diese Merkmale sind nicht zufällig, sondern entsprechen genau der Natur des sich voll entfaltenden kapitalistischen Systems, das den abhängigen Ländern die missbräuchlichsten und schamlosesten Formen der Ausbeutung überträgt. Man muss sich darüber im Klaren sein, dass die einzige Möglichkeit zur Lösung der Probleme, mit denen die Menschheit heute konfrontiert ist, darin besteht, die Ausbeutung der abhängigen Länder durch die entwickelten kapitalistischen Länder vollständig zu beseitigen, mit allen sich daraus ergebenden Konsequenzen.

– Che Guevera, 1964

Was ist Entwicklung?

In menschlichen Gesellschaften ist Entwicklung ein vielschichtiger Prozess. Auf der Ebene des Individuums bedeutet Entwicklung mehr Kompetenzen und Möglichkeiten, größere Freiheit, Kreativität, Selbstdisziplin, Verantwortung und materiellen Wohlstand. Einige dieser Kategorien sind moralischer Art und schwierig in ihrer Bewertung, da sie abhängig sind von der Zeit, in der man lebt, der eigenen Klassenherkunft und dem persönlichen Rechtsempfinden. Es ist jedoch unbestreitbar, dass die Verwirklichung eines jeden dieser Aspekte persönlicher Entwicklung in hohem Maße mit dem Zustand der Gesellschaft in ihrer Gesamtheit zusammenhängt. Schon in frühester Zeit erkannte der Mensch, dass es für das Überleben und die Jagd nicht nur vorteilhaft, sondern auch notwendig ist, sich zu Gruppen zusammenzuschließen. Die Beziehungen, die sich in einer sozialen Gruppe bilden, sind für das Verständnis der Gesamtgesellschaft entscheidend. Freiheit, Verantwortung und Kompetenz haben nur hinsichtlich der Beziehungen der Menschen in einer Gesellschaft eine wirkliche Bedeutung.

Natürlich gerät jede gesellschaftliche Gruppe in Kontakt mit anderen. Die Beziehungen zwischen Individuen zweier Gesellschaften werden durch die Form dieser Gesellschaften geregelt. Dabei sind ihre jeweiligen politischen Strukturen von Bedeutung, da die herrschenden Elemente innerhalb jeder Gruppe diejenigen sind, die als erstes miteinander in Dialog treten, handeln oder kämpfen. Auf der Ebene der gesellschaftlichen Gruppen bedeutet Entwicklung deshalb eine wachsende Fähigkeit, sowohl interne als auch externe Beziehungen zu regeln. Die bisherige Menschheitsgeschichte war in großen Teilen ein Überlebenskampf gegen die Natur sowie gegen reale und eingebildete menschliche Feinde. In der Vergangenheit bedeutete Entwicklung immer eine Steigerung der Fähigkeit, die Unabhängigkeit der jeweils eigenen sozialen Gruppe verteidigen und nicht zuletzt in die Freiheit anderer eingreifen zu können – was oft unabhängig vom Willen der Personen innerhalb der betroffenen Gesellschaften geschah.

Zwar sind Menschen nicht die einzigen Lebewesen, die in Gruppen operieren; dank ihrer Fähigkeit, Werkzeuge herzustellen und zu benutzen, schlug die menschliche Spezies jedoch einen einmaligen Pfad in der Entwicklung ein. Die Herstellung von Werkzeugen selbst war eher ein Anreiz für zunehmende Rationalität als die Folge eines voll ausgereiften Intellekts. Historisch gesehen war der arbeitende Mensch genauso wichtig wie der denkende Mensch, denn die Arbeit mit Werkzeugen befreite ihn von der reinen physischen Notwendigkeit, sodass er sich über andere, stärkere Arten und über die Natur selbst hinwegsetzen konnte. Die Werkzeuge, die die Menschen gebrauchen und die Art und Weise, in der sie ihre Arbeit organisieren, sind beides wichtige Indikatoren der gesellschaftlichen Entwicklung.

In den meisten Fällen wird der Begriff »Entwicklung« in einem ausschließlich wirtschaftlichen Sinne verwendet – mit der Begründung, dass die Art der Wirtschaftsform selbst Aufschluss über die weiteren gesellschaftlichen Verhältnisse gäbe. Was also ist wirtschaftliche Entwicklung? Eine Gesellschaft entwickelt sich wirtschaftlich in dem Maße, in dem ihre Mitglieder gemeinsam ihre Möglichkeiten im Umgang mit der Umwelt erweitern. Diese Möglichkeiten im Umgang mit der Umwelt sind davon abhängig, in wie weit die Naturgesetze verstanden werden (Wissenschaft), in wie weit dieses Verständnis durch die Herstellung von Werkzeugen in die Praxis umgesetzt wird (Technologie) und davon, auf welche Weise die Arbeit organisiert wird. Aus einer langfristigen Perspektive heraus lässt sich sagen, dass innerhalb der menschlichen Gesellschaft, seit der

Entstehung des Menschen, eine ständige wirtschaftliche Entwicklung stattfand, da er seine Möglichkeiten, der Natur seinen Lebensunterhalt abzuringen, bedeutend erweiterte. Das Ausmaß der menschlichen Errungenschaften lässt sich am besten verstehen, wenn man über die kurvenreiche Geschichte menschlicher Gesellschaft nachdenkt und folgende Punkte festhält: Erstens, den Fortschritt von primitiven Steinwerkzeugen hin zur Verwendung von Metallen. Zweitens, den Umstieg von der Jagd und vom Sammeln wilder Früchte auf Viehzucht und Ackerbau. Drittens, die Verbesserung der Arbeitsorganisation – von individueller Tätigkeit hin zu einer Tätigkeit, die, durch die Beteiligung vieler, einen gesellschaftlichen Charakter annimmt.

Jedes Volk hat gezeigt, dass es in der Lage ist, seine Fähigkeit, ein zufriedenstellendes Leben zu führen, eigenständig zu verbessern, indem es auf die Ressourcen der Natur zurückgreift. Jeder Kontinent spielte in den frühen Epochen, in denen der Mensch die Kontrolle über seine Umwelt ausweitete, seine eigene Rolle – was bedeutet, dass jeder Kontinent eine Periode wirtschaftlicher Entwicklung vorweisen kann. Afrika war – als Wiege der Menschheit – an den Prozessen, in denen Menschengruppen eine immer größere Fähigkeit dabei entwickelten, ihren Lebensunterhalt aus der natürlichen Umwelt zu gewinnen, selbstverständlich maßgeblich beteiligt. Tatsächlich war Afrika in der Frühzeit das Zentrum der physischen Entwicklung des Menschen als solchem, so wie er sich von den anderen Lebewesen unterscheidet.

Die Entwicklung war universell, weil die Bedingungen, die zur wirtschaftlichen Expansion führten, universell waren. Überall sah sich der Mensch mit der Aufgabe konfrontiert, durch die Befriedigung grundlegender materieller Bedürfnisse, sein Überleben zu sichern; und bessere Werkzeuge waren eine Folge des Wechselspiels zwischen Mensch und Natur im Kampf ums Überleben. Aber selbstverständlich ist die Menschheitsgeschichte nicht nur eine Geschichte des Fortschritts. In allen Teilen der Welt gab es Perioden vorübergehender Rückschläge und realer Einbußen was die Fähigkeit betrifft, der Bevölkerung notwendige Güter und andere Dienstleistungen zur Verfügung zu stellen. Die allgemeine Tendenz ging jedoch in Richtung Produktionssteigerung; und zu bestimmten Zeiten ging die Steigerung der Warenmenge mit einem Wandel in der Qualität oder im Charakter der Gesellschaft einher. Das soll später in Bezug auf Afrika gezeigt werden. Um aber die universelle Gültigkeit des Prinzips quantitativen/qualitativen Wandels aufzuzeigen, ziehen wir zunächst ein Beispiel aus China heran.

Der frühe Mensch in China war der Gnade der Natur ausgeliefert und entdeckte erst allmählich so grundlegende Dinge wie die Tatsache, dass Feuer von

Menschenhand entfacht werden kann und sich der Nahrungsbedarf decken lässt, indem man die Samen einiger Gräser in den Boden pflanzt. Diese Entdeckungen verhalfen den Bewohnern Chinas zu einfachen landwirtschaftlichen Gemeinschaften, in denen man Steinwerkzeuge benutzte und die genug produzierten, um den bloßen Lebensunterhalt zu decken. Diesen Punkt erreichten sie mehrere Tausend Jahre vor der Geburt Christi oder der Auswanderung des Propheten Mohammed. Die Güter, die auf dieser Stufe produziert wurden, wurden unter den Mitgliedern der Gesellschaft, die in Familien lebten und arbeiteten, mehr oder weniger gleichmäßig verteilt. Zur Zeit der Tang-Dynastie im siebten Jahrhundert n. Chr. hatte China seine Wirtschaftsleistung so gesteigert, dass es nicht nur mehr Nahrungsmittel anbauen, sondern auch eine Vielzahl anderer Produkte – wie etwa Seide, Porzellan, Schiffe und wissenschaftliche Apparate – fertigen konnte. Dies bedeutete natürlich eine quantitative Zunahme der produzierten Güter und war mit qualitativen Veränderungen in der chinesischen Gesellschaft verbunden. Einige Zeit später war ein politischer Staat entstanden, wo es zuvor nur selbstverwaltete Einheiten gegeben hatte. Anstatt dass jede Familie und jedes Individuum die Aufgaben von Landwirt*innen, Bauarbeiter*innen und Schneider*innen erfüllte, kam es zu einer Spezialisierung der Funktionen. Noch immer bestellte der Großteil der Bevölkerung das Land, doch gab es nun auch geschickte Handwerker*innen, die Seide und Porzellan herstellten, Bürokraten, die den Staat verwalteten und Buddhisten und konfuzianische Religionsphilosophen, die sich darauf spezialisierten, Erklärungen für die Dinge zu finden, die außerhalb des unmittelbaren Verständnisses lagen.

Spezialisierung und Arbeitsteilung führten sowohl zu einer Steigerung der Produktion als auch zu einer Ungleichheit in der Verteilung. Ein kleiner Teil der chinesischen Gesellschaft eignete sich einen überproportional großen Anteil an den Erträgen menschlicher Arbeit an – und zwar derjenige Teil, der am wenigsten dazu beitrug, durch Arbeit in der Landwirtschaft oder in der Industrie, selbst Reichtum zu erzeugen. Ermöglicht wurde das, weil es beim Eigentum am wesentlichen Produktionsmittel, dem Boden, zu gravierenden Ungleichheiten gekommen war. Das Familienland der meisten Bäuer*innen wurde kleiner und eine Minderheit beanspruchte den größten Teil des Landes für sich. Dieser Wandel in den Grundbesitzverhältnissen war Teil der Entwicklung in ihrem weitesten Sinne. Deshalb kann Entwicklung nicht als rein wirtschaftliche Angelegenheit betrachtet, sondern muss als gesamtgesellschaftlicher Prozess gesehen werden, der vom Ergebnis der Bemühungen des Menschen im Umgang mit der Natur abhängt.

Sorgfältiges Studium ermöglicht es uns, einige der durchaus komplexen Zusammenhänge zu verstehen, die zwischen den Veränderungen in der ökonomischen Basis und den Veränderungen im restlichen Überbau der Gesellschaft – zu dem auch die Sphäre der Ideologie und der gesellschaftlichen Vorstellungen gehört – existieren. So brachte die Abkehr vom Kommunalismus in Asien und Europa beispielsweise dem Feudalismus eigenen Verhaltensregeln hervor. Das Gebaren europäischer Ritter hatte vieles gemeinsam mit dem der japanischen Samurai oder dem von Krieger*innen. Sie entwickelten Vorstellungen sogenannter Ritterlichkeit – Verhalten, das sich einem Edelmann zu Pferde ziemte – während die Bäuer*innenschaft im Gegensatz dazu äußerste Demut, Ehrerbietung und Unterwürfigkeit zu lernen hatten – symbolisiert durch das Abnehmen der Kopfbedeckung und das Stehen mit entblößtem Haupt vor den Vorgesetzten. Auch in Afrika führte der Aufstieg des Staates und der höheren Klassen dazu, dass sich die einfachen Untertanen vor Monarchen und Adeligen in den Staub warfen. An diesem Punkt wurde deutlich, dass die weitgehende Gleichheit der Familie einem neuen Gesellschaftszustand gewichen war.

In den Naturwissenschaften weiß man von vielen Fällen, in denen quantitative Veränderung nach einer gewissen Zeit in qualitative Veränderung umschlägt. Das gängige Beispiel hierfür ist Wasser, das Wärme aufnehmen kann (ein quantitativer Prozess), bis es sich bei 100°C in Dampf verwandelt (eine qualitative Veränderung der Form). Auf ähnliche Weise führte in menschlichen Gesellschaften die Expansion der Wirtschaft letztlich immer zu einem Wandel der sozialen Verhältnisse. Karl Marx, der im 19. Jahrhundert schrieb, war der erste, der dies erkannte und innerhalb der europäischen Geschichte mehrere Entwicklungsstufen ausmachte. Die erste große Stufe, die auf die primitiven Jagdgesellschaften folgte, war der Kommunalismus, bei dem das Eigentum gemeinsam besessen, die Arbeit gemeinsam verrichtet und die Güter gleichmäßig verteilt wurden. Die zweite Stufe war die der Sklaverei, die durch die Ausbreitung tyrannischer Elemente innerhalb der Familie und durch die physische Unterwerfung einiger Gruppen durch andere entstand. Sklav*innen verrichteten eine Vielzahl von Arbeiten, aber ihre Hauptaufgabe bestand in der Nahrungsmittelproduktion. Die nächste Stufe war die des Feudalismus, in dem die Landwirtschaft das wichtigste Mittel zur Sicherung des Lebensunterhalts blieb, der dafür notwendige Grund und Boden sich jedoch in den Händen einiger weniger befand, die sich den Löwenanteil des Reichtums aneigneten. Die Landarbeiter*innen (die nun Leibeigene hießen) waren nicht länger persönliches Eigentum der Herren, sondern an den Grund und Boden eines bestimmten Guts oder einer Siedlung gebunden.

Wechselte das Gut den Eigentümer, hatten die Leibeigenen zu bleiben und Güter für den neuen Gutsherren zu produzieren – und nur so viel zu behalten, wie sie brauchten, um sich gerade noch selbst ernähren zu können. Wie die Kinder von Sklav*innen ebenfalls Sklav*innen waren, so waren auch die Kinder der Leibeigenen wiederum Leibeigene. Es folgte der Kapitalismus, in dem der größte Reichtum der Gesellschaft nicht mehr in der Landwirtschaft, sondern in Fabriken und Bergwerken durch Maschinen produziert wurde. Wie die vorhergehende Phase des Feudalismus zeichnete sich auch der Kapitalismus durch die ungleiche Verteilung der Produkte menschlicher Arbeit sowie dadurch aus, dass die Produktionsmittel, die den Reichtum hervorbrachten, sich in den Händen einiger weniger konzentrierten. Die herrschende Klasse war die Bourgeoisie, die aus den Händler*innen und Handwerker*innen der Feudalzeit hervorgegangen war und deren Mitglieder zu Industriellen und Finanziers aufstiegen. Die Leibeigenen unterdessen erklärte man rechtlich für frei, ihr Land zu verlassen und sich eine Anstellung in kapitalistischen Unternehmen zu suchen. Damit wurde ihre Arbeit zur Ware – zu etwas, das gekauft und verkauft werden konnte.

Es wurde vorhergesagt, dass eine weitere Stufe folgen würde – die des Sozialismus –, in der das Prinzip der wirtschaftlichen Gleichheit des Kommunalismus wiederhergestellt werden würde. In unserem Jahrhundert ist die Phase des Sozialismus in einigen Ländern tatsächlich zum Vorschein gekommen. Aus ökonomischer Sicht bedeutete jedes nachfolgende Stadium eine Entwicklung in dem Sinne, dass die Fähigkeit, die materielle Umwelt zu kontrollieren und dadurch mehr Güter und Dienstleistungen für die Gemeinschaft zu produzieren, zunahm. Diese größere Menge an Gütern und Dienstleistungen fußte auf größerer Fertigkeit und menschlichem Erfindungsreichtum. Der Mensch wurde in der Beziehung befreit, dass er nun über mehr Möglichkeiten verfügt, seine Talente zu entfalten und zu entwickeln. Ob er sich auch moralisch weiterentwickelt steht noch zur Debatte. Der Fortschritt in der Produktion vergrößerte die Macht, die einige Teile der Gesellschaft über andere ausüben konnten und steigerte die Gewalt im Wettkampf gesellschaftlicher Gruppen um das Überleben und um Wachstum. Es ist keineswegs klar, dass ein Soldat, der im letzten Weltkrieg für den Kapitalismus ins Feld zog, dem Wortsinne nach weniger »primitiv« war als Soldat*innen, die im 16. Jahrhundert in einer der feudalen Armeen Japans dienten – oder gar als Jäger*innen, die in der ersten Phase der menschlichen Organisation in den Wäldern Brasiliens lebten. Wir wissen jedoch, dass sich in diesen drei Epochen – denen der Jagdgesellschaft, des Feudalismus und des Kapitalismus – die Lebensqualität verbesserte. Gefahren und Unwägbarkeiten gingen zurück und Mitglieder der Gesellschaft hatten potentiell mehr Entscheidungsmöglichkeiten, was ihr Schicksal betraf. Das alles ist gemeint, wenn wir das Wort »Entwicklung« gebrauchen.

In der Geschichte der Gesellschaften, die bereits verschiedene Produktionsweisen durchlaufen haben, können wir sehen, wie quantitative Veränderungen schließlich eine völlig andere Gesellschaft herbeiführen. Das Hauptmerkmal, das sich dabei zeigt, ist, dass die sozialen Verhältnisse in der jeweiligen Gesellschaft zu gewissen Zeitpunkten nicht länger geeignet waren, den Fortschritt voranzubringen. In der Tat begannen sie, die Produktivkräfte auszubremsen und mussten deshalb beseitigt werden. Man nehme als Beispiel die Epoche der Sklaverei in Europa. So unentschuldbar die Sklaverei aus moralischer Sicht auch gewesen sein mag, diente sie doch in weiten Teilen Europas eine gewisse Zeit lang der Erschließung von Bergwerken und landwirtschaftlicher Nutzflächen, insbesondere im Römischen Reich. Aber die Existenz von Sklav*innen entwertete die Arbeit der frei gebliebenen Bäuer*innenschaft, die dadurch nicht ausreichend genutzt wurde. Die Sklav*innen waren für Aufgaben, die besondere Fertigkeiten erforderten, nicht geeignet, weshalb die technologische Entwicklung der Gesellschaft zum Erliegen zu kommen drohte. Ferner waren die Sklav*innen unruhig und die Bekämpfung von Sklave*innenaufständen teuer. Die Gutsbesitzer, die ihr Eigentum dem Ruin entgegen gehen sahen, entschieden, dass es das Beste wäre, den Sklav*innen die rechtliche Freiheit zu gewähren, nach der sie verlangten und die Arbeitskraft dieser Leibeigenen dann auszubeuten, indem man sicherstellte, dass sie kein anderes Land zum Pflügen hatten als eben das der Gutsbesitzer. So wurde das alte Verhältnis von Sklavenhalter*innen und Sklav*in durch ein neues gesellschaftliches Verhältnis, das von Grundherrn und Leibeigenen, ersetzt.

In manchen Fällen ging der Wechsel hin zu einer neuen Produktionsweise an einem kritischen Punkt mit Gewalt einher. Das geschah dann, wenn die jeweils herrschenden Klassen durch den Wandlungsprozess Gefahr liefen, entfernt zu werden. Die feudalen Grundherren konnten sich über Jahrhunderte halten, während derer die Händler*innen und Industriellen zu Reichtum gelangten und nach politischer Macht und sozialer Vorherrschaft strebten. Sind Klassen so klar definiert, ist auch ihr Klassenbewusstsein entsprechend ausgeprägt. Sowohl die Klasse der Grundherren als auch die der Kapitalisten erkannte, was auf dem Spiel stand. Erstere kämpfte um die Beibehaltung der sozialen Verhältnisse, die der neuen Technologie der maschinellen Produktion und der Arbeitsorganisation durch den Kauf von Arbeitskraft nicht mehr entsprachen. Die Kapitalisten stürzten sich im 18. und 19. Jahrhundert in die Revolutionen Europas, um die alten Produktionsverhältnisse umzuwerfen.

Bei der Untersuchung der Lage der heutigen Klassen der Arbeiter*innen und der Bäuer*innenschaft in Afrika, müssen wir die Ideen von Revolution und Klassenbewusstsein im Hinterkopf behalten. Während des größten Teils der afrikanischen Geschichte kristallisierten sich die bestehenden Klassen jedoch nur unvollständig heraus und die Veränderungen verliefen eher graduell als revolutionär. Für die frühe Entwicklung Afrikas ist das Prinzip, nach dem die Entwicklung in den verschiedenen Weltteilen immer ungleich verlief, vermutlich von größerer Relevanz.

Zwar durchlebten alle Gesellschaften eine Entwicklung, aber ihre Geschwindigkeit variierte von Kontinent zu Kontinent; und verschiedene Teile jedes Kontinents bauten ihre Herrschaft über die Natur in unterschiedlichem Tempo aus. In Afrika waren die Ägypter*innen vor fünfundzwanzig Jahrhunderten in der Lage, durch das Verständnis zahlreicher Naturgesetze und durch ihre Erfindungen und Technologien im Bereich der Bewässerung, dem Anbau von Nahrungsmitteln und der Gewinnung von Mineralien aus dem Unterboden, Reichtum in Hülle und Fülle zu produzieren. Damals waren die Menschen in den meisten Teilen des afrikanischen Kontinents – und an verschiedenen anderen Orten, wie den britischen Inseln – zum Überleben noch auf die Jagd mit Bögen und sogar mit Holzkeulen angewiesen.

Eine der schwierigsten Fragen, die es zu beantworten gilt, ist die, warum sich verschiedene Völker, wenn sie auf sich allein gestellt sind, unterschiedlich schnell entwickeln. Ein Teil der Antwort findet sich in der Umwelt, in der sich menschliche Gruppen entwickelten und ein anderer Teil im »Überbau« der menschlichen Gesellschaft. Das heißt, die Menschen schufen in ihrem Kampf mit der materiellen Umwelt Formen sozialer Beziehungen, Regierungsformen, Verhaltensmuster und Glaubenssysteme, die zusammen den Überbau bildeten – der in keinen zwei Gesellschaften gleich war. Jedes Element des Überbaus interagierte mit anderen Elementen des Überbaus sowie mit der materiellen Basis. So beeinflussten sich beispielsweise die politischen und religiösen Strukturen gegenseitig und waren oft miteinander verflochten. Der religiöse Glaube, dass ein bestimmter Wald heilig sei, war ein Element des Überbaus, das sich auf die Wirtschaftstätigkeit auswirkte, da dieser Wald nicht für landwirtschaftliche Zwecke gerodet wurde. Während der Durchbruch zu einer neuen Stufe der menschlichen Entwicklung letztlich von der technischen Fähigkeit der Menschen abhängt, mit der Umwelt zu interagieren, müssen wir trotzdem im Hinterkopf behalten, dass die Besonderheiten des Überbaus einer gegebenen Gesellschaft das Entwicklungstempo deutlich beeinflussen.

Viele Beobachter*innen haben sich darüber gewundert, dass China nie kapitalistisch wurde. Es trat praktisch 1.000 Jahre vor Christi Geburt in die feudale Entwicklungsphase ein; es hatte viele Aspekte der Technologie entwickelt und verfügte über zahlreiche Handwerker*innen und Künstler*innen. Jedoch wurde die Produktionsweise nie so umgestaltet, dass Maschinen die wichtigsten Mittel zur Erzeugung von Reichtum und die Kapitaleigner*innen zur vorherrschenden Klasse avancierten. Die Erklärung hierfür ist sehr komplex, aber im Großen und Ganzen lagen die Hauptunterschiede zwischen dem feudalen Europa und dem feudalen China im Überbau, d. h. in der Gesamtheit der Überzeugungen, Motivationen und soziopolitischen Institutionen, die sich von der materiellen Basis ableiteten, diese aber ihrerseits beeinflussten. In China waren religiöse, pädagogische und bürokratische Qualifikationen von größter Bedeutung und die Regierungsgeschäfte führten Staatsbeamte und nicht die Grundherren auf ihren eigenen feudalen Ländereien. Außerdem zeigte die chinesische Landverteilung stärkere egalitäre Tendenzen als diejenigen in Europa und ein großer Teil des Landes befand sich zudem im Besitz des chinesischen Staates. Das hatte zur Folge, dass die Grundbesitzer als Bürokraten über mehr Macht verfügten als sie es als Eigentümer taten und diesen Umstand nutzten sie, um die gesellschaftlichen Verhältnisse in unveränderter Form zu bewahren. Damit wären sie nicht auf ewig erfolgreich gewesen, aber den Lauf der Geschichte haben sie dennoch verlangsamt. In Europa dagegen wurden die Faktoren des Wandels nicht durch die Last einer staatlichen Bürokratie zurückgehalten.

Sobald die ersten Kapitalisten in der europäischen Gesellschaft auftauchten, schuf die Geisteshaltung dieser Klasse einen Anreiz für die weitere Entwicklung. Noch nie zuvor in der Geschichte der Menschheit hatte eine Gruppe von Menschen bewusst darauf hingearbeitet, aus der Produktion den maximalen Profit zu ziehen. Um ihr Ziel, immer mehr Kapital anzuhäufen, zu erreichen, richteten die Kapitalisten ihr Interesse verstärkt auf die Gesetze der Wissenschaft, die in Form von Maschinen dazu genutzt werden konnte, für sie zu arbeiten und Profite zu generieren. Auf politischer Ebene war der Kapitalismus auch für die meisten der Eigenheiten verantwortlich, die man heute als Westliche Demokratie bezeichnet. Als sie den Feudalismus abschafften, bestanden die Kapitalisten auf Parlamente, Verfassungen und Pressefreiheit. Auch diese können als Entwicklung betrachtet werden. Die Bäuer*innenschaft und die Arbeiter*innen Europas (und schließlich die gesamte Weltbevölkerung) zahlten allerdings einen hohen

Preis, damit die Kapitalisten ihre Profite aus der menschlichen Arbeit extrahieren konnten, die sich hinter jeder Maschine findet. Das steht im Widerspruch zu anderen Aspekten der Entwicklung, insbesondere aus der Sicht derjenigen, die gelitten haben und noch immer leiden, um die kapitalistischen Errungenschaften zu ermöglichen. Die letztere Gruppe umfasst die Mehrheit der Menschheit. Um voranzukommen, muss sie den Kapitalismus stürzen; und deshalb steht der Kapitalismus im Moment der weiteren gesellschaftlichen Entwicklung der Menschheit im Wege. Mit anderen Worten: Die gesellschaftlichen (Klassen-) Verhältnisse des Kapitalismus sind heute ebenso obsolet, wie es die Sklav*innen- und Feudalverhältnisse zu ihren Zeiten geworden waren.

Es gab eine Zeit, in der das kapitalistische System – als Begleiterscheinung des Gewinnstrebens einiger weniger – den Lebensstandard einer beträchtlichen Anzahl an Menschen erhöhte; heute jedoch gerät das Gewinnstreben in scharfen Konflikt mit den Forderungen der Menschen nach der Erfüllung ihrer materiellen und sozialen Bedürfnisse. Die kapitalistische oder bürgerliche Klasse ist nicht mehr in der Lage, die ungehemmte Entwicklung der Wissenschaft und der Technik zu steuern – auch weil diese Ziele nun mit dem Profitmotiv kollidieren. Der Kapitalismus hat sich als unfähig erwiesen, grundlegende Schwächen zu überwinden, wie die unzureichende Auslastung der Produktionskapazitäten, das Fortbestehen eines dauerhaften Arbeitslosensektors und periodischer Wirtschaftskrisen, die mit dem Konzept des »Marktes« zusammenhängen, der sich an der Zahlungsfähigkeit der Menschen und nicht an ihrem Bedarf an Gütern orientiert. Der Kapitalismus hat seine eigenen Irrationalitäten hervorgebracht, wie z.B. den niederträchtigen weißen Rassismus, die enorme Verschwendung, die die Werbung mit sich bringt und die Irrationalität von unglaublicher Armut inmitten des Reichtums und der Verschwendung selbst in den größten kapitalistischen Volkswirtschaften, wie der der Vereinigten Staaten von Amerika. Vor allem verschärfte der Kapitalismus seine eigenen politischen Widersprüche, indem er versuchte, Nationen und Kontinente außerhalb Europas zu unterwerfen, was dazu führte, dass die Arbeiter*innen und die Bäuer*innenschaft in allen Teilen der Welt ihr Selbstbewusstsein fanden und entschlossen sind, ihr Schicksal in die eigenen Hände zu nehmen. Diese Entschlossenheit ist ebenfalls ein wesentlicher Bestandteil des Entwicklungsprozesses.

Verallgemeinernd lässt sich feststellen, dass alle Entwicklungsphasen vorübergehend oder vergänglich sind und früher oder später etwas anderem Platz machen müssen. Gerade in Bezug auf den Kapitalismus ist es wichtig, dies zu betonen, da die kapitalistische Epoche noch nicht ganz vorbei ist und diejenigen, die zu einem bestimmten Zeitpunkt leben, oft nicht erkennen, dass ihre Lebensweise sich in einem Prozess der Transformation und der Beseitigung befindet. In der Tat ist es eine der Aufgaben der bürgerlichen Autor*innen, die den Kapitalismus rechtfertigen, so zu tun, als ob der Kapitalismus für immer Bestand hätte. Ein Blick auf den bemerkenswerten Aufstieg des Sozialismus in den letzten rund fünfzig Jahren zeigt, dass die Apologet*innen des Kapitalismus die Wortführer*innen eines Gesellschaftssystems sind, das rapide seinem Ende entgegen geht.

Die Tatsache, dass der Kapitalismus heute immer noch neben dem Sozialismus existiert, sollte uns eine Warnung sein, dass die Produktionsweisen nicht einfach als aufeinander folgende Stufen betrachtet werden können. Die ungleiche Entwicklung sorgte schon immer dafür, dass Gesellschaften miteinander in Berührung kamen, die sich auf unterschiedlichen Stufen befanden – z.B. Gesellschaften, von denen eine kommunalistisch und die andere kapitalistisch war.

Kommen zwei Gesellschaften unterschiedlicher Art in längeren und erfolgreichen Kontakt miteinander, werden Tempo und Charakter des Wandels in beiden Gesellschaften so stark beeinflusst, dass völlig neue Muster entstehen. In solchen Fällen sind zwei allgemeine Regeln zu beachten. Erstens wird die schwächere der beiden Gesellschaften (d. h. diejenige mit der geringeren Wirtschaftskraft) zwangsläufig in Mitleidenschaft gezogen – und je größer der Abstand zwischen den beiden betreffenden Gesellschaften ist, desto nachteiliger sind die Folgen. Als beispielsweise der europäische Kapitalismus mit den indigenen Jagdgesellschaften Amerikas und der Karibik in Berührung kam, wurden letztere praktisch ausgerottet. Zweitens kann die schwächere Gesellschaft – sofern sie überlebt – ihre eigenständige Entwicklung nur dann fortsetzen, wenn sie ein höheres Niveau erreicht als die Wirtschaft, von der sie zuvor beherrscht wurde. Konkrete Beispiele für die Gültigkeit der zweiten Regel finden sich in der Geschichte der Sowjetunion, Chinas und Koreas.

Als China und Korea von den kapitalistischen Mächten Europas und Japans kolonialisiert wurden, befanden sich beide in einem Stadium, das mit dem Feudalismus vergleichbar war. Russland wurde nie offiziell kolonialisiert, aber während seines feudalen Stadiums und bevor sein eigener einheimischer Kapitalismus sehr weit kommen konnte, wurde die russische Wirtschaft vom ausgereifteren Kapitalismus Westeuropas unterworfen. In allen drei Fällen bedurfte es einer sozialistischen Revolution, um die Vorherrschaft des Kapitalismus zu brechen, und nur das rasche Tempo der sozialistischen Entwicklung konnte die Zeit der Unterwerfung, in der das Wachstum fehlgeleitet und gebremst wurde, wiedergutmachen. Was die beiden größten sozialistischen Staaten (die Sowjetunion und China) betrifft, so hat die sozialistische Entwicklung sie bereits über Staaten wie Großbritannien und Frankreich hinauskatapultiert, die seit Jahrhunderten den kapitalistischen Weg beschreiten.

Bis zum Ende der 1950er Jahre (dem Zeitpunkt, an dem unsere Untersuchung endet) waren Russland, China, Korea und einige Staaten Osteuropas die einzigen Länder, die entschieden mit dem Kapitalismus und dem Imperialismus gebrochen hatten. Der Imperialismus selbst ist eine Phase der kapitalistischen Entwicklung, in der die kapitalistischen Länder Westeuropas, die USA und Japan die politische, wirtschaftliche, militärische und kulturelle Hegemonie über andere Teile der Welt erlangten, die sich auf einem niedrigeren Niveau befanden und sich daher der Herrschaft nicht widersetzen konnten. In der Tat stellte der Imperialismus das erweiterte kapitalistische System dar, das viele Jahre lang die ganze Welt umspannte – in dem einige die Rolle der Ausbeuter*in und andere die der Ausgebeuteten übernehmen, einige herrschen und einige beherrscht werden, einige die politischen Entscheidungen treffen und andere in Abhängigkeit gehalten werden.

Der Sozialismus ist an den schwächsten Flanken des Imperialismus aufmarschiert – in dem Sektor, der ausgebeutet, unterdrückt und in Abhängigkeit gehalten wurde. In Asien und Osteuropa setzte der Sozialismus die nationalistischen Energien der kolonisierten Völker frei; er richtete die Produktion nicht mehr am Geldmarkt aus, sondern an der Befriedigung menschlicher Bedürfnisse; er beseitigte Schwachstellen wie die anhaltende Arbeitslosigkeit und die periodischen Krisen; und er verwirklichte einen Teil des Versprechens westlicher oder bürgerlicher Demokratie, indem er die Bedingung der ökonomischen Gleichheit schuf, ohne die sich von der politischen Gleichheit und der Gleichheit vor dem Gesetz kein Gebrauch machen lässt.

Der Sozialismus stellte die wirtschaftliche Gleichheit des Kommunalismus wieder her, der aufgrund von geringer wirtschaftlicher Produktivität und von Knappheit zerfallen war. Er zielt auf die Schaffung von Überfluss ab und hat sie in beträchtlichen Umfang erreicht, sodass das Prinzip der egalitären Verteilung mit der Befriedigung der Bedürfnisse aller Mitglieder der Gesellschaft in Einklang gebracht wird.

Einer der wichtigsten Faktoren, der im Sozialismus zu einer schnelleren und beständigen Steigerung der Wirtschaftsleistung führte, war die Implementierung der geplanten Entwicklung. Die meisten der bisher beschriebenen historischen Prozesse beziehen sich auf die unfreiwillige und ungeplante Entwicklung.

Niemand entwarf einen Plan, demzufolge die Menschen zu einem bestimmten Zeitpunkt aufhören sollten, Steinäxte zu benutzen und stattdessen eiserne Werkzeuge verwenden sollten; und während (um der Gegenwart näherzukommen) einzelne kapitalistische Unternehmen ihre eigene Expansion planen, so ist ihr System doch nicht auf eine Gesamtplanung der Wirtschaft und der Gesellschaft ausgelegt. Der kapitalistische Staat griff nur sporadisch und kurzfristig ein, um die kapitalistische Entwicklung zu überwachen. Die Hauptaufgabe des sozialistischen Staates ist die Kontrolle der Wirtschaft im Namen der Arbeiterklasse. Letztere, d. h. die Arbeiter*innen und die Bäuer*innenschaft, sind heute die dynamischste Kraft in der Weltgeschichte und der menschlichen Entwicklung.

Zum Abschluss dieser kurzen Einführung in das äußerst komplexe Problem der sozialen Entwicklung, ist es nützlich zu erkennen, wie unzureichend die Erklärungen sind, die bürgerliche Wissenschaftler*innen für dieses Phänomen anbieten. Sie versuchen selten, sich mit dem Thema in seiner Gesamtheit auseinanderzusetzen und konzentrieren sich viel mehr nur auf die »wirtschaftliche Entwicklung.« Nach der Definition der durchschnittlichen bürgerlichen Ökonom*innen ist Entwicklung einfach eine Frage der Kombination bestimmter »Produktionsfaktoren«, nämlich Land, Bevölkerung, Kapital, Technologie, Spezialisierung und Massenproduktion. Diese Faktoren sind in der Tat relevant, wie aus der bisherigen Analyse hervorgeht; aber die Auslassungen in der Liste dessen, was bürgerliche Gelehrte für relevant halten, sind geradezu überwältigend. Kein Wort über die Ausbeutung der Massen, die jeder Entwicklung vor dem Sozialismus zugrunde lag. Kein Wort über die gesellschaftlichen Produktionsverhältnisse oder Klassen. Kein Wort über die Art und Weise, wie sich die Produktionsfaktoren und -verhältnisse – von einer historischen Epoche zur anderen variierend – zu einem bestimmten System oder einer bestimmten Produktionsweise zusammenfügen. Kein Wort über den Imperialismus als logische Folge des Kapitalismus.

Im Gegensatz dazu muss jeder Ansatz, der versucht, sich auf sozialistische und revolutionäre Prinzipien zu stützen, zu einem möglichst frühen Zeitpunkt die Begriffe Klasse, Imperialismus und Sozialismus sowie die Rolle der Arbeiter*innen und der unterdrückten Völker in die Diskussion einbringen. Jedes neue Konzept birgt seine eigenen Komplikationen und es ist nicht anzunehmen, dass der bloße Rückgriff auf eine bestimmte Terminologie die Antwort auf alles ist. Man muss jedoch zumindest die gesamte menschliche, historische und soziale Dimension der Entwicklung anerkennen, bevor man über »Unterentwicklung« oder Strategien zu ihrer Überwindung nachdenken kann.

Was ist Unterentwicklung?

Nachdem wir den Entwicklungsbegriff nun erörtert haben, ist es einfacher, das Konzept der Unterentwicklung zu verstehen. Selbstverständlich ist Unterentwicklung nicht einfach nur die Abwesenheit von Entwicklung, da sich jedes Volk auf die eine oder andere Weise und mal in geringerem oder größerem Ausmaß entwickelte. Der Begriff der Unterentwicklung ergibt nur Sinn, wenn man ihn verwendet, um verschiedene Stufen der Entwicklung miteinander zu vergleichen. Er hängt in weiten Teilen mit dem Umstand zusammen, dass die gesellschaftliche Entwicklung des Menschen ungleichmäßig vonstatten ging und sich einige menschliche Gesellschaften im strikt ökonomischen Sinne weiter entwickelten als andere, indem sie mehr produzierten und wohlhabender wurden.

In dem Moment, in dem eine Gruppe wohlhabender erscheint als die anderen, muss man sich notwendigerweise Gedanken machen, woher dieser Unterschied rührt. Nachdem Großbritannien anfing, im 18. Jahrhundert dem Rest Europas davon zu ziehen, hielt es der berühmte britische Ökonom Adam Smith für nötig, die Ursachen des »Reichtums der Nationen« zu erforschen. Zur selben Zeit machten sich viele Russ*innen Gedanken darüber, dass ihr Land im Vergleich zu England, Frankreich und Deutschland im 18. und auch später im 19. Jahrhundert noch »rückständig« war. Heutzutage beschäftigen wir uns hauptsächlich mit dem Unterschied des Wohlstands in Europa und Nordamerika einerseits und Afrika, Asien und Lateinamerika andererseits. Im Vergleich mit der ersten kann man sagen, ist die zweite Gruppe rückständig und unterentwickelt. Somit lässt sich immer sagen, dass einer der Gedanken hinter dem Begriff der Unterentwicklung ein vergleichender ist. Es ist möglich, die ökonomischen Verhältnisse desselben Landes in zwei unterschiedlichen Zeiträumen zu vergleichen und zu bestimmen, ob es sich entwickelte oder nicht; es ist außerdem möglich (und wichtiger), die Ökonomien zweier gegebener Länder an einem gegebenen Zeitpunkt zu vergleichen.

Eine zweite und noch unerlässlichere Komponente moderner Unterentwicklung ist, dass sie ein bestimmtes Ausbeutungsverhältnis ausdrückt; und zwar das des einen Landes durch das andere. Alle Länder der Welt, die als »unterentwickelt« bezeichnet werden, werden von anderen ausgebeutet; und die Unterentwicklung, die die Welt heute beschäftigt, ist ein Produkt kapitalistischer, imperialistischer und kolonialistischer Ausbeutung. Afrikanische und asiatische Gesellschaften verfolgten eine unabhängige Entwicklung, bis sie direkt oder indirekt von den kapitalistischen Mächten übernommen wurden. Als das geschah, nahm die Ausbeutung zu, begann der Export von Überschüssen, wodurch den jeweiligen Gesellschaften die Erträge aus ihren natürlichen Ressourcen und ihrer Arbeit entzogen wurden. Das ist ein wesentlicher Bestandteil der Unterentwicklung im heutigen Sinne.

In einigen Kreisen hielt man es oft für klug, den Begriff der »unterentwickelten Länder« durch den der »Entwicklungsländer« zu ersetzen. Einer der Gründe hierfür war, dass man so den unangenehmen Beigeschmack vermied, der dem ersten Begriff anhaften könnte und der in der Bedeutung von mentaler, physischer, moralischer oder anderweitiger Unterentwicklung interpretiert werden könnte. Würde sich »unterentwickelt« auf irgendetwas anderes beziehen als auf das Vergleichen von Ökonomien, wäre das unterentwickeltste Land der Welt übrigens die USA, die im Äußeren in gewaltigem Ausmaß Unterdrückung und im Inneren einen Mix aus Ausbeutung, Brutalität und psychischer Störung praktiziert. Auf wirtschaftlicher Stufe ist es allerdings am besten, man bleibt bei dem Wort »unterentwickelt«, anstatt den Begriff »Entwicklungsland« zu gebrauchen, da der letztere den Eindruck vermittelt, dass alle Länder Afrikas, Asiens und Lateinamerikas aus einem Zustand der wirtschaftlichen Rückständigkeit im Vergleich zu den Industrienationen der Welt entfliehen und sich aus dem Ausbeutungsverhältnis befreien würden. Das ist mit Sicherheit nicht der Fall und viele unterentwickelten Länder in Afrika und anderswo werden im Vergleich zu den Großmächten der Welt noch unterentwickelter, da ihre Ausbeutung durch die Metropole auf neuen Wegen intensiviert wird.

Wirtschaftliche Vergleiche lassen sich anstellen, indem man auf statistische Tabellen oder Übersichten blickt, die angeben, welche Güter und Dienstleistungen in den jeweiligen Gesellschaften produziert und konsumiert werden. Wirtschaftsexpert*innen sprechen vom Nationaleinkommen und dem Pro-Kopf-Einkommen eines Landes. Diese Begriffe sind über die Zeitungen bereits in den allgemeinen Sprachgebrauch übergegangen und wir werden sie hier nicht weiter ausbreiten. Es genügt, anzumerken, dass das Nationaleinkommen ein Maß für die Gesamtheit des Wohlstands eines Landes ist, während das Pro-Kopf-Einkommen eine Zahl ist, die man erhält, indem man das Nationaleinkommen durch die Anzahl der Einwohner*innen teilt, um eine Ahnung vom »durchschnittlichen« Wohlstand jede*r Einwohner*in zu bekommen. Dieser »Durchschnitt« kann bei großen Vermögensungleichheiten irreführend sein. Ein junger Ugander machte das an einem persönlichen Beispiel deutlich, als er sagte, dass das Pro-Kopf-Einkommen in seinem Land den fantastischen Unterschied verdeckt, zwischen dem, was sein Vater als armer Bauer verdient und dem, was der größte Kapitalist vor Ort, Madhvani, verdient. Beschäftigt man sich mit der Frage der Entwicklung aus dem Zustand der Unterentwicklung, ist es von größter Wichtigkeit, zu erkennen, dass ein solcher Prozess das Beheben der ungeheuerlichen Ungleichheit in der Land- und Eigentumsverteilung und dem Einkommen voraussetzt, die sich hinter den Zahlen des Nationaleinkommens versteckt. An einem Punkt der Geschichte wurde ein Fortschritt erzielt, um den Preis der Zementierung privilegierter Gruppen. In unserer Zeit muss Entwicklung Fortschritt bedeuten, der heutige privilegierte Gruppen zusammen mit den dazugehörigen unterprivilegierten Gruppen abschafft. Nichtsdestotrotz ist das Pro-Kopf-Einkommen eine nützliche Statistik, um ein Land mit einem anderen zu vergleichen; und die Pro-Kopf-Einkommen der Industrieländer sind alle um ein Vielfaches höher als die der seit kurzem unabhängigen Länder Afrikas.

Die folgende Tabelle liefert ein klares Bild der Kluft zwischen Afrika und ausgewählten Ländern, gemessen am Pro-Kopf-Einkommen. Es ist diese Kluft, wegen der eine Gruppe als »entwickelt« und die andere als »unterentwickelt« gilt. (Die Zahlen stammen aus statistischen Veröffentlichungen der UN und gelten für das Jahr 1968, solange nicht anders angegeben)

Die sichtbare Kluft, die hier belegt wird, ist nicht nur gewaltig, sondern wird auch immer breiter. Viele Menschen haben mittlerweile erkannt, dass der Reichtum der Industrieländer mit rasanter Geschwindigkeit zunimmt, während die unterentwickelten Länder größtenteils stagnieren oder nur geringe Wachstumsraten aufweisen. Für jedes Land lässt sich eine Zahl berechnen, die die Geschwindigkeit darstellt, mit der die Wirtschaft wächst. Die Wachstumsrate ist am höchsten in den sozialistischen Ländern, gefolgt von den großen kapitalistischen Ländern, während die Kolonien und Ex-Kolonien weit zurück liegen. Der Anteil am internationalen Handels, der in den Händen der unterentwickelten Länder liegt, ist rückläufig. Dieser Anteil betrug 1938 ungefähr 30 Prozent und sank in den 1960er-Jahren auf unter 20 Prozent. Das ist ein wichtiger Indikator, da der Handel sowohl ein Abbild der Menge an produzierten Gütern ist als auch eine Möglichkeit darstellt, an Güter zu gelangen, die vor Ort nicht hergestellt werden.

Die entwickelten Länder weisen gewisse Eigenschaften auf, die sich von denen der unterentwickelten abheben. Die entwickelten Länder sind alle industrialisiert. Das heißt, der größte Teil ihrer arbeitenden Bevölkerung ist in der Industrie, anstatt in der Landwirtschaft, beschäftigt und der größte Teil ihres Reichtums stammt aus Bergwerken, Fabriken und anderen Industrien. Aufgrund ihrer fortgeschrittenen Technologie und Fähigkeiten verfügen sie über einen hohen Arbeitsertrag pro in der Industrie beschäftigte*n Arbeiter*in. Das ist allgemein bekannt; es ist aber auffällig, dass die entwickelten Länder eine viel weiter fortgeschrittene Landwirtschaft aufweisen als der Rest der Welt. Ihre Landwirtschaft ist bereits zu einer Industrie geworden und der Agrarsektor ihrer Wirtschaft produziert größere Mengen, auch wenn er selbst nur klein ist. Die Länder Afrikas, Asiens und Lateinamerikas werden als Agrarländer bezeichnet, weil sie auf die Landwirtschaft angewiesen sind und nur über wenig oder gar keine Industrie verfügen; aber ihre Landwirtschaft ist unwissenschaftlich und ihre Erträge weitaus geringer als die der Industrieländer. In einigen der größten unterentwickelten Ländern kam es im Jahr 1966 und danach zu einer Stagnation und einem Fallen des landwirtschaftlichen Ausstoßes. In Afrika ist die Menge an Nahrungsmitteln, die pro Person produziert wird, in den letzten Jahren zurückgegangen. Da die Industrieländer eine stärkere Industrie- und Agrarwirtschaft besitzen als der Rest der Welt, produzieren sie weitaus mehr Güter als die armen Länder – sowohl in der Kategorie der lebensnotwendigen als auch in der der Luxusgüter. Es lassen sich statistische Tabellen erstellen, die die Produktion von Getreide, Milch, Stahl, elektrischer Energie, Papier und einer großen Bandbreite weiterer Güter darstellen; und die gleichzeitig zeigen, wie viel von jeder Ware jeder Einwohner*in (durchschnittlich) zur Verfügung steht Und wieder fallen die Zahlen eindeutig zu Ungunsten der wenigen privilegierten Länder der Erde aus.

Länder	**Pro-Kopf-Einkommen in US-Dollar**
Kanada	2.247
USA	3.578
Frankreich	1.738 (1967)
Großbritannien	1.560 (1967)
AFRIKA insgesamt	140 (1965)
Kongo	52
Ghana	198
Kenia	107
Malawi	52
Marokko	185
Südafrika	543

Länder	Pro-Kopf-Einkommen in US-Dollar
Tansania	62
Vereinigte Arabische Republik[166]	156
Sambia	225

Die Menge an Stahl, die in einem Land verbraucht wird, ist ein hervorragender Indikator des Industrialisierungsniveaus. An einem Ende befinden sich die USA mit einem Verbrauch von 685 kg Stahl pro Person, Schweden mit 623 kg und Ostdeutschland mit 437. Am anderen Ende befindet sich Sambia, das zehn Kilogramm verbraucht, Ostafrika mit acht und Äthiopien mit zwei. Stellt man dieselbe Rechnung für Zucker an, zeigt eine Stichprobe Australien mit 57 kg und Nordamerika und die Sowjetunion mit durchschnittlich jeweils 45 bis 50 kg. Afrika konsumiert allerdings nur zehn Kilogramm pro Person und Jahr und liegt damit immer noch über Asien mit sieben Kilogramm.

Eine noch düstere Statistik bezieht sich auf die Grundversorgung mit Nahrungsmitteln. Jedes Individuum benötigt eine gewisse Menge Nahrung am Tag, gemessen in Kalorien. Die wünschenswerte Menge beträgt 3.000 Kalorien am Tag; aber kein Land in Afrika erreicht diese Zahl auch nur annähernd. Algerier*innen konsumieren durchschnittlich nur 1.870 Kalorien am Tag, während man sich an der Elfenbeinküste mit einem nationalen Durchschnitt von 2.290 Kalorien am Tag für afrikanische Verhältnisse als ausgesprochen wohlhabend betrachten kann. Ferner ist es aber notwendig, den Proteingehalt der Nahrung zu berücksichtigen; und viele Teile Afrikas leiden unter einer »Proteinknappheit« – was bedeutet, dass selbst wenn der Kalorienbedarf mit stärkehaltigeren Nahrungsmitteln gedeckt werden kann, finden sich nirgendwo Proteine. Die Menschen in den entwickelten kapitalistischen und sozialistischen Ländern konsumieren doppelt soviel Eiweiß wie diejenigen in unterentwickelten Ländern. Solche Unterschiede helfen dabei, deutlich zu machen, welche Länder entwickelt und welche unterentwickelt sind.

Die Sozialleistungen, die in einem Land zur Verfügung gestellt werden, sind – was das Wohlergehen und die Zufriedenheit der Menschen angeht – ebenso wichtig wie seine materielle Produktion. Es wird allgemein anerkannt, dass der Staat in der Verantwortung steht, Schulen und Krankenhäuser zu errichten. Aber unabhängig davon, ob diese von der Regierung oder von privaten Trägern bereitgestellt werden, lässt sich ihre Anzahl im Verhältnis zur Bevölkerungszahl bestimmen.

166 Ursprünglich ein Zusammenschluss von Ägypten, Syrien und dem Königreich Jemen zwischen 1958 und 1961. Mit dem Austritt Syriens und Jemens 1961 de facto nur noch Ägypten, das den Namen bis 1972 beibehielt. [Anm. d. Red.]

Der Umfang, in dem ein Staat grundlegende Güter und Sozialleistungen bereitstellt, lässt sich auch indirekt über die Lebenserwartung, die Kindersterblichkeit, das Ausmaß an Mangelernährung, das Auftreten von Krankheiten, die durch Impfungen und öffentlicher Gesundheitsversorgung verhindert werden könnten und die Alphabetisierungsrate messen. In all diesen Bereichen zeigt der Vergleich zwischen den entwickelten und den unterentwickelten Ländern enorme, ja direkt furchterregende Unterschiede. Pro 1.000 lebend geborener Kinder erreichen in Kamerun 100 nie ihren ersten Geburtstag und von 1.000 lebend geborenen afrikanischen Kindern in Sierra Leone sterben 160 vor Vollendung des ersten Lebensjahres. Die entsprechenden Zahlen für Großbritannien und Holland betragen jeweils nur 12 und 18. Nebenbei sterben noch viel mehr afrikanische Kinder vor dem fünften Lebensjahr. Ein Mangel an Ärzt*innen ist ein gewaltiger Nachteil. In Italien gibt es eine*n Ärzt*in pro 580 Italiener*innen und in der Tschechoslowakei eine*n Ärzt*in pro 510 Einwohner*innen. In Niger muss eine*n Ärzt*in pro 56.140 Menschen genügen; in Tunesien ein eine*n Ärzt*in pro 8320 Tunesier*innen; und im Tschad eine*n Ärzt*in pro 73.460 Menschen.

Damit eine industrielle Wirtschaft funktioniert, bedarf es einer großen Anzahl qualifizierter Personen; in den Ländern Afrikas herrscht an hochqualifiziertem Personal ein erschreckender Mangel. Die oben genannten Zahlen zur ärztlichen Versorgung bestätigen das und dasselbe Problem existiert auch im Hinblick auf Ingenieur*innen, Techniker*innen, Agrarwissenschaftler*innen und an einigen Orten sogar bezüglich Verwaltungsfachkräften und Anwält*innen. Mittlere Fachkräfte in Bereichen wie der Schweißtechnik fehlen ebenso. Zu allem Überfluss findet in Afrika, Asien, Lateinamerika und Westeuropa momentan auch noch ein »brain drain« statt. Das heißt, Fachkräfte, Techniker*innen, hochrangige Verwaltungsfachkräfte und qualifizierte Arbeiter*innen verlassen ihre Heimat, womit die geringe Anzahl an qualifiziertem Personal, dass der unterentwickelten Welt zur Verfügung steht, durch das Versprechen höherer Löhne und besserer Chancen in den Industrieländern, noch weiter abnimmt.

Diese einseitige Natur der heutigen internationalen Wirtschaft wird durch den Umstand, dass die unterentwickelten Länder ihrerseits zu fantastischen Preisen Expert*innen aus dem Ausland rekrutieren müssen, unmissverständlich deutlich gemacht.

Die meisten der bisher angeführten Daten können als »quantitativ« beschrieben werden. Sie dienen uns als Messwert für die Menge an Gütern und Dienstleistungen, die in den verschiedenen Ökonomien produziert werden. Es bedarf aber auch noch einer qualitativen Beurteilung darüber, wie eine gegebene Ökonomie zusammengesetzt ist. Für wirtschaftliche Entwicklung ist es nicht ausreichend, einfach nur eine größere Menge an Gütern und Dienstleistungen zu produzieren. Das Land muss auch eine größere Menge derjenigen Güter und Dienstleistungen produzieren, die wiederum von sich aus zukünftiges Wirtschaftswachstum hervorbringen. Beispielsweise muss der nahrungsmittelproduzierende Sektor florieren, damit die Arbeiter*innen bei guter Gesundheit sind; und der gesamte Agrarsektor muss effizient sein, damit die Profite (oder Ersparnisse) aus der Landwirtschaft die Industrie ankurbeln. Es muss eine Schwerindustrie – wie zum Beispiel die Stahlindustrie und die elektrische Energieerzeugung – vorhanden sein, damit man in der Lage ist, die Maschinerie für andere Industriezweige und die Landwirtschaft herzustellen. Fehlende Schwerindustrie, unzureichende Nahrungsmittelproduktion – das alles sind Merkmale der unterentwickelten Ökonomien.

Es ist typisch für unterentwickelte Ökonomien, dass sie sich nicht auf die Sektoren konzentrieren (oder ihnen das nicht erlaubt wird), die ihrerseits das Wachstum stimulieren und insgesamt die Produktion steigern; und dass zwischen den einzelnen Sektoren kaum eine Verbindung besteht, sodass (beispielsweise) Landwirtschaft und Industrie zu gegenseitigem Vorteil miteinander wechselwirken könnten.

Ferner werden alle Ersparnisse, die innerhalb der Ökonomie erwirtschaftet werden, hauptsächlich ins Ausland geschickt oder mit Konsum verplempert, anstatt zu produktiven Zwecken reinvestiert zu werden. Ein großer Teil des Nationaleinkommens, der im Lande verbleibt, wird an Individuen ausbezahlt, die nicht unmittelbar an der Produktion von Wohlstand beteiligt sind, sondern nur Hilfsdienste leisten – öffentliche Bedienstete, Händler*innen, Soldat*innen, Unterhaltungskünstler*innen. Was die Lage noch verschlimmert, ist, dass in diesen Berufszweigen mehr Menschen beschäftigt sind, als wirklich notwendig wären, um ein effizientes Funktionieren zu gewährleisten; und um dem ganzen noch die Krone aufzusetzen, reinvestieren diese Leute nicht in die Landwirtschaft oder die Industrie. Sie verschleudern den Reichtum, der von der Bäuer*innenschaft und den Arbeiter*innen produziert wurde, für Autos, Whisky und Parfum.

Es wurde mit einiger Ironie bemerkt, dass die Haupt-»Industrie« vieler Entwicklungsländer die Verwaltung sei. Vor nicht allzulanger Zeit wurden 60 Prozent des Steueraufkommens Dahomeys dafür aufgewendet, die Gehälter der öffentlichen Bediensteten und der Regierungsspitze zu bezahlen. Die Gehälter, die an gewählte Politiker*innen ausbezahlt werden, übersteigen die eines Mitglieds des britischen Parlaments, wobei die Anzahl der Parlamentarier*innen in den unterentwickelten Ländern Afrikas ebenfalls relativ hoch ausfällt. In Gabun kommen auf ein Parlamentsmitglied 6.000 Einwohner*innen, während zum Vergleich in Frankreich auf ein Parlamentsmitglied immerhin 100.000 Einwohner kommen. Viele weitere Zahlen dieser Art zeigen an, dass es für die Beschreibung einer typischen unterentwickelten Ökonomie wesentlich ist, auf den hohen Anteil des lokal verteilten Reichtums hinzuweisen, der in die Taschen einiger weniger Privilegierter wandert.

Die Mitglieder der privilegierten Gruppen innerhalb Afrikas verteidigen sich immer wieder damit, dass sie die Steuern zahlen, die die Regierung am Laufen halten. Für sich betrachtet klingt diese Behauptung vernünftig, aber bei genauerer Untersuchung stellt sie sich als das absurdestmögliche Argument heraus und zeigt die völlige Ignoranz darüber, wie die Wirtschaft funktioniert. Steuern produzieren keinen nationalen Wohlstand und rufen keine Entwicklung hervor. Wohlstand muss aus der Natur produziert werden – durch das Bestellen des Landes oder den Abbau von Mineralien oder durch das Fällen von Bäumen oder indem Rohmaterialien zu fertigen Produkten für den menschlichen Gebrauch verarbeitet werden. Diese Dinge werden von der großen Mehrheit der Bevölkerung erledigt, die aus der Bäuer*innenschaft und den Arbeiter*innen besteht.

Es gäbe keine zu besteuernden Einkommen, wenn die werktätige Masse nicht arbeiten würde.

Die Gehälter, die an öffentliche Bedienstete, Fachkräfte und Händler*innen ausgezahlt werden, kommen aus dem Vorrat des von der Gesellschaft produzierten Reichtums. Ganz abgesehen von den Ungerechtigkeiten in der Reichtumsverteilung, muss auch das Argument zurückgewiesen werden, dass es »die Steuerzahler*innen« seien, die ein Land nach vorne bringen würden. Verfolgt man das Ziel der Entwicklung, muss man bei den Produzent*innen beginnen und von dort aus nachverfolgen, ob die Produkte ihrer Arbeit vernünftig verwendet werden, um der Nation größere Unabhängigkeit und größeren Wohlstand zu bescheren.

Indem man seine Aufmerksamkeit auf den Reichtum richtet, den menschliche Arbeit aus der Natur schöpft, wird man sofort feststellen, dass es nur sehr wenigen unterentwickelten Ländern an den Ressourcen mangelt, die verwendet werden könnten, das Leben zu verbessern; und in diesen Fällen wäre es oft möglich, dass sich zwei oder drei Gebiete zu gegenseitigem Vorteil zusammenschließen. Tatsächlich lässt sich zeigen, dass die unterentwickelten Länder diejenigen sind, die über den größten Reichtum an natürlichen Ressourcen verfügen, aber trotzdem am ärmsten sind, wenn es um Bereitstellung von Gütern und Dienstleistungen für ihre Bevölkerung geht.

Das *Gutachten der Vereinten Nationen über die wirtschaftlichen Bedingungen in Afrika* bis zum Jahr 1964 hatte über die natürlichen Ressourcen des Kontinents Folgendes zu berichten:

> *»Afrika ist reich an Bodenschätzen und Primärenergieressourcen. Mit schätzungsweise 9 Prozent der Weltbevölkerung entfallen auf die Region etwa 28 Prozent des Gesamtwerts der weltweiten Mineralienproduktion und 6 Prozent der Erdölproduktion. In den vergangenen Jahren stieg sein Anteil an letzterer an. Von 16 wichtigen metallischen und nichtmetallischen Mineralien variiert Afrikas Anteil von zehn davon zwischen 22 und 95 Prozent der weltweiten Produktion.«*

Tatsächlich zeigen täglich neue Entdeckungen mineralischer Bodenschätze, dass Afrikas Potential noch größer ist. Auf der landwirtschaftlichen Seite zeigt sich, dass afrikanischer Boden nicht so fruchtbar ist, wie das Bild tropischer Wälder meinen lassen könnte; allerdings gibt es andere klimatische Vorteile, sodass in den meisten Teilen des Kontinents mit der richtigen Bewässerung das ganze Jahr über Nutzpflanzen angebaut werden können.

Die tatsächliche Situation sieht so aus, dass Afrika noch nicht einmal ansatzweise das Beste aus seinem natürlichen Reichtum macht; und der Großteil des produzierten Reichtums verbleibt nicht in Afrika, wo er den Afrikaner*innen zu Gute kommen könnte. Sambia und der Kongo produzieren gewaltige Mengen an Kupfer, das allerdings für Europa, Nordamerika und Japan bestimmt ist. Selbst die Güter und Dienstleistungen, die innerhalb Afrikas produziert werden und innerhalb Afrikas bleiben, fallen in die Hände von Nichtafrikaner*innen. So prahlt Südafrika damit, das höchste Pro-Kopf-Einkommen in Afrika vorweisen zu können; aber um einen Anhaltspunkt zu erhalten, wie es sich verteilt, sollte man beachten, dass, während das Apartheid-Regime sicherstellt, dass von 1.000 lebend geborenen weißen Säuglingen nur 24 sterben, es relativ zufrieden damit ist, von 1.000 lebend geborenen afrikanischen Säuglingen 128 sterben zu lassen. Um die heutigen wirtschaftlichen Bedingungen in Afrika verstehen zu können, ist es wichtig, zu wissen, warum Afrika eigentlich nur so wenig von seinem natürlichen Potential verwirklicht hat und warum so viel seines jetzigen Reichtums an Nichtafrikaner*innen fließt, die zum größten Teil nicht auf dem Kontinent leben.

In gewisser Weise ist Unterentwicklung ein Paradoxon. Viele Gegenden der Welt, die natürliche Reichtümer besitzen, sind tatsächlich arm; und Gegenden, die nicht sonderlich reich an fruchtbaren Böden und Bodenschätzen sind, genießen den höchsten Lebensstandard. Wenn die Kapitalist*innen aus den entwickelten Teilen der Welt versuchen, dieses Paradoxon zu erklären, lassen sie es oft so erscheinen, als wäre diese Situation irgendwie »gottgegeben«. Ein bürgerlicher Ökonom stimmte – in einem Buch über Entwicklung –, der Aussage zu, dass die vergleichenden Statistiken über die Welt heute eine viel größere Kluft zeigen als je zuvor. Nach seinem eigenen Eingeständnis hat sich die Kluft zwischen den entwickelten und den unterentwickelten Ländern im Verlauf der letzten 150 Jahre um mindestens das 15- bis 20-fache vergrößert. Der fragliche bürgerliche Ökonom bietet allerdings weder eine historische Erklärung an, noch denkt er daran, dass ein Ausbeutungsverhältnis existiert, das es den kapitalistischen Parasiten erlaubte, sich zu mästen, und die Kolonien auslaugte. Stattdessen bietet er eine biblische Erklärung an! Er sagt:

Es steht alles in der Bibel:

> *»Denn wer da hat, dem wird gegeben werden, und er wird die Fülle haben; wer aber nicht hat, dem wird auch, was er hat, genommen werden.«* (Mt, 25,29)

Die Geschichte derer, die »nicht haben«, ist die Geschichte der heutigen unterentwickelten Länder.

Vermutlich ist der einzige Kommentar, der sich dazu machen lässt, ein »Amen.« Die Einschätzung, dass die Unterentwicklung irgendwie gottgewollt ist, wird vor allem auf Grund der rassistischen Tendenzen der europäischen Wissenschaft betont. Das steht in einer Linie mit dem rassistischen Vorurteil, offen zu sagen oder zu implizieren, dass das eigene Land entwickelter ist, weil dessen Menschen von Natur aus überlegen sind und dass die Verantwortung für die wirtschaftliche Rückständigkeit Afrikas in der allgemeinen Rückständigkeit der Rasse schwarzer Afrikaner*innen läge. Ein noch größeres Problem ist, dass die Völker in Afrika und anderen Teilen der kolonialisierten Welt eine kulturelle und psychologische Krise durchlaufen und die europäische Version der Dinge zumindest teilweise akzeptiert haben. Das bedeutet, dass die Menschen Afrikas selbst Zweifel an ihrer Fähigkeit haben, ihre natürliche Umgebung zu verwandeln und zu entwickeln. Mit solchen Zweifeln hinterfragen sie selbst diejenigen unter ihren Brüdern und Schwestern, die behaupten, dass Afrika sich entwickeln kann und sich entwickeln wird – durch die Anstrengungen seiner eigenen Menschen. Wenn wir bestimmen können, wann die Unterentwicklung stattfand, würde das die anhaltende Skepsis zerstreuen, dass sie rassisch oder anderweitig vorherbestimmt sei und wir wenig dagegen tun könnten.

Wenn die »Expert*innen« aus den kapitalistischen Ländern einmal keine rassistische Erklärung anbieten, bringen sie dennoch Verwirrung in die Sache, indem sie die Folgen der Unterentwicklung als ihre Ursachen ausgeben. Sie behaupten zum Beispiel, dass Afrikas Rückständigkeit ein Resultat des Mangels an qualifiziertem Personal sei, das es entwickeln könnte. Es stimmt, dass Afrika auf sich allein gestellt, nicht mehr Straßen, Brücken und Wasserkraftwerke bauen kann. Aber das ist keine Ursache von Unterentwicklung, außer in dem Sinne, dass Ursachen und Wirkungen zusammenkommen und sich gegenseitig verstärken. Tatsache ist, dass die tiefgreifendsten Gründe für die wirtschaftliche Rückständigkeit einer bestimmten afrikanischen Nation nicht innerhalb dieser Nation zu suchen sind. Alles was wir darin finden können, sind die Symptome der Unterentwicklung und die sekundären Faktoren, die für die Armut sorgen.

Falsche Auslegungen der Ursachen der Unterentwicklung stammen entweder von einer vorurteilsbelasteten Denkweise oder von dem Irrglauben, die Antworten fänden sich innerhalb der unterentwickelten Ökonomie. Die korrekte Erklärung liegt darin, die Beziehung zwischen Afrika und bestimmten Industrieländern zu betrachten und zu erkennen, dass es sich dabei um ein Ausbeutungsverhältnis handelt.

Der Mensch beutete schon immer seine natürliche Umgebung aus, um seinen Lebensunterhalt zu bestreiten. An einem gewissen Zeitpunkt kam es auch zur Ausbeutung des Menschen durch den Menschen, indem einige immer reicher wurden und gut von der Arbeit anderer lebten. Dann wurde eine Stufe erreicht, auf der die Menschen in einer Gemeinschaft, die sie Nation nannten, die natürlichen Ressourcen und die Arbeit einer anderen Nation und ihres Volkes ausbeuteten. Da die Unterentwicklung sich mit der vergleichenden Ökonomie von Nationen beschäftigt, ist die letztere Art von Ausbeutung die, die für uns von größtem Interesse ist – d.h. die Ausbeutung einer Nation durch die andere. Eines der gängigen Mittel, durch das eine Nation eine andere ausbeutet – und eines, das in Bezug auf die Außenbeziehungen Afrikas relevant ist – ist die Ausbeutung durch den Handel. Werden die Handelsvereinbarungen[167] von einem Land so festgelegt, dass sie vollständig zu seinem eigenen Vorteil ausfallen, dann verläuft der Handel für gewöhnlich zu Ungunsten des Handelspartners. Ein konkretes Beispiel liefert der Export landwirtschaftlicher Erzeugnisse aus Afrika und der Import von Industriegütern aus Europa, Nordamerika und Japan nach Afrika. Die großen Staaten legen den Preis landwirtschaftlicher Erzeugnisse fest und unterwerfen diese Preise

167 engl: »Terms of Trade«, umfasst mehr als nur rechtliche oder vertragliche Vereinbarungen, sondern betrifft den gesamten (ungleichen) Austausch zwischen den abhängigen Ländern und den kapitalistischen Zentren.

regelmäßigen Senkungen. Gleichzeitig werden von ihnen auch die Preise gefertigter Waren und die für den Handel mit den Schiffen dieser Nationen erforderlichen Transportgebühren festgelegt. Die Mineralien aus Afrika fallen – was die Preisgestaltung angeht – ebenfalls in dieselbe Kategorie wie die landwirtschaftlichen Erzeugnisse. Das gesamte Import-Export-Verhältnis zwischen Afrika und seinen Handelspartner*innen ist eines des ungleichen Austauschs und der Ausbeutung.

Noch weitreichender als nur der Handel, ist das tatsächliche Eigentum an den Produktionsmitteln eines Landes in den Händen der Einwohner*innen eines anderen. Der Besitz des Landes und der Bergwerke Afrikas durch Privatpersonen aus Europa stellt den direktesten Weg dar, den afrikanischen Kontinent leer zu saugen. Im Kolonialismus war dieser Besitz vollständig und gestützt durch militärische Herrschaft. Heute ist ausländische Eigentümerschaft immer noch in vielen afrikanischen Ländern zu finden, auch wenn man die Armeen und Flaggen der ausländischen Mächte entfernt hat. Solange sich Ländereien, Bergwerke, Fabriken, Banken, Versicherungsgesellschaften, Transportmittel, Zeitungen und Kraftwerke immer noch in ausländischer Hand befinden, solange wird der Reichtum Afrikas auch weiterhin in die Taschen dieser Elemente wandern. Mit anderen Worten: Durch das Fehlen direkter politischer Kontrolle, stellen Auslandsinvestitionen sicher, dass die natürlichen Ressourcen und die Arbeitskraft Afrikas wirtschaftliche Werte produzieren, die für den Kontinent verloren sind.

Auslandsinvestitionen nehmen oft die Form von Krediten an afrikanische Regierungen an. Diese Kredite müssen selbstverständlich zurückgezahlt werden; und in den 1960er-Jahren stieg die Tilgungsrate (Amortisierung) staatlicher Kredite in unterentwickelten Ländern von 400 Millionen Dollar pro Jahr auf ungefähr 700 Millionen Dollar pro Jahr und steigt nach wie vor. Außerdem sind da noch die Zinsen, die für diese Kredite gezahlt werden müssen, und die Profite, die aus den Direktinvestitionen in die Wirtschaft gezogen werden. Aus diesen beiden Quellen flossen 1965 über 500 Millionen Dollar aus den unterentwickelten Ländern ab. Die Informationen zu diesen Themen sind selten vollständig, da die Profiteur*innen versuchen, die Dinge geheim zu halten. Daher sind die oben genannten Zahlen wahrscheinlich zu niedrig angesetzt. Sie sollen einen Eindruck davon vermitteln, in welchem Ausmaß der Reichtum Afrikas von denen abgeschöpft wird, die in einen großen Teil der Produktionsmittel investieren, die den Reichtum Afrikas hervorbringen und sie somit besitzen. Außerdem wurden die Formen der Investitionen in jüngster Zeit subtiler und gefährlicher. Sie umfassen sogenannte Hilfen und das Management lokaler afrikanischer Unternehmen durch internationale kapitalistische Expert*innen.

Während Afrika hauptsächlich mit Nordamerika, Japan und den Ländern Westeuropas Handel treibt, diversifiziert es seinen Handel auch durch den Handel mit sozialistischen Ländern; und falls sich dieser Handel für die afrikanische Wirtschaft abträglich erweist, werden auch die entwickelten sozialistischen Länder in die Reihen der Ausbeuter*innen Afrikas eingetreten sein. Es ist an dieser Stelle allerdings von wesentlicher Bedeutung, eine klare Trennungslinie zwischen den kapitalistischen und den sozialistischen Ländern zu ziehen, da die sozialistischen Länder zu keiner Zeit irgendeinen Teil des afrikanischen Kontinents besaßen oder in einer Weise in die afrikanische Wirtschaft investierten, durch die Profite aus Afrika abgesaugt werden. Somit sind die sozialistischen Länder nicht daran beteiligt, Afrika auszurauben.

Die meisten Menschen, die über Unterentwicklung schreiben und sich in die Kontinente Afrika, Asien und Lateinamerika eingelesen haben, sind Wortführer*innen der kapitalistisch-bourgeoisen Welt. Ihr Ziel ist es, die kapitalistische Ausbeutung sowohl innerhalb Afrikas als auch in ihren eigenen Ländern zu rechtfertigen. Eines der Dinge, die sie anstellen, um das Thema zu verschleiern, ist, alle unterentwickelten Länder einem Lager zuzuordnen und alle entwickelten Länder einem anderen, ungeachtet der verschiedenen Gesellschaftssysteme; so gelangen die Begriffe kapitalistisch und sozialistisch niemals in die Diskussion. Stattdessen sieht man sich einer einfachen Teilung zwischen den Industrienationen und denen, die nicht industrialisiert sind, gegenüber. Es stimmt, dass sowohl die Vereinigten Staaten als auch die Sowjetunion industrialisiert sind und es stimmt auch, dass, wenn man in die Statistik blickt, Länder wie Frankreich, Norwegen, die Tschechoslowakei und Rumänien viel näher beieinander sind als irgendeines davon einem Land Afrikas. Es ist aber absolut notwendig, festzustellen, ob der Lebensstandard in einer gegebenen Industrienation ein Produkt seiner eigenen internen Ressourcen ist oder aus der Ausbeutung anderer Länder herrührt. Die Vereinigten Staaten machen nur einen kleinen Teil der Weltbevölkerung und des auszubeutenden natürlichen Reichtums aus, aber sie genießen einen gewaltigen Teil des Reichtums, der aus der Ausbeutung, der Arbeit und den natürlichen Ressourcen der gesamten Welt stammt.

Die irrigen Ansichten über die Unterentwicklung und die allzu sehr vereinfachte Unterscheidung zwischen reichen und armen Ländern werden von sozialistischen Autor*innen, sowohl innerhalb als auch außerhalb sozialistischer Länder, angefochten. Diese irrigen Ansichten werden auch von Ökonom*innen in unterentwickelten Ländern entlarvt, die entdecken, dass die Erklärungen, die bürgerliche Gelehrte anzubieten haben, Erklärungen sind, die den Interessen derjenigen Länder dienen, die den Rest der Welt durch Handel und Investitionen ausbeuten. Ein sozialistischer Autor aus Frankreich, Pierre Jalée, schlägt vor, dass, um eine richtige Perspektive auf das Verhältnis zwischen entwickelten Ländern und unterentwickelten Ländern zu erhalten, man zwei Kategorien einführen sollte – und zwar imperialistisch und sozialistisch. Das sozialistische Lager umfasst alle großen und kleinen Länder, die sich dazu entschlossen haben, aus dem internationalen Kapitalismus auszubrechen. Das imperialistische Lager enthält nicht nur die kapitalistischen Riesen wie die Vereinigten Staaten, Frankreich, Westdeutschland und Japan, sondern auch die schwachen Länder, in denen diese Industrienationen über Investitionen verfügen. Das imperialistische Lager kann also weiter in ausbeutende und ausgebeutete Länder unterteilt werden. Die Länder Afrikas fallen zu größten Teil in die Gruppe der ausgebeuteten Länder innerhalb des kapitalistischen/imperialistischen Systems. Ungefähr ein Drittel der Weltbevölkerung leben bereits in der einen oder anderen Form des Sozialismus. Die anderen zwei Drittel machen das kapitalistisch/imperialistische Lager aus, wobei die Mehrheit zur Gruppe der Ausgebeuteten gehört.

Es ist interessant, dass die bürgerlichen Autor*innen, trotz ihrer Bemühungen, die Situation zu verschleiern, doch oft auf die Wahrheit stoßen. So würden die Vereinten Nationen (die von den westlichen kapitalistischen Mächten dominiert werden) beispielsweise niemals die Ausbeutung durch die kapitalistischen Nationen hervorheben, aber ihre ökonomischen Gutachten beziehen sich einerseits auf »die zentralisierten Planwirtschaften«, d.h. die sozialistischen Länder und andererseits sprechen sie von »den Marktwirtschaften«, d.h. dem imperialistischen Sektor der Welt. Die letzteren unterteilen sich wiederum in »die entwickelten Marktwirtschaften« und »die sich entwickelnden Marktwirtschaften«, die Tatsache verschleiernd, dass mit dem Markt der kapitalistische Markt gemeint ist. Diese Untersuchung befasst sich damit, die Beziehungen zwischen denjenigen Ländern zu analysieren, die sich zusammen innerhalb des kapitalistischen Marktsystems befinden.

Die Dinge, die Afrika in das kapitalistische Marktsystem brachten, waren der Handel, die koloniale Herrschaft und kapitalistische Investitionen. Der Handel existiert seit mehreren Jahrhunderten; die Kolonialherrschaft begann im späten 19. Jahrhundert und ist mittlerweile fast verschwunden; und die Investitionen in die afrikanische Wirtschaft wuchsen in unserem Jahrhundert stetig an. Während der ganzen Zeit, in der Afrika an der kapitalistischen Wirtschaft teilnahm, führten zwei Faktoren zur Unterentwicklung. Erstens wurde der durch afrikanische Arbeit und aus afrikanischen Ressourcen geschaffene Reichtum von den kapitalistischen Ländern Europas an sich gerissen und zweitens wurde die Fähigkeit Afrikas, sein wirtschaftliches Potential optimal zu nutzen – und darum geht es ja bei der Entwicklung –, eingeschränkt. Diese beiden Prozesse stellen die Antwort auf die zwei oben gestellten Fragen dar, warum Afrika so wenig von seinem Potential verwirklichte und warum so viel seines gegenwärtigen Reichtums den Kontinent verlässt.

Die afrikanischen Volkswirtschaften sind in einer Weise in die Struktur der entwickelten kapitalistischen Wirtschaft integriert, die für Afrika ungünstig ist und es in die Abhängigkeit von den großen kapitalistischen Staaten zwingt. Tatsächlich ist strukturelle Abhängigkeit eines der Merkmale der Unterentwicklung. Die meisten progressiven Autor*innen unterteilen das kapitalistische/imperialistische System in zwei Teile. Der erste ist der dominante Teil der Metropolen, die Länder der zweiten Gruppe nennt man häufig Satelliten, da sie sich im Orbit der Volkswirtschaften der Metropolen befinden. Derselbe Gedanke lässt sich auch dadurch ausdrücken, dass man sagt, die unterentwickelten Länder seien Kolonien der kapitalistischen Volkswirtschaften der Metropolen.

Wenn ein Kind oder das Jungtier einer Tierart aufhört, für Nahrung und Schutz von seiner Mutter abhängig zu sein, lässt sich sagen, dass es sich in Richtung des Erwachsenseins entwickelt hat. Abhängige Nationen können niemals als entwickelt betrachtet werden. Es stimmt, dass die heutigen Bedingungen alle Länder in gegenseitige Abhängigkeit zwingen, um die Bedürfnisse ihrer Bürger*innen zu befriedigen; das ist allerdings nicht unvereinbar mit wirtschaftlicher Unabhängigkeit, denn wirtschaftliche Unabhängigkeit ist nicht gleichbedeutend mit Isolation. Es verlangt aber die Fähigkeit, eine Auswahl in den Außenbeziehungen zu treffen; und vor allem verlangt es, dass das Wachstum zu einem bestimmten Zeitpunkt selbstständig wird und sich selbst tragen kann. Diese Dinge stehen offensichtlich in direktem Widerspruch zu der wirtschaftlichen Abhängigkeit zahlreicher Länder von den Metropolen Nordamerika und Japan und denen Westeuropas.

Es ist ebenfalls richtig, dass die Metropolen auf den Reichtum der ausgebeuteten Weltregionen angewiesen sind. Das ist sowohl eine Wurzel ihrer Stärke als auch eine potentielle Schwachstelle innerhalb des kapitalistischen/imperialistischen Systems, da die Bäuer*innenschaft und die Arbeiter*innen der Kolonien zu der Erkenntnis gelangen, dass es möglich ist, die Tentakel abzuschlagen, die der Imperialismus in ihre Länder ausgestreckt hat. Es gibt allerdings einen wesentlichen Unterschied zwischen der Abhängigkeit der Metropolen von den Kolonien und der Unterwerfung der Kolonien unter das Joch ausländischen Kapitals. Die kapitalistischen Länder sind technologisch weiter fortgeschritten und stellen somit den Sektor des imperialistischen Systems dar, der die Richtung des Wandels bestimmte. Ein eindrucksvolles Beispiel dieses Einflusses ist die Tatsache, dass synthetische Stoffe, die in den kapitalistischen Metropolen hergestellt werden damit begonnen haben, die Stoffe zu verdrängen, die aus Rohmaterial hergestellt werden, das in den Kolonien angebaut wird. Mit anderen Worten: (innerhalb gewisser Grenzen) sind es die technologisch fortgeschrittenen Metropolen, die in der Lage sind, zu entscheiden, wann sie ihre Abhängigkeit von den Kolonien in einem bestimmten Bereich beenden wollen. Wenn das passiert, ist es die Kolonie oder Neokolonie, die mit der Mütze in der Hand um eine Galgenfrist und ein neues Kontingent bettelt. Aus diesem Grund hat eine vormals kolonialisierte Nation keine Hoffnung, sich zu entwickeln, bis sie erfolgreich aus dem Teufelskreis der Abhängigkeit und Ausbeutung entkommt, die dem Imperialismus eigen ist.

Auf sozialer und kultureller Ebene gibt es viele Merkmale, die dazu beitragen, dass die unterentwickelten Länder in das kapitalistische System integriert bleiben und gleichzeitig an den Rockschößen der Metropolen hängen. Die christliche Kirche war schon immer ein Hauptinstrument der kulturellen Durchdringung und der kulturellen Herrschaft, trotz der Tatsache, dass die Afrikaner*innen versuchten, unabhängige Kirchen zu gründen. Genauso wichtig war die Rolle der Bildung und Erziehung, um Afrikaner*innen hervorzubringen, die dem kapitalistischen System dienen und sich seinen Werten verschreiben würden. In neuerer Zeit nutzen die Imperialist*innen neue Universitäten innerhalb Afrikas, um sich auf höchster akademischer Ebene festzusetzen.

Etwas so Grundlegendes wie die Sprache wurde dazu genutzt, als Mechanismus für Eingliederung und Abhängigkeit zu dienen. Das Französische und das Englische, das in Afrika so weit verbreitet ist, dienen mehr der Kommunikation zwischen Afrikaner*innen und Ausbeuter*innen als der Kommunikation der Afrikaner*innen untereinander. Es wäre im Übrigen schwierig, einen Bereich zu finden, der nicht die wirtschaftliche Abhängigkeit und strukturelle Eingliederung widerspiegeln würde. Auf den ersten Blick könnte nichts unbedenklicher und unterhaltsamer sein als Musik und dennoch wird auch sie als Waffe kultureller Herrschaft gebraucht. Die amerikanischen Imperialist*innen gehen so weit, die Folk Music, den Jazz und die Soul Music der unterdrückten Schwarzen zu nehmen und sie in amerikanische Propaganda zu verwandeln, die über Voice of America[168] Afrika beschallt.

168 Dt.: Stimme Amerikas

Während der Kolonialzeit waren die Formen der politischen Unterordnung offensichtlich. Es gab Gouverneure, Kolonialbeamte und die Polizei. In den politisch unabhängigen afrikanischen Staaten müssen die Kapitalist*innen der Metropole von der Ferne aus günstige politische Entscheidungen sicherstellen. Also setzten sie in vielen Teilen Afrikas ihre politischen Marionetten ein, die schamlos Kompromisse mit dem niederträchtigen Apartheidregime Südafrikas eingehen, wenn ihre Herr*innen sie dazu auffordern. Der revolutionäre Autor Frantz Fanon behandelte ausgiebig und vernichtend die Frage nach der Minderheit in Afrika, die als Transmissionsriemen zwischen den Kapitalist*innen der Metropole und ihren Kolonien in Afrika dient. Die Bedeutung dieser Gruppe darf nicht unterschätzt werden. Die Anwesenheit einer Gruppe afrikanischer Verräter*innen ist Teil der Definition von Unterentwicklung. Jede Diagnose der Unterentwicklung in Afrika wird nicht nur das niedrige Pro-Kopf-Einkommen und Eiweißmangel enthüllen, sondern auch den feinen Herren, der in Abidjan, Accra und Kinshasa tanzt, sobald in Paris, London und New York die Musik spielt.

In Afrika offenbart sich die politische Instabilität als chronisches Symptom der Unterentwicklung des politischen Lebens innerhalb des imperialistischen Kontexts. Ein Militärputsch folgt dem nächsten, oftmals ohne Bedeutung für die Masse der Bevölkerung und manchmal als reaktionäre Umkehrung der Bemühungen um nationale Befreiung. Dieser Trend zeigte sich deutlich in der Geschichte Lateinamerikas, sodass sein Auftauchen im neokolonialen Südvietnam oder im neokolonialen Afrika alles andere als überraschend ist. Wenn sich der Schwerpunkt wirtschaftlicher Macht außerhalb afrikanischer Landesgrenzen befindet, dann befindet sich auch das Zentrum der politischen und militärischen Macht in jeder Hinsicht außerhalb; solange die Masse der Bäuer*innenschaft und der Arbeiter*innen nicht mobilisiert wird, um eine Alternative zu dem System der politischen Scheinunabhängigkeit anzubieten. Alle diese Merkmale sind Konsequenzen der Unterentwicklung und der Ausbeutung durch das imperialistische System. In den meisten Analysen dieser Frage werden sie entweder komplett ausgelassen oder das Konzept von Imperialismus und Neokolonialismus wird als bloße Rhetorik verworfen – insbesondere von »Akademiker*innen«, die behaupten, sie stünden abseits der »Politik.« Im weiteren Verlauf dieser Untersuchung werden viele Details vorgestellt, um die düstere Realität hinter den sogenannten Schlagwörtern Kapitalismus, Imperialismus, Kolonialismus, Neokolonialismus und dergleichen aufzuzeigen. Für den Augenblick kann die vertretene Position kurz wie folgt zusammengefasst werden:

Die Frage danach, wer und was für die Unterentwicklung Afrikas verantwortlich ist, kann auf zwei Ebenen beantwortet werden. Die erste Antwort lautet, dass der Lauf des imperialistischen Systems die Hauptverantwortung für die wirtschaftliche Rückständigkeit Afrikas trägt, da es den afrikanischen Reichtum absaugt und eine schnellere Entwicklung der Ressourcen des Kontinents unmöglich macht. Die Zweite muss sich mit denen beschäftigen, die das System bedienen und die entweder Erfüllungsgehilfen oder nützliche Idiot*innen des besagten Systems sind. Die Kapitalist*innen Westeuropas waren diejenigen, die ihr System der Ausbeutung tatkräftig von Europa auf ganz Afrika ausdehnten.

In jüngster Zeit schlossen sich ihnen Kapitalist*innen aus den Vereinigten Staaten an und verdrängten sie teilweise; und seit nun schon vielen Jahren profitieren auch die Arbeiter*innen dieser Metropolen von der Ausbeutung und Unterentwicklung Afrikas. Keine dieser Bemerkungen hat zur Absicht, die letztliche Verantwortung für die Entwicklung von den Schultern der Afrikaner*innen zu nehmen. Nicht nur existieren afrikanische Gehilfen innerhalb des imperialistischen Systems – jede Afrikanerin und jeder Afrikaner steht in der Verantwortung, dieses System zu verstehen und an seinem Umsturz zu arbeiten.

2. Die Entwicklung Afrikas vor der Ankunft der Europäer*innen bis zum 15. Jahrhundert

Noch bevor die Briten je mit unserem Volk in Kontakt traten, waren wir ein entwickeltes Volk, das seine eigenen Institutionen und seine eigenen Regierungsvorstellungen hatte.

—J. E. Casely-Hayford, 1922
Afrikanischer Nationalist (Goldküste)

Ein allgemeiner Überblick

Es wurde gezeigt, dass Afrika heute im Vergleich zu Westeuropa und einigen anderen Teilen der Welt unterentwickelt ist und dass man diesen Zustand nicht durch die getrennte Entwicklung Afrikas einerseits und Europas andererseits, sondern durch Ausbeutung erreichte. Afrika hatte bekanntlich langanhaltenden und intensiven Kontakt mit Europa; und man muss bedenken, dass der Kontakt zwischen verschiedenen Gesellschaften ihre jeweiligen Entwicklungsgeschwindigkeiten verändert. Um die Dinge richtig zu stellen, sind vier Operationen erforderlich:

1. Rekonstruktion der Art der Entwicklung Afrikas vor der Ankunft der Europäer*innen.
2. Rekonstruktion der Art der Entwicklung, die in Europa vor der Expansion in andere Länder stattfand.
3. Analyse des Beitrags Afrikas zum heutigen »entwickelten« Zustand Europas.
4. Analyse des Anteils Europas an Afrikas derzeitigem »unterentwickelten« Zustand.

Die zweite Aufgabe ist in der europäischen Literatur bereits ausführlich behandelt worden, sodass sie nur am Rande erwähnt zu werden braucht; die anderen verdienen jedoch alle weitere Aufmerksamkeit.

Der afrikanische Kontinent zeigt sehr deutlich, wie sich das Gesetz der ungleichmäßigen Entwicklung von Gesellschaften auswirkt. Es gibt deutliche Unterschiede zwischen dem äthiopischen Reich und den jagenden Pygmäengruppen in den Wäldern des Kongo oder zwischen den Reichen des Westsudan und den Jäger*innen und Sammler*innen der Khoisan in der Kalahari-Wüste. Innerhalb eines bestimmten geographischen Gebietes fanden sich in der Tat auffallende Gegensätze. Das äthiopische Reich umfasste sowohl gebildete feudale amharische Adlige als auch eine einfache Kaffa-Bäuer*innenschaft und Galla-Hirt*innen. In den Reichen des Westsudan lebten kultivierte, gebildete Mandinga-Stadtbewohner*innen, kleine Gemeinschaften von Bozo-Fischer*innen und nomadisierende Fulani-Hirt*innen. Selbst zwischen Clans und Abstammungslinien, die sich auf den ersten Blick ähneln, gab es erhebliche Unterschiede. Es ist jedoch möglich, zwischen dem zu unterscheiden, was einzigartig »afrikanisch« war, und dem, was in dem Sinne universell war, dass es für alle menschlichen Gesellschaften in einem bestimmten Entwicklungsstadium charakteristisch ist. Wichtig ist auch, den Prozess der dialektischen Entwicklung von niedrigeren zu höheren Formen der sozialen Organisation zu erkennen; und wenn man die am weitesten fortgeschrittenen sozialen Formationen betrachtet, zeigt sich einem das Potential des Kontinents in seiner Gesamtheit sowie die Richtung des Wandels.

In dem Moment, in dem das Thema der afrikanischen Vergangenheit auf pro-europäischer Seite zur Sprache gebracht wird, interessieren sich viele Menschen aus unterschiedlichen Gründen dafür, etwas über die Existenz afrikanischer »Zivilisationen« zu erfahren. Hauptsächlich entspringt das dem Wunsch, Vergleiche mit europäischen »Zivilisationen« anzustellen. Das ist nicht der richtige Ort, um die sogenannten Zivilisationen Europas zu bewerten. Es reicht, das Verhalten der europäischen Kapitalisten von der Epoche der Sklaverei über den Kolonialismus, den Faschismus und die genozidalen Kriege in Asien und Afrika zu betrachten. Diese Barbarei macht die Verwendung des Wortes »Zivilisation« zur Beschreibung Westeuropas und Nordamerikas suspekt. Was Afrika während der Periode der frühen Entwicklung betrifft, so ist es besser, von »Kulturen«, als von Zivilisationen zu sprechen.

Kultur meint eine Lebensweise in ihrer Gesamtheit. Sie umfasst, was die Menschen aßen und was sie trugen, wie sie sich bewegten und wie sie sprachen, wie sie mit dem Tod umgingen und die Neugeborenen empfingen. Es liegt auf der Hand, dass praktisch jeder Ort hinsichtlich aller gesellschaftlichen Details seine Besonderheiten aufweist. Darüber hinaus bildete der afrikanische Kontinent südlich der Sahara eine große Gemeinschaft mit deutlich erkennbaren Ähnlichkeiten. So kamen beispielsweise der Musik und dem Tanz in der »unberührten« afrikanischen Gesellschaft Schlüsselrollen zu. Sie waren bei der Geburt, der Initiation, der Heirat, dem Tod und auch bei der Freizeitgestaltung stets präsent. Afrika ist der Kontinent der Trommeln und der Perkussion. Die afrikanischen Völker erreichten in diesem Bereich den Gipfel der Kunst.

Aufgrund der Auswirkungen des Kolonialismus und des Kulturimperialismus (auf die später eingegangen wird) haben die Europäer*innen und die Afrikaner*innen selbst während der Kolonialzeit den einzigartigen Besonderheiten der afrikanischen Kultur nicht die Beachtung geschenkt, die ihnen gebührt. Diese Besonderheiten verfügen über einen intrinsischen Wert, der von der europäischen Kultur, weder in der vergleichbaren Zeit vor 1500 noch in den Jahrhunderten danach, überschattet werden kann. Sie sind unübertrefflich, weil es sich bei ihnen nicht wirklich um vergleichbare Phänomene handelt. Wer auf dieser Welt kann schon beurteilen, ob ein österreichischer Walzer besser ist als ein Makonde Ngoma? Darüber hinaus ist bekannt, dass die afrikanischen Errungenschaften der voreuropäischen Zeit – auch in den Bereichen der Kultur, die besser vergleichbar sind, wie z. B. in den »schönen Künsten« – zum Menschheitserbe an wundervollen Werken ihren Teil beitragen. Die Kunst Ägyptens, des Sudans und Äthiopiens war dem Rest der Welt schon früh bekannt. Der Rest Afrikas wird noch immer von Europäer*innen und auch von den heutigen Afrikaner*innen »entdeckt« und wiederentdeckt. Das Urteil der Kunsthistoriker*innen über die Bronzen von Ife und Benin ist allgemein bekannt. Da sie aus dem 14. und 15. Jahrhundert stammen, sind sie für jede Diskussion über die Entwicklung Afrikas in der Epoche, die den Kontakten mit Europa voranging, von großer Bedeutung. Sie sind auch nicht als ungewöhnlich zu betrachten, außer im Hinblick auf das Material, aus dem die Skulpturen gefertigt wurden. Die gleiche Kunstfertigkeit und das gleiche Feingefühl waren selbstverständlich auch bei Skulpturen und Kunstwerken aus kurzlebigen Materialien – insbesondere Holz – gefragt.

Die Tänze und die Kunst Afrikas waren auf die eine oder andere Weise fast immer mit einer religiösen Weltanschauung verbunden. Wie gemeinhin bekannt, gibt es eine große Vielfalt traditioneller religiöser Praktiken in Afrika; man sollte auch nicht vergessen, dass sowohl der Islam als auch das Christentum fast von Anfang an auf dem afrikanischen Kontinent beheimatet waren. Die Eigenheiten der traditionellen afrikanischen Religionen helfen dabei, die afrikanischen Kulturen von denen anderer Kontinente zu unterscheiden; hier ist es jedoch wichtiger, festzuhalten, wie viel die afrikanische Religion mit der Religion anderer Länder gemeinsam hatte und wie sich das als Indikator für den Entwicklungsstand Afrikas vor dem europäischen Einfluss im 15. Jahrhundert verwenden lässt.

Die Religion ist ein Aspekt des Überbaus einer Gesellschaft, der sich letztlich aus dem Grad des Verständnisses der materiellen Welt und der Kontrolle über sie ableitet. Wenn aber der Mensch in religiösen Begriffen denkt, geht er von einem Ideal aus und nicht von der materiellen Welt (die er nicht begreifen kann). Das führt zu einer unwissenschaftlichen und metaphysischen Sichtweise der Welt, die oft im Widerspruch zur wissenschaftlichen, materialistischen Sichtweise und zur Entwicklung der Gesellschaft steht. Die alten Religionen Afrikas waren nicht besser oder schlechter als andere Religionen. Doch mit dem Ende des Feudalismus begannen die Europäer*innen, den Bereich des menschlichen Lebens, in dem Religion und Kirche eine Rolle spielten, einzugrenzen. Religion hörte auf, die Politik, die Geographie und die Medizin zu dominieren. Um diese Dinge von religiösen Zwängen zu befreien, musste man argumentieren, dass die Religion einer eigenen Sphäre angehöre und die weltlichen Dinge wiederum eine eigene Sphäre für sich besäßen. Diese Säkularisation des Lebens beschleunigte die Entwicklung des Kapitalismus und später die des Sozialismus. Im Gegensatz dazu durchdrang die Religion vor der Ankunft der Weißen das Leben in Afrika genauso wie sie das Leben in anderen präfeudalen Gesellschaften durchdrang, wie zum Beispiel bei den Maori Australiens, den Bewohner*innen Afghanistans oder den Wikinger*innen in Skandinavien.

Die Religion kann als Element des Überbaus sowohl eine positive als auch eine negative Rolle spielen. Im frühen Afrika waren religiöse Anschauungen in den meisten Fällen damit verbunden, eine große Anzahl an Menschen zum Zwecke der Staatsbildung zu mobilisieren und zu erziehen. In einigen Fällen lieferte die Religion auch die Ideen im Kampf um soziale Gerechtigkeit. Die negativen Aspekte erwuchsen gewöhnlich aus der Neigung der Religionen, sich über sehr lange Zeiträume der Veränderung zu widersetzen, besonders wenn die Technologie zum Bestreiten des Lebensunterhalts sich nur sehr langsam wandelte. Das war in den Gesellschaften Afrikas genauso der Fall wie in allen anderen vorkapitalistischen Gesellschaften. Gleichzeitig üben religiöse Anschauungen selbst einen Einfluss auf die Produktionsweise aus und verlangsamen dort den Fortschritt noch zusätzlich. Der Glaube an Gebete und das Eingreifen der Ahnen und verschiedener Gött*innen beispielsweise konnte leicht als Substitut für Innovationen dienen, mit denen sich die Auswirkungen des Wetters und der Umwelt unter Kontrolle bringen ließen.

Dieselbe Art zweiseitiger Beziehung existiert auch zwischen den Mitteln zum Bestreiten des Lebensunterhalts und den sozialen Mustern, die im Arbeitsprozess entstehen. Vor dem 15. Jahrhundert war in Afrika das vorherrschende Prinzip sozialer Beziehungen das der Familie und der Verwandtschaft, das mit dem Kommunalismus zusammenhängt. Die Stellung eines jeden Mitglieds einer afrikanischen Gesellschaft war definiert durch die Verwandten auf Seiten der Mutter und des Vaters. Bei einigen Gesellschaften spielten die matrilinearen Beziehungen, bei anderen die patrilinearen Beziehungen eine größere Rolle. Diese Dinge waren für den Alltag eines Mitglieds einer afrikanischen Gesellschaft von äußerster Wichtigkeit, da der Grund und Boden (das wichtigste Produktionsmittel) im Besitz von Gruppen wie der Familienclans war, an deren Spitze die Eltern sowie die zukünftigen Generationen standen. Theoretisch wurde dieses System mit der Annahme erklärt, dass die Mitglieder jeder Gemeinschaft direkte Nachfahren der ersten Person waren, die das Land besiedelt hatte. Stieß eine neue Gruppe dazu, erhob sie oft den Anspruch, dass sich ihre Vorfahren ebenfalls bis zur Besiedelung des Landes zurückverfolgen ließen oder sie versicherte, dass die Mitglieder ihrer ältesten Familien noch immer die Zeremonien vollzogen, die mit dem Land und dem Wasser der Region in Verbindung standen.

Ebenso wurden die Arbeitskräfte, die das Land bestellten, gewöhnlich auf Basis der Familie rekrutiert. Eine einzelne Familie oder ein einzelner Haushalt bewirtschaftete seine eigenen Parzellen; zusätzlich bestand die Möglichkeit, bestimmte landwirtschaftliche Gemeinschaftstätigkeiten mit anderen Mitgliedern der Großfamilie oder des Clans zusammen zu erledigen. Jährliche Jagden und die Flussfischerei wurden ebenfalls von der gesamten Großfamilie oder der Dorfgemeinschaft organisiert. In einer matrilinearen Gesellschaft wie den Bemba (Sambia), arbeitete der Bräutigam einige Jahre für den Vater der Braut; und viele junge Männer, die Töchter desselben Haushalts geheiratet hatten, bildeten häufig Arbeitsgruppen, um sich untereinander zu helfen. In Dahomey lebte ein junger Mann nicht zusammen mit der Familie seiner Frau, sondern die *dokpwe*, die Arbeitsgruppe, erlaubte es einem Sohn, sich an der Ausführung einer größeren Aufgabe für den Vater seiner Frau zu beteiligen. In beiden Beispielen beruht das Recht des Schwiegervaters, Arbeitskraft zu erwerben und die Verpflichtung des Schwiegersohns, Arbeitskraft abzugeben, auf den Verwandtschaftsverhältnissen. Darin unterscheiden sie sich vom Kapitalismus, in dem Arbeitskraft mit Geld gekauft wird und vom Feudalismus, in dem der Leibeigene seine Arbeitskraft zur Verfügung stellt, um Zugang zu einem Teil des Landes zu erhalten, das Eigentum des Grundherrn ist.

Da die Ernte und andere Güter auf dem Land der Familie und durch die Arbeit der Familie erzeugt wurden, verteilte man sie auf der Grundlage von Verwandtschaftsbeziehungen. Wurde jemandes Ernte durch ein plötzliches Unglück zerstört, kamen die Verwandten im eigenen Dorf zu Hilfe. War die gesamte Gemeinschaft in Not, zogen die Menschen zu ihren Verwandten in einem anderen Gebiet, in dem kein Mangel an Nahrung bestand. Im Land der Akan (Ghana) war das Clansystem in so hohem Maße organisiert, dass ein Mann aus Brong das viele hunderte Kilometer entfernte Fante besuchen und von einem völlig Fremden, der zufällig seinem eigenen Clan angehörte, Nahrung und Gastfreundschaft empfangen konnte.

Es ließen sich zahlreiche Beispiele anführen, um die Vorherrschaft des Familienprinzips in der kommunalistischen Phase der afrikanischen Entwicklung zu belegen. Es beeinflusste die beiden wichtigsten Produktionsfaktoren – Land und Arbeit – sowie das System der Güterverteilung. Europäische Anthropolog*innen, die afrikanische Gesellschaften untersuchten, taten dies vorwiegend aus einer Position rassistischer Voreingenommenheit heraus. Trotzdem können ihre Forschungen in Bezug auf Familienhöfe und –verbindungen, auf die Großfamilie (einschließlich verwandter Mitglieder, die eher durch Assoziation als durch Geburt beitraten) und auf Abstammungslinien und Clans, die die Prinzipien der Verwandtschaftsbündnisse über weite Gebiete trugen, eine Fülle an Fakten liefern. Während die genauen Details sich unterschieden haben mögen, fand man doch ähnliche gesellschaftliche Institutionen auch bei den Gallier*innen im Frankreich des 11. Jahrhunderts, bei den Viet im Indochina derselben Epoche und praktisch überall sonst in der Welt zum einen oder anderen Zeitpunkt – da es sich beim Kommunalismus um eine Phase handelt, die jede menschliche Gesellschaft einmal durchlief.

In allen afrikanischen Gesellschaften der früheren Epoche, hatte das Individuum in jeder Lebensphase sowohl eine Reihe von Aufgaben und Pflichten gegenüber den anderen Mitgliedern der Gemeinschaft als auch eine Reihe von Rechten: Dinge, die er oder sie von anderen Personen erwarten oder verlangen durfte. Der wichtigste Faktor bei der Bestimmung, welches Ausmaß diese Rechte und Pflichten annahmen, war das Alter. Die ältesten Mitglieder der Gemeinschaft waren hoch angesehen und für gewöhnlich mit Autorität ausgestattet. Die Idee der Seniorität durch das Alter spiegelte sich in vielen afrikanischen Gesellschaften in der Existenz von Altersstufen und Altersgruppen wider. Die Beschneidung symbolisierte die Aufnahme in die Gesellschaft und den Eintritt ins Erwachsenenleben. Von diesem Moment an wurden Männer – ebenso wie Frauen – mit anderen aus ihrer Altersgruppe zusammengebracht. In der Regel existierten mindestens drei Altersstufen, die in etwa den jungen, den mittelalten und den alten Menschen entsprachen.

Als der Kommunalismus in weiten Teilen Europas zusammenbrach, wich er der weit verbreiteten Sklaverei als neuer Form der Mobilisierung von Arbeitskräften. Diese setzte sich während des gesamten europäischen Mittelalters fort, wobei die Kreuzzüge zwischen Christ*innen und Muslim*innen einen zusätzlichen Vorwand für die Versklavung von Menschen lieferten. Die Sklaverei wiederum wich der Leibeigenschaft, bei der die Arbeiter*innen an das Land gebunden waren und nicht länger verkauft und verfrachtet werden konnten. Da der Übergang von der Sklaverei zum Feudalismus in Europa viele Jahre dauerte, war es üblich, dass die feudale Gesellschaft immer noch zahlreiche Sklav*innen hielt. In Teilen Chinas, Burmas und Indiens existierte noch eine beträchtliche Anzahl an Sklav*innen, während sich die Gesellschaft vom einfachen Kommunalismus fortbewegte. Allerdings stellte in Asien die Sklaverei zu keinem Zeitpunkt die vorherrschende Produktionsweise dar. In Afrika gab es nur wenige Sklav*innen und mit Sicherheit kein Zeitalter der Sklaverei. Die meisten Sklav*innen fanden sich in nordafrikanischen und anderen muslimischen Gesellschaften und in diesen Fällen konnten ein Mann und seine Familie innerhalb der übergreifenden Feudalstruktur der Gesellschaft über Generationen hinweg denselben Sklav*innenstatus innehaben. Andernorts in Afrika lernten kommunalistische Gesellschaften das Konzept, fremde Menschen zu besitzen, kennen, als sie Kriegsgefangene machten. Anfangs befanden sich diese Gefangenen in einer stark benachteiligten Position, vergleichbar mit der von Sklav*innen, allerdings wurden sie oder ihre Nachkommen sehr schnell zu gewöhnlichen Mitgliedern der Gesellschaft, da es für die fortwährende Ausbeutung des Menschen durch den Menschen, in einem weder feudalen noch kapitalistischen Rahmen, keinen Raum gab.

Marxist*innen wie Nicht-Marxist*innen haben (aus unterschiedlichen Motiven heraus) darauf hingewiesen, dass die Abfolge der Produktionsweisen, die sich in Europa feststellen lässt, in Afrika nicht reproduziert wurde. Weder folgte in Afrika auf die kommunalistische Phase aufgrund einer inneren Entwicklung eine Epoche der Sklaverei, noch existierte dort eine Produktionsweise, die dem europäischen Feudalismus entsprochen hätte. Marx selbst erkannte, dass die Entwicklungsstadien in Asien eine Gesellschaftsform hervorgebracht hatten, die nicht so einfach ins europäische Muster passte. Er nannte sie »die asiatische Produktionsweise.« Diesem Gedanken folgend, diskutierten eine Reihe von Marxist*innen in letzter Zeit darüber, ob Afrika in dieselbe Kategorie wie Asien fällt oder ob es eine eigene »afrikanische Produktionsweise« besaß. Die Implikationen dieser Auseinandersetzungen sind durchaus progressiv, da sie sich mit den konkreten Gegebenheiten in Afrika befassen und nicht mit den aus Europa mitgebrachten Vorurteilen. Es scheint aber, als wären die beteiligten Wissenschaftler*innen darauf erpicht, einen einzigen Begriff zu finden, mit dem sich eine Vielzahl von gesellschaftlichen Formen abdecken lässt, die in Afrika vom fünften Jahrhundert n. Chr. bis zum Anbruch des Kolonialismus existierten. Die Annahme, die unserer Studie zugrunde liegt, ist die, dass sich die meisten afrikanischen Gesellschaften vor dem Jahr 1500 in einer Übergangsphase befanden, zwischen dem Betreiben von Ackerbau (sowie Fischerei und Viehzucht) in Familiengemeinschaften und dem Betreiben derselben Tätigkeiten innerhalb von Staaten und dem Feudalismus vergleichbaren Gesellschaften.

In gewissem Sinne ist Geschichte immer ein Übergang von einer Phase in eine andere, aber einige historische Momente haben klarer identifizierbare Merkmale als andere. So gab es im Kommunalismus keine Klassen; es gab gleichberechtigten Zugang zum Land und Gleichheit bei der Verteilung – bei niedrigem Stand der Technologie und der Produktion. Im Feudalismus herrschte eine große Ungleichheit bei der Verteilung von Grund und Boden und den gesellschaftlichen Produkten. Die Gutsherrenklasse und ihre Bürokratie kontrollierten den Staat und nutzten ihn als Instrument zur Unterdrückung der Bäuer*innenschaft, der Leibeigenen, der Sklav*innen und selbst der Handwerker*innen und Händler*innen. Der Übergang vom Kommunalismus zum Feudalismus dauerte auf allen Kontinenten mehrere Jahrhunderte an und in einigen Fällen erlaubten es Unterbrechungen der inneren Entwicklung dem Prozess nicht, auszureifen. Zweifellos gab es in Afrika nur äußerst wenige Gesellschaften, die den Feudalismus erreichten. Solange der feudale Staat im Entstehen begriffen war, existierten kommunalistische Elemente zusammen mit feudalistischen Elementen und einigen Besonderheiten, die den Gegebenheiten in Afrika geschuldet waren. Ferner war der Übergang durch eine Vielzahl sozialer Formationen gekennzeichnet: So gab es Gesellschaften, die Viehzucht und Ackerbau betrieben, Gesellschaften von Fischer*innen und Händler*innen, Räuber*innen und Nomad*innen. Durch die Ausweitung der Produktivkräfte und des Verteilungsnetzes wurden sie alle nach und nach in eine Beziehung zum Land, zum Staat und zueinander gebracht.

In den Feudalgesellschaften kam es zu Konflikten zwischen den Grundherren und der Bäuer*innenschaft, später auch zwischen den Grundherren und der Klasse der Kaufleute. Im Kapitalismus bestand innerhalb Europas der Hauptwiderspruch zwischen dem Proletariat und der Bourgeoisie. Diese gegensätzlichen Klassenbeziehungen waren die treibende Kraft innerhalb der jeweiligen Gesellschaften. In den kommunalistischen Gesellschaften Afrikas gab es Unterschiede bezüglich der Altersklassen und zwischen einfachen Mitgliedern und religiösen Führer*innen, wie den Regenmacher*innen. Allerdings handelte es sich dabei nicht um ausbeuterische oder antagonistische Beziehungen. Die Vorstellung der Klasse als der treibenden Kraft gesellschaftlicher Entwicklung war noch nicht geboren; in der kommunalistischen Phase muss man sich mit den grundlegenden Kräften der Produktion befassen, um den Prozess der Veränderung verstehen zu können.

Anhand einer Reihe von Verfahren und Konzepten lässt sich rekonstruieren, wie das isolierte Familienleben am wahrscheinlichsten aufgebrochen und die Produktion gesteigert wurde. So kann beispielsweise die Einführung von Altersklassen als Antwort auf das Bedürfnis nach größerer Solidarität gesehen werden, da sie viele Familien umfassten und miteinbezogen. In ähnlicher Weise wurde die gemeinschaftliche Arbeit von allen Teilen der Gesellschaft aufgenommen, um die Arbeit effizienter zu gestalten. Die oben erwähnte *dokpwe*-Arbeitsgruppe Dahomeys verfügte über ein breiteres Anwendungsgebiet; sie diente der gesamten Gemeinschaft, um so arbeitsintensive Aufgaben wie das Roden und Urbarmachen von Land und den Bau von Häusern durchzuführen. Durch das Anbieten von etwas Nahrung und Bier oder Palmwein ließ sich in den meisten afrikanischen Gemeinschaften – auch bei den hellhäutigen Berber*innen Nordafrikas – in kurzer Zeit ein Arbeitsteam oder ein »Arbeitskreis« mobilisieren.

Die Organisation der Arbeit mag selbstverständlich dazu beigetragen haben, die Produktion zu steigern, der wichtigste Wandel in den Produktivkräften wurde aber durch neue Techniken hervorgerufen – wobei das Wort im weitesten Sinne verwendet wird und sowohl Werkzeuge als auch Fähigkeiten im Umgang mit der Umwelt, inmitten neuer Pflanzen- und Tierarten, umfasst. Die erste Voraussetzung zur Beherrschung der Umwelt ist das Wissen über sie. Bis zum 15. Jahrhundert hatten Afrikaner*innen auf dem ganzen Kontinent ein beträchtliches Verständnis der gesamten Ökologie erlangt – der Böden, des Klimas, der Tiere und Pflanzen und ihrer vielfältigen Wechselbeziehungen. Die praktische

Anwendung dieses Verständnisses lag in der Notwendigkeit, Tiere zu fangen, Häuser zu bauen, Gebrauchsgegenstände herzustellen, Heilmittel zu finden und vor allem landwirtschaftliche Verfahren zu entwickeln.

In den Jahrhunderten, die dem Kontakt mit den Europäer*innen vorausgingen, war die Landwirtschaft die vorherrschende Tätigkeit in Afrika. In allen sesshaften, ackerbautreibenden Gemeinschaften beobachteten die Menschen die Besonderheiten ihrer Umwelt und versuchten, Techniken für einen rationellen Umgang mit ihr zu finden. In einigen Gebieten wurden fortschrittliche Methoden, wie Terrassierung, Fruchtfolge, Gründüngung, gemischte Landwirtschaft und kontrollierte Sumpfbewirtschaftung, angewandt. Die wichtigste technologische Veränderung, die der landwirtschaftlichen Entwicklung Afrikas zugrunde lag, war die Einführung von Eisenwerkzeugen, vor allem der Axt und der Hacke, die Holz- und Steinwerkzeuge ablösten. Auf der Grundlage von Eisenwerkzeugen entwickelte man neue Fertigkeiten sowohl in der Landwirtschaft als auch in anderen Bereichen der Wirtschaftstätigkeit.

Das Aufkommen des Eisens, der Aufstieg des Getreideanbaus und die Herstellung von Töpferwaren sind eng miteinander verbunden. In den meisten Teilen Afrikas geschahen diese Dinge in der Zeit nach Christi Geburt. Die Geschwindigkeit, mit der sich der Wandel über einige Jahrhunderte hinweg vollzog, war durchaus beeindruckend. Aus wilden Gräsern züchtete man Hirse und Reis, aus ausgewählten wilden Wurzeln entstand Yams. Die meisten afrikanischen Gesellschaften haben den Anbau ihres eigenen Grundnahrungsmittels zu einer hohen Kunst entwickelt. Selbst der weit verbreitete Wanderfeldbau mit Brandrodung und leichtem Hacken war nicht so infantil, wie die ersten europäischen Kolonisator*innen annahmen. Diese einfache Form der Landwirtschaft beruhte auf einer korrekten Einschätzung des Bodenpotentials, das nicht so ergiebig war, wie es die dichte Vegetation zunächst vermuten ließ; als die Kolonisator*innen begannen, den dünnen Mutterboden umzuwälzen, fiel das Ergebnis katastrophal aus.

Die obigen Ausführungen zeigen, dass Außenstehende, die in ein neues ökologisches System eintreten, selbst wenn sie besser ausgebildet sind, nicht unbedingt so gut zurechtkommen als diejenigen, die sich über Jahrhunderte mit der Umwelt vertraut gemacht haben; und wenn sie zu arrogant sind, um einzusehen, dass sie von den »Eingeborenen« noch etwas zu lernen haben, werden die Neuankömmlinge vermutlich eine ziemlich lächerliche Figur abgeben. Ich will aber nicht behaupten, dass die afrikanische Landwirtschaft in der Frühzeit derjenigen der anderen Kontinente überlegen war. Im Gegenteil, die afrikanischen

Standards der Land- und Viehwirtschaft waren nicht so hoch wie die, die sich in den meisten Teilen Asiens und Europas unabhängig voneinander entwickelten. Der Schwachpunkt Afrikas war offenbar das fehlende fachliche Interesse am Erwerb weiterer wissenschaftlicher Kenntnisse und an der Entwicklung von Werkzeugen, um die Last der Arbeit zu verringern sowie lebensfeindliche Umgebungen in Gebiete zu verwandeln, die für menschliche Beschäftigung geeignet sind. Was die Landwirtschaft in Europa anbelangt, so wurde diese Professionalität von der Klasse übernommen, die ein Eigeninteresse am Land hatte, nämlich den feudalen Grundbesitzern und später den kapitalistischen Bäuer*innen.

Wir haben bereits festgestellt, dass die Entwicklung in hohem Maße von den gesellschaftlichen Produktionsverhältnissen bestimmt wird (d. h. von den Funktionen, die die Menschen bei der Produktion von Reichtum ausüben). Dort, wo nur wenige Menschen Land besaßen und die Mehrheit Pächter*innen waren, ermöglichte diese Ungerechtigkeit in einer bestimmten Phase der Geschichte den wenigen, sich auf die Verbesserung ihres Grund und Bodens zu konzentrieren. Im Gegensatz dazu war im Kommunalismus jeder Afrikanerin und jedem Afrikaner durch ihre, bzw. seine Zugehörigkeit zu einer Familie oder Gemeinschaft ausreichend Land zur Deckung des eigenen Bedarfs zugesichert. Aus diesem Grund - und weil Land relativ reichlich vorhanden war - gab es wenig sozialen Druck oder Anreize, um die Produktivität durch technische Veränderungen zu steigern.

In Asien, wo sich der Großteil des Bodens in Gemeinschaftsbesitz befand, wurden in einigen landwirtschaftlichen Bereichen, insbesondere in der Bewässerungsfeldwirtschaft, bedeutende Fortschritte erzielt. Der Grund dafür war, dass der Staat in Indien, China, Ceylon und anderen Ländern in großem Umfang in die Bewässerung und in weitere Wasserbauarbeiten eingriff. Dasselbe gilt auch für Nordafrika, das in vielerlei Hinsicht einem ähnlichen Entwicklungsmuster wie Asien folgte. Die afrikanischen Grundbesitzverhältnisse ähnelten eher denen in Asien als denen in Europa, aber selbst die politisch am weitesten entwickelten afrikanischen Staaten übernahmen nicht die Aufgabe, die landwirtschaftliche Entwicklung anzukurbeln und zu überwachen. Einer der Gründe hierfür könnte der fehlende Bevölkerungsdruck und die daraus resultierenden Streusiedlungen gewesen sein, ein anderer die Konzentration des Staates auf den Handel mit nicht-landwirtschaftlichen Produkten zu Lasten anderer Produkte. Als sich die afrikanischen Gesellschaften über den Handel mit anderen Gesellschaftssystemen außerhalb des Kontinents vernetzten, schenkte man der Landwirtschaft wenig Aufmerksamkeit.

Bei der Frage nach der afrikanischen Produktion vor der Zeit des weißen Mannes, ist es auch wichtig zu erkennen, wo Errungenschaften unterschätzt wurden. Europäische Autor*innen behandelten afrikanische Produzent*innen[169] mit Geringschätzung oder sahen über sie hinweg, weil der moderne Begriff an Fabriken und Maschinen denken lässt. »Manufactures« bedeutet wörtlich allerdings »von Hand gemachte Dinge« und die afrikanische Produktion war in diesem Sinne bedeutend vorangeschritten. Die meisten afrikanischen Gesellschaften deckten ihren Bedarf an landwirtschaftlichen Geräten, Waffen und einer breiten Palette von Haushaltsgegenständen selbst.

Eine Möglichkeit, den Stand der wirtschaftlichen Entwicklung in Afrika vor fünf Jahrhunderten zu beurteilen, ist anhand der Qualität der Produkte. An dieser Stelle sollen einige Beispielartikel angeführt werden, die es über den Kontinent hinaus zu Bekanntheit gebracht haben. Über Nordafrika lernten die Europäer*innen ein hochwertiges rotes Leder aus Afrika kennen, das als »marokkanisches Leder« bezeichnet wurde. Gegerbt und gefärbt wurde es von Hausa- und Mandinga-Spezialist*innen aus dem Norden Nigerias und aus Mali. Als an der Ost- und Westküste der direkte Kontakt zwischen Europäer*innen und Afrikaner*innen hergestellt wurde, stellte man viele weitere eindrucksvolle Produkte aus. Sobald die Portugies*innen das alte Königreich Kongo erreicht hatten, berichteten sie von den hervorragenden einheimischen Stoffen, die aus Rinde und Palmfasern hergestellt wurden und deren Oberfläche der von Samt glich. Auch die Baganda waren Expert*innen in der Herstellung von Rindenstoff. Doch Afrika hatte noch Besseres zu bieten, nämlich Baumwolltuch, das schon vor der Ankunft der Europäer*innen in großem Umfang hergestellt wurde. Bis weit in unser Jahrhundert hinein waren die lokalen Baumwollstoffe von der Küste Guineas fester als die Baumwolle Manchesters. Als europäische Produkte Afrika erreichten, waren auch Afrikaner*innen in der Lage, Vergleiche zwischen ihren Produkten und denen aus dem Ausland anzustellen. In Katanga und Sambia wurde das lokale Kupfer weiterhin den importierten Artikeln vorgezogen, das gleiche galt in Orten wie Sierra Leone für Eisen.

Wo den afrikanischen Produzent*innen kein Durchbruch gelungen war, war auf dem Gebiet der Massenproduktion. Das heißt, die Baumwollwebstühle waren klein, die Eisenhütten waren klein, die Töpferwaren wurden langsam von Hand und nicht auf der Drehscheibe gedreht. Dennoch gab es in dieser Hinsicht einige Veränderungen. Im Kommunalismus deckte jeder

169 engl. »manufacturers«; [A. d. Ü.]

Haushalt seine eigenen Bedürfnisse, indem er seine eigene Kleidung, Töpfe, Matten und dergleichen herstellte. Dies war auf allen Kontinenten der Fall. Der wirtschaftliche Aufschwung war von da an allerdings mit einer Spezialisierung und Lokalisierung der Industrie verbunden – die Bedürfnisse der Menschen wurden durch Tausch befriedigt. Dieser Trend zeigte sich in den wichtigsten afrikanischen Industriezweigen, vor allem in der Tuchindustrie. Die Baumwollfasern mussten egreniert (vom Samen getrennt), dann kardiert und zu Garn gesponnen werden, bevor sie gewebt werden konnten. Entweder das Garn oder der gewebte Stoff musste gefärbt werden, und die Herstellung des Farbstoffs selbst war ein komplizierter Prozess. Es gab eine Zeit, in der alle diese Schritte von einer einzigen Familie oder vielmehr von den Frauen einer einzigen Familie durchgeführt wurden, wie im Gebiet der Yoruba. Die wirtschaftliche Entwicklung spiegelte sich jedoch in der Trennung der Färberei von der Tuchherstellung und der Trennung der Spinnerei von der Weberei wider. Jede Trennung brachte eine stärkere Spezialisierung sowie quantitative und qualitative Veränderungen in der Produktion mit sich.

Die europäische Industrie wurde intensiv erforscht und es wird allgemein anerkannt, dass neben den neuen Maschinen der Übergang von der häuslichen Produktion zum Fabriksystem ein entscheidender Faktor für das Wachstum der Industrie war, wobei die Zünfte eine Zwischenstufe bildeten. Die Zunft war ein Zusammenschluss von Fachleuten, die ihr Wissen durch die Ausbildung von Lehrlingen weitergaben und in eigens dafür vorgesehenen Gebäuden arbeiteten. Elemente des Zunftwesens fanden sich auch in Afrika. In Timbuktu gab es Schneiderzünfte, während in Benin Zünfte eines sehr eingeschränkten Kasten-Typs die berühmte Messing- und Bronzeindustrie kontrollierten. In Nupe (dem heutigen Nordnigeria) wurde die Glas- und Perlenindustrie auf der Grundlage von Zünften betrieben. Jede Zunft in Nupe hatte eine gemeinsame Werkstatt und einen Meister. Der Meister erhielt Verträge, finanzierte die Zunft und veräußerte das Produkt. Sowohl seine eigenen Verwandten als auch Fremde konnten der Zunft beitreten und die verschiedenen Facharbeiten in der Glasindustrie erlernen. Dies führte lediglich zu einer zunehmenden Spezialisierung und Arbeitsteilung.

Traditionelle afrikanische Ökonomien werden in der Regel als »Subsistenzwirtschaften« bezeichnet. Oftmals trieben kleine Dörfer Landwirtschaft, Jagd, Fischerei und versorgten sich selbständig und hatten wenig Bezug zum Rest des Kontinents. Gleichzeitig deckte die große Mehrheit der afrikanischen Gemeinschaften zumindest einen Teil ihres Bedarfs durch Handel. Afrika war ein

Kontinent mit unzähligen Handelswegen. Einige erstreckten sich über weite Distanzen, wie die Routen durch die Sahara oder die, über die das Kupfer aus Katanga transportiert wurde. Hauptsächlich handelte es sich jedoch um den Handel zwischen benachbarten oder nicht allzu weit entfernten Gemeinschaften. Dieser Handel stand immer in Abhängigkeit zur Produktion. Verschiedene Gemeinschaften produzierten Überschüsse an bestimmten Gütern, die sie gegen fehlende Güter eintauschen konnten. Auf diese Weise wurde an einem Ort die Salzindustrie stimuliert, während an einem anderen Ort die Eisenindustrie gefördert wurde. In einem Küsten-, See- oder Flussgebiet konnte getrockneter Fisch profitabel werden, während anderswo Süßkartoffeln und Hirse im Überfluss angebaut wurden, um eine Basis für den Tauschhandel zu schaffen. Der Handel, der zwischen dem zehnten und 15. Jahrhundert in allen Teilen des Kontinents zu beobachten war, war ein ausgezeichneter Indikator für die wirtschaftliche Expansion und andere Formen der Entwicklung, die mit der zunehmenden Beherrschung der Umwelt verbunden waren.

Im Zuge der Ausweitung des Handels ließ sich beobachten, dass der Tauschhandel einigen Formen des Geldverkehrs wich. Tauschhandel praktizierte man im Allgemeinen dann, wenn das Handelsvolumen gering und die Warenpalette klein war. Als der Handel jedoch immer komplexer wurde, begannen einige Güter als Wertmaß für andere Waren zu dienen. Diese Gegenstände konnten als Wertspeicher aufbewahrt werden, der bei Bedarf leicht in andere Waren umgewandelt werden konnte. So waren beispielsweise Salz, Stoff, Eisenhacken und Kaurimuscheln in Afrika beliebte Geldformen – neben Gold und Kupfer, die sehr viel seltener und daher darauf beschränkt waren, Dingen von großem Wert zu messen. An einigen wenigen Orten, wie z. B. in Nordafrika, Äthiopien und im Kongo, waren die Geldsysteme recht ausgeklügelt, was darauf hindeutet, dass die Wirtschaft weit von einfachem Tauschhandel und Subsistenzwirtschaft entfernt war.

Mit der Expansion der Produktivkräfte gingen zahlreiche weitere gesellschaftspolitische Veränderungen einher. In der Tat waren Dinge wie landwirtschaftliche Verfahren, Industrie, Handel, Geld und politische Strukturen untrennbar miteinander verbunden – jedes wirkte sich auf die jeweils anderen aus. Die am weitesten entwickelten Gebiete Afrikas waren diejenigen, in denen all diese Elemente aufeinandertrafen; und die beiden soziopolitischen Merkmale, die die hervorstechendsten Anzeichen der Entwicklung darstellten, waren die zunehmende Schichtung der Gesellschaften und die Konsolidierung der Staaten.

In den Jahrhunderten, bevor die Europäer*innen mit ihren Segelschiffen anlandeten, verloren die Prinzipien bezüglich der Familie und der Altersgrenzen langsam an Bedeutung. Der Wandel in der Technologie und in der Arbeitsteilung machten das unvermeidlich. Die Einführung des Eisens beispielsweise verlieh denen, die es herstellen und erwerben konnten, wirtschaftliche und militärische Stärke. Bessere Werkzeuge bedeuteten mehr Nahrung und eine größere Bevölkerung, aber letztere neigte dazu, die Versorgung mit materiellen Gütern zu übersteigen und die Möglichkeiten des Reichtums, die sich durch den Besitz von Eisen eröffneten, wurden von einigen wenigen zu ihrem eigenen Vorteil ausgenutzt. Facharbeiter*innen in der Eisen-, Tuch-, Töpfer-, Leder- oder Salzindustrie neigten dazu, ihre Fähigkeiten in geschlossenen Gruppen, den so genannten Kasten, weiterzugeben. Damit war sichergestellt, dass die Arbeitsteilung zu ihren Gunsten ausfiel, da sie eine privilegierte und strategische Position einnahmen. In einigen afrikanischen Gesellschaften, in denen sie entweder zu den herrschenden Gruppen gehörten oder sehr nahe an der Spitze der sozialen Hierarchie standen, waren Eisenarbeiter*innen besonders beliebt. Die Arbeitsteilung erstreckte sich auch auf nicht-materielle Bereiche und schuf professionelle Minnesänger*innen und Historiker*innen. Auch sie hatten bestimmte Sonderrechte und Privilegien, zu denen insbesondere die Möglichkeit zählte, frei und ohne Angst vor Repressalien Kritik zu üben. Unter bestimmten Umständen wurden qualifizierte Kasten auf einen sehr niedrigen Status herabgesetzt. Aber das geschah selten und läuft auch der allgemeinen Feststellung, dass die Tendenz zur Kommunalisierung zu einer immer stärkeren Schichtung führte, nicht zuwider.

Die soziale Schichtung war die Grundlage für die Entstehung von Klassen und gesellschaftlichen Gegensätzen. In gewisser Weise war das eine logische Folge der früheren nicht-antagonistischen Unterschiede in der kommunalistischen Gesellschaft. So konnten alte Männer beispielsweise ihre Kontrolle über die Landverteilung, den Brautpreis und andere traditionelle Tauschgeschäfte nutzen, um sich als privilegierte wirtschaftliche Schicht zu etablieren. In den Gebieten des heutigen Liberia, Sierra Leone und Guinea entstanden Geheimgesellschaften, die es ermöglichten, dass Wissen, Macht und Reichtum in die Hände der Ältesten und schließlich in die Hände der Ältesten eines bestimmten Geschlechts gelangten.

Der Widerspruch zwischen den jungen Männern und den Älteren war nicht von der Art, die zu einer gewaltsamen Revolution führte. Aber die jungen Männer hatten durchaus Gründe, über ihre Abhängigkeit von den Älteren in Wut zu geraten; vor allem, wenn es um so wichtige persönliche Angelegenheiten wie den Erwerb von Ehefrauen ging. Waren sie unzufrieden, konnten sie entweder ihre Gemeinschaft verlassen und sich selbständig machen oder die Grundsätze der Gesellschaft in Frage stellen. In beiden Fällen zeigte sich die Tendenz, dass einige Einzelpersonen und Familien erfolgreicher waren als andere und sich dann als dauerhafte Herrscher*innen etablierten. Danach spielte das Alter keine Rolle mehr, da auch ein Jüngerer die Nachfolge seines Vaters antreten konnte, sobald der Begriff des königlichen Blutes oder der königlichen Abstammung eingeführt war.

In der Zeit des Übergangs behielt die afrikanische Gesellschaft zwar viele Merkmale bei, die unbestreitbar kommunalistisch waren, akzeptierte aber auch das Prinzip, dass einige Familien, Clans oder Abstammungslinien zur Herrschaft bestimmt waren und andere nicht. Das galt für Ackerbaugesellschaften ebenso wie für Gesellschaften, die Viehzucht betrieben. Tatsächlich kam es beim Viehbestand viel schneller zu einer ungleichen Verteilung als es beim Land der Fall war und die Familien mit den größten Herden erlangten die gesellschaftliche und politische Vorherrschaft.

Ein noch wichtigerer Aspekt des Prozesses der sozialen Schichtung war der, der durch den Kontakt zwischen verschiedenen gesellschaftlichen Formationen hervorgerufen wurde. Die Fischer*innen mussten sich mit den Ackerbäuer*innen und diese wiederum mit den Viehzüchter*innen arrangieren. Es existierten sogar soziale Formationen wie Jäger*innen- und Sammler*innengruppen, die noch nicht in die Phase der gemeinschaftlichen Kooperation eingetreten waren. Oftmals verlief die Beziehung friedlich. In vielen Teilen des afrikanischen Kontinents kam es zu einer sogenannten »Symbiose« zwischen Gruppen, die ihren Lebensunterhalt auf unterschiedliche Weise bestritten – was bedeutet, dass sie sich darauf einigten, Waren auszutauschen und eine Koexistenz zu beiderseitigem Vorteil zu führen. Es gab aber auch Raum für ausgewachsene Konflikte; und wenn sich eine Gruppe einer anderen mit Gewalt aufdrängte, war das Ergebnis immer die Entstehung von sozialen Klassen, mit den Eroberern an der Spitze und den Besiegten zuunterst.

Am häufigsten kam es zu Konflikten zwischen verschiedenen sozialen Formationen – und zwar zwischen Viehzüchter*innen und Ackerbäuer*innen. In einigen Fällen, hatten die Ackerbäuer*innen die Oberhand, wie z. B. in Westafrika, wo Ackerbäuer*innen wie die Mandinga und Hausa bis ins 18. und 19. Jahrhundert die Vorherrschaft über die Rulani-Viehzüchter*innen erlangt hatten. Am Horn von Afrika und in den meisten Teilen Ostafrikas war die Situation umgekehrt. Eine andere Art von Konflikten bestand darin, dass plündernde Völker die Macht über die Ackerbaugesellschaften übernahmen, wie es in Angola und in und um die Sahara geschah, wo die Mauren und Tuareg Tribut von friedlicheren und sesshaften Völkern forderten und diese sogar versklavten. In allen Fällen war das Ergebnis, dass eine relativ kleine Fraktion die Kontrolle über das Land und (wo relevant) über das Vieh, die Bergwerke und den Fernhandel hatte. Das bedeutete auch, dass die Minderheitengruppe die Arbeitskraft ihrer Untertanen nicht auf der Grundlage von Verwandtschaftsverhältnissen, sondern auf der Grundlage eines Verhältnisses von Herrschaft und Unterordnung einfordern konnte.

In wirklich gemeinschaftlichen Gesellschaften beruhte die Führung auf der Religion und den Familienbanden. Die älteren Mitglieder der Gesellschaft teilten sich die Arbeit mit anderen und erhielten mehr oder weniger den gleichen Anteil am Gesamtprodukt. Sicherlich musste niemand hungern, während andere sich vollstopften und den Überschuss wegwarfen. Als die afrikanischen Gesellschaften aber begannen, sich durch interne Evolution, Eroberung oder Handel auszudehnen, änderte sich der Lebensstil der herrschenden Gruppe merklich. Sie konsumierten das meiste und das Beste, was die Gesellschaft zu bieten hatte. Dennoch waren sie am wenigsten direkt an der Produktion des Wohlstands durch Ackerbau, Viehzucht oder Fischfang beteiligt. Die herrschende Klasse – und insbesondere die König*innen – hatten das Recht, für eine bestimmte Anzahl von Tagen im Jahr die Arbeitskraft des einfachen Volkes für gewisse Projekte einzufordern. Dies ist – nach einer Praxis aus dem feudalen Frankreich – als *corvée labor* (Fronarbeit) bekannt. Ein solches System bedeutete intensivere Ausbeutung und gleichzeitig eine stärkere Entwicklung der produktiven Ressourcen.

Die oben beschriebene soziale Schichtung ging mit dem Aufstieg des Staates Hand in Hand. Die Idee königlicher Abstammung und gewöhnlicher Familien konnte nur in einem politischen Staat mit einer konkreten geographischen Existenz eine Bedeutung haben. Bezeichnenderweise herrschten die großen Dynastien der Welt über Feudalstaaten. Dem europäischen oder europäisch geschulten Ohr werden die Namen der Tudors, Bourbonen, Hohenzollern und Romanows bereits vertraut sein. Japan hatte seine Kamakuras und seine Tokugawas; China hatte seine Tang und seine Ming; Indien hatte seine Guptas und seine Marathas, und so weiter. All dies waren feudale Dynastien, die einige Jahrhunderte nach Christi Geburt existierten, es gab in jedem dieser Länder aber auch Dynastien, die dort herrschten, bevor sich die feudalen Grundbesitzverhältnisse und Klassenbeziehungen vollständig herausgebildet hatten. Das bedeutet, dass beim Übergang zum Feudalismus in Europa[170] und Asien der Aufstieg der herrschenden Gruppen und des Staates als voneinander abhängige Teile desselben Prozesses zu sehen sind. In dieser Hinsicht war Afrika keine Ausnahme.

Aus politischer Sicht war die Zeit des Übergangs vom Kommunalismus zum Feudalismus in Afrika eine Zeit der Staatenbildung. Zu Beginn (und viele Jahrhunderte lang) war der Staat schwach und unausgereift. Er erhielt bestimmte territoriale Grenzen, aber innerhalb dieser Grenzen lebten die Untertanen in ihren eigenen Gemeinschaften und hatten kaum Kontakt mit der herrschenden Klasse, bis es an der Zeit war, eine jährliche Steuer oder einen Tribut zu zahlen. Nur wenn sich eine Gruppe innerhalb des Staates weigerte, diesen Tribut zu zahlen, mobilisierten die frühen afrikanischen Staaten ihren Repressionsapparat in Form einer Armee, um von den Untertanen einzufordern, was sie als ihre Rechte betrachteten. Nach und nach erhielten die einzelnen Staaten mehr Macht über ihre zahlreichen Untertanengemeinschaften. Sie erzwangen Fronarbeit, rekrutierten Krieger*innen und ernannten amtliche Steuereintreiber und lokale Verwalter. Die Gebiete Afrikas, in denen die Arbeitsbeziehungen aus den kommunalen Beschränkungen ausbrachen, sind mit den Gebieten, in denen hoch entwickelte politische Staaten entstanden, deckungsgleich. Die Staatenbildung war selbst eine Form der Entwicklung, die die Grenzen der afrikanischen Politik ausdehnte und kleine ethnische Gruppen zu größeren, Nationen ähnelnden Einheiten zusammenführte.

In gewisser Weise wird dem Wachstum der politischen Staaten zu viel Bedeutung beigemessen. In Europa erreichte der Nationalstaat ein fortgeschrittenes Stadium und die Europäer*innen neigten dazu, das Vorhandensein oder Fehlen gut organisierter Gemeinwesen als Maßstab für die »Zivilisation« zu verwenden. Das ist nicht ganz gerechtfertigt, denn in Afrika gab es kleine politische Einheiten mit relativ fortschrittlichen materiellen und immateriellen Kulturen. So haben beispielsweise weder die Igbo in Nigeria noch die Kikuyu in Kenia in ihrem traditionellen Umfeld jemals große zentralisierte Regierungen hervorgebracht. Beide verfügten allerdings über ausgeklügelte politische Herrschaftssysteme, die auf Clans und (im Falle der Igbo) auf religiösen Orakeln und »Geheimbünden« beruhten. Beide waren tüchtige Landwirt*innen und Eisenverarbeiter*innen und die Igbo fertigten seit dem 9. Jhd. n. Chr. – wenn nicht schon früher – Gegenstände aus Messing und Bronze.

170 In Europa wurde der Kommunalismus von der Sklaverei abgelöst, weswegen zu Beginn der Epoche der Sklaverei bereits Dynastien und starke Staaten vorzufinden waren.

Nach der oben genannten Einschränkung kann aber eingeräumt werden, dass die größeren Staaten in Afrika im Großen und Ganzen die effektivsten politischen Strukturen und eine größere Kapazität zur Produktion von Nahrungsmitteln, Kleidung, Mineralien und anderen Gegenständen besaßen. Es lässt sich leicht nachvollziehen, dass die Gesellschaften, die über herrschende Klassen verfügten, auch auf den Erwerb von Luxus- und Prestigeobjekten bedacht waren. Die privilegierten Gruppen, die den Staat kontrollierten, hatten Interesse daran, die Herstellung von Produkten zu fördern und sie via Handel zu erwerben. Sie waren es, die die Arbeitskräfte mobilisierten, um einen Überschuss zu produzieren, der den bloßen Lebensunterhalt überstieg und förderten dabei die Spezialisierung und Arbeitsteilung.

Wissenschaftler*innen unterscheiden häufig zwischen afrikanischen Gruppen, die Staaten bildeten und solchen, die »staatenlos« waren. Das Wort »staatenlos« wird manchmal inkorrekt oder sogar abwertend verwendet, es beschreibt aber jene Völker, die keine staatlichen Zwangsmittel und keine Vorstellung von einer politischen Einheit hatten, die über die Familie oder das Dorf hinausging. Denn wenn es in einer Gesellschaft keine Klassenschichtung gibt, dann gibt es auch keinen Staat, weil der Staat als Instrument einer bestimmten Klasse entstand, um den Rest der Gesellschaft im Eigeninteresse zu kontrollieren. Generell kann man die staatenlosen Gesellschaften zu den älteren Formen der soziopolitischen Organisation in Afrika zählen, während die großen Staaten eine Entwicklung weg vom Kommunalismus – manchmal bis hin zum Feudalismus – darstellten.

Es muss noch einmal betont werden, dass eine genaue Prüfung der Situation in Afrika vor der Ankunft der Europäer*innen erhebliche Entwicklungsunterschiede aufzeigen würde. Es gab soziale Formationen, die Jäger*innengruppen, den Kommunalismus, den Feudalismus und viele Zwischenstufen zwischen den letzten beiden repräsentierten. Der Rest dieses Abschnitts ist einem Überblick über die wichtigsten Merkmale einiger der am weitesten entwickelten Gesellschaften und Staaten Afrikas der letzten tausend Jahre gewidmet, bevor Afrika in ständigen Kontakt mit Europa kam. Die zu berücksichtigenden Gebiete sind Ägypten, Äthiopien, Nubien, Marokko, der Westsudan, das Gebiet der Großen Seen Ostafrikas und Simbabwe. Sie dienen als Beispiele dafür, was Entwicklung im frühen Afrika bedeutete und in welche Richtung die gesellschaftliche Bewegung ging. In mehr oder weniger starkem Maße waren sie alle auch eine führende Kraft auf dem Kontinent in dem Sinne, dass sie ihre Nachbar*innen auf denselben Weg brachten, indem sie sie entweder absorbierten oder indirekt beeinflussten.

Einige konkrete Beispiele

Ägypten

Es erscheint logisch, mit Ägypten zu beginnen, da es die älteste afrikanische Kultur ist, die es zu großer Bekanntheit brachte. Der Ruhm Ägyptens zur Zeit der Pharaon*innen ist allgemein bekannt und muss hier nicht noch einmal ausgebreitet werden. Früher sagte man – oder nahm an – dass das alte Ägypten nicht »afrikanisch« war – eine merkwürdige Ansicht, die heute nicht mehr ernsthaft vertreten wird. Für den vorliegenden Zweck ist es jedoch sinnvoller, sich auf das Ägypten ab dem siebten Jahrhundert zu beziehen, als es unter arabischer und türkischer Herrschaft stand. In dieser Periode stammte die herrschende Klasse aus einem fremden Land und das bedeutete, dass die innere Entwicklung Ägyptens mit anderen Ländern, insbesondere mit Arabien und der Türkei, verbunden war. Das kolonisierte Ägypten schickte beträchtliche Mengen an Reichtum in Form von Nahrungsmitteln und Einnahmen ins Ausland – ein Faktor, der sehr abträglich wirkte. Die herrschenden Fremden brachen jedoch tendenziell mit ihren eigenen imperialen Herren und agierten lediglich als herrschende Elite innerhalb Ägyptens, das zu einem unabhängigen Feudalstaat wurde.

Eines der ersten Merkmale des Feudalismus, die in Ägypten erschienen, war seine militärische Komponente. Die arabischen, türkischen und tscherkessischen Invasoren waren allesamt militärisch veranlagt. Das traf vor allem auf die Mamluken zu, die ab dem 13. Jahrhundert die Herrschaft inne hatten. Die politische Macht in Ägypten lag seit dem 7. Jahrhundert in den Händen einer Militäroligarchie, die die eigentliche Regierungsausübung an Bürokraten delegierte und damit eine ähnliche Situation wie in China und Indochina schuf. Noch grundlegender war die Tatsache, dass sich die Grundbesitzverhältnisse dahingehend veränderten, dass eine wahre feudale Klasse in Erscheinung trat. Alle Eroberer vergaben Land an ihre Gefolgsleute und militärischen Führer. Ursprünglich war das Land in Ägypten Eigentum des Staates und wurde an Landwirte verpachtet. Der Staat besaß dann das Recht, sich das Land wieder anzueignen und es erneut zuzuteilen, ähnlich wie das Oberhaupt einer Dorfgemeinschaft, das als Hüter der Ländereien verwandter Familien fungierte. Die herrschenden militärischen Elemente wurden jedoch auch zu einer neuen Klasse von Landbesitzern. Im 15. Jahrhundert war der größte Teil des ägyptischen Bodens im Besitz des Sultans und seiner Militärführer.

Wenn es eine kleine Klasse gab, die den größten Teil des Bodens monopolisierte, gab es folglich auch eine große Klasse von Landlosen. Die Bäuer*innenschaft verwandelte sich bald zu einfachen Landarbeiter*innen, die als Pächter*innen oder Vasallen der Feudalherren an den Boden gebunden waren. Diese Bäuer*innenschaft, die wenig oder gar kein Land besaß, bezeichnet man als Fellachen. In Europa gibt es Geschichten über die Ausbeutung und das Leiden des russischen Leibeigenen – des Muzhik – während des Feudalismus. In Ägypten wurde die Ausbeutung der Fellachen noch intensiver betrieben. Die Feudalherren hatten kein Interesse an den Fellachen, sondern nur daran, dass sie Erträge abwarfen. Das meiste von dem, was die Bäuer*innenschaft produzierte, wurde ihnen in Form von Steuern wieder abgenommen und von den Steuereintreibern verlangte man, das Wunder zu vollbringen, den Bäuer*innen selbst das noch abzunehmen, was sie nicht hatten! Konnte die Bäuer*innenschaft den Forderungen nicht nachkommen, wurde sie misshandelt.

Der antagonistische Charakter des Widerspruchs zwischen den kriegerischen Feudalherren und den Fellachen wurde durch eine Reihe von Bäuer*innenaufständen, vor allem zu Beginn des 8. Jahrhunderts, deutlich. Es gab keinen Kontinent, auf dem der Feudalismus eine romantische Zeit für die arbeitenden Klassen war, aber in der Technologie und der Steigerung der Produktionskapazität zeigten sich die Elemente der Entwicklung. Unter der Schirmherrschaft der Fatimidendynastie (969 n. Chr. – 1170 n. Chr.) florierte in Ägypten die Wissenschaft und die Industrie erreichte eine neue Dimension. Im 10. Jahrhundert wurden Windmühlen und Wasserräder aus Persien eingeführt. Neue Industriezweige wurden geschaffen: die Papierherstellung, die Zuckerraffination, die Porzellanmanufaktur und die Destillation von Benzin. Die älteren Textil-, Leder- und Metallindustrien wurden weiterentwickelt. Die Nachfolgedynastien der Ayyubiden und der Mamluken erreichten ebenfalls vieles, vor allem durch den Bau von Kanälen, Dämmen, Brücken und Aquädukten sowie durch die Förderung des Handels mit Europa. Ägypten war damals noch in der Lage, Europa vieles beizubringen, und flexibel genug, um im Gegenzug neue Technologien zu erhalten.

Obwohl sich der Feudalismus auf den Grund und Boden stützte, entwickelte er die Städte in der Regel auf Kosten des ländlichen Raums. Die Höhepunkte ägyptischer Kultur im Feudalismus waren mit den Städten verbunden. Die Fatimiden gründeten Kairo, das zu einer der bekanntesten und kulturell entwickeltsten Städte der Welt wurde. Zur selben Zeit gründeten sie die Azhar, eine der ältesten Universitäten der Welt, die noch heute existiert. Am meisten profitierten die Feudalherren und die reichen Kaufleute, aber auch die Handwerker*innen und die anderen Stadtbewohner*innen Kairos und Alexandrias konnten in gewissem Maße am angenehmen Leben in den Städten teilhaben.

Äthiopien

Auch Äthiopien stand zu Beginn seiner Geschichte als Großmacht unter Fremdherrschaft. Das Königreich Aksum war eine der wichtigsten Keimzellen, um die sich das feudale Äthiopien schließlich entwickelte. Aksum wurde in der Nähe der Küste des Roten Meeres von einer Dynastie sabäischer Herkunft gegründet, die von der anderen Seite des Roten Meeres stammte. Die König*innen von Aksum waren allerdings nie Agent*innen fremder Mächte und wurden vollständig afrikanisiert. Die Gründung von Aksum reicht in das erste Jahrhundert nach Christus zurück und seine herrschende Klasse wurde innerhalb weniger Jahrhunderte christianisiert. Danach begab sie sich landeinwärts und nahm an der Entwicklung des christlichen Feudalstaats Äthiopien teil.

Die äthiopische, tigrische und amharische herrschende Schicht war eine stolze Klasse, die ihre Abstammung auf Salomo zurückführte. Als Staat, der mehrere kleinere Staaten und Königreiche umfasste, war Äthiopien im gleichen Sinne ein Reich wie das feudale Österreich oder Preußen. Der Kaiser*innen von Äthiopien ließ sich als »Erobernder Löwe aus dem Stamme Juda, Erwählter Gottes, Kaiser von Äthiopien, König der Könige« ansprechen. In der Praxis war die »salomonische« Linie nicht ungebrochen. Der größte Teil der Konsolidierung des äthiopischen Binnenlandes wurde im zwölften Jahrhundert von einer eindringenden Dynastie, den Zagwe, durchgeführt, die sich auf die Abstammung von Moses berief. Die Zagwe-König*innen zeichneten sich durch den Bau mehrerer, aus Felsen gehauener, Kirchen aus. Die architektonischen Errungenschaften zeugen von den Fähigkeiten der Äthiopier*innen und von der Fähigkeit des Staates, in großem Umfang Arbeitskräfte zu mobilisieren. Aufgaben dieser Art konnten nicht durch freiwillige Familienarbeit bewältigt werden, sondern nur durch die Arbeit einer ausgebeuteten Klasse.

Vom Überbau des äthiopischen Reiches ist vieles bekannt, insbesondere sein Christentum und seine Schriftkultur. Man schrieb Geschichte, um den König und den Adel zu preisen, vor allem unter der wiederhergestellten Dynastie der Salomonier*innen, die 1270 n. Chr. die der Zagwe ablöste. Kunstvoll illuminierte Bücher und Manuskripte wurden ein prominenter Bestandteil amharischer Kultur. Für die herrschende Klasse und für die Kirche stellte man ebenso kunstvolle Gewänder und Schmuckstücke her. Die obersten Geistlichen gehörten zum Adel und die Institution des Klosters erreichte in Äthiopien ein beträchtliches Ausmaß. Die Verbindung von organisierter Religion und Staat war in kommunalen Gesellschaften, in denen kaum zwischen Politik, Wirtschaft, Religion und Medizin unterschieden wurde, eine Selbstverständlichkeit. Im Feudalismus waren Kirche und Staat überall eng miteinander verbunden. Die Buddhist*innen waren im feudalen Vietnam, in Birma, Japan und in geringerem Maße auch in China vorherrschend. In Indien wurde ein begrenzter buddhistischer Einfluss von dem der Hindus und Muslim*innen verdrängt; und im feudalen Europa spielte natürlich die katholische Kirche die Rolle, die die orthodoxe Kirche in Äthiopien spielte.

Der Reichtum Äthiopiens basierte auf der Landwirtschaft. In den fruchtbaren Hochebenen baute man Getreide an und betrieb in großem Umfang Viehzucht, u.a. auch die Zucht von Pferden. In verschiedenen Bereichen entwickelte man handwerkliche Fertigkeiten und förderte ausländische Handwerker*innen. Beispielsweise ließen sich Anfang des 15. Jahrhunderts türkische Handwerker*innen im Lande nieder und fertigten Panzerung und Waffen für die äthiopische Armee. Außerdem holte man Kopten aus Ägypten, die bei der Verwaltung der Finanzen helfen sollten. Niemand bestreitet, dass sich für diese Jahrhunderte das Wort »feudal« auf Äthiopien anwenden lässt, da zwischen den Grundherren und der Bäuer*innenschaft ein klarer Klassengegensatz existierte. Diese Beziehungen erwuchsen aus dem Kommunalismus, der Äthiopien – wie auch andere Teile Afrikas – schon viel früher geprägt hatte.

Das feudale Äthiopien umfasste sowohl Ländereien, die sich im Kollektivbesitz von Dorf- und Volksgemeinschaften befanden, als auch Ländereien, die direkt der Krone unterstanden; darüber hinaus wurden von den erobernden amharischen Dynastien aber auch große Gebiete an Mitglieder der königlichen Familie sowie an Soldaten und Priester übertragen. Diejenigen, die große Ländereien erhielten, wurden zu Ras oder Provinzfürsten ernannt und bekamen vom Kaiser ernannte Richter zur Seite gestellt. Die Bäuer*innenschaft in ihrem Herrschaftsbereich wurde zu Pächtern degradiert, die ihren Lebensunterhalt nur bestreiten konnten, wenn sie ihrem Grundherrn ihre Erzeugnisse anboten und Steuern an den Staat abführten (ebenfalls in Form von Erzeugnissen). Die Grundherren befreiten sich selbst von der Steuer – eine typische Situation in feudalen Gesellschaften – eine, die in Europa das Feuer der Revolution nährte, als die Bourgeoisie stark genug wurde, um gegen den Umstand aufzubegehren, dass die Feudalherren ihre politische Macht dazu nutzten, jeden zu besteuern außer sich selbst. Äthiopien hat dieses Stadium des Übergangs zum Kapitalismus selbstverständlich nie erreicht. Der Übergang zum Feudalismus war aber offensichtlich vollzogen.

Nubien

Nubien war eine weitere christliche Region in Afrika, die allerdings weniger Bekanntheit genießt als Äthiopien. Im sechsten Jahrhundert nach Christus führte man am mittleren Nil das Christentum ein – in den Gebieten, über die einst der berühmte Staat Kush – oder Meroë – herrschte. In der Zeit vor Christi Geburt konkurrierte Kush, was seine Pracht anging, mit Ägypten, über das es auch einige Jahre herrschte. Sein Niedergang im vierten Jahrhundert n. Chr. fand seinen Abschluss durch Angriffe des zu dieser Zeit expandierenden Aksum. Die drei kleinen nubischen Staaten, die sich einige Zeit danach bildeten, waren in gewisser Weise Erben Kushs, auch wenn nach ihrer Konvertierung zum Christentum die nubische Kultur von dieser Religion dominiert wurde.

Die nubischen Staaten (die sich um das 8. Jahrhundert herum zu zwei Staaten zusammengeschlossen hatten) erzielten ihre größten Erfolge zwischen dem 9. und dem 11. Jahrhundert, trotz des großen Drucks, den ihre arabischen und islamischen Feinde ausübten; und sie erlagen nicht vor dem 14. Jahrhundert. Das akademische Interesse an Nubien konzentrierte sich auf die Ruinen der großen Kirchen aus rotem Backstein und der Klöster, in denen sich Wandmalereien und Fresken von hoher Qualität fanden. Dieses Beweismaterial lässt verschiedene Schlüsse zu. Erstens: Es war eine große Menge an Arbeit vonnöten, um diese Kirchen und die steinernen Befestigungen zu errichten, von denen sie oft umgeben waren. Wie bei den Pyramiden Ägyptens oder den feudalen Burgen Europas, wurden die einfachen Bauarbeiter*innen intensiv ausgebeutet und vermutlich zur Arbeit gezwungen. Zweitens: An der Herstellung der Backsteine und an der Architektur waren Fachkräfte beteiligt. Die Malereien deuten darauf hin, dass ihre Fähigkeiten bloßes handwerkliches Geschick überstiegen; dieselbe Kunstfertigkeit lässt sich auch an Fragmenten bemalter Keramik feststellen, die man in Nubien fand.

Es wurde bereits darauf hingewiesen, dass die Kirchen und Klöster eine bedeutende Rolle in Äthiopien spielten und in Bezug auf Nubien lohnt es sich, das genauer zu erläutern. Das Kloster war eine wichtige Produktionseinheit. Zahlreiche Bäuer*innenhütten drängten sich um jedes der Klöster, die eine ähnliche Rolle einnahmen wie die Landsitze feudaler Gutsherren. Den Reichtum, der sich in den Kirchen anhäufte, zweigte man von der Bäuer*innenschaft ab und die schönsten Erzeugnisse immaterieller Kultur, wie etwa Bücher, waren nur einer kleinen Minderheit zugänglich. Die Bäuer*innen waren nicht nur Analphabeten, sondern in vielen Fällen auch keine Christ*innen – oder waren es nur dem

Namen nach – soweit sich darauf von dem bekannteren Beispiel Äthiopiens aus der gleichen Zeit schließen lässt. Als die christliche Herrscherklasse Nubiens von den Muslim*innen beseitigt wurde, blieb von den Errungenschaften des alten Staates im Alltag der Menschen nur sehr wenig übrig. Solche Umkehrungen im historischen Verlauf sind in der Menschheitsgeschichte nicht ungewöhnlich. Am Ende setzt sich die Dialektik der Entwicklung immer durch, aber ein gewisses auf und ab ist unvermeidlich. Im 15. Jahrhundert existierten die nubischen Staaten nicht mehr, aber sie dürfen dennoch als Beispiel des afrikanischen Entwicklungspotentials gelten.

Man könnte sogar behaupten, dass Kush, noch lange nachdem sein Königreich untergegangen war und dem christlichen Nubien Platz machte, zur Entwicklung Afrikas beitrug. Zweifellos war Kush ein Zentrum, von dem aus viele positive kulturelle Elemente in das übrige Afrika gelangten. In Westafrika wurden Messingarbeiten angefertigt, die denen aus Meroë erstaunlich ähnlich sahen und von der Technik, mit der die Bewohner*innen Westafrikas ihr Messing gossen, nimmt man allgemein an, dass sie ihren Ursprung in Ägypten hatte und von dort über Kush weiterverbreitet wurde. Vor allem war Kush eines der frühesten und aktivsten Zentren der Förderung und Verhüttung von Eisen. Und es war mit Sicherheit einer der Ursprünge, von denen aus sich diese wichtige Technologie über den Rest des Kontinents ausbreitete. Aus diesem Grund war der mittlere Nil eine führende Kraft in der gesellschaftlichen, wirtschaftlichen und politischen Entwicklung ganz Afrikas.

Der Maghreb

Der Islam war die große »offenbarte« Religion, die die wichtigste Rolle in der Periode der feudalen Entwicklung des Maghreb spielte – der Länder am westlichen Rand der islamischen Reiche, die sich innerhalb weniger Jahre nach dem Tod des Propheten Mohammed im 7. Jahrhundert nach christlicher Zeitrechnung über Afrika, Asien und Europa erstreckten. Die arabische Reichsbildung unter dem Banner des Islam ist ein klassisches Beispiel für die Bedeutung, die der Religion in dieser Hinsicht zukommt. Ibn Khaldun, ein bedeutender nordafrikanischer Historiker aus dem 14. Jahrhundert, war der Meinung, dass der Islam die wichtigste Kraft war, die es den Araber*innen erlaubte, die engen Grenzen kleiner Familiengesellschaften, die ständig miteinander im Streit lagen, hinter sich zu lassen. Er schrieb:

> *»Der Stolz der Araber, ihre Empfindlichkeit und ihre ausgeprägte Eifersucht auf die Macht, machen es ihnen unmöglich, sich zu einigen. Nur wenn ihr*

Wesen von einem religiösen Impuls durchdrungen ist, vollzieht sich eine Wandlung in ihnen, sodass die Tendenz zur Anarchie einem Geist gegenseitiger Verteidigung weicht. Man denke an die Zeit, als die Religion ihre Politik beherrschte und sie dazu brachte, einem religiösen Gesetz zu folgen, das dazu geschaffen war, die moralischen und materiellen Interessen der Zivilisation zu fördern. Unter einer Reihe von Nachfolgern des Propheten [Mohammed], wie groß wurde da ihr Reich und mit welcher Kraft behauptete es sich!«

Die angeführten Bemerkungen Ibn Khalduns betreffen nur einen Aspekt der arabischen Reichsexpansion, aber dieser war sicherlich von entscheidender Bedeutung und zeugt von der maßgeblichen Rolle, die die Ideologie im Prozess der Entwicklung spielte. Das muss im Zusammenhang mit und zusätzlich zu den materiellen Umständen betrachtet werden. Bei der Beurteilung der materiellen Bedingungen, die zu einem bestimmten Zeitpunkt herrschten und die Grundlage für eine weitere Ausweitung der Produktion und für ein weiteres Anwachsen der Macht der Gesellschaft bilden konnten, muss auch das historische Erbe berücksichtigt werden. Wie das islamische Ägypten und das christliche Nubien, trat der Maghreb der islamischen Dynastien das Erbe einer reichen geschichtlichen und kulturellen Tradition an. Er war der Sitz der berühmten Gesellschaft Karthagos, die zwischen 1200 v. Chr. und 200 v. Chr. entstand und eine Mischung aus fremden Einflüssen aus dem östlichen Mittelmeerraum und den Berbervölkern des Maghreb war. Die Region war in der Folgezeit ein wichtiger Teil des Römischen und Byzantinischen Reiches und bevor sie muslimisch wurde, hatte sich der Maghreb sogar als Zentrum des nonkonformistischen Christentums hervorgetan, das unter dem Namen Donatismus bekannt wurde.

Die bemerkenswerten Errungenschaften des muslimischen Maghreb erstreckten sich auf die Schiffahrt, das Militär und die kommerzielle und kulturelle Sphäre. Seine Flotten kontrollierten das westliche Mittelmeer und seine Armeen eroberten den größten Teil Portugals und Spaniens. Als der muslimische Vormarsch nach Europa im Jahre 732 n. Chr. zurückgeschlagen wurde, waren die nordafrikanischen Armeen bereits tief in das Gebiet des heutigen Frankreichs vorgedrungen. Im 11. Jahrhundert sammelten die Armeen der Almoraviden-Dynastie ihre Kräfte tief im Senegal und in Mauretanien und brachen über die Straße von Gibraltar auf, um den Islam in Spanien zu stärken, der sich einer Bedrohung durch christliche Könige gegenüber sah. Mehr als ein Jahrhundert lang war die Herrschaft der Almoraviden in Nordafrika und Iberien von wirtschaftlichem Reichtum und einer glanzvollen literarischen und architektonischen Geschichte geprägt. Nachdem sie in den 30er–Jahren des 13. Jahrhunderts aus Spanien vertrieben worden waren, unterhielten die Maghreb-Muslim*innen – oder Mauren, wie sie genannt wurden – weiterhin eine dynamische Gesellschaft auf afrikanischem Boden. Als ein Indiz für den gesellschaftlichen Lebensstandard sei darauf hingewiesen, dass öffentliche Bäder in den Städten des Maghreb zu einer Zeit üblich waren, als in Oxford noch die Lehre vertreten wurde, dass das Waschen des Körpers ein gefährlicher Akt sei.

Einer der aufschlussreichsten Aspekte der Geschichte des Maghreb, ist das Zusammenspiel sozialer Formationen bei der Entstehung des Staates. Ein Hauptproblem, das gelöst werden musste, war die Integration der isolierten Berber*innengruppen in größere politische Gemeinschaften. Ferner gab es in der Bevölkerung Widersprüche zwischen den sesshaften Gruppen und den nomadischen Hirtengruppen.

Die Berber*innen waren größtenteils Viehzüchter, die in patriarchalen Clans, Gruppen von Clans und in Gruppen von Clans, die durch einen demokratischen Rat aller erwachsener Männer verbunden waren, organisiert waren. Das Weideland befand sich in kommunalem Besitz und auch die Bewässerung war eine gemeinschaftliche Aufgabe der Ackerbäuer*innen. Der Zusammenarbeit innerhalb der Verwandtschaftsgruppen stand jedoch die Feindseligkeit zwischen denjenigen gegenüber, die nicht unmittelbar blutsverwandt waren. Erst angesichts der arabischen Invasion schlossen sich die Berber*innen zusammen – unter der Ideologie eines unangepassten charidschitischen Islam. Der Aufstand der Charidschiten 739 n. Chr. wird einerseits als nationalistisch, andererseits als Aufstand der ausgebeuteten Klassen gegen die militärische, bürokratische und theokratische arabische Elite betrachtet, die sich zum orthodoxen sunnitischen Islam bekannte. Der Berber*innenaufstand legte den Grundstein für den marokkanischen Nationalismus und drei Jahrhunderte später brachte die Almohaden-Dynastie (1147–1270) dem gesamten Maghreb – als Ergebnis der Synthese von berberischen und arabischen Errungenschaften im Bereich der Staatsbildung – die politische Einheit.

Unglücklicherweise war die maghrebinische Nation nicht von Dauer; an ihrer statt hinterließ sie der Region die Keime dreier Nationalstaaten – Marokko, Algerien und Tunesien. In jedem dieser Gebiete gab es während dem 14. und 15. Jahrhundert sehr starke Spaltungstendenzen. Die herrschende Hafsiden-Dynastie in Tunesien beispielsweise war ständig damit beschäftigt, lokale Aufstände niederzuschlagen und die Integrität des Staates zu verteidigen. Es wurde bereits erwähnt, dass der politische Staat in Afrika und andernorts eine Konsequenz der Entwicklung der Produktivkräfte war. Aber der Staat bedingte seinerseits auch das Tempo des wirtschaftlichen Fortschritts, da beide dialektisch miteinander verknüpft waren. Die Tatsache, dass es dem Maghreb nicht gelang, einen Nationalstaat zu schaffen und die Schwierigkeiten, die Staatsmacht selbst innerhalb der drei Teilstaaten Marokko, Algerien und Tunesien zu konsolidieren, waren daher Faktoren, die die weitere Entwicklung der Region behinderten. Darüber hinaus schwächte die politische Spaltung den Maghreb gegenüber äußeren Feinden. Diese internen Schwächen sollte Europa bald ausnutzen und ging ab dem Jahr 1415 zum Angriff über.

Die Erfahrung des Maghreb kann herangezogen werden, um zu veranschaulichen, wie langwierig der Übergang von einer Produktionsweise zu einer anderen ist und dafür, dass zwei unterschiedliche Formen der Gesellschaftsorganisation über Jahrhunderte nebeneinander bestehen können. Über den gesamten untersuchten Zeitraum hinweg, verblieb in diesem Teil Afrikas sehr viel Land in Gemeineigentum und unter familiärer Bewirtschaftung. Währenddessen hatte eine erhebliche sozioökonomische Schichtung stattgefunden und es hatten sich antagonistische Klassen herausgebildet. Auf der untersten Stufe der Gesellschaft standen die Sklav*innen oder *Haratin*, bei denen es sich zumeist um schwarze Afrikaner*innen aus den Gebieten südlich der Sahara handelte. Über diesen standen die *Akhamme*, die landlosen Bäuer*innen, die das Land der besitzenden Klasse bewirtschafteten und vier Fünftel des Ertrags an diese abtreten mussten. Besonders erwähnenswert ist die Stellung der Frauen, die zwar keine eigene Klasse bildeten, aber von ihren eigenen Männern und der von Männern dominierten herrschenden Klasse soziale Benachteiligung zu erdulden hatten. Die Frauen aus der Klasse der *Akhamme* befanden sich dadurch in einer äußerst bedrückenden Lage. An der Spitze der Gesellschaft standen die Großgrundbesitzer, die zusammen mit anderen Anhängern des Islam die politische Macht ausübten.

Von keiner der bisher besprochenen afrikanischen Gesellschaften lässt sich behaupten, dass sie in einem Ausmaß kapitalistische Formen hervorbrachten, dass die Akkumulation von Kapital zur Hauptantriebskraft wurde. Allerdings verfügten sie alle über florierende Handelssektoren, Geldverleiher*innen und solide Handwerksindustrien, aus denen schließlich durch Evolution und Revolution der moderne Kapitalismus hervorging. Die maghrebinischen Händler waren durchaus wohlhabend. Sie profitierten von der Arbeit der Ackerbäuer*innen, Viehzüchter*innen und Hirten; sie mobilisierten direkt oder indirekt die Arbeit in den Kupfer-, Blei-, Antimon- und Eisenminen; und sie eigneten sich den Mehrwert an, der durch die handwerklichen Fähigkeiten derer geschaffen wurde, die Textilien, Teppiche, Leder, Töpferwaren und Gegenstände aus Messing und Eisen herstellten. Die Händler*innen stellten eine Klasse von Schatzbildner*innen dar und ihre Dynamik machte sich nicht nur im Maghreb, sondern auch in und jenseits der Sahara in Westafrika spürbar. Auf diese Weise fungierte die Entwicklung des Maghreb als Faktor in der Entwicklung des sogenannten Westsudan.

Der Westsudan

Für die Araber*innen war das gesamte Afrika südlich der Sahara das *Bilad as Sudan* – das Land der Schwarzen. Der Name überlebt heute nur noch in der Republik Sudan am Nil, aber frühere Bezeichnungen für den Westsudan beziehen sich auf das Gebiet, auf dem sich heute Senegal, Mali, Obervolta und Niger sowie Teile Mauretaniens, Guineas und Nigerias befinden. Die westsudanesischen Reiche Ghanas, Malis und Songhais sind zu festen Begriffen geworden, wenn es darum geht, die Errungenschaften der Vergangenheit Afrikas zu veranschaulichen. Es ist das Gebiet, auf das afrikanische Nationalist*innen und progressive Weiße verweisen, wenn sie beweisen wollen, dass auch Afrikaner*innen, in der Zeit vor der Ankunft der Weißen, zu politischer, administrativer und militärischer Größe fähig waren. Die Art der Fragen, die zu beantworten von Historiker*innen erwartet wird, ändert sich jedoch mit der Zeit und den Bedürfnissen der Menschen. Heute verlangt die Bevölkerung Afrikas »Entwicklung« und vollständige Emanzipation. Die Fragen, die es bezüglich der westsudanesischen Geschichte zu beantworten gilt, sind die, die ein Licht auf die Prinzipien werfen, die der beeindruckenden Entwicklung gewisser Staaten im Herzen Afrikas zugrunde liegen.

Die Ursprünge des ghanaischen Reiches reichen zurück bis in das 5. Jahrhundert nach Christus, seinen Höhepunkt erreichte es jedoch zwischen dem 9. und 11. Jahrhundert. Mali erlebte seine Blütezeit im 13. und 14. Jahrhundert und Songhai in den beiden darauf folgenden Jahrhunderten. Die drei Reiche befanden sich nicht an exakt derselben Stelle und auch der ethnische Ursprung ihrer herrschenden Klassen war jeweils ein anderer, dennoch sollten sie als »Nachfolgestaaten« betrachtet werden, die im Wesentlichen demselben Pfad der Entwicklung und des Wachstums folgten. Sie wurden so oft als Handelsstaaten bezeichnet, dass fast in Vergessenheit geraten ist, dass die Hauptbeschäftigung ihrer Bevölkerung der Ackerbau war. In der Region wurden verschiedene Sorten Hirse, eine Sorte Reis, einige weitere Nahrungspflanzen und mindestens eine Sorte Baumwolle domestiziert. Des Weiteren wurde dort relativ früh – im Jahrtausend vor Christi Geburt – das Eisen eingeführt und Werkzeuge aus Eisen wiederum brachten der Landwirtschaft die mit ihnen verbundenen Vorteile. Die offene Savannenlandschaft des Westsudan begünstigte auch die Viehzucht. Einige Gruppen, wie z. B. die Fulani, lebten ausschließlich von der Viehzucht, der allerdings in der gesamten Region in unterschiedlichem Maße nachgegangen wurde. Die wichtigsten domestizierten Tiere waren Rinder, darauf folgten Ziegen. Auch der Zucht von Pferden, Maultieren und Eseln wurde nachgegangen, was durch weite, Tsetse-freie Gebiete möglich war. Für zusätzliche Vielfalt ermöglichte der mächtige Niger den Aufstieg spezialisierter Fischer*innen.

Die Bevölkerung, der unverzichtbare Produktionsfaktor, konnte nur durch die wachsenden Nahrungsmittelvorräte eine solche Dichte erreichen, während das Handwerk und der Handel vor allem aus den Produkten der Landwirtschaft erwuchsen. Der Baumwollanbau führte zur Herstellung von Baumwolltüchern mit einer solchen Vielfalt an Spezialisierungen, dass sich ein interner Handel mit bestimmten Baumwolltüchern, wie dem ungebleichten Stoff von Fouta Djallon und dem blauen Tuch von Djenné, entwickelte. Die Viehzucht lieferte eine Vielzahl von Produkten für die Industrie, vor allem Rinder- und Ziegenhäute, aus denen Sandalen, Lederjacken für militärische Zwecke, Lederbeutel für Amulette, usw. gefertigt wurden. Pferde dienten der herrschenden Klasse als Transportmittel und leisteten einen wichtigen Beitrag in der Kriegsführung und bei der Expansion des Staates. Zum Zwecke der Kreuzung importierte man einige Pferde aus Nordafrika, wo man unter unter den Araberpferden die besten Zuchttiere fand. Für den Lastentransport waren Esel natürlich besser geeignet und das Mossi-Königreich von Obervolta war lange Zeit auf die Zucht von Lasttieren spezialisiert, die der Fernhandel in dieser weitläufigen Region notwendig machte. Am Rande der Sahara setzte sich das Kamel durch – ein weiterer »technologischer« Vorteil, der aus dem Norden eingeführt wurde.

Ein Bereich, in dem die Produktion eine wichtige Rolle spielte, war der Bergbau. Einige der königlichen Clans im Westsudan, wie zum Beispiel der der Kante, waren auf die Schmiedekunst spezialisiert. In einer Zeit der kriegerischen Expansion war die Kontrolle über die Eisenvorräte und die Fertigkeiten der Eisenverarbeitung selbstverständlich entscheidend. Außerdem waren die beiden wichtigsten Waren des Fernhandels Salz und Gold, die beide hauptsächlich durch Bergbau gewonnen wurden. Weder die Salz- noch die Goldvorkommen befanden sich ursprünglich auf dem Gebiet Ghanas, aber man unternahm Schritte, um sie entweder durch Handel oder durch territoriale Ausdehnung einzugliedern. Ghana stieß nach Norden in die Sahara vor und eroberte gegen Ende des 10. Jahrhunderts die Stadt Awdaghast von den Berber*innen – eine

Stadt, die für die Kontrolle des ankommenden Salzes – das mitten in der Wüste abgebaut wurde – nützlich war. Auf ähnliche Weise versuchten Mali und Songhai, sich die Kontrolle über Taghaza zu sichern, das das größte eigenständige Zentrum des Salzabbaus war. Die Songhai entrissen den Wüstenberber*innen die Stadt Taghaza und konnten sie viele Jahre lang gegen den Widerstand Marokkos halten. Ein weiterer entscheidender, aber selten hervorgehobener Faktor in der Produktionstruktur, war, dass Mali und Songhai Kupferminen in der Sahara besaßen.

Südlich von Ghana lagen die wichtigen Goldquellen am oberen Senegal und seinem Nebenfluss Falémé. Es heißt, dass Ghana sein Gold durch »stillen« oder »stummen« Tauschhandel erhielt, der wie folgt beschrieben wurde:

> *»Die Händler schlugen große Trommeln, um die Eingeborenen zu rufen, die nackt waren und in Erdlöchern lebten. Aus diesen Löchern, bei denen es sich zweifellos um die Gruben handelte, aus denen sie das Gold geschürft hatten, weigerten sie sich, in Gegenwart der fremdländischen Kaufleute herauszukommen. Letztere ordneten daher ihre Handelswaren in Stapeln am Flussufer an und zogen sich außer Sichtweite zurück. Daraufhin kamen die Einheimischen, legten einen Haufen Gold neben jeden Stapel und zogen sich ihrerseits zurück. Waren die Händler zufrieden, nahmen sie das Gold und zogen wieder ab, wobei sie mit Trommelschlägen signalisierten, dass der Markt vorbei war.«*

Der Schreiber der obigen Zeilen (E.W. Bovill) – in Europa angeblich eine Autorität in Sachen Westsudan – führt danach aus, dass stiller, bzw. stummer Tauschhandel über Jahrhunderte bis in moderne Zeit ein Merkmal des westsudanesischen Goldhandels war. Tatsächlich war zwar der Tauschhandel nicht still, doch wäre es durchaus erfreulich gewesen, wenn E. W. Bovill es gewesen wäre. Die Geschichte vom stillen Handel um Gold in Westafrika findet sich in diversen Berichten, beginnend mit antiken griechischen Schriften. Es handelt sich eindeutig um eine grobe Annäherung an die ersten Austauschversuche eines Volkes, das mit Fremden in Kontakt kam und nicht um ein dauerhaftes Verfahren. Während der Herrschaft Ghanas wurden die Bewohner der beiden wichtigsten Goldfelder, Bambuk und Boure, in normale Handelsbeziehungen mit dem Westsudan eingebunden. Ghana übte wahrscheinlich – und Mali mit Sicherheit – die politische Herrschaft über die beiden Regionen aus, in denen der Abbau und die Verteilung von Gold sich zu einem sehr komplizierten Prozess entwickelten. In den Jahrhunderten während Malis Größe, wurde in den Wäldern des heutigen Ghana in großem Umfang Gold abgebaut, um den Goldhandel quer durch die Sahara zu versorgen. Die bestehenden Gesellschaftssysteme expandierten und es entstanden starke Staaten, die sich dem Verkauf von Gold widmeten. Die Händler*innen, die aus den großen Städten des Westsudan kamen, mussten das Gold nach Gewicht kaufen, wobei ein kleines, genaues Maß, das *Benda*, verwendet wurde.

Als die Portugies*innen am Gambia-Fluss landeten und sahen, wie am Oberlauf des Flusses mit Gold gehandelt wurde, staunten sie über die Geschicklichkeit der Mandinga-Händler*innen. Letztere trugen sehr fein ausbalancierte Waagen, die mit Silber eingelegt waren und an Schnüren aus geflochtener Seide hingen. Mit Messinggewichten wog man Goldstaub und Nuggets. Die Geschicklichkeit der Mandinga beim Wiegen von Gold und bei anderen Formen des Handels war weitgehend darauf zurückzuführen, dass es innerhalb dieser ethnischen Gruppe einen Kern professioneller Händler*innen gab, die gemeinhin als Dioulas bezeichnet wurden. Sie waren nicht sehr wohlhabend, zeichneten sich aber durch ihre Bereitschaft aus, Tausende von Kilometern von einem Ende des Westsudan zum anderen zu reisen. Sie erreichten auch die Küsten von Gambia, Sierra Leone, Liberia, der Elfenbeinküste und Ghana oder kamen ihnen zumindest sehr nahe. Die Dioulas handelten mit einer breiten Palette afrikanischer Produkte: Salz von der Atlantikküste und aus der Sahara, Kolanüsse aus den Wäldern Liberias und der Elfenbeinküste, Gold aus dem Akan-Land im heutigen Ghana, Leder aus dem Hausaland, getrockneter Fisch von der Küste, Baumwolltuch aus vielen Gegenden und vor allem aus dem Zentralgebiet des Westsudan, Eisen aus Fouta Djallon im heutigen Guinea, Sheabutter aus dem oberen Gambia und eine Vielzahl anderer regionaler Produkte. Darüber hinaus wurden im Westsudan auch Waren aus Nordafrika gehandelt, vor allem Stoffe aus Ägypten und dem Maghreb sowie Korallenperlen aus Ceuta an der Mittelmeerküste. Der westsudanesische und der Transsaharahandel integrierten also die Ressourcen eines weitläufigen Gebiets, das vom Mittelmeer bis zum Atlantik reichte.

Der Fernhandel durch die Sahara hatte besondere Eigenheiten. Einige Schriftsteller*innen haben das Kamel als das Schiff der Sahara bezeichnet und die Städte, die die Kamelkarawanen auf beiden Seiten der Wüste ansteuerten, nannten sie »Häfen.« In der Praxis war der Transsaharahandel eine ebenso große Leistung wie die Überquerung eines Ozeans. Weit über den lokalen Handel hinaus, belebte er die berühmten Städte der Region wie Walata, Timbuktu, Gao und Djenné und führte die islamische Schriftkultur ein. Der Fernhandel stärkte die Staatsmacht, d. h. die Macht der Adelsgeschlechter, die sich in eine dauerhafte Aristokratie verwandelten. Es wäre allerdings eine grobe Vereinfachung von

Ursache und Wirkung, zu sagen, die westsudanesischen Reiche seien durch den Transsaharahandel entstanden. Ghana, Mali und Songhai erwuchsen aus ihrer Umgebung und den Anstrengungen ihrer eigenen Bevölkerung und erst nachdem sie einen gewissen Status erreicht hatten, konnten ihre herrschenden Klassen ein Interesse am Fernhandel bekunden und die Sicherheit bieten, um diesen Handel florieren zu lassen.

Bezeichnenderweise stellte der Westsudan nie nennenswertes Kapital für den Transsaharahandel bereit. Das Kapital kam von den Kaufleuten aus Fes, Tlemcen und anderen Städten des Maghreb, die ihre Vertreter*innen in den Westsudan schickten. Es handelte sich hierbei bis zu einem gewissen Grad um ein koloniales Verhältnis, da der Austausch einseitig zu Gunsten Nordafrikas verlief. Der Goldhandel war aber zumindest in der Lage, die Entwicklung der Produktivkräfte in Westafrika zu fördern, während der nebenher laufende Sklav*innenhandel keine derartigen Vorteile mit sich brachte. Ghana, Mali und Songhai exportierten alle eine geringe Anzahl von Sklav*innen, während das Reich von Kanem-Bornu dem Sklav*innenexport eine viel höhere Priorität einräumte, da es keine Goldvorräte kontrollierte. Kanem-Bornu nutzte seine Macht für Raubzüge in den Süden, bis hinunter nach Adamawa im heutigen Kamerun. Die negativen Auswirkungen einer solchen Politik sollten erst in späteren Jahrhunderten voll zum Tragen kommen, als zu dem stetigen Strom von Sklav*innen aus einigen Teilen Westafrikas über die Sahara, der massive Strom der Menschen des Kontinents in Richtung der von den Europäer*innen genannten Ziele hinzukam.

Obwohl die Staatenbildung im Westsudan deutlich hinter dem Stadium des Feudalismus zurückblieb, war sie in der Zeit von 500 bis 1500 n. Chr. weiter fortgeschritten als in den meisten anderen Teilen Afrikas. Neben Ghana, Mali, Songhai und Kanem-Bornu gab es bedeutende Königreiche im Hausaland, in Mossi, im Senegal, in den Fouta-Djallon-Bergen von Guinea und im Becken des Benue-Zuflusses des Niger. Die westsudanesischen Techniken der politischen Organisation und Verwaltung verbreiteten sich in vielen benachbarten Regionen und beeinflussten die Entstehung unzähliger Kleinstaaten, die über die gesamte Küstenregion vom Senegal bis zu den Bergen Kameruns verstreut waren. Einige spezifische sudanesische Merkmale waren in vielen Königreichen zu erkennen, insbesondere die Stellung der »Königinmutter« im politischen System.

Die Stärken und Schwächen der westsudanesischen Staaten zeugen davon, was sie auf dem langen Weg seit dem Kommunalismus hinsichtlich der gesellschaftlichen Verhältnisse und des Produktionsniveaus erreicht hatten. Dem

Staat gelang es, verschiedene, miteinander kollidierende, soziale Formationen und ethnische Gruppen zusammenzuhalten. Im Fall von Kanem–Bornu konnten Hirt*innen und Ackerbäuer*innen sogar die Kamelnomad*innen der Wüste integrieren. Anderswo hielt man die Tuareg–Nomad*innen in Schach, damit Ackerbäuer*innen und andere sesshafte Völker in Frieden leben konnten. Menschen, Haustiere und Waren konnten sich über Tausende von Kilometern frei und sicher bewegen. Allerdings hatte der Staat die Schranken zwischen den verschiedenen Gesellschaftsformationen noch nicht niedergerissen. Der Staat existierte als Institution, die von den verschiedenen Gemeinschaften Tribut eintrieb und sie daran hinderte, einander anzugreifen. In Zeiten der Schwäche verschwand der Überbau des Staates nahezu vollständig und ließ Raum für zentrifugale politische und soziale Kräfte. Jeder folgende große Staat war ein weiterer Versuch, mit dem Problem der Einheit umzugehen, manchmal auf einer bewussten Ebene, häufiger als unbewusstes Nebenprodukt im Überlebenskampf.

Im Feudalismus riss die herrschende Klasse im Staat zum ersten Mal die sozialen Institutionen nieder, die die ersten Embryostaaten am direkten Zugriff auf jede einzelne Untertanin und jeden einzelnen Untertanen hinderten. Das heißt, der Feudalismus führte zu einer Reihe direkter verpflichtender Bindungen zwischen den landbesitzenden Herrschern und den landlosen Untertan*innen. Im westlichen Sudan gab es diese klare Klasseneinteilung nicht. Zur Zeit der Vorherrschaft Malis im 13. und 14. Jahrhundert gab es in geringem Umfang lokale Sklaverei und gegen Ende des 15. Jahrhunderts sowohl Arbeitssklav*innen als auch »Haussklav*innen«, die mit feudalen Leibeigenen vergleichbar waren. Im Senegal beispielsweise stellten die portugiesischen Händler*innen fest, dass es Teile der Bevölkerung gab, die die meisten Tage für ihre Herr*innen arbeiteten und nur wenige Tage im Monat für sich selbst – eine aufkeimende feudale Tendenz. Nichtsdestotrotz hatte der größte Teil der Bevölkerung über die eigene Verwandtschaft immer noch Zugang zu Grund und Boden, was in politischer Hinsicht bedeutete, dass die Autorität der herrschenden Klasse über die Familien- und Clanoberhäupter und nicht über die einzelnen Untertan*innen ausgeübt wurde.

Obwohl der kommunalistische Egalitarismus auf dem Rückzug war, bestanden die kommunalistischen Beziehungen fort und wurden für den Westsudan im 15. Jahrhundert zu einer Entwicklungsbremse. Der Überschuss, der von der Gesellschaft über die eigenen Subsistenzbedürfnisse hinaus produziert wurde, gelangte als Tribut der kollektiven Gemeinschaften – und nicht direkt der Produzent*innen – an die ausbeutende Klasse. Das war ein Anreiz, die alten sozialen Strukturen beizubehalten, obwohl sie nicht in der Lage waren, die Mobilisierung und Spezialisierung der Arbeitskräfte signifikant zu steigern. Die Wahrscheinlichkeit einer gewaltsamen gesellschaftlichen Umwälzung war gering. Unter diesen Umständen waren große technologische Fortschritte erforderlich, um weitere Veränderungen zu bewirken. Der Grad der wirtschaftlichen Integration musste durch eine größere Produktivität in verschiedenen Bereichen erhöht werden, um mehr Handel, eine stärkere Spezialisierung bei der Arbeitsteilung und die Möglichkeit der Überschussakkumulation zu ermöglichen. Aber Radfahrzeuge und der Pflug sind in Nordafrika gescheitert, ebenso wie die großflächige Bewässerung. Da es keine groß angelegte Bewässerung gab, verringerte sich die Produktionsbasis im Westsudan sogar, da die Sahara sich immer weiter ausdehnte. Ghana stand auf fruchtbarem Ackerland, aber sowohl Mali als auch Songhai hatten ihre Zentren weiter südlich, da das ehemalige nördliche Gebiet Ghanas durch Desertifikation von der Sahara eingenommen wurde. Die Techniken, die zur Beherrschung dieser feindseligen Umgebung und zur Steigerung der landwirtschaftlichen und produktiven Kapazitäten erforderlich waren, mussten sich entweder vor Ort entwickeln oder von außen eingeführt werden. In der nächsten Phase der afrikanischen Geschichte nach der Ankunft der Weißen waren diese beiden Alternativen in Westafrika praktisch ausgeschlossen.

Das Gebiet der Großen Seen

Das hohe Niveau der sozialen Entwicklung im Westsudan hat zu langen Debatten darüber geführt, ob die Region einen Feudalismus nach europäischem Vorbild erreichte, ob sie den großen asiatischen Reichen zuzurechnen ist oder ob sie eine neue und einzigartige Kategorie für sich selbst geschaffen hat. Auf der Ostseite des Kontinents verlief die Entwicklung im gleichen Zeitraum deutlich langsamer. Zum einen erwarben die Menschen Ostafrikas erst viel später Eisenwerkzeuge als ihre Geschwister im Norden und im Westen; und zweitens hielten sich ihre Technologien und Fähigkeiten in engeren Grenzen. Im 14. Jahrhundert war die Staatsbildung jedoch bereits weit fortgeschritten und es lohnt sich, die dabei zutage tretenden Entwicklungsprinzipien zu betrachten. Ein besonders interessantes Gebiet sind die großen Seen Afrikas und insbesondere das Gebiet um die Seengruppe, die die Brit*innen zu Ehren verschiedener Mitglieder der britischen Herrscherfamilie umbenannten – Victoria, Albert, Edward, George. In diesem Zwischenseengebiet entstanden schließlich mehrere berühmte Staaten, von denen der von Bunyoro-Kitara einer der frühesten und größten war.

Bunyoro–Kitara umfasste ganz oder teilweise die Regionen, die heute als Bunyoro, Ankole, Toro, Karagwe und Buganda bezeichnet werden – alle diese Regionen liegen in Uganda, mit Ausnahme von Karagwe, das in Tansania liegt. Historische Überlieferungen wurden von diesen verschiedenen Völkern, die einst innerhalb der Grenzen von Bunyoro–Kitara lebten, mündlich weitergegeben und konzentrieren sich auf die herrschende Dynastie, die als Bachwezi bekannt ist. Die Bachwezi waren angeblich eine eingewanderte Gruppe von Viehzüchter*innen. Sie führten das Watussirind ein, das später die wichtigste Tierart in der Zwischenseenzone wurde. Der Besitz dieser Rinder trug zweifellos dazu bei, dass die Bachwezi im 14. und 15. Jahrhundert zu einer herrschenden Aristokratie wurden. Sie wurden zu einer sozialen Schicht, die über den zuvor existierenden Clans stand und deren territoriale Basis schmal war. In die Zeit der Vorherrschaft der Bachwezi fallen auch die Eisenverarbeitung, die Herstellung von Barkentuch, die Technik des Abteufens von Brunnenschächten in den Felsen und (am auffälligsten) der Bau ausgedehnter Erdwälle, die offenbar sowohl zur Verteidigung als auch zum Einschließen großer Viehherden dienten. Der größte dieser Erdbauten befand sich in Bigo, wo sich die Gräben über sechseinhalb Meilen erstreckten.

Die Arbeitsteilung zwischen Viehzüchter*innen und Ackerbäuer*innen und die Art ihrer Kontakte intensivierten den Prozess der Kastenbildung und Klassenschichtung im Raum der Großen Seen. Die Hirtenvölker der Bahima hatten ihre Herrschaft über die Ackerbäuer*innen, die *Bairu*, durchgesetzt. Die sozialen Klassen erwuchsen aus einer Situation sich wandelnder Arbeitsbeziehungen. Die Erdbauten von Bigo und anderswo wurden nicht durch freiwillige Familienarbeit errichtet und um die Bäuer*innen dazu zu bringen, einen Überschuss für ihre neuen Herr*innen zu produzieren, wurde vermutlich auch eine Form des Zwangs angewandt. So sollen die Bachwezi beispielsweise ein System eingeführt haben, bei dem junge Männer in den Dienst der König*innen eingezogen und von *Bairu* versorgt wurden, die das für den Unterhalt der Armee zugewiesene Land besetzten und bewirtschafteten. Sie führten auch Sklav*innen als Handwerker*innen und Verwalter*innen ein. Die Ernennung von Verwaltungsbeamt*innen auf lokaler Ebene, die im Namen der Aristokrat*innen regieren sollten, war ein erster Schritt zur Errichtung feudaler Lehen wie in Äthiopien, denn obwohl die Frage der Landverteilung noch nicht auf der Tagesordnung stand, ist zu bedenken, dass die ungleiche Verteilung von Vieh auch einen ungleichen Zugang zu den Produktionsmitteln bedeutete.

Die genaue Identifizierung der Bachwezi ist mit großer Unsicherheit behaftet. Es ist möglich, dass sie keine Einwanderer*innen waren. Dennoch wird allgemein angenommen, dass es sich um hellhäutige Hirtenvölker aus dem Norden handelte. Geht man von diesem Fall aus, ist es wichtig, hervorzuheben, dass alles, was im 14. und 15. Jahrhundert in der Region der Großen Seen erreicht wurde, ein Produkt der Entwicklung der afrikanischen Gesellschaft in ihrer Gesamtheit war und nicht von außen eingebracht wurde. Um die Ereignisse in Ostafrika in den Kontext universeller menschlicher Errungenschaften zu stellen, lässt sich eine Parallele zu Indien ziehen. Schon Jahrhunderte vor Christi Geburt kamen auch aus Nordindien hellhäutige Einwanderer*innen, die als Arier*innen bekannt sind. Es gab eine Zeit, in der jede Facette der indischen Kultur den Arier*innen zugeschrieben wurde; doch dann zeigte sich bei genauerer Betrachtung, dass die Grundlage der indischen Gesellschaft und Kultur von der früheren Bevölkerung, den Dravid*innen, gelegt worden war. Daher wird es heute als weitaus sinnvoller angesehen, die Errungenschaften Nordindiens als Produkt der Synthese von Arier*innen und Dravid*innen zu betrachten. Auch in Ostafrika muss man nach Elementen dieser Synthese zwischen dem Neuen und dem Alten suchen und das war im Grunde der Weg, auf dem die Entwicklung in der interlakustrinen Zone im 14. und 15. Jahrhundert verlief.

Wie bereits erwähnt, werden die Bachwezi mit Techniken wie der Eisenverarbeitung und der Herstellung von Borkentüchern *in Verbindung* gebracht. Es ist keineswegs eindeutig erwiesen, dass sie solche Techniken zum ersten Mal einführten und viel wahrscheinlicher, dass sie die *Entwicklung* solcher Fähigkeiten geleitet haben. Sicherlich gab es in Ostafrika bereits mehrere Jahrhunderte vor der Bachwezi-Zeit Gesellschaften, die Eisen verwendeten. In Engaruka, südlich der heutigen Grenze zwischen Kenia und Tansania, befinden sich die Ruinen einer kleinen, aber beeindruckenden, eisenzeitlichen Gesellschaft, die irgendwann vor dem Ende des ersten Jahrtausends n. Chr. entstand (d. h. vor 1000 n. Chr.) Engaruka war eine dichte landwirtschaftliche Siedlung, die Terrassierung, Bewässerung und eine Trockenbauweise für Mauern kannte, bei der kein Kalk erforderlich war, um die Steine zusammenzuhalten. Im Zwischenseengebiet selbst hatte sich eine auf Bananen basierende Landwirtschaft entwickelt, die in der Lage war, eine große sesshafte Bevölkerung zu ernähren. Das war eine der Voraussetzungen, die für den Übergang von der kommunalen Isolation zur Staatlichkeit erfüllt sein musste.

Es ist beachtlich, dass mündliche Überlieferungen auf die Existenz von Königreichen in Bunyoro und Karagwe vor den Bachwezi hinweisen. Die Staatsbildung befand sich bereits im Embryonalstadium, als die Fremden ankamen und es ist wahrscheinlich, dass sie nicht lange Fremde blieben. Anders als die Arier*innen in Indien setzten die Bachwezi nicht einmal ihre eigene Sprache durch, sondern übernahmen die Bantusprache der Einheimischen. Darin spiegelt sich die Dominanz der lokalen Elemente über die fremden Elemente der Synthese wider. Wie dem auch sei, handelte es sich bei dem kulturellen Produkt um etwas *Afrikanisches*, das Teil des Entwicklungsmusters einer örtlich begrenzten Evolution in Verbindung mit dem Zusammenspiel gesellschaftlicher Formationen auf kontinentaler Ebene war.

Zu den Beiträgen, die die Bachwezi zu den Königreichen des Zwischenseengebiets geleistet haben sollen, gehörte die Einführung einer auf den Mondphasen basierenden Religion. In allen bisher untersuchten Fällen spielte die Religion eine wichtige Rolle bei der Förderung des Staatsaufbaus und führte weg von der einfachen Organisation der Familiengemeinschaft. Das Christentum und der Islam standen sowohl innerhalb als auch außerhalb Afrikas am häufigsten mit groß angelegten Bauvorhaben in Verbindung. Das liegt weniger an den eigentlichen religiösen Überzeugungen, sondern daran, dass die Mitgliedschaft in einer mächtigen Weltkirche der herrschenden Klasse eines jungen Staates viele Vorteile verschaffte. Ein christlicher oder muslimischer Fürst hatte Zugang zur Schriftkultur und Außenwelt. Er hatte Umgang mit Händler*innen und Handwerker*innen, die sich zu dieser Religion bekannten; er setzte Verwalter und Kirchenmänner ein, die des Lesens und Schreibens kundig waren und konnte in Weltgegenden wie Mekka reisen. Vor allem in Äthiopien, im Sudan, in Ägypten, im Maghreb und allmählich auch im Westsudan, ersetzten die Weltreligionen die »traditionellen« afrikanischen Stammesreligionen, da das Christentum und der Islam nicht in einer bestimmten Familiengemeinschaft verwurzelt waren und daher zur Mobilisierung der vielen im Staat aufgegangenen Gemeinschaften genutzt werden konnten. Religiöse Überzeugungen, die von einem einzelnen Clan oder einer ethnischen Gruppe angenommen worden waren, konnten aber in derselben oder in leicht abgewandelter Form zur Religion des gesamten Staates erhoben werden. Das war die Situation in der interlakustrinen Zone und auch in den meisten anderen Teilen Afrikas außerhalb der bereits beschriebenen Regionen.

Simbabwe

In Simbabwe wird eines der großen Bauwerke aus Steinen (das in das 14. Jahrhundert datiert wird) gemeinhin als »Tempel« bezeichnet und diente vermutlich religiösen Zwecken. Selbst aus den spärlichen Belegen geht hervor, dass der religiöse Aspekt der sozialen Entwicklung von größter Bedeutung für die Festigung der zwischenmenschlichen Beziehungen in dieser entstehenden afrikanischen Gesellschaft war. Die herrschende Klasse im Mutapa-Reich des 15. Jahrhunderts in Simbabwe beispielsweise bestand aus Hirt*innen und ihre religiösen Rituale beeinhalteten Objekte, die Rinder symbolisierten, so wie es auch in den Königreichen der Großen Seen wie Bunyoro und Karagwe der Fall war. Es ist zu vermuten, dass die Rituale unter anderem die Vorherrschaft der Viehbesitzenden symbolisierten, so wie sie auch den bereits bestehenden Vorstellungen der Bäuer*innen Respekt zollten, um eine dauerhafte Synthese zu bewirken. Die Einzelheiten liegen nach gegenwärtigem Kenntnisstand noch nicht vor, es ist allerdings notwendig, dass jede Diskussion über Religion in Afrika versucht, sie in einer dynamisch-evolutionären Weise darzustellen und sie mit den sich verändernden sozioökonomischen Formen und Institutionen in Beziehung zu setzen. Da diese Aufgabe den Rahmen des vorliegenden Werkes sprengen würde, soll mit Simbabwe eine weitere Region untersucht werden, in der sich nachweislich die produktive Basis und der politische Überbau in den letzten Jahrhunderten vor dem Kontakt Afrikas mit Europa deutlich entwickelt haben.

Die Region im südlichsten Teil des Kontinents, die bis zum 15. Jahrhundert beachtliche Errungenschaften zu verzeichnen hatte, war die zwischen den Flüssen Sambesi und Limpopo und umfasste die Gebiete, die später Mosambik und Rhodesien hießen. Eisenverarbeitende und staatenbildende Völker waren dort schon zu Beginn des ersten Jahrtausends n. Chr. aktiv und schließlich entstand dort im 15. Jahrhundert das Reich, das die Europäer*innen Monomotapa nannten. Der Begriff »Simbabwe« wird hier verwendet, um die Sambesi-Limpopo-Kulturen in den letzten Jahrhunderten vor der Ankunft der Europäer*innen zu bezeichnen, denn vom 11. bis zum 14. Jahrhundert florierten dort die Gesellschaften, deren charakteristischstes Merkmal der Bau großer Steinpaläste war und die zusammen unter dem Namen Simbabwe bekannt sind.

Über die Gebäude, die die Kultur Simbabwes auszeichnen, wurde schon viel geschrieben. Aus behauenem Granit auf Granithügeln errichtet, stellen sie eine unmittelbare Reaktion auf die von Granitfelsen dominierte Umgebung dar. Die berühmteste noch erhaltene Steinruine ist die von Groß-Simbabwe, nördlich des Flusses Sabi. Eines der wichtigsten Bauwerke in Groß-Simbabwe war etwa 91 Meter lang und 67 Meter breit, seine Mauern waren neun Meter hoch und sechs Meter dick. Die Technik, die Steine übereinander zu legen, ohne dass Mörtel als Zement verwendet werden muss, war dieselbe, die in der Schilderung Engarukas, im Norden Tansanias, erwähnt wurde. Tatsächlich stellte sie einen besonderen Aspekt der materiellen Kultur Afrikas dar, der in Äthiopien und im Sudan weit verbreitet war. Der Stil der aus Steinen gefertigten Umfassungsmauern in Groß–Simbabwe und an anderen Orten war ebenfalls typisch afrikanisch, da er eine Weiterentwicklung der Lehmeinfriedungen – oder Kraals – vieler Bantu–sprachiger Völker war.

Von einem europäischen Archäologen wird berichtet, er habe behauptet, dass in Simbabwe so viel Arbeit aufgewendet worden sei wie in die Pyramiden Ägyptens. Dabei handelt es sich mit Sicherheit um eine Übertreibung, denn in die Errichtung der Pyramiden floss eine unglaubliche Menge an Sklav*innenarbeit, die den Herrscher*innen Simbabwes unmöglich zur Verfügung gestanden haben konnte. Es ist aber definitiv notwendig, sich Gedanken über den Arbeitsaufwand zu machen, der für die Errichtung der Gebäude in der Region Simbabwe bis zum 15. Jahrhundert erforderlich war. Die Arbeiter*innen mögen zwar bestimmten ethnischen Gruppen angehört haben, die von anderen ethnischen Gruppen unterworfen worden waren, aber im Zuge der Unterwerfung erlangten sie den Charakter einer sozialen Klasse, deren Arbeitskraft ausgebeutet wurde. Es handelte sich auch nicht um bloße körperliche Arbeit. Die Wände wurden mit viel Geschick, Kreativität und Kunstfertigkeit errichtet, insbesondere was die Verzierungen, die inneren Nischen und die Türen betrifft.

Als Cecil Rhodes seine Agenten zum Rauben und Stehlen nach Simbabwe schickte, bestaunten sie und andere Europäer*innen die erhaltenen Ruinen der simbabwischen Kultur und gingen automatisch davon aus, dass sie von Weißen erbaut worden waren. Auch heute noch neigt man dazu, die Errungenschaften mit einem Gefühl der Verwunderung zu betrachten, anstatt ruhig hinzunehmen, dass es sich um eine vollkommen logische Folge der gesellschaftlichen Entwicklung des Menschen innerhalb Afrikas handelt, die Teil des universellen Prozesses ist, durch den die menschliche Arbeit neue Horizonte erschloss. Der Realitätssinn kann nur dadurch wiederhergestellt werden, indem deutlich gemacht wird, dass die Architektur auf einem Fundament aus fortschrittlichen Landwirtschafts- und Bergbaumethoden ruhte, das in jahrhundertelanger Evolution entstanden war.

Simbabwe war eine Region gemischter Landwirtschaft, in dem die Rinderhaltung eine wichtige Rolle spielte, da das Gebiet frei von Tsetsefliegen ist. Die Bewässerung und Terrassierung erreichten bemerkenswerte Ausmaße. Es gab keinen einzigen Staudamm und kein Aquädukt wie in Asien oder im alten Rom, aber zahllose kleine Bäche wurden umgeleitet und um Hügel herumgeführt und das in einer Weise, die auf ein Bewusstsein für die wissenschaftlichen Prinzipien der Wasserbewegung hindeutet. Die Menschen in Simbabwe hatten durch ihr Verständnis der materiellen Umwelt tatsächlich »Hydrolog*innen« hervorgebracht. Was den Bergbau betrifft, so ist es ebenfalls bemerkenswert, dass die afrikanischen Völker im fraglichen Gebiet Prospektor*innen und »Geolog*innen« hervorbrachten, die eine klare Vorstellung davon hatten, wo sie im Untergrund nach Gold und Kupfer suchen mussten. Als im 19. Jahrhundert die europäischen Kolonisator*innen eintrafen, stellten sie fest, dass praktisch alle gold- und kupferhaltigen Schichten bereits zuvor von Afrikaner*innen abgebaut worden waren – wenn auch natürlich nicht in dem Ausmaß, wie es die Europäer*innen mit ihren Bohrgeräten erreichen sollten. Unter den Einwohner*innen Simbabwes gab es auch Handwerker*innen, die das Gold mit großer Geschicklichkeit und Leichtigkeit zu Schmuckstücken verarbeiteten.

Insbesondere das Vorhandensein von Gold war ein Anreiz für den Außenhandel – und die Auslandsnachfrage war es wiederum, die den Bergbau am stärksten vorantrieb. Im ersten Jahrtausend n. Chr. gab es in Ingombe Hede, nördlich des Sambesi, eine goldnutzende Aristokratie. Vermutlich bezogen sie ihre Vorräte aus den weiter südlich gelegenen Goldminen. Gold wird in großen Mengen allerdings nur in einer Gesellschaft benötigt, die einen sehr großen wirtschaftlichen Überschuss produziert und es sich leisten kann, einen Teil dieses Überschusses in Gold zu Prestigezwecken (wie in Indien) oder in Münzen und Geld zur Förderung des Kapitalismus (wie in Westeuropa) umzuwandeln. Die präfeudalen Gesellschaften Afrikas verfügten weder über einen solchen Überschuss noch über die gesellschaftlichen Verhältnisse, die es erforderlich machten, dass das Gold *intern* in großem Umfang zirkulierte. Es war also die Anwesenheit arabischer Händler*innen bis nach Sofala im Mosambik-Kanal, die Simbabwe dazu veranlasste, mehr Gold für den Export abzubauen – und zwar ungefähr zur selben Zeit, als im 11. Jahrhundert die Steinmetzarbeiten begannen. Das bedeutet, dass eine Reihe von Faktoren zusammenfielen: die Intensivierung der Klassenschichtung, die Konsolidierung des Staates, die Produktions- und Bautechniken und der Handel.

Zur simbabwischen Gesellschaft trugen verschiedene ethnische Gruppen bei. Die frühesten Bewohner*innen der Region waren die »Buschmänner« und Khoisan-Jäger*innen, die heute nur noch in geringer Zahl im südlichen Afrika anzutreffen sind. Sie wurden in den physischen Bestand der Neuankömmlinge aus dem Norden aufgenommen, die Bantusprachen sprachen, zu denen sie in der Region ihren eigenen Beitrag leisteten. Auch unter den Bantu-Sprecher*innen gab es verschiedene Gruppen, die sich zu unterschiedlichen Zeiten durchsetzten. Die materiellen Zeugnisse, die von Archäolog*innen gefunden wurden, zeigen verschiedene Keramikstile, unterschiedliche Bestattungspositionen und unterschiedliche Knochenstrukturen der Skelette. Andere Artefakte zeigen, dass die Region Simbabwe im Laufe der Jahrhunderte von vielen Gesellschaften bewohnt wurde. Die Durchdringung einer Gruppe durch eine andere erfolgte größtenteils friedlich, obwohl die Existenz von befestigten Hügeln und steinernen Verteidigungsanlagen zeigt, dass die größten Staaten in militärische Kämpfe um das Überleben und die Vorherrschaft verwickelt waren. Darüber hinaus müssen einige ethnische Gruppen dauerhaft auf einen niedrigeren Status verwiesen worden sein, um die Arbeitskräfte für die Landwirtschaft, den Gebäudebau und den Bergbau bereitzustellen. Andere Clans spezialisierten sich auf die Viehzucht, die Kriegsführung und die Ausübung religiöser Praktiken wie der Wahrsagerei und der Regenmacherei.

Man nimmt an, dass die Einwohner*innen Simbabwes vom 11. bis in das 14. Jahrhundert Sotho sprachen; als die Portugies*innen auftauchten, hatte aber eine Shona sprechende Dynastie die Kontrolle über den größten Teil der Region übernommen. Das war der Rozwi-Clan, der den Staat Mutapa zwischen dem Sambesi und dem Limpopo gründete. Der Herrscher war als Mwene Mutapa bekannt, was unter seinen eigenen Anhänger*innen offenbar »der große Herr von Mutapa« bedeutete, bei den Völkern, die er eroberte und zu einem einzigen Reich zusammenschmiedete, allerdings als »der große Plünderer« interpretiert wurde. Die erste Person, die den Titel Mwene Mutapa trug, regierte von etwa 1415 bis 1450, aber die Dynastie hatte sich bereits vor dieser Zeit entwickelt. Die Hauptstadt befand sich zunächst an der Stelle Groß-Simbabwes und wurde später nach Norden verlegt. Wichtig war, dass die Mwene Mutapa Gouverneure ernannten, die über verschiedene Ortschaften außerhalb der Hauptstadt herrschten, vergleichbar mit den westsudanesischen Reichen oder den Bachwezi-Staaten der Großen Seen.

Die Rozwi-Fürsten von Mutapa taten am meisten dafür, die Produktion für den Exporthandel zu fördern – vor allem die von Gold, Elfenbein und Kupfer. Arabische Kaufleute ließen sich im Königreich nieder und die Region Simbabwe wurde in das Handelsnetz des Indischen Ozeans eingebunden, das sie mit Indien, Indonesien und China verband. Eine der wichtigsten Errungenschaften der Rozwi-Fürsten von Mutapa war die Organisation eines einheitlichen Produktions- und Handelssystems. Sie verlangten von den verschiedenen Gemeinschaften in ihren Königreichen Tribut, was sowohl ein Zeichen von Souveränität als auch eine Form des Handels war, da es den Warenverkehr anregte. Zweifellos stärkte der Außenhandel den Mutapa-Staat, vor allem aber stärkte er die herrschenden Schichten, die ein Monopol auf diesen Aspekt der Wirtschaftstätigkeit hatten. Im Vergleich zu anderen afrikanischen Eliten dieser Zeit, hatten die Rozwi von Simbabwe noch einen langen Weg vor sich. Sie gehörten nicht in die gleiche Kategorie wie der amharische Adel in Äthiopien oder die arabisch-berberischen Feudalherren des Maghreb. Sie nahmen zwar einige externe Einflüsse auf, aber im Gegensatz zu den Herrschern von Mali und Songhai, die nach Mekka pilgerten, unternahmen sie keine Reisen. Ihre Kleidung bestand noch immer hauptsächlich aus Tierhäuten und Stoffen, die sie verwendeten, waren eher neuere Importe von arabischen Händler*innen als das Produkt der Entwicklung ihrer eigenen Fähigkeiten auf diesem Gebiet. In dieser Hinsicht blieb Simbabwe auch hinter anderen frühen afrikanischen Staaten wie Oyo im Yorubaland, Benin in derselben Region und dem Kongo-Reich des 14. Jahrhunderts (das die Europäer*innen bei ihrer Ankunft als den größten Staat Westafrikas bezeichneten) zurück.

Zur Veranschaulichung wurde es für notwendig erachtet, einen Blick auf einige (wenn auch bei weitem nicht alle) der herausragenden Entwicklungsbereiche in Afrika vor der Ankunft der Europäer*innen zu werfen. Man darf auch nicht vergessen, dass es zahllose Dorfgemeinschaften gab, die sich zu zwar kleinen, aber intern stark geschichteten Staaten entwickelten, die einen beeindruckenden materiellen Fortschritt zeigten. Das bisher Geschilderte sollte das zu Genüge verdeutlicht haben. Afrika war im 15. Jahrhundert nicht nur ein Wirrwarr verschiedener »Stämme.« Es existierte eine Struktur und es existierte eine historische Bewegung. Gesellschaften wie das feudale Äthiopien und Ägypten befanden sich an der Spitze des evolutionären Entwicklungsprozesses. Auch Simbabwe und die Bachwezi-Staaten befanden sich eindeutig im Aufstieg aus dem Kommunalismus, allerdings auf einem niedrigeren Niveau als die Feudalstaaten und einige andere, die noch nicht wirklich feudalistisch waren, wie die Staaten im Westsudan.

Zusammenfassung

Bei der Einführung des Entwicklungsbegriffs wurde darauf hingewiesen, dass die langsame, unmerkliche Ausweitung der gesellschaftlichen Produktionskapazitäten letztlich auf einen qualitativen Wandel hinausläuft, wobei das Erreichen der neuen Stufe manchmal durch gesellschaftliche Gewalt angekündigt wird. Man kann behaupten, dass die meisten afrikanischen Gesellschaften kein neues

Stadium erreichten, das sich deutlich vom Kommunalismus unterschied, weshalb in dieser Untersuchung der vorsichtige Begriff des »Übergangs« verwendet wird. Es lässt sich auch feststellen, dass es nirgendwo zu internen gesellschaftlichen Revolutionen kam. Letztere haben in der Geschichte Europas und der Welt nur dort stattgefunden, wo das Klassenbewusstsein zu einem massiven Eingriff des menschlichen Willens in den ansonsten unfreiwilligen sozioökonomischen Prozess führte. Solche Beobachtungen tragen dazu bei, die Entwicklung Afrikas bis zum 15. Jahrhundert auf einer Stufe unterhalb des ausgereiften, klassengeprägten Feudalismus einzuordnen.

Es sei auch daran erinnert, dass in keiner afrikanischen Gesellschaft die Sklaverei als Produktionsweise existierte, obwohl es dort, wo die Zersetzung der kommunalen Gleichheit am weitesten fortgeschritten war, einige Sklav*innen gab. Das ist ein herausragendes Merkmal, das die Eigenständigkeit des afrikanischen Weges innerhalb des allgemeinen Rahmens des universellen Fortschritts verdeutlicht. Einer der Widersprüche bei der Erforschung dieser frühen Periode der afrikanischen Geschichte besteht darin, dass sie nicht vollständig verstanden werden kann, ohne dass wir zunächst unser Wissen über die Welt im Allgemeinen vertiefen und dass das wahre Bild der komplexen Entwicklung von Mensch und Gesellschaft erst nach intensiver Beschäftigung mit dem lange vernachlässigten afrikanischen Kontinent gezeichnet werden kann. Man kommt nicht umhin, Vergleiche als Hilfsmittel zur Verdeutlichung heranzuziehen und in der Tat wurden die Parallelen eng auf Europa beschränkt, obwohl sie auch durch Beispiele aus der asiatischen Geschichte belegt werden könnten. Darin liegt der kulturelle Imperialismus, der es den europäisch geschulten Afrikaner*innen leichter macht, sich an Namen wie die (französischen) Kapetinger und die (preußischen) Hohenzollern zu erinnern als an die vietnamesischen Dynastien Id und Tran, denn letztere sind ihnen entweder unbekannt oder würden, wären sie bekannt, als unwichtig angesehen oder sogar als zu schwer auszusprechen eingestuft werden!

Verschiedene Afrikahistoriker*innen haben darauf hingewiesen, dass der Unterschied zwischen den entwickelten Gebieten des Kontinents im 15. Jahrhundert und denen in Europa im gleichen Zeitraum keineswegs zu Ungunsten Afrikas ausfiel. Tatsächlich waren es die ersten Europäer*innen, die West- und Ostafrika auf dem Seeweg erreichten, die darauf hinwiesen, dass die Entwicklung Afrikas in den meisten Aspekten mit derjenigen vergleichbar war, die auch sie kannten. Um nur ein Beispiel zu nennen: Als die Niederländer*innen die Stadt Benin besuchten, beschrieben sie sie wie folgt:

»Die Stadt scheint sehr groß zu sein. Wenn man sie betritt, kommt man auf eine große, breite und ungepflasterte Straße, die sieben- oder achtmal breiter erscheint als die Warmoes-Straße in Amsterdam...

Der Königspalast ist eine Ansammlung von Gebäuden, die so viel Fläche wie die Stadt Harlem einnimmt und von Mauern umgeben ist. Es gibt zahlreiche Wohnungen für die Minister des Fürsten und schöne Galerien, von denen die meisten so groß sind wie die an der Börse in Amsterdam. Sie werden von hölzernen, mit Kupfer ummantelten Säulen getragen, auf denen ihre Siege abgebildet sind und die sorgfältig sauber gehalten werden.

Die Stadt besteht aus dreißig Hauptstraßen, die sehr gerade verlaufen und 120 Fuß breit sind, dazu aus einer Unzahl kleinerer Querstraßen. Die Häuser liegen in geordneter Weise nahe beieinander. Diese Menschen stehen den Niederländern in Sachen Sauberkeit in nichts nach; sie waschen und schrubben ihre Häuser so gut, dass sie wie poliert erscheinen und glänzen wie ein Spiegel.«

Es wäre allerdings eine Selbsttäuschung, sich vorzustellen, dass in Benin und in Holland alles identisch war. Die europäische Gesellschaft war bereits aggressiver, expansiver und dynamischer in der Entwicklung neuer Formen. Die Dynamik in Europa war auf die Klasse der Kaufleute und Fabrikanten beschränkt. In den Galerien der Amsterdamer Börse saßen holländische Bürger – die Vorfahren des modernen Industrie- und Finanzbürgertums. Diese Klasse konnte im Europa des 15. Jahrhunderts die feudalen Grundbesitzer nach vorne oder zur Seite drängen. Sie begannen, sich vom Konservatismus zu verabschieden und ein geistiges Klima zu schaffen, in dem Veränderungen als wünschenswert angesehen wurden. Es entstand ein Geist der Innovation in der Technologie und es beschleunigte sich der Wandel in der Produktionsweise. Als Europa und Afrika durch den Handel enge Beziehungen knüpften, war Europa also bereits leicht im Vorteil – dieser Vorteil machte den Unterschied zwischen einer jungen kapitalistischen Gesellschaft und einer Gesellschaft, die sich noch im Kommunalismus befand.

3. Afrikas Beitrag zur kapitalistischen Entwicklung Europas – Die vorkoloniale Epoche

Der britische Handel ist ein prächtiger Überbau amerikanischer Handels- und Seemacht auf einem afrikanischen Fundament.

— Malachy Postlethwayt, The African Trade, the Great Pillar and Support of the British Plantation Trade in North America, 1745[171]

Wenn ihr jedes Jahr mehr als 200 Millionen Livres verlieren würdet, die ihr jetzt von euren Kolonien erhaltet: Wenn ihr nicht den exklusiven Handel mit euren Kolonien hättet, um eure Manufakturen zu ernähren, eure Marine instand zu halten, eure Landwirtschaft weiterzubetreiben, eure Importe zu bezahlen, eure Luxusbedürfnisse zu befriedigen, euren Handel mit Europa und Asien vorteilhaft auszugleichen, dann – ich sage es in aller Deutlichkeit – wäre das Königreich unwiederbringlich verloren.

— Bischof Maury (von Frankreich); Argument gegen den Ausstieg Frankreichs aus dem Sklav*innenhandel und der Befreiung seiner Sklav*innenkolonien, präsentiert in der französischen Nationalversammlung, 1791

Wie Europa die dominierende Macht in einem weltweiten Handelssystem wurde

Wegen der Oberflächlichkeit vieler Ansätze zur »Unterentwicklung« und wegen der daraus entstehenden Missverständnisse, ist es notwendig, noch einmal hervorzuheben, dass Entwicklung und Unterentwicklung nicht nur vergleichende Begriffe sind, sondern dass sie sich auch in einem dialektischen Verhält-

171 [Der afrikanische Handel, die große Säule und Stütze der britischen Plantagenwirtschaft in Nordamerika, 1745]

nis zueinander befinden. Westeuropa und Afrika hatten eine Beziehung, die den Transfer von Reichtum von Afrika nach Europa sicherstellte. Dieser Transfer war erst möglich, nachdem der Handel wirklich international wurde; und das führt uns zurück in das 15. Jahrhundert, als Afrika und Europa zum ersten Mal in gemeinsame Beziehungen traten – zusammen mit Asien und dem amerikanischen Kontinent. Die entwickelten und unterentwickelten Teile der heute kapitalistischen Weltregionen stehen seit viereinhalb Jahrhunderten in ständigem Kontakt miteinander. Das Argument ist nun, dass über diesen Zeitraum Afrika im selben Maße dabei half, Westeuropa zu entwickeln, in dem Westeuropa dazu beitrug, Afrika unterzuentwickeln.

Das erste wichtige Merkmal der Internationalisierung des Handels im 15. Jahrhundert, war, dass die Europäer*innen die Initiative ergriffen und in andere Weltgegenden aufbrachen. Keine chinesische Boote erreichten Europa und falls irgendwelche afrikanischen Kanus je den amerikanischen Kontinent erreichten (wie manchmal behauptet wird), stellten sie keine wechselseitigen Beziehungen her. Was man als internationalen Handel bezeichnete, war nicht mehr als die Ausdehnung europäischer Interessen über die Weltmeere. Die Strategie hinter dem internationalen Handel und der Produktion, die ihn stützte, war fest in europäischer Hand und im Speziellen in den Händen der seefahrenden Nationen von der Nordsee bis zum Mittelmeer. Sie besaßen und leiteten den größten Teil der weltweiten Hochseeschiffe und kontrollierten die Finanzierung des Handels zwischen vier Kontinenten. Die Bewohner*innen Afrikas waren über die trikontinentalen Beziehungen zwischen Afrika, Europa und Amerika kaum im Bilde. Europa hatte das Monopol auf das Wissen um das internationale Handelssystem in seiner ganzen Ausdehnung, da Westeuropa als einzige Macht in der Lage war, das gesamte System zu überblicken.

Die Europäer*innen nutzten die Überlegenheit ihrer Schiffe und Kanonen, um die Kontrolle über sämtliche Seewege zu erlangen, angefangen im westlichen Mittelmeer und der Atlantikküste Nordafrikas. Ab 1415, als die Portugies*innen Ceuta in der Nähe Gibraltars eroberten, hielten sie die Offensive gegen den Maghreb aufrecht. Innerhalb der nächsten 60 Jahre nahmen sie Häfen wie Arzila, El-Ksar-es-Seghir und Tangier ein und errichteten dort Befestigungen. In der zweiten Hälfte des 15. Jahrhunderts kontrollierten die Portugies*innen die Atlantikküste Marokkos und nutzten ihre wirtschaftlichen und strategischen Vorteile, um weitere Expeditionen vorzubereiten, die ihre Schiffe schließlich um das Kap der Guten Hoffnung führten. Nachdem sie den Indischen Ozean erreicht hatten, versuchten die Portugies*innen mit einigem Erfolg, die Araber*innen als Händler*innen, die Ostafrika mit Indien und dem Rest Asiens verbanden, zu verdrängen. Im 17. und 18. Jahrhundert, führten die Portugies*innen den Großteil des ostafrikanischen Elfenbeins, das in Indien auf den Markt gebracht wurde, während Portugies*innen, Dän*innen, Engländer*innen und Franzos*innen indische Stoffe und Perlen in Ost- und Westafrika verkauften. Gleiches galt für Kaurimuscheln aus Ostindien. Und so – durch die Kontrolle der Meere – unternahm Europa die ersten Schritte auf dem Weg der Verwandlung verschiedener Teile Afrikas und Asiens zu wirtschaftliche Satelliten.

Als die Portugies*innen und Spanier*innen in der ersten Hälfte des 17. Jahrhunderts noch in Kontrolle eines großen Teils des Welthandels waren, kauften sie Baumwolltuch in Indien, um damit in Afrika Sklav*innen zu kaufen, die sie in Mittel- und Südamerika Gold abbauen ließen. Ein Teil des Goldes des amerikanischen Kontinents verwendete man dann dazu, Gewürze und Seide aus dem Fernen Osten zu kaufen. Das Konzept von Metropole und Kolonie entstand automatisch, als Teile Afrikas in das Netz des internationalen Handels gerieten. Einerseits waren da die europäischen Länder, die über die Rolle entschieden, die die afrikanische Wirtschaft zu spielen hatte; andererseits bildete Afrika eine Erweiterung des kapitalistischen Marktes Europas. Was den Außenhandel betraf, war Afrika davon abhängig, was Europa willens war zu kaufen und zu verkaufen.

Europa exportierte Güter nach Afrika, die in Europa bereits produziert und verwendet wurden – dänisches Leinen, spanisches Eisen, englischen Zinn, portugiesische Weine, französischen Cognac, venezianische Glasperlen und deutsche Musketen. Europa war auch in der Lage, auf dem afrikanischen Kontinent Güter abzusetzen, die in Europa nicht mehr verkauft werden konnten. So fanden Gegenstände wie alte Bettlaken, ausrangierte Uniformen, technologisch veraltete Schusswaffen und jede Menge Krimskrams in Afrika garantierten Absatz. Die Afrikaner*innen wurden sich allmählich der Möglichkeit bewusst, bessere Importwaren zu verlangen und zu erhalten und übten Druck auf die Kapitäne der europäischen Schiffe aus; doch das Gesamtsortiment der Handelswaren, die die europäischen Häfen in Hamburg, Kopenhagen und Liverpool verließen, wurde fast ausschließlich durch die Produktionsmuster und das Komsumverhalten innerhalb Europas bestimmt.

Europa hatte von Anfang an die Entscheidungsgewalt im internationalen Handelssystem übernommen. Ein hervorragendes Beispiel dafür ist die Tatsache, dass das sogenannte Seevölkerrecht nichts anderes war als europäisches Recht. Die Afrikaner*innen waren an seiner Entstehung nicht beteiligt und waren in vielen Fällen nicht mehr als Opfer, denn das Gesetz erkannte sie nur als transportable Ware an. Wenn afrikanische Sklav*innen auf See über Bord geworfen wurden, bestand das einzige rechtliche Problem darin, ob das Sklav*innenschiff eine Entschädigung von der Versicherung verlangen konnte oder nicht! Vor allem übte bei der Auswahl dessen, was Afrika exportieren sollte, Europa seine Entscheidungsgewalt aus – entsprechend des europäischen Bedarfs.

Die oberste Priorität der portugiesischen Schiffe war die Suche nach Gold, teils auf der Grundlage bekannter Informationen, dass westafrikanisches Gold über die Sahara nach Europa gelangte, teils auf der Grundlage von Vermutungen. Den Portugies*innen gelang es, In Teilen Westafrikas und im östlichen Zentralafrika gelang es den Portugiesen Gold zu erbeuten; im 16. und 17. Jahrhundert zog die Goldküste die größte Aufmerksamkeit seitens der Europäer*innen auf sich. Ein Beweis dafür ist die Anzahl der dort errichteten Festungen. Zu den beteiligten Nationen zählten neben anderen getreuen Anhänger*innen des Kolonialismus – wie den Brit*innen, den Niederländer*innen und den Portugies*innen – auch die Skandinavier*innen und die Preußen (Deutsche).

Die Europäer*innen waren begierig darauf, an afrikanisches Gold zu gelangen, da in der wachsenden kapitalistischen Geldwirtschaft ein dringender Bedarf an Goldmünzen herrschte. Da Gold nach damaligem europäischen Kenntnisstand nur in sehr begrenzten Gebieten Afrikas zu finden war, dienten Menschen als Hauptexportgut. Die Ausfuhr einer anderen Ware war nur zu gewissen Zeiten an sehr wenigen Orten von gleicher oder größerer Bedeutung. Im Senegal beispielsweise war es Gummi, in Sierra Leone Rotholz und in Mosambik Elfenbein. Aber selbst wenn man diese Dinge berücksichtigt, lässt sich sagen, dass Europa Afrika die Rolle des Lieferanten menschlicher Gefangener zuwies, die in verschiedenen Teilen der Welt als Sklav*innen eingesetzt wurden.

Als die Europäer*innen Amerika erreichten, erkannten sie dessen enormes Potential an Gold und Silber und tropischen Erzeugnissen. Dieses Potential konnte allerdings ohne ein ausreichendes Angebot an Arbeitskräften nicht verwirklicht werden. Die einheimische indigene Bevölkerung war weder vor den neuen europäischen Krankheiten, wie den Pocken, gefeit, noch konnte sie – gerade erst aus dem Stadium der Jagd herausgetreten – die organisierte Arbeit auf den Sklav*innenplantagen und in den Sklav*innenminen ertragen. Aus diesem Grund wurde die örtliche indigene Bevölkerung auf Inseln wie Kuba und Hispaniola so gut wie vollständig ausgelöscht. Europa wies zu dieser Zeit selbst nur eine sehr kleine Bevölkerung auf und konnte es sich nicht leisten, die Arbeitskräfte freizustellen, die für die Erschließung des amerikanischen Reichtums notwendig waren. Es wandte sich also dem nächstgelegenen Kontinent, Afrika, zu, der zufällig eine Bevölkerung beherbergte, die an sesshafte Landwirtschaft und disziplinierte Arbeit in vielen Bereichen gewöhnt war. Das waren die objektiven Bedingungen, die hinter dem Beginn des europäischen Sklav*innenhandels standen und das sind die Gründe, weshalb die Kapitalistenklasse Europas ihre Kontrolle des internationalen Handels nutzte, um sicherzustellen, dass Afrika sich auf den Export von Gefangenen spezialisierte.

Wenn die Europäer*innen Afrika vorschreiben konnten, was es zu exportieren hätte, dann war das selbstverständlich ein Ausdruck der Macht Europas. Es wäre allerdings ein Fehler, anzunehmen, dass Europa eine überwältigende Militärmacht war. Während der frühen Jahrhunderte des Handels stellte es sich für die Europäer*innen – außer an einigen isolierten Gegenden an der Küste – als unmöglich heraus, die Afrikaner*innen niederzuwerfen. Die Macht Europas lag in seiner Produktionsweise, die zu dieser Zeit etwas fortgeschrittener war als diejenige Afrikas. Die europäische Gesellschaft ließ den Feudalismus hinter sich und bewegte sich in Richtung Kapitalismus; die afrikanische Gesellschaft trat in eine dem Feudalismus vergleichbare Phase ein.

Die Tatsache, dass Europa der erste Kontinent war, der vom Feudalismus zum Kapitalismus überging, verschaffte den Europäer*innen gegenüber dem Rest der Welt einen Vorsprung hinsichtlich des wissenschaftlichen Verständnisses des Universums, der Herstellung von Werkzeugen und der effizienten Arbeitsorganisation. *Die technische Überlegenheit der Europäer*innen betraf nicht alle Aspekte der Produktion, aber der Vorteil, den sie in einigen wichtigen Bereichen hatten, stellte sich als entscheidend heraus.* Die afrikanischen Kanus beispielsweise, die auf dem Nil und an der Küste Senegals fuhren, waren von hoher Qualität, aber der relevante Handlungsraum war der Ozean, und auf diesem übernahmen europäische Schiffe die Führung. In vielen Gebieten Nigerias entwickelten die Menschen Westafrikas den Metallguss zu hoher künstlerischen Perfektion, aber beim Aufeinandertreffen mit Europa waren hübsche Bronzen weitaus weniger relevant als die krudeste Kanone. Afrikanische Holzutensilien waren manchmal Werke von großer Schönheit, aber Europa produzierte Töpfe und Pfannen, die viele praktische Vorteile besaßen. Schriftkundigkeit, organisatorische Erfahrung und die Kapazität, in immer größeren Dimensionen zu produzieren, kamen Europa ebenfalls zugute.

In den frühen Jahren des Handels mit Afrika waren europäische Produkte oft von schlechter Qualität, aber stellten etwas Neues und Interessantes dar. Esteban Montejo, ein Afrikaner, der im 19. Jahrhundert von einer kubanischen Sklav*innenplantage floh, erinnerte sich, dass man sein Volk mit der Farbe Rot in die Sklaverei gelockt hatte. Er sagte:

> *»Es war die scharlachrote Farbe, die es den Afrikaner antat; sowohl die Könige als auch der Rest ergaben sich ohne Widerstand. Als die Könige sahen, dass die Weißen diese scharlachroten Taschentücher herausholten, als würden sie winken, sagten sie zu den Schwarzen: »Na los, holt euch ein scharlachrotes Taschentuch«, und die Schwarzen waren so begeistert von der scharlachroten Farbe, dass sie wie die Schafe zu den Schiffen rannten, wo man sie dann gefangen nahm.«*

Diese Geschichte eines Opfers der Sklaverei ist sehr poetisch, aber sie sagt uns, dass einige afrikanische Herrscher europäische Waren ausreichend begehrenswert fanden, um dafür Gefangene einzutauschen, die ihnen im Krieg zugefallen waren. Schon bald begannen die Gemeinden, untereinander Kriege zu führen – nur zu dem einen Zweck, Gefangene zu machen, um diese an die Europäer*innen zu verkaufen. Und selbst innerhalb einer Gemeinde konnte es vorkommen, dass ein Herrscher sich dazu verleiten ließ, aus seinen eigenen Untertan*innen Kapital zu schlagen und sie für den Verkauf gefangen zu nehmen. Die europäische Nachfrage nach Sklav*innen (und nur Sklav*innen) und ihr Angebot an Konsumgütern, setzte eine Kettenreaktion in Gang – einen Prozess, der mit Spaltungen innerhalb der afrikanischen Gesellschaft verbunden war.

Über die Kolonialzeit wird häufig gesagt, dass die vertikale politische Spaltung in Afrika die Eroberung einfach gestaltete. Das gilt in noch stärkerem Maße für die Art und Weise, in der Afrika dem Sklav*innenhandel erlag. Nationale Einigung war ein Produkt des ausgereiften Feudalismus und des Kapitalismus. Innerhalb Europas gab es weitaus weniger politische Spaltungen als in Afrika, wo der Kommunalismus politische Fragmentierung – mit der Familie als Nukleus – bedeutete und wo es nur wenige Staaten mit wirklich festen Grenzen gab. Ferner profitierte Europa auch dann, wenn zwei europäische Nationen darum konkurrierten, einem afrikanischen Herrscher Gefangene abzukaufen, egal welche Nation siegreich aus dem Wettstreit hervorging. Jeder europäische Händler konnte an der Küste Westafrikas anlegen und die politischen Differenzen, die er dort vorfand, ausnutzen. In dem kleinen Gebiet, das die Portugies*innen später als Guinea-Bissau für sich beanspruchten, gab es beispielsweise mehr als ein Dutzend ethnischer Gruppen. Diese Gruppen gegeneinander auszuspielen war derart einfach, dass die Europäer*innen das Gebiet als ein »Paradies für Sklavenhändler« bezeichneten.

Obwohl die Klassentrennung innerhalb der afrikanischen Gesellschaft nicht ausgeprägt war, hatte sie doch Anteil an der Leichtigkeit, mit der sich Europa in großen Teilen des afrikanischen Kontinents wirtschaftlich behaupten konnte. Die Herrscher*innen verfügten über einen gewissen Status und eine gewisse Autorität. Als sie sich von den europäischen Waren blenden ließen, begannen sie ihre Position zu nutzen, um sowohl andere Gemeinschaften zu überfallen als auch ihre eigenen Untertan*innen auszubeuten. In den einfachsten Gesellschaften, die über keine König*innen verfügten, stellte es sich für die Europäer*innen als unmöglich heraus, die Allianzen zu schmieden, die nötig waren, um den Handel mit Gefangenen an der Küste aufrecht zu erhalten. In den Gesellschaften, die Herrscher*innengruppen aufwiesen, waren die Bündnisse mit den Europäer*innen schnell geschlossen. Später vertieften die Europäer*innen die bereits existierenden internen Klassentrennungen und schufen neue.

Als die Europäer*innen – als Repräsentant*innen einer anderen Entwicklungsstufe – eintrafen, verwandelten sich bestimmte Aspekte der afrikanischen Gesellschaft de facto in Schwächen. Und trotzdem war die Unterwerfung der afrikanischen Wirtschaft durch den Sklav*innenhandel anfangs ein langsamer Prozess und in einigen Fällen musste der Widerstand oder das Desinteresse der Afrikaner*innen überwunden werden. Im Kongo des 16. Jahrhunderts verlief der Sklav*innenhandel nicht ohne die tiefsitzenden Bedenken und den Widerstand des Königs des kongolesischen Staates. Dieser fragte nach Steinmetzen, Priestern, Schreibern und Ärzten, wurde aber von den Sklav*innenschiffen, die von Portugal ausgesandt wurden, überwältigt und es begann ein grausamer Handel, in dem man einen Teil des kongolesischen Königreichs gegen den anderen ausspielte. Der König des Kongo hatte die Möglichkeit eines für beide Seiten vorteilhaften Austauschs zwischen seinem Volk und dem portugiesischen Staat ins Auge gefasst, aber letzterer zwang ihn, sich auf den Export von menschlicher Fracht zu spezialisieren. Interessant ist auch, dass der *Oba* (König) von Benin zwar willens war, ein paar weibliche Gefangene zu verkaufen, es aber einiges an Überzeugungsarbeit und Druck seitens der Europäer*innen erforderte, ihn dazu zu bringen, männliche afrikanische Kriegsgefangene zu verkaufen, die andernfalls in die Gesellschaft Benins eingegliedert worden wären.

Hatte der Sklav*innenhandel in einem Teil Afrikas erst einmal begonnen, wurde schnell klar, dass es die Möglichkeiten jedes einzelnen afrikanischen Staates überstieg, an dieser Situation etwas zu ändern. In Angola setzten die Portugies*innen eine ungewöhnlich große Anzahl ihrer eigenen Truppen ein und versuchten, den Afrikaner*innen die politische Macht zu entreißen. Der angolanische Staat Matamba am Fluss Kwango wurde um das Jahr 1630 herum als direkte Reaktion auf die Portugies*innen gegründet. Unter Königin Nzinga versuchte Matamba in Angola den Widerstand gegen die Portugies*innen zu organisieren. 1648 gewann Portugal jedoch die Oberhand, wodurch Matamba in die Isolation geriet. Matamba konnte nicht ewig abseitsstehen. Solange es sich dem Handel mit den Portugies*innen widersetzte, wurde es von den benachbarten afrikanischen Staaten, die sich auf die Europäer*innen und den Sklav*innenhandel eingelassen hatten, angefeindet. Also nahm Königin Nzinga 1656 das Geschäft mit den Portugies*innen wieder auf – und machte damit der Rolle der Europäer*innen als Entscheidungsträger in der angolanischen Wirtschaft ein wichtiges Zugeständnis.

Ein weiteres Beispiel afrikanischen Widerstands während der Zeit des Sklav*innenhandels, bietet das Volk der Baga im Gebiet der heutigen Republik Guinea. Die Baga lebten in kleinen Staaten und um das Jahr 1720 herum, versuchte einer ihrer Anführer (mit dem Namen Tomba), eine Allianz zur Beendigung des Sklav*innenhandels zu schmieden. Er wurde von ansässigen europäischen Händler*innen, Mulatt*innen und anderen afrikanischen Sklavenhändler*innen besiegt. Man sieht schnell, warum die Europäer*innen sofort Maßnahmen ergriffen, um zu verhindern, dass Tomba und seine Baga-Anhänger*innen sich der ihnen von Europa zugewiesenen Rolle entziehen. Eine auffallende Parallele dazu bildet die Art und Weise, in der sich die Europäer*innen im 19. Jahrhundert zum »Opiumkrieg« gegen China zusammenschlossen, um sicherzustellen, dass westliche Kapitalisten Profite machen konnten, während man die Chines*innen in Drogensüchtige verwandelte.

Natürlich müssen die kapitalistischen Metropolen Waffengewalt nur als letztes Mittel einsetzen, um eine günstige Politik in den abhängigen Gebieten zu gewährleisten. Für gewöhnlich sind Waffen ökonomischer Art ausreichend. In den 1720er-Jahren widersetzte sich Dahomey den europäischen Sklavenhändler*innen und wurde von den europäischen Importen abgeschnitten, von denen einige zu diesem Zeitpunkt bereits notwendig geworden waren. Agaja Trudo, Dahomeys bedeutendster König, hatte erkannt, dass die europäische Nachfrage nach Sklav*innen und das Sklav*innengeschäft in und um Dahomey, mit der Entwicklung des Königreichs unvereinbar waren. Zwischen 1724 und 1726 ließ er europäische Festungen und Sklav*innenlager plündern und niederbrennen und reduzierte den Handel von der »Sklavenküste« auf ein Rinnsal, indem er die Wege zu den Versorgungsquellen im Landesinneren blockierte. Die europäischen Sklav*innenhändler reagierten äußerst verärgert und versuchten, einige afrikanische Kollaborateur*innen gegen Agaja Trudo zu unterstützen. Es gelang ihnen zwar nicht, ihn zu stürzen oder den dahomeischen Staat zu zerschlagen, allerdings gelang es auch Agaja nicht, sie davon zu überzeugen, neue wirtschaftliche Betätigungsfelder, wie beispielsweise die regionale Plantagenwirtschaft, zu erschließen. Und da er bemüht war, über die Europäer*innen an Feuerwaffen und Kaurischnecken zu gelangen, musste er 1730 der Wiederaufnahme des Sklav*innenhandels zustimmen.

Nach 1730 wurde die Sklaverei in Dahomey königlicher Kontrolle unterstellt und viel stärker eingeschränkt als zuvor. Dass diese entschlossene Anstrengung scheiterte, zeigte aber, dass sich zu dieser Zeit kein afrikanischer Staat selbständig der europäischen Kontrolle entziehen konnte. Die geringe Größe der afrikanischen Staaten und die zahlreichen politischen Spaltungen machten es Europa um vieles einfacher, über Afrikas Rolle in der weltweiten Produktion und dem Welthandel zu entscheiden.

Der Sklav*innenhandel bescherte vielen ein schlechtes Gewissen. Die Europäer*innen wissen, dass sie den Sklav*innenhandel betrieben, die Menschen Afrikas sind sich bewusst, dass der Handel unmöglich gewesen wäre, hätten nicht gewisse Afrikaner mit den Sklavenhändler*innen zusammengearbeitet. Um dieses schlechte Gewissen zu besänftigen, versuchen Europäer*innen, den Afrikaner*innen die Hauptschuld am Sklav*innenhandel zuzuschieben. Der europäischer Autor eines Buches über den Sklav*innenhandel (mit dem passenden Titel *Sünden unserer Väter*) erklärte, wie viele andere Weiße ihn dazu drängten, zu behaupten, dass die Verantwortung für den Handel bei den afrikanischen Häuptlingen lag und die Europäer*innen nur auftauchten, um die Gefangenen zu kaufen – als ob ohne europäische Nachfrage Millionen Gefangener an den Stränden gesessen hätten! Solcherlei Angelegenheiten sind nicht das Hauptthema dieses Buches, doch kann man sich ihnen nur nähern, wenn man verstanden hat, dass Europa das Zentrum eines weltweiten Systems wurde und es der europäische Kapitalismus war, der die Sklaverei und den atlantischen Sklav*innenhandel in Bewegung setzte.

Der Handel mit afrikanischen Menschen war eine Reaktion auf *externe* Faktoren. Zunächst wurden die Arbeitskräfte in Portugal, Spanien und auf den Atlantikinseln wie São Tomé, den Kapverden und den Kanarischen Inseln benötigt; dann kam die Zeit, in der die Großen Antillen und das spanisch-amerikanische Festland Ersatz für die Indigenen brauchten, die dem Völkermord zum Opfer gefallen waren; und schließlich musste der Bedarf der Pflanzergesellschaften in der Karibik und auf dem Festland gedeckt werden. Die Aufzeichnungen zeigen einen direkten Zusammenhang zwischen der Höhe der afrikanischen Exporte und der europäischen Nachfrage nach Sklavenarbeiter*innen in einem Teil der amerikanischen Plantagenwirtschaft. Als die Niederländer 1634 das brasilianische Pernambuco einnahmen, teilte der Direktor der Niederländischen Westindischen Kompanie ihren Vertretern an der Goldküste sofort mit, dass sie die notwendigen Schritte unternehmen sollten, um den Sklav*innenhandel an der angrenzenden Küste östlich des Voltas fortzusetzen – und verlieh diesem Gebiet damit den berüchtigten Namen »Sklavenküste.« Als die britischen Westindischen Inseln begannen, Zuckerrohr anzubauen, war Gambia einer der ersten Orte, der darauf reagierte. Beispiele dieser Art externer Kontrolle ließen sich für die gesamte Zeit bis zum Ende des Sklav*innenhandels nennen und das gilt auch für Ostafrika, da im 18. und 19. Jahrhundert die europäischen Märkte im Indischen Ozean an Bedeutung gewannen und die Nachfrage in Ländern wie Brasilien dazu führten, dass Menschen aus Mosambik um das Kap der Guten Hoffnung verschifft wurden.

Afrikas Beitrag zur Wirtschaft und den Vorstellungen des frühkapitalistischen Europas

Die Vorteile, die Europa aus der Kontrolle des Welthandels zog, sind recht gut bekannt, allerdings wird Afrikas Hauptanteil an der Entwicklung Europas merkwürdigerweise gewöhnlich nur in Werken anerkannt, die speziell diesem Thema gewidmet sind, während europäische Autor*innen oft so tun, als wäre die europäische Wirtschaft vollkommen unabhängig. Die europäischen Ökonomen des 19. Jahrhunderts gaben sich mit Sicherheit keinen Illusionen über die Zusammenhänge zwischen ihren Nationalökonomien und dem Rest der Welt hin. J. S. Mill erklärte in seiner Rolle als Sprachrohr des britischen Kapitalismus, soweit es England beträfe, wäre *»der Handel mit den Westindischen Inseln kaum als externer Handel zu bezeichnen, sonder gleicht eher dem Verkehr zwischen Stadt und Land.«* Mit *»Handel mit den Westindischen Inseln«* meinte Mill den Handel zwischen Afrika, England und den Westindischen Inseln, da diese ohne afrikanische Arbeitskraft wertlos gewesen wären. Auch Karl Marx äußerte sich über die Art, wie europäische Kapitalisten Afrika, die Westindischen Inseln und Lateinamerika in das kapitalistische System einbanden; und (als erbittertster Kritiker des Kapitalismus) wies Marx auch darauf hin, dass das Wohl der Europäer*innen mit dem unbeschreiblichen Leid der Afrikaner und der amerikanischen Ureinwohner*innen erkauft wurde. Marx schrieb:

> *»Die Entdeckung der Gold- und Silberländer in Amerika, die Ausrottung, Versklavung und Vergrabung der eingebornen Bevölkerung in die Bergwerke, [...] die Verwandlung von Afrika in ein Geheg zur Handelsjagd auf Schwarzhäute, bezeichnen die Morgenröte der kapitalistischen Produktionsära.«* [Das Kapital, Band 1]

Es wurden einige Versuche unternommen, die tatsächlichen finanziellen Profite zu quantifizieren, die der Sklav*innenhandel abwarf. Die tatsächliche Dimension lässt sich nicht leicht feststellen, aber die Profite waren sagenhaft. John Hawkins unternahm in den 60er-Jahren des 16. Jahrhunderts drei Fahrten nach Westafrika und entführte dort Afrikaner*innen, die er an die Spanier*innen in Amerika verkaufte. Der Profit aus seiner ersten Fahrt war so stattlich, dass er bei Königin Elizabeth I das Interesse weckte, sich selbst an der nächsten Expedition direkt zu beteiligen. Zu diesem Zweck stellte sie ein Schiff mit dem Namen »Jesus« zur Verfügung. Hawkins lief mit der Jesus aus, um noch ein paar Afrikaner*innen zu entführen und kehrte mit solch enormen Dividenden zurück, dass Königin Elizabeth ihn in den Ritterstand erhob. Als sein Wappenzeichen wählte Hawkins die Darstellung eines in Ketten gelegten Afrikaners.

Natürlich gab es auch die unvermeidbaren Fahrten, die scheiterten; Sklav*innenschiffe, die auf See verschwanden. Manchmal lief der Handel in Afrika gut, während zu anderen Zeiten der Profit in Amerika wirklich beträchtlich war. Von allen Spitzen und Tiefen bereinigt, musste die Höhe des Profits ausreichen, um die weitere Beteiligung an dieser besonderen Form des Handels über Jahrhunderte zu rechtfertigen. Einige bürgerliche Autor*innen haben behauptet, dass der Sklav*innenhandel keine lohnenden monetären Gewinne abwarf. Sie möchten uns erzählen, dass dieselben Unternehmer, die sie an anderer Stelle als Helden der kapitalistischen Entwicklung preisen, in Bezug auf die Sklaverei und den Sklav*innenhandel einfältig genug waren, um jahrhundertelang ihre Zeit mit einem unprofitablen Abenteuer zu vergeuden. Es lohnt sich, diese Art von Argument mehr als ein Beispiel der Verzerrung zu sehen, zu der weiße bürgerliche Gelehrte fähig sind, anstatt als etwas, das ernsthafte Erwägung verdient. Im Übrigen brachte der europäische Handel mit Afrika abgesehen von der Kapitalakkumulation auch zahlreiche Impulse für das europäische Wachstum mit sich.

Gold und Silber aus Süd- und Mittelamerika – abgebaut von Afrikaner*innen – spielten eine zentrale Rolle dabei, den Bedarf an Münzen in der expandierenden kapitalistischen Wirtschaft Westeuropas zu decken, während afrikanisches Gold den Portugies*innen dabei half, ab dem 15. Jahrhundert weitere Fahrten um das Kap der Guten Hoffnung und nach Asien zu finanzieren. Das afrikanische Gold war außerdem auch die wichtigste Grundlage für die Prägung niederländischer Goldmünzen im 17. Jahrhundert und half auf diese Weise Amsterdam dabei, in dieser Epoche zur Finanzhauptstadt Europas zu werden; es war auch kein Zufall, dass, als die Engländer*innen 1663 eine neue Goldmünze prägten, diese den Namen »Guinee« erhielt. Laut der Encyclopaedia Britannica war die Guinee »eine Goldmünze, die früher im Vereinigten Königreich üblich war. Sie wurde erstmals 1663 unter Karl II. aus Gold geprägt, das durch eine Kaufmannsgesellschaft, die im Auftrag der britischen Krone handelte, von der westafrikanischen Guinea-Küste importiert wurde« – daher der Name.

Während des 17., 18. und des größten Teils des 19. Jahrhunderts, blieb die Ausbeutung Afrikas und afrikanischer Arbeiter*innen eine Quelle für die Akkumulation von Kapital, das wieder in Westeuropa reinvestiert wurde. Der Beitrag Afrikas zum kapitalistischen Wachstum Europas erstreckte sich über so wichtige Sektoren wie die Schifffahrt, das Versicherungswesen, die Gründung von Unternehmen, die kapitalistische Landwirtschaft, die Technologie und den Bau von Maschinen. Die Auswirkungen waren so weitreichend, dass viele davon dem lesenden Publikum nur selten bewusst werden. Beispielsweise wurde der französischen Fischereiindustrie in Saint-Malo neues Leben eingehaucht, indem man die Märkte in den französischen Sklav*innenplantagen öffnete; Portugal unterdessen war stark von Farbstoffen wie Indigo, Kammholz, Brasilholz und Karmin abhängig, die man aus Afrika und Amerika importierte. Auch spielte Gummi aus Afrika eine Rolle in der Textilindustrie, anerkanntermaßen eine der mächtigsten Triebkräfte des Wachstums innerhalb der europäischen Wirtschaft. Des Weiteren war da der Export afrikanischen Elfenbeins, der viele Kaufleute in Londons Mincing Lane bereicherte und Rohmaterial für die Industrien in England, Frankreich, Deutschland, der Schweiz und in Nordamerika lieferte – zur Produktion einer Reihe von Gegenständen von Messergriffen bis hin zu Klaviertasten.

Der Eintritt Afrikas in das Orbit Westeuropas beschleunigte die technologische Entwicklung des Letzteren. Beispielsweise war die Evolution des europäischen Schiffbaus zwischen dem 16. und dem 19. Jahrhundert eine logische Folge von Europas Seehandelsmonopol in dieser Zeit. Währenddessen war Nordafrika im Mittelmeer eingeschlossen und obwohl die Europäer*innen von ihnen zunächst viele nautische Instrumente entliehen, verzeichneten die Menschen Nordafrikas keine weiteren nennenswerten Fortschritte. Wo der anfängliche Vorteil Europas nicht ausreichte, um sich die Vorherrschaft zu sichern, untergrub es vorsätzlich die Bemühungen der anderen. Die indische Marine beispielsweise litt unter der strikten Durchsetzung der englischen Schifffahrtsgesetze. Die Ausgaben, die der Bau neuer und besserer europäischer Schiffe verursachte, bestritt man dann aus den Profiten aus dem Überseehandel mit Indien und Afrika. Die Niederländer*innen waren Pionier*innen auf dem Gebiet der Verbesserung der Karavellen, mit denen die Spanier*innen und Portugies*innen den Atlantik überquerten; die aufeinanderfolgenden niederländischen Handelsgesellschaften, die in Asien, Afrika und Amerika tätig waren, trieben die Experimente in diesem Bereich voran. Im 18. Jahrhundert nutzten die Brit*innen das niederländische Fachwissen als Grundlage, um die Niederländer*innen selbst zu übertreffen. Als Labor diente ihnen dabei der Atlantik. Früher hieß es, der Sklav*innenhandel wäre ein Übungsfeld für britische Seeleute gewesen. Wichtiger ist es wahrscheinlich zu bemerken, dass der Atlantikhandel der Antrieb ständigen Fortschritts in der Marinetechnik war.

Die spektakulärste, mit dem afrikanischen Sklav*innenhandel in Verbindung stehende Besonderheit in Europa war der Aufstieg der Hafenstädte – insbesondere Bristols, Liverpools, Nantes, Bordeaux und Sevillas. In direkter oder indirekter Beziehung zu diesen Häfen entstanden häufig die Produktionszentren, aus denen die industrielle Revolution hervorging. In England war die Grafschaft Lancashire das erste Zentrum der industriellen Revolution und der wirtschaftliche Fortschritt Lancashires hing vor allem vom Wachstum des Liverpooler Hafens aufgrund des Sklav*innenhandels ab.

Die Zusammenhänge zwischen Sklaverei und Kapitalismus in der Entwicklung Englands dokumentiert Eric Williams in seinem bekannten Buch *Capitalism and Slavery*[172] zur Genüge. Williams zeichnet ein klares Bild von den zahlreichen Vorteilen, die England aus dem Handel und der Ausbeutung von Sklav*innen zog und nannte einige der Personen und der kapitalistischen Unternehmen, die die Nutznießer davon waren, beim Namen. Als hervorstechende Beispiele dienen David und Alexander Barclay, die sich 1756 am Sklav*innenhandel beteiligten und ihre Beute später dazu nutzten, um Barclays Bank zu gründen. Einen ähnlichen Verlauf nahm der Fall Lloyds – zu Beginn ein kleines Londoner Kaffeehaus, wurde es, nachdem es sich an Profiten aus dem Sklav*innenhandel und der Sklaverei bereichert hatte, eines der größten Banken- und Versicherungshäuser der Welt. Dann war da noch James Watt, der den westindischen Sklavenhalter*innen, die seine berühmte Dampfmaschine finanzierten und ihr den Sprung vom Reißbrett in die Fabrik ermöglichten, seinen ewigen Dank aussprach.

172 [Kapitalismus und Sklaverei]

Ein ähnliches Bild ergäbe sich auch bei jeder detaillierten Untersuchung von Sklaverei und französischem Kapitalismus, bedenkt man die Tatsache, dass die Westindischen Inseln 20 Prozent von Frankreichs Außenhandel ausmachten – weit mehr als der gesamte afrikanische Kontinent in unserem Jahrhundert. Selbstverständlich fielen die Vorteile nicht immer direkt proportional zum Umfang aus, in dem sich ein bestimmter europäischer Staat am Atlantikhandel beteiligte. Die enormen Profite der portugiesischen Übersee-Unternehmungen flossen rasch aus der portugiesischen Wirtschaft in die Taschen weiter entwickelter kapitalistischer Staaten in Westeuropa, die Portugal mit Kapital, Schiffen und Handelsgütern versorgten. Deutschland zählt zusammen mit England, Holland und Frankreich ebenfalls zu dieser Kategorie

Der aus Afrika kommende Handel trug in hohem Maße zur Stärkung der transnationalen Beziehungen innerhalb der westeuropäischen Wirtschaft bei, bedenkt man, dass auch die amerikanischen Produkte das Ergebnis afrikanischer Arbeit waren. So wurden beispielsweise brasilianische Farbhölzer von Portugal aus über das Mittelmeer, die Nord- und die Ostsee reexportiert und gingen in die kontinentale Tuchindustrie des 17. Jahrhunderts ein. Zucker aus der Karibik wurde in solch einem Ausmaß aus England und Frankreich in andere Teile Europas reexportiert, dass Hamburg in der ersten Hälfte des 18. Jahrhunderts zum größten Zentrum der Zuckerraffination in Europa wurde. Deutschland lieferte Produkte, die in Afrika weiterverkauft wurden, nach Skandinavien, Holland, England, Frankreich und Portugal. England, Frankreich und Holland erachteten es für notwendig, Güter verschiedenster Art miteinander auszutauschen, um mit den Bewohner*innen Afrikas besser um Gold, Sklav*innen und Elfenbein feilschen zu können. Die Finanziers und Kaufleute Genuas waren die Mächte hinter den Märkten von Lissabon und Sevilla, während niederländische Bankiers eine ähnliche Rolle in Skandinavien und England spielten.

Im 15. Jahrhundert war in Westeuropa der Trend, dass der Feudalismus innerhalb Europas dem Kapitalismus wich, am deutlichsten sichtbar (während in Osteuropa der Feudalismus noch im 19. Jahrhundert stark ausgeprägt war). In England wurden die Bäuer*innen von ihren Ländereien vertrieben und die Landwirtschaft technologisch weiterentwickelt – wodurch sie mehr Nahrungsmittel und Faserstoffe produzierte, um eine größere Bevölkerung zu versorgen und eine effizientere Grundlage besonders für die Woll- und Leinenindustrie zu schaffen. Sowohl die technologische Basis der Industrie als auch ihre gesellschaftliche und wirtschaftliche Organisation befanden sich im Wandel. Der

Handel mit Afrika beschleunigte mehrere dieser Aspekte, unter anderem auch – wie oben erwähnt – die Integration Westeuropas. Das ist der Grund, warum die Verbindung mit Afrika nicht nur dem Wirtschaftswachstum zu Gute kam (was sich auf eine quantitative Dimension bezieht), sondern auch der wirklichen Entwicklung im Sinne einer erhöhten Kapazität für weiteres Wachstum und mehr Unabhängigkeit.

Wer vom europäischen Sklav*innenhandel spricht, darf auch die Vereinigten Staaten nicht unerwähnt lassen. Nicht nur, weil Europäer*innen den vorherrschenden Teil ihre Bevölkerung ausmachten, sondern auch, weil Europa seine kapitalistischen Institutionen vollständiger nach Nordamerika transferierte als in irgendeinen anderen Teil der Welt und dort eine mächtige Form des Kapitalismus etablierte – nachdem es die ursprüngliche Bevölkerung ausgelöscht und die Arbeitskraft von Millionen von Afrikaner*innen ausgebeutet hatte. Wie andere Teile der Neuen Welt dienten auch die amerikanischen Kolonien der britischen Krone als Mittel zur Anhäufung von Primärkapital für den Reexport nach Europa. Die nördlichen Kolonien profitierten allerdings auch direkten von der Sklaverei im amerikanischen Süden und auf den britischen und französischen Westindischen Inseln. Wie in Europa, flossen die Gewinne aus der Sklaverei und dem Sklav*innenhandel in erster Linie in die Handelshäfen und Industriegebiete, d. h. vor allem in das als Neuengland bekannte Gebiet an der Nordostküste und in den Staat New York. Der Panafrikanist W. E. B. Du Bois zitierte in einer Studie über den amerikanischen Sklav*innenhandel einen Bericht aus dem Jahre 1862 wie folgt:

> *»Die Zahl der am Sklavenhandel beteiligten Personen und die Höhe des eingesetzten Kapitals übersteigen unsere Rechenkünste. Die Stadt New York war bis vor kurzem (1862) der Haupthafen der Welt für diesen schändlichen Handel, obwohl die Städte Portland und Boston ihr in dieser Rangliste nur in wenig nachstehen.«*

Die wirtschaftliche Entwicklung Amerikas bis zur Mitte des 19. Jahrhunderts stützte sich direkt auf den Außenhandel, in dem der Sklaverei eine zentrale Rolle zukam. In den 1830er-Jahren machte von Sklav*innen angebaute Baumwolle circa die Hälfte des Exportwerts der USA aus. Auch im Falle der amerikanischen Kolonien des 18. Jahrhunderts lässt sich wieder beobachten, dass Afrika auf vielfältige Weise einen Beitrag leistete – das eine führte zum anderen. In Neuengland beispielsweise lieferte der Handel mit Sklav*innen und von Sklav*innen hergestellten Produkten aus Afrika, Europa und den Westindischen Inseln, Fracht für die Handelsmarine, förderte das Wachstum der Schiffbauindustrie, ließ die Städte anwachsen und ermöglichte eine effektivere Nutzung der Wälder, der Fischgründe und des Bodens. Es war der Handel zwischen den westindischen Sklav*innenkolonien und Europa, der schließlich zur Emanzipation der amerikanischen Kolonien von der britischen Herrschaft führte und es war kein Zufall, dass der Kampf für die amerikanische Unabhängigkeit in Boston, der führenden Stadt Neuenglands, begann. Im 19. Jahrhundert spielte die Verbindung zu Afrika weiterhin eine indirekte Rolle in der politischen Entwicklung Amerikas. Erstens flossen die Profite aus dem Sklav*innenhandel in die Kassen der politischen Parteien; und was noch wichtiger war: Die afrikanischen Stimuli und afrikanische Arbeitskräfte spielten eine bedeutende Rolle bei der Ausweitung der europäischen Kontrolle über das heutige Territorium der Vereinigten Staaten – insbesondere im Süden aber auch im »Wilden Westen«, wo man schwarze Cowboys beschäftigte.

Die Sklaverei ist nützlich für die anfängliche Kapitalakkumulation, für eine industrielle Entwicklung aber ist sie zu undynamisch. Sklav*innen mussten mit kruden, unzerstörbaren Werkzeugen ausgestattet werden, die die kapitalistische Entwicklung der Landwirtschaft und der Industrie zurückhielten. Das erklärt, warum der Norden der Vereinigten Staaten aus der Sklaverei weitaus größeren Nutzen für seine Industrie zog als der Süden, auf dessen Boden die Institutionen der Sklaverei eigentlich existierten; schließlich erreichte man während des Amerikanischen Bürgerkriegs das Stadium, in dem die Kapitalisten des Nordens für die Abschaffung der Sklaverei auf dem Territorium der Vereinigten Staaten kämpften, damit das ganze Land auf eine höhere Stufe des Kapitalismus aufsteigen konnte.

Man kann also sagen, dass innerhalb der USA zur zweiten Hälfte des 19. Jahrhunderts die Verhältnisse der Sklaverei im Süden mit der weiteren Ausdehnung der Produktionsbasis in den Vereinigten Staaten insgesamt in Konflikt gerieten und es zu einem gewaltsamen Zusammenstoß kam, bevor sich die kapitalistischen Verhältnisse der rechtlich freien Arbeit durchsetzten. In Europa wurde die Sklaverei an Orten beibehalten, die von der europäischen Gesellschaft physisch weit entfernt waren, so dass sich in Europa selbst kapitalistische Beziehungen herausbildeten, ohne dass die Sklaverei in Amerika sie beeinträchtigte. Aber auch in Europa kam der Zeitpunkt, an dem die führenden kapitalistischen Staaten feststellten, dass der Handel mit Sklav*innen und die Nutzung von Sklav*innenarbeit in Amerika nicht mehr im Interesse ihrer weiteren Entwicklung lag. Großbritannien traf diese Entscheidung Anfang des 19. Jahrhunderts, Frankreich folgte später.

Da der Kapitalismus, wie jede andere Produktionsweise auch, ein Gesamtsystem ist, das einen ideologischen Aspekt beinhaltet, müssen auch die Auswirkungen der Beziehungen zu Afrika auf die Entwicklung von Ideen innerhalb des Überbaus der europäischen kapitalistischen Gesellschaft betrachtet werden. In diesem Bereich ist das auffälligste Merkmal zweifellos der Aufstieg des Rassimus als weit verbreitetes und tief verwurzeltes Element im europäischen Denken. Die Rolle der Sklaverei in der Verbreitung rassistischer Vorurteile und Ideologien ist in bestimmten Fällen – insbesondere in den Vereinigten Staaten – sorgfältig untersucht worden. Tatsache ist, dass kein Volk ein anderes jahrhundertelang versklaven kann, ohne dabei ein Gefühl der Überlegenheit zu entwickeln; und waren die Hautfarbe und andere körperliche Merkmale dieser Völker sehr unterschiedlich, war es unvermeidlich, dass das Vorurteil eine rassistische Form annahm. In Afrika selbst lässt sich das gleiche Phänomen in der südafrikanischen Kapprovinz beobachten, wo die Weißen seit 1650 eine militärische und gesellschaftliche Überlegenheit gegenüber den Nicht-Weißen aufgebaut haben.

Es wäre viel zu pauschal, zu behaupten, dass alle Vorurteile in Europa bezüglich Rasse und Hautfarbe auf die Versklavung von Afrikaner*innen und die Ausbeutung nicht-weißer Völker in den ersten Jahrhunderten des internationalen Handels zurückzuführen sind. Auch innerhalb Europas gab es früher bereits Antisemitismus; und wenn Menschen verschiedener Kulturen aufeinander treffen, gibt es immer ein Element des Misstrauens und des Unverständnisses. Es lässt sich aber vorbehaltlos feststellen, dass der weiße Rassismus, der die Welt durchdrungen hat, ein integraler Bestandteil der kapitalistischen Produktionsweise ist. Es ging dabei auch nicht nur um die Frage, wie eine individuelle weiße Person eine schwarze Person behandelte. Der europäische Rassismus bestand aus einer Reihe Verallgemeinerungen und Annahmen, die keine wissenschaftliche Grundlage besaßen, aber dennoch in allen Bereichen – von der Theologie bis zur Biologie – rationalisiert wurden.

Irrtümlicherweise wird manchmal behauptet, die Europäer*innen hätten Afrikaner*innen aus rassistischen Beweggründen heraus versklavt. Europäische Pflanzer*innen und Bergwerksbesitzer versklavten Afrikaner*innen aus ökonomischen Gründen, um ihre Arbeitskraft auszubeuten. Tatsächlich wäre es ohne afrikanische Arbeitskräfte unmöglich gewesen, die Neue Welt zu erschließen und sie zur anhaltenden Reichtumsgenerierung zu nutzen. Es gab keine anderen Alternativen: die amerikanische (indigene) Bevölkerung war so gut wie ausgelöscht und die Bevölkerung Europas reichte zu diesem Zeitpunkt für die Besiedelung von Übersee noch nicht aus. Nachdem die Europäer*innen im In-

und Ausland völlig abhängig von afrikanischen Arbeitskräften geworden waren, erachteten sie es für nötig, diese Ausbeutung auch rassistisch zu begründen. Die Unterdrückung folgt logisch aus der Ausbeutung, um letztere zu gewährleisten. Die Unterdrückung der afrikanischen Bevölkerung aus rein rassistischen Gründen ging mit der Unterdrückung aus wirtschaftlichen Gründen einher, verstärkte sie und war nicht mehr von ihr zu unterscheiden.

C. L. R. James, ein bekannter Panafrikanist und Marxist, bemerkte einmal:

> *»Die Rassenfrage ist politisch der Klassenfrage untergeordnet und es ist verhängnisvoll, den Imperialismus unter dem Aspekt der Rasse zu betrachten. Aber den Faktor Rasse als nur nebensächlich zu vernachlässigen, ist ein Fehler, der nur weniger schwerwiegend ist, als ihn als grundlegenden Faktor zu betrachten.«*

Ferner ließe sich argumentieren, dass bis zum 19. Jahrhundert der weiße Rassismus in der kapitalistischen Welt (und vor allem in den USA) so stark institutionalisiert war, dass er als Motiv für die Unterdrückung der Schwarzen mitunter wichtiger war als die Profitmaximierung.

Auf kurze Sicht schien der europäische Rassismus den Europäer*innen nicht geschadet zu haben und sie nutzten diese irrigen Ideen, um während der Kolonialzeit ihre weitere Herrschaft über nichteuropäische Völker zu rechtfertigen. Aber das internationale Verbreiten engstirnigen und unwissenschaftlichen rassistischen Gedankenguts musste auf lange Sicht negative Konsequenzen zeitigen. Es rächte sich, als die Europäer*innen unter der Herrschaft der Nazis Millionen ihrer (jüdischen) Brüder und Schwestern in die Öfen schickten. Solch ein Verhalten im »demokratischen« Europa war nicht so absonderlich, wie es manchmal dargestellt wird. Es bestand immer ein Widerspruch zwischen der Entwicklung demokratischer Ideen innerhalb Europas und der Anwendung autoritärer und brutaler Praktiken der Europäer*innen gegenüber den Afrikaner*innen. Als man die Französische Revolution im Namen von »Freiheit, Gleichheit, Brüderlichkeit« durchgeführte, erstreckte sich das nicht auf schwarze Afrikaner*innen, die Frankreich auf den Westiindischen Inseln und im Indischen Ozean als Sklav*innen hielt. Tatsächlich kämpfte Frankreich gegen die Anstrengungen dieser Menschen, sich selbst zu befreien, an; und die Anführer*innen dieser bürgerlichen Revolution verkündeten offen, dass sie sie nicht im Namen des schwarzen Teils der Menschheit durchführten.

Es ist nicht einmal wahr, dass der Kapitalismus die Demokratie nur zu Hause in Europa, aber nicht außerhalb, entwickelte. Zu Hause war er für Rede- oder eine gewisse Freiheitsrhetorik verantwortlich, aber die Bourgeoisie dehnte sie nie auf die unterdrückten Arbeiter*innen aus; und die Behandlung der Afrikaner*innen ließ diese Heuchelei im Alltag der Europäer*innen mit Sicherheit zu einer Gewohnheit werden, insbesondere innerhalb der herrschenden Klasse. Wie sonst könnte man die Tatsache erklären, dass die christliche Kirche vollumfänglich an der Erhaltung der Sklaverei mitwirkte, aber trotzdem noch davon sprach, Seelen zu retten! In den Vereinigten Staaten erreichte die Heuchelei ihre höchsten Gipfel. Der erste Märtyrer im nationalen Befreiungskrieg der Amerikaner gegen die britischen Kolonialherren im 18. Jahrhundert, Crispus Attucks, war afrikanischer Abstammung und sowohl Sklav*innen als auch freie Afrikaner*innen spielten eine wichtige Rolle in den Armeen Washingtons. Und doch billigte die amerikanische Verfassung die fortgesetzte Versklavung von Afrikaner*innen. In jüngster Zeit ist es unter Liberalen ein Anlass zur Sorge, dass die Vereinigten Staaten zu Kriegsverbrechen in der Größenordnung von dem in My Lai in Vietnam fähig sind. Tatsache ist aber, dass die My Lais mit der Versklavung von Afrikaner*innen und amerikanischen Ureinwohner*innen anfingen. Rassismus, Gewalt und Brutalität waren die Begleiterscheinungen des kapitalistischen Systems, als es sich in den ersten Jahrhunderten des internationalen Handels ausbreitete.

4. Europa und die Wurzeln der Unterentwicklung Afrikas bis 1885

Die Beziehung zwischen dem Grad der Armut der Völker Afrikas und der Dauer und der Natur der Ausbeutung, der sie ausgesetzt waren, ist offenkundig. Afrika ist nach wie vor von den Verbrechen der Sklavenhändler gezeichnet: Noch heute begrenzt die Unterbevölkerung seine Möglichkeiten.

—Ahmed Sékou Touré,
Guinea, 1962

Der europäische Sklav*innenhandel als wichtiger Faktor der afrikanischen Unterbevölkerung

Über den Handel zwischen Afrika und Europa in den vier Jahrhunderten vor der Kolonialherrschaft zu sprechen, heißt praktisch, über den Sklav*innenhandel zu sprechen. Streng genommen wurden die Afrikaner*innen erst zu Sklav*innen, als sie in einer Gesellschaft ankamen, in der sie als Sklav*innen arbeiteten. Zuvor waren sie erst freie Menschen und dann Gefangene. Dennoch kann man, wenn das Verschiffen von Gefangenen aus Afrika in verschiedene Weltteile gemeint ist, wo sie als Eigentum von Europäer*innen leben und arbeiten mussten, von Sklav*innenhandel sprechen. Die Überschrift dieses Kapitels wurde bewusst gewählt, um darauf aufmerksam zu machen, dass die Lieferungen ausschließlich von Europäer*innen an von Europäer*innen kontrollierte Märkte erfolgten – und zwar im Interesse des europäischen Kapitalismus und zu nichts anderem. In Ostafrika und dem Sudan wurden viele Afrikaner*innen von Arabern entführt und arabischen Käufer*innen überlassen. Das bezeichnet man (in europäischen Büchern) als den »arabischen Sklav*innenhandel.« Deshalb sei hier klargestellt, dass es sich bei der Verschiffung von Afrikaner*innen durch Europäer*innen an europäische Käufer*innen um den »europäischen Sklav*innenhandel« aus Afrika handelte.

Von wenigen Ausnahmen wie Hawkins abgesehen, kauften die europäischen Händler*innen afrikanische Gefangene an den Küsten Afrikas, wobei die Transaktion zwischen ihnen und den Afrikaner*innen zweifellos eine Form des Handels darstellte. Es stimmt auch, dass Gefangene auf ihrem Weg vom Landesinneren zum Hafen, in dem sie eingeschifft wurden, sehr oft verkauft und weiterverkauft wurden – auch das war eine Form des Handels. Im Großen und Ganzen jedoch handelte es sich bei dem Prozess, durch den man sich auf afrikanischem Boden Gefangene besorgte, keineswegs um Handel. Man nutzte Krieg, Betrug, Banditentum und Entführung. Versucht man, die Auswirkungen des europäischen Sklav*innenhandels auf den afrikanischen Kontinent zu quantifizieren, ist es notwendig, sich klar zu machen, dass man die Auswirkung gesellschaftlicher Gewalt betrachtet und nicht die des Handels im üblichen Wortsinn.

Vieles bleibt ungewiss bezüglich des Sklav*innenhandels und seiner Folgen für Afrika, aber das allgemeine Bild der Zerstörung ist deutlich erkennbar; und diese Zerstörung ist nachweislich die logische Folge der Art und Weise, in der in Afrika Gefangene beschafft wurden. Eine der Ungewissheiten ist die grundlegende Frage, wie viele Afrikaner*innen überhaupt exportiert wurden. Das war lange Zeit Gegenstand von Spekulationen, wobei die Schätzungen von einigen Millionen bis hin zu mehr als hundert Millionen reichen. Eine aktuelle Studie geht davon aus, dass etwa zehn Millionen Afrikaner*innen lebend in Amerika, auf den Atlantikinseln und in Europa eintrafen. Da die Zahl relativ niedrig ist, findet sie bei europäischen Autor*innen, die das kapitalistische System und seine lange Geschichte der Brutalität in Europa und im Ausland verteidigen, bereits Verwendung. Um den europäischen Sklav*innenhandel zu beschönigen, kommt es ihnen gelegen, zunächst die Zahl der Betroffenen zu minimieren. Die Wahrheit ist, dass jede Zahl der nach Amerika geschafften Afrikaner*innen, die sich nur auf die überlieferten Aufzeichnungen stützt, zwangsläufig zu niedrig ist, weil damals so viele Menschen ein persönliches Interesse am Sklav*innenschmuggel hatten (und Daten zurückhielten). Akzeptiert man dennoch die niedrige Zahl von zehn Millionen als Grundlage, um die Auswirkungen der Sklaverei auf ganz Afrika zu beurteilen, so würden die Schlussfolgerungen, die sich daraus ziehen ließen, bei denjenigen, die versuchen, die Vergewaltigung der Afrikaner*innen zwischen 1445 und 1870 zu verharmlosen, einige Verwirrung stiften.

Jede Zahlenangabe über die lebend in Amerika angekommen Afrikaner*innen bedarf mehrerer Anmerkungen – angefangen mit einer Berechnung, um die Mortalität während der Überfahrt abzudecken. Die Überquerung des Atlantik, oder »Middle Passage«, wie sie von europäischen Sklavenhändler*innen genannt wurde, war berüchtigt für ihre hohe Sterberate, die im Durchschnitt bei ungefähr 15 bis 20 Prozent lag. Auch in Afrika kam es zwischen dem Zeitpunkt der Gefangennahme und dem Zeitpunkt, an dem die Menschen an Bord gebracht wurden, zu zahlreichen Toten – besonders in den Fällen, in denen Gefangene hunderte Meilen bis zur Küste zurücklegen mussten. Vor allem bedarf es einer Schätzung der Zahl der getöteten und verletzten Menschen, um die Millionen zu ermitteln, die lebend und unversehrt entführt wurden (da Kriege das wichtigste Mittel waren, um an Gefangene zu gelangen). Die resultierende Zahl wäre ein Vielfaches von den Millionen, die lebend außerhalb von Afrika landeten. Sie gäbe Aufschluss darüber, wie viele Afrikaner*innen aufgrund der Einführung der Sklav*innenproduktion durch die Europäer*innen direkt aus der Bevölkerung und dem Pool der Arbeitskräfte Afrikas entfernt wurden.

Der außerordentliche Verlust an afrikanischen Arbeitskräften wurde noch zusätzlich dadurch verschärft, dass er sich aus gesunden jungen Männern und Frauen zusammensetzte. Sklavenkäufer*innen bevorzugten Opfer im Alter zwischen 15 und 35, vorzugsweise in ihren frühen 20ern; das Geschlechterverhältnis lag ungefähr bei zwei Männern pro Frau. Europäer*innen akzeptierten häufig jüngere afrikanische Kinder, aber selten ältere Personen. Wo immer möglich, verschiffte man die Gesündesten und machte sich die Mühe, diejenigen zu bekommen, die bereits eine Pockeninfektion überstanden hatten und deshalb gegen weitere Ausbrüche dieser Krankheit, die damals zu den tödlichsten der Welt zählte, immun waren.

Da wir keine Daten über die Größe der Bevölkerung Afrikas im 15. Jahrhundert besitzen, ist es schwierig, die Resultate des Bevölkerungsschwunds wissenschaftlich zu beurteilen. Es weist jedoch nichts darauf hin, dass es während der Jahrhunderte der Sklaverei zu einem Bevölkerungszuwachs auf dem Kontinent kam, obwohl das der Trend in anderen Weltteilen war. Natürlich wurden weniger Kinder geboren, als es der Fall gewesen wäre, hätte man nicht Millionen von Menschen im gebärfähigen Alter eliminiert. Außerdem muss man sich bewusst machen, dass der transatlantische Sklav*innenhandel nicht die einzige Verbindung war, die Europa zur Sklaverei in Afrika besaß. Der Sklav*innenhandel auf dem Indischen Ozean wurde so lange auch als »ostafrikanischer Sklav*innenhandel« und »arabischer Sklav*innenhandel« bezeichnet, dass es darüber hinwegtäuscht, in welchem Ausmaß er auch ein europäischer Sklav*innenhandel war. Als der ostafrikanische Sklav*innenhandel im 18. und frühen 19. Jahrhundert seinen Höhepunkt erreichte, waren die Zielorte der meisten Gefangenen entweder Plantagenökonomien in europäischem Besitz – wie Mauritius, Réunion und die Seychellen – oder man verfrachtete sie über das Kap der Guten Hoffnung nach Amerika. Außerdem dienten die Afrikaner*innen, die im 18. und 19. Jahrhundert als Sklav*innen in bestimmten arabischen Ländern arbeiteten, letztlich alle dem kapitalistischen System Europas, das eine Nachfrage nach Produkten aus der Sklav*innenwirtschaft schuf, wie z. B. den Gewürznelken, die in Sansibar unter Aufsicht arabischer Herren angebaut wurden.

Noch war niemand dazu in der Lage, eine Zahl anzugeben, die die Gesamtverluste angemessen widerspiegelt, die in der afrikanischen Bevölkerung durch die Verschleppung von Sklav*innen aus allen Gebieten an Zielorte in den vielen Ländern, in denen der Sklav*innenhandel existierte, verursachte. Allerdings zeigten ab dem 15. Jahrhundert die Bevölkerungszahlen auf allen anderen Kontinenten stetige und manchmal spektakuläre natürliche Zuwächse; es ist auffällig, dass dasselbe nicht für Afrika galt. Ein europäischer Autor gab folgende Schätzungen der Weltbevölkerung (in Millionen) ab, aufgeschlüsselt nach Kontinenten:

	1650	1750	1850	1900
Afrika	100	100	100	120
Europa	103	144	274	423
Asien	257	437	656	857

Keine dieser Zahlen ist wirklich exakt, aber sie deuten alle auf einen Konsens unter den Forschenden hin, nämlich dass die Bevölkerungsentwicklung auf dem riesigen afrikanischen Kontinent eine auffällige Geschichte der Stagnation aufweist und dass sich dafür keine andere Ursache findet als der Sklav*innenhandel.

Eine Hervorhebung des Bevölkerungsverlusts ist daher für die Frage nach sozioökonomischer Entwicklung höchst relevant. Das Bevölkerungswachstum spielte in der Entwicklung Europas eine bedeutende Rolle, da es Arbeitskräfte erzeugte, Märkte bereitstellte und Anstöße gab, die zu weiteren Fortschritten führten. In Japan hatte das Bevölkerungswachstum ähnlich positive Auswirkungen; und in anderen Teilen Asiens, die vorkapitalistisch blieben, führte die Bevölkerungsgröße zu einer deutlich intensiveren Bodennutzung als es auf dem noch immer nur spärlich besiedelten afrikanischen Kontinent je der Fall war.

Solange die Bevölkerungsdichte niedrig war, waren Menschen – in ihrer Funktion als Arbeitskräfte – weitaus wichtiger als andere Produktionsfaktoren wie zum Beispiel das Land. Quer über den Kontinent lassen sich Beispiele finden, die zeigen, dass sich die Menschen in Afrika bewusst waren, dass die Bevölkerung in ihrem Fall den wichtigsten Produktionsfaktor ausmachte. Unter den Bemba beispielsweise hielt man die Anzahl der Untertan*innen für wichtiger als das Land. Unter den Shambala Tansanias wurde dieselbe Einschätzung durch die Redewendung *»Das Volk macht den König«* ausgedrückt. Bei den Balanta in Guinea-Bissau wird die Familienstärke durch die Anzahl an Händen dargestellt, die zur Verfügung stehen, um Land zu kultivieren. Sicherlich duldeten viele afrikanische Herrscher*innen den europäischen Sklav*innenhandel aus Gründen, die sie für Eigeninteresse hielten, aber nach keinem Maßstab der Vernunft konnte der Bevölkerungsschwund als etwas anderes angesehen werden, als katastrophal für die afrikanischen Gesellschaften.

Die afrikanische Wirtschaftstätigkeit war sowohl direkt als auch indirekt vom Bevölkerungsverlust betroffen. Wenn beispielsweise die Einwohnerzahl eines bestimmten Gebiets, in dem die Tsetsefliege vorkam, einen bestimmten Schwellenwert unterschritt, mussten die wenigen Verbliebenen die Region verlassen. Die Sklaverei führte praktisch dazu, dass diese Menschen ihren Kampf um die Zähmung und Nutzbarmachung der Natur verloren – ein Kampf, der die Grundlage der Entwicklung darstellt. Gewalt bedeutete immer Unsicherheit. Die Möglichkeiten, die die europäischen Sklavenhändler*innen eröffneten, waren der wichtigste (wenn auch nicht der einzige) Anreiz für ein hohes Maß an gesellschaftlicher Gewalt zwischen verschiedenen afrikanischen Gemeinschaften und innerhalb jeder Gemeinschaft. Es handelte sich dabei eher um Überfälle und Entführungen als um reguläre Kriege, was die Angst und die Unsicherheit noch verstärkte.

Sämtliche europäischen Mächte des 19. Jahrhunderts zeigten – sowohl offen als auch implizit –, dass ihnen bewusst war, dass die Aktivitäten rund um die Beschaffung von Gefangenen, mit anderer Wirtschaftstätigkeit nicht vereinbar waren. Zu dieser Zeit war insbesondere Großbritannien daran gelegen, dass die Afrikaner*innen Palmenerzeugnisse und Kautschuk sammelten und landwirtschaftliche Produkte für den Export anbauten, anstatt Sklav*innen zu liefern und es war klar, dass der Raub von Sklav*innen in West-, Ost- und Zentralafrika diesem Ziel gewaltsam zuwiderlief. Lange Zeit vorher nahmen die Europäer*innen diese Tatsache noch hin, solange es ihrem Eigeninteresse entgegenkam. Im 17. Jahrhundert beispielsweise erschwerten die Portugies*innen und

Niederländer*innen den Sklav*innenhandel an der Goldküste sogar, da sie erkannt hatten, dass er sich nicht mit dem Goldhandel vereinbaren ließ. Am Ende des Jahrhunderts entdeckte man allerdings Gold in Brasilien, womit die Bedeutung afrikanischer Goldvorkommen abnahm. Innerhalb der gesamtatlantischen Ordnung wurden afrikanische Sklav*innen wichtiger als Gold und in Whydah (Dahomey) und Accra bot man brasilianisches Gold im Austausch für afrikanische Gefangene an. Zu diesem Zeitpunkt begann die Sklaverei die Wirtschaft der Goldküste zu untergraben und den Goldhandel zu zerstören. Sklav*innenfang und Verschleppung machten das Schürfen von und das Reisen mit Gold unsicher; und Raubzüge zur Gefangenenbeschaffung erwiesen sich als profitabler als das Graben nach Gold. Ein Europäer*innen vor Ort bemerkte, *»da ein erfolgreicher Raubzug einen Eingeborenen an einem Tag reich macht, üben sie sich eher in Krieg, Räuberei und im Plündern als in ihrem alten Geschäft, dem Graben und Suchen nach Gold.«*

Der oben geschilderte Umstieg vom Goldabbau auf den Sklav*innenfang ereignete sich im Zeitraum von nur wenigen Jahren zwischen 1700 und 1710, als die Goldküste begann, zwischen fünf- und sechstausend Sklav*innen pro Jahr zu liefern. Am Ende des 18. Jahrhunderts wurde eine deutlich geringere Zahl Gefangener von der Goldküste exportiert, aber der Schaden war bereits angerichtet. Es ist erwähnenwert, dass die Europäer*innen zu verschiedenen Zeiten unterschiedliche Gebiete West- und Zentralafrikas für die Rolle des Hauptlieferanten von Sklav*innen für Amerika auserkoren. Das bedeutet, dass praktisch jeder Abschnitt der langen westlichen Küstenlinie zwischen dem Senegal und dem Kunene zumindest einige Jahre Erfahrung mit intensivem Sklav*innenhandel machten – mit all seinen Konsequenzen. In der Geschichte des östlichen Nigeria, des Kongo, Nordangolas und Dahomeys finden sich Perioden von mehreren Jahrzehnten, in denen sich die Exporte durchschnittlich auf viele Tausende Menschen pro Jahr beliefen. Die meisten dieser Gebiete waren für afrikanische Verhältnisse auch hoch entwickelt. Sie waren führende Kräfte innerhalb Afrikas, deren Energie sich andernfalls auf den eigenen Fortschritt und den Fortschritt des gesamten Kontinents gerichtet hätte.

Der Umstieg auf kriegsähnliche Aktivitäten und Verschleppung musste sich auf alle Zweige ökonomischer Tätigkeit auswirken, insbesondere auf die Landwirtschaft. Gelegentlich steigerte man an manchen Orten die Nahrungsmittelproduktion, um Verpflegung für die Sklav*innenschiffe bereitstellen zu können, aber insgesamt fielen die Konsequenzen der Sklaverei für die Landwirtschaft in West-, Ost- und Zentralafrika negativ aus. Die Arbeitskräfte wurden aus der

Landwirtschaft abgezogen und die Verhältnisse wurden unruhig. Dahomey, das im 16. Jahrhundert dafür bekannt war, Nahrungsmittel in Teile des heutigen Togo zu exportieren, litt im 19. Jahrhundert unter Hungersnöten. Die heutige Generation Afrikas wird sich noch gut daran erinnern, dass während der Kolonialzeit, als arbeitstaugliche Männer als Wanderarbeiter ihre Heimat verließen, dies in deren Heimatbezirken den Ablauf der Feldarbeit störte und oftmals zu Hungersnöten führte. Der Sklav*innenhandel bedeutete schließlich eine hundertmal brutalere und zerstörerische Arbeitsmigration.

Eine wichtige Bedingung wirtschaftlicher Entwicklung ist es, den maximalen Nutzen aus den Arbeitskräften und den natürlichen Ressourcen des Landes zu ziehen. Das erfordert für gewöhnlich friedliche Verhältnisse, allerdings finden sich in der Geschichte auch verschiedene Fälle, in denen Gesellschaftsgruppen durch Überfälle auf ihre Nachbarn, bei denen sie sich Frauen, Vieh und Güter aneigneten, erstarkten, da sie die »Beute« aus diesen Raubzügen zum Vorteil ihrer eigenen Gemeinschaft nutzten. Für die Sklaverei in Afrika galt nicht einmal dieser eine mildernde Umstand. Gefangene wurden aus Afrika hinaustransportiert anstatt in irgendeiner afrikanischen Gemeinschaft eingesetzt zu werden, um Reichtum aus der Natur zu schöpfen. Dass die Afrikaner*innen, die für die Europäer*innen Gefangene beschafften, in manchen Gegenden feststellten, dass es besser war, einige davon selbst zu behalten, war nur eine zufällige Begleiterscheinung. Jedenfalls hinderte die Sklaverei die verbliebene Bevölkerung daran, sich effektiv in Landwirtschaft und Industrie zu betätigen und man beschäftigte professionelle Sklav*innenjäger und Krieger*innen, die eher zerstörten als aufbauten. Vom moralischen Aspekt und dem immensen Leid, das er verursachte, einmal ganz abgesehen, war der europäische Sklav*innenhandel mit Blick auf die afrikanische Entwicklung ökonomisch vollkommen irrational.

Für bestimmte Zwecke ist es notwendig, konkreter zu werden und den Sklav*innenhandel nicht allgemein auf den gesamten Kontinent zu beziehen, sondern die unterschiedlichen Auswirkungen auf verschiedene Regionen zu betrachten. Die relative Intensität des Sklav*innenraubs in verschiedenen Gegenden ist einigermaßen gut bekannt. Einige Völker Südafrikas wurden von den Buren versklavt und einige nordafrikanische Muslima durch christliche Europäer*innen, aber dabei handelte es sich nur um kleinere Episoden. Die Gebiete, die berüchtigt für den Export von Menschen waren, sind erstens Westafrika vom Senegal bis Angola, entlang einem Gürtel, der sich circa 200 Meilen ins Landesinnere erstreckt und zweitens der Teil Ost-Zentralafrikas, auf dem sich heute Tansania, Mosambik, Malawi, Nordsambia und der östliche Kongo befinden. Darüber hinaus können innerhalb jedes dieser weitläufigen Gebiete feinere Unterscheidungen getroffen werden.

Es mag deshalb so erscheinen, als hätte der Sklav*innenhandel auf die Entwicklung einiger Teile Afrikas keinen nachteiligen Einfluss ausgeübt, einfach aufgrund der Tatsache, dass Sklav*innenexporte dort entweder gar nicht oder nur auf niedrigem Niveau stattfanden. An der Behauptung, dass der europäische Sklav*innenhandel ein Faktor für die Unterentwicklung des gesamten Kontinents war, muss jedoch festgehalten werden, denn es folgt daraus nicht, dass ein afrikanisches Gebiet, das keinen Handel mit Europa trieb, von dessen Einflüssen völlig frei blieb. Die europäischen Handelsgüter drangen bis tief in das Landesinnere vor; und (was noch wichtiger ist): Die Ausrichtung großer Teile des Kontinents auf den Menschenexport führte dazu, dass andere – positive – Interaktionen damit ausgeschlossen waren.

Die obige Behauptung lässt sich durch einige Vergleiche besser nachvollziehen. In jeder Wirtschaft spiegeln die verschiedenen Komponenten den Zustand der anderen wider. Kommt es also in einem Sektor zu einem Rückgang, wirkt sich dieser stets zu einem gewissen Grade auch auf die anderen aus. Ähnlich profitieren auch andere Sektoren, wenn es in einem Sektor zu einem Aufschwung kommt. In den biologischen Wissenschaften sehen wir, dass die Studierenden der Ökologie erkannt haben, dass eine einzelne Veränderung, wie beispielsweise das Verschwinden einer einzigen Schneckenart, negative oder positive Reaktionen in anderen Bereichen zur Folge haben kann, die rein oberflächlich betrachtet keine Verbindung dazu haben. Die Teile Afrikas, die von den Entwicklungen im Gefangenenexport »frei« blieben, mussten die enormen Entvölkerung trotzdem spüren – auf Arten, die nicht leicht zu erfassen sind, da so viel von der Frage abhängt, was *hätte* sein *können*.

Hypothetische Fragen wie »*Was wäre gewesen, wenn...?*« führen manchmal zu absurden Spekulationen. Es ist jedoch völlig legitim und durchaus notwendig zu fragen: »*Was wäre in Barotseland (südliches Sambia) gewesen, wenn es dort keinen allgemeinen Sklav*innenhandel über den gesamten zentralafrikanischen Gürtel gegeben hätte, der unmittelbar nördlich von Barotseland liegt?*«, »*Was wäre in Buganda gewesen, wenn sich die die Bewohner*innen Katangas darauf konzentriert hätten, Kupfer an die Baganda zu verkaufen anstatt Gefangene an die Europäer*innen?*«

Während des Kolonialzeit zwangen die Brit*innen die Menschen Afrikas dazu, die folgenden Zeilen zu singen:

> *Rule Britannia, Britannia rule the waves*
> *Britons never never never shall be slaves.*

Die Brit*innen selbst fingen im frühen 18. Jahrhundert an, dieses Lied zu singen – als die Verwendung von Afrikaner*innen als Sklav*innen ihren Höhepunkt erreichte. »*Wie sähe das Entwicklungsniveau Großbritanniens aus, wen Millionen seiner Bürger*innen über einen Zeitraum von vier Jahrhunderten außerhalb ihres Heimatlands zur Sklav*innenarbeit gezwungen worden wären?*« Nehmen wir weiter an, dass diese famosen Leute nie und nimmer Sklav*innen hätten sein können, ließe sich ferner spekulieren, welche wahrscheinlichen Auswirkungen auf Großbritanniens Entwicklung es gehabt hätte, wenn Kontinentaleuropa versklavt worden wäre. In diesem Fall wären seine nächsten Nachbar*innen aus dem Einflussbereich des ertragreichen Handels mit Großbritannien herausgenommen worden. Schließlich gilt der Handel zwischen den Britischen Inseln und Orten wie dem Baltikum und dem Mittelmeerraum nach einhelliger wissenschaftlicher Meinung als der früheste Impuls für die englische Wirtschaft in der spätfeudalen und frühkapitalistischen Periode, noch vor der Ära der Expansion nach Übersee.

Eine Taktik, die einige europäische (und amerikanische) Autor*innen nun anwenden, ist es, zu behaupten, dass der europäische Sklav*innenhandel zwar zweifellos ein *moralisches Übel*, dafür aber *wirtschaftlich vorteilhaft* für Afrika war. Wir wollen hier die Aufmerksamkeit kurz auf ein paar dieser Argumente richten, um zu zeigen, wie lächerlich sie sein können. Eines, das mit viel Nachdruck vertreten wird, ist das, dass afrikanische Herrscher*innen und andere Personen im Austausch für ihre Gefangenen europäische Waren erhielten und die Menschen Afrikas auf diese Weise zu »Wohlstand« kamen. Dieses Argument lässt die Tatsache außer Acht, dass mehrere europäische Importe mit afrikanischen Produkten konkurrierten und diese verdrängten; es lässt die Tatsache außer Acht, dass keiner aus der breiten Palette europäischer Artikel von der Art war, die in den Produktionsprozess einfloss, sondern dass es sich vielmehr um Gegenstände handelte, die schnell konsumiert oder nutzlos verstaut werden sollten; und es übersieht unglaublicherweise die Tatsache, dass die Mehrzahl der Importe selbst als Konsumgüter von schlechtester Qualität waren – billiger Gin, billiges Schießpulver, löchrige Töpfe und Kessel, Perlen und sonstiger Abfall.

Aus dem Obigen folgend wird dann behauptet, dass bestimmte afrikanische Königreiche als Folge des Handels mit Europa wirtschaftlich und politisch erstarkten. Als Beispiele werden die größten der westafrikanischen Königreiche, etwa Oyo, Benin, Dahomey und Aschanti, aufgeführt. Oyo und Benin waren bereits lange vor dem Kontakt mit den Europäer*innen große Reiche und auch wenn Dahomey und Aschanti während des Sklav*innenhandels erstarkten, so reichten die Wurzeln ihrer Errungenschaften doch schon in viel frühere Zeit zurück. Des Weiteren – und das ist einer der größten Denkfehler in der Argumentation derjenigen, die die Sklaverei verteidigen – ist die Tatsache, dass ein bestimmter afrikanischer Staat zur gleichen Zeit politisch mächtiger wurde als er Gefangene an die Europäer*innen verkaufte, nicht automatisch dem Sklav*innenhandel zuzurechnen. Eine Choleraepidemie mag in einem Land zu tausenden Toten führen und dennoch steigt die Bevölkerungszahl. Die Zunahme erfolgte offensichtlich *trotz* der Cholera und nicht wegen ihr. Diese einfache Logik entzieht sich jenen, die vom europäischen Sklav*innenhandel als nutzbringend für Afrika sprechen. Die destruktive Tendenz des Sklav*innenhandels lässt sich klar feststellen; wo auch immer ein Staat während der Zeit des Sklav*innenhandels Fortschritte zu erzielen schien, ist die Schlussfolgerung einfach, dass er dies trotz der negativen Auswirkungen eines Prozesses tat, der mehr Schaden anrichtete als die Cholera. Das ist das Bild, dass sich bei einer detaillierten Untersuchung – beispielsweise Dahomeys – und auch in der abschließenden Analyse zeigt. Auch wenn Dahomey sein Bestes tat, um politisch und militärisch zu expandieren – während es noch am Sklav*innenhandel hing, untergrub dieses Form der Wirtschaftstätigkeit ernstlich seine ökonomische Basis und ließ es in einem deutlich schlechteren Zustand zurück.

Einige der Argumente bezüglich des wirtschaftlichen Nutzens des europäischen Sklav*innenhandels laufen auf nicht mehr hinaus, als dass der Export von Millionen von Gefangenen eine Möglichkeit war, in Afrika Hungersnöte zu verhindern! Zu versuchen, darauf zu antworten, wäre eine quälende Zeitverschwendung. Aber vielleicht bedarf eine geringfügig subtilere Version desselben Arguments einer Antwort: nämlich das Argument, dass Afrika während des Sklav*innenhandels neue Nutzpflanzen vom amerikanischen Kontinent erhielt und diese in Afrika zu Grundnahrungsmitteln wurden. Die fraglichen Nutzpflanzen sind Mais und Maniok, die Ende des 19. Jahrhunderts in Afrika zu Grundnahrungsmitteln wurden und es bis heute sind. Die Verbreitung von Nutzpflanzen ist jedoch eines der gewöhnlichsten Vorkommnisse der Menschheitsgeschichte. Die meisten Nutzpflanzen stammten ursprünglich nur von einem Kontinent und sozialer Kontakt führte dazu, dass sie sich in anderen Teilen der Welt ausbreiteten. Der Handel mit Sklav*innen hat keinen besonderen Einfluss auf die Verbreitung von Kulturpflanzen – die einfachsten Formen des Handels hätten dasselbe Ergebnis erzielt. Heutzutage nutzt man in Italien Nahrungsmittel aus (Hart-)Weizen wie Spaghetti und Makkaroni als Grundnahrungsmittel, während die meisten Europäer*innen auf die Kartoffel zurückgreifen. Die

Italiener*innen übernahmen die Idee spaghettiartiger Nahrungsmittel von der chinesischen Nudel, nachdem Marco Polo von seinen Reisen dahin zurückkam, während Europa die Kartoffel von den amerikanischen Indigenen übernahm. In keinem dieser Fälle wurden Europäer*innen versklavt, bevor sie einen Nutzen aus dem ziehen konnten, was das logische Erbe der gesamten Menschheit war, aber uns Afrikaner*innen erzählt man, dass der europäische Sklav*innenhandel unsere Entwicklung förderte, indem er uns Mais und Maniok brachte.

Alle der oben genannten Punkte wurden Büchern und Artikeln entnommen, die vor kurzem als Forschungsergebnisse in führenden Britischen und amerikanischen Universitäten veröffentlicht wurden. Diese Ansichten sind wahrscheinlich nicht einmal unter den bürgerlichen Autor*innen Europas weit verbreitet, aber sie sind repräsentativ für eine wachsende Tendenz, die wahrscheinlich zur neuen akzeptierten Orthodoxie in den kapitalistischen Metropolen wird; und das fällt bezeichnenderweise mit Europas Kampf gegen die weitere wirtschaftliche und mentale Entkolonialisierung Afrikas zusammen. In gewisser Hinsicht ist es besser, solchen Unsinn zu ignorieren und unsere Kinder vor seinen Beleidigungen abzuschirmen; aber unglücklicherweise ist einer der Aspekte der heutigen Unterentwicklung Afrikas, dass kapitalistische Verlage und bürgerliche Autor*innen das Bild prägen und dabei helfen, weltweit die Meinungen zu formen. Aus diesem Grund müssen Schriften, die den Sklav*innenhandel rechtfertigen, als rassistische bürgerliche Propaganda bloßgestellt werden, die mit Realität oder Logik nichts zu tun haben. Es ist nicht nur eine Frage der Geschichte, sondern auch eine des gegenwärtigen Befreiungskampfes in Afrika.

Technologische Stagnation und Verzerrung der afrikanischen Wirtschaft im vorkolonialen Zeitalter

Es wurde bereits angedeutet, dass die europäische Technologie im 15. Jahrhundert derjenigen in anderen Teilen der Welt noch nicht vollkommen überlegen war. Europa verfügte über gewisse, sehr vorteilhafte Besonderheiten, wie seine Schifffahrt und (in geringerem Maße) seine Waffen. Europäer*innen, die mit Afrika handelten, mussten zu asiatischen und afrikanischen Konsumgütern greifen, was zeigt, dass ihr System nicht in jeder Hinsicht besser war als alle anderen. Besonders auffällig ist, dass die Europäer*innen in den ersten Jahrhunderten des Handels in hohem Maße auf indische Tücher für den Weiterverkauf in Afrika angewiesen waren und auch in mehreren Teilen der westafrikanischen Küste Tücher für den Weiterverkauf in anderen Ländern kauften. Marokko,

Mauretanien, Senegambia, die Elfenbeinküste, Benin, Yorubaland und Loango exportierten alle in andere Teile Afrikas – über europäische Mittelsleute. Als Afrika in das Kolonialzeitalter eintrat, konzentrierte es sich allerdings fast ausschließlich auf den Export von Rohbaumwolle und den Import von bearbeitetem Baumwolltuch. Diese bemerkenswerte Umkehrung hängt mit dem technologischen Fortschritt in Europa und der technologischen Stagnation in Afrika zusammen, die vom Handel mit Europa herrührte.

Die weltweite Stoffherstellung durchlief eine Phase der Handwebstühle und der Handwerksproduktion. Das war bis in das 16. Jahrhundert hinein das allgemeine Muster in Afrika, Asien und Europa, wobei asiatische Tuchmacher*innen weltweit führend waren. Indien gilt als klassisches Beispiel dafür, wie die Brit*innen jedes ihnen zur Verfügung stehende Mittel nutzten, um die Textilindustrie zu zerstören, damit Britische Stoffe überall vermarktet werden konnten, einschließlich in Indien selbst. In Afrika war die Situation weder ganz so eindeutig, noch bedurfte sie so viel bewusster Anstrengung seitens der Europäer*innen, um die afrikanische Textilproduktion zu zerstören, aber die Tendenz war dieselbe. Europa profitierte technologisch von seinen externen Handelsbeziehungen, während Afrika es entweder nicht schaffte, davon zu profitieren oder tatsächlich verlor. In England kam es im späten 18. Jahrhundert zu wichtigen Erfindungen und Innovationen, nachdem die Profite des Außenhandels reinvestiert worden waren. In der Tat stellte die neue Maschinerie die Investition von Primärkapital dar, das man zuvor durch den Handel und die Sklaverei angehäuft hatte. Der Handel mit Afrika und Indien stärkte die Britische Industrie, die im Gegenzug jegliche Industrie vernichtete, die in den heute als »unterentwickelt« bezeichneten Ländern existierte.

Die afrikanische Nachfrage nach Stoffen stieg im 15., 16. und 17. Jahrhundert rapide an, sodass es sowohl für sämtliche lokal produzierten Stoffe als auch für Importe aus Europa und Asien einen Markt gab. Doch unter der Leitung einer gewinnsüchtigen Kapitalistenklasse steigerte die europäische Industrie in großem Umfang ihre Produktionskapazitäten, indem sie sich die Energie von Wind, Wasser und Kohle zunutze machte. Die europäische Textilindustrie war in der Lage, modische indische und afrikanische Muster zu kopieren und diese letztlich zu ersetzen. Indem sie zum einen den Vertrieb von Stoffen an den afrikanischen Küsten im Würgegriff hielten und zum anderen die afrikanischen Produkte durch die Einfuhr von Stoffen in großen Mengen verdrängten, gelang es den europäischen Kaufleuten schließlich, der Ausbreitung der afrikanischen Stoffproduktion ein Ende zu setzen.

Es existieren viele verschiedene soziale Faktoren, die zusammengenommen bestimmen, wann eine Gesellschaft einen Durchbruch von handwerklicher Technologie hin zu Geräten erzielt, die die Natur nutzen, um die Arbeit produktiver zu machen. Einer der Hauptfaktoren ist die Existenz einer Nachfrage, die größer ist, als die Menge der Produkte, die von Hand hergestellt werden können, sodass die Technologie gefragt ist, auf ein gesellschaftliches Bedürfnis zu reagieren, zum Beispiel dem Bedürfnis nach Kleidung. Als europäische Stoffe begannen, den afrikanischen Markt zu dominieren, hieß das für afrikanische Produzent*innen, dass sie von der steigenden Nachfrage abgeschnitten wurden. Handwerkliche Produzent*innen gaben angesichts der billig verfügbaren europäischen Stoffe ihre Beschäftigung entweder auf oder machten mit denselben kleinen handbetriebenen Werkzeugen weiter, um Stile und Muster für lokale Märkte zu schaffen. Dadurch kam es zu dem, was man »technologischen Stillstand« oder Stagnation nennen kann und in manchen Fällen sogar zu regelrechter Regression, da die Menschen selbst die einfachen Technologien ihrer Ahnen vergaßen. Die Aufgabe der traditionellen Eisenverhüttung in den meisten Teilen Afrikas ist wahrscheinlich das wichtigste Beispiel eines technologischen Rückschritts.

Entwicklung bedeutet eine Kapazität für selbsterhaltendes Wachstum. Sie bedeutet, dass eine Wirtschaft Fortschritte wahrnehmen muss, die ihrerseits weiteren Fortschritt fördern. Der Verlust von Industrie und Know-how in Afrika war äußerst gering, wenn wir ihn vom Blickpunkt moderner wissenschaftlicher Errungenschaften aus, oder auch nur am Standard Englands im späten 18. Jahrhundert messen. Man muss dabei aber im Hinterkopf behalten, dass, wenn man in einer Phase aufgehalten wird, das bedeutet, dass es unmöglich ist, in eine nächste Phase voranzuschreiten. Wird eine Person gezwungen, die Schule nach nur zwei Jahren Grundschulbildung zu verlassen, sagt es nichts über die Person selbst aus, dass sie akademisch und intellektuell weniger entwickelt ist als eine Person, die die Möglichkeit hatte, bis auf Universitätsniveau ausgebildet zu werden. Was Afrika in den ersten Jahrhunderten des Handels widerfuhr, war exakt ein solcher Verlust an Entwicklungsmöglichkeiten und das ist von größter Bedeutung.

Eines der Merkmale, das mit technologischem Fortschritt in Verbindung gebracht wird, ist ein wissenschaftlicher Forschungsgeist, der in enger Beziehung mit dem Produktionsprozess steht. Dieser führt zu Erfindungsreichtum und Innovation. Während der Periode kapitalistischer Entwicklung in Europa war dies durchaus der Fall und Historiker*innen messen dem Erfinder*innengeist der

Engländer*innen des 18. Jahrhunderts große Bedeutung bei. Sozialistische Gesellschaften überlassen Erfindungen nicht einfach dem Zufall oder dem Glück – sie kultivieren aktiv Innovationstendenzen. In der Deutschen Demokratischen Republik beispielsweise richtete die Jugend 1958 eine »Messe der Meister von Morgen« ein, die an die geistige Kreativität der sozialistischen Jugend appellierte, sodass innerhalb von zehn Jahren über zweitausend neue Erfindungen auf dieser Messe vorgestellt wurden. Die Verbindung zwischen Afrika und Europa ab dem 15. Jahrhundert diente dazu, diesen technologischen Innovationsgeist sowohl direkt als auch indirekt zu ersticken.

Der europäische Sklav*innenhandel war eine direkte Blockade, die Millionen von Jugendlichen und jungen Erwachsenen – die menschlichen Akteur*innen, denen Erfindungsreichtum entspringt – aus der Gesellschaft entfernte. Diejenigen, die in Gegenden zurückblieben, die vom Sklav*innenraub hart getroffen wurden, waren zu sehr damit beschäftigt, ihre Freiheit zu bewahren, um sich mit der Verbesserung der Produktion befassen zu können. Außerdem waren selbst die am meisten beschäftigten Afrikaner*innen in West-, Zentral- oder Ostafrika aufgrund der Art der Beziehungen mit Europa mehr mit dem Handel als mit der Produktion beschäftigt und diese Situation war der Einführung technologischer Neuerungen nicht förderlich. In einem großen Teil Afrikas beteiligten sich die dynamischsten Gruppen am Außenhandel – vor allem die afro-portugiesischen Zwischenhändler*innen in Oberguinea, die Akan-Marktfrauen, die Aro-Händler*innen in Mosambik und die Swahili und Wanyamwezi in Ostafrika. Sie handelten mit Exportgütern wie Gefangenen und Elfenbein, die einer Erfindung von Maschinen nicht bedurften. Darüber hinaus verteilten sie auch die europäischen Importe.

Als Großbritannien die weltweit führende Wirtschaftsmacht war, bezeichnete man es als eine Nation von Kleinkrämer*innen: aber die meisten Waren in ihren Läden wurden von ihnen selbst hergestellt und es war genau zu dieser Zeit, als Großbritannien mit den durch die Produktion verursachten Problemen kämpfte, in der Britische Ingenieur*innen so viele Erfindungen hervorbrachten. In Afrika konnten die Handelsgruppen keinen Beitrag zum technologischen Fortschritt liefern, da ihre Rolle und ihre Hauptbeschäftigung ihre Gedanken und ihre Energie von der Produktion ablenkten.

Neben dem Erfinder*innengeist müssen wir auch das Kopieren von Technologie berücksichtigen. Sieht sich eine Gesellschaft – aus welchem Grund auch immer – technologisch von anderen abgehängt, holt sie nicht so sehr durch unabhängige Erfindungen wieder auf, sondern indem sie kopiert. Tatsächlich wurden nur sehr wenige der großen wissenschaftlichen Entdeckungen der Menschheit unabhängig voneinander an verschiedenen Orten von verschiedenen Personen gemacht. Sobald ein Prinzip oder ein Werkzeug einmal bekannt ist, dringt es auch zu anderen Völkern vor. Warum also gelangten die Technologien Europas während der vielen Jahrhunderte des Kontakts zwischen den beiden Kontinenten nicht nach Afrika? Der einfache Grund dafür liegt darin, dass die Art des afro-europäischen Handels für den Transfer guter Ideen und Techniken vom kapitalistischen System Europas in die vorkapitalistische (kommunalistische, feudale und präfeudale) Produktionsweise Afrikas hochgradig ungünstig war.

Die einzige nichteuropäische Gesellschaft, die effektiv von Europa kopierte und kapitalistisch wurde, war Japan. Bereits im 19. Jahrhundert war es eine hochentwickelte Feudalgesellschaft, die ihrer eigenen kapitalistischen Form entgegenschritt. Seine Bevölkerung war weder versklavt noch von Europa kolonialisiert worden und seine Außenhandelsbeziehungen waren durchaus vorteilhaft. Japanische Textilproduzent*innen beispielsweise erhielten nicht nur Stimuli aus dem eigenen wachsenden Binnenmarkt, sondern auch von außerhalb, aus Asien und Europa. Unter diesen Umständen übernahm die junge Kapitalistenklasse (zu der viele ehemalige feudalistische Grundbesitzer gehörten) Technologien aus Europa und implementierte diese erfolgreich in ihrem Heimatland. Dieses Beispiel von außerhalb Afrikas soll deutlich machen, dass es für Afrika nur möglich gewesen wäre, europäische Technologien zu erhalten, wenn die Nachfrage dafür aus Afrika selbst gekommen wäre - und im wahrscheinlichsten Fall von einer Klasse oder Gruppe, die in der neuen Technologie Profitmöglichkeiten gesehen hätte. Für einen Technologietransfer hätte es sowohl Willen auf Seiten der Europäer*innen als auch sozioökonomische Strukturen in Afrika bedurft, die in der Lage gewesen wären, aus diesen Technologien einen Nutzen zu ziehen und sie zu internalisieren.

Die Jagd nach Elefanten oder auf Gefangene induzierte in Afrika für gewöhnlich keine Nachfrage nach irgendeiner Technologie außer der von Schusswaffen. Die mit dem Außenhandel verbundenen Wirtschaftszweige waren entweder destruktiv, wie die Sklaverei, oder bestenfalls rein extraktiv, wie die Elfenbeinjagd und das Fällen von Bäumen für Rotholz. Es gab also keinen Grund, auf europäisches Know-how zurückzugreifen. Die afrikanischen Ökonomien hatten wenig Verwendung dafür, solange die negativen Arten des Exports nicht völlig eingestellt waren. Eine bemerkenswerte Tatsache, die nur selten beleuchtet wird, ist, dass mehrere afrikanische Herrscher*innen in verschiedenen Teilen des Kontinents die Situation klar erkannten und europäische Technologie für die interne Entwicklung begehrten, die den Sklav*innenhandel ersetzen sollte.

Diese Anfragen aus Afrika, dass Europa ihnen bestimmtes Wissen und bestimmte Technologien zur Verfügung stellen sollte, wurden von den Europäer*innen bewusst ignoriert. Das war auch ein Aspekt der Situation im Kongo im frühen 16. Jahrhundert, die bereits erwähnt wurde. So lief es auch in Äthiopien, auch wenn dort mit den Europäer*innen kein Handel mit Gefangenen begonnen wurde. Im Jahr 1520 erreichte eine portugiesische Botschaft den Hof. Nachdem er portugiesische Schwerter, Musketen, Stoffe, Bücher und andere Gegenstände untersucht hatte, verspürte Kaiser Lebna Dengel das Bedürfnis, in Äthiopien technische Kenntnisse aus Europa einzuführen. Es existiert ein Briefwechsel zwischen dem Kaiser und europäischen Herrschern, wie beispielsweise den Königen Manuel I. und Johann III. von Portugal und Papst Leo X., in dem Anfragen nach europäischer Hilfe für die äthiopische Industrie vorgebracht werden. Bis weit in das 19. Jahrhundert hinein wurden äthiopische Petitionen dieser Art mit wenig oder gar keinem Erfolg wiederholt.

In der ersten Hälfte des 18. Jahrhunderts gab es zwei weitere Beispiele afrikanischer Herrscher, die europäische Technologien zu schätzen wussten und bekundeten, dass sie Fertigkeiten den Sklav*innenschiffen vorzögen. Als Agaja Trudo von Dahomey versuchte, den Handel mit Gefangenen zu stoppen, wandte er sich an die europäischen Handwerker*innen und schickte zu diesem Zweck einen Botschafter nach London. Ein Europäer*innen, der sich in den späten 1720er Jahren am Hof von Dahomey aufhielt, verkündete seinen Landsleuten, dass, *»falls ein Schneider, Zimmermann, Schmied oder irgendein anderer freier weißer Mann hierherkommen möchte, er sehr gute Förderung erhalten wird.«* Der Asantehene Opoku Ware (1720–50) fragte die Europäer*innen ebenfalls, ob sie in Aschanti Fabriken und Destillen errichten würden, erhielt jedoch keine Antwort.

In Anbetracht der Geschichte Japans ist anzumerken, dass die ersten Ersuche um technische Hilfe aus den Königreichen Äthiopiens und des Kongo kamen, die sich im 16. Jahrhundert auf einem Niveau befanden, das zweifellos mit dem der meisten europäischen Feudalstaaten vergleichbar war, mit der wichtigen Ausnahme, dass sie nicht den Keim des Kapitalismus hervorgebracht hatten. Während des 18. Jahrhunderts traten die großen afrikanischen Staaten von Dahomey und Aschanti ins Rampenlicht. Sie hatten die kommunalistische Phase hinter sich gelassen und besaßen eine einigermaßen feudale Klassenschichtung und hatten sich in vielen Bereichen spezialisiert, beispielsweise in der Verarbeitung von Gold, Eisen und Stoffen. Die Gesellschaft der Aschanti unter Opoku Ware hatte ihre Fähigkeit zur Suche nach Innovationen bereits gezeigt, als sie sich die Mühe machte, importierte Seide aufzutrennen und die Seidenfäden mit Baumwolle zu kombinieren, um den berühmten *Kente*-Stoff herzustellen. Mit anderen Worten: Es wäre für solche afrikanischen Gesellschaften kein Problem gewesen, sich die technischen Fertigkeiten der Europäer*innen anzueignen und die recht geringe Kluft zu überbrücken, die zu dieser Zeit zwischen ihnen und Europa bestand.

Weit in das 19. Jahrhundert hinein zeigte Europa gegenüber den Anfragen aus Afrika nach praktischer Hilfe dieselbe Gleichgültigkeit, auch wenn zu dieser Zeit sowohl afrikanische Herrscher*innen und europäische Kapitalisten über die Abschaffung des Sklav*innenhandels sprachen. Im frühen 19. Jahrhundert schrieb ein gewisser König von Calabar (in Ostnigeria) an die Brit*innen, um sie um eine Zuckerraffinerie zu bitten, während König Adandozan von Dahomey um 1804 herum mutig genug war, um nach einer Waffenfabrik zu bitten! Zu dieser Zeit führten viele Teile Westafrikas Krieg mittels europäischer Schusswaffen und Schießpulver. In Dahomey entstand das Sprichwort »*Wer das Pulver herstellt, gewinnt den Krieg*« – eine weitsichtige Erkenntnis, dass die Afrikaner*innen der waffentechnischen Überlegenheit der Europäer*innen unterliegen würden. Natürlich waren sich auch die Europäer*innen völlig im Klaren darüber, dass ihre Waffentechnologie entscheidend war und es gab nicht die geringste Chance, dass sie zugestimmt hätten, den Afrikaner*innen beizubringen, wie man Schusswaffen und Munition herstellt.

Die Umstände des afrikanischen Handels mit Europa waren der Schaffung einer stabilen afrikanischen Nachfrage nach Technologie, die für die Entwicklung relevant gewesen wäre, abträglich; und wenn die Nachfrage bestand, wurde sie von den Kapitalisten ignoriert oder abgelehnt. Schließlich lag es nicht im Interesse des Kapitalismus, Afrika zu entwickeln. In jüngerer Zeit weigerten sich westliche Kapitalist*innen, den Volta-Staudamm für Ghana unter Kwame Nkrumah zu bauen, bis sie realisierten, dass die Tschechoslowakei einspringen würde, um den Auftrag anzunehmen; sie weigerten sich, den Assuan-Staudamm für Ägypten zu bauen, weswegen die Sowjetunion zur Rettung eilen musste; sie legten auch dem Bau einer Eisenbahn von Tansania nach Sambia Steine in den Weg und der chinesische Staat sprang ein, um auf praktischem Wege seine Solidarität mit der Bäuer*innenschaft und den Arbeiter*innen Afrikas auszudrücken. Indem wir die Frage in einen historischen Kontext setzen, sehen wir, dass der Kapitalismus die technologische Entwicklung in Afrika schon immer behinderte und Afrikas Zugang zu seiner Technologie blockiert. Wie wir im Folgenden noch sehen werden, führte der Kapitalismus in Afrika seine materielle Kultur nur in so begrenzter Weise ein, wie es für eine effizientere Ausbeutung nötig war; aber die allgemeine Tendenz war, dass der Kapitalismus Afrika in technologischer Hinsicht unterentwickelte.

Der europäische Sklav*innenhandel und der Überseehandel im Allgemeinen hatten auf die Entwicklung Europas in äußerst positivem Sinne das, was man einen »Multiplikatoreffekt« nennt. Das heißt, dass sich der Nutzen der Auslandsbeziehungen auf viele Gebiete des europäischen Lebens erstreckte, die nicht direkt mit dem Außenhandel verbunden waren und die gesamte Gesellschaft für ihre eigene interne Entwicklung besser gerüstet war. Für Afrika galt das Gegenteil: nicht nur im grundlegenden Bereich der Technologie, sondern auch im Hinblick auf die Größe und den Zweck jeder afrikanischen Ökonomie. Im normalen Entwicklungsprozess wird eine Ökonomie stetig größer, sodass nach einer gewissen Zeit zwei benachbarte Ökonomien zu einer verschmelzen. Exakt auf diese Weise entstanden die nationalen Volkswirtschaften Westeuropas – durch ein graduelles Zusammenwachsen einst voneinander getrennter Provinzökonomien. Der Handel mit Afrika half Europa sogar dabei, die verschiedenen Ökonomien noch fester aneinander zu schweißen, während er für Afrika nur Zerrüttung und Zerfall auf lokaler Ebene bedeutete. Zur selben Zeit hörten sämtliche lokalen Ökonomien auf, ausschließlich oder auch nur primär auf die Befriedigung der Bedürfnisse ihrer Einwohner*innen ausgerichtet zu sein; ihre wirtschaftlichen Anstrengungen dienten externen Interessen in Westeuropa und machten sie von diesen externen Kräften abhängig (ob der oder die einzelne Afrikaner*in dies erkannte oder nicht). Auf diese Art wurde die afrikanische Wirtschaft in ihrer Gesamtheit von ihrem früheren Entwicklungspfad abgebracht und verzerrt.

Mittlerweile ist allgemein bekannt, dass einer der wichtigsten Gründe, warum heutzutage eine echte Industrialisierung Afrikas nicht ohne Weiteres vollzogen werden kann, darin liegt, dass der Markt für gefertigte Waren in jedem einzelnen afrikanischen Land zu klein ist und über große Teile Afrikas keine Integration der Märkte existiert. Die Art der Beziehung zwischen Afrika und Europa wirkte von Anfang an in eine der Integration lokaler Ökonomien entgegengesetzten Richtung. Gewisse interterritoriale Verbindungen, die auf dem Kontinent errichtet wurden, wurden nach dem 15. Jahrhundert aufgrund des europäischen Handels abgebrochen. Von der westafrikanischen Küste bis hinunter nach Angola finden sich viele Beispiele, da der europäische Handel in diesen Gebieten am umfangreichsten war und auch die erhaltenen schriftlichen Aufzeichnungen umfassender sind.

Als die Portugies*innen in den 1470er–Jahren im Gebiet des heutigen Ghana ankamen, hatten sie seinen Bewohner*innen für das von Europa begehrte Gold nur wenige Waren anzubieten. Allerdings waren sie in der Lage, von Benin in Nigeria aus, Baumwollstoffe, Perlen und Sklav*innen umzuladen, die man an der Goldküste verkaufen konnte. Die Portugies*innen reagierten auf eine vorhandene Nachfrage an der Goldküste, was bedeutet, dass zwischen den Menschen aus Benin und denen der Goldküste, besonders den Akan, bereits ein früherer Handel existiert haben muss. Die Akan waren Goldproduzent*innen und die Bevölkerung Benins bestand aus spezialisierten Handwerker*innen, die über einen Überschuss an Stoffen und Perlen verfügten, die sie selbst herstellten. Als expansionistischer Staat mit einer großen Armee hatte Benin Zugriff auf Kriegsgefangene, während die Akan anscheinend damit beschäftigt waren, ihre eigene Bevölkerung und Arbeiter*innenschaft zu vergrößern. Also erwarben die Letzteren weibliche Gefangene aus Benin und integrierten sie zügig als Ehefrauen in ihre Gesellschaft. Wo die Portugies*innen in diesen Austausch eingriffen, wurde er den Interessen des europäischen Handels untergeordnet. Sobald Portugal und andere europäische Nationen über genügend Waren verfügten, um nicht mehr auf die Wiederausfuhr bestimmter Güter aus Benin angewiesen zu sein, blieben nur noch die Verbindungen zwischen der Goldküste und Europa auf der einen Seite und zwischen Europa und Benin auf der anderen Seite.

Wahrscheinlich waren die Produkte aus Benin über die Wasserläufe hinter der Küste des heutigen Dahomey und Togo an die Goldküste gelangt. Daher wäre es günstiger gewesen, wenn die Europäer*innen eine direkte Verbindung über das offene Meer hergestellt hätten. Wie bereits erwähnt, war die Überlegenheit der Europäer*innen auf See – zusammen mit ihren Fähigkeiten auf dem Gebiet der Organisation – von größtem strategischen Wert. Das zeigte sich an verschiedenen Orten, angefangen mit dem Maghreb und Mauretanien. Nachdem die Portugies*innen die Atlantikküste Nordwestafrikas unter ihre Kontrolle gebracht hatten, konnten sie sich Pferde, Wollwaren und Perlen sichern, die sie weiter südlich im Umtausch für Gold und Sklav*innen nach Westafrika verschifften; bis zum Beginn des 16. Jahrhunderts war das wichtigste Handelsgut der Portugies*innen in Senegambia das Pferd. Im Austausch für ein Pferd erhielten sie bis zu 15 Gefangene. Nordafrikanische Wolle und Perlen wurden von den Portugies*innen auch verwendet, um am Fluss Gambia und weiter südlich bis nach Sierra Leone, Gold zu kaufen.

Man muss sich in Erinnerung rufen, dass der Westsudan Verbindungen zu der westafrikanischen Küste und zu Nordafrika hatte. Lange vor der Ankunft der Europäer*innen wurden Pferde von Nord- nach Westafrika gebracht, um sie dort mit den örtlichen Rassen zu kreuzen. Lange vor der Ankunft der Europäer*innen reisten die Araber*innen und Mauretanier*innen zum Fluss Senegal und weiter nach Süden, um sich mit den Händler*innen der Mandinga Djola zu treffen und ihnen Waren wie beispielsweise Perlen, die in Ceuta angefertigt wurden und Stoffe, die aus der Wolle nordafrikanischer Schafe gesponnen wurde, zu überreichen. Durch den Vorteil des schnellen Seetransports – im Gegensatz zum Landtransport durch die Wüste – zerstörten die Portugies*innen praktisch die wirtschaftliche Integration der Region. Wie beim Beispiel von Benin und Akan ist der springende Punkt der, dass, sobald die Portugies*innen zu Mittelsleuten wurden, sie die Gelegenheit hatten, eine neue Handelsstruktur zu entwickeln, in der sowohl Nord- als auch Westafrika ihre Blicke nach Europa richteten und einander vergaßen.

Eine ähnliche Situation entstand an der Küste von Oberguinea und dieses Mal half der europäischen Ausbeutung die Anwesenheit weißer Siedler*innen auf den Kapverdischen Inseln. Die Portugies*innen und die kapverdischen Siedler*innen griffen bereits in den 1470er-Jahren in die Strukturen des lokalen Handels Oberguineas ein. Sie mischten sich in den Transfer von Rohbaumwolle und Indigofarbstoff von einer afrikanischen Gemeinschaft zur anderen ein und die kapverdischen Siedler*innen errichteten eine florierende Industrie des Anbaus und der Verarbeitung von Baumwolle. Sie verwendeten Arbeitskräfte und Techniken vom Festland und exportierten die fertigen Produkte entlang der Küste bis nach Accra.

Die Portugies*innen übernahmen auch den Handel mit Kaurimuscheln im Kongo und auf den vorgelagerten Inseln, den Salzhandel an der angolanischen Küste und den Handel mit hochwertigem Palmtuch zwischen Nord- und Südangola. In einigen Fällen erlangten sie die Vorherrschaft nicht nur durch ihre Schiffe und ihr Handelsgeschick, sondern auch durch den Einsatz von Gewalt – vorausgesetzt, sie operierten an der Küste und konnten ihre Kanonen einsetzen. In Ostafrika zum Beispiel setzten die Portugies*innen auf Gewalt, um den Araber*innen und Suahelis den Handel zu entreißen. Die Unterbrechung des afrikanischen Handels zwischen der Elfenbeinküste und der Goldküste folgte diesem Muster. Zwischen diesen beiden Regionen existierte ein reger Handel mit Kanus und die Bewohner von Kap Lahou (der heutigen Elfenbeinküste) segelten am Kap der drei Spitzen vorbei, um ihre Stoffe bis nach Accra zu verkaufen. Die Portugies*innen errichteten in Axim in der Nähe vom Kap der drei Spitzen ein Fort im Dienste des Goldhandels mit dem Hinterland; und eine seiner Aufgaben war es, den Handel mit der afrikanischen Westküste zu unterbinden. Sie verboten den Einwohner*innen von Axim, nach Kap Lahou zu fahren und hinderten Kanus von der Elfenbeinküste daran, über Axim hinaus nach Osten zu fahren. Das Ziel war offensichtlich, beide Gebiete zu separaten, ausschließlich an Europa gebundenen Wirtschaftseinheiten zu machen.

Wie sich herausstellte, hatte der oben erwähnte afrikanische Handel tiefe Wurzeln. Als die Niederländer*innen im Jahre 1637 Axim eroberten, existierte er noch immer. Die Vertreter der niederländischen Westindischen Kompanie, die an der Goldküste tätig war, wollten einen vollständigen Stopp des afrikanischen Handels und als ihnen das nicht gelang, versuchten sie, die Menschen der Elfenbeinküste zur Abnahme einer bestimmte Menge niederländischer Waren zu zwingen. Die Niederländer*innen verordneten, dass alle Kanufahrer*innen aus Axim, die nach Grand-Lahou fuhren, jeweils niederländische Waren im Wert von mindestens vier Unzen Gold mit sich nehmen sollten. Das Ziel war es, den rein interafrikanischen Austausch in einen europäisch-afrikanischen Handel umzuwandeln.

Was den Versuchen der Afrikaner*innen, ihre eigene Wirtschaft zu integrieren, doppelt abträglich war, war die Tatsache, dass die Europäer*innen, wenn sie als Mittelsleute in den lokalen Handelsnetzen auftraten, das hauptsächlich taten, um das Einsammeln von Gefangenen zu erleichtern und damit die gesamte Wirtschaft dem europäischen Sklav*innenhandel unterordneten. In Oberguinea und den Kapverdischen Inseln bestand die Betätigung der Portugies*innen und ihrer gemischtrassigen Nachkommen in einer großen Zahl von Tauschgeschäften mit Baumwolle, Farbstoffen, Kolanüssen und europäischen Waren. Der Zweck von alledem war es, die Laderäume der Sklav*innenschiffe zu füllen. Im Kongo und in Angola zeigt sich das gleiche Bild. Das Salz, die Kaurimuscheln und die farbigen Stoffe, die in portugiesische Hände gelangten, glichen ihren Mangel an Handelswaren aus und dienten dazu, an verschiedenen Teilen der Küste und tief im Inland Gefangene zu kaufen.

Das Element der Unterordnung und der Abhängigkeit ist für das Verständnis der heutigen Unterentwicklung Afrikas essentiell; und seine Wurzeln reichen weit in die Epoche des internationalen Handels zurück. Ebenfalls erwähnenswert ist, dass eine Art von falscher oder Pesudointegration existiert, die als Tarnung der Abhängigkeit fungiert. In heutiger Zeit nimmt sie die Form von Freihandelszonen in den ehemals kolonialisierten Teilen der Welt an. Diese Freihandelszonen sind für das Vordringen multinationaler Konzerne wie geschaffen. Seit dem 15. Jahrhundert kam es zu einer Pseudointegration in Form einer Verflechtung der afrikanischen Wirtschaft über weite Entfernungen von der Küste, um den Transport von Menschen und Elfenbein von einem bestimmten Punkt im Landesinneren zu einem bestimmten Hafen am Atlantik oder dem Indischen Ozean zu ermöglichen. Beispielsweise wurden Gefangene aus dem Kongo durch das heutige Sambia und Malawi nach Mosambik transportiert, wo portugiesische, arabische oder französische Käufer*innen sie in Empfang nahmen. Dies war keine wirkliche Integration der Ökonomien der betroffenen afrikanischen Gebiete. Ein solcher Handel stellte nur das Ausmaß der ausländischen Durchdringung dar, durch die der lokale Handel zum Erliegen kam.

Der Westafrikanische Goldhandel wurde zwar nicht zerstört, geriet aber in direkte Abhängigkeit europäischer Käufer*innen, indem er von den nördlichen Routen durch die Sahara umgelenkt wurde. Innerhalb des Savannengürtels des Westsudan nährte der durch die Sahara laufende Goldhandel seit dem 5. Jahrhundert eines der politisch am weitesten entwickelten Gebiete in ganz Afrika. Für Europa war es jedoch günstiger, sein Gold an der Westküste, anstatt über nordafrikanische Zwischenhändler*innen zu erhalten und es bleibt der Spekulation überlassen, was im Westsudan geschehen wäre, wenn der Goldhandel im 17. und 18. Jahrhundert stetig zugenommen hätte. Nichtsdestotrotz gibt es auch einiges, dass man dem Handel zwischen Afrika und Europa mit dieser speziellen Ware zugute halten muss. Zum Goldabbau gehörte einerseits die Bergbauindustrie und andererseits ein geordnetes Verteilungssystems innerhalb Afrikas. Die Gebiete der Akan und Teile Simbabwes und Mosambiks unterhielten bis zum 19. Jahrhundert florierende soziopolitische Systeme – hauptsächlich aufgrund des Goldabbaus.

Auch der Export von Elfenbein brachte gewisse Vorteile mit sich. Die Suche nach Elfenbein wurde in einigen ostafrikanischen Gesellschaften zum einen oder anderen Zeitpunkt zur wichtigsten Beschäftigung, manchmal in Kombination mit dem Gefangenen-Handel. Die bekanntesten Händler*innen Ostafrikas waren die Wanyamwezi Tansanias. Ihre Reputation erhielten sie, indem sie Güter Hunderte von Meilen zwischen dem Tanganjikasee und dem Indischen Ozean transportierten. Als die Wanyamwezi ihre Aufmerksamkeit auf den Export von Elfenbein richteten, setzte das weitere positive Entwicklungen in Gang, wie beispielsweise einen verstärkten Handel mit Harken, Nahrungsmitteln und Salz zwischen ihnen und ihren Nachbar*innen.

Allerdings war Elfenbein in jeder Region ein sich rasch erschöpfendes Gut und der Streit um neue Vorkommen konnte zu Gewalt führen, die der, die die Suche nach menschlichen Gefangenen begleitete, in nichts nachstand. Hinzu kommt, dass die entscheidendste Grenze des Elfenbeinhandels die Tatsache war, dass er nicht logisch aus lokalem Bedarf und der lokalen Produktion erwuchs. In keiner Gesellschaft Afrikas herrschte Bedarf an großen Mengen Elfenbein und keine afrikanische Gesellschaft wandte sich in großem Ausmaß der Elefantenjagd und dem Sammeln von Elfenbein zu, solange es keine große Nachfrage aus Europa oder Asien gab. Jede afrikanische Gesellschaft, die den Elfenbeinexport ernst nahm, musste ihre Wirtschaft auf einen erfolgreichen Elfenbeinhandel ausrichten. Das wiederum führte zu übermäßiger und unerwünschter Abhängigkeit vom internationalen Markt und einer externen Wirtschaft. Es konnte zwar zu einer Zunahme im Handelsvolumen und anderen positiven Nebeneffekten kommen, aber die Fähigkeit, ökonomische Unabhängigkeit und einen sich selbst erhaltenden sozialen Fortschritt zu erreichen, schwand. Außerdem muss man auch immer den dialektischen Gegensatz des afrikanischen Handels bedenken – nämlich die unter europäischer Kontrolle stehende Produktion in Europa oder Amerika. Die wenigen gesellschaftlich wünschenswerten Nebenprodukte der Elefantenjagd innerhalb Afrikas waren nur Krümel im Vergleich zu den Profiten, der Technologie und dem Know-how, das in Europa mit dem Produkt verbunden waren. So ging die Kluft zwischen Afrika und Europa stetig weiter auseinander; und auf Grundlage dieser Kluft kommen wir zu Entwicklung und Unterentwicklung.

Fortlaufende politisch-militärische Entwicklungen in Afrika – 1500 bis 1885

Heutige afrikanisch-nationalistische Historiker*innen heben mit Recht hervor, dass Afrika lange vor der Ankunft der Europäer*innen eine bedeutende Vergangenheit hatte. Sie betonen außerdem, dass Afrikaner*innen noch lange nach dem ersten Kontakt mit den Europäer*innen ihre eigene Geschichte schrieben – tatsächlich exakt bis zum Beginn der Kolonialzeit. Diese Weise, die Vergangenheit des Kontinents zu betrachten, die die Afrikaner*innen in den Mittelpunkt stellt, ist durchaus vereinbar mit einem Ansatz, der gleichermaßen die transformierende Rolle externer Kräfte wie den Überseehandel mit Sklav*innen, Gold und Elfenbein hervorhebt. Die Versöhnung der zwei Ansätze fällt uns leichter, wenn wir die folgenden drei Faktoren im Hinterkopf behalten:

1. Der äußere (und hauptsächlich europäische) Einfluss bis 1885 war in geographischer Hinsicht sehr ungleichmäßig, wobei die Küsten selbstverständlich stärker betroffen waren.
2. Der Handel mit den Europäer*innen wirkte sich auf verschiedene Aspekte afrikanischen Lebens in verschiedenem Maße aus, wobei der politische, militärische und ideologische Apparat praktisch unangetastet blieb.
3. Dynamische Elemente einer unabhängigen afrikanischen Evolution und Entwicklung (wie in Kapitel 2 veranschaulicht) *wirkten* nach 1500 *fort*.

Wie bereits festgestellt, wäre es irreführend, zu versuchen, Afrika in vom Sklav*innenhandel betroffene und nicht vom Sklav*innenhandel betroffene Gebiete aufzuteilen, da er auf Kosten des gesamten Kontinents ging. Für unsere Zwecke reicht es aber aus, die krude Unterscheidung zu treffen zwischen denjenigen Teilen Afrikas, die direkt in die von den Europäer*innen angestoßenen Aktivitäten hineingezogen wurden und denen, die allem Anschein nach in traditioneller Manier weitermachten.

In bestimmten Gebieten wie beispielsweise im Süden Zentralafrikas, schritt die Entwicklung weiter voran, da die dortige Bevölkerung die Möglichkeit hatte, einen Weg zu beschreiten, der lokal vom Zusammenspiel der Menschen und der Umwelt Afrikas vorgegeben wurde. Im Übrigen hatten sogar diejenigen Gesellschaften Erfolge vorzuweisen, die von den Einschlägen der Sklaverei am schwersten getroffen wurden. Der Sklav*innenhandel führte im Rahmen des internationalen Handels zur wirtschaftlichen Beherrschung Afrikas durch Europa. Die politischen Autoritäten der verschiedenen Gesellschaftssysteme Afrikas zu verdrängen, gelang den Europäer*innen aber nur in sehr wenigen Fällen. Somit hatten die afrikanischen Staaten, die in der vorkolonialen Zeit in engem Kontakt mit Europa standen, dennoch einen Spielraum für politische Manöver; und ihre Entwicklung konnte voranschreiten – und tat es auch.

Die militärische Eroberung Afrikas ließ bis zu den Jahren des imperialistischen Wettlaufs auf sich warten. In den vorkolonialen Jahrhunderten des Kontakts mit Europa existierten afrikanische Armeen, mit all den soziopolitischen Folgen, die ein bewaffneter Sektor in einer Gesellschaft nach sich zieht. Ebenso wichtig war die Tatsache, dass direkte Importe aus Europa in die kulturellen und ideologischen Sphären praktisch nicht existierten. Das Christentum versuchte sporadisch und unentschlossen auf einige Teile des Kontinents Einfluss zu nehmen. Aber die meisten der wenigen Missionen an Orten wie dem Kongo, Angola und Oberguinea konzentrierten sich auf das Segnen von Afrikaner*innen, als diese über den Atlantik in die Sklaverei geschickt wurden. Nur in Äthiopien, wo es einheimische Wurzeln besaß, blieb das Christentum bestehen. Andernorts florierten der Islam und andere Religionen, die mit dem europäischen Handel nichts zu tun hatten. Wie zuvor wirkte die Religion weiterhin als Element des Überbaus, das in der Entwicklung des Staates eine wesentliche Rolle spielte.

Solange es eine politische Gewalt gibt, solange ein Volk dazu bewegt werden kann, zu den Waffen zu greifen und solange eine Gesellschaft die Möglichkeit hat, über ihre eigene Ideologie und Kultur zu bestimmen, solange haben die Menschen dieser Gesellschaft ein Mindestmaß an Kontrolle über ihr eigenes Schicksal, trotz solcher Beschränkungen, wie denen, die dem afrikanischen Kontinent auferlegt wurden, als er als Satellit in das Orbit Europas geriet. Denn obwohl die historische Entwicklung untrennbar mit den materiellen Bedingungen und dem Stand der Technik verbunden ist, wird sie in den verschiedenen Phasen auch teilweise vom Bewusstsein einer Gesellschaft gesteuert. Das ist Teil der Wechselbeziehung zwischen Basis und Überbau, auf die zu Beginn angespielt wurde.

Die Revolution ist die dramatischste Erscheinung einer sich selbst bewussten Gesellschaft oder Klasse auf der Bühne der Geschichte; allerdings ist die herrschende Klasse in jeder Gesellschaft – einmal mehr, einmal weniger – stets als bewusstes Instrument des Wandels oder des Konservatismus im Entwicklungsprozess tätig. In diesem Abschnitt richten wir die Aufmerksamkeit auf die politische Sphäre und ihr Pendant, das Militär. In diesen Bereichen konnten die Afrikaner*innen selbst angesichts des Sklav*innenhandels brillieren.

Politisch-militärische Entwicklung in Afrika zwischen 1500 und 1885 bedeutete, dass gesellschaftliche Kollektive in Afrika besser darin wurden, die Interessen ihrer Mitglieder zu verteidigen, anstatt die Interessen derer, die außerhalb einer bestimmten Gesellschaft standen. Das bedeutete auch, dass das Individuum in einem politisch ausgereiften und militärisch starken Staat vor der äußeren Gefahr der Verschleppung sicher war. Die Menschen hatten mehr Möglichkeiten, unter dem Schutz des Staates ihre eigenen Fähigkeiten in so verschiedenen Bereichen wie der Musik und der Bronzeverarbeitung anzuwenden. Außerdem konnten sie von ihrer Kreativität und ihrem Erfindungsreichtum Gebrauch machen, um die Religion ihres Volkes zu verfeinern, eine praktischere Verfassung auszuarbeiten, neue Kriegstechniken beizusteuern oder Landwirtschaft und Handel voranzubringen. Es stimmt allerdings auch, dass der Nutzen aller solcher Beiträge hauptsächlich einem kleinen Teil der afrikanischen Gesellschaft zugutekam, sowohl innerhalb als auch außerhalb des Einflussbereichs der Sklaverei; denn als sich der Kommunalismus auf dem Rückzug befand, wurde das Prinzip der egalitären Verteilung nicht mehr berücksichtigt. Diese verschiedenen Punkte lassen sich anhand konkreter historischer Beispiele veranschaulichen, die sich während der fraglichen vorkolonialen Epoche auf dem gesamten Kontinent finden lassen.

Die Yoruba

Bisher fand der Yoruba-Staat Oyo nur als einer der hervorragenden Repräsentanten afrikanischer Entwicklung bis zur Ankunft der Europäer*innen im 15. Jahrhundert Erwähnung. Die bemerkenswerten künstlerischen Errungenschaften Oyos im 14. und 15. Jahrhundert, von Ife, dem Staat aus dem Oyo hervorging und des verwandten Staates Benin, sind wegen der gut erhaltenen Elfenbein-, Terracotta- und Bronzeskulpturen gut untersucht. Es lässt sich erkennen, dass die frühesten Bronzen am besten gefertigt sind und dass vom 16. bis zum 18. Jahrhundert ein Niedergang stattfand, sowohl was die Ausführung als auch das künstlerische Gespür anbelangt. Politisch aber gediehen Staaten wie Oyo und Benin noch eine sehr lange Zeit nachdem die Europäer*innen an der afrikanischen Westküste anlandeten. Da Oyo und die Yoruba sich innerhalb eines Gebiets mit intensivem Sklav*innenhandel befanden, ist ihr Schicksal zwischen 1500 und 1885 von großer Relevanz.

Das Königreich Oyo hielt sich bis zum Ende des 18. Jahrhunderts weitgehend aus dem Sklav*innenhandel heraus. Stattdessen konzentrierten sich seine Bewohner*innen auf die Produktion und den Handel vor Ort und auf die Konsolidierung und Ausweitung des Handels. Obwohl der Kern des Oyo-Königreichs bereits im 15. Jahrhundert etabliert worden war, waren es die folgenden drei Jahrhunderte, in denen es sich ausdehnte und die Kontrolle über den größten Teil des späteren Westnigeria, große Gebiete nördlich des Niger und das gesamte heutige Dahomey übernahm. Es war praktisch ein Imperium, über das ein Alafin[173] gemeinsam mit einer Aristokratie herrschte. Im 16., 17. und 18. Jahrhundert kristallisierten sich die subtilen Verfassungsmechanismen heraus, die die Beziehungen zwischen dem Alafin und seinen wichtigsten Untertan*innen sowie zwischen der Hauptstadt und den Provinzen regelten.

Soweit Oyo ein Interesse an der Küste hatte, bestand es eher an ihrer Funktion als Absatzmarkt für Stoffe als für Sklav*innen. Da die Yoruba von Oyo etwas weiter im Landesinneren lebten, konzentrierten sie sich auf die Beziehungen zum Binnenland und schlossen so an die westsudanesische Handelszone an.

173 mittelalterlicher Königstitel im Oyo-Reich [Anm. d. Red.]

Aus dem Norden bezog Oyo Pferde, durch die seine Armeen gefürchtet und geachtet wurden. Oyo ist ein Paradebeispiel für die afrikanische Entwicklung, deren Wurzeln tief in der Vergangenheit liegen, in den Widersprüchen zwischen Mensch und Umwelt. Seine Bevölkerung entwickelte sich weiterhin auf der Grundlage von Kräften, die sie nicht bewusst steuerten, sowie durch den überlegten Gebrauch politischer Techniken.

Zu Beginn des 19. Jahrhunderts, begannen Oyo und die Yoruba im Allgemeinen, Gefangene in beträchtlicher Anzahl zu exportieren. Diese erhielt man teils durch militärische Kampagnen außerhalb von Yorubaland, aber auch durch Sklav*innenbeschaffung vor Ort. Letztere beinhaltete Entführungen, bewaffnete Überfälle, Unsicherheit und Uneinigkeit. Diese Merkmale führten – zusammen mit internen verfassungsrechtlichen Spannungen und einer externen Bedrohung durch den islamischen Norden – um das Jahr 1830 herum zum Untergang des Oyo–Reiches. Aufgrund von Streitereien unter den Yoruba über das Entführen von Menschen zum Verkauf in die Sklaverei, wurde auch die berühmte Heimstatt ihrer Vorfahren, Ife, geplündert und ihre Einwohner*innen wurden zu Flüchtenden.

Es zeugt allerdings vom Entwicklungsstand in diesem Teil Afrikas, dass die Bewohner*innen innerhalb weniger Jahre neue politische Staaten errichten konnten: insbesondere New Oyo, Ibadan, Ajaye, Abeokuta und Ijebu, in deren Mittelpunkt jeweils eine Stadt stand und die über genügend Land für eine erfolgreiche Landwirtschaft verfügten. Bis die Brit*innen auftauchten, um freundlicherweise »Ordnung« in Nigeria zu schaffen, experimentierte das Volk der Yoruba mit verschiedenen politischen Formen, mit starker Betonung des Militärs und dem Erhalt der Religion ihrer Vorfahren.

Da sie sich territorialer Grenzen bewusst sind, werden die Bewohner*innen und Herrscher*innen jedes beliebigen Staates zwangsweise in Konfrontationen mit ihren Nachbarstaaten verwickelt. Der Staat der feudalen Epoche in Europa und Asien war besonders um seine militärische Leistungsfähigkeit bemüht. Die herrschende Klasse bestand vollständig oder zum Teil aus den professionellen Streitkräften des Staates. Einer der Gründe, mit denen sie rechtfertigte, dass sie den größten Teil oder den Überschuss des gesellschaftlichen Reichtums verzehrte, war, dass sie den einfachen Bäuer*innen oder Leibeigenen bewaffneten Schutz bot. Diese Verallgemeinerung traf auf das Yorubaland des 19. Jahrhunderts ebenso zu wie auf Preußen oder Japan. Zweifellos waren die Afrikaner*innen dieser Region auf einem Entwicklungspfad, der zu einer sozialen Organisation führte, die mit der des feudalen Europa, Asien und Teilen Afrikas wie

Äthiopien und dem Maghreb vergleichbar war, die dieses Stadium einige Jahrhunderte vorher erreicht hatten

Im Oyo-Reich, dominierte die zivile Macht und die Generäle des Militärs waren Diener der König*innen. Schließlich jedoch übernahm das Militär de facto die politische Gewalt. Der Ajaye-Staat beispielsweise wurde von Kurunmi gegründet, von dem es hieß, dass er in den turbulenten Zeiten nach dem Fall von Oyo einer der größten Generäle der Yoruba gewesen sei. Kurunmi erlangte eine persönliche militärische Vormachtstellung in Ajaye. In Ibadan verhielten sich die Dinge ein wenig anders. Dort gab es eine Gruppe militärischer Offiziere, die zusammen die politische Elite bildeten. Anstrengungen, wieder Zivilist*innen an die Macht zu bringen, blieben halbherzig und erfolglos. Schließlich erwuchs die Stadt selbst aus einem Militärlager.

Der Stadtstaat Abeokuta bemühte sich vielleicht am konsequentesten darum, das Militär zu einem Arm des zivilen Staates zu machen. Was jedoch am meisten zählte, war die Verteidigung der Gemeinden innerhalb der befestigten Mauern Abeokutas. Diese Mauern erlangten Berühmtheit als der Ort, an dem zahlreiche gegnerische Armeen ihren Untergang fanden. Unter diesen Umständen stellten die Ologun – oder Kriegshäuptlinge – die gesellschaftliche und politische Macht dar.

Während in Yorubaland die Militarisierung der Politik voranschritt, vollzogen sich in der Struktur der Gesellschaft Veränderungen, die zu einer schärferen Klassentrennung führten. Im Krieg wurden zahlreiche Gefangene gemacht, von denen die meisten an Europäer*innen verkauft wurden, sodass Yorubaland bis in die 1860er-Jahre als Sklav*innenlieferant berüchtigt war. Aber viele Gefangene behielt man vor Ort, unter Bedingungen, die entweder der Sklaverei oder der Leibeigenschaft ähnelten, je nachdem, ob es sich um Gefangene der ersten Generation oder um ihre Nachkommen handelte. Manchmal hatten auch Flüchtende aus zerstörten Städten keine andere Wahl als Abhängige oder Leibeigene von anderen freien Yoruba zu werden. Solche Flüchtenden wurden gezwungen, ihren neuen Herr*innen als Ausgleich für bewaffneten Schutz zu Diensten zu sein, indem sie die Felder bestellten. Allerdings wurden Leibeigene auch als Soldat*innen verwendet, was bedeutet, dass sie nur Zugang zu den Produktionsmitteln (dem Land) hatten, wenn sie ihrer militärischen Arbeitspflicht nachkamen. Das ist ein Maß für den Umfang, in dem das Verwandtschaftsprinzip geschwächt wurde und es zeigt, dass Staaten wie die im Yorubaland des 19. Jahrhunderts, im Gegensatz zum typischen kommunalen Dorf, ihren Bürger*innen Aufgaben und Belohnungen auf der Grundlage der für den Feudalismus charakteristischen wechselseitigen Verpflichtungen zuwiesen.

Während der fraglichen Epoche wurde die Arbeitsteilung unter den Yoruba noch durch den Aufstieg professioneller Soldaten – oder »War Boys«, wie sie genannt wurden – ausgeweitet. Die professionellen Soldaten – Söhne der Aristokratie – überließen die Feldarbeit hochmütig den Gefangenen und Leibeigenen, deren große Zahl landwirtschaftlichen Überfluss sicherte. Andere Wirtschaftszweige florierten ebenfalls, vor allem die Herstellung von Stoffen und Palmöl sowie der Handel mit verschiedenen Produkten. Diese Dinge trafen trotz der Tatsache zu, dass zu dieser Zeit bereits ein Teil der Arbeitskräfte in der Form von exportierten Sklav*innen verloren ging und ein anderer Teil damit beschäftigt war, Menschen für den Export zu fangen. In der Mitte des 19. Jahrhunderts konnten europäische Besucher*innen Yorubalands noch das Niveau seiner materiellen Kultur und die farbenprächtigen und eindrucksvollen Aspekte seiner immateriellen Kultur bewundern, wie beispielsweise die jährlichen »Yams-Feste« und das Ritual der religiösen Kulte von Shango, Ogboni und anderen.

Ein Produkt europäischer Technologie, das sich die Afrikaner*innen sehnlichst wünschten und das relativ leicht von den Europäer*innen zu beschaffen war, war die Schusswaffe. Ab den 1820er-Jahren erwarben die Yoruba in großer Zahl europäische Feuerwaffen und integrierten sie in ihre Handels-, Politik- und Militärstrategie. Am Vorabend der Kolonialherrschaft griffen die Yoruba-Generäle nach Hinterladergewehren und sogar nach Raketen, aber Europa schritt zu schnell ein, als dass sie damit weit gekommen wäre. Durch eine Reihe von Aktionen, die schon 1860 in Lagos begannen (und sowohl die Infiltration durch Missionar*innen als auch die bewaffnete Invasion umfasste) gelang es den Brit*innen, diesen Teil Afrikas unter koloniale Herrschaft zu bringen.

Wirtschaftliche Entwicklung ist eine Frage steigender Produktionskapazitäten und ist mit den Grundbesitzverhältnissen und den Klassenbeziehungen verbunden. Diese grundlegenden Tatsachen zeigten sich in der Geschichte der Yoruba in den Jahrzehnten vor dem Verlust der Unabhängigkeit sowohl in positiver als auch in negativer Hinsicht. So lange die landwirtschaftliche Produktion nicht gestört wurde, so lange behielt der jeweilige Yoruba-Staat eine starke Position. Ibadan war einst die größte Militärmacht in Yorubaland. Es verkaufte Gefangene, behielt aber auch viele als eigene Arbeiter*innen zurück. Allerdings wurden Ibadans Ackerbaugebiete vom Krieg getroffen und die Herrschenden begannen, Gefangene, die das Land bestellt hatten, stattdessen an die Europäer*innen zu verkaufen. Das wurde notwendig, da Ibadan Feuerwaffen benötigte und diese nur durch den Verkauf von Sklav*innen beschaffen konnte. Zu diesem Zeitpunkt wurde erst richtig deutlich, wie zersetzend sich die Anwesenheit europäischer Sklavenhändler*innen an der Küste auswirkte.

Durch den Verkauf seiner Gefangenen und Leibeigenen untergrub Ibadan seine eigene sozioökonomische Basis. Damit sich die Gefangenen zu einer echten Leibeigenenklasse hätten entwickeln können, hätte man ihnen das Recht, auf ihrer Scholle zu bleiben, garantieren und sie davor schützen müssen, verkauft zu werden. Das war einer der Gründe, warum die Sklaverei als Produktionsweise der Leibeigenschaft und dem Feudalismus weichen musste; und – unter normalen Bedingungen – garantierte die Gesellschaft der Yoruba denjenigen Gefangenen, die in das lokale Produktionssystem integriert wurden, schnell das Recht darauf, auf ihrem Land bleiben zu dürfen. Aber die Kräfte, die durch die Anwesenheit europäischer Sklavenhändler*innen entfesselt wurden, waren zu groß, um ihnen widerstehen zu können und mit dem Verlust der politischen Macht im Kolonialismus verschwand jede Hoffnung, das Problem zu beheben.

Historiker*innen messen dem Scheitern der Yoruba-Staaten des 19. Jahrhunderts, sich zusammenzuschließen und ein politisches Gebilde von der Größe des früheren Oyu-Reichs hervorzubringen, oftmals zu große Bedeutung bei. Erstens ist die Größe einer politischen Einheit nicht das wichtigste Kriterium, um die Errungenschaften ihrer Völker zu bewerten. Und zweitens kann sich ein gegebenes Volk politisch auflösen und sich später noch effektiver integrieren. Die Yoruba-Staaten Ibadan, Abeokuta und Ajaya wiesen Bevölkerungen von bis zu 100.000 Einwohner*innen auf – waren also so groß wie die meisten Stadtstaaten, Fürstentümer und Pfalzen des feudalen Deutschen Reiches. Es lohnt sich, diesen Vergleich einmal anzustellen. Er kam auch vielen europäischen Beobachter*inen in den Sinn, die Mitte des 19. Jahrhunderts Yorubaland besuchten.

Deutschland besaß seit langer Zeit eine gemeinsame Kultur und Sprache und vom 12. bis zum 15. Jahrhundert zur Zeit des Heiligen Römischen Reiches eine Form von politischer Einheit. Nach der Reformation und dem Auseinanderfallen des Reiches zersplitterte das deutsche Volk allerdings in so viele separate politische Einheiten, wie es Tage im Jahr gibt, einige davon kaum größer als ein öffentlicher Park. Dennoch entwickelten sich die internen Klassenverhältnisse und Produktivkräfte in ganz Deutschland weiter und schließlich erreichte man 1870 wieder die Einheit, wobei der Feudalismus dem mächtigen kapitalistischen Nationalstaat wich. Auch die Yoruba waren eine weit verstreute kulturelle Einheit mit einer gemeinsamen Sprache. Nach dem Sturz des Oyo-Reiches verlangsamten sich die Entwicklungsprozesse aufgrund von internen und externen

Faktoren, aber sie hörten nie ganz auf. Dafür bedurfte es erst der Ankunft des europäischen Kolonialismus.

Innerhalb der Sphäre der Sklaverei in Zentral- und Westafrika schritt die Staatenbildung mal mehr und mal weniger erfolgreich voran. Das Staatssystem der Akan beispielsweise wuchs in einer ebenso beeindruckenden Weise heran wie das des Oyo-Reiches. Zum Glück für die Akan erreichten die Sklav*innenexporte erst in der ersten Hälfte des 18. Jahrhunderts besorgniserregende Ausmaße. Zu diesem Zeitpunkt war ein Staat wie Aschanti bereits so fest verwurzelt, dass er den negativen Auswirkungen der Sklaverei widerstehen konnte. Er wurde weiterhin in das Kernland des Westsudan eingebunden und als die Brit*innen in den 1870er-Jahren versuchten, Aschanti Vorschriften zu machen, ergab sich dieses berühmte afrikanische Volk nicht ohne heldenhaften bewaffneten Kampf.

Aschantis Verbindung zum Sklav*innenexport im 18. Jahrhundert veranlasste seine Regierenden sich auf die Art des Expansionismus zu konzentrieren, die Gefangene durch Kriege, Überfälle, Tribute und als Handelsartikel aus den Ländern, in denen sie gefangen wurden, einbringen würde. Im Übrigen baute Akan sein Humankapital seit dem 15. Jahrhundert auf, anstatt es zu exportieren. Gefangene wurden vor Ort in die Gesellschaft eingegliedert; am Vorabend des Kolonialismus bestand ein nicht unwesentlicher Teil der Gesellschaft der Aschanti aus Odonko-ba – den Nachkommen früherer Gefangener, die auf dem Land die arbeitende Bevölkerung stellten. Die Entwicklung schritt nicht durch den Export und Verlust von Arbeitskräften voran, sondern dadurch, dass man deren Zahl vergrößerte und maximierte.

Dahomey

Aschantis östlicher Nachbar jenseits des Volta-Flusses war Dahomey. Da Dahomey tiefer und deutlich länger in den europäischen Sklav*innenhandel verwickelt war, soll über seine Erfahrungen hier ausführlicher berichtet werden.

Während des gesamten 18. und 19. Jahrhunderts wies Dahomey stagnierende, wenn nicht sogar rückläufige, Bevölkerungzahlen auf, sowie eine Wirtschaft, die praktisch nichts anderes zu bieten hatte außer den Export von Sklav*innen. Was Dahomey trotz alledem erreichte, macht den Errungenschaften der Menschen auf dem afrikanischen Kontinent alle Ehre. Es sollte klargestellt werden, dass die Vorarbeit für die soziopolitische Entwicklung der Völker der Aja oder der Fon oder von Dahomey in der Zeit geleistet wurde, die dem europäischen Einfluss auf Westafrika voranging. Im 15. Jahrhundert existierten die Aja-Staaten Allada und Whyda bereits und hatten eine lockere Verbindung zu den Yoruba aus Ife. Dahomey war im 16. Jahrhundert ein Ausläufer Alladas und expandierte im frühen 18. Jahrhundert so stark, dass es Allada und Whydah in sich aufnahm.

Die Könige von Allada und Whydah hatten den Fehler begangen, entweder ihre eigenen Bürger*innen nicht vor der Versklavung zu schützen oder deren Versklavung sogar zu dulden. Dahomey verfolgte nie eine solche Strategie, die dem Staatserhalt diametral gegenüberstand. Stattdessen wurde Dahomey letztlich der klassische Räuberstaat Westafrikas, nachdem man zuvor daran gescheitert war, die Europäer*innen dazu zu bewegen, irgendwelche andere Waren als nur Menschen zu akzeptieren. Um das zu erreichen, musste Dahomey erst einmal einen streng organisierten Militärstaat errichten, dessen Monarch*in viel näher an autoritären Herrscher*innen oder Despot*innen herankam als der Alafin von Oyo oder der Asantehene Aschantis. Zweitens investierte Dahomey viel Zeit und Raffinesse in seine Armee, um die eigene Bevölkerung zu beschützen und Kriege außerhalb des eigenen Territoriums zu führen.

In der europäischen Geschichte ist Sparta das auffallendste Beispiel eines Staates, der sich vollständig der Kunst des Krieges widmete. Europäer*innen, die im 18. und 19. Jahrhundert Afrika bereisten, bezeichneten Dahomey stets als ein schwarzes Sparta. Während des gesamten 18. Jahrhunderts war die Kavallerie von Oyo der Infanterie von Dahomey mehr als gewachsen und Dahomey blieb ein tributpflichtiger Teil des Oyo-Reiches. Mit dem Fall Oyos jedoch wurde Dahomey zum obersten Militärstaat in der Region und verübte tatsächlich auch Rache an seinen früheren Yoruba-Herren. Die Kriegsführung war notwendig, um Sklav*innen von *außerhalb* Dahomeys sowie Schusswaffen zu beschaffen. Sie war faktisch für das Überleben unentbehrlich.

Dahomeys eingehende Beschäftigung mit militärischen Angelegenheiten lässt sich auf vielerlei Weise veranschaulichen. Ihr Wertesystem belohnte diejenigen, die auf dem Schlachtfeld tapfer und siegreich waren, während die Feigen und Erfolglosen unbarmherzig der Verachtung preisgegeben oder sogar liquidiert wurden. Die zwei obersten Minister*innen der König*innen waren die Befehlshaber der »Linken« und der »Rechten« Armee, andere Militäroffizier*innen hatten politische Ämter inne. Auch in den künstlerischen Medien wurde das Thema Krieg immer wieder aufgegriffen. Herrliche Mosaike und Gemälde zierten die Wände der Paläste in Abomey und sie alle handelten von militärischen Erfolgen. Historische Berichte, die von professionellen Rezitator*innen wiedergegeben wurden, spiegelten dieselbe Voreingenommenheit wider und die Tuchmacher*innen waren damit beschäftigt, Embleme, Standarten und Schirme für die Generäl*innen und Regimenter herzustellen.

Zwei einzigartige Innovationen heben Dahomey von seinen afrikanischen Nachbar*innen ab und verleihen ihm gar einen besonderen Anspruch im Rahmen der feudalen oder halbfeudalen Militärorganisation. Erstens ermutigte Dahomey junge Knaben dazu, sich in der Kriegskunst ausbilden zu lassen. Ein Junge wurde im Alter von elf oder zwölf Jahren einem Veteranen zur Seite gestellt, dem er half, seinen Proviant zu tragen und an dessen Seite er die Kämpfe beobachten konnte. Die zweite Innovation (diejenige, die größere Beachtung fand) war der Einsatz der weiblichen Bevölkerung Dahomeys innerhalb der Armee. Allem Anschein nach begannen die Frauen im königlichen Palast im 18. Jahrhundert mit einer zeremoniellen Wache und wurden dann zu einem integralen Bestandteil von Dahomeys Militärapparat, unter der Bedingung völliger Gleichberechtigung hinsichtlich Belastung und Vergütung. Im 19. Jahrhundert umfasste die Bevölkerung Dahomeys wahrscheinlich nicht mehr als 200.000 Personen; und dem Staat gelang es, zwölf- bis fünfzehntausend Aktive auf jährliche Feldzüge zu schicken. Von diesen, so schätzte man 1845, waren um die fünftausend Frauen – die sogenannten Amazonen von Dahomey, die wegen ihrer Grausamkeit auf dem Schlachtfeld gefürchtet waren.

Langfristig betrachtet trieb der Sklav*innenhandel Dahomey in den Ruin. Feldzüge zur Sklav*innenbeschaffung waren kostspielig und hinsichtlich der Gefangenen nicht immer lohnend. Europäische Käufer*innen blieben in manchen Jahren aus, abhängig von der Lage in Europa (z.B. kam es während des Amerikanischen Unabhängigkeitskrieges, der Französischen Revolution und den darauffolgenden Revolutionskriegen zu einer Flaute bei den Sklav*innenexporten Dahomeys, da bedeutend weniger europäische Schiffe für den Sklav*innenhandel bereitgestellt werden konnten). Ohne den Verkauf von Gefangenen zur Beschaffung von Feuerwaffen, um mehr Kriege um Sklav*innen führen zu können, spürte Dahomey seinen Ruhm und seine militärische Ehre dahinschwinden. Der Rückgriff auf Menschenopfer war ein Versuch, das schwindende Ansehen des Staates und seines Monarchen zu kompensieren, wie im Falle des Oba von Benin im 19. Jahrhundert.

Dennoch ist die Geschichte der angeblichen Grausamkeit Dahomeys unglaublich übertrieben. Der Dahomey-Staat führte solche Weiterentwicklungen wie eine Volkszählung ein; er unterhielt diplomatische Beziehungen in Nah und Fern, mit all den Höflichkeiten und dem Protokoll, von dem man sonst nur in Verbindung mit »zivilisierten« europäischen Staaten hört; und er errichtete – als wesentlichen Bestandteil seiner eigenen Sicherheit – ein Spionage- und Nachrichtennetzwerk. Vor allem sollte die Aufmerksamkeit zumindest kurz auf die Rolle der Künstler*innen in der Gesellschaft Dahomeys gerichtet werden. Ein großer Teil der afrikanischen Kunst entspringt aus der Veredelung funktioneller Gegenstände, wie beispielsweise von Keramik und Stoff. Aber auch die Religion und die Staatsgewalt wirkten stimulierend auf die Kunst. Die Messing- und Bronzeskulpturen aus Ife beispielsweise wurden auf Weisung der religiösen Kulte angefertigt und wurden mit dem *Oni* von Ife und der königlichen Familie in Verbindung gebracht. Tatsächlich ist es ein äußerst weit verbreitetes Phänomen, dass die feudale Herrscher*innenklasse Künstler*innen unter ihren Schutz nahm, ihnen den Lebensunterhalt sicherte und Anerkennung zuteil werden ließ. Dies gilt auch für das China der Mandarine in Bezug auf die Produzent*innen von Keramiken und auf Theaterkünstler*innen; es gilt ebenso für das Italien der Renaissance im 16. Jahrhundert; und es gilt für Dahomey vom 17. bis zum 19. Jahrhundert.

Niemand weiß, welchen Einwohner*innen Dahomeys die Ehre für welche künstlerische Errungenschaft in der Zeit der Unabhängigkeit gebührt, die dem Kolonialismus voranging. Damals aber gab man bestimmten Personen die Möglichkeit zur Selbstverwirklichung und Selbstentfaltung und zum Dienst an der gesamten Gesellschaft. Ihre Aufgabe war es, Freude zu bereiten und die Hoffnungen und Ambitionen des Volkes festzuhalten: in den Wandgemälden der Paläste, in den schmiedeeisernen Skulpturen, in den geprägten Mustern der handgewebten königlichen Stoffe, in den kunstvoll geschnitzten Köpfen der Amtsinsignien der königlichen Botschafter*innen und in den lebhaften Erzählungen darüber, wie der Gründer des Königreichs Dahomey aus dem Bauch eines Leoparden kam. Es war Kunst, die sich um die König*innen und die Adelsfamilien drehte, aber es war auch ein nationales Produkt und ein Identifikationsmerkmal für das gesamte Volk. In der Folgezeit verschwanden diese künstlerischen Fertigkeiten entweder oder wurden entwertet, um die Neugierde der spießbürgerlichen Kolonisator*innen zu befriedigen.

In einigen Kreisen wird immer noch die Ansicht vertreten, dass die Entwicklung Dahomeys in bestimmten Bereichen auf den Sklav*innenhandel zurückzuführen sei. Um schlüssig nachzuweisen, dass die politische und militärische Entwicklung Afrikas bis zum 19. Jahrhundert eine Ausdehnung der bereits in einer früheren Epoche gelegten Grundlagen war, wendet man sich am besten Regionen zu, in denen sich kein ausländischer Einfluss bemerkbar machte. So eine Region ist das Zwischenseengebiet in Ostafrika.

Die Staaten des ostafrikanischen Zwischenseengebietes

In einer früheren Diskussion wurde die Aufmerksamkeit auf Bunyoro-Kitara als der bis zum 15. Jahrhundert fortschrittlichsten soziopolitischen Formation in Ostafrika gelenkt. Die dort herrschende Dynastie, die Bachwezi, ging aus ungeklärten Gründen unter und wurde von neuen Immigrant*innen aus dem Norden überwältigt. Während es einige Zweifel daran gibt, ob die Bachwezi äthiopische Wurzeln hatten, ist es erwiesen, dass die Menschen, die im 16. Jahrhundert einwanderten, Luo-Stämme waren, die aus einer Gegend am Nil kamen, wo dieser durch den Sudan fließt.

Im Anschluss an die Luo-Migrationen übernahm eine neue Linie, die Babiito-Dynastie, die Macht über Bunyoro selbst. Andere Zweige derselben Dynastie erklommen an verschiedenen anderen Orten den Thron und lösten sich manchmal von der Hauptlinie. Noch im 19. Jahrhundert entstand in Toro ein separates Babiito-Königreich. Währenddessen kamen die Bachwezi oder Bahima in Regionen im Süden wieder an die Macht, diesmal in Form eines Clans namens Bahinda. Die Bahinda waren einer der Hirt*innenclans des alten Bunyoro-Kitara-Staates und ihre Hochburg hatten sie vom 16. Jahrhundert an in Ankole und Karagwe.

Natürlich trachtete die neue Herrscherklasse der Babiito sofort danach, die Kontrolle über das Land zu erlangen, aber gemäß den afrikanischen Sitten, versuchten sie es später so darzustellen, als wären sie die ursprünglichen Eigentümer*innen des Landes, statt Usurpatoren. In Bugosa, wo es einige weniger bedeutende Babiito-Könige gab, überlieferte ein Forscher den folgenden Dialog über das Land zwischen einem Mitglied der königlichen Familie und einem einfachen Bürger:

> Mitglied der königlichen Familie: *Wir fanden diesen Ort leer vor und haben etwas daraus gemacht. Später kamt ihr und bettelte um Land. Wir waren großzügig und gaben euch etwas davon ab. Natürlich seid ihr nun unsere Sklaven.*
>
> Bürger: *Oho! Welch Lüge! Wir waren lange vor euch hier. Ihr kamt durch Trickserei an die Macht. Eure Prinzen waren schon immer Halunken!*

In keiner Phase der Geschichte der noch unabhängigen Staaten des Zwischenseengebietes wurde Land zum bloßen persönlichen Eigentum, das von einer bestimmten Klasse monopolisiert werden konnte, wie es im klassischen Feudalsystem Europas der Fall war. Dieses Merkmal wird von Wissenschaftler*innen häufig verlangt, bevor sie eingestehen, dass die Stufe des Feudalismus erreicht wurde; aber sie lassen dabei die Tatsache außer Acht, dass die Verteilung und das Nutzungsrecht (oder der Ertrag) des Landes in den Händen einiger weniger liegen kann. Sie bemerken auch nicht, dass dort, wo Vieh die vorherrschende Form von Reichtum war, das Privateigentum an Herden auch ein Teil des Prozesses war, durch den die Produzent*innen von den Produktionsmitteln getrennt wurden. Genauer gesagt waren diejenigen, die die Herden besaßen, gewöhnlich die Bahinda oder andere Bahima oder die neuen Babiito-Familien, während diejenigen, die sich um die Herden kümmerten, Abhängige und praktisch Leibeigene der Eigentümer*innen waren. Soweit es das Land betraf, so mussten die Bäuer*innen, die es bestellten, eine hohe Steuer in Form des Ertrags an die Clan-Häupter und herrschenden Autoritäten entrichten, damit letztere leben konnten, ohne selbst landwirtschaftlicher Arbeit nachgehen zu müssen.

Es ist wichtig, sich vor Augen zu halten, dass, im Prozess der unabhängigen Entwicklung auf allen Kontinenten, die Steigerung der Produktionskapazitäten von einer Zunahme der Ungleichheit begleitet war – außer im Sozialismus. Zu sagen, dass sich das Zwischenseengebiet bis an den Vorabend des Kolonialismus ununterbrochen weiterentwickelte, bedeutet, die expandierende Produktionskapazität der Staaten hervorzuheben und zur gleichen Zeit offen anzuerkennen, dass das das Ergebnis zunehmender Ausbeutung nicht nur der natürlichen Ressourcen, sondern auch der arbeitenden Mehrheit war. Letztere wurde entrechtet und unterdrückt, um sie dazu zu bringen, im Interesse einiger Weniger zu arbeiten, die in Palästen lebten.

Die Reiche des Zwischenseengebietes befanden sich hauptsächlich auf dem Territorium der heutigen Staaten Uganda, Ruanda und Burundi. In Tansania finden sich nur im Nordosten Vertreter des Staatenkomplexes des Zwischenseengebietes. Der Nordosten Tansanias war in vorkolonialer Zeit der am weitesten entwickelte Teil des Landes, da das übrige Festland Tansanias aus zahlreichen kleinen Königreichen bestand, die das kommunalistische Stadium noch nicht endgültig hinter sich gelassen hatten. Der Nordosten Tansanias war allerdings auch der Teil des Landes, in dem es zu Problemen kam, als nach der Kolonialzeit eine neue Ideologie der Gleichheit gepredigt wurde, da es dort bereits ein Regime der Ungleichheit gab – in der Verteilung von Land und Erzeugnissen ebenso wie bei den persönlichen Rechten. In der Tat war das Gebiet im eigentlichen politischen Sinn feudal.

Es existieren einige Meinungsverschiedenheiten, was die Ursprünge des wichtigen Zwischenseenstaates Buganda betrifft. Einige Überlieferungen weisen ihm den gleichen Luo-Ursprung zu wie Bunyoro, während andere dazu neigen, ihn für ein Bachwezi-Überbleibsel zu halten. Die Gesellschaftsstruktur entsprach sicherlich weitgehend derjenigen des Bunyoro der Babiito. Im Gegensatz zur Situation in Ankole in Buganda, hielten die Bahima nicht die Zügel politischer Herrschaft in ihren Händen. Sie wurden oft mit der viehbesitzenden Herrscher*innenklasse in Verbindung gebracht, sehr oft in der untergeordneten Funktion als Hirten. Wie dem auch sei, Bugandas Geschichte war eine der graduellen Expansion und Konsolidierung auf Kosten Bunyoros und anderer Nachbar*innen. Bis zum 18. Jahrhundert war es zur dominierenden Macht in der gesamten Region geworden.

Der Buganda-Staat hatte eine solide landwirtschaftliche Grundlage, in der Bananen das Grundnahrungsmittel bildeten und Rindererzeugnissen zur Verfügung standen. Ihre Handwerker*innen produzierten Schwarztuch für den Export und die örtliche Produktion von Eisen und Töpfen wurde durch Importe aus benachbarten afrikanischen Gemeinschaften gestützt. Das Fehlen von Salz war ein starker Anreiz, ihr Handelsnetzwerk zu vergrößern, um notwendigen Nachschub zu erhalten. Eine solche Ausweitung des Handelsnetzes integrierte praktisch die produktiven Ressourcen eines großen Gebietes – dies galt auch für den Westsudan. Carl Peters, der Vorreiter des deutschen Kolonialismus in Ostafrika, bemerkte, dass *»bei der Einschätzung der politischen und kommerziellen Angelegenheiten Ostafrikas zu wenig Gewicht auf diesen internen Handel zwischen den Stämmen gelegt wird. Der Tauschhandel in Buganda entzieht sich jedem direkten Ermessen.«* Im Falle Bugandas spielte die Abwesenheit des Sklav*innenhandels sicherlich eine wichtige Rolle darin, Binnenproduktion und -handel zu erweitern und so eine solide Basis für den politischen Überbau zu liefern.

Die Könige Bugandas führten einen kleinen Trupp stehender Streitkräfte ein, der als Leibwache diente. Der Rest der nationalen Armee wurde bei Bedarf ausgehoben. Die politische Verwaltung wurde unter dem Kabaka[174] zentralisiert und die Distriktvorsteher wurden vom Kabaka und seinem Rat ernannt, anstatt von den Clans auf der Basis der Familiennachfolge gestellt zu werden. Großer Einfallsreichtum floss in die Ausarbeitung der Pläne ein, ein so großes Königreich durch ein Netz aus lokalen Beamten zu verwalten. Die vielleicht größte Anerkennung für die politische Raffinesse Bugandas kam von den Brit*innen, als sie Buganda und andere ostafrikanische Feudalstaaten im 19. Jahrhundert entdeckten. Es war die deutlichste Form der Anerkennung,

174 Königstitel im Buganda-Reich [Anm. d. Red.]

weil sie widerwillig von weißen Rassist*innen und kulturell arroganten Kolonisator*innen stammte, die nicht eingestehen wollten, das Afrikaner*innen zu irgendetwas fähig waren.

Tatsächlich waren die Europäer*innen so beeindruckt von dem was sie im Zwischenseengebiet sahen, dass sie die Theorie ersannen, dass diese Staaten unmöglich von Afrikaner*innen errichtet worden sein könnten und deshalb in früheren Zeiten von »Hamiten« aus Äthiopien gegründet worden sein müssten. Dieser Mythos schien von der Tatsache untermauert zu werden, dass es von den Bachwezi heißt, sie seien hellhäutig gewesen. Zum einen wären die Bachwezi allerdings – wenn sie aus Äthiopien eingewandert wären – schwarze oder braune Afrikaner*innen gewesen. Und zweitens waren die Kulturen Ostafrikas, wie bereits erwähnt, Synthesen aus lokalen Entwicklungen und Beiträgen von außerhalb der spezifischen Orte. Sie waren mit Sicherheit keine Importe aus dem Ausland.

Nimmt man an, dass die Bachwezi oder Bahima aus Äthiopien stammten, dann hätten sie ihre Sprache verloren und angefangen Bantu zu sprechen, wie ihre Untertan*innen. Dasselbe geschah mit der Babiito-Dynastie der Luo, was darauf hindeutet, dass sie von der lokalen Kultur absorbiert wurde. Des Weiteren knüpften die Babiito und die Bahima/Bahinda vom 16. bis zum 19. Jahrhundert enge Verbindungen. Praktisch ging aus verschiedenen ethnischen Gruppen, Kasten und Klassen eine Anzahl von »Nationalitäten« hervor. Die »Nationalitäts«-Gruppe gilt als die gesellschaftliche Formation, die dem Nationalstaat unmittelbar vorausgeht; und diese Definition trifft auf die Völker Bugandas, Bunyoros, Ankoles, Karagwes und Toros zu, sowie auf diejenigen Ruandas und Burundis.

Ruanda

Der westlichste Teil des Zwischenseengebietes umfasst die Königreiche Ruanda und Burundi. Die beiden Länder, die heute diese Namen tragen, bildeten sich um diese alten Königreiche herum. Hier soll die Geschichte Ruandas betrachtet werden.

Wie das alte Bunyoro-Kitara-Königreich und wie sein Nachbarstaat Ankole war Ruanda in zwei große gesellschaftliche Gruppen gespalten. Obwohl die breite Mehrheit der Bevölkerung Ackerbäuer*innen waren, die als Bahutu bekannt sind, lag die politische Macht in den Händen der Batutsi-Hirt*innen, die ca. 10 Prozent der Bevölkerung ausmachten. Eine noch kleinere Minderheit waren die Batwa (ca. 1 Prozent), die auf einer sehr niedrigen Stufe der vorackerbaulichen Gesellschaftsorganisation standen.

Der relative Körperbau der drei gesellschaftlichen Segmente in Ruanda bietet einen interessanten Einblick in die Entwicklung der menschlichen Spezies. Die Batutsi zählen zu den größten Menschen der Welt, die Bahutu sind kurzgewachsen und gedrungen und die Batwa sind Pygmäen. Die Unterschiede können größtenteils mit Blick auf die soziale Stellung und die Ernährung erklärt werden. Die Batwa lebten nicht in sesshaften Ackerbaugesellschaften; stattdessen zogen sie in kleinen Gruppen umher und jagten und gruben nach Wurzeln, wodurch sie keine ausreichende und ausgewogene Ernährung sicherstellen konnten. Die Batutsi-Hirten verkörperten das andere Extrem. Sie lebten von einer ständig verfügbaren und reichhaltigen Ernährung aus Milch und Fleisch. Die Bahutu waren sozial weiter fortgeschritten als die Batwa; sie aßen mehr und regelmäßiger als Letztere, da der Ackerbau der Bahutu bedeutete, dass sie den Launen der Natur nicht vollständig ausgeliefert waren und wie die Batwa knappen Wildtierbeständen hinterherjagen mussten. Allerdings erreichte ihre Ernährung nicht die Qualität der proteinreichen Ernährung der Batutsi. So ist die Entwicklung des Menschen als physischem Wesen im weitesten Sinne auch mit der Ausweitung der Produktionskapazitäten und der Verteilung von Nahrungsmitteln verbunden.

In jedem Fall waren es eher ihre politischen und militärischen Leistungen als ihre Größe, die die Batutsi aus historischer Sicht auszeichneten. Ihr Beitrag zum Königreich Ruanda geht auf das 14. Jahrhundert zurück, auf eine Zeit, die mit der der Bachwezi zusammenfällt. In der Tat gab es auffällige Parallelen und tatsächliche Verbindungen zwischen Ruanda und Ankole sowie zwischen Karagwe und Burundi. Doch anders als Bunyoro-Kitara war Ruanda im 14. und 15. Jahrhundert weit davon entfernt, ein einheitliches politisches Gebilde zu sein. Es existierten verschiedene kleine Stammesfürstentümer und es war die Expansion eines Tutsi-Clans in Zentralruanda, die im 17. Jahrhundert schrittweise einen kleinen kompakten Staat entstehen ließ. Noch später weitete dieser zentralruandische Staat seine Grenzen aus und war damit auch noch beschäftigt als die Kolonialist*innen eintrafen. Die Herrscher in Mpororo (Ankole) zahlten bereits Tribut an Ruanda, welches auf Ankoles Kosten wuchs.

An der Spitze des Königreichs Ruanda stand der Mwami. Wie bei so vielen anderen afrikanischen Herrscher*innen war deren Macht durch religiöse Vorstellungen abgesichert und die Person von religiösen Ritualen umgeben. Die König*innen des feudalen Europa versuchten oft, ihre Untertan*innen glauben zu machen, dass die königliche Autorität von Gott ausgehe und König*innen daher von »Gottes Gnaden regieren. Die Untertan*innen afrikanischer König*innen, wie die des Mwami Ruandas, gaben sich oftmals mit etwas zufrieden, was dieser Behauptung recht nahe kam. Natürlich musste sich die Autorität der König*innen zusätzlich auch auf wirkliche Macht gründen, eine Tatsache, die auch der Mwami Ruandas nicht übersah.

Ein berühmter Mwami im 18. Jahrhundert war Rujugira und der Letzte der unabhängigen Linie war Rwabugiri (bekannt unter dem Namen Kigeri IV.), der 1895 verstarb. Gahindiro war ein weiterer Mwami, dessen Lob von den Hofmusikant*innen und Geschichtsschreiber*innen gesungen wurde. Jede*r von ihnen wird mit einem oder mehreren Beiträgen zur Konsolidierung und Erweiterung der Machtstruktur des Staates in Verbindung gebracht, was bedeutet, dass jede*r von ihnen bestimmte historische und nationale Kräfte, sowie Klassenkräfte verkörperte.

Im 18. Jahrhundert unternahm der Mwami Rujugira den Schritt, seine Grenzgebiete unter die ausschließliche Autorität eines Militärkommandanten zu stellen und starke Soldatenkontingente dort zu stationieren. Dieser Schritt war wichtig, da die Grenzgebiete die unsichersten Regionen jedes jungen und wachsenden Staates sind. Die in der Terminologie des feudalen Europas als »Marken« bezeichneten Grenzgebiete, wurden von Rujugira praktisch unter Militärgesetz gestellt und an strategischen Orten ließ er ständige Militärlager errichten.

Früh im 19. Jahrhundert überarbeitete Mwami Gahindiro die zivile Verwaltung. In jeder Provinz wurde ein Land- und ein Viehhäuptling eingesetzt, wobei der eine für die Landpacht und der andere für die Viehabgaben zuständig war. Neben diesen gab es in allen Provinzen noch kleinere Bezirksverwalter oder »Hügelhäuptlinge« – allesamt Mitglieder der Batutsi-Aristokratie. Ob aus Versehen oder mit Absicht – es stellte sich heraus, dass die für die verschiedenen Gebiete zuständigen Verwalter eifersüchtig aufeinander waren, was sie davon abhielt, sich zusammenzuschließen und sich gegen den Mwami zu verschwören. Das Amt des »Berghäuptlings« wurde lange Zeit innerhalb bestimmter Batutsi-Clans oder -stämme vererbt, doch unter Rwabugiri wurden sie ernannt – ein weiterer Schritt zur Stärkung der Zentralregierung. In der Zwischenzeit wurden den Beamten und Ratsmitgliedern (kollektiv als Biru bekannt) Land zugeteilt, das frei von der Einmischung der Land- und Viehhäuptlinge war, wodurch die Loyalität der Biru gegenüber dem Thron gefestigt wurde.

Das System sozialer Beziehungen, das in Ruanda entstand, war hierarchischer und feudaler als in den meisten anderen Teilen Afrikas. Hierarchie und sozialrechtliche Wechselwirkungen von Klassen und Individuen waren Merkmale der

Armee, der Zivilverwaltung und des sozialen Gefüges selbst. Der Schlüssel zu allem anderen war die Kontrolle über das Vieh durch eine Institution namens »*ubuhake*.« Das bedeutete, dass diejenigen, die arm an Vieh waren und diejenigen, die einen niedrigen Status qua Geburt hatten, sich an eine Person wenden konnten, die mehr Vieh besaß und einen höheren Status inne hatte und dieser im Austausch gegen Vieh und Schutz ihre Arbeitskraft anbieten konnten. Die Rinder wurden nie als Eigentum übergeben; es wurde lediglich das Nießbrauchsrecht an eine*n Abhängige*n übertragen. Die Abhängigen konnte das Vieh also so lange nutzen, wie er oder sie im Gegenzug Milch und Fleisch an seinen oder ihren Herrn ablieferte und loyal blieb. Auch die Bäuer*innen auf dem Land mussten natürlich Arbeit leisten und Tribut in Form von Nahrungsmitteln entrichten.

Die Batutsi-Aristokratie erfüllte ihre Funktion, »Schutz« zu bieten, teils durch Repräsentation am Hof des Mwami oder indem sie die von ihnen Abhängigen in Rechtssachen verteidigten. In erster Linie bestand der Schutz allerdings in der Spezialisierung auf die Militärkunst. Seit dem 15. Jahrhundert bestand für bestimmte Batutsi-Familien eine Wehrpflicht. Söhne der Batutsi-Aristokratie wurden königliche Pagen und erhielten all ihre Bildung in einem militärischen Kontext. Jeder neue Mwami führte neue Rekrutierungen durch, um die bestehenden Streitkräfte zu vergrößern. Einige der Bahutu wurden bestimmten Regimentern zugeteilt, um Verpflegung bereitzustellen und auch die Batwa wurden als professionelle Bogenschützen (mit Giftpfeilen) eingegliedert.

Natürlich war der Schutz, den die Batutsi den Bahutu spendeten, ein Mythos in dem Sinne, dass das, was sie wirklich beschützten, ihr Ausbeutungsverhältnis zu den Bahutu war. Sie verteidigten sie vor äußeren Feind*innen, damit die Bevölkerung dicht und zahlreich wurde. Sie schonten die Bahutu, sodass diese ihr hochentwickeltes landwirtschaftliches Wissen nutzen konnten, um Überschüsse zu erwirtschaften. Außerdem bestand die oberste Schicht der Batutsi aus Viehbesitzer*innen, die ihr Vieh den geringeren Batutsi zur Pflege überließen und so die Arbeitskraft und die fundierten empirischen Erkenntnisse der einfachen Viehhirt*innen ausnutzten. Wie in Europa und Asien, war solcherart die sozioökonomische Basis, die das Leben der Muße und der Intrigen der Batutsi-Aristokratie stützte.

Zwischen den Batutsi und den Bahutu kam es kaum zu Eheschließungen, weswegen man sie als Kasten betrachtet. Auch die Batwa lassen sich einer ähnlichen Kategorie zuordnen; da die Kasten aber hierarchisch übereinander angeordnet waren, handelte es sich auch um eine Klassensituation und bis zu einem gewissen Grad bestand eine Auf- und Abwärtsmobilität von einer Klasse zur anderen. Zur selben Zeit bildeten Batutsi, Bahutu und Batwa zusammen die ruandische Nation, da sie gemeinsame Interessen hatten, die sie auch gegen die Batutsi, Bahutu und Batwa verteidigten, die das Königreich Burundi bildeten. Die Menschen Ruandas waren nicht allein darin, einen Staat und ein Nationalbewusstsein zu entwickeln, während sie gleichzeitig die Entstehung von stärker differenzierten Klassen und Kasten innerhalb der Gesellschaft erlebten. Der wichtigste Punkt ist, dass es ihnen möglich war, sich relativ frei von äußeren Einflüssen zu entwickeln, vor allem frei von den direkten Verheerungen des Sklav*innenhandels.

Ama-Zulu

Dieselbe Freiheit vom Sklav*innenhandel herrschte auch in Südafrika, da westafrikanische Gefangenenexporte in Angola begannen und ostafrikanische Exporte aus Mosambik und weiter nördlich gelegenen Gebieten stammten. Die Region südlich vom Limpopo hatte bis zum 15. Jahrhundert eine der einfacheren Gesellschaftsformen in Afrika. Die östliche Seite war noch relativ spät spärlich von den Hirt*innen der Khoi Khoi bevölkert, die langsam von Bantu sprechenden Völkern verdrängt wurden. Als die europäischen Schiffe im 16. Jahrhundert die Küste Natals erreichten, handelte es sich dabei noch um eine Region mit weit verstreut liegenden Gehöften, doch in den folgenden Jahren verdichtete sich die Bevölkerung und es kam zu wichtigen politisch-militärischen Entwicklungen.

Jeder, der ein wenig in der Vergangenheit Afrikas bewandert ist, wird bereits von Shaka gehört haben, dem Zulu-Anführer, der die sozialen und politischen Veränderungen im östlichen Teil Südafrikas verkörperte wie kein anderer. Ein Biograph (ein Europäer) hatte Folgendes über ihn zu berichten:

> *»Napoleon, Julius Caesar, Hannibal, Karl der Große ... solche Männer sind im Laufe der Weltgeschichte immer wieder aufgetaucht, um sich einen Weg des Ruhmes zu bahnen, der sie über das allgemeine Niveau erhob. So ein Mann war auch Shaka, vielleicht sogar der Größte unter ihnen allen.«*

Der obige Lobgesang erschien auf dem Buchrücken der fraglichen Biographie; und da kapitalistische Verleger*innen Bücher genauso behandeln wie Seifenpulverschachteln, muss man zugegebenermaßen skeptisch gegenüber jeder Werbung sein, die einem das Buch verkaufen will. Nichtsdestotrotz vergleichen sämtliche (afrikanischen wie europäischen) Kommentator*innen Shaka immer wieder wohlwollend mit den »Großen Männern« der europäischen Geschichte. Es bietet sich daher an, die Gesellschaft der Ama-Zulu bis zum 19. Jahrhundert zu untersuchen, wobei der Blick auf das Verständnis der Rolle des Anführers in Beziehung zur Entwicklung der Gesellschaft als Ganzes gerichtet werden soll.

Shaka wurde um das Jahr 1787 herum geboren und die eindrucksvollen Errungenschaften, die ihm in seiner 40 Jahre umspannenden Lebenszeit zugesprochen werden, können hier nur kurz aufgelistet werden. Im Jahr 1816 war er das Oberhaupt eines kleinen Ama-Ngoni-Clans, der Ama-Zulu. Innerhalb weniger Jahre hatte er ihn militärisch neu organisiert – sowohl in Bezug auf die Waffen als auch auf die Taktik und Strategie des Krieges – sodass der Ama-Zulu-Clan zu einer gefürchteten Kampftruppe wurde. Durch Kriegsführung und politische Manöver vereinte und befehligte er die Ama-Ngoni, die zuvor in Dutzende unabhängiger oder semi-unabhängiger Clans aufgespalten waren. An einem Punkt schien es, als wäre Shaka kurz davor, das gesamte Gebiet des heutigen Natal, Lesotho und Swasiland unter seiner Herrschaft zu vereinigen. Als er 1828 starb, war diese Aufgabe noch nicht abgeschlossen und auch seine Nachfolger waren nicht in der Lage, die Herrschaft Shakas weiterzuführen. Aber das Territorium, über das die Nation der Ama-Zulu im späten 19. Jahrhundert verfügte, war hundertmal größer als die ursprünglichen 260 Quadratkilometer des Ama-Zulu-Clans, die Shaka 1816 geerbt hatte. Es war ein geringerer und schwächerer Ama-Zulu, der 1879[175] noch in der Lage war, den Brit*innen in der Schlacht von Isandhlwana eine der vernichtendsten Niederlagen in der Geschichte ihrer Überseeabenteuer beizubringen.

Shaka wuchs in einer Zeit auf, als die Fragen der Einheit und der effektiven Armeen unter den Ama-Ngoni zum ersten Mal ernsthaft gestellt wurden. Zuvor zeigten die Clans (die im Allgemeinen mit Häuptlingstümern zusammenfielen) eine Tendenz, sich zu spalten oder in immer kleiner werdende Einheiten auseinanderzubrechen. Wenn der älteste Sohn eines Stammesoberhaupts das Erwachsenenalter erreicht hatte, zog er los, um seinen eigenen Kraal zu gründen, wodurch ein neuer Junior-Clan entstand, da der Clan des Vaters ihm übergeordnet blieb und seine Leitung an den ältesten Sohn der »Großen Gattin« weitergegeben wurde. Dieses Muster, bzw. diese Segmentierung war möglich, solange die Bevölkerungsdichte gering und reichlich Land für Ackerbau und Viehzucht vorhanden war. Unter diesen Umständen gab es wenig Konkurrenz um Ressourcen oder politische Macht und Kriege waren kaum gefährlicher als ein Fußballspiel in Lateinamerika. Gewöhnlich stand ein Clan in einer traditionellen Rivalität mit einem anderen Clan. Sie kannten sich gegenseitig gut und ihre besten Männer kämpften im Geiste der Festlichkeit. Ein oder zwei mögen dabei umgekommen sein, aber dann gingen alle nach Hause, bis ein Revanche-Kampf stattfand.

175 im Original bei Rodney 1876. [Anm. d. Red.]

Zu Beginn des 19. Jahrhunderts hatte sich das gemächliche Tempo des Lebens und der Politik der Ama-Zulu beträchtlich verändert. Eine größere Bevölkerung bedeutete, dass es immer weniger Platz für Jüngere gab, um »auszuschwärmen« und einen eigenen Clan zu gründen. Es bedeutete auch weniger Weideland für das Vieh und infolgedessen Streit um Vieh und Land. Als die Ama-Zulu begannen, in regelmäßigeren Abständen gegeneinander zu kämpfen, spürten sie die Notwendigkeit, dabei effizienter vorzugehen. Zur selben Zeit erkannten ältere Clan-Häupter die Notwendigkeit einer politischen Struktur, die Einigkeit garantieren, Ressourcen maximieren und interne Konflikte minimieren konnte.

Shaka widmete sich sowohl den militärischen als auch den politischen Problemen des Zululandes, die er als zwei Seiten derselben Medaille betrachtete. Er war der Meinung, dass ein zentralisierender politischer Nukleus militärische Überlegenheit sichern und sie den anderen Sektoren demonstrieren würde. Das würde allgemein zur friedlichen Akzeptanz des größeren politischen Staates führen, andernfalls würde man die Dissident*innen gründlich austilgen.

Die Zeit der Konflikte und des Krieges im Zululand des frühen 19. Jahrhunderts ließ Truppen zwar viel öfter aufeinanderstoßen, das Muster der militärischen Begegnungen blieb aber das des Werfens leichter *umkhonto* (Speere). Wie feudale Armeen in Europa und Asien herausfanden, verursacht im Nahkampf eine in den Händen gehaltene Waffe deutlich mehr Schaden, weshalb sie zum Gebrauch von Schwert und Pike übergingen. Shaka kam in seiner Zeit als junger Soldat auf die Idee, ein schweres, kurzes Assegai zu entwickeln, das man nur zum Stechen, aber nicht zum Werfen verwendete. Zusätzlich schaffte er die losen Sandalen ab, um schneller an den Gegner heranzukommen und auf nahe Distanz wendiger zu sein. Die Erfahrung lehrte Shaka und seine Altersgenoss*innen dann die spezielle Technik, wie Schilde und Assegais zum größten Nutzen eingesetzt werden konnten.

Natürlich umfasst Kriegsführung nicht nur das Aufeinandertreffen einzelner Soldat*innen, sondern auch (was wichtiger ist) ein System aus Taktik und Strategie in Verhältnis zur Gesamtheit der gegnerischen Streitkräfte. Dieser Aspekt des Kriegs zog ebenfalls Shakas Aufmerksamkeit auf sich und seine herausragende Innovation kam in Form der *izimpi* (Regimenter), die so eingesetzt wurden, dass hinter der kämpfenden Vorhut eine Reserve zurückbleiben und zwei Flügel oder »Hörner« gebildet werden konnten, um die Flanken der Gegner*innen einzukreisen. Zu guter Letzt (und am wichtigsten) muss eine Armee trainiert, diszipliniert und organisiert sein, sodass sie im Krieg wie im Frieden eine sinnvolle Einheit darstellt. Shaka schuf neue Regimenter, die Männer im Alter von bis zu 40 Jahren umfassten. Er hielt seine *izimpi* in ständigem Training und im »Arbeitsdienst«, sodass der einzelne Soldat fit und tüchtig blieb, während die Armee als Ganzes auf die Wünsche ihrer Kommandeure abgestimmt wurde.

Die Zulu-Armee war mehr als eine Streitmacht. Sie war eine Bildungseinrichtung für die Jugend und ein Instrument zum Aufbau von Loyalität, die die Clans überspannte und als national bezeichnet werden konnte. Beförderungen wurden nach Leistung vergeben und nicht nach Clan oder Herkunftsgebiet. Der erzwungene Gebrauch des Zulu-Zweigs der Ngoni-Sprachfamilie wirkte auch auf ein Nationalbewusstsein hin. Auf einem Gebiet mit einer Fläche von 311.000 Quadratkilometern, begann die Bevölkerung, sich als Ama-Zulu zu bezeichnen und ihre Clan-Namen an zweite Stelle zu setzen. Der Einfluss der Zulu war noch über eine viel größere Fläche deutlich zu spüren. Maßnahmen wie die Eindämmung der Exzesse der Wahrsager*innen (*izanusi*) und die Tatsache, dass Zululand von internen Kämpfen befreit wurde, führten zu einem Zustrom von Menschen von jenseits der Grenzen – ein positiver Beitrag zu den Ressourcen des Zulu-Staates.

Europäische Reisende, die schriftliche Berichte über Zululand zu Shakas Zeit hinterlassen haben, waren beeindruckt von der Reinlichkeit (so wie sie es im 15. Jahrhundert in Benin waren) und ebenso verblüfft von der sozialen Ordnung, dem Ausbleiben von Diebstählen und dem Gefühl der Sicherheit (genauso wie einst die Araber*innen, die den Westsudan während seiner Zeit der imperialen Größe bereisten). Tatsächlich waren sowohl die Sauberkeit als auch die Sicherheit von Leben und Eigentum schon seit jeher Teil des Zulu-Alltags. Das Beeindruckende unter Shakas Herrschaft war die Größenordnung, in der diese Dinge dank dem schützenden Schirm des Staates ausgeweitet wurden. Beeindruckt davon waren Europäer*innen; und europäische Zeugnisse sind die aussagekräftigsten, da es sich bei ihnen kaum um pro-afrikanische Propaganda gehandelt haben wird. Ein weißer Besucher, der einen Aufmarsch von 15 von Shakas Regimentern sah, schrieb, dass *»es das aufregendste Erlebnis war; überraschend für uns, die wir uns nicht hatten vorstellen können, dass eine Nation angeblicher ›Wilder‹ so diszipliniert und ordentlich sein konnte.«*

Es könnte noch vieles mehr über die politischen Institutionen und die Armee der Ama-Zulu gesagt werden. Aber für uns ist es relevant, zu verstehen, warum vor der Kolonialherrschaft im 19. Jahrhundert in Afrika ein Phänomen wie Shaka möglich war.

Wäre Shaka der Sklave irgendeines Baumwollpflanzers in Mississippi oder irgendeines Zuckerrohrpflanzers in Jamaika gewesen, hätte man ihm vielleicht ein Ohr abgeschnitten oder eine Hand abgehackt, weil er ein *»aufsässiger N*gg*r«* gewesen wäre. Im besten Fall hätte er sich als Anführer eines Sklav*innenaufstands einen Namen gemacht. Denn die einzigen Männer von Größe unter den *Unfreien* und den Unterdrückten sind die, die dafür kämpfen, den Unterdrücker zu *vernichten.* Auf einer Sklav*innenplantage hätte Shaka keine Zulu-Armee und keinen Zulu-Staat errichtet – soviel ist gewiss. Während der Kolonialzeit hätte kein*e Afrikaner*in irgendetwas *errichten* können, egal was für ein Genie er oder sie gewesen wäre. So aber war Shaka ein Hirte und ein Krieger. Als Jugendlicher kümmerte er sich auf den offenen Ebenen um das Vieh – *frei*, sein eigenes Potential zu entfalten und es auf seine Umwelt anzuwenden.

Shaka war in der Lage, seine Talente und seine kreative Energie in ein lohnenswertes Unterfangen des Aufbaus zu stecken. Er kümmerte sich weder um den Kampf gegen noch für die Sklavenhändler*innen; er kümmerte sich nicht um das Problem, wie man Waren nach Schweden und Frankreich zurückverkaufen konnte. Er kümmerte sich darum, wie man das Gebiet der Zulu innerhalb der Grenzen, die seine Bevölkerungsressourcen ihm steckten, entwickeln konnte.

Man muss anerkennen, dass z. B. militärische Techniken Antworten auf reale Bedürfnisse waren, dass das Wirken des Einzelnen seinen Ursprung in der Gesellschaft als Ganzes hat und von ihr unterstützt wird und dass das, was einzelne Anführer*innen erreichen konnten, durch die historischen Umstände und den Entwicklungsstand begrenzt war, die bestimmen, inwieweit Einzelne ihr Potential zunächst entdecken, dann steigern und schließlich entfalten können.

Um die obigen Punkte etwas zu konkretisieren, sei angemerkt, dass Shaka dazu animiert wurde, den schweren Stich-Assegai zu entwickeln, als er feststellte, dass der Wurfspeer bei der Verwendung als Stichwaffe zerbrach. Und noch wichtiger: Shakas Lösung war abhängig von der kollektiven Anstrengung der Ama-Zulu. Shaka konnte befehlen, dass ein besserer Assegai geschmiedet werden solle, da die Ama-Ngoni schon seit langer Zeit Eisen verarbeiteten und sich in einigen Clans spezialisierte Schmiede fanden. Es war ein Tribut an die organisatorischen und landwirtschaftlichen Fähigkeiten der Gesellschaft als Ganzes, dass sie eine stehende Armee von 30.000 Mann ernähren und erhalten, sie mit neuen Eisenwaffen ausrüsten und jeden Soldaten mit einem großen Zulu-Schild aus Rinderhaut austatten konnte.

Da die wissenschaftliche Basis und die experimentellen Voraussetzungen in der Zulu-Gesellschaft noch fehlten, konnte Shaka keine Feuerwaffe erfinden – egal was für ein Genie er gewesen wäre. Wie oben geschildert, konnte er sein Volk allerdings dazu bewegen, bessere Waffen zu schmieden. Des Weiteren fand er es empfänglich für bessere selektive Zuchtpraktiken, als er spezielle königliche Herden anlegen ließ, da es bereits über einen großen Fundus empirischen Wissens über Rinder und eine Liebe zur Herdentierhaltung verfügte.

Auf politisch-militärischem Gebiet trat Shaka in die Fußstapfen seines ursprünglichen Beschützers, Dingiswayo, und in gewissem Maße auch in die von Zwide, eines Rivalen sowohl Dingiswayos als auch Shakas. Dingiswayo eröffnete 1797 in der Maputo-Bucht den Handel mit den Portugies*innen (hauptsächlich mit Elfenbein) und setzte Anreize für die Künste und das Handwerk. Seine herausragendste Innovation betraf die Armee. Dort führte er ein System ein, nach dem Regimenter nach Alterskohorten rekrutiert wurden. Zuvor war es üblich, dass jede Ortschaft in einem jeweiligen Regiment vorherrschte und die Menschen es gewohnt waren, Seite an Seite mit Mitgliedern ihres eigenen *Kraal*, ihrer eigenen Ortschaft und ihres eigenen Clans zu kämpfen. Wenn allerdings alle Männer in einer gegebenen Altersgruppe demselben Regiment zugeordnet wurden, betonte dies ein stärkeres Nationalgefühl und stärkte auch Dingiswayos Macht gegenüber den kleineren Clan-Oberhäuptern.

Dingiswayo war das Oberhaupt des bedeutenden Ama-Mthethwa-Clans und er etablierte erfolgreich seine Oberherrschaft in dem Gebiet, das später der südliche Teil des Zululandes wurde. Im Norden befasste sich Zwide vom Clan der Apra-Ndwandwe ebenfalls mit politischer Konsolidierung. Shaka diente in einem der jüngeren Regimenter Dingiswayos und blieb der zentralisierenden Macht des letzteren treu, bis Dingiswayo 1818 seinen Tod durch die Hand Zwides fand. Danach übernahm Shaka viele der militärischen und politischen Techniken Dingiswayos und verbesserte sie deutlich. Das ist Entwicklung. Es geht dabei darum, auf etwas Vorgefundenem weiter aufzubauen, während man langsam voranschreitet – vorausgesetzt, dass niemand kommt, um einen zu »zivilisieren.«

Yorubaland, Dahomey, die Reiche des Zwischenseengebietes und Zululand, von denen bisher gesprochen wurde, sind Beispiele führender Kräfte in der politischen Entwicklung, die in Afrika bis zum Vorabend der Kolonisierung stattfand. Sie waren nicht die einzigen führenden Kräfte und selbst wo die Staaten territorial viel kleiner waren, gab es sichtbare Fortschritte in der politischen Organisation.

Die Teile Afrikas, die bis zum 15. Jahrhundert am weitesten fortgeschritten waren, behielten – bis auf wenige Ausnahmen wie den Kongo – im Allgemeinen ihr Niveau bei. In Nordafrika und Äthiopien beispielsweise blieben die feudalen Strukturen intakt, auch wenn eine weitere Entwicklung merklich ausblieb. Im Westsudan traten die Hausa–Staaten nach dem Fall von Songhai im 17. Jahrhundert das Erbe der politischen und wirtschaftlichen Tradition der großen Reiche an und im frühen 19. Jahrhundert stieg das islamische Kalifat von Sokoto empor, dessen Zentrum Hausaland war. Das Sokoto–Reich war einst eine der größten politischen Einheiten, die je auf dem afrikanischen Kontinent errichtet wurden und litt unter zahlreichen internen Spaltungen, da es an adäquaten Mechanismen zur Integration eines so riesigen Territoriums mangelte. Die Versuche, das Problem der Einheit zu lösen, wurden im Westsudan fortgesetzt, wobei der Islam der erhoffte einigende Faktor war. Mitte des 19. Jahrhunderts gründete Amadu Amadu entlang der Nigerbiegung einen islamischen Gottesstaat, während ein weiterer von Al Haj Omar am oberen Niger gegründet wurde. Der herausragendste von allen war der Mandinga–Staat, der in den 1880er–Jahren unter der Führung Samori Toures entstand. Samori Toure war kein Gelehrter wie der berühmte Usman dan Fodio und Al Haj Omar, die vor ihm bereits islamische Staaten errichtet hatten, aber Samori Toure war ein militärisches Genie und ein politischer Erneuerer, der beim Aufbau einer politischen Verwaltung, bei der ein Sinn für Loyalität über die Clans, Gemeinden und ethnischen Gruppen hinweg herrschen konnte, weiter ging als andere.

Auch Simbabwe entwickelte sich mit nur geringer europäischer Einmischung weiter. Geographisch verschob sich das Zentrum der Macht von Mutapa nach Changamire und schließlich überrannten Gruppen von Nguni (die vor der Macht der Zulu flohen) Simbabwe. Solange die Nguni herumziehende Kriegerbanden waren, waren sie offensichtlich zerstörerisch; aber zur Mitte des 19. Jahrhunderts hatten die Nguni bereits ihre eigenen Techniken der Staatsbildung an Mosambik und das heutige Südrhodesien weitergegeben und hatten sich mit der örtlichen Bevölkerung zusammengetan, um neue und größere Königreiche zu errichten – erfüllt von einem Nationalgefühl, wie es auch in Zululand der Fall war.

Währenddessen fand in weiten Teile Zentralafrikas ein erstaunlicher politischer Wandel statt. Bis in das 15. Jahrhundert war die Stufe der sozialen Organisation im Gebiet zwischen dem Kongo und Simbabwe niedrig. Genau in dieser Region entstand eine Gruppe von Staaten, die als Staatenbündnis Luba–Lunda bekannt ist. Sie waren eher durch ihre politischen Strukturen als durch ihre territoriale Ausdehnung von Bedeutung und ihre Errungenschaften verbuchten sie im Angesicht der sich ständig ausbreitenden Sklaverei.

Auf der großflächigen Insel Madagaskar waren im späten 18. Jahrhundert die verschiedenen kleinen Staaten aus früheren Zeiten dem mächtigen feudalen Königreich Merina gewichen. Madagaskar wird bei der allgemeinen Betrachtung des afrikanischen Kontinents häufig ignoriert, obwohl Afrika (sowohl im physischen als auch im kulturellen Sinne) für die Madagass*innen eine große Rolle spielt. Auch sie litten unter dem Bevölkerungsverlust durch den Sklav*innenexport, aber das Königreich Merina schnitt besser ab als die meisten Sklav*innenstaaten, weil der intensivere Anbau von ertragreichem Sumpfreis und die Viehzucht den Verlust an Arbeitskräften ausglichen. Diese Situation sollte uns daran erinnern, dass die Entwicklung, die den Sklav*innenhandel *begleitete*, nicht oberflächlich und unlogisch auf den Export der Bevölkerung und die mit der Sklav*innenjagd einhergehende Vertreibung *zurückgeführt* werden darf. Die Grundlagen für die politische Entwicklung des Merinareichs und aller anderen Reiche (unabhängig davon, ob sie an der Sklaverei beteiligt waren oder nicht) lagen in ihrem eigenen Umfeld – in den materiellen Ressourcen, den menschlichen Ressourcen, der Technologie und den gesellschaftlichen Verhältnissen. Solange eine der afrikanischen Gesellschaften zumindest ihre ererbten Vorteile beibehalten konnte, die aus vielen Jahrhunderten evolutionären Wandels erwachsen waren, solange konnte sich der Überbau weiter ausweiten und weitere Möglichkeiten für ganze Gruppen von Menschen, für Klassen und für Individuen schaffen.

Zu Beginn dieses Kapitels wurde die Aufmerksamkeit auf die Notwendigkeit gerichtet, die Anerkennung afrikanischer Entwicklung bis 1885 mit einem Bewusstsein für die Verluste in Einklang zu bringen, die der Kontinent während dieser Epoche aufgrund der Art des Kontakts mit dem kapitalistischen Europa zeitgleich erlitt. Auf dieses Thema muss an diesem Punkt auch noch einmal explizit eingegangen werden. Es ist selbstverständlich lächerlich, zu behaupten, dass Kontakte zu Europa Afrika in der vorkolonialen Zeit aufgebaut oder genutzt hätten. Es ist auch realitätsfern, anzudeuten (wie es Präsident Léopold Senghor einst tat), dass der Sklav*innenhandel wie ein Buschfeuer über Afrika hinwegfegte und nichts stehen ließ. In Wahrheit trat ein sich entwickelndes Afrika in den Sklav*innenhandel und in wirtschaftliche Beziehungen mit Europa wie in einen Sturmwind ein, der einige Gesellschaften Schiffbruch erleiden ließ und viele vom Kurs abbrachte und allgemein die Geschwindigkeit des Fortschritts bremste. Allerdings muss auch beachtet werden, dass die afrikanischen Kapitäne (um bei der Metapher zu bleiben) auch nach 1885 noch Entscheidungen trafen, auch wenn bereits Kräfte am Werk waren, die europäischen Kapitalisten dazu bewegten, erfolgreich darauf zu bestehen, das Kommando zu übernehmen.

Der Anbruch von Imperialismus und Kolonialismus

In den Jahrhunderten vor der Kolonialherrschaft steigerte Europa sprunghaft seine wirtschaftliche Leistungsfähigkeit, während Afrika fast statisch erschien. Im späten 19. Jahrhundert konnte Afrika noch immer als teils kommunalistisch und teils feudalistisch beschrieben werden, aber Westeuropa war vollständig vom Feudalismus zum Kapitalismus übergegangen. Um die Hauptthese dieses Buches zu untermauern, ist es nicht nur notwendig, die Entwicklung Europas und die Unterentwicklung Afrikas nachzuverfolgen, sondern auch zu verstehen, wie diese beiden Phänomene in einem einzigen System – dem des kapitalistischen Imperialismus – konvergierten.

Die europäische Wirtschaft produzierte weitaus mehr Waren, indem sie eigene Ressourcen und Arbeitskräfte sowie Ressourcen und Arbeitskräfte aus dem Rest der Welt verwendete. In der europäischen Wirtschaft fanden viele qualitative Veränderungen statt, die diese Steigerung der Warenmenge begleiteten und ermöglichten. Beispielsweise dienten statt dem Land Maschinen und Fabriken als Hauptquelle des Reichtums und Arbeit hatte seit Langem aufgehört, sich auf einer beschränkten Familienbasis zu organisieren. Die Bäuer*innenschaft hatte man brutal zerschlagen und die Arbeitskraft von Männern, Frauen und Kindern wurde skrupellos ausgebeutet. Das waren die großen sozialen Übel des kapitalistischen Systems und diese dürfen niemals vergessen werden; beim Thema vergleichende Ökonomie ist die relevante Tatsache allerdings, dass, was zuvor noch eine geringe Differenz war, als die Portugies*innen 1444 nach Westafrika segelten, zu einer gewaltigen Kluft geworden war, als sich 440 Jahre später die Räuberbarone in Berlin zusammensetzten, um zu entscheiden, wer welchen Teil Afrikas stehlen sollte. Es war diese Kluft, die für Europa sowohl die Notwendigkeit als auch die Möglichkeit schuf, in das imperialistische Zeitalter einzutreten und Afrika zu kolonialisieren und weiter unterzuentwickeln.

Die wachsende technologische und wirtschaftliche Kluft zwischen Westeuropa und Afrika war Teil eines Trends innerhalb des Kapitalismus, Reichtum und Armut zu konzentrieren, bzw. an zwei gegenüberliegenden Extremen zu polarisieren.

Innerhalb Westeuropas selbst bereicherten sich einige Länder auf Kosten anderer. Die wohlhabendsten Nationen waren Großbritannien, Frankreich und Deutschland. In Irland, Portugal, Spanien und Süditalien herrschte Armut. Innerhalb der Britischen, französischen und deutschen Wirtschaft fand die Polarisierung des Reichtums zwischen den Kapitalisten einerseits und den Arbeiter*innen und einem Teil der Bäuer*innenschaft andererseits statt. Die großen Kapitalisten wurden größer und die kleinen wurden eliminiert. In vielen wichtigen Bereichen wie der Eisen- und Stahlverarbeitung, der Textilindustrie und besonders dem Bankenwesen, bemerkte man, dass zwei oder drei Unternehmen den Großteil des Geschäfts monopolisierten. Die Banken nahmen auch eine beherrschende Stellung innerhalb der Gesamtwirtschaft ein, indem sie die großen Industriemonopole mit Kapital versorgten.

Die europäischen Monopolunternehmen kämpften ständig um die Kontrolle von Rohstoffen, Märkten und Kommunikationsmitteln. Sie kämpften auch darum, die ersten zu sein, die in neue profitable Unternehmungen investierten, die in ihren Geschäftsbereich fielen – egal ob innerhalb oder außerhalb ihrer Länder. Nachdem die Expansionsmöglichkeiten innerhalb ihrer Volkswirtschaften an ihre Grenzen stießen, richtete sich ihr Hauptaugenmerk auf die Länder, deren Wirtschaft weniger weit entwickelt war und die daher dem Eindringen des ausländischen Kapitalismus wenig oder keinen Widerstand entgegensetzen konnten. Das Vordringen des ausländischen Kapitalismus auf weltweiter Ebene seit dem späten 19. Jahrhundert nennen wir »Imperialismus.«

Imperialismus bedeutete kapitalistische Expansion. Er bedeutete, dass europäische (und nordamerikanische und japanische) Kapitalisten von der internen Logik ihres Systems der Konkurrenz gezwungen wurden, in weniger weit entwickelten Ländern im Ausland nach Möglichkeiten zu suchen, Rohstoffquellen unter ihre Kontrolle zu bringen und Märkte und profitable Investitionsfelder zu finden. Die Jahrhunderte des Handels mit Afrika leisteten einen bedeutenden Beitrag zu dieser Sachlage, bei der europäische Kapitalisten sich mit der Notwendigkeit konfrontiert sahen, in großem Stil außerhalb ihrer Volkswirtschaften zu expandieren.

Es gab bestimmte Bereiche in Afrika, in denen europäische Investitionen sofortige Spitzenprofite versprachen. Die Minen Südafrikas, die Kredite an nordafrikanische Regierungen und der Bau des Suezkanals stellten auch sicher, dass europäische Investitionen in – und der Handel mit – Indien profitabler wurde. Den größten Wert hatte Afrika für Europa zu Beginn der Epoche des Imperialismus allerdings als Quelle von Rohstoffen wie Palmenerzeugnissen, Erdnüsse,

Baumwolle und Gummi. Der Bedarf an diesen Materialien erwuchs aus der vergrößerten wirtschaftlichen Leistungsfähigkeit Europas, seinen neuen und größeren Maschinen und seiner wachsenden erwerbstätigen Bevölkerung in den Städten. Alle diese Dinge hatten sich über die letzten vier Jahrhunderte entwickelt und es muss noch einmal darauf hingewiesen werden, dass der ungleiche Handel mit Afrika einer der bedeutenden Faktoren in diesem Prozess war.

Imperialismus ist im Wesentlichen ein wirtschaftliches Phänomen und es führt nicht notwendigerweise zu direkter politischer Kontrolle und Kolonialisation. Nichtsdestotrotz wurde Afrika das Opfer von Kolonialisation. In der Zeit des berüchtigten »Wettlaufs um Afrika«, griff Europa nach allem, worin es in Afrika Profite witterte und sicherte sich auch bewusst viele Gebiete, die nicht für die sofortige Ausbeutung bestimmt waren, sondern mit Blick auf die Zukunft ergattert wurden. Jede Nation Europas, die diese kurz- und langfristigen wirtschaftlichen Interessen verfolgte, rammte ihre Flagge in verschiedene Teile Afrikas und unterstellte sie kolonialer Herrschaft. Die Kluft, die während der Zeit des vorkolonialen Handels entstanden war, gab Europa die Macht, Afrika seine politische Herrschaft aufzuzwingen.

Der vorkoloniale Handel mit Sklav*innen, Elfenbein, Gold und anderen Dingen wurde an den Küsten Afrikas betrieben. Dort hatten europäische Schiffe die Situation unter Kontrolle und falls nötig konnte man dort Festungen errichten. Vor dem 19. Jahrhundert war Europa nicht dazu in der Lage, weit in den afrikanischen Kontinent vorzudringen, weil die Kräfte, die zur Verfügung standen, nicht ausreichten. Aber dieselben technologischen Neuerungen, die das Bedürfnis schufen, ins Innere Afrikas vorzudringen, ermöglichten auch dessen Unterwerfung. Die Feuerwaffen des imperialistischen Zeitalters kennzeichneten einen qualitativen Sprung nach vorne. Hinterlader- und Maschinengewehre waren ein großer Fortschritt von den glattläufigen Vorderladern und Steinschlossgewehren der vorigen Epoche. Europäische Imperialisten in Afrika prahlten damit, dass das einzige was zählte, die Tatsache war, dass sie das Maxim-Maschinengewehr besaßen und die Afrikaner*innen nicht.

Interessanterweise bezogen Europäer*innen ihre moralische Rechtfertigung für den Imperialismus und den Kolonialismus aus Eigenschaften des internationalen Handels, wie man ihn bis zum Vorabend der Kolonialherrschaft in Afrika betrieb. Die Brit*innen waren die Hauptfürsprecher*innen des Arguments, dass das Verlangen nach Kolonialisierung zu großem Teil auf ihrer guten Absicht basierte, den Sklav*innenhandel zu beenden. Es stimmt schon, dass sich die Brit*innen im 19. Jahrhundert genauso stark gegen den Sklav*innenhandel aussprachen, wie sie ihn einst befürwortet hatten. Zahlreiche Veränderungen innerhalb Großbritanniens hatten die Notwendigkeit von Sklav*innen, wie sie im 17. Jahrhundert bestand, im 19. Jahrhundert zur Notwendigkeit verwandelt, alle Überreste der Versklavung von Afrikaner*innen zu beseitigen, um die Ausbeutung von Land und Leuten vor Ort zu organisieren. Deshalb verwarf man die Sklaverei insofern, als sie eine Fessel für weitere kapitalistische Entwicklung darstellte; das war vor allem in Ostafrika der Fall, wo der arabische Sklav*innenhandel bis spät ins 19. Jahrhundert fortbestand. Die Brit*innen hatten ein besonders selbstgerechtes Vergnügen daran, dem arabischen Sklav*innenhandel ein Ende zu setzen und Herrscher*innen mit der Begründung zu stürzen, dass es sich bei ihnen um Sklavenhändler*innen handele. Aber genau während dieser Jahre stürzten die Brit*innen auch politische Führer in Nigeria, wie Jaja und Nana, die zu diesem Zeitpunkt aufgehört hatten, Sklav*innen zu exportieren und sich stattdessen auf Produkte wie Palmöl und Gummi konzentrierten. Auf ähnliche Weise gaben die Deutschen in Ostafrika vor, gegen Herrscher wie Bushiri zu sein, die sich im Sklav*innenhandel betätigten; allerdings waren die Deutschen auch genauso feindlich gegenüber afrikanischen Herrscher*innen eingestellt, die an der Sklaverei kaum Interesse hatten. Der gemeinsame Faktor, der dem Sturz afrikanischer Herrscher*innen in Ost-, West-, Zentral-, Nord- und Südafrika zugrunde lag, war, dass sie den imperialistischen Bedürfnissen Europas im Wege standen. Es war der einzige Faktor, der zählte, wobei eine der Sklaverei gegenüber ablehnende Haltung im besten Falle entbehrlich und im schlimmsten Falle berechnete Heuchelei war.

König Leopold II. von Belgien nutzte ebenfalls die Ausrede der Abschaffung der Sklaverei, um im Kongo Zwangsarbeit und moderne Sklaverei einzuführen. Außerdem hatten alle Europäer*innen zwischen dem 15. und dem 19. Jahrhundert Vorstellungen von rassischer und kultureller Überlegenheit entwickelt, während sie Völkermord und Versklavung nicht-weißer Völker betrieben. Selbst Portugal, eine verarmte und rückständige europäische Nation während der imperialistischen Epoche, konnte sich immer noch einreden, dass es seine Bestimmung war, die Eingeborenen Afrikas zu zivilisieren!

Es gibt eine merkwürdige Interpretation des Wettlaufs und der Aufteilung Afrikas, die praktisch darauf hinausläuft, dass es nicht aufgrund der Bedürfnisse Europas, sondern aufgrund der Bedürfnisse Afrikas zum Kolonialismus kam. Afrika, so sagen sie, bedurfte der Kolonialisierung durch die Europäer*innen, um über das Stadium, das es im späten 19. Jahrhundert erreicht hatte, hinauszugelangen. Offensichtlich ist den Vertretern dieser Theorie nicht klar, dass eine solche Argumentation darauf hinausläuft, dass Afrika sich entwickeln würde, wenn man ihm größere Mengen des europäischen Gebräus verabreichte, das bereits seine Unterentwicklung eingeleitete – dass es sich entwickeln würde, wenn es die letzten Reste seiner Entscheidungsfreiheit verlieren würde, die durch den vorkolonialen Handel offensichtlich ernstlich untergraben wurde – dass es sich entwickeln würde, wenn seine Wirtschaft stärker mit der europäischen verwoben werden würde – und zwar zu Bedingungen, die vollständig von Europa diktiert werden. Diese Implikationen und ihre Trugschlüsse wären jedem klar ersichtlich, der versuchte, den Entwicklungsprozess zu verstehen, bevor er Äußerungen zu einer bestimmten Epoche der menschlichen Entwicklung in Afrika von sich gibt.

Das gesamte 14. Jahrhundert hindurch zeigten afrikanische Herrscher große Initiative bei der Suche nach den verschiedensten Formen des kulturellen Kontakts mit Europa. Im Falle Westafrikas bedeutete das, nach einem Ersatz für den Sklav*innenhandel zu suchen. Dahomey, eines der am tiefsten in den Sklav*innenhandel verstrickten Reiche, befand sich unter denjenigen Staaten, die viele ihrer letzten Jahre in Unabhängigkeit dazu nutzten, eine gesunde Basis für den kulturellen Austausch mit den Europäer*innen zu suchen.

1850 erließ der herrschende König Dahomeys, Gezo, ein Dekret, nach dem alle jungen Ölpalmen von den sie befallenden Parasiten befreit werden und schwere Strafen denen auferlegt werden sollten, die sie fällten. Gezo, der von 1818 bis 1857 regierte, war ein Reformer und machte ehrliche Anstrengungen, auf Kritik an seinen politischen Entscheidungen, die von Gruppen wie Missionar*innen und Sklavereigegner*innen vorgebracht wurden, einzugehen; aber schon bald wurde deutlich, dass die Europäer*innen nicht darauf aus waren, Dahomey als starken Staat wiederauferstehen zu sehen, sondern eher Ausflüchte erfanden und die subjektiven Bedingungen dafür herstellten, um ihre beabsichtigte Kolonialisierung der Einwohner*innen Dahomeys zu rechtfertigen. Unter diesen Umständen griff der letzte Herrscher von Dahomey, Glele, auf seine Hauptstadt Abomey zurück und verfolgte eine Politik, die seiner Meinung nach am besten mit der Würde und Unabhängigkeit Dahomeys vereinbar war. Glele überfiel Abeokuta, wo sich Konvertit*innen aufhielten, die bereits »Personen unter dem Schutz Großbritanniens« waren, sagte den Franzos*innen, sie sollten gefälligst aus Porto-Novo verschwinden und leistete allgemein Widerstand, bis er 1889 von Frankreich militärisch besiegt wurde.

Afrikanische Gruppen, die nichts mit den Sklav*innenexporten zu tun hatten, verstärkten ebenfalls ihre Anstrengungen, sich in die weitere Welt des 19. Jahrhunderts zu integrieren. Gungunhana, der Nguni-Herrscher Gazas in

Mosambik, fragte nach einem schweizer Missionars-Arzt und behielt ihn einige Jahre an seinem Hof, bis die Portugies*innen 1895 sein Königreich eroberten. Nachdem Portugal eine Kolonialherrschaft errichtet hatte, würde viel Zeit vergehen, bis je wieder ein*e Afrikaner*in einen Arzt zu sehen bekäme!

Besonders lehrreich ist das Beispiel Ägyptens unter Muhammad Ali, der von 1805 bis 1849 regierte. Das kapitalistische Europa hatte das feudale Nordafrika im Laufe des 17. und 18. Jahrhunderts hinter sich gelassen. Muhammad Ali hatte dies erkannt und zielte bewusst darauf ab, Europas Vorsprung aufzuholen. Er initiierte eine Reihe von Reformen, von denen die wichtigsten ökonomischer Natur waren. Ägypten wuchs, baute seine eigene Baumwolle an und produzierte Glas, Papier und andere Industriegüter. Ägypten sollte nicht zum Abladeplatz europäischer Waren werden, was die örtliche Industrie untergraben hätte, also errichtete man um Ägyptens »junge Industrien« schützende Zollschranken. Das bedeutete nicht, dass Ägypten sich von der restlichen Welt abgeschottet hätte. Im Gegenteil: Muhammad Ali bediente sich europäischer Experten und vergrößerte Ägyptens Außenhandel.

Muhammad Alis Ideale könnten in der Sprache der modernen Sozialwissenschaft als die Schaffung einer lebensfähigen, sich selbst antreibenden Wirtschaft bezeichnet werden, die die Grundlage für die nationale Unabhängigkeit bildet. Solche Ideale waren den Bedürfnissen des europäischen Kapitalismus diametral entgegengesetzt. Britische und französische Industrialisten sahen Ägypten nicht als Textilproduzenten, sondern als Produzent für Rohbaumwolle für den Export und als Importeur europäischer Waren. Europäische Finanziers hatten für Ägypten die Rolle einer Investitionsquelle vorgesehen und machten in der zweiten Hälfte des 18. Jahrhunderts den Sultan Ägyptens zu einem Bettler auf internationaler Ebene, der ganz Ägypten an internationale Monopolisten verpfändete. Zu guter Letzt wollten die Staatsmänner Europas Ägypten als Basis für die Ausbeutung Indiens und Arabiens nutzen. So wurde der Suezkanal gegraben – von Ägyptern*innen durch ägyptischen Boden – aber als Eigentum von Großbritannien und Frankreich, die anschließend ihre politische Herrschaft über Ägypten und den Sudan ausweiteten.

Die Bildung ist unbestreitbar eine der Facetten des europäischen Lebens, die während der kapitalistischen Epoche am stärksten gewachsen ist. Durch die Bildung und den umfassenden Gebrauch des geschriebenen Wortes waren die Europäer*innen in der Lage, die von ihnen entdeckten wissenschaftlichen Prinzipien der materiellen Welt sowie eine Reihe vielfältiger philosophischer Überlegungen über den Menschen und die Gesellschaft an andere weiterzugeben.

Die Afrikaner*innen erkannten schnell die Vorteile, die sich aus einer guten Bildung ergaben. Das Merina-Königreich auf Madagaskar unternahm große Anstrengungen, um das Lesen und Schreiben zu fördern. Sie gebrauchten ihre eigene Sprache und die arabische Schrift und begrüßten die Hilfe europäischer Missionar*innen. Das bewusste Entlehnen aus allen wichtigen Quellen war nur möglich, solange sie die Freiheit hatten, zu wählen. Die Kolonialisierung entsprang keineswegs den Bedürfnissen Madagaskars, sondern stellte vielmehr ein Hindernis für die von den Merino-Königen in den 1860er- und 1870er-Jahren eingeleitete »Modernisierung« dar. Ein ähnliches Beispiel findet sich in der Geschichte Tunesiens, bevor das Beil der Teilung fiel.

In vielen Teilen der Welt, akzeptierte der Kapitalismus in seiner imperialistischen Form, dass ein gewisses Maß an politischer Souveränität in den Händen der lokalen Bevölkerung verbleiben sollte. So war es in Osteuropa, Lateinamerika und in geringerem Maße auch in China. Europäische Kapitalisten kamen aber zu dem Schluss, dass Afrika direkt kolonialisiert werden sollte. Es finden sich Anhaltspunkte dafür, dass ein solches Vorgehen nicht vollständig geplant war. Bis in die 1850er- und 1860er-Jahre hätten Großbritannien und Frankreich es bevorzugt, Afrika in informelle »Einflussbereiche« zu unterteilen. Das heißt, es wäre eine stillschweigende Vereinbarung getroffen worden, dass (z.B.) Nigeria von Britischen Kaufleuten ausgebeutet werden würde, während die Franzos*innen Senegal ausbeuten würden. Gleichzeitig würden sowohl England als auch Frankreich in geringem Umfang im informellen Reich des jeweils anderen Handel treiben. Doch erstens herrschte Uneinigkeit darüber, wer welchen Teil Afrikas ausplündern sollte (besonders deshalb, weil auch Deutschland sich an der Plünderung beteiligen wollte); und zweitens erhob jede europäische Macht, sobald sie ein Gebiet Afrikas zu ihrem Protektorat oder ihrer Kolonie erklärt hatte, Zölle gegen europäische Händler*innen anderer Nationalitäten und zwangen im Gegenzug ihre Gegner*innen dazu, selbst Kolonien zu besitzen und benachteiligende Zölle zu erheben. Eines führte zum anderen und schon fielen sechs europäische kapitalistische Nationen übereinander her, um die direkte politische Herrschaft über bestimmte Teile Afrikas zu erlangen. Man muss sich darüber im Klaren sein, dass solche Gentlemen wie Carl Peters, Livingstone, Stanley, Harry Johnston, De Brazza, General Gordon und ihre Herren in Europa buchstäblich einen Wettlauf um Afrika unternahmen. Sie vermieden gerade noch so einen militärischen Flächenbrand.

Zusätzlich zu diesen Faktoren, die die Kettenreaktion des Wettlaufs wie oben beschrieben auslösten, waren Europäer*innen auch aus rassistischen Gründen motiviert, die politische Herrschaft über Afrika zu erlangen. Das 19. Jahrhundert war eine Zeit, in der der weiße Rassismus in den kapitalistischen Gesellschaften am heftigsten und offensten zum Ausdruck gebracht wurde, wobei die Vereinigten Staaten eines der Zentren bildeten und Großbritannien unter den kapitalistischen Nationen Westeuropas die Führung übernahm. Großbritannien willigte ein, den weißen Siedler*innen seiner alten Kolonien in Kanada, Australien und Neuseeland Dominion-Status zuzubilligen; aber es entzog den Westindischen Inseln ihre Autonomie, als die weißen Plantagenbesitzer dort von schwarzen (oder braunen) Menschen aus den gesetzgebenden Versammlungen verdrängt wurden. Was Afrika betrifft, so widersetzten sich die Engländer*innen gewaltsam der Selbstverwaltung der Schwarzen, wie etwa der Fanti-Konföderation an der Goldküste in den 1860er-Jahren. Sie versuchten außerdem, die Autorität schwarzer Kreolen in Sierra Leone zu untergraben. Als das Fourah Bay College den Zusammenschluss mit der Durham University suchte und erlangte, schrieb die *Times*, dass sich Durham als nächstes mit dem Londoner Zoo zusammenschließen solle! Tiefgreifender und bösartiger Rassismus existierte im Imperialismus als eine Nebenform, die unabhängig von der ökonomischen Rationalität war, aus der der Rassismus ursprünglich hervorging. Es war die Ökonomie, die entschied, dass Europa in Afrika investieren und die Rohstoffe und Arbeitskräfte des Kontinents kontrollieren solle. Es war der Rassismus, der die Entscheidung bestätigte, dass die Form der Kontrolle direkte koloniale Herrschaft sein solle.

In allen Teilen des Kontinents setzten sich Afrikaner*innen gegen die politische Fremdherrschaft zur Wehr und mussten mit überlegener Stärke unterworfen werden. Eine beträchtliche Minderheit bestand aber darauf, dass ihre Handelsbeziehungen mit Europa ungebrochen bleiben sollten, denn soweit waren sie bereits von Europa abhängig. Die dramatischste Darstellung dieser Abhängigkeit bietet die Entschiedenheit, mit der einige Afrikaner*innen das Ende des europäischen Sklav*innenhandels bekämpften.

Für die meisten kapitalistischen Staaten Europas hatte die Versklavung von Afrikaner*innen bis zur Mitte des 19. Jahrhunderts ihren Zweck erfüllt; aber für diejenigen Afrikaner*innen, die mit Gefangenen handelten, war die bevorstehenden abrupte Beendigung des Handels eine Katastrophe größten Ausmaßes. In vielen Regionen hatten große soziale Umwälzungen stattgefunden, um die jeweiligen Regionen effektiv in den Dienst des europäischen Sklav*innenhandels zu stellen – eine der bedeutendsten war das Aufkommen der »häuslichen Sklaverei« und verschiedener Formen der Unterwerfung durch Klasse und Kaste. Afrikanische Herrscher*innen und Kaufleute die durch die neuesten Erlasse ihre soziale Existenz gefährdet sahen – wie beispielsweise durch das Britische Gesetz gegen den Sklav*innenhandel von 1807 – fanden Wege, mit Europäer*innen Kontakt aufzunehmen, die auf den Besitz von Sklav*innen nicht verzichten wollten.

In Afrika südlich der Sahara und insbesondere in Westafrika ging der Export von Sklav*innen dort am schnellsten zurück, wo die Europäer*innen bereit waren, auch andere Waren zu kaufen. Sobald die Einwohner*innen einer Region entdeckten, dass sie ein Produkt besaßen, das von den Europäer*innen akzeptiert wurde, unternahmen sie gewaltige Anstrengungen, statt des früheren Sklav*innenhandels die Alternativen zu organisieren: nämlich Elfenbein, Gummi, Palmenerzeugnisse und Erdnüsse. Einmal mehr demonstrierten diese Anstrengungen die Entschlossenheit eines kleinen aber entscheidenden Teils der Afrikaner*innen. Diese Entschlossenheit basierte auf dem Verlangen nach europäischen Handelsgütern, von denen viele aufgehört hatten, bloße Kuriositäten oder Luxus zu sein und stattdessen als notwendig betrachtet wurden.

Die ersten vier Jahrhunderte des afro-europäischen Handels stellen in einem sehr realen Sinn die Wurzeln der afrikanischen Unterentwicklung dar. Aus europäischer Sicht erlebte der Kolonialismus eine rasche Blütezeit, da einige seiner Merkmale bereits in der vorangegangenen Periode in Afrika wurzelte. Eines der wichtigsten Merkmale des Kolonialsystems war, dass Afrikaner*innen als wirtschaftliche, politische und kulturelle Vertreter*innen der europäischen Kolonisator*innen dienten. Diese Vertreter*innen – oder »Kompradoren« – dienten bereits in der vorkolonialen Zeit europäischen Interessen. Die Auswirkungen des Handels mit Europa hatten viele afrikanische Herrscher*innen auf den Status von Mittelsleuten für den europäischen Handel reduziert; sie hatten gewöhnliche Afrikaner*innen in die gleiche Vermittlerrolle für den Handel gehoben und sie hatten eine neue gemischtrassige Händler*innengruppe geschaffen – Kinder europäischer oder arabischer Väter. Sie alle können als »Kompradoren« bezeichnet werden und sie alle spielten eine Schlüsselrolle dabei, den europäischen Tätigkeitsbereich von der Küste in das Landesinnere auszuweiten, sobald die Europäer*innen darüber nachdachten, die politische Macht zu übernehmen. Ein bemerkenswertes Beispiel des oben Geschilderten ist die Art und Weise, in der französische Kolonisator*innen Afrikaner*innen und Mulatt*innen an der Küste Senegals dazu verwendeten, die französische Kontrolle tausende von Meilen in die Gebiete auszudehnen, auf denen sich heute Senegal, Mali, Tschad, Obervolta und Niger befinden. Diese besonderen Schwarzen und Mulatt*innen lebten in den Handelshäfen von Gorée, Dakar, St. Louis und Rufisque und hatten seit langer Zeit Verbindungen zum Atlantikhandel.

Afrikaner*innen, die im Auftrag von Europäer*innen Handel betrieben, waren nicht bloß Handelsvertreter*innen, sondern auch Kulturmittler*innen, da sie zwangsläufig stark durch europäische Ideen und Werte beeinflusst waren. Schon vor der Kolonialzeit bestand in Afrika Nachfrage nach europäischer Bildung. Küstenherrscher*innen und Kaufleute erkannten die Notwendigkeit, tiefer in die Lebensweise des weißen Mannes einzudringen, der über das Meer gekommen war. Die Mulattensöhne weißer Händler*innen und die Söhne afrikanischer Herrscher*innen unternahmen die größten Anstrengungen, etwas über den weißen Mann zu lernen. Das half ihnen dabei, effizienter Geschäfte zu machen. Ein Herrscher Sierra Leones erklärte im 18. Jahrhundert, er wünsche: »*das Buch zu lernen, um ein genauso guter Schurke zu sein, wie der weiße Mann*«; und auch viele andere erkannten die praktischen Vorteile des Lesens und Schreibens. Allerdings bedeutet der Prozess der Bildung auch, Werte zu vermitteln, die zur weiteren Unterwerfung Afrikas führten. Ein in dieser frühen Periode unterrichteter Westafrikaner*innen schrieb in lateinischer Sprache eine Doktorarbeit, in der er die Sklaverei rechtfertigte. Das war nicht überraschend. Der Pastor Thomas Thompson war der erste europäische Lehrer an der Goldküste und schrieb im Jahr 1778 ein Pamphlet mit dem Titel: »*Der afrikanische Handel mit N****sklaven steht im Einklang mit den Grundsätzen der Humanität und den Gesetzen der offenbarten Religion.*«

Eines der erstaunlichsten Merkmale der westafrikanischen Geschichte des 19. Jahrhunderts ist die Art und Weise, in der Afrikaner*innen aus der Sklaverei unter europäischen Herr*innen zurückkehrten und an der Errichtung der Kolonialherrschaft mitwirkten. Das galt besonders für Afrikaner*innen, die von den westindischen Inseln und Nordamerika nach Sierra Leone zurückkehrten oder von Sklav*innenschiffen entlassen wurden und in Sierra Leone landeten. In geringerem Maße traf es auch auf Afrikaner*innen zu, die vorher einmal in Brasilien waren. Diese Individuen hatten sich den kapitalistischen Werten angepasst und propagierten – wie viele europäische Missionare – die Aktivitäten, die mit der Kolonialherrschaft einhergingen. In einem etwas anderen Zusammenhang ließe sich behaupten, dass die Araber*innen Sansibars und der ostafrikanischen Küste ebenfalls zu Vertreter*innen des europäischen Kolonialismus gemacht wurden. Anfangs leisteten sie noch Widerstand, da der europäische Kolonialismus ihren eigenen expansionistischen Ambitionen auf dem ostafrikanischen Festland im Weg stand, aber schon bald kam man zu einer Übereinkunft, die den Europäer*innen endgültig die Macht überließ. Die Europäer*innen reduzierten die kleine arabische Clique zu einem politischen und ökonomischen Instrument des Imperialismus.

Die Überlegenheit Europas über die Araber*innen in Ost- und Nordafrika und im Mittleren Osten zeigt schlüssig, dass der moderne Imperialismus vom Kapitalismus nicht zu trennen ist und unterstreicht die Rolle der Sklaverei im Zusammenhang mit dem Kapitalismus. Die Araber*innen hatten seit Jahrhunderten afrikanische Sklav*innen erworben, aber diese wurden in einem feudalen Umfeld ausgebeutet. Afrikanische Sklav*innen wurden in arabischer Hand zu Hausangestellten, Soldaten oder landwirtschaftlichen Leibeigenen. Jeglicher von ihnen erwirtschaftete Überschuss diente nicht der Reinvestition und Vermehrung von Kapital, wie in den Sklav*innensystemen der Westindischen Inseln und Nordamerikas, sondern dem Konsum feudaler Eliten. Tatsächlich hielt man sich Sklav*innen eher wegen des gesellschaftlichen Prestiges anstatt wirtschaftlicher Vorteile.

Die große Ausnahme zu dieser Regel bildeten Sansibar im 19. Jahrhundert und Ägypten unter Muhammad Ali. In beiden Fällen wurden afrikanische Arbeiter*innen ausgebeutet, um Profite auf den Plantagen zu erwirtschaften und gleiches mag auch für die Dattelpalmenproduktion Arabiens gegolten haben. Aber Europa hatte zuvor bereits seit drei Jahrhunderten afrikanische Arbeitskräfte ausgebeutet, um Überschüsse zu maximieren; und der Beitrag, den das Plantagensystem zur Entwicklung des kapitalistischen Europa leistete, war so groß, dass Westeuropa im 19. Jahrhundert bereits das System der geringeren Ausbeutung in Sansibar und Arabien verschlungen und nach dem Tod Muhammad Alis 1849 Ägyptens Wirtschaft fest im Griff hatte. Mit anderen Worten: Die Gewürznelken, die Baumwolle und die Datteln, die vor der Kolonialisierung in Sansibar, Ägypten und Arabien produziert wurden, stärkten bereits den Handel und die Produktion in Europa. Letztendlich war es für die kapitalistischen Sklavenhändler*innen Europas kein Problem, die politische Vorherrschaft über die feudalen arabischen Sklavenhändler*innen auszuweiten und letztere als Agent*innen des Kolonialismus in Ostafrika einzusetzen.

Zurückkehrend zur Frage nach indigenen afrikanischen Vertreter*innen der europäischen Kolonialherrschaft in Afrika, sollte man bedenken, dass Europäer*innen Afrikaner*innen rekrutierten, um in den Armeen zu dienen, die Afrika in der blutigen Epoche von den 1880ern bis zum Ersten Weltkrieg, der 1914 von den Europäer*innen begonnen wurde, tatsächlich eroberten. Eine verbreitete Eigenschaft des Kolonialismus ist es, Unterdrücker aus den Reihen seiner eigenen Opfer zu rekrutieren. Ohne die vorhergehenden Jahrhunderte des Handels zwischen Afrika und Europa wäre es für die Europäer*innen aber unmöglich gewesen, die *askaris* (Träger*innen) und andere, die ihre koloniale Eroberung ermöglichten, so einfach zu rekrutieren

Die afrikanischen Bewohner der bereits erwähnten senegalesischen Häfen, waren es, die in französische Militäruniformen gesteckt wurden und dafür kämpften, die französische Herrschaft in das Landesinnere und auf andere Teile der Küste, wie beispielsweise Dahomey, auszuweiten. Als die Brit*innen 1874 Aschanti besiegten, zählten zu ihren Streitkräften afrikanische Truppen aus Küstenstädten aus dem Umland der Forts an der Goldküste. Diese Afrikaner*innen waren schon so lange mit den Europäer*innen in Kontakt, dass sie sich, vom 17. Jahrhundert an, selbst als »Niederländer*innen«, »Dän*innen« oder »Engländer*innen« identifizierten, abhängig davon, in wessen Fort sie Arbeit fanden. Sie schlugen Schlachten für die eine europäische Nation gegen die andere und im späten 19. Jahrhundert war es bereits ein Leichtes, sie dazu zu bringen, im Namen der erobernden Kolonialmacht Großbritannien gegen ihre eigenen afrikanischen Brüder zu kämpfen.

In den portugiesischen Territorien reichte der Ursprung der schwarzen Kolonialpolizei und -armee auch bis in die »vorkoloniale« Handelsperiode zurück. Um die Forts Luanda und Benguela in Angola und Lourenço Marques und Beira in Mosambik entstanden Gemeinden von Afrikaner*innen, Mulatt*innen und sogar Inder*innen, die halfen, nach der Berliner Konferenz für Portugal große Gebiete zu «befrieden.« Händler*innen in Mozambik und im Rest Ost-, West- und Zentralafrikas, die bereits vor dem Kolonialismus mit den Europäer*innen Erfahrungen gemacht hatten, konnten Träger beschaffen, um die schweren Maschinengewehre, Kanonen und die Hilfsausrüstung zu tragen; sie versorgten die künftigen europäischen Kolonisator*innen mit Informationen und militärischer Aufklärung, die die Eroberung erleichterten; und sie waren die Dolmetscher*innen, die die Stimme der Europäer*innen auf afrikanischem Boden waren.

Natürlich ist ebenfalls richtig, dass sich auch viele Afrikaner*innen, die wenig oder gar nichts mit dem vorkolonialen Handel zu tun hatten, auf die Seite der europäischen Neuankömmlinge schlugen. In dieser Hinsicht war der Unterschied im politischen Organisationsgrad zwischen Europa und Afrika besonders entscheidend. Die Entwicklung politischer Einheit in der Form großer Staaten schritt in Afrika stetig voran. Trotzdem war Afrika zur Zeit der Berliner Konferenz ein Kontinent mit einer großen Anzahl soziopolitischer Gruppierungen, die noch kein gemeinsames Ziel gefunden hatten. Daher war es für die europäischen Eindringlinge leicht, das klassische Spiel des Teilens und Herrschens zu spielen. Auf diese Weise wurden einige Afrikaner*innen *unwissentlich* zu Verbündeten der Europäer*innen.

Viele afrikanische Herrscher*innen suchten eine »Allianz« mit Europa, um mit dem eigenen afrikanischen Nachbar*innen, mit dem sie im Streit lagen, fertig zu werden. Nur wenige dieser Herrscher*innen waren sich der Konsequenzen ihres Handelns bewusst. Sie konnten nicht wissen, dass die Europäer*innen langfristig bleiben würden; sie konnten nicht wissen, dass die Europäer*innen vor hatten, nicht nur einige, sondern alle Afrikaner*innen zu erobern. Diese bruchstückhafte und unzulängliche Betrachtung der Welt war an sich bereits ein Zeugnis der afrikanischen Unterentwicklung *relativ* zu Europa, das im 19. Jahrhundert selbstsicher die Herrschaft über jeden Weltteil anstrebte.

Politische Spaltungen in Afrika waren kein Beweis für eine immanente Minderwertigkeit oder Rückständigkeit. Es war einfach der Zustand in dem sich der Kontinent damals befand – ein Punkt auf einer Strecke, die andere beschritten hatten und an der sich Afrika entlang bewegte. Der wirtschaftliche Einfluss Europas verlangsamte den Prozess des politischen Zusammenschlusses und der Expansion, während der Handel mit Afrika im Gegensatz dazu in Europa die Nationalstaaten stärkte. Als der europäische Kapitalismus die Gestalt des Imperialismus annahm und damit begann, Afrika politisch zu unterwerfen, verwandelten sich die normalen politischen Konflikte der vorkapitalistischen Situation Afrikas zu einer *Schwäche*, die es den Europäer*innen erlaubten, ihre koloniale Herrschaft zu errichten.

Insgesamt wird deutlich, dass man, um die Entstehung des Kolonialismus in Afrika zu verstehen, die vorangegangene geschichtliche Entwicklung sowohl Afrikas als auch Europas berücksichtigen muss, insbesondere die Art und Weise, in der ihre Handelskontakte die beiden Kontinente gegenseitig beeinflussten, sodass sich der so genannte »vorkoloniale« Handel als Vorstufe der Ära der Kolonialherrschaft erwies.

Es ist allgemein anerkannt, dass Afrika aufgrund seiner Schwäche kolonialisiert wurde. Der Begriff der Schwäche sollte so verstanden werden, dass er sowohl militärische Schwäche und mangelnde ökonomische Stärke, als auch politische Schwächen umfasst: Namentlich die unvollständige Errichtung von Nationalstaaten, wodurch der Kontinent gespalten blieb und das geringe Bewusstsein für die Welt im Ganzen, die von der Ausdehnung der kapitalistischen Beziehungen bereits in ein einziges zusammenhängendes System verwandelt wurde.

5. Afrikas Beitrag zur kapitalistischen Entwicklung Europas – Die Kolonialzeit

Die Kolonien wurden von der Metropole für die Metropole errichtet.

– französisches Sprichwort

Der Vertrieb in den Vereinigten Staaten und das Management der vierzehn (Unilever-)Werke werden vom Lever House in der New Yorker Park Avenue aus geleitet. Sie sehen dieses hohe, beeindruckende Bauwerk aus Glas und Stahl und fragen sich, wie viele Stunden unterbezahlter schwarzer Arbeit und wie viele Tausend Tonnen unterpreisiger Erdnüsse, Palmöl und Kakao es gekostet hat, es zu errichten.

—W. Alphaeus Hunton

Export afrikanischen Überschusses in der Kolonialzeit

Kapital und afrikanische Lohnarbeit

Das koloniale Afrika fiel in den Bereich der internationalen kapitalistischen Ökonomie, aus dem Überschüsse abgezogen wurden, um damit die Metropole zu ernähren. Wie wir bereits gesehen haben, ist die Ausbeutung des Bodens und der Arbeit für den gesellschaftlichen Fortschritt der Menschheit von großer Bedeutung, allerdings nur unter der Voraussetzung, dass das Produkt innerhalb des Gebietes zur Verfügung gestellt wird, in dem die Ausbeutung stattfindet. Der Kolonialismus war nicht nur ein System der Ausbeutung, sondern eines, dessen wesentlicher Zweck darin bestand, die Profite in das sogenannte Mutterland zu leiten. Aus afrikanischer Sicht lief das auf eine ständige Expatriierung des durch afrikanische Arbeit aus afrikanischen Ressourcen produzierten Überschusses hinaus. Das bedeutete, dass die Entwicklung Europas ein Teil desselben dialektischen Prozesses war, durch den Afrika unterentwickelt wurde.

Afrikanische Arbeit war nach allen Maßstäben billig und der Überschuss, der aus den afrikanischen Arbeiter*innen herausgeholt wurde, war groß. Die Arbeitgeber bezahlten im Kolonialismus äußerst geringe Löhne – Löhne, die gewöhnlich nicht ausreichten, um die Arbeiter*innen physisch am Leben zu erhalten – weswegen sie Nahrungsmittel anbauen mussten, um zu überleben. Das galt vor allem für die landwirtschaftliche Arbeit auf den Plantagen, die Arbeit in den Bergwerken und bestimmte Arten von Arbeit in den Städten. Zur Zeit der Errichtung der europäischen Kolonialherrschaft waren Afrikaner*innen in der Lage, ihren Lebensunterhalt aus dem zu bestreiten, was das Land ihnen bot. Viele behielten in den kommenden Jahren diesen Kontakt mit dem Land bei und arbeiteten zusätzlich auf ihren *shambas*[176], um Steuern zahlen zu können oder weil sie dazu gezwungen wurden. Nachdem der Feudalismus in Europa zu Ende gegangen war, hatten die Arbeiter*innen absolut keine Möglichkeit mehr, sich zu ernähren, außer durch den Verkauf ihrer Arbeitskraft an die Kapitalisten. Deshalb war der Arbeitgeber in gewissem Maße dafür verantwortlich, das physische Überleben der Arbeiter*innen sicherzustellen, in dem er ihnen einen »existenzsichernden Lohn« ausbezahlte. In Afrika war dies nicht der Fall. Die Europäer*innen boten die niedrigstmöglichen Löhne an und vertrauten auf eine durch Gewalt unterstützte Gesetzgebung, um den Rest zu erledigen.

Es gab noch einige weitere Gründe, weshalb afrikanische Arbeiter*innen in diesem Jahrhundert in noch rücksichtsloserer Weise ausgebeutet wurden als ihre europäischen Pendants. Erstens hatte der fremde Kolonialstaat – nachdem er jede Opposition mit überlegenen Streitkräften vernichtet hatte – ein Monopol auf die politische Macht. Zweitens war die afrikanische Arbeiter*innenklasse klein, sehr verstreut und aufgrund von Wanderungsbewegungen sehr instabil. Drittens war der Kapitalismus zwar bereit alle Arbeiter*innen aller Länder auszubeuten, doch verfügten europäische Kapitalisten in Afrika zusätzlich noch über rassistische Rechtfertigungen, warum sie die afrikanischen Arbeiter*innen ungerecht behandelten. Die rassistische Theorie, dass der schwarze Mensch minderwertig sei, führte zu dem Schluss, dass er niedrigeren Lohn verdiente; interessanterweise wurden die hellhäutigen Araber*innen und Berber*innen in Nordafrika von rassistischen weißen Franzos*innen ebenfalls als »Schwarze« behandelt. Die Kombination aus den genannten Faktoren machte es wiederum äußerst schwierig für afrikanische Arbeiter*innen, sich zu organisieren. Das

176 gemischte, agroforstwirtschaftliche Plantagen [Anm. d. Red.]

Einzige, das die Arbeiter*innenklasse vor der immanenten Neigung des Kapitalisten, die Ausbeutung zum Äußersten zu treiben, schützt, ist ihre Organisation und ihre Entschlossenheit. Aus diesem Grund wurden den afrikanischen Arbeiter*innen in sämtlichen kolonialen Territorien, in denen sie die Notwendigkeit solidarischer Gewerkschaften erkannten, von den Kolonialherren zahlreiche Hindernisse in den Weg gelegt.

Die Löhne, die Arbeiter*innen in Europa und Nordamerika erhielten, waren deutlich höher als die Löhne, die man afrikanischen Arbeiter*innen für vergleichbare Tätigkeiten bezahlte. Die nigerianischen Kohlearbeiter*innen in Enugu verdienten einen Schilling pro Tag für Arbeit unter Tage und neun Pence pro Tag für Arbeit über Tage. Derart miserable Löhne waren jenseits der Vorstellungskraft eines schottischen oder deutschen Kohlearbeiters, der in einer Stunde praktisch so viel verdienen konnte, wie ein Bergmann in Enugu für eine Sechs-Tage-Woche bekam. Dieselbe Ungleichheit existierte auch unter den Hafenarbeiter*innen. Aus den Unterlagen der größten amerikanischen Schifffahrtsgesellschaft, Farrell Lines, geht hervor, dass von der Gesamtsumme, die im Jahr 1955 für das Be- und Entladen von Schiffen, die zwischen Afrika und Amerika fuhren, aufgewendet wurde, fünf Sechstel an amerikanische Arbeiter*innen gingen und ein Sechstel afrikanischen Arbeiter*innen zukam. Dabei wurde an beiden Punkten die gleiche Ladung aufgenommen, bzw. gelöscht. Die Löhne, die den amerikanischen Dockarbeiter*innen und den europäischen Kohlearbeiter*innen ausbezahlt wurden, waren immer noch gering genug, um sicherzustellen, dass der Kapitalist einen Profit erzielte. Es soll damit lediglich verdeutlicht werden, dass die Rate der Ausbeutung bei afrikanischen Arbeiter*innen sehr viel höher war.

Als während und nach der Kolonialzeit auf solche Diskrepanzen hingewiesen wurde, antworteten die Apologet*innen des Kolonialismus geschwind, dass der Lebensstandard und die Lebenshaltungskosten in den kapitalistischen Ländern höher seien. Tatsache ist, dass der höhere Standard durch die Ausbeutung der Kolonien ermöglicht wurde und dass es keine Rechtfertigung dafür gab, den Lebensstandard in Afrika so niedrig zu halten, wo doch ein höherer Standard durch die Arbeitsleistung der Afrikaner*innen selbst möglich war. Welcher Lebensstandard auf dem Kontinent durch afrikanische Arbeitskräfte aufrechterhalten werden kann, lässt sich leicht an den Gehältern und dem Lebensstil der Weißen in Afrika ablesen.

Die Kolonialregierungen behinderten die Beschäftigung von Afrikaner*innen in höheren Positionen und wenn ein Weißer und ein Schwarzer dieselbe

Stelle besetzten, wurde der Weiße mit Sicherheit wesentlich besser bezahlt. Das galt auf allen Ebenen, vom öffentlichen Dienst bis zu den Bergarbeiter*innen. Afrikanische Lohnarbeiter*innen in den britischen Kolonien an der Goldküste und in Nigeria waren besser gestellt als ihre Brüder und Schwestern in vielen anderen Teilen des Kontinents, aber sie waren im öffentlichen Dienst auf die Ebene von Junior-Mitarbeiter*innen beschränkt. In der Zeit vor dem letzten Weltkrieg erhielten europäische Beamt*innen an der Goldküste durchschnittlich vierzig Pfund pro Monat, inklusive Unterkunft und anderen Privilegien. Afrikaner*innen bekamen im Durchschnitt ein Gehalt von vier Pfund. In einigen Fällen verdiente ein*e Europäer*innen in einem Betrieb soviel wie seine 25 afrikanischen Assistent*innen zusammen. Außerhalb des öffentlichen Dienstes erhielten Afrikaner*innen Arbeit bei Bauprojekten, in Bergwerken und als Hausangestellte – alles Tätigkeiten mit geringem Verdienst. Es war Ausbeutung ohne Haftung und ohne Wiedergutmachung. 1934 wurden 41 Afrikaner*innen bei einer Katastrophe in einer Goldmine an der Goldküste getötet und der kapitalistische Konzern bot jedem der Angehörigen dieser Männer nur drei Pfund als Entschädigung.

Wo es eine beträchtliche Anzahl an europäischen Siedler*innen gab, ließ sich das Lohngefälle leicht erkennen. In Nordafrika betrugen die Löhne der Marokkaner*innen und Algerier*innen zwischen 16 und 25 Prozent von denen der Europäer*innen. In Ostafrika war die Situation noch viel schlechter, besonders in Kenia und Tanganjika. Ein Vergleich mit dem Verdienst und dem Lebensstandard weißer Siedler*innen zeigt in scharfem Kontrast, wie unglaublich niedrig die Löhne der Afrikaner*innen waren. Während Lord Delamere 100.000 Morgen Land in Kenia kontrollierte, mussten die Kenianer*innen in ihrem eigenen Land einen *Kipande*-Pass mit sich führen, damit sie um einen Lohn von 15 oder 20 Schilling im Monat betteln konnten. Die äußerste Grenze brutaler Ausbeutung fand sich in den südlichen Teilen des Kontinents; und in Südrhodesien beispielsweise, wo Landarbeiter*innen selten mehr als 15 Schilling im Monat bekamen und Bergarbeiter*innen etwas mehr, falls sie angelernt waren – dafür hatten sie noch unerträglichere Arbeitsbedinungen zu erdulden. Ungelernte Arbeiter*innen in den Bergwerken Nordrhodesiens bekamen oftmals weniger als sieben Schilling im Monat. Ein Lastwagenfahrer im berühmten Kupfergürtel hatte den Rang eines angelernten Arbeiters. In einem Bergwerk verrichteten diese Arbeit Europäer*innen für 30 Pfund im Monat, während sie in einem anderen von Afrikaner*innen für drei Pfund im Monat verrichtet wurde.

In allen kolonialen Territorien sanken während der Zeit der Krise, die die kapitalistische Welt während den 1930er–Jahren erschütterte, die Löhne und wurden bis nach dem letzten kapitalistischen Weltkrieg nicht mehr auf das alte Niveau angehoben oder gar erhöht. 1949 wurden Afrikaner*innen, die in Südrhodesien in kommunalen Bereichen angestellt waren, mit Mindestlöhnen von 35 bis 75 Schilling im Monat entlohnt. Das stellte eine beträchtliche Verbesserung gegenüber den vorangegangenen Jahren dar, aber weiße Arbeiter*innen (die nur acht Stunden am Tag arbeiten mussten, während der Arbeitstag afrikanischer Arbeiter*innen zehn bis vierzehn Stunden betrug), erhielten einen Mindestlohn von 20 Schilling pro Tag und dazu noch kostenlose Unterkünfte und andere Leistungen.

Rhodesien stellte eine Miniaturversion des Apartheid–Systems Südafrikas dar, das die größte industrielle Arbeiter*innenklasse des Kontinents unterdrückte. In der Südafrikanischen Union arbeiteten afrikanische Arbeiter*innen tief unter Tage, unter unmenschlichen Bedingungen, die Bergleute in Europa nicht akzeptiert hätten. Infolgedessen bauten südafrikanische Arbeiter*innen Gold aus Lagerstätten ab, die man andernorts als unrentabel angesehen hätte. Und doch ist es der weiße Teil der Arbeiter*innenklasse, der alles an Leistungen empfing, was in Bezug auf Löhne und Gehälter zur Verfügung stand. Offizielle Stellen gaben zu, dass die Bergbaugesellschaften den Weißen höhere Löhne zahlen konnten als den Bergleuten in anderen Teilen der Welt, weil sie Übergewinne erzielten, indem sie den schwarzen Arbeiter*innen nur einen Hungerlohn zahlten.[177]

In der abschließenden Analyse waren es die Anteilseigner der Bergbaugesellschaften, die mehr als alle anderen profitierten. Sie blieben in Europa und Nordamerika und kassierten jedes Jahr sagenhafte Dividenden durch Gold, Diamanten, Mangan, Uran, etc., das von afrikanischer Arbeit aus dem Untergrund Südafrikas gehoben wurde. Jahrelang pries die kapitalistische Presse selbst das südliche Afrika als einen Investitionsstandort, an dem das investierte Kapital riesige Profite abwerfe. Seit den Anfängen des Wettlaufs um Afrika haben Leute wie Cecil Rhodes mit Gold und Diamanten im südlichen Afrika ein gewaltiges Vermögen gemacht. In diesem Jahrhundert nahmen sowohl die Investitionen als auch der Abfluss von Überschüssen zu. Die Investitionen konzentrierten sich hauptsächlich auf den Bergbau und das Finanzwesen, wo die Profite am größten waren. Zur Mitte der 1950er–Jahre wurden die

177 Bekanntermaßen dauern diese Zustände noch immer an. In diesem Kapitel wird die Kolonialzeit allerdings in der Vergangenheitsform beschrieben.

britischen Investitionen in Südafrika auf 860 Millionen Pfund geschätzt und warfen einen konstanten Profit von 15 Prozent, bzw. 129 Millionen Pfund pro Jahr, ab. Die meisten Bergbaugesellschaften erzielten Renditen, die weit über diesem Durchschnitt lagen. De Beers Consolidated Mines erzielte die 1950er-Jahre hindurch einen phänomenalen und konstant hohen Gewinn von zwischen 26 und 29 Millionen Dollar.

Der Komplex aus südafrikanischen Bergbaukonzernen war nicht nur in Südafrika selbst, sondern auch in Südwestafrika, Angola, Mosambik, Nordrhodesien, Südrhodesien und dem Kongo am Werk. Der Kongo war für Europa eine stete Quelle immensen Reichtums, da seit der Zeit der Kolonialisierung bis 1906 König Leopold II. von Belgien mindestens 20 Millionen Dollar mit Gummi und Elfenbein machte. Die Ausbeutung der Bodenschätze begann recht früh und gewann an Dynamik, nachdem die politische Kontrolle 1908 von König Leopold auf den belgischen Staat überging. Der Wert des abfließenden Vermögens wurde im gleichen Zeitraum mit 4.300 Millionen Pfund angegeben, ohne die im Kongo einbehaltenen Gewinne. Der Wert des Abflusses im gleichen Zeitraum wurde mit 4.300 Millionen Pfund angegeben, wobei die im Kongo einbehaltenen Gewinne nicht mitgerechnet wurden. Wie überall auf dem Kontinent nahm die Expatriierung von Überschüssen aus dem Kongo zu, je länger die Kolonialzeit andauerte. In den fünf Jahren, die der Unabhängigkeit vorangingen, erreichte der Nettokapitalabfluss aus dem Kongo nach Belgien immense Dimensionen. Der größte Teil der Überschussausfuhr wurde von einem einzigen großen europäischen Finanzmonopolisten, der *Société Générale*, abgewickelt. Die wichtigste Tochtergesellschaft der *Société Générale* war die *Union Minière du Haut-Katanga*, die seit 1889 ein Monopol auf die kongolesische Kupferproduktion hatte (damals war sie noch unter dem Namen *Compagnie de Katanga* bekannt); *Union Minière* erzielte bekanntermaßen in einem einzigen Jahr einen Gewinn von 27 Millionen Pfund.

Es verwundert nicht, dass von dem gesamten, im Kongo während eines beliebigen Jahres der Kolonialzeit produzierten Reichtums, mehr als ein Drittel in Form von Profiten großer Konzerne und Gehälter ihres im Ausland lebenden Personals das Land verließ. Aber für Nordrhodesien unter den Brit*innen betrug der vergleichbare Anteil die Hälfte des jährlich produzierten Reichtums. In Katanga hatte *Union Minière* zumindest den Ruf, einen Teil der Profite in Gestalt von Unterkünften und Mutterschaftsbetreuung für afrikanische Arbeiter*innen zurückzulassen. Die Konzerne des rhodesischen Kupfergürtels brachten die Profite ohne solche Bedenken außer Landes.

Es sollte nicht vergessen werden, dass es außerhalb Südafrikas auch während der Kolonialzeit beträchtliche Bergbauprojekte gab. In Nordafrika beutete ausländisches Kapital natürliche Rohstoffe wie Phosphate, Öl, Blei, Zink, Mangan und Eisenerz aus. In Guinea, Sierra Leone und Liberia gab es bedeutende Vorkommen an Gold, Diamanten, Eisenerz und Bauxit. Hinzu kommen Zinn aus Nigeria, Gold und Mangan aus Ghana, Gold und Diamanten aus Tanganjika sowie Kupfer aus Uganda und Kongo Brazzaville. Um ein Verständnis der Situation zu gewinnen, muss in jedem Fall mit einer Untersuchung der Rate der Ausbeutung afrikanischer Ressourcen und Arbeitskräfte begonnen und dann der Überschuss bis zu seinem Bestimmungsort außerhalb Afrikas verfolgt werden – auf die Bankkonten der Kapitalisten, die die Mehrheitsanteile an den großen multinationalen Bergbaukonzernen kontrollieren.

Im Hinblick auf die in der Landwirtschaft tätigen Unternehmen produzierte die afrikanische Arbeiter*innenklasse einen weniger spektakulären Exportüberschuss. Landwirtschaftliche Plantagen waren in Nord-, Ost- und Südafrika weit verbreitet; in geringerem Umfang traten sie auch in Westafrika auf. Ihre Profite waren an die unglaublich niedrigen Löhne und harten Arbeitsbedingungen geknüpft, die man den afrikanischen Landarbeiter*innen aufbürdete und an die Tatsache, dass sie sehr wenig Kapital investieren mussten, um sich das Land anzueignen, das die Kolonialmächte den Afrikaner*innen großflächig raubten und dann zu symbolischen Preisen an Weiße verkauften. Nachdem das kenianische Hochland zum »Crown Land« erklärt worden war, übergaben die Brit*innen beispielsweise Lord Delamere 100.000 Acres[178] des besten Landes zum Preis von einem Penny pro Acre. Lord Francis Scott erwarb 350.000 Acres, die East African Estates Ltd. bekam weitere 350.000 Acres und das Ostafrikanische Syndikat nahm sich 100.000 Acres neben Lord Delawares Grundstück – alles zu Schleuderpreisen. Unnötig zu erwähnen, dass solche Plantagen gewaltige Profite abwarfen, auch wenn die Rendite geringer war als bei einer südafrikanischen Goldmine oder einer Diamantenmine in Angola.

Während der Kolonialzeit war Liberia vermeintlich unabhängig, aber im Grunde genommen war es eine Kolonie der USA. Die US-amerikanische Firestone Rubber Company konnte 1926 eine Million Acres Waldland in Liberia für den Preis von sechs Cent pro Acre und einem Prozent des Wertes des exportierten Gummis erwerben. Wegen der hohen Nachfrage und der strategischen Bedeutung des Gummis katapultierten die Profite aus den liberianschen Ländereien Firestone auf Platz 25 der größten Konzerne in den USA.

178 Acre (dt.: Morgen, Acker), englisches Flächenmaß, entspricht etwa 4.047 m² [Anm. d. Red.]

Europäische Handelsgesellschaften vs. Afrikanische Bäuer*innen

Das Kapitel handelte bisher von den Überschüssen, die afrikanische Lohnarbeiter*innen in Bergwerken und auf Plantagen produzierten. Die afrikanische Arbeiter*innenklasse während der Kolonialzeit war jedoch äußert klein; die überwältigende Mehrheit der Afrikaner*innen, die in der kolonialen Geldwirtschaft tätig waren, waren unabhängige Bäuer*innen. Wie kann also die Rede davon sein, dass diese selbständigen Bäuer*innen dazu beitrugen, afrikanische Überschüsse außer Landes zu bringen? Die Verteidiger*innen des Kolonialismus argumentieren, dass es für diese Bäuer*innen von Vorteil war, die Möglichkeit zu haben, durch den Anbau von Produkten wie Kakao, Kaffee und Palmöl Überschüsse zu erzielen. Diese falsche Darstellung gilt es zu berichtigen.

Die Arbeitskraft der Bäuer*innen, die eine Marktfrucht anbauen, wurde von einer langen Kette von Individuen ausgebeutet, angefangen bei örtlichen Geschäftsleuten. Manchmal waren diese örtlichen Geschäftsleute auch Europäer*innen. In sehr seltenen Fällen handelte es sich bei ihnen um Afrikaner*innen und gewöhnlich waren sie eine Minderheit, die von außen hereingeholt wurde und als Vermittler*innen zwischen den weißen Kolonialisten und dem ausgebeuteten afrikanischen Bäuer*innen diente. In Westafrika spielten Libanes*innen und Syrer*innen diese Rolle, während sie in Ostafrika von Inder*innen übernommen wurde. In Sansibar und einigen anderen Gegenden an der ostafrikanischen Küste zählten auch Araber*innen zur Kategorie der Mittelsleute.

Bäuer*innen, die Marktfrüchte anbauten, besaßen nie eigenes Kapital. Sie lebten von einer Ernte zur nächsten, angewiesen auf gute Erträge und gute Preise. Eine schlechte Ernte oder ein Fallen der Preise führte dazu, dass die Bäuer*innen sich Geld leihen mussten, um ihre Steuern bezahlen und sich gewisse lebensnotwendige Güter kaufen zu können. Als Sicherheit verpfändeten sie ihre zukünftigen Ernten an die Geldverleiher*innen aus der Kategorie der Mittelsleute. Das Nichtbezahlen der Schulden konnte dazu führen, dass die Geldverleiher*innen ihnen ihre Höfe wegnahmen – was auch geschah. Die Zinssätze auf die Kredite waren in allen Fällen außerordentlich hoch und erfüllten den Tatbestand dessen, was gemeinhin als »Wucher« bezeichnet wird. In Ostafrika war die Situation so schlimm, dass sogar die britische Kolonialregierung einschreiten und eine »Kreditverordnung für Eingeborene« erlassen musste, um Afrikaner*innen vor asiatischen Geschäftsmännern zu schützen.

Trotz einiger kleinerer Zusammenstöße zwischen den Kolonialisten und den Mittelsleuten waren beide Teil desselben Ausbeutungsapparates. Im Großen und Ganzen übernahmen die Libanes*innen und Inder*innen die kleineren Aufgaben, für die sich die Europäer*innen zu gut waren. Sie besaßen Dinge wie Entkörnungsmaschinen, die die Samen der Baumwolle von den Fasern trennten, während sich die Europäer*innen auf die Baumwollfabriken in Europa konzentrierten. Die Mittelsleute gingen auch hinaus in die Dörfer, während die Europäer*innen vorzugsweise in den Städten blieben. In den Dörfern übernahmen die Inder*innen und Libanes*innen praktisch den gesamten An- und Verkauf und leiteten den Großteil der Profite zurück an die Europäer*innen in den Städten und in Übersee.

Der Anteil der Gewinne, der an Zwischenhändler*innen ging, war unbedeutend im Vergleich zu den Gewinnen, die von großen europäischen Geschäftsinteressen und den europäischen Regierungen selbst eingefahren wurden. Die kapitalistische Institution, die mit der afrikanischen Bäuer*innenschaft am direktesten in Kontakt stand, war die koloniale Handelsgesellschaft: d.h. ein Unternehmen, dass sich darauf spezialisierte, Güter in die Kolonien und aus den Kolonien heraus zu transportieren. Die Berüchtigtsten waren die französischen Unternehmen *Compagnie Française d'Afrique Occidentale* (CFAO) und Société *Commerciale Ouest Africaine* (SCOA) und die von den Brit*innen kontrollierte *United Africa Company* (UAC). Diese waren verantwortlich für die Ausfuhr eines großen Teils des afrikanischen Reichtums, der durch die Arbeit der Bäuer*innenschaft produziert wurde.

Mehrere der kolonialen Handelsgesellschaften hatten bereits durch Teilnahme am Sklav*innenhandel afrikanisches Blut an den Händen. Als also französische Händler*innen in Bordeaux ein Vermögen mit dem europäischen Sklav*innenhandel machten, investierten sie das Kapital Mitte des 19. Jahrhunderts in den Handel mit Erdnüssen aus Senegal und Gambia. Die betreffenden Unternehmen waren auch in der Kolonialzeit weiter tätig, auch wenn sie die Eigentümer wechselten und es zahlreiche Fusionen gab. In Senegal, Mauritanien und Mali waren die Namen Maurel & Prom, Maurel Brothers, Buhan & Teyssere, Dalmas & Clastre allseits bekannt. Mehrere von ihnen wurden schließlich in die SCOA integriert, die von einem Konsortium französischer und schweizerischer Financiers dominiert wurde. Ein simultaner Vorgang im französischen Hafen von Marseille führte zum direkten Transfer von Sklav*innenhandelskapital in den Handel zwischen Afrika und Frankreich. Nach dem Ende des Zweiten Weltkriegs wurden die meisten der kleinen Marseiller Unternehmen von der riesigen CFAO geschluckt, die sämtliche europäischen Güter, die der Markt aufnahm, nach Französisch-Westafrika importierte und im Gegenzug die landwirtschaftlichen Erzeugnisse exportierte, die das Produkt der Arbeit der Bäuer*innenschaft waren. Die CFAO verfügte auch über britisches und niederländisches Kapital und ihr Handlungsraum erstreckte sich nach Liberia und in britische und belgische Kolonien. Es heißt, dass die SCOA und die CFAO in guten Jahren einen Profit von bis zu 90 Prozent erwirtschafteten und in schlechten Jahren einen Profit von 25 Prozent.

In Großbritannien war der berüchtigte Sklav*innenhandelshafen in Liverpool der erste, der zu Beginn des 19. Jahrhunderts, als der Sklav*innenhandel schwierig, bzw. unmöglich wurde, auf Palmöl umstieg. Das bedeutete, dass Liverpooler Unternehmen Afrika nicht länger dadurch ausbeuteuten, dass sie Arbeitskräfte von dort in andere Erdteile verfrachteten. Stattdessen beuteten sie die Arbeitskräfte und Rohstoffe Afrikas nun *in* Afrika aus. Das ganze 19. Jahrhundert hindurch und bis in die Kolonialzeit hinein konzentrierte sich Liverpool hauptsächlich darauf, die Erzeugnisse der afrikanischen Bäuer*innenschaft zu importieren. Mit den Industriegebieten von Manchester und Cheshire im Rücken kontrollierte dieser britische Hafen in der Kolonialzeit einen großen Teil des britischen und europäischen Handels mit Afrika – genau wie in der Zeit des Sklav*innenhandels. Auch Glasgow hatte ein reges Interesse am Kolonialhandel, ebenso die Händler*innen und das Großkapital Londons. Bis 1929 hatte London Liverpool als wichtigsten Hafen für den afrikanischen Import und Export abgelöst.

Wie bereits erwähnt, war die UAC der Bekannteste unter den britischen Handelskonzernen. Es handelte sich bei ihr um eine Tochtergesellschaft des gewaltigen Anglo-holländischen Monopolkonzerns Unilever; und ihre Vertretungen fanden sich in allen britischen Kolonien Westafrikas und in kleinerem Maßstab auch in Ostafrika. Unilever kontrollierte auch die *Compagnie du Niger Français*, die *Compagnie Français de la Côte d'Ivoire*, SCKM im Tschad, NOSOCO in Senegal, NSCA in Portugiesisch-Guinea und John Walken & Co. Ltd. in Dahomey. Bestimmte andere britische und französische Firmen waren nicht in jeder Kolonie vertreten, waren aber in dem besonderen Gebiet, auf dem sie sich festgesetzt hatten, sehr erfolgreich. Ein Beispiel hierfür ist John Holt in Nigeria.

In Ostafrika bestand das Import-Export-Geschäft tendenziell aus kleineren Firmen als in Westafrika, aber selbst unter diesen gab es fünf oder sechs die sehr viel größer als der Rest waren und sich die größten Anteile sicherten. Eine der ältesten dieser Firmen war Smith Mackenzie, ein Ableger des schottischen Unternehmens von Mackinnon und Mackenzie, das die britische Kolonisation Ostafrikas anführte und auch Anteile in Indien besaß. Weitere nahmhafte Geschäftshäuser waren das von A. Baumann, Wigglesworth and Company, Dalgety, Leslie & Anderson, Ralli Bros, Michael Cons, Jos. Hansen, die African Mercantile und die Twentsche Overseas Trading Co. Einige davon fusionierten, bevor die Kolonialherrschaft ihr Ende fand und sie alle besaßen mehrere andere Tochtergesellschaften und gehörten selbst zu größeren Konzernen in den Metropolen. Die UAC hatte auch einen Anteil am ostafrikanischen Importhandel, da sie den Rum des Unternehmens Gailey und Roberts auf den Markt brachten, das 1904 von weißen Siedler*innen gegründet worden war.

Das Muster der Aneignung von Überschüssen in Ostafrika war leicht zu durchschauen, da die Extraktionsmechanismen in Nairobi und dem Hafen von Mombasa zentralisiert waren. Sämtliche großen Unternehmen operierten von Nairobi aus und besaßen wichtige Büros in Mombasa, um sich um Lagerung, Transport und Versicherung zu kümmern. Uganda und Tanganjika wurden dann über ihre Hauptstädte Kampala und Dar es Salaam, in denen die großen Firmen Niederlassungen hatten, in das Geschehen miteinbezogen. Bis zum Beginn des letzten Krieges war das Handelsvolumen mit Ostafrika relativ gering, aber danach stieg es steil an. So stieg der Wert der kenianischer Importe von 4 Millionen Pfund im Jahr 1938 auf 34 Millionen im Jahr 1950 und auf 70 Millionen im Jahr 1960. In derselben Zeit stieg natürlich auch der Wert der Exporte und die Handelsgesellschaften zählten zu den Hauptbegünstigten des Außenhandelswachstums.

Handelsgesellschaften machten riesige Vermögen durch relativ kleine Investitionen in den Teilen Afrikas, in denen bäuerlicher Anbau von Marktfrüchten weit verbreitet war. Die Unternehmen mussten für den Anbau der landwirtschaftlichen Rohstoffe keinen Penny ausgeben. Die afrikanischen Bäuer*innen hatten viele Gründe, um auf Marktfrüchte zu setzen. Eine Minderheit nutzte eifrig die Gelegenheit, weiterhin europäische Waren zu erwerben, an die sie sich in der vorkolonialen Zeit gewöhnt hatten. Viele andere in allen Teilen des Kontinents widmeten sich dem Geld verdienen, da sie damit verschiedene Steuern bezahlen mussten oder weil sie zur Arbeit gezwungen wurden. Gute Beispiele dafür, dass Afrikaner*innen buchstäblich mit Waffengewalt dazu gezwungen wurden, Marktfrüchte anzubauen, finden sich in Tanganjika unter deutscher Herrschaft, in den Kolonien Portugals und in Französisch-Äquatorialafrika und dem französischen Sudan in den 1930er-Jahren.[179] Wie dem auch sei, es

179 Von diesen Tatsachen erhielt auch der Rest der Welt auf dramatische Weise Kenntnis, als Afrikaner*innen schließlich zu Gewalt griffen. So war beispielsweise der erzwungene Baumwollanbau einer der Hauptgründe für den Ausbruch der Maji-Maji-Kriege in Tanganjika und für den nationalistischen Aufstand in Angola im Jahr 1960.

gab nur sehr wenige Fälle, in denen die Bäuer*innen für ihren Lebensunterhalt vollständig auf Geld angewiesen waren. Die Handelsgesellschaften nutzten diese Situation in vollem Umfang aus. Im Wissen, dass der afrikanische Bauer und seine Familie sich mit Nahrung aus ihren *shambas* versorgen würden, hatten die Unternehmen keine Verpflichtung, Preise zu bezahlen, die Bäuer*innen und ihren Familien das Überleben sicherten. In gewisser Weise erhielten die Handelsgesellschaften einfach Tribut von einem eroberten Volk und mussten sich dabei nicht einmal darum kümmern, wie die Tributabgaben produziert wurden.

Die Handelsgesellschaften verfügten in Afrika auch über eigne Transportmittel, wie z. B. Motorschiffe und Lastwägen. Für gewöhnlich wälzten sie die Last des Transports allerdings mit Hilfe libanesischer oder indischer Mittelsleute auf die Bäuer*innenschaft ab. Die kapitalistischen Unternehmen übten auf die afrikanischen Bäuer*innen in doppelter Weise Druck aus, indem sie sowohl den Preis für die Ernte als auch den Preis für importierte Waren wie Werkzeuge, Kleidung und Fahrräder, nach denen die Bäuer*innen verlangten, kontrollierten. Die Preise für Palmenerzeugnisse beispielsweise wurden 1929 von der UAC und anderen Handelgesellschaften in Nigeria enorm gedrückt, während die Lebenshaltungskosten aufgrund der erhöhten Preise auf importierte Güter gestiegen waren. 1924 betrug der Preis für Palmöl 14 Schilling pro Gallone. Er fiel auf sieben Schilling im Jahr 1928 und auf wenig mehr als einen Schilling im Jahr darauf. Obwohl die Handelsgesellschaften in den Jahren der Weltwirtschaftskrise weniger für jede Gallone Palmöl erhielten, stieg ihre Gewinnspanne – was zeigt, wie schamlos der Überschuss aus den Bäuer*innen herausgepresst wurde. Mitten in der weltweiten Wirtschaftskrise konnte die UAC ansehnliche Profite vorweisen. Im Jahr 1934 betrug der Profit 6.302.875 Pfund und für gewöhnliche Anteile schüttete man eine Dividende von 15 Prozent aus.

In jedem Teil Kolonialafrikas folgten die Jahre der Wirtschaftskrise demselben Muster. In Sukumaland (Tanganjika) sank der Preis für Baumwolle im Jahr 1930 von fünfzig Cent auf zehn Cent pro Pfund. Die französischen Kolonien traf es etwas später, da die Krise sich nicht vor 1931 auf die französische Währungszone auswirkte. Danach brachen die Preise für senegalesische Erdnüsse um mehr als die Hälfte ein. Die Preise für Kaffee und Kakao sanken noch dramatischer, da es sich dabei um – für Europäer*innen – relativ luxuriöse Waren handelte. Auch hier lässt sich feststellen, dass französische Unternehmen wie CFAO und SCOA mit niedrigeren Preisen konfrontiert waren, als sie die Rohstoffe in Europa verkauften, aber keine Verluste hinnehmen mussten. Stattdessen wurde die Last auf afrikanische Bäuer*innen abgewälzt, selbst wenn das

Zwangsarbeit bedeutete. In französischen Territorien zwang man afrikanische Bäuer*innen, sich sogenannten Kooperativen anzuschließen, die von ihnen verlangten, bestimmte Pflanzen wie Baumwolle anzubauen und die Preise zu akzeptieren, die man ihnen dafür bot.

Kaum war die Krise zu Ende, befand sich Europa im Krieg. Die westlichen Mächte zogen die Menschen Afrikas mit hinein, um für die Freiheit zu kämpfen! Die Handelsfirmen intensivierten ihre Plünderung im Namen von Gott und Vaterland. An der Goldküste bezahlten sie zehn Pfund pro Tonne Kakaobohnen, anstatt 50 Pfund wie vor dem Krieg. Zur selben Zeit verdoppelten und verdreifachten sich die Preise für Importgüter. Viele Dinge des täglichen Bedarfs wurden für gewöhnliche Menschen unerschwinglich. An der Goldküste kostete das Stück bedruckten Kattuns, das vor dem Krieg für zwölfeinhalb Schilling verkauft wurde, im Jahr 1945 90 Schilling. In Nigeria stieg der Preis für ein Yard[180] khakifarbenen Stoffs, das in Vorkriegstagen drei Schilling gekostet hatte, auf 16 Schilling an; der Preis für ein Bündel Eisenbleche, das früher 30 Schilling kostete, stieg auf 100 Schilling.

Die Arbeiter*innen in den Städten wurden von den steigenden Preisen am härtesten getroffen, da sie die Produkte des täglichen Bedarfs mit Geld bezahlen mussten und ein Teil ihrer Nahrung importiert wurde. Die Unzufriedenheit der Arbeiter*innen warf ein Schlaglicht auf die ausbeuterische Nachkriegssituation. Es kam zu etlichen Streiks und an der Goldküste wurde der Boykott auf importierte Güter das berühmte Vorspiel für die Selbstverwaltung unter Nkrumah. Allerdings wurden wegen der niedrigen Preise und teuren Importe auch die Bäuer*innen unruhig. Im Jahr 1947 konnten die Baumwollbäuer*innen Ugandas die Situation nicht länger ertragen. An die großen britischen Import–Export–Firmen kamen sie nicht heran, aber sie konnten sich zumindest an die indischen und afrikanischen Zwischenhändler*innen wenden. Also marschierten sie zu den in indischem Besitz befindlichen Baumwollentkörnungsanlagen und demonstrierten vor dem Palast des Kabaka, des Erbherrschers, der oft als Vertreter Großbritanniens in Uganda fungierte.

Um sicherzustellen, dass die Profitmarge zu jeder Zeit so hoch wie möglich gehalten wurde, hielten es die Handelsgesellschaften für klug, »Interessensgemeinschaften» zu bilden. Diese Interessensgemeinschaften legten die Preise fest, die afrikanischen Bäuer*innen bezahlt wurden und hielten diese Preise auf einem Minimum. Darüber hinaus griffen die Handelsgesellschaften in mehrere andere Bereiche des Wirtschaftslebens in den Kolonien ein, sodass mehrere

180 englisches Längenmaß, 1 Yard = 36 Zoll / 0,9144m [Anm. d. Red.]

Kanäle entstanden, durch die die Überschüsse abfließen konnten. In Marokko – um nur ein Beispiel zu nennen – besaß die *Compagnie Générale du Maroc* große Ländereien, landwirtschaftliche Betriebe, Holzfällerbetriebe, Bergwerke, Fischereien, Eisenbahnen, Häfen und Kraftwerke. Die Riesen wie die CFAO und die UAC hatten ebenfalls überall ihre Finger im Spiel. Die Anteile der CFAO reichten von Erdnussplantagen bis hin zu Aktien der Reederei Fabre & Fraissinet. Wo auch immer sie sich hinwendeten – die Menschen Ghanas und Nigerias stießen überall auf die UAC. Sie kontrollierte den Groß- und Einzelhandel, besaß Butterfabriken, Sägewerke, Seifenfabriken, Unterhemdfabriken, Kühlhäuser, Maschinen- und Motorreparaturwerkstätten, Schlepper und Küstenschiffe. Einige dieser Geschäfte beuteten afrikanische Lohnarbeiter*innen direkt aus, während auf die eine oder andere Weise jede Geschäftstätigkeit den Rahm abschöpfte, den die Arbeit der Bäuer*innen im Marktfruchtsektor produzierte.

Manchmal waren die Unternehmen, die in Afrika landwirtschaftliche Produkte erwarben dieselben, die Waren auf Grundlage dieser landwirtschaftlichen Rohstoffe produzierten. Cadbury and Fry beispielsweise – die beiden wichtigsten englischen Hersteller von Kakao und Schokolade – traten an der westafrikanischen Küste als Käufer auf, während in Ostafrika der Teehersteller Brooke Bond Tee sowohl anbaute als auch exportierte. Viele der Handelsgesellschaften aus Marseille, Bordeaux und Liverpool betätigten sich in ihren Heimatregionen auch in der Herstellung von Waren wie Seife und Margarine. Das traf vollumfänglich auf die UAC zu, während die mächtige Lesieur Group, die Öle und Fette in Frankreich verarbeitete, gewerbliche Abnehmer*innen in Afrika hatte. Es ist allerdings möglich, die Handelsaktivitäten von den industriellen Betätigungen zu trennen. Letztere stellten das finale – und in gewisser Weise auch das schädlicheste – Stadium im langen Prozess der Ausbeutung der Arbeit afrikanischen Bäuer*innenschaft dar.

Bäuer*innen arbeiteten viele Stunden, um eine bestimmte Marktfrucht zu produzieren und der Preis des Produkts entsprach dem Preis dieser langen Arbeitsstunden. Da Primärprodukte aus Afrika schon immer nur niedrige Preise erzielten, folgt daraus, dass diejenigen, die die Rohstoffe kauften und weiterverarbeiteten, die Bäuer*innen rigoros ausbeuteten.

Diese Verallgemeinerung lässt sich am Beispiel der Baumwolle veranschaulichen, die eine der am weitesten verbreiteten Marktfrüchte Afrikas ist. Die Bäuer*innen in Uganda bauten Baumwolle an, die schließlich in englischen Fabriken in Lancashire oder einer britischen Fabrik in Indien landete. Der Fabrikbesitzer in Lancashire zahlte seinen Arbeiter*innen so wenig wie möglich, aber die Ausbeutung ihrer Arbeitskraft wurde durch mehrere Faktoren eingeschränkt. Die Ausbeutung der Arbeitskraft des Bäuer*innen in Uganda durch den Fabrikbesitzer war aufgrund dessen Macht im Kolonialstaat, die sicherstellte, dass die Menschen Ugandas für sehr wenig Geld sehr lange arbeiteten, völlig unbeschränkt. Außerdem war der Preis für das fertige Baumwollhemd so hoch, dass die Baumwolle, wenn sie in Form eines Hemdes nach Uganda reimportiert wurde, die Kaufkraft der Bäuer*innen, die die Baumwolle angebaut hatten, überstieg.

Die Preisunterschiede zwischen den exportierten afrikanischen Rohstoffen und den importierten Industriegütern stellten eine Form des ungleichen Austauschs dar. Diese Ungleichheit im Austausch verschärfte sich im Laufe der Kolonialzeit. Wirtschaftswissenschaftler*innen bezeichnen diesen Prozess als Verschlechterung der Handelsbedingungen[181]. Im Jahr 1939 konnten die Kolonien mit der gleichen Quantität von Primärgütern nur 60 Prozent der Fertigwaren kaufen, die sie im Jahrzehnt 1870–80 vor der Kolonialherrschaft erworben hatten. Bis 1960 war die Menge an europäischen Fertigwaren, die mit der gleichen Menge an afrikanischen Rohstoffen gekauft werden konnte, noch weiter gesunken. Es gab kein objektives wirtschaftliches Gesetz, das bestimmte, dass Primärprodukte so wenig wert sein mussten. In der Tat verkauften die Industrieländer bestimmte Rohstoffe wie Holz und Weizen zu viel höheren Preisen, als sie eine Kolonie erzielen konnte. Die Erklärung dafür ist, dass Afrika der ungleiche Austausch durch die politische und militärische Vorherrschaft der Kolonisator*innen aufgezwungen wurde, so wie im Bereich der internationalen Beziehungen kleinen, abhängigen Staaten, wie denen in Lateinamerika, ungleiche Verträge aufgezwungen wurden.

Die ungleiche Natur des Handels zwischen der Metropole und den Kolonien wurde durch das Konzept des »geschützten Marktes« noch unterstrichen. Es bedeutete, dass selbst ein ineffizienter Produzent in der Metropole einen garantierten Absatzmarkt in der Kolonie fand, in der seine Klasse die politische Kontrolle ausübte. Außerdem bauten die europäischen Hersteller, wie schon in der vorangegangenen Ära des vorkolonialen Handels, nützliche Nebengeschäfte mit Waren auf, die auf ihren eigenen Märkten als minderwertig gegolten hätten, insbesondere mit Textilien. Auch europäische Bäuer*innen profitierten auf diese Weise durch den Verkauf billiger Butter, während die skandinavischen Fischer*innen durch den Export von gesalzenem Kabeljau zu ihrem Recht kamen. Afrika bot, im Vergleich zu anderen Kontinenten, keinen großen Absatzmarkt für europäische

181 s. Fußnote 167 auf S. 109. [Anm. d. Red.]

Produkte, allerdings wurden sowohl die Einkaufs-, als auch die Verkaufspreise von europäischen Kapitalisten diktiert. Das ermöglichte ihren Produzent*innen und Händler*innen einen leichteren Zugriff auf die Reichtumsüberschüsse, die in Afrika produziert wurden als sie ihn gehabt hätten, wenn die Afrikaner*innen in einer Position gewesen wären, ihre eigenen Exportpreise festzulegen.

Transport- und Bankdienstleistungen

Die Möglichkeiten, Überschüsse auszubeuten, wurden von den Handelsgesellschaften und der Industrie noch nicht ausgeschöpft. Einen nicht zu übersehenden Weg der Ausbeutung stellten die Reedereien dar. Die größten unter ihnen waren diejenigen, die unter der Flagge der Kolonialherren standen, besonders unter der der Brit*innen. Sie machten praktisch ihre eigenen Gesetze und genossen das Wohlwollen ihrer Heimatregierungen, da sie gewaltige Profite erwirtschafteten, Industrie und Handel anregten, Post beförderten und im Kriegsfall die Marine unterstützten. Die afrikanischen Bäuer*innen hatten nicht die geringste Kontrolle über die Transportkosten, die ihr berechnet wurden und zahlte sogar mehr als Bürger*innen in anderen Ländern. Die Kosten für den Transport von Mehl von Liverpool nach Westafrika betrug 35 Schilling pro Tonne, während sie für den Transport von Liverpool nach New York (eine ungefähr gleich lange Strecke) nur siebeneinhalb Schilling betrugen. Die Transportkosten hingen für gewöhnlich von der Größe der Ladung ab, die verschifft wurde, aber die Kosten für Kakao wurden am Anfang des Jahrhunderts, als die exportierten Mengen noch gering waren, auf 50 Schilling pro Tonne festgelegt und dann auf demselben hohen Niveau belassen, selbst als die Exportmengen zunahmen. Kaffee, der in den 1950er-Jahren von Kenia nach New York geliefert wurde, brachte den Transportunternehmen 280 Schilling pro Tonne (40 $ nach damaligem Wechselkurs). In der Theorie bezahlte der Händler*innen die Kosten für den Transport, aber in der Praxis bedeutete das, dass die produzierenden Bäuer*innen für die gesamten Kosten aufkamen, da die Händler*innen ihre Ausgaben aus Profiten bestritten, die sie dadurch erzielten, dass sie bei den Bäuer*innen billig einkauften. Alternativ bezahlten Plantagen besitzende, weiße Siedler*innen die Kosten, wie beispielsweise in Kenia und holten sich das Geld dann durch die Ausbeutung ländlicher Arbeitskräfte wieder zurück.

Die Reedereien sicherten sich ihre hohen Profitmargen mittels einer Praxis, die der der »Interessensgemeinschaften« der Geschäftshäuser ähnelte. Sie richteten so genannte »Verbände« ein, die es zwei oder mehr Unternehmen ermöglichten, die Frachtsendungen auf einer möglichst günstigen Basis untereinander aufzuteilen. Ihre Renditen waren so hoch und ihre Gier so außer Kontrolle, dass selbst die Händler*innen der Kolonialmächte protestierten. Von 1929 bis 1931 führte die UAC (mit Rückendeckung durch Unilever) einen Wirtschaftskrieg gegen die West African Line Conference – bestehend aus der britischen Reederei Elder Dempster, der Holland West-Afrika Lijn und der deutschen West-Afrika Linie[182]. In diesem Fall errang das Handelsmonopol einen Sieg über das Transportmonopol; aber es war ein Kampf zweier Gigantinnen und das Feld war dementsprechend verwüstet. Am Ende war der afrikanische Bauer der größte Verlierer, da sowohl Händler*innen als auch Transportunternehmen ihre Differenzen ausglichen, indem sie die Preise senkten, die Afrikaner*innen für ihre Primärerzeugnisse bezahlt wurden.

Im Hintergrund dieses kolonialen Geschehens lauerten die Banken, Versicherungsgesellschaften, Schifffahrtsversicherungen und andere Finanzhäuser. »Im Hintergrund« trifft es deshalb, weil die Bäuer*innen nie direkt mit solchen Institutionen zu tun hatten und im Allgemeinen nichts von deren ausbeuterischer Funktion wussten. Die Bäuer*innen oder Arbeiter*innen hatten keinen Zugang zu Bankkrediten, da sie keine »Sicherheiten« und kein »Pfand« besaßen. Banken und Finanzhäuser verkehrten nur mit anderen Kapitalisten, die den Bankiers beweisen konnten, dass, was auch immer geschehen würde, die Bank ihr Geld zurückerhalten und Profit machen würde. In der Zeit des Imperialismus wurden die Bankiers die Aristokraten der kapitalistischen Welt und standen deshalb eigentlich direkt im Vordergrund. Die Menge an Überschüssen, die afrikanische Arbeiter*innen und Bäuer*innen produzierten und die dann in die Taschen der Bankiers in den Metropolen wanderten ist durchaus beträchtlich. Sie erzielten eine höhere Kapitalrendite als die Bergbauunternehmen und jede neue Direktinvestition, die sie tätigten, verhießen eine weitere Entfremdung der afrikanischen Arbeiter*innen von den Früchten ihrer Arbeit. Außerdem gingen praktisch alle Investitionen in den Kolonien mit der Beteiligung der großen Finanzmonopole einher, da selbst die kleinste Handelsgesellschaft letztlich mit einem großen Bankier verbunden war. Die Renditen auf Investitionen in die Kolonien waren konstant höher als die Investitionen in die Metropole; so profitierten die Financiers von der Förderung kolonialer Unternehmen.

In den Anfangsjahren des Kolonialismus waren die Banken Afrikas klein und relativ unabhängig. Dies galt für die *Banque de Senegal*, die bereits 1853 gegründet wurde und für die Bank of British West Africa, die als Zweigstelle der Reederei Elder Dempster begann. Die großen Bankhäuser Europas, die seit den 1880er Jahren die Entwicklungen aus der Ferne gesteuert hatten, mischten sich jedoch bald direkt in die koloniale Bankenszene ein, als das Volumen der kapitalistischen

182 gemeint ist die (deutsche) Woermann-Linie [Anm. d. Red.]

Transaktionen das lohnend machte. Die *Banque de Senegal* ging 1901 in der *Banque de L'Afrique Occidentale* (BAO) auf und erwarb Verbindungen zur mächtigen Bank von Indochina, die wiederum eine besondere Schöpfung einiger mächtiger französischer Bankiers in der Metropole war. 1924 tauchte die *Banque Commerciale de l'Afrique* (BCA) in den französischen Territorien auf, die Verbindungen zur *Credit Lyonnais* und der BNCI in Frankreich besaß. Zu dieser Zeit wurde die Bank of British West Africa von der Lloyds Bank, der Westminster Bank, der Standard Bank und der National Provincial Bank – alle in England – finanziert. Die andere große englische Bank, Barclays, ging direkt nach Afrika. Sie kaufte die Colonial Bank und etablierte sie neu als Barclay DCO (»Dominion and Colonial»).

Die Bank of British West Africa (die 1957 in Bank of West Africa umbenannt wurde) und Barclays kontrollierten den Löwenanteil des Bankgeschäfts Britisch-Westafrikas, so wie die BAO und die BCA Französisch-West- und Äquatorialafrika unter sich aufgeteilt hatten. Weiterhin kam es 1949 mit der Entstehung der britischen und französischen Westafrika-Bank zu einem Zusammenschluss französischen und britischen Bankenkapitals. Die Ausbeutung durch Frankreich und Belgien überschnitt sich ebenfalls in der Finanzsphäre, da die *Société Générale* sowohl über belgisches als auch über französisches Kapital verfügte. Sie förderte Banken in Französisch-Afrika und im Kongo. Schwächere Kolonialmächte ließen sich von internationalen Banken wie Barclays finanzieren und nutzten ihre Kolonialgebiete als Weideland für ihre eigenen Nationalbanken. In Libyen waren die *Banco di Roma* und die *Banco di Napoli* tätig; in den portugiesischen Territorien hingegen war der bekannteste Name der der *Banco Ultramarino*.

Im Süden Afrikas war die hervorstechendste Bank die Standard Bank of South Afrika Ltd., die 1862 in der Kapkolonie von den Leitern von Geschäftshäusern mit engen Verbindungen nach London gegründet wurde. Ihr Hauptsitz befand sich ebenfalls in London und sie machte ein Vermögen mit der Finanzierung von Gold- und Diamantfunden sowie mit der Verwaltung der Beute von Cecil Rhodes und De Beers. Im Jahr 1895 erweiterte die Standard Bank ihren Geschäftsbereich nach Bechuanaland, Rhodesien und Mosambik; und sie war die zweite britische Bank, die in Britisch-Ostafrika Fuß fasste. Die tatsächliche Höhe der Profite war beachtlich. In einem Buch, das offiziell von der Standard Bank gesponsert wurde, zieht der Autor bescheiden den folgenden Schluss:

> *»In diesem Buch wurde dem finanziellen Resultat der Aktivitäten der Standard Bank nur wenig Aufmerksamkeit geschenkt, obwohl ihre Rentabilität eine unvermeidliche Folge ihres Überlebens war und daher von Anfang bis Ende ihr Hauptziel sein musste.«*

Die Standard Bank fuhr im Jahr 1960 einen Nettogewinn von 1.181.000 Pfund ein und zahlte ihren Aktionären 14 Prozent Dividende. Die meisten davon saßen entweder in Europa oder waren Weiße in Südafrika, während der Profit hauptsächlich von den Schwarzen in Süd- und Ostafrika erarbeitet wurde. Außerdem transferierten diese europäischen Banken die Reserven ihrer afrikanischen Ablegerinnen in das Londoner Hauptbüro, um sie im Londoner Geldmarkt anzulegen. Auf diese Weise leiteten sie auf schnellstem Weg afrikanische Überschüsse in die Metropolen weiter.

Die erste Bank, die in den 1890er-Jahren in Ostafrika gegründet wurde, war eine Zweigstelle einer britischen Bank, die in Indien tätig war. Sie erhielt später den Namen National & Grindlays. Im angrenzenden Tanganjika gründeten die Deutschen 1905 die Ostafrikanische Bank, allerdings besaßen nach dem Ersten Weltkrieg die Brit*innen ein fast vollständiges Monopol auf das ostafrikanische Bankgeschäft. Insgesamt existierten während der Kolonialzeit neun ausländische Banken in Ostafrika, von denen die drei Größten National & Grindlays, die Standard Bank und Barclays waren.

Schließlich bietet Afrika ein interessantes Beispiel dafür, wie effektiv ausländische Banken dabei halfen, Afrika seines Reichtums zu entledigen. Die meisten Bankgeschäfte und andere Finanzdienstleistungen kamen weißen Siedlern zugute, deren Vorstellung von »Heimat« immer Großbritannien war. Folglich sendeten die weißen Siedler*innen, als sie sich gegen Ende der Kolonialzeit bedroht fühlten, geschwind ihr ganzes Geld heim nach Großbritannien. Als die Brit*innen 1960 beschlossen, Kenia die Selbstverwaltung zuzugestehen, brachten die Weißen in Tanganjika beispielsweise sofort eine Summe von über fünfeinhalb Millionen Dollar nach London in Sicherheit. Diese Summe – wie alle anderen Auslandsüberweisungen durch koloniale Banken – repräsentierten die Ausbeutung des Landes und der Leute Afrikas.

Die Kolonialverwaltung als ökonomische Ausbeuterin

Zusätzlich zu den privaten Unternehmen, betätigte sich auch der Kolonialstaat direkt an der wirtschaftlichen Ausbeutung und Verarmung Afrikas. Das Pendant zum Kolonialbüro jedes kolonialisierenden Landes arbeitete Hand in Hand mit ihren Gouverneuren in Afrika zusammen, um eine Reihe von Funktionen zu erfüllen, von denen Folgende die Wichtigsten waren:

1. Der Schutz nationaler Interessen vor der Konkurrenz durch andere Kapitalisten.
2. Die Schlichtung der Konflikte zwischen den Kapitalisten des eigenen Landes.

3. Das Sicherstellen optimaler Bedingungen, unter denen private Unternehmen Afrikaner*innen ausbeuten konnten.

Der letzte Punkt war der Entscheidendste. Deshalb sprachen die Kolonialregierungen immer wieder von der »Aufrechterhaltung von Recht und Ordnung«, womit sie die Aufrechterhaltung von Bedingungen meinten, die für die Expansion des Kapitalismus und die Ausplünderung Afrikas am günstigsten waren. Das brachte die Kolonialregierungen dazu, Steuern zu erheben.

Einer der Hauptgründe des kolonialen Steuersystems war die Bereitstellung erforderlicher Mittel, um die Kolonie als Ort der Ausbeutung verwalten zu können. Europäische Kolonisator*innen stellten sicher, dass die Afrikaner*innen die Kosten für die Gouverneure und die Polizei, von denen sie unterdrückt wurden, und die als Wachhunde privater Kapitalisten dienten, selbst trugen. Tatsächlich wurden im 19. Jahrhundert Steuern und Zölle in der Absicht erhoben, damit die Kosten der Kolonialmächte für die Streitkräfte zu decken, die sie entsandt hatten, um Afrika zu erobern. Die Kolonialregierungen steckten also praktisch keinen Penny in die Kolonien. Alle Ausgaben wurden dadurch bestritten, dass man die Arbeitskräfte und natürlichen Rohstoffe des Kontinents ausbeutete; und die Kosten für die Aufrechterhaltung des kolonialen Staatsapparats waren praktisch eine Form der Entfremdung der Produkte von der afrikanischen Arbeit. Die französischen Kolonien traf es in dieser Hinsicht besonders arg. Vor allem ab dem Jahr 1921 mussten die lokalen Steuereinnahmen alle Ausgaben decken und darüber hinaus auch noch eine Reserve aufbauen.

Nachdem die Kolonialmächte auf afrikanischem Boden die Polizei, die Armee, den öffentlichen Dienst und die Justiz aufgebaut hatten, waren sie in der Lage, viel direkter in das Wirtschaftsleben der Bevölkerung einzugreifen, als das zuvor der Fall gewesen war. Ein großes Problem in Afrika bestand – von einem kapitalistischen Blickwinkel aus gesehen – darin, wie man Afrikaner*innen zu Arbeiter*innen oder kommerziellen Bäuer*innen machen konnte. In einigen Gebieten, wie z. B. in Westafrika, hatten sich die Afrikaner*innen in der Anfangszeit des Handels so sehr an die europäischen Produkte gewöhnt, dass sie aus eigenem Antrieb große Anstrengungen unternahmen, um an der kolonialen Geldwirtschaft teilzunehmen. Diese Reaktion war allerdings nicht allgemein verbreitet. Oftmals erachteten die Afrikaner*innen die monetären Anreize als nicht ausreichend, um dafür ihre Lebensweise zu ändern und Arbeiter*innen oder kommerzielle Bäuer*innen zu werden. In solchen Fällen griff der koloniale Staat mit Gesetzen, Steuern und unverblümter Gewalt ein, um Afrikaner*innen dazu zu bewegen, einen Weg einzuschlagen, der für die Profite der Kapitalisten günstiger war.

Wenn sich Kolonialregierungen afrikanisches Land aneigneten, erreichten sie damit zwei Ziele gleichzeitig. Sie befriedigten ihre eigenen Bürger*innen (die nach Bergbaukonzessionen oder Ackerland verlangten) und schufen die Bedingungen, damit landlose Afrikaner*innen nicht nur arbeiten mussten, um Steuern bezahlen, sondern auch um überhaupt überleben zu können. In Siedlungsbieten wie Kenia und Rhodesien hinderte die Kolonialregierung Afrikaner*innen auch daran, Marktfrüchte anzubauen, sodass ihre Arbeitskraft direkt den Weißen zur Verfügung stand. Einer der weißen Siedler in Kenia, Colonel Grogan, gestand ganz offen:

> *»Wir haben dieses Land gestohlen. Jetzt müssen wir seine Glieder stehlen. Zwangsarbeit ist eine logische Folge unserer Besetzung des Landes.«*

In den Gegenden des Kontinents, in denen sich das Land noch in afrikanischen Händen befand, zwangen die Kolonialregierungen die Afrikaner*innen Marktfrüchte anzubauen, egal wie niedrig die Preise dafür auch waren. Die bevorzugte Methode war die der Besteuerung. Steuern in der Form von *Geld* wurden auf zahlreiche Dinge erhoben – auf Vieh, Land, Häuser und auf die Leute selbst. Das Geld, um diese Steuern bezahlen zu können, erlangte man durch den Anbau von Marktfrüchten oder indem man auf den landwirtschaftlichen Betrieben oder in den Bergwerken der Europäer*innen arbeitete. Ein interessantes Beispiel, das zeigt, um was es beim Kolonialismus hauptsächlich ging, lieferte Französisch-Äquatorialafrika, wo französische Behörden dem Volk der Mandschia (heute in Kongo Brazzaville) verboten, auf die Jagd zu gehen, damit sie sich allein mit dem Anbau von Baumwolle beschäftigten. Die Franzosen setzten das Verbot durch, obwohl es in der Gegend nur wenig Vieh gab und die Jagd die wichtigste Art der Nahrungsbeschaffung für die Menschen war.

Als schließlich alles andere gescheitert war, griffen die Kolonialmächte vielfach auf physischen Arbeitszwang zurück – natürlich gestützt durch rechtliche Sanktionen, denn alles, was die Kolonialregierung tat, war »legal.« Die Gesetze und Verordnungen, mit denen die Bäuer*innen in Britisch-Ostafrika verpflichtet wurden, eine Mindestanbaufläche für Marktfrüchte wie Baumwolle und Erdnüsse zu bewirtschaften, waren in der Tat Formen der Nötigung durch den Kolonialstaat, auch wenn sie normalerweise nicht unter dem Begriff »Zwangsarbeit« betrachtet werden.

Die einfachste Form der Zwangsarbeit war diejenige, die von den Kolonialregierungen zur Durchführung »öffentlicher Arbeiten« verlangt wurde. Für diese »öffentlichen Arbeiten« – den Bau von Schlössern für Gouverneure, Gefängnissen für Afrikaner*innen, Kasernen für Truppen und Bungalows für Kolonialbeamte – musste eine bestimmte Anzahl an Arbeitstagen im Jahr kostenlos zur Verfügung gestellt werden. Ein großer Teil dieser erzwungenen Arbeit floss in den Bau von Straßen, Eisenbahnen und Häfen, um die Infrastruktur für private Kapitalinvestitionen bereitzustellen und den Export von Marktfrüchten zu erleichtern. Um nur ein Beispiel aus der britischen Kolonie Sierra Leone zu nennen: Für den Bau der Eisenbahn, der Ende des 19. Jahrhunderts begann, mussten Tausende von Bäuer*innen, die aus den Dörfern vertrieben worden waren, Zwangsarbeit leisten. Die harte Arbeit und die unmenschlichen Bedingungen führten dazu, dass ein großer Teil derer, die am Bau der Eisenbahn beteiligt waren, dabei umkamen. In den britischen Territorien war diese Art der Zwangsarbeit (inklusive der Kinderarbeit) so weit verbreitet, dass 1923 eine »Eingeborenenverordnung« erlassen wurde, die die Anwendung von Zwangsarbeit im Transportwesen und dem Eisenbahn- und Straßenbau einschränkte. Häufig fanden sich jedoch Mittel und Wege, um diese Verordnung zu umgehen. Ein internationales Übereinkommen über Zwangsarbeit wurde 1930 von allen Kolonialmächten unterzeichnet, aber auch hier wurde es in der Praxis missachtet.

Die französische Regierung fand einen raffinierten Weg, um an kostenlose Arbeiter*innen zu kommen, indem sie erst verlangte, dass sich alle afrikanischen Männer als französische Soldaten verpflichten ließen und diese dann als unbezahlte Arbeitskräfte einsetzte. Solche und andere Zwangsarbeitsgesetze, die als »Abgaben« bekannt wurden, kamen in großen Teilen Französisch-Sudans und Französisch-Äquatorialafrikas extensiv zur Anwendung. Da Marktfrüchte in diesen Gebieten noch nicht richtig Fuß gefasst hatten, wurden Überschüsse hauptsächlich dadurch gewonnen, dass man die Bevölkerung dazu brachte, auf Plantagen oder in Regionen nahe der Küste, in denen Marktfrüchte angebaut wurden, zu arbeiten. Die heutigen Länder Obervolta, Tschad und Kongo Brazzaville stellten während der Kolonialzeit eine enorme Zahl an Zwangsarbeiter*innen zur Verfügung. 1921 brachten die Franzos*innen die Afrikaner*innen dazu, mit dem Bau der Eisenbahn zwischen Brazzaville und Pointe-Noire zu beginnen, die erst im Jahr 1933 fertiggestellt wurde. Während des Baus wurden jedes Jahr einige Zehntausend Menschen zur Baustelle getrieben – manchmal aus Gebieten, die über eintausend Kilometer entfernt lagen. Mindestens 25 Prozent der Arbeitskräfte starben jährlich an Unterernährung und Krankheit, wobei die Zeit zwischen 1922 und 1929 die Schlimmste war.

Abgesehen davon, dass die »öffentlichen Bauarbeiten« von unmittelbarem Wert für die Kapitalisten waren, unterstützte die Kolonialregierung das Privatkapital auch, indem sie ihm zwangsrekrutierte Arbeitskräfte zur Verfügung stellte. Das traf vor allem in der Frühzeit des Kolonialismus zu, wurde in unterschiedlichem Maße aber bis zum Zweiten Weltkrieg fortgeführt – in einigen Gegenden sogar bis zum Ende des Kolonialismus. In britischen Territorien wurde diese Praxis während der Weltwirtschaftskrise von 1929–33 und während des darauf folgenden Krieges wieder aufgenommen. In Kenia und Tanganjika wurde die Zwangsarbeit wieder eingeführt, um die Arbeit auf den Plantagen der Siedler*innen während des Krieges aufrecht zu erhalten. In Nigeria waren es die Zinn-Unternehmen, die von der Zwangsarbeits-Gesetzgebung profitierten, die es ihnen erlaubte, Arbeiter*innen mit fünf Pence pro Tag plus Verpflegung abzuspeisen. Während des größten Teils der Kolonialzeit erbrachte die französische Regierung dieselbe Dienstleistung für die großen Holzunternehmen, die über große Konzessionen in Gabun und an der Elfenbeinküste verfügten.

Die Kolonialregierungen der Portugies*innen und Belgier*innen waren am schamlosesten und trieben die Afrikaner*innen ohne Weiteres zusammen, um sie unter Bedingungen, die denen der Sklaverei glichen, für private Kapitalisten arbeiten zu lassen. Im Kongo begann im letzten Jahrhundert unter König Leopold II. eine brutale und extensive Zwangsarbeit. Durch Leopolds Polizei und Bedienstete wurden so viele Kongoles*innen ermordet und verstümmelt, dass dies selbst in Europa inmitten des allgemeinen Systems kolonialer Verbrechen missbilligt wurde. Als Leopold 1908 den »Freistaat Kongo« an die belgische Regierung übergab, hatte er bereits ein gewaltiges Vermögen angehäuft und die belgische Regierung lockerte die Intensität der Aubeutung kaum.

Die schlimmste Bilanz, was die Anwendung sklavereiähnlicher Praktiken angeht, haben die Portugies*innen vorzuweisen; und auch sie wurden von der internationalen Öffentlichkeit wiederholt verurteilt. Eine besondere Eigenheit des portugiesischen Kolonialismus war die Bereitstellung von Zwangsarbeiter*innen nicht nur für ihre eigenen Bürger*innen, sondern auch für Kapitalisten außerhalb der portugiesischen Kolonien. Menschen aus Angola und Mosambik wurden in die südafrikanischen Minen verschickt, um dort für Subsistenzlohn zu arbeiten, während die Kapitalisten in Südafrika der portugiesischen Regierung für jede/n bereitgestellte/n Arbeiter*in eine gewisse Summe bezahlten. (Der Export afrikanischer Menschen nach Südafrika läuft noch immer).

Im oben angeführten Beispiel kooperierten die portugiesischen Kapitalisten mit den Kapitalisten anderer Nationen, um die Ausbeutung afrikanischer Arbeitskräfte zu maximieren. Während der gesamten Kolonialzeit gab es sowohl soche Fälle der Kooperation als auch Fälle der Konkurrenz zwischen den Großmächten. Allgemein lässt sich sagen, dass von einer europäischen Macht erwartet wurde, dass sie einschritt, wenn die Profite ihrer nationalen Bourgeoisie durch die Aktivitäten anderer Nationen gefährdet wurden. Schließlich bestand der Zweck der Einrichtung von Kolonialregierungen in Afrika darin, monopolistische nationale Wirtschaftsinteressen zu schützen. So verabschiedete die belgische Regierung Gesetze, um sicherzustellen, dass Fracht in und aus dem Kongo hauptsächlich von belgischen Reedereien transportiert wurde; und die Regierung Frankreichs erhob hohe Steuern auf Erdnüsse, die auf ausländischen Schiffen nach Frankreich kamen, womit sichergestellt wurde, dass Erdnüsse aus Französisch-Afrika auf französischen Schiffen exportiert wurden. Das bedeutete, dass den Menschen Afrikas ihre Überschüsse statt durch den einen Kanal durch einen anderen Kanal abflossen. Es bedeutete aber auch, dass die Ausbeutung in ihrer Gesamtheit noch größer war, da, wenn man die Konkurrenz zwischen den europäischen Nationen zugelassen hätte, die Preise für Dienstleistungen gesunken und die Preise für landwirtschaftliche Erzeugnisse gestiegen wären.

Die Afrikaner*innen litten am meisten unter dem ausschließlichen Handel mit dem »Mutterland« in Fällen, in denen dieses »Mutterland» rückständig war. Afrikanische Bäuer*innen in portugiesischen Kolonien erzielten für ihre Erzeugnisse niedrigere Preise und zahlten höhere Preise für importierte Waren. Aber auch Großbritannien, der größte Kolonialist in Afrika, stand im Wettbewerb mit den stärkeren Kapitalisten aus Deutschland, den Vereinigten Staaten und Japan. Britische Kaufleute und Industrielle drängten ihre Regierung dazu, Handelsbarrieren gegen die Konkurrenz zu errichten. So stiegen beispielsweise die japanischen Textilausfuhren nach Britisch-Ostafrika von 25 Millionen Yards im Jahr 1927 auf 63 Millionen Yards im Jahr 1933, was Walter Runciman, den Präsidenten des British Board of Trade, dazu veranlasste, das Parlament dazu zu bewegen, hohe Zölle auf japanische Waren in den britischen Kolonien in Afrika zu erheben. Das bedeutete, dass Afrikaner*innen höhere Preise für notwendige Importe bezahlen mussten, da Stoff aus Großbritannien teurer war. Aus Sicht der afrikanischen Bäuer*innenschaft führte das für sie zu weiterer Entfremdung von den Früchten ihrer Arbeit.

Eine perfekte Illustration welcher Art die Interessen zwischen den Kolonialregierungen und ihrer Bourgeoisie waren, ist das Verhalten der Vermarktungsbehörden in Afrika. Die Ursprünge dieser Behörden gehen zurück auf den »Cocoa Hold-Up« an der Goldküste im Jahr 1937. Kakao-Bäuer*innen weigerten sich mehrere Monate lang, ihre Erzeugnisse zu verkaufen, solange sie nicht bessere Preise dafür erzielten. Ein dem Anschein nach positives Ergebnis des

»Hold-Ups« war, dass die britische Regierung sich bereit erklärte, eine Marktbehörde einzurichten, die den Bäuer*innen den Kakao abkaufen sollte – und zwar anstelle der großen Unternehmen wie der UAC und Cadbury, die bis dahin die Käufer waren. 1938 wurde eine westafrikanische Kakao-Aufsichtsbehörde geschaffen, die von der britischen Regierung allerdings nur als Feigenblatt genutzt wurde, hinter dem sich private Kapitalisten versteckten und denen es so ermöglicht wurde, weiterhin ihre exorbitanten Profite einzufahren.

In der Theorie hätte eine Marktbehörde den Bäuer*innen einen angemessenen Preis für ihre Produkte bezahlen sollen. Die Behörde verkaufte die Erzeugnisse in Übersee und behielt einen Überschuss zurück, um damit die Landwirtschaft zu verbessern und den Bäuer*innen einen stabilen Preis zu bezahlen, falls der Weltmarktpreis sinken sollte. In der Praxis bezahlten die Behörden den Bäuer*innen aber über viele Jahre, in denen die Preise auf dem Weltmarkt anstiegen, einen festen, niedrigen Preis. Für Afrikaner*innen hatte die Behörde keinen Nutzen, sehr wohl aber für die britische Regierung selbst und für private Unternehmen, die als Zwischenhändler*innen für den An- und Verkauf der Erzeugnisse eingesetzt wurden. Großen Unternehmen wie der UAC und John Holt wurden von den Behörden Quoten vorgegeben, die sie zu erfüllen hatten. Als Vertreter der Regierung standen sie nun nicht mehr in der direkten Schusslinie und ihre Profite waren gesichert.

Die Idee der Marktbehörden wurde von führenden britischen Politikern unterstützt, da genau zu dieser Zeit der Krieg begann und die britische Regierung bestrebt war, angesichts der begrenzten Anzahl von Schiffen, die während des Krieges für kommerzielle Zwecke zur Verfügung standen, Maßnahmen zu ergreifen, um die Versorgung mit bestimmten Kolonialprodukten in den erforderlichen Mengen und zum richtigen Zeitpunkt zu sichern. Sie war eifrig darum bemüht, private Kapitalisten zu schützen, die vom Kriegsgeschehen negativ betroffen waren. Beispielsweise erlangte ostafrikanischer Sisal für Großbritannien und seine Verbündeten entscheidende Bedeutung, nachdem Japan die Versorgung mit ähnlichen harten Fasern von den Philippinen und Niederländisch-Ostindien abgeschnitten hatten. Noch bevor die Kämpfe ausbrachen, kaufte die britische Regierung Sisal in großen Mengen auf, um den nicht-afrikanischen Plantagenbesitzern in Ostafrika zu helfen, die ihre Märkte in Deutschland und anderen Teilen Europas verloren hatten. Auf ähnliche Weise kaufte ab September 1939 eine Behörde Ölsamen (wie Palmenfrüchte und Erdnüsse) auf, um Verknappungen von Butter und Schiffsmotorenöl vorzubeugen.

Hinsichtlich aller von der Bäuer*innenschaft angebauten Marktfrüchte tätigten die Vermarktungsbehörden Einkäufe zu Preisen, die weit unterhalb derer lagen, die auf dem Weltmarkt gezahlt wurden. So zahlte die Westafrikanische Marktbehörde 1946 den Nigerianer*innen etwas weniger als 17 Pfund für eine Tonne Palmöl und verkaufte diese über das Lebensmittelministerium für 95 Pfund, was eher dem Weltmarktpreis entsprach. Erdnüsse, die 15 Pfund pro Tonne einbrachten, wenn sie von den Behörden gekauft wurden, wurden später in Großbritannien für 110 Pfund pro Tonne verkauft. Außerdem wurden von den Kolonialverwaltern Ausfuhrzölle auf die Tresore der Behörden erhoben, was eine indirekte Steuer für die Bäuer*innen darstellte. Die Situation erreichte einen Punkt, an dem die Bäuer*innen versuchten, den Behörden zu entkommen. In Sierra Leone war 1952 der Preis für Kaffee so niedrig, dass die Kaffeebäuer*innen ihre Produkte in nahegelegene französische Gebiete schmuggelten. Etwa zur selben Zeit flüchteten sich nigerianische Bäuer*innen vom Palmöl in den Kautschuk- oder Holzabbau, die nicht in den Zuständigkeitsbereich der Marktbehörden fielen.

Akzeptiert man die Prämisse, dass die Regierung immer die Vertretung einer bestimmten Klasse ist, wird sofort ersichtlich, warum die Kolonialregierungen in reibungsloser Zusammenarbeit mit den Kapitalisten die Überschüsse von Afrika nach Europa abzweigten. Aber selbst wenn man nicht von dieser (marxistischen) Prämisse ausginge, wäre es unmöglich, die Beweise dafür zu ignorieren, wie die Kolonialverwaltungen als Komitees im Auftrag der Großkapitalisten arbeiteten. Die Gouverneure in den Kolonien hatten auf die örtlichen Repräsentanten der Unternehmen und ihrer Direktoren zu hören. Tatsächlich gab es Unternehmensvertreter, die in mehreren Kolonien gleichzeitig Einfluss ausübten. Vor dem Ersten Weltkrieg war die mit Abstand bedeutendste Person in ganz Britisch-Westafrika Sir Alfred Jones – Vorsitzender von Elder Dempster Lines, Vorsitzender der Bank of West Africa und Präsident der British Cotton-Growing Association. In den späten 1940er-Jahren zeigte sich der Gouverneur Französisch-Westafrikas äußerst eifrig darum bemüht, einen gewissen Marc Rucart zufrieden zu stellen; einen Mann, mit bedeutenden Beteiligungen an mehreren französischen Handelsgesellschaften. Solche Beispiele finden sich in jeder Kolonie in der gesamten Geschichte, wobei in einigen von ihnen der Einfluss weißer Siedler*innen größer war als der einzelner Geschäftsleute aus den Metropolen.

Die Unternehmensanteilseigner in Europa beeinflussten nicht nur die Parlamente, sondern kontrollierten auch die Verwaltungen selbst. Der Vorsitzende der Kakao-Behörde im Nahrungsmittelministerium war niemand anderes als John Cadbury, ein Leiter des Unternehmens Cadbury Brothers – ein Mitglied in der »Interessensgemeinschaft« der Käufer, die westafrikanische Kakaobäuer*innen ausbeutete. Frühere Unilever-Angestellte besetzten Schlüsselpositionen in der Abteilung Öle und Fette des Nahrungsmittelministeriums und erhielten weiterhin Schecks von Unilever! Die Abteilung Öle und Fette übertrug die Zuteilung der Einkaufskontingente für die Marktbehörden an die Association of West African Merchants, die von der Unilever-Tochter UAC dominiert wurde.

Es verwundert nicht, dass das Nahrungsmittelministerium einen bekannten libanesischen Geschäftsmann eine Anweisung zukommen ließ, laut der er einen Vertrag unterzeichnen solle, der von der UAC verfasst wurde. Es verwundert auch nicht, dass Unternehmen Hilfe von Regierungen bekamen, um in Afrika die Preise niedrig zu halten und Zwangsarbeit einzusetzen, wo dies notwendig erschien. Es verwundert weiterhin nicht, dass Unilever sodann Seife, Margarine und andere Waren zu profitablen Preisen auf Absatzmärkten verkaufte, die ihnen von der britischen Regierung zugesichert wurden.

Natürlich garantierten die Regierungen der Metropolen auch, dass ein gewisser Prozentsatz des kolonialen Überschusses direkt in die Taschen des Staates wanderte. Sie alle hatten auf die eine oder andere Weise direkte Beteiligung an kapitalistischen Unternehmen. Die belgische Regierung investierte in Bergbauprojekte und dasselbe tat auch die Regierung Portugals als Anteilseignerin der Angolan Diamond Company. Die französische Regierung war immer bereit, sich mit dem Finanzsektor zusammenzuschließen. Wo koloniale Banken in Schwierigkeiten gerieten, konnten sie auf die Rettung durch die Regierung Frankreichs zählen und tatsächlich geriet ein Teil ihrer Aktien in die Hände der französischen Regierung. Die britische Kolonialregierung war vielleicht am wenigsten darum bemüht, direkt in alltägliche Geschäfte verwickelt zu werden, betrieb jedoch – neben den Eisenbahnen – auch die ostnigerianischen Kohleminen.

Marktbehörden halfen den Kolonialmächten dabei, schnell an Geld zu kommen. Die Kakao-Behörde verkaufte zu sehr niedrigen Preisen an das britische Nahrungsmittelministerium, das wiederum an britische Hersteller verkaufte und in manchen Jahren einen Gewinn von bis zu 11 Millionen Pfund erzielte. Wichtiger noch: Die Behörde verkaufte an die Vereinigten Staaten, die den größten Markt darstellten und wo noch dazu die Preise sehr hoch waren. Von den Profiten kam nichts beim afrikanischen Bäuer*innen an, stattdessen wurden sie zu britischen Devisen in US-Dollar.

Ab 1943 handelten Großbritannien und die USA miteinander auf Grundlage des sogenannten »Leih- und Pachtgesetzes.« Das bedeutete, dass Großbritannien die Darlehen der Vereinigten Staaten in Kriegszeiten zum Teil mit Rohstoffen zurückzahlte, die aus den britischen Kolonien in die Vereinigten Staaten geliefert wurden. Zinn und Gummi aus Malaya waren in dieser Hinsicht von großer Bedeutung, während Afrika eine große Bandbreite von Produkten sowohl aus dem Bergbau als auch aus der Landwirtschaft lieferte. Kakao stand hinsichtlich der Dollareinnahmen nach Zinn und Gummi an dritter Stelle. Im Jahr 1947 brachte westafrikanischer Kakao den Brit*innen über 100 Millionen Dollar ein. Durch das Quasi-Monopol auf Diamanten konnte (Süd-)Afrika ebenfalls an die Vereinigten Staaten verkaufen und zu den britischen Dollar-Reserven beitragen. Harry F. Oppenheimer bemerkte gegenüber seinen Kollegen in der Leitung der De Beers Consolidated Mines, dass der *»Verkauf von Diamanten während des Krieges Großbritannien um die 300 Millionen amerikanische Dollar sicherte.«*

Gerade in der Währungsfrage hatte die Kolonialregierung die meisten Manipulationen vorgenommen, um sicherzustellen, dass der Reichtum Afrikas in die Kassen der Metropolen floss. In der britischen Kolonialsphäre wurden Münzen und Banknoten zunächst durch private Banken ausgegeben. Diese Funktion wurde später dann von der Westafrikanischen und der Ostafrikanischen Währungsbehörde übernommen, von denen die erste 1912 und die zweite 1919 gegründet wurde. Die Währung, die diese Behörden in den Kolonien auflegte, musste von »Sterling-Reserven« gedeckt sein, also von Geld, dass Afrikaner*innen verdient hatten. Das System funktionierte folgendermaßen: Verdiente eine Kolonie (hauptsächlich) durch Exporte Devisen, wurden diese in Großbritannien in Pfund Sterling aufbewahrt. In den betreffenden Kolonien wurde dann eine gleichwertige Summe einer lokalen ost- oder westafrikanischen Währung in Umlauf gebracht, während die Pfund Sterling in Britische Staatsanleihen investiert wurden und dadurch noch mehr Profit für Großbritannien abwarfen. Damit das System funktionierte, arbeiteten die Handelsbanken Hand in Hand mit der Regierung in der Metropole und den Währungsbehörden. Zusammen errichteten sie ein elaboriertes Finanznetzwerk, das dem gemeinsamen Ziel diente, Europa auf Kosten Afrikas zu bereichern.

Die Beteiligung an den Sterling-Reserven durch eine Kolonie war ein Geschenk für die britische Staatskasse, auf die die jeweilige Kolonie nur wenig Rendite bekam. Gegen Ende der 1950er-Jahre erreichten die Sterling-Reserven einer kleinen Kolonie wie Sierra Leone 60 Millionen Pfund; während die britische Regierung 210 Millionen hielt, die aus dem Verkauf von Kakao und Mineralien von der Goldküste stammten. Ägypten und der Sudan waren ebenfalls große Beitragszahler Großbritanniens. Afrikas Gesamtanteil an der britischen Sterling-Bilanz betrug im Jahr 1945 446 Millionen Pfund und stieg bis zum Jahr 1955 auf 1.446 Millionen Pfund – mehr als die Hälfte der gesamten Gold- und Dollar-Reserven Großbritanniens und des Commonwealth, die 2.120 Millionen Pfund ausmachten. Männer wie Arthur Creech-Jones und Oliver Lyttleton, wichtige Personen der britischen Kolonialpolitik, gestanden ein, dass Großbritannien zu Beginn der 1950er-Jahre von den Dollareinnahmen der Kolonien lebte.

Die britische Regierung wurde von ihrem belgischen Pendant bei der Einforderung von Tributen von ihren Kolonien noch übertroffen, insbesondere während und nach dem letzten Krieg. Nachdem Belgien von Deutschland überrannt worden war, wurde in London eine Exilregierung gebildet. Der Minister für die Kolonien dieser Exilregierung, Robert Godding, gestand:

> *»Während des Krieges war der Kongo in der Lage, alle Ausgaben der belgischen Regierung in London zu decken, inklusive sowohl der diplomatischen Dienste als auch der Ausgaben für unsere Streitkräfte in Europa und Afrika – insgesamt eine Summe von um die 40 Millionen Pfund. Tatsächlich musste sich die belgische Regierung in London dank dem Kongo nicht einen Schilling oder Dollar leihen und die belgischen Goldreserven konnten unangetastet bleiben.«*

Seit dem Krieg gingen die Überschusseinnahmen des Kongo in anderen Währungen als belgischen Franken an die belgische Nationalbank. Abgesehen von all dem, was private Kapitalisten im Kongo geplündert haben, hat also auch die belgische Regierung direkt profitiert und zwar in Höhe von mehreren Millionen Franken pro Jahr.

Den französischen Kolonialismus in diesem Zusammenhang zu erörtern, hieße größtenteils, dieselben Bemerkungen über die Brit*innen und Belgier*innen zu wiederholen. Guinea war angeblich eine »arme« Kolonie, aber 1952 brachte sie Frankreich durch den Verkauf von Bauxit, Kaffee und Bananen eine Milliarde (alte) Francs oder etwa 5,6 Millionen Dollar an Devisen ein. Die französischen Finanzmethoden unterschieden sich geringfügig von denen anderer Kolonialmächte. Frankreich neigte dazu, mehr auf Handelsbanken zu setzen, anstatt separate Währungsbehörden einzurichten. Außerdem presste Frankreich mehr aus den Afrikaner*innen heraus, indem es Abgaben für Militärzwecke erhob. Die französische Regierung kleidete Afrikaner*innen in französische Armeeuniformen und setzte sie dafür ein, gegen andere Afrikaner*innen, gegen andere kolonialisierte Völker wie die Vietnamesen oder in europäischen Kriegen zu kämpfen. Das koloniale Budget musste die Kosten dafür tragen, diese afrikanischen »französischen» Soldaten in den Tod zu schicken, denen, wenn sie lebendig zurückkehrten, Pensionen aus afrikanischen Geldmitteln gezahlt werden mussten.

Kurz zusammengefasst: Der Kolonialismus bedeutete eine enorme Intensivierung der Ausbeutung innerhalb Afrikas – auf einem viel höheren Niveau, als sie im Kommunalismus oder in afrikanischen Gesellschaften des feudalen Typs je erreicht wurde. Gleichzeitig bedeutete er aber auch Export der resultierenden Überschüsse in gewaltigem Ausmaß, denn das war der zentrale Punkt des Kolonialismus.

Die Stärkung der technologischen und militärischen Aspekte des Kapitalismus

Eine vorläufige Untersuchung der nichtmonetären Vorteile des Kolonialismus für Europa

Noch immer gibt es einige bürgerliche Propagandist*innen, die behaupten, der Kolonialismus habe sich für die Europäer*innen nicht ausgezahlt, so wie es auch solche gibt, die behaupten, der Sklav*innenhandel sei für die Europäer*innen nicht profitabel gewesen. Es ist die Mühe nicht wert, diese Ansichten zu widerlegen, da es Zeit in Anspruch nehmen würde, die anderweitig sinnvoller genutzt werden kann. Der vorangegangene Abschnitt behandelte die Höhe der tatsächlichen monetären Gewinne, die die Kolonialmächte in Afrika erzielten. Aber Afrikas Beitrag zum europäischen Kapitalismus beschränkte sich bei weitem nicht auf die bloßen finanziellen Gewinne. Das Kolonialsystem erlaubte in den imperialistischen Metropolen eine rasante Entwicklung der Technologie und der Fähigkeiten. Er ermöglichte auch die Verfeinerung der modernen Organisationstechniken kapitalistischer Firmen und des Imperialismus insgesamt. Tatsächlich verlieh der Kolonialismus dem Kapitalismus einen erneuten Aufschwung und verlängerte seine Existenz in Westeuropa, seiner Geburtsstätte.

Zu Beginn der Kolonialzeit hatte die Anwendung von Wissenschaft und Technik in der Produktion bereits ein festes Fundament in Europa – eine Situation, die, wie bereits erläutert, mit dem Überseehandel zusammenhing. Daraufhin betrat Europa das Zeitalter der Elektrizität, der fortgeschrittenen Eisen-

und Nichteisenmetallurgie und der Ausbreitung der chemischen Industrie. In all diesen Bereichen brachte man es während der Kolonialzeit zu neuen Höhen. Elektrische Geräte wurden auf das qualitativ neue Niveau der Elektronik gehoben, die die Miniaturisierung der Geräte, die fantastischen Fortschritte in der Telekommunikation und die Entwicklung von Computern mit sich brachte. Die chemische Industrie produzierte eine große Bandbreite an synthetischen Ersatzstoffen für Rohmaterialien und es entstand der völlig neue Zweig der Petrochemie. Die Kombination von Metallen durch metallurgische Neuerungen bedeutete, dass Produkte angeboten werden konnten, die weitreichenden Ansprüchen bezüglich Hitzebeständigkeit, Leichtigkeit und Zugfestigkeit genügten. Am Ende der Kolonialzeit (sagen wir 1960) stand Europa an der Schwelle eines neuen Zeitalters – dem der Kernenergie.

Es ist allgemein bekannt, dass der Abstand zwischen der Wirtschaftsleistung der Metropolen und der der Kolonien sich während der Kolonialzeit mindestens um das fünfzehn- bis zwanzigfache vergrößerte. Der Fortschritt der wissenschaftlichen Technik in den Metropolen war mehr als alles andere die Ursache für die große Kluft zwischen dem afrikanischen und dem westeuropäischen Produktivitätsniveau am Ende der Kolonialzeit. Es ist deshalb unerlässlich zu verstehen, welche Rolle der Kolonialismus selbst dabei spielte, den wissenschaftlichen Fortschritt in den Metropolen und seine Anwendung in der Industrie herbeizuführen.

Es wäre äußerst einfältig, zu sagen, dass Europa seine Wissenschaft und Technologie *aufgrund* des Kolonialismus in Afrika oder irgendwo sonst entwickelte. Die Neigung zu technologischen Innovationen und Erneuerung war wegen des Profitzwangs bereits im Kapitalismus selbst angelegt. Es wäre allerdings durchaus zutreffend zu behaupten, dass die Kolonialisierung Afrikas und anderer Teile der Welt ein unverzichtbares Glied in einer Kette von Ereignissen war, die die technologische Umgestaltung der Basis des europäischen Kapitalismus ermöglichte. Ohne dieses Bindeglied hätte der europäische Kapitalismus Güter und Dienstleistungen nicht auf dem Niveau produziert, das 1960 erreicht wurde. Mit anderen Worten: Unser Maßstab zur Bewertung entwickelter und unterentwickelter Nationen würde ein anderer sein.

Profite aus der Kolonialisierung Afrikas vermischten sich mit Profiten aus allen anderen Quellen, um die wissenschaftliche Forschung zu finanzieren. Das galt im allgemeinen Sinn, dass der Wohlstand der kapitalistischen Gesellschaft es in diesem Jahrhundert erlaubte, mehr Geld und Freizeit für die Forschung aufzuwenden. Es gilt aber auch, weil die Entwicklung des Kapitalismus im Zeitalter des Imperialismus die Teilung der Arbeit *innerhalb der kapitalistischen Metropolen* bis zu dem Punkt weiterführte, an dem wissenschaftliche Forschung ein Zweig der Arbeitsteilung wurde – tatsächlich einer ihrer wichtigsten Zweige. Die Gesellschaft Europas bewegte sich fort von der wissenschaftlichen Forschung als einer persönlichen und sogar wunderlichen Affäre *ad hoc* und hin zu einem Zustand, in dem Regierungen, Militärs und privaten Kapitalisten der Forschung Prioritäten vorgaben. Sie wurde finanziert und gelenkt. Sorgfältige Untersuchung zeigt, dass die Finanzquellen und die Richtung, in die die Forschung gelenkt wurde, stark von der kolonialen Lage beeinflusst wurden. Zuerst sollte man sich daran erinnern, dass die Profite, die Europa durch Afrika erwirtschaftete *investierbare Überschüsse* darstellten. Die Profite waren nicht nur ein Selbstzweck. So investierten die Ost- und die Westafrikanische Währungsbehörde in britische Staatsanleihen, während die Handelsbanken und Versicherungsgesellschaften in Staatsobligationen, Hypotheken und Unternehmensanteile investierten. Diese von den Kolonien erworbenen Investmentfonds verteilten sich auf viele Sektoren der Metropolen und kamen auch Industrien zugute, die nichts mit der Verarbeitung kolonialer Produkte zu tun hatten.

Es ist allerdings einfacher, die Auswirkungen der kolonialen Ausbeutung auf Industrien nachzuverfolgen, die direkt mit den kolonialen Importen in Verbindung standen. Solche Industrien mussten die Art von Maschinen erfinden, die die Rohmaterialien aus den Kolonien am effektivsten verwerteten. Das führte zum Beispiel zu Maschinen zum Zerkleinern von Palmkernen und zu einem Verfahren zur Verwertung des weniger geschmacksintensiven Kaffees durch Umwandlung in ein lösliches Pulver, den »Instantkaffee.« Händler*innen und Industrielle überlegten sich außerdem Wege, wie man die kolonialen Rohmaterialien modifizieren konnte, damit sie den technischen Anforderungen europäischer Fabriken hinsichtlich Qualität und Quantität genügten. Ein Beispiel dieser Art ist die Sorgfalt, mit der sich die Niederländer*innen in Java und die Amerikaner*innen in Liberia an die Züchtung und Veredelung neuer Sorten von Kautschukpflanzen machten. Letztendlich fiel die Suche nach Rohmaterialien von besserer Qualität mit der Suche nach Rohmaterialien, die den europäischen Kapitalismus weniger abhängig von den Kolonien machte, zusammen – und führte zur Herstellung von Kunststoffen.

Im Bereich der Schifffahrt lässt sich schnell erkennen, dass bestimmte technologische Veränderungen und Innovationen mit der Tatsache zusammenhängen, dass ein so hoher Anteil der Schifffahrt zur Verbindung von Kolonien und Metropolen genutzt wurde. Schiffe mussten gekühlt werden, um verderbliche

Güter transportieren zu können; sie benötigten spezielle Schiffsräume für sperrige oder flüssige Ladungen wie Palmöl; und der Transport von Petroleum aus dem Nahen Osten, Nordafrika und anderen Teilen der Welt führte zu einer besonderen Schiffsklasse – dem Öltanker. Die Bauart der Schiffe und die Art ihrer Ladung beeinflussten wiederum die Art der Hafenanlagen in den Metropolen.

Auch dort wo Verbindungen nicht naheliegend oder allem Anschein nach sogar nicht existent waren, lässt sich doch sagen, dass der Kolonialismus ein Faktor in der technologischen Revolution Europas war. Als die Wissenschaft im 20. Jahrhundert erblühte, wurden ihre Verflechtungen zahlreich und komplex. Es ist unmöglich, den Ursprung jeder Idee und jeder Erfindung nachzuverfolgen, aber ernstzunehmende Wissenschaftshistoriker*innen kommen darin überein, dass das Anwachsen des Fundus wissenschaftlicher Erkenntnisse und ihre Anwendung im täglichen Leben von einer Vielzahl von Kräften abhängen, die in der gesamten Gesellschaft wirken und nicht nur von den Ideen innerhalb bestimmter Wissenschaftszweige. Mit dem Aufstieg des Imperialismus war eine der stärksten Kräfte innerhalb der kapitalistischen Gesellschaften der Metropolen exakt jene, die von kolonialen oder halbkolonialen Gebieten ausging.

Die vorhergehenden Erwägungen treffen in vollem Umfang auf jede Erörterung der militärischen Aspekte des Imperialismus zu, wobei der Schutz des Imperiums einer der wichtigsten Anreize für die Rüstungsforschung in einer Gesellschaft war, die seit der Feudalzeit militaristische Neigungen hatte. Die neue koloniale Dimension der europäischen Beschäftigung mit dem Militär zeigte sich besonders deutlich in der starken Rivalität zwischen Großbritannien, Deutschland, Frankreich und Japan im Bereich der Marine vor und während des Ersten Weltkriegs. Die Konkurrenz um Kolonien und Investitionsmöglichkeiten brachte neue Typen bewaffneter Kriegsschiffe hervor, wie beispielsweise Zerstörer und Unterseebote. Gegen Ende des Zweiten Weltkriegs war die militärische Forschung einer der am besten organisierten Forschungszweige und wurde von den kapitalistischen Staaten aus den Profiten subventioniert, die die internationale Ausbeutung abwarf.

Während der Zwischenkriegsjahre war Afrikas wichtigster Beitrag zur Entwicklung von Organisationstechniken in Europa die Stärkung des Monopolkapitals. Vor dem Krieg des Jahres 1914 hatten die Panafrikanisten Dusé Muhammad Ali und W. E. B. Du Bois erkannt, dass das Monopolkapital das führende Element in der imperialistischen Expansion war. Die sorgfältigste und bekannteste Analyse dieses Phänomens stammt vom russischen Revolutionsführer Lenin. Lenin war geradezu ein Prophet, denn je weiter das Kolonialzeitalter fortschritt, desto offensichtlicher wurde es, dass die Monopolkonzerne und insbesondere die Finanzunternehmen, diejenigen waren, die am stärksten profitierten.

Afrika (zusammen mit Asien und Lateinamerika) trug zur Weiterentwicklung der Strategien bei, durch die der Wettbewerb zwischen kleinen Unternehmen der Vorherrschaft einer Handvoll Unternehmen in den verschiedensten Wirtschaftsbereichen wich. Auf den Handelsrouten nach Indien starteten die Reedereien 1875 zum ersten Mal ihre »Verbände.« Diese Monopolpraxis weitete sich rasch auf den südafrikanischen Handel aus und erreichte in den Anfangsjahren des 20. Jahrhunderts in Westafrika einen Höhepunkt. Was den Handel anbelangt, so sammelten sowohl Frankreich als auch England in Westafrika wichtige Erfahrungen in der Zusammenlegung und Aufteilung von Märkten; abgesehen davon, dass kleine Unternehmen von Beginn bis zum Ende des Kolonialismus immer wieder von Größeren aufgekauft wurden.

Im südlichen Afrika entstanden die am sorgfältigsten geplanten Strukturen ineinandergreifender Direktorien, Holdinggesellschaften und riesiger Konzerne, die sowohl durch ihre Kapitalbeteiligung als auch durch die Tatsache, dass ihre wirtschaftlichen Aktivitäten auf viele Länder verteilt waren, multinational waren. Einzelne Unternehmer wie Oppenheimer holten ein gewaltiges Vermögen aus dem Boden des südlichen Afrikas, aber das südliche Afrika befand sich nie wirklich in der Ära der Einzel- und Familienunternehmen, die für Europa und Amerika bis zum Beginn des 20. Jahrhunderts charakteristisch war. Die großen Bergbaugesellschaften waren unpersönliche professionelle Konstrukte. Sie waren in Bezug auf Personal, Produktion, Vermarktung und Werbung gut organisiert und konnten langfristige Verbindlichkeiten eingehen. Die inneren Produktivkräfte drängten den Kapitalismus ununterbrochen zu Expansion und Herrschaft. Es war das System, dass sich ausbreitete. Zusätzlich lässt sich in Afrika – und im südlichen Afrika besonders – beobachten, dass am Aufstieg des kapitalistischen Überbaus Individuen beteiligt waren, die in der Lage waren, die Ausbeutung von Rohstoffen bis in das nächste Jahrhundert hinein bewusst zu planen und darauf abzielten, die rassistische Herrschaft über schwarze Menschen in Afrika bis in alle Ewigkeit aufrechtzuerhalten.

Seit dem 15. Jahrhundert besaß Europa die strategische Kontrolle über den Welthandel und über die rechtlichen und organisatorischen Aspekte des Warenverkehrs zwischen den Kontinenten. Europas Macht nahm durch den Imperialismus noch zu, denn Imperialismus hieß Investitionen und Investitionen (mit oder ohne Kolonialherrschaft) verschafften den europäischen Kapitalisten die

Kontrolle über die Produktion auf allen Kontinenten. Der Nutzen für den Kapitalismus erhöhte sich dementsprechend, da Europa die Quantität und Qualität der verschiedenen Rohstoffe bestimmen konnte, die im Interesse des Kapitalismus insgesamt und der Bourgeoisie im Besonderen zusammengebracht werden mussten. Beispielsweise gesellte sich zur Zuckerproduktion auf den Westindischen Inseln während der Kolonialzeit noch der Kakaoanbau in Afrika hinzu, sodass beide in die Schokoladenindustrie Europas und Nordamerikas einflossen. Im Bereich der Metallurgie konnte Eisenerz aus Schweden, Brasilien oder Sierra Leone zu verschiedenen Arten von Stahl verarbeitet werden, indem man Mangan von der Goldküste oder Chrom aus Südrhodesien beimengte. Solche Beispiele ließen sich nahezu endlos aufzählen, um die gesamte Bandbreite der kapitalistischen Produktion in der Kolonialzeit abzudecken.

Laut John Stuart Mill glich der Handel zwischen England und den Westindischen Inseln im 18. Jahrhundert dem Handel zwischen Stadt und Land. Im aktuellen Jahrhundert sind die Verbindungen sogar noch enger und es zeigt sich noch deutlicher, dass die Stadt (Europa) auf Kosten des Landes (Afrika, Asien, Lateinamerika) lebt. Als es heißt, dass die Kolonien für die Metropolen existieren sollen, indem sie Rohmaterialien liefern und verarbeitete Produkte kaufen, war die zugrundeliegende Theorie, dass man eine *internationale Arbeitsteilung* einführen würde, die Arbeiter*innen auf der ganzen Welt einbezieht. Das soll heißen, dass bis zu diesem Punkt jede Gesellschaft ihren eigenen Mitgliedern bestimmte Funktionen in der Produktion zugewiesen hatte – einige gingen auf die Jagd, andere fertigten Kleidung an, wieder andere bauten Häuser. Im Kolonialismus bestimmten allerdings die Kapitalisten, welchen Arten von Arbeit die Arbeiter*innen auf der ganzen Welt nachgehen sollten. Afrikaner*innen sollten Mineralien aus dem Boden holen, Nutzpflanzen anbauen, Naturprodukte sammeln und eine Anzahl anderer Tätigkeiten verrichten, wie zum Beispiel Fahrräder reparieren. In Europa, Nordamerika und Japan sollten die Arbeiter*innen Mineralien und Rohstoffe verarbeiten und Fahrräder herstellen.

Die internationale Arbeitsteilung brachte den Imperialismus hervor und der Kolonialismus stellte sicher, dass es in allen kapitalistischen Nationen zu einem maximalen Anstieg im Fähigkeitsniveau kam. Um aus dem afrikanischen Boden Mineralien hervorzuholen und auf ihm Landwirtschaft betreiben zu können, erforderte in erster Linie körperliche Kraft, aber die Extraktion von Metallen aus den Erzen und die darauf folgende Herstellung fertiger Güter in Europa förderte mit fortschreitender Zeit die Technologie und die Fähigkeiten immer weiter. Man nehme die Eisen- und Stahlindustrie als Beispiel. Die moderne

Stahlherstellung geht zurück auf den Siemens-Martin-Ofen und das Bessemer-Verfahren, die beide bereits in der zweiten Hälfte des letzten Jahrhunderts existierten. Beide machten signifikante Veränderungen durch, sodass sich die Stahlherstellung von einem intermittierenden Betriebablauf zu etwas verwandelte, das riesige elektrische Durchlauföfen erforderte. In den letzten Jahren wurden Facharbeiter*innen durch die Automatisierung und die Umstellung auf Computer verdrängt, aber insgesamt war der Zuwachs an Technologie und Fähigkeiten im Vergleich zu den Jahren vor dem Beginn des Imperialismus immens.

Eisenerz war in den Tagen des Kolonialismus keiner von Afrikas Hauptexportartikeln und mag deshalb als Beispiel irrelevant erscheinen. Allerdings war Eisen in den Ökonomien von Sierra Leone, Liberia und Nordafrika von großer Bedeutung. Es kann herangezogen werden, um die Tendenz der internationalen Arbeitsteilung zu veranschaulichen, die es der Technologie und den Fähigkeiten in den Metropolen erlaubte, sich zu entwickeln. Ferner müssen wir uns in Erinnerung rufen, dass Afrika eine wichtige Quelle für Mineralien war, die verwendet wurden, um Stahllegierungen herzustellen, insbesondere für Mangan und Chrom. Mangan war im Bessemer-Verfahren unerlässlich. Es wurden an mehreren Orten in Afrika abgebaut, wobei die Noma-Mine an der Goldküste über das größte Manganvorkommen der Welt verfügte. Die Minen an der Goldküste und in Nordafrika waren im Besitz amerikanischer Unternehmen und diese verwendeten die geförderten Rohstoffe in der US-amerikanischen Stahlindustrie. Chrom aus Südafrika und Südrhodesien spielte eine ähnliche Rolle in der Stahlmetallurgie, da es eine wesentliche Komponente in der Herstellung von Edelstahl ist.

Ein weiteres afrikanisches Mineral, das für die Herstellung von Stahllegierungen von großem Wert war, war Kolumbit. Da es hochgradig hitzebeständig ist, war eines seiner Hauptanwendungsgebiete die Herstellung von Stahl für Flugzeugturbinen. Es war zuallererst die rasante Entwicklung der europäischen Industrie und Technologie, die Kolumbit einen Wert verlieh. Zuvor wurde es in Nigeria bis ins Jahr 1952 als Nebenprodukt des Zinnabbaus verworfen. Dann, sobald man Verwendung dafür hatte, setzte es einen weiteren Anreiz für die europäische Technologie im äußerst komplexen Bereich der Flugzeugmotoren.

Gemäß der internationalen Arbeitsteilung im Kolonialismus waren es natürlich die amerikanischen, kanadischen, britischen und französischen Arbeiter*innen, die Zugang zu den Fertigkeiten im Umgang mit Kolumbit hatten und nicht die nigerianischen Arbeiter*innen, die das Erz aus dem Boden holten. Aus gewissen Gründen ging die Nachfrage nach Kolumbit nach einigen Jahren stark zurück, aber während dieser Zeit trug es dazu bei, die europäischen Metallurg*innen noch fähiger und noch erfahrener zu machen. Auf diese Weise half es dabei, ein sich selbst erhaltendes Wachstum zu generieren und die Kluft zu schaffen, die in jedem Vergleich zwischen den entwickelten und den unterentwickelten Ländern klar zutage tritt.

Auch Kupfer fällt in die hier besprochene Kategorie. Ungelernte afrikanische Arbeit war nötig, um das Erz für den Export bereitzustellen, bevor es zur Verarbeitung in die Fabriken europäischer Kapitalisten geschickt wurde. Kupfer war einer der Hauptexportartikel unter den afrikanischen Mineralien. Da es ein hervorragender elektrischer Leiter ist, wurde es ein unverzichtbarer Teil der kapitalistischen Elektroindustrie. Es ist ein essentieller Bestandteil von Generatoren, Motoren, elektrischen Lokomotiven, Telefonen, Telegraphen, Beleuchtungs- und Stromnetzen, Autos, Gebäuden, Munition, Radios, Kühlschränken und einer Vielzahl anderer Dinge. Technologische Zeitalter haben die Tendenz, über ihre Hauptenergiequelle definiert zu werden. Heute sprechen wir vom Atomzeitalter, da sich gezeigt hat, was für ein gewaltiges Potential die Atomenergie besitzt. Die Industrielle Revolution in Europa während des 18. und 19. Jahrhunderts war das Zeitalter des Dampfes. In gleicher Weise war die Kolonialzeit das Zeitalter der Elektrizität. Daher trugen die unverzichtbaren Kupferexporte aus dem Kongo, Nordrhodesien und anderen Teilen Afrikas zum führenden Sektor der europäischen Technologie bei. Aus dieser strategischen Position heraus waren ihre Multiplikatoreffekte zahllos und ihr Nutzen für die kapitalistische Entwicklung unermesslich.

Im Kontext einer Diskussion über Rohstoffe, muss wieder einmal dem Militär besondere Aufmerksamkeit gewidmet werden. Mineralien aus Afrika spielten sowohl bei konventionellen Waffen als auch hinsichtlich des Durchbruchs bei Atom- und Nuklearwaffen eine entscheidende Rolle. Während des Zweiten Weltkriegs begannen die USA, aus Belgisch-Kongo das Uran zu beziehen, das eine Grundvoraussetzung für die Herstellung der ersten Atombombe war. Wie dem auch sei: Am Ende der Kolonialzeit waren die Industrie und die Kriegsmaschinerie der kolonialisierenden Nationen so untrennbar miteinander verflochten, dass jeder Beitrag zu einer davon auch ein Beitrag zur anderen war. Und so nahmen Afrikas gewaltige Beiträge, die zuerst als friedliche Betätigungen erschienen – wie z. B. die Herstellung von Kupferleitungen und Stahllegierungen – letztendlich die Form von Sprengkörpern, Flugzeugträgern, etc. an.

Erst nachdem europäische Schusswaffen im 19. Jahrhundert einen gewissen Grad an Effektivität erreicht hatten, war es den Weißen möglich, die gesamte

Welt zu kolonisieren und zu beherrschen. In ähnlicher Weise war auch die Erfindung einer riesigen Bandbreite an neuen Instrumenten der Zerstörung in den Metropolen sowohl ein psychisches als auch ein praktisches Abschreckungsmittel, um kolonialisierte Völker daran zu hindern, wieder zu Macht und Unabhängigkeit zu gelangen. Man wird sich leicht daran erinnern, dass eine grundlegende Stütze des Kolonialismus in Afrika und andernorts die »Kanonenbootpolitik« war, auf die immer dann zurückgegriffen wurde, wenn die örtliche Polizei und die Streitkräfte nicht in der Lage zu sein schienen, das Recht der Metropole und die koloniale Ordnung aufrecht zu erhalten. Aus der Sicht der Kolonialisierten war die Stärkung des Militärapparates der europäischen Mächte durch koloniale Ausbeutung doppelt abträglich. Sie verbreiterte nicht nur die allgemeine technologische Kluft zwischen Metopole und Kolonie, sondern verbreiterte auch die Kluft im empfindlichsten aller Bereiche, der mit Konzepten wie Herrschaft und Unabhängigkeit zu tun hatte, ins Unermessliche.

Die internationale Arbeitsteilung der Kolonialzeit stellte auch sicher, dass es in Europa Wachstum und Beschäftigungsmöglichkeiten gab, abgesehen von den Millionen weißer Siedler*innen und Auswanderer*innen, die ihren Lebensunterhalt in Afrika und auf Kosten Afrikas verdienten. Landwirtschaftliche Rohstoffe wurden so verarbeitet, dass sie Nebenprodukte abwarfen, die selbst wiederum ganze Industriezweige bildeten. Die Anzahl der durch den Import von Erzen aus Afrika, Asien und Lateinamerika geschaffenen Arbeitsplätze in Europa und Nordamerika lässt sich anhand der immensen Beschäftigungsverzeichnisse in Stahlwerken, Automobilfabriken, Aluminiumoxid- und Aluminiumwerken und bei den Herstellern von Kupferkabeln ermessen. Außerdem stimulierten diese wiederum das Baugewerbe, die Transportindustrie, die Munitionsindustrie etc. Der Bergbau, den man in Afrika betrieb, hinterließ Löcher im Erdboden und das System der landwirtschaftlichen Produktion hinterließ ausgelaugte Böden; in Europa allerdings errichteten die Agrar- und Mineralimporte einen gewaltigen industriellen Komplex.

In den Frühphasen menschlicher Organisation war die Produktion verstreut und atomistisch. Das heißt, Familien bewahrten eine separate Identität, während sie für ihren Erhalt arbeiteten. Mit der Zeit erhielt die Produktion einen zunehmend gesellschaftlichen und zusammenhängenden Charakter. Die Herstellung eines Paars Schuhe in einer ausgebildeten feudalen Handelswirtschaft umfasste den Rinderzüchter, jemanden, der das Leder gerbte und einen Schuhmacher – anstatt eines Bäuer*innen, der ein Tier tötet und sich ein Paar Schuhe macht, wie es im selbstversorgerischen Kommunalismus der Fall war. Das Ausmaß, in dem eine Gesellschaft diesen sozialen Zusammenhang bei der Herstellung von Waren erreicht, ist ein Index ihrer Entwicklung durch Spezialisierung und Koordination.

Zweifellos erreichte der europäische Kapitalismus in seiner Produktion einen zunehmend gesellschaftlichen Charakter. Er integrierte die gesamte Welt und – mit den Erfahrungen des Kolonialismus als wichtigem Stimulus – integrierte er aufs Engste jeden Aspekt seiner eigenen Wirtschaft – von der Landwirtschaft bis zum Bankwesen. Aber die *Verteilung* besaß keinen gesellschaftlichen Charakter. Die Früchte menschlicher Arbeit gingen an eine Minderheitenklasse, die der weißen Rasse angehörte und in Europa und Nordamerika zu Hause war. Das ist die Krux des dialektischen Prozesses von Entwicklung und Unterentwicklung, wie er sich im Laufe der Kolonialzeit herausbildete.

Unilever als Beispiel eines Hauptprofiteurs der Ausbeutung Afrikas

So wie es notwendig war, den afrikanischen Überschuss durch die Kanäle der Ausbeutung wie Banken und Mühlenbetreiber zu verfolgen, kann auch der nicht-monetäre Beitrag Afrikas zum europäischen Kapitalismus genau nachgezeichnet werden, indem man die Karrieren der besagten Gesellschaften verfolgt. Im Folgenden werden kurz die relevanten Merkmale der Entwicklung eines einzigen Unternehmens – Unilever – im Zusammenhang mit der Ausbeutung afrikanischer Ressourcen und Menschen skizziert.

Während Afrika 1885 auf dem Konferenztisch aufgeteilt wurde, begann ein gewisser William H. Lever an der Merseyside nahe dem englischen Liverpool damit, Seife herzustellen. Seine Seife nannte er »Sunlight« und in den Sümpfen, in denen seine Fabrik stand, erwuchs die Gemeinde Port Sunlight. Innerhalb von zehn Jahren verkaufte Levers Unternehmen 40.000 Tonnen Seife pro Jahr alleine in England und errichtete ein Exportgeschäft und Fabriken in anderen Teilen Europas, Amerikas und in den britischen Kolonien. Dann folgten Lifebuoy, Lux, Vim und innerhalb zehn weiterer Jahre verkaufte Lever in Großbritannien 60.000 Tonnen Seife und besaß zudem weitere Fabriken, die in Kanada, Südamerika, Deutschland, Belgien, Südafrika und den USA Seife produzierten und verkauften. Allerdings wuchs Seife in keinem dieser Länder. Der Grundstoff in ihrer Herstellung war Stearin, das aus Ölen und Fetten gewonnen wurde. Neben Tierfett und Walöl kamen die begehrten Rohstoffe alle aus den Tropen, nämlich Palmöl, Palmkernöl, Erdnussöl und Kopra. Zufällig war Westafrika das größte Palmenanbaugebiet der Welt und außerdem auch ein Hauptproduzent von Erdnüssen.

Im Jahr 1887 baute die österreichische Firma Schicht, die später in den Unilever-Konzern eingegliedert wurde, die erste Palmkernmühle in Österreich, die von einer Liverpooler Ölhandelsfirma mit Rohstoffen versorgt wurde. Das war kein bloßer Zufall, sondern Teil der Logik des Imperialismus und der Erschließung Afrikas als Rohstoffreservoir Europas. Bereits 1902 schickte Lever seine eigenen »Entdecker« nach Afrika und diese kamen zu dem Schluss, dass der Kongo voraussichtlich der beste Ort sein würde, um an Palmenerzeugnissen zu gelangen, da die belgische Regierung bereit war, riesige Konzessionen für Land mit unzähligen Palmen anzubieten. Lever verschaffte sich die erforderlichen Konzessionen im Kongo und brachte Maschinen mit, um aus Palmkernen Öl zu gewinnen.

Der Großteil der Palmöl-Exporte stammte allerdings aus Gebieten an der Küste nördlich des Kongo. Also erwarb Lever 1910 W. B. McIver, eine kleine Liverpooler Firma in Nigeria. Darauf folgte der Kauf zweier kleiner Unternehmen in Sierra Leone und Liberia. Tatsächlich fasste Lever (damals noch unter dem Namen Lever Bros.) in jeder Kolonie in Westafrika Fuß. Der erste große Durchbruch kam im Jahr 1920, als Lever für 8 Millionen Pfund die Niger Company aufkaufte. Dann, 1929, wurde die African and Eastern, die letzte große konkurrierende Handelsgesellschaft, mit in die Partnerschaft geholt; und das Ergebnis der Fusion nannte man die United Africa Company (UAC).

Während des Krieges von 1914 – 1918 begann Lever damit, Margarine herzustellen, wofür dieselben Rohmaterialien gebraucht wurden wie für Seife – nämlich Öle und Fette. In den folgenden Jahren wurden Unternehmen in Europa durch Übernahmen und Fusionen stetig größer. Die großen Namen in der Seifen- und Margarineherstellung auf dem europäischen Kontinent waren zwei niederländische Firmen – Jurgens und Van der Bergh – und die österreichischen Firmen Schicht und Centra. Die niederländischen Unternehmen sicherten sich eine vorherrschende Stellung; dann, im Jahr 1929, kam es zum großen Zusammenschluss zwischen ihrem Kombinat und Lever, das in der Zwischenzeit eifrig damit beschäftigt waren, praktisch jede Konkurrenz aufzukaufen. Der Zusammenschluss im Jahr 1929 schuf den Monopolkonzern Unilever – aus Gründen der Bequemlichkeit aufgeteilt in Unilever Ltd. (Eingetragen in Großbritannien) und Unilever N.V. (eingetragen in Holland).

Für den massiven Einsatz von Ölen und Fetten war Unilever weitgehend auf seine Tochtergesellschaft UAC angewiesen, die im selben Jahr gegründet wurde. Die UAC selbst hörte nie auf zu wachsen. Im Jahr 1933 übernahm sie die bedeutende Handelsfirma G. B. Ollivant und kaufte 1936 die Swiss Trading Company an der Goldküste. Bis zu diesem Zeitpunkt stützte sie sich nicht mehr einfach auf wild wachsende Palmen im Kongo, sondern hatte Plantagen angelegt. Die Lever–Fabriken in den Vereinigten Staaten bezogen ihre Öllieferungen hauptsächlich aus dem Kongo und im Jahr 1925 (sogar noch bevor Unilever und die UAC entstanden waren) konnten die Lever–Werke in Boston einen Profit von 250.000 Pfund vorweisen.

Unilever gedieh sowohl im Krieg als auch im Frieden. Nur in Osteuropa führte der Aufstieg des Sozialismus zum Verlust von Fabriken durch Verstaatlichung. Am Ende der Kolonialzeit war Unilever eine Weltmacht, die traditionelle Seifen, Waschmittel, Margarine, Schweineschmalz, Butterschmalz, Speiseöl, Konservennahrung, Kerzen, Glyzerin, Ölkuchen und Toilettenartikel wie z.B. Zahnpasta verkaufte. Woher bezog dieser Riesenkrake den Großteil seiner Nahrung? Die Antwort mag die Informationsabteilung des Unilever House in London geben.

Am eindrucksvollsten in der gesamten Entwicklung Unilevers in der Zeit nach dem Krieg war der Fortschritt der United Africa Company. In der schlimmsten Zeit der Weltwirtschaftskrise hatte die Unternehmensleitung von Unilever nie aufgehört, ihr Handeln eher mit dem allgemeinen Glauben an die Zukunft Afrikas zu rechtfertigen als mit besonderen Überlegungen zu den unmittelbaren Aussichten der UAC. Ihr Lohn kam in Form der Nachkriegsprosperität der Primärproduzenten, die Afrika zu einem Markt für alle erdenklichen Produkte machte, von gefrorenen Erbsen bis hin zu Kraftfahrzeugen. Der Schwerpunkt von Unilever liegt in Europa, aber das bei weitem größte Mitglied (die UAC) ist für sein Überleben (mit einem Umsatz von 300 Millionen Pfund) fast vollständig auf das Wohlergehen Westafrikas angewiesen.

Betrachtete man nur die Bilanzen, so machten Levers Unternehmungen in Afrika in einigen Fällen Verluste. Bis die Plantagen im Kongo sich amortisiert hatten und einen Profit abwarfen dauerte es Jahre. Es dauerte auch einige Zeit, bevor sich der Kauf der Niger Company im Jahr 1920 finanziell auszahlte, während die SCKN niemals lohnenswerte Profite vorweisen konnte. Aber selbst in den schlechtesten Finanzjahren waren die Tochtergesellschaften der UAC von unschätzbarem Wert, da sie der Produktionsseite von Unilever die Kontrolle über eine sichere Quelle wichtiger Rohstoffe verschafften. Natürlich schüttete auch die UAC selbst ansehnliche Dividenden aus, aber wir wollen unsere Aufmerksamkeit hier nicht auf die finanziellen Gewinne der UAC und von Unilever richten, sondern darauf, wie die Ausbeutung Afrikas in Europa zu vielerlei technischen und organisatorischen Entwicklungen führte.

Sowohl die Seifenindustrie als auch die Margarineindustrie hatten ihre eigenen wissenschaftlichen und technischen Probleme, die es zu lösen galt. Wissenschaftlicher Fortschritt ist im Allgemeinen eine Reaktion auf ein reales Bedürfnis. Öl für Margarine und für Kochzwecke musste desodoriert werden, Ersatzstoffe für natürliches Schmalz mussten gesucht werden und als billige Butter der Margarine Konkurrenz machte, entstand die Notwendigkeit, neue hochwertige Margarine mit Vitaminzusätzen herzustellen. In einem britischen Wissenschaftsjournal veröffentlichten zwei Experten von Lever 1916 Testergebnisse, die das Wachstum von Tieren zeigten, die mit Margarine mit Vitaminkonzentraten gefüttert wurden. Sie blieben mit Wissenschaftler*innen der Cambridge University in Kontakt, die das Problem weiterverfolgten und im Jahr 1927 war die vitaminreiche Margarine bereit für den menschlichen Verzehr.

Hinsichtlich der Seife (und in geringerem Maße auch der Margarine) war es notwendig, ein Verfahren zu entwickeln, mit dem sich Öle zu Fetten verfestigen ließen – insbesondere Walöl, aber auch Pflanzenöle. Dieses Verfahren – die sogenannte »Hydrierung« – zog in den frühen Jahren des 20. Jahrhunderts die Aufmerksamkeit der Forschenden auf sich. Bezahlt und angetrieben wurden sie von konkurrierenden Seifenherstellern, u. a. auch von Lever und den anderen europäischen Unternehmen, die sich später zu Unilever zusammenschlossen.

Eines der eindrucksvollsten Beispiele für die technologischen Folgen der Verarbeitung kolonialer Rohmaterialien stammt aus dem Feld der Reinigungsmittel. Seife selbst ist ein Reinigungs- oder »Waschhilfsmittel«, aber gewöhnliche Seife leidet unter gewissen Limitationen, beispielsweise der Tendenz, in hartem Wasser und in Säuren zu zerfallen. Diese Limitationen konnten nur durch »seifenfreie Reinigungsmittel« überwunden werden, die nicht die fetthaltige Grundlage früherer Seifen hatten. Als Deutschland im ersten imperialistischen Krieg vom Nachschub an Ölen und Fetten aus den Kolonien abgeschnitten wurde, spornte man deutsche Forschende dazu an, mit den ersten Experimenten zur Herstellung von Reinigungsmitteln aus Kohlenteer zu beginnen. Später, in den 1930er-Jahren, begannen Chemieunternehmen ähnliche Reinigungsmittel in großem Umfang herzustellen, besonders in den Vereinigten Staaten. Zwei der Unternehmen, die unmittelbar in die Reinigungsmittelforschung einstiegen, waren Unilever und Procter & Gamble, eine Seifenfirma mit Hauptsitz in Cincinnati.

Es mag auf den ersten Blick seltsam erscheinen, dass Reinigungsmittel, obwohl sie in Konkurrenz zur normalen Seife standen, dennoch von den Seifenfirmen beworben wurden. Es ist allerdings die Vorgehensweise von Monopolunternehmen, in neue Bereiche vorzustoßen, die ihr altes Geschäft ergänzen oder sogar ersetzen. Das ist notwendig, um zu verhindern, dass das gesamte Kapital an Produkte gebunden ist, die außer Mode geraten. Die Seifenunternehmen konnten die Reinigungsmittel nicht den Chemieunternehmen überlassen, da sonst ihre Produkte wie die Kernseife, Seifenflocken und das Seifenpulver darunter gelitten hätten und sie nicht diejenigen gewesen wären, die neue Marken auf den Markt brachten. Unilever steckte also großen Aufwand in die Reinigungsmittel-Chemie, wobei man die Pflanzenöle in nicht unerheblichen Ausmaß beibehielt, sie allerdings chemisch veränderte. Diese Art der Forschung überließ man nicht dem Zufall oder Privatpersonen. Bis 1960 verfügte Unilever über vier Hauptlaboratorien – zwei in England, eines in den Niederlanden und eines in den Vereinigten Staaten. Diese vier Laboratorien beschäftigten zusammen mit anderen, kleineren Forschungseinrichtungen, über 3000 Menschen, von denen circa ein Drittel ausgebildete Wissenschaftler*innen und Techniker*innen waren.

Die Multiplikatoreffekte, die von Unilever und seiner Ausbeutung der Kolonien ausgingen, können mit einiger Genauigkeit nachverfolgt werden. Beim Zermahlen von Palmkernen entstand eine Masse, die sich hervorragend als Tierfutter eignete. Ein Nebenprodukt der Seifenherstellung war Glyzerin, das in der Herstellung von Sprengstoff Verwendung fand. Mit einem Teil dieses Sprengstoffs sprengten sich die Europäer*innen selbst, aber ein anderer Teil wurde für friedliche Zwecke – beispielsweise im Bergbau, in Steinbrüchen und im Bauwesen – eingesetzt. Durch die gemeinsame Basis von Ölen und Fetten standen noch mehrere andere Produkte mit Seife in Verbindung, insbesondere Kosmetika, Shampoos, Parfüms, Rasiercremes, Zahnpasta und Farbstoffe. Wie ein Autor es ausdrückte, dienten diese Nebenprodukte dazu, *»die kommerzielle Basis, auf der Unilever ruhte, zu verbreitern und gleichzeitig den Wissensfundus, den die Fachleute für Öle und Fette bereits besaßen, weiter zu nutzen.«* Außerdem schufen diese Aktivitäten Hunderttausende zusätzlicher Arbeitsplätze für europäische Arbeiter*innen.

Die Herstellung von Seife und Margarine bedurfte neben Ölen und Fetten noch anderer Rohmaterialien. Die Seifenherstellung verbrauchte große Mengen Ätznatron, weshalb Lever 1911 Land in Cheshire kaufte, das für die Produktion dieser Lauge geeignet war. Kapitalgiganten, die vom Kolonialismus und Imperialismus gemästet wurden, konnten es sich leisten, Dinge im großen Stil durchzuführen. Als Lever Schleifmittel benötigte, kaufte das Unternehmen einen Kalksteinbruch in Böhmen und als es die Versorgung mit Packpapier sicherstellen wollte, kaufte man eine Papierfabrik.

Der Transport war ein weiteres entscheidendes Problem, das das Wachstum in Europa stimulierte. Innerhalb eines Monats nachdem man 1920 die Niger Company gekauft hatte, war Lever an einem Projekt zum Bau von Anlagen am Mersey beteiligt, die Hochseeschiffe mit Ladungen aus Westafrika aufnehmen sollten. Die UAC war ein Pionier beim Bau von Schiffen für den Transport von Palmöl in Tanks, und Van der Bergh erwog einige Jahre vor der Fusion den Kauf einer Werft, um Schiffe für sein Unternehmen zu bauen. Dazu kam es zwar nicht, aber Unilever erwarb mehrere eigene Schiffe, darunter auch einige, die nach eigenen Vorgaben gefertigte waren und frisch aus der Werft kamen.

Ein weiteres Bindeglied der Unilever-Branchen war der Einzelhandelsvertrieb. Unilevers Produkte sollten an die Hausfrau verkauft werden und die niederländischen Unternehmen, die in Unilever aufgingen, beschlossen den Besitz eigener Lebensmittelläden, um den Absatz zu gewährleisten. Im Jahr 1922 hatte Jurgens die Kontrolle über eine Ladenkette in England mit dem passenden Namen »Home and Colonial.« Van der Bergh (damals noch ein Konkurrent) wollte nicht zurückbleiben und sicherte sich die Anteilsmehrheit an der Ladenkette, die Lipton (bekannt für Lipton's Tea) gehörte. Alle diese Läden gingen an Unilever. Das Lebensmittelgeschäft wurde bald nicht mehr nur als Absatzmarkt für Seife und Margarine betrachtet, sondern wurde zu einem Selbstzweck.

Manchmal scheinen die Multiplikatoreffekte keine Verbindung miteinander zu besitzen. Oberflächlich betrachtet gab es keinen offensichtlichen Grund, warum Lever eine riesige Einzelhandelskette namens Mac Fisheries gründen sollte, um Fisch zu verkaufen! Es gibt wenig, was Seife, Wurst und Eiscreme gemeinsam haben – und dennoch kaufte Lever den Wursthersteller Walls, der später eine Eiscremefabrik eröffnete. Die zugrunde liegende Verbindung ist, dass das Kapital immer nach Herrschaft strebt. Es wächst und breitet sich aus und versucht sich alles einzuverleiben, was in Sichtweite gerät. Die Ausbeutung Afrikas gab dem europäischen Monopolkapital alle Möglichkeiten, sich seinem Drang nach Expansion und Herrschaft hinzugeben.

Bevor wir Unilever hinter uns lassen, sollte abschließend noch darauf hingewiesen werden, wie solch ein Unternehmen die Richtung vorgab, in die sich das kapitalistische System veränderte. Die Doppelstruktur von Unilever Ltd. und Unilever N.V. war eine Neuerung, die erstmals bei der Fusion der mitteleuropäischen Unternehmen Schicht und Centra mit den niederländischen Margarinefirmen Jurgens und Van der Bergh angewandt wurde, um weniger Steuern zahlen zu müssen. Unilever umfasste zwei Holdingunternehmen mit denselben

Verwaltungsräten und den Anordnungen, Profite umzuschreiben und auszugleichen. Es war von Beginn an ein professioneller Konzern. Alle Firmen, die an der Zusammenlegung beteiligt waren, hatten jahrelange Erfahrung in der Organisation von Mitarbeiter*innen, Fabriken und Vermarktungsverfahren. Schicht war eines der ersten Unternehmen, die ein System der Kostenkalkulation und der finanziellen Kontrolle ausarbeiteten. Lever selbst war ein Pionier des Massenmarketings in Europa und auf dem umkämpften US-amerikanischen Markt. Das Unternehmen Unilever übernahm und perfektionierte die Techniken der Massenproduktion und der Werbung mit dem Ziel des Massenkonsums.

Die Bedeutung der organisatorischen Veränderungen wird deutlich, wenn man sie auf lange Sicht betrachtet, indem man Unilevers elaborierte internationale Organisation mit den Handelskompanien des 16. und 17. Jahrhunderts vergleicht, die noch Schwierigkeiten hatten, ihre Geschäftsbücher zu führen. Die effizienten Buchführungs- und Geschäftsmethoden, die für kapitalistische Unternehmen angeblich so charakteristisch sind, fielen nicht vom Himmel. Sie sind das Ergebnis einer historischen Entwicklung – und in dieser Entwicklung spielte die Ausbeutung Afrikas eine entscheidende Rolle – von der Zeit der Handelskompanien durch die gesamte Kolonialzeit.

Wie der Kolonialismus einzelnen Kolonialmächten zugute kam

Eine Analyse der nicht-monetären Vorteile, die die Kolonisatoren aus dem Kolonialismus zogen, lässt sich natürlich im Rahmen der Beziehungen zwischen jeder Kolonie und ihrem »Mutterland« leicht durchführen – abseits des Rahmens der einzelnen Firmen, den wir bereits ziemlich detailliert untersucht haben. Indem man die herkömmliche Methode anwendet, bei der die europäische Metropole mit ihren Kolonien in Beziehung gesetzt wird, findet man eine große Bandbreite positiver Effekte, auch wenn die Vorteile sich in ihrem Ausmaß von Kolonie zu Kolonie unterschieden. Portugal war die kleinste Kolonialmacht in Afrika und war in Europa nichts ohne seine Kolonien – sodass es darauf bestand, dass Angola, Mosambik und Guinea feste Bestandteile Portugals wären, so wie jede andere Provinz des europäischen Landes namens Portugal. Frankreich vertrat ab und an dieselbe Doktrin, nach der Algerien, Martinique und Vietnam angeblich »Überseefrankreich« waren.

Weder Großbritannien noch Belgien brachten je irgendwelche Theorien eines Greater Britain oder eines Überseebelgiens vor, waren in der Praxis aber genauso entschlossen wie andere Kolonialmächte, sicherzustellen, dass die Kolonien ungehindert die Metropole versorgten. In diesen westeuropäischen Staaten gab es nur wenige Bereiche des nationalen Lebens, die nicht von den

Jahrzehnten parasitärer Ausbeutung der Kolonien profitierten. Ein Nigerianer schrieb, nachdem er 1960 Brüssel besucht hatte:

> *»Ich habe die enormen Paläste, Museen und anderen öffentlichen Gebäude, die mit kongolesischem Elfenbein und Kautschuk bezahlt wurden, selbst gesehen.«*

Auch in heutiger Zeit staunen afrikanische Autor*innen und Forscher*innen noch darüber, welche Mengen an geplünderten afrikanischen Schätzen im Britischen Museum verstaut wurden; vergleichbare – wenn auch kleinere – Sammlungen afrikanischer Kunst finden sich auch in Paris, Berlin und New York. Das sind einige der Dinge, die – zusätzlich zum finanziellen Reichtum – dazu beitragen, die Metropolen als entwickelt und »zivilisiert« anzusehen.

Am deutlichsten zeigte sich die Unterstützung, die die Kolonien den Kolonisator*innen gewährten im entscheidenden Fall der Bereitstellung von Truppenkontingenten, die aus den Reihen der Kolonisierten stammten. Ohne koloniale Truppen hätte es keine »Britischen Streitkräfte« gegeben, die im Krieg von 1939–45 an der Front in Asien gekämpft hätten, da die Reihen der britischen Streitkräfte voll waren mit Menschen aus Indien und anderen Kolonien, u. a. auch aus Afrika und von den Westindischen Inseln. Es ist ein allgemeines Merkmal des Kolonialismus, dass sich die Metropole die militärische Stärke der Kolonien zunutze macht. Die Römer*innen verwendeten die Soldaten eines eroberten Volkes sowohl um mit ihnen andere Völker zu erobern als auch zur Verteidigung Roms vor Feinden. Großbritannien machte es seit dem Beginn des 19. Jahrhunderts mit Afrika nicht anders, als das Westindische Regiment über den Atlanktik geschickt wurde, um britische Interessen an der Westafrikanischen Küste zu verteidigen. Im Westindischen Regiment dienten Schwarze als gemeine Soldaten, (kolonisierte) Iren als Unteroffiziere und Engländer als Offiziere. Bis zum Ende des 19. Jahrhunderts umfasste das Westindische Regiment auch viele Menschen aus Sierra Leone.

Die wichtigste Streitmacht bei der Eroberung westafrikanischer Kolonien war die West African Frontier Force – in der die gemeinen Soldaten Afrikaner*innen und die Offiziere Engländer waren. 1898[183] kam das Westafrikanische Regiment hinzu, das zur Unterdrückung des sogenannten Mende–Temne–Kriegs in Sierra Leone gebildet wurde, der Ausdruck des weit verbreiteten Widerstands gegen die Kolonialherrschaft war. In Ost- und Zentralafrika nutzte die Einheit der King's African Rifles im Auftrag Großbritanniens die afrikanische Kampfkraft. Die af-

183 Im Original 1894, der Krieg brach jedoch erst 1898 aus. [Anm. d. Red.]

rikanischen Regimenter versorgten den Militärapparat der Metropole auf mehrere Arten. Erstens verwendete man sie als Notfalltruppen, um nationalistische Aufstände in den verschiedenen Kolonien zu unterdrücken. Zweitens verwendete man sie, um andere Europäer*innen innerhalb Afrikas zu bekämpfen, insbesondere während des Ersten und Zweiten Weltkriegs. Drittens verfrachtete man sie auf europäische Schlachtfelder und Kriegsschauplätze außerhalb Afrikas.

Welche Rolle Afrikaner*innen in europäischen Militäroperationen spielten, lässt sich sehr anschaulich am Ostafrika-Feldzug während des Ersten Weltkriegs sehen, als Großbritannien und Deutschland um den Besitz Ostafrikas kämpften. Zu Beginn des Krieges bestanden die deutschen Truppen in Tanganjika aus 216 Europäer*innen und 2.540 afrikanischen *Askari*. Während des Krieges kamen noch weitere 3000 Europäer*innen und 11.000 *Askari* hinzu. Die Hauptstreitkraft auf britischer Seite waren die KAR, die in erster Linie aus Ostafrikaner*innen und Soldaten aus Njassaland zusammengesetzt waren. Die Battalione der KAR umfassten bis November 1918 mehr als 35.000 Mann, von denen 90 Prozent Afrikaner*innen waren.

Recht früh zu Beginn des Ostafrika-Feldzugs setzten die Brit*innen ein Expeditionskorps aus Punjabis und Sikhs und Regimenter aus Westafrikaner*innen ein. Auch Soldaten aus dem Sudan und von den Westindischen Inseln waren vor Ort. Am Anfang beteiligten sich auch einige weiße Siedler am Krieg, in der Auffassung, es würde sich dabei um einen Spaziergang handeln; aber innerhalb eines Jahres zeigten die weißen Bewohner Britisch-Ostafrikas äußerste Zurückhaltung, was den Beitritt zu den örtlichen Streitkräften anging. In der Praxis kämpften also Afrikaner*innen gegen Afrikaner*innen, um zu sehen, welche europäische Macht über sie herrschen sollte. Deutschland und Großbritannien hatten nur die Offiziere zu stellen. Laut den Geschichtsbüchern gewannen die »Brit*innen« den Krieg in Ostafrika.

Die Kolonialmacht, die sich die größte Anzahl an afrikanischen Soldaten sicherte, war Frankreich. In großem Maßstab wurden 1912 afrikanische Soldaten in die französische Armee eingezogen. Während des Krieges von 1914 – 1918 rekrutierte man mittels Methoden, die an die Sklav*innenjagden erinnerten, in Französisch-Westafrika 200.000 Soldaten. Diese »französischen« Soldaten dienten im Kampf gegen die Deutschen sowohl in Togo und Kamerun als auch in Europa selbst. Auf den Schlachtfeldern Europas verloren nach Schätzungen um die 25.000 »französische« Afrikaner*innen ihr Leben und viele weitere kehrten verstümmelt zurück, da sie im Krieg der europäischen Kapitalisten als Kanonenfutter verwendet wurden.

Frankreich war von den militärischen Vorteilen, die sich durch die Kolonialherrschaft ergaben, so beeindruckt, dass es, als es vom Völkerbund das Mandat über einen Teil Kameruns erhielt, auf das Recht bestand, afrikanische Truppen aus Kamerun für Zwecke zu verwenden, die mit der Verteidigung Kameruns nichts zu tun hatten. Selbstverständlich machte Frankreich auch im letzten Weltkrieg von den afrikanischen Truppen größtmöglichen Gebrauch. Tatsächlich waren es Afrikaner*innen, die Frankreich nach den anfänglichen Verlusten und nachdem Frankreich und der größte Teil Französisch-Afrikas an die Deutschen und das faschistische (Vichy-) Frankreich gefallen waren, retteten. In Französisch-Äquatorialafrika war es ein schwarzer Mann, Félix Éboué, der den Streitkräften unter Führung Charles de Gaulles treu blieb und Truppen für den Kampf gegen die französischen und deutschen Faschisten mobilisierte. Afrika lieferte die Basis und einen Großteil der Truppen für den Gegenangriff, der General de Gaulle und den Freien Französischen Streitkräften in Frankreich wieder zur Macht verhalf.

Aber der Einsatz afrikanischer Truppen endete nicht mit dem letzten Krieg. So entsandte man 1948 Westafrikaner*innen nach Madagascar, um dort auf blutigste Weise die nationalistischen Kräfte niederzuschlagen. Auch im Kampf gegen die Menschen Indochinas bis 1954 setzte man afrikanische Truppen ein; noch später schickte man schwarzafrikanische Truppen und insbesondere Truppen aus dem Senegal in den Kampf gegen die algerische Befreiungsbewegung.

Bisher gibt es zur Rolle, die Afrikaner*innen vor verschiedenen Hintergründen in den Armeen der Kolonialmächte spielten, noch keine umfassenden Studien. Es deutet allerdings alles darauf hin, dass solche Studien ein ähnliches Muster offenbaren würden, wie es Historiker*innen, die sich mit der Rolle schwarzer Soldaten in den von Weißen kontrollierten Armeen der Vereinigten Staaten befasst haben, bereits entdeckt haben: Nämlich, dass es eine enorme Diskriminierung schwarzer Soldaten gab, obwohl diese einen großen Beitrag zu wichtigen Siegen der von Weißen geführten Armeen der Vereinigten Staaten und der Kolonialmächte leisteten, der bisher nicht anerkannt wurde. Hinweise auf Diskriminierung finden sich in Verordnungen wie der, die afrikanischen Soldaten im Westafrikanischen Regiment das Tragen von Schuhen verbot und in der Tatsache, dass es während der europäischen Feldzügen tatsächlich zu Rassenunruhen kam, so wie auch schwarze Soldaten, die für die USA kämpften, bis zum Vietnam-Feldzug weiterhin gewaltsam protestierten.

Einige Afrikaner*innen dienten mit Stolz als Kolonialsoldaten, weil sie fälschlicherweise hofften, dass die Armee eine Möglichkeit wäre, den Mut und die Würde der Afrikaner*innen unter Beweis zu stellen und vielleicht sogar die Freiheit des Kontinents zu erlangen, indem sie die Europäer*innen zufrieden stellten und dafür Dankbarkeit ernten würden. Diese Hoffnungen entbehrten von Anfang an jeder Grundlage, da die Kolonialmächte die afrikanischen Soldaten nur als Bauernopfer preisgaben, um den Kolonialismus und den Kapitalismus im Allgemeinen zu erhalten. Ein sehr anschauliches Beispiel für diese Tatsache lieferte John Chilembwe, der 1915 einen afrikanischen Nationalistenaufstand in Njassaland (dem heutigen Malawi) anführte. Njassaland war damals eine britische Kolonie; und obwohl die Brit*innen zu diesem Zeitpunkt in Ostafrika gegen die Deutschen kämpften, entsandten sie sofort eine Kolonne der KAR zur Bekämpfung Chilembwes. Außerdem war es ein deutscher Leutnant, der vor der Ankunft der KAR den Widerstand der weißen Siedler*innen von Njassa gegen Chilembwes Freiheitsbestrebungen organisierte. Angesichts dieser Beweise bemerkte jemand:

> *»Während ihre Landsleute in Europa den blutigsten Krieg aller Zeiten führten, waren die Europäer in Afrika instinktiv zuerst Weiße – und erst in zweiter Linie Deutsche und Briten, [denn] John Chilembwe war Teil von etwas, das am Ende alle ihre kolonialen Träume zunichte gemacht hätte.«*

Der afrikanische Kontinent und die Menschen Afrikas wurden von den Kolonialist*innen auf eigentümliche Weise dazu benutzt, ihre militärische Stärke auszubauen und ihre Technologie voranzubringen. Durch Zufall standen Nordafrika und die Sahara in der Zeit, in der Rommel und Montgomery um die Vorherrschaft rangen, als Labor für die Entwicklung neuer Methoden des Panzerkriegs zur Verfügung und Äthiopier*innen wurden in voller Absicht zu Versuchskaninchen gemacht, an denen italienische Faschisten ihre Experimente mit Giftgas durchführten. Das geschah, nachdem sie 1935 schamlos in den kleinen Teil Afrikas einmarschiert waren, der sich noch an eine Form der politischen Unabhängigkeit klammerte. Damals argumentierte Italien damit, dass es absolut notwendig sei, dass Italien die Früchte des Kolonialismus ernten könne, um seinen »Platz an der Sonne« einzunehmen. Bezeichnenderweise hatten sowohl Großbritannien als auch Frankreich bereits so viel von der Sonne und den Produkten Afrikas gesehen, dass es ihnen schwer fiel, Italiens Ansprüche abzuweisen.

Großbritannien und Frankreich herrschten über den größten Teil Kolonialafrikas und besaßen auch in anderen Teilen der Welt die größten Reiche. Die gesamte Existenz und Entwicklung des Kapitalismus in Großbritannien und Frankreich zwischen 1885 und 1960 war an den Kolonialismus gebunden –

und Afrika spielte dabei eine wichtige Rolle. Afrikanische Kolonien bedeuteten Überschüsse in großem Ausmaß; sie führten zu Innovationen und großen Sprüngen in den Bereichen der Technologie und der Organisation kapitalistischer Unternehmen und sie festigten das kapitalistische System in der Heimat und im Ausland mit kämpfenden Truppen. Manchmal schien es, als hätten diese beiden wichtigsten Kolonialmächte so viele koloniale Vorteile genossen, dass sie an »zu viel des Guten« litten.

Im Falle Großbritanniens lässt sich sicherlich behaupten, dass der Kolonialismus der britischen Industrie erlaubte, ein angenehmes Leben zu führen und Großbritannien deshalb – in einigen entscheidenden Bereichen der Produktion und der Vermarktung – träge wurde. Industrielle Fabriken, die im 19. Jahrhundert errichtet wurden, wurden nicht renoviert oder ersetzt und in den Verkauf neuer Produkte wurde nur wenig Mühe gesteckt. Im Gegensatz dazu war Deutschland nach 1918, als es keine Kolonien mehr hatte, gezwungen, von seinen eigenen Ressourcen und seinem Einfallsreichtum Gebrauch zu machen. Auch wenn das ein interessantes Detail des kolonialen Gesamtbildes ist, muss man im Hinterkopf behalten, dass der Kolonialismus ein Aspekt des Imperialismus war. Der Kolonialismus gründete auf einer politischen Fremdherrschaft und war auf einige Teile der Welt beschränkt. Der Imperialismus lag jedoch allen Kolonien zugrunde, erstreckte sich über die gesamte Welt (außer dort, wo er von sozialistischen Revolutionen abgelöst wurde) und erlaubte die Teilnahme aller kapitalistischer Nationen. Deswegen hinderte ein Mangel an Kolonien eine kapitalistische Nation nicht daran, die Früchte der Ausbeutung der kolonialen und halbkolonialen Welt zu ernten, die den Hinterhof der kapitalistischen Metropolen darstellte.

Der Kolonialismus als Stütze der Metropolökonomien und des kapitalistischen Systems

Die Zusammensetzung von Unilever sollte als Warnung dienen, dass der Kolonialismus nicht nur eine Frage der Beziehungen zwischen einer bestimmten Kolonie und ihrem Mutterland war, sondern zwischen den Kolonien einerseits und den Metropolen andererseits. Das deutsche Kapital in Unilever schloss sich dem britischen bei der Ausbeutung Afrikas und dem niederländischen bei der Ausbeutung der Westindischen Inseln an. Die Gewinne strömten in einer Weise durch das kapitalistische System, dass sogar die Nationen, die keine Kolonialmächte waren, von der Beute profitierten. Unilever–Fabriken in der Schweiz, in Neuseeland, Kanada und den Vereinigten Staaten waren Teilhaberin an der Enteignung afrikanischer Überschüsse und deren Verwendung für die eigenen Entwicklung.

Deutschland hatte immer ein Interesse am kolonialen Afrika, auch nach 1918, als die anderen kapitalistischen Mächte Deutschland seiner Kolonien beraubten. Die deutsche Schifffahrt lebte in den 1920er-Jahren wieder auf und spielte eine aktive Rolle in Ost-, West- und Südafrika. Auch deutsche Finanzhäuser unterhielten Kontakte zu Afrika, der direkteste war die Twentsche Bank in Ostafrika. Niederländische Reedereien waren an den Westafrikanischen Konferenzen Deutschlands und Großbritanniens beteiligt, während skandinavische Transportunternehmen für die Vermietung von Bedarfsschiffen bekannt waren, die Fracht zwischen Afrika und Europa außerhalb des Linienverkehrs beförderten. Die alte East African Trading Company stützte sich auf niederländisches Kapital. Die Schweiz hatte keine afrikanischen Kolonien, aber verfügte über beträchtliches Kapital in der SCOA, spielte eine Schlüsselrolle im imperialistischen Bankwesen und hielt sich aus den Kriegen anderer Kapitalisten heraus, damit sie weiterhin mit beiden Seiten Handel betreiben und so koloniale Produkte erwerben konnte. Dann war da noch Japan – eine kapitalistische/imperialistische Macht mit Kolonien in Asien und einem regen Interesse am Handel mit Afrika. Japanische Kapitalisten versuchten, ihre europäischen Gegenspieler zu unterbieten, aber der Handel mit Afrika verlief trotzdem noch zu Ungunsten der Afrikaner*innen.

Um ein wirkliches Verständnis für die Kolonialzeit zu bekommen, ist es notwendig, sich die wirtschaftliche Aufteilung Afrikas vor Augen zu führen. Im Gegensatz zur politischen Teilung im 19. Jahrhundert hatte die wirtschaftliche Teilung keine festen oder sichtbaren Grenzen. Sie bestand aus den Verhältnissen, in denen die kapitalistischen Mächte die monetären und nicht-monetären Gewinne aus dem kolonialen Afrika unter sich aufteilten. Portugal beispielsweise besaß zwei große politische Kolonien im südlichen Afrika, aber wirtschaftlich waren Mosambik und Angola zwischen mehreren kapitalistischen Mächten aufgeteilt, die von der portugiesischen Regierung hinzugeholt wurden, da die portugiesischen Kapitalisten zu schwach waren, um die gewaltigen Territorien zu bewältigen.

Der Kongo und Südafrika hatten ihre eigenen Sonderregelungen für die wirtschaftliche Aufteilung, da es sich in beiden Fällen um wertvolle Gebiete handelte. Als erstes erklärte man den Kongo unter Leopold II. von Belgien zum »Freistaat Kongo». Das bedeutete, dass er eine Freihandelszone und ein Gebiet sein sollte, das Investitionen von Kapitalisten aller Nationalitäten offen stand. In der Praxis nutzte Leopold Verwaltungsorgane, um ein Monopol auf den Reichtum des Kongo zu errichten, was einer der Hauptgründe war, warum die internationale Gemeinde der Kapitalisten 1908 gegen Leopold vorging. Als Belgien die Verwaltung des Kongos übernahm, stellte es auch sicher, dass der Großteil der Überschüsse und anderweitiger Gewinne Belgien zuflossen. Allerdings waren auch nichtbelgische Kapitalinteressen durch Investitionen in den Bergbau in der Lage, einzudringen; und – als die Kolonialzeit andauerte – konnten sich auch die Brit*innen, Franzos*innen und Amerikaner*innen größere Teile des kongolesischen Kuchens sichern.

Lange Zeit war Südafrika die wichtigste Rohstoffquelle des gesamten Imperialismus. Die europäische Macht, die sich schon seit vielen Jahren fest in Südafrika etabliert hatte, als dort im 19. Jahrhundert, am Vorabend des Wettlaufs um Afrika, Gold und Diamanten entdeckt wurden, war Großbritannien. Großbritannien hatte eine Übereinkunft mit den Buren–Siedlern getroffen, die ihren Lebensunterhalt in erster Linie aus dem Land bestritten und deren Hauptinteresse der Ausbeutung und Beherrschung der afrikanischen Bevölkerung und anderer Gruppen nicht weißer Einwanderer galt. Dadurch erhielt Großbritannien bei der wirtschaftlichen und politischen Aufteilung Afrikas den Löwenanteil an den Bodenschätzen, während die Buren die politische Macht behielten, die nötig war, um den weißen Rassismus zu institutionalisieren. Als die Kapitalisten anderer Nationalitäten durch Investitionen und Handel Beziehungen mit Südafrika eingingen, gaben sie ihr Einverständnis, die rassistischen/faschistischen Gesellschaftsverhältnisse Südafrikas zu festigen – und taten dies auch.

Zur wirtschaftlichen Teilung und Neuaufteilung Afrikas kam es immer wieder, da die Anteile an der Beute, die an verschiedene Kapitalisten gingen, sich ständig veränderten. Die Vereinigten Staaten verdienen hier besondere Erwähnung, da ihr Anteil an den Profiten aus Afrika die gesamte Kolonialzeit hindurch stetig anstieg.

Im Laufe der Zeit erhielten die USA ein immer größeres Stück aus dem ungleichen Handel zwischen den Metropolen und dem kolonialen Afrika. Der Anteil der USA am Afrikahandel wuchs von knapp über 28 Millionen Dollar im Jahr 1913 auf 150 Millionen Dollar im Jahr 1932 und auf 1.200 Millionen Dollar im Jahr 1948, wo er fast 15 Prozent des afrikanischen Außenhandels ausmachte. Der Anteil der USA am Westafrikahandel wuchs von 38 Millionen Dollar im Jahr 1938 auf 163 Millionen Dollar im Jahr 1946 und auf 517 Millionen Dollar im Jahr 1954.

Allerdings war Amerikas bester Handelspartner in Afrika Südafrika, das die Vereinigten Staaten mit Gold, Diamanten, Mangan und anderen Mineralien belieferte und im Gegenzug Baumaschinen kaufte. Außerhalb des direkten Handels zwischen den USA und Südafrika, wurde der Großteil des südafrikanischen Goldes in London an amerikanische Händler*innen weiterverkauft, genauso wie man auch den Großteil des Kakaos von der Goldküste und aus Nigeria an die USA weiterverkaufte.

Der interkontinentale Handel brachte einen Bedarf an Transportdiensten mit sich und Amerika war nicht gewillt, diese den Kapitalisten anderer Nationen zu überlassen. James Farrell, Präsident der United States Steel Export Company, erwarb eine Schifffahrtslinie nach Afrika, wegen seines »Glaubens an die Zukunft des schwarzen Kontinents». Vertreter der UAC hatten zuvor schon in dasselbe Horn gestoßen und es ist offensichtlich, dass das, was sowohl sie als auch Farrell meinten, die strahlende Zukunft des Afrika ausbeutenden Kapitalismus war. Am besten lässt man diese Individuen selbst zu Wort kommen. Vizeadmiral Cochrane der United States Navy war ein großer Bewunderer von Farrells Schifffahrtslinien. Im Jahr 1959 verfasste er eine Einleitung zu einer Studie über Farrells Tätigkeiten in Afrika, in der er schrieb:

> *»Wir lesen von einem harten internationalen Wettbewerb, um die Versorgung mit strategischen Materialien für unsere derzeitige militärisch-industrielle Wirtschaft sicherzustellen. Farrell Lines schreibt amerikanische Seegeschichte. Es zeigt klar und deutlich, dass Schiffe, die die Flagge einer Nation tragen, tatsächlich den Handel dieser Nation ankurbeln ... und demonstriert den Wert des Seehandels unter amerikanischer Flagge für die Gesundheit und den Wohlstand der Vereinigten Staaten.«*

Die Kapitalisten der Vereinigten Staaten beschränkten sich nicht auf den bloßen Handel mit Afrika, sondern erwarben auch bedeutende Vermögenswerte innerhalb der Kolonien. Es ist allgemein bekannt, dass Liberia praktisch eine amerikanische Kolonie darstellte. Die Vereinigten Staaten halfen der Regierung Liberias angeblich mit Krediten aus, nutzten diese Gelegenheit allerdings, um die liberianischen Zolleinnahmen an sich zu nehmen, tausende Quadratkilometer liberianischen Landes zu plündern und allgemein die schwache liberianische Regierung zu kontrollieren. Die Hauptinvestition in Liberia tätigte die Firestone Rubber Company. Firestone machte derart gewaltige Gewinne mit liberianischem Kautschuk, dass ein von amerikanischen Kapitalisten gestiftetes Buch entstand, das zeigen sollte, wie gut amerikanische Unternehmen in Übersee florierten. Zwischen 1940 und 1965 extrahierte Firestone über 160 Millionen Dollar an Kautschuk aus Liberia; im Gegenzug erhielt die liberianische Regierung acht Millionen Dollar. In früheren Jahren war der prozentuale Anteil des Wertes, der an die liberianische Regierung ging, viel geringer, aber in den besten Zeiten betrug der durchschnittliche Nettogewinn von Firestone das Dreifache der liberianischen Einnahmen

Und dennoch waren die nicht-monetären Vorteile für die kapitalistische US-Wirtschaft weitaus wertvoller als die Geldeinnahmen. Vizeadmiral Cochrane brachte es in dem obigen Zitat auf den Punkt, als er von strategischen Rohstoffen für den Betrieb der Industrie- und Militärmaschinerie der amerikanischen Imperialisten sprach. Firestone erwarb seine liberianischen Plantagen gerade deshalb, weil Großbritannien und Holland die Preise für den Kautschuk aus ihren asiatischen Kolonien Malaya, bzw. Niederländisch-Ostindien, erhöht hatten. Mit Liberia sicherte sich die Gummi-Industrie der Vereinigten Staaten eine sowohl in Kriegs- als auch in Friedenszeiten verlässliche und billige Rohstoffquelle, die vollständig unter amerikanischer Kontrolle stand. Eine der unmittelbarsten Verbindungen hatte der Kautschuk zur Automobilindustrie, weshalb es nicht verwunderlich ist, dass Harvey Firestone ein guter Freund und Geschäftskollege von Henry Ford war. Der liberianische Kautschuk verwandelte die Stadt Akron, Ohio, in ein mächtiges Zentrum zur Herstellung von Gummireifen, die dann an die noch größeren Automobilwerke Fords in Detroit geliefert wurden

Die amerikanischen Investitionen in Afrika während der letzten 15 Jahre des Kolonialismus gingen in gewisser Weise auf Kosten der tatsächlichen Kolonialmächte und dennoch waren sie letztendlich im Interesse des westeuropäischen Kapitalismus. Dieses Paradox wird verständlich, sobald man feststellt, dass die Vereinigten Staaten bis zum Ausbruch des Zweiten Weltkriegs die führende kapitalistische/imperialistische Macht auf dem Planeten geworden waren. Sie besaßen die Kolonien Puerto Rico und die Philippinen, aber viel wichtiger waren ihre imperialistischen Investitionen in ganz Lateinamerika und in geringerem Umfang in Asien und Afrika. Amerikas Auslandsinvestitionen lagen in den 1930er Jahren leicht vor denen Großbritanniens, die weit vor den imperialistischen Ausgaben Frankreichs, Deutschlands und Japans lagen. Der Krieg 1939 – 45 beschleunigte den Übergang zu Gunsten Amerikas ungemein.

Europa erlitt unglaubliche Verluste, aber auf amerikanischem Boden wurde keine einzige Schlacht geschlagen, wodurch die USA ihre Produktionskapazitäten weiter ausbauen konnten. Und so ging das amerikanische Kapital nach 1945 mit neuer Aggressivität und – da der Rest der kapitalistischen Konkurrenz noch immer am Boden lag – mit neuem Selbstvertrauen nach Afrika, Asien und nach Europa selbst. Britische und französische Banker hatten keine andere Wahl als amerikanische Financiers nach Afrika einzuladen, für das Frankreich und Großbritannien nicht mehr genug eigenes Kapital zur Verfügung stand. Die US–kontrollierte Internationale Bank für Wiederaufbau und Entwicklung wurde zu einem wichtigen Vehikel des amerikanischen Einflusses in Afrika und ein Werkzeug zur wirtschaftliche Aufteilung des Kontinents.

Die Forschung Dr. Kwame Nkrumahs zeigte, dass direkte private Investitionen durch Amerikaner*innen in Afrika zwischen 1945 und 1958 von 110 Millionen Dollar auf 789 Millionen Dollar anstiegen, wobei das meiste davon aus vorherigen Gewinnen stammte. Offizielle Schätzungen der von amerikanischen Unternehmen zwischen 1946 und 1959 in Afrika gemachten Profite rechnen mit 1.234 Millionen Dollar. Für die Frage der wirtschaftlichen Teilung ist die Wachstumsrate der Investitionen und Gewinne der Vereinigten Staaten im Vergleich zu Großbritannien, Frankreich und Belgien relevant. So beliefen sich die amerikanischen Investitionen im Jahr 1951 auf 313 Millionen Dollar und waren damit fast dreimal so hoch wie fünf Jahre zuvor und in den folgenden fünf Jahren stiegen sie um das Zweieinhalbfache. Britische und französische Investitionen wuchsen unterdessen viel langsamer.

Während die Vereinigten Staaten die anderen Kolonialmächte ausstachen, profitierten sie alle von den Fortschritten, die in der kapitalistischen Wirtschaft Nordamerikas hinsichtlich Wissenschaft, Technologie, Organisation und Militärmacht erzielt wurden. Wenn eine afrikanische Kolonie einen Beitrag zur europäischen Metall- oder Elektroindustrie leistete, floss dieser Beitrag, wie bereits erwähnt, in andere Bereiche der Gesellschaft ein, da die betreffenden Sektoren in der kapitalistischen Wirtschaft eine führende Rolle spielten. Die Vereinigten Staaten waren ein geographisches Gebiet an der Spitze der kapitalistischen Entwicklung. Ihr technologisches Wissen beispielsweise wurde über eine Reihe rechtlicher Kunstgriffe, wie z. B. Patente, an Westeuropa weitergereicht.

Des Weiteren mussten die USA als weltweit führender kapitalistischer Staat auch die aktive Verantwortung für den Erhalt des kapitalistisch–imperialistischen Systems mit all seinen wirtschaftlichen, politischen und militärischen Aspekten übernehmen. Nach dem Krieg gingen die Vereinigten Staaten nach Westeuropa und nach Japan, um sie einerseits fest in Griff zu bekommen und andererseits um gleichzeitig dem Kapitalismus in diesen Gegenden eine Bluttransfusion zu verabreichen. Eine große Menge dieses Blutes stammte zweifellos aus Afrika. Amerika machte im 19. und frühen 20. Jahrhundert nicht nur (relativ) kleine Profite in Afrika; es muss vor allem daran erinnert werden, dass

Nordamerika den Teil des kapitalistischen Systems Europas darstellte, der am direktesten am Massaker an den amerikanischen Ureinwohner*innen und der Versklavung von Afrikaner*innen profitiert hatte. Die kontinuierliche Ausbeutung der Menschen Afrikas innerhalb seiner eigenen Landesgrenzen sowie in der Karibik und in Lateinamerika muss der Bestie des amerikanischen Imperialismus ebenfalls zur Last gelegt werden. Die Vereinigten Staaten waren 1945 ein würdiger Nachfolger Großbritanniens als Führungsmacht und imperialistische/kolonialistische Weltpolizei.

Im Rahmen des Marshall-Plans, mit dem der Kapitalismus der Vereinigten Staaten den westeuropäischen Kapitalismus nach dem letzten Krieg unterstützte, kündigte man an, dass amerikanische Expert*innen Afrika von oben bis unten nach landwirtschaftlichen und mineralischen Reichtümern erforschen würden – vor allem nach letzteren. Die Gelder des Marshallplans gingen (über die Wirtschaftskommission für Afrika) an Unternehmen wie die Mines de Zellidja, die in Nordafrika Blei und Zink abbauten und ermöglichten es den Amerikaner*innen gleichzeitig, Mehrheitsanteile an dem Unternehmen zu erwerben. So teilte sich 1954 der Amerikaner Morgan mit den europäischen Rothschilds den größten Teil des Nettogewinns von 1.250 Millionen alten Francs (8,16 Millionen Dollar), den die Mines de Zellidja in jenem Jahr erzielten. Ebenso erhielt die belgische Regierung von den Vereinigten Staaten umfangreiche Hilfen, um von 1950 bis 1959 ein zehnjähriges Wirtschaftsprogramm im Kongo durchzuführen, wobei der Preis für diese Hilfe darin bestand, dass amerikanische Monopolkonzerne die Kontrolle über einige Unternehmen im Kongo erhielten. Die USA nahmen nach Belgien den zweiten Platz im kongolesischen Außenhandel ein und den amerikanischen Kapitalisten musste eine Reihe von Privilegien gewährt werden.

So setzte sich das Paradox fort, dass die Kapitalisten der Vereinigten Staaten in das koloniale Afrika eindrangen und die französischen, britischen und belgischen Kapitalisten verdrängten, während sie gleichzeitig die Mittel bereitstellten, ohne die die westeuropäischen Nationen ihre Ausbeutung Afrikas nicht hätten wiederbeleben und ausweiten können – was sie in der Zeit von 1945–60 auch taten.

Während der letzten paar Jahrzehnte des Kolonialismus dienten dem Kapitalismus die kolonialen Besitztümer als Sicherheitsventil in Krisenzeiten. Die erste große Gelegenheit, bei der sich das zeigte, war die Weltwirtschaftskrise von 1929 – 34. Während dieser Zeit stieg in Afrika das Ausmaß der Zwangsarbeit und die Preise, die Afrikaner*innen für ihre Erzeugnisse gezahlt wurden, fielen.

Arbeiter*innen wurde weniger ausgezahlt und importierte Waren verteuerten sich erheblich. Zu dieser Zeit hatten auch die Arbeiter*innen in den Metropolen schwer zu leiden, aber die Kolonialist*innen taten ihr Bestes, um die Lasten der Wirtschaftskrise von Europa auf die Kolonien zu übertragen.

Die Sowjetunion, in der der Sozialismus zu einer enormen Entwicklung führte, war von der Weltwirtschaftskrise nicht betroffen. Aber im kapitalistischen System breitete sich die Rezession von einem Ende zum anderen aus. Sie war ein Produkt der Irrationalität der kapitalistischen Produktionsweise. Die Suche nach Profiten führte dazu, dass die Produktion der Kaufkraft der Menschen davonlief und letztendlich sowohl die Produktion als auch die Beschäftigung dramatisch verringert werden musste. Obwohl die Menschen Afrikas mit den dem Kapitalismus innewohnenden Unzulänglichkeiten nichts zu tun hatten, hatten die Europäer*innen, als sie in der Krise steckten, keine Skrupel, die Ausbeutung Afrikas zu intensivieren. Die Wirtschaftskrise war kein Ereignis, bei dem Großbritannien auf Kosten von Schweden oder Belgien auf Kosten der USA einen Vorteil erlangen konnte. Ihnen allen stand das Wasser bis zum Hals und das war der Grund, warum die Profite aus den Kolonien nicht nur die Kolonialmächte retteten, sondern sämtliche kapitalistischen Staaten.

Das zweite große Ereignis, bei dem die Kolonien den Metropolen aus der Patsche helfen mussten, war der Zweite Weltkrieg. Wie bereits erwähnt, mussten die Menschen Afrikas gewaltige Opfer bringen und zu niedrigen Preisen Rohstoffe an die Metropolen liefern. Entscheidend war aber auch Afrikas militärische Bedeutung. Afrikaner*innen kämpften und starben nicht nur auf den verschiedenen Schlachtfeldern des Krieges, der Kontinent nahm auch eine strategische Schlüsselposition ein. Im November 1942 wurde in Afrika eine dritte Front eröffnet (die auf die europäische und asiatische Front folgte) und diese Front war das Mittel zum endgültigen Sieg.

Geographische Zufälle führten dazu, dass Afrika sowohl die Kommunikation im Mittelmeerraum und im Südatlantik als auch die beiden westlichen Zugänge zum indischen Ozean kontrollierte. Ein Militäranalyst drückte es wie folgt aus: *»Die Seite, die Afrika hielt, war auf dem Weg zum endgültigen Sieg.«* Mit der Hilfe afrikanischer Kämpfer und Ressourcen behielten die großen Kolonialmächte trotz der Angriffe Italiens, das nur über Libyen Somaliland und (für kurze Zeit) Äthiopien verfügte, die Kontrolle über den Kontinent. Die Deutschen hatten zu diesem Zeitpunkt bekanntlich keine afrikanischen Kolonien mehr und mussten auf das zurückgreifen, was die Italiener*innen und das faschistische Vichy–Regime ihnen zur Verfügung stellten.

Im Gegensatz zum Ersten Weltkrieg war der Zweite nicht einfach ein Krieg zwischen kapitalistischen Mächten. Die Aggressorstaaten Italien, Deutschland und Japan waren faschistisch. Die Regierungen Portugals, Spaniens und Südafrikas hingen ebenfalls dieser Ideologie an, allerdings fanden es sowohl Portugal als auch die Buren Südafrikas aus opportunistischen Gründen bequemer, sich mit Großbritannien, Frankreich, den Vereinigten Staaten und den anderen bürgerlichen Demokratien zu verbünden.

Der Faschismus ist eine Missbildung des Kapitalismus. Er verstärkt die imperialistische Neigung zur Herrschaft, die dem Kapitalismus innewohnt und stellt sich schützend vor das Prinzip des Privateigentums. Gleichzeitig verschärft der Faschismus in ungeheurem Ausmaß den institutionalisierten Rassismus, den der Kapitalismus bereits ausgesäht hatte – ob gegen Angehörige des Judentums (wie in Hitlers Fall) oder gegen die Menschen Afrikas (wie die Ideologie Salazars in Portugal oder der Führer Südafrikas). Der Faschismus macht die politischen Zugewinne des Systems der bürgerlichen Demokratie – wie z.B. freie Wahlen, Gleichheit vor dem Gesetz und Parlamente – rückgängig; des Weiteren singt er das Hohelied auf den Autoritarismus und die reaktionäre Einheit von Kirche und Staat. In Portugal und Spanien war es die katholische Kirche, in Südafrika die niederländisch-reformierte Kirche.

Wie sein Vorläufer, der Kapitalismus, ist auch der Faschismus dem Sozialismus durch und durch feindlich gesonnen. Die faschistischen Staaten Deutschland und Italien griffen sowohl die anderen kapitalistischen Staaten als auch die Sowjetunion an, die 1939 noch der einzige sozialistische Staat auf dem Planeten war. Die Niederlage des Faschismus war deshalb ein Sieg für den Sozialismus und bewahrte gleichzeitig die anderen kapitalistischen Staaten davor, den historischen Rückschritt in den Faschismus machen zu müssen.

Als der letzte Weltkrieg zu Ende ging, bestand die weitere Aufgabe Afrikas darin, Europa beim Wiederaufbau zu helfen. In dieser Krise spielten die Vereinigten Staaten, wie bereits erwähnt, eine tragende Rolle, aber die Kolonialmächte hatten immer noch direkten Zugriff auf ihre Kolonien, auch wenn es an Kapital mangelte. Es ist bemerkenswert, dass der europäische Kapitalismus vom Ende der 1940er-Jahre an Afrikas Potential als Retter seiner eigenen, vom Krieg gebeutelten Volkswirtschaft erkannte – und seine Vertreter*innen sich auch offen in diese Richtung äußerten.

Im Jahr 1946 benannte man das Kolonialministerium im französischen Kabinett in »Ministerium für die französischen Überseegebiete« um und nannte kolonialisierte Afrikaner*innen euphemistisch »Überseefranzosen.« Ungefähr zu dieser Zeit gestand das französische Bildungsministerium frei heraus:

»Frankreich wäre ohne die 75 Millionen Überseefranzosen, deren junge Streitkraft sich der Welt in so bemerkenswerter Weise offenbart hat [man bezog sich hier auf Afrikas Rolle im Krieg], nur ein kleiner europäischer Staat.«

Kurz darauf, als Frankreich sich auf seinen Vierjahresplan für 1949 – 52 vorbereitete, waren Äußerungen wie die Folgende zu vernehmen:

»Marokko wird durch die Lieferung von Mangan, Kobalt, Bleierz, Konserven und landwirtschaftlichen Erzeugnissen eine aktive Rolle beim Wiederaufbau Frankreichs spielen.«

Am Ende des letzten Krieges richteten sowohl Großbritannien als auch Frankreich Behörden zur »Entwicklung» ihrer Kolonien ein. Auf der britischen Seite war diese Behörde unter dem Namen Colonial Development and Welfare (CD&W) bekannt, während sie in Frankreich FIDES hieß. Ihre Hauptfunktion bestand darin, Kredite zu vergeben, deren Zweck es war, den Kolonien dabei zu helfen, den Metropolen zu helfen. In anderen Worten: Die Krise des Wiederaufbaus verlangte, dass größere Anstrengungen unternommen wurden, um den Ressourcenfluss aus den Kolonien zu maximieren.

Womit sich Westeuropa in den 1940er- und 1950er-Jahren konfrontiert sah, war keine gewöhnliche Nachkriegskrise. Die Bourgeoisie musste die kapitalistischen Staaten zu einer Zeit wieder aufbauen, als sich der Sozialismus in der Sowjetunion bereits unter Beweis gestellt hatte und die Rote Armee der Sowjets in Osteuropa sozialistischen Gruppen zur Macht verholfen hatte. Es handelte sich um die größte Herausforderung, der sich die Bourgeoisie je gegenüber sah, da der Sozialismus (im Gegensatz zum Faschismus) das grundlegende kapitalistische Prinzip des Privateigentums an den Produktionsmittel gefährdete. Außerdem machten sich sozialistische Prinzipien selbst in den entlegensten Winkeln der Kolonien bemerkbar und die Kapitalisten erkannten die Notwendigkeit, die Kolonien von sozialistischem Gedankengut abzuschneiden und die kolonialen Ressourcen zu nutzen, um das abzuwehren, was sie als die »Gefahr des Kommunismus« bezeichneten.

Im Kampf der Kapitalisten, die Bedrohung durch den Sozialismus als konkurrierende Produktions- und Lebensweise abzuwehren, spielte Afrika mindestens zwei Schlüsselrollen: zum einen in der Bereitstellung von Stützpunkten für die kapitalistischen Militaristen und zum anderen in der Lieferung einer breiten Palette von Rohstoffen, die für die moderne Rüstungsindustrie unerlässlich sind. Die wichtigsten dieser Rohstoffe waren Uran und andere radioaktive Substanzen zum Bau von Kernwaffen, inklusive der Wasserstoffbombe. Fast ebenso wichtig wie Uran waren bestimmte seltene Mineralien (wie Lithium aus Rhodesien), die für die Herstellung von Spezialstählen benötigt wurden, die in neuen Flugzeugraketen, Panzern, Gewehren und Bomben zum Einsatz kamen.

Die Kolonialmächte verfügten bereits in jeder Kolonie über kleine Militäreinrichtungen und erachteten es bis zum Ende der Kolonialzeit für notwendig, diese zu verstärken. In den Haushaltsverhandlungen in Frankreich kam es 1955 zu einer Sonderabstimmung über sechs Milliarden Franc (16,8 Millionen Dollar) für den Ausbau der Militärposten in den Kolonien und insbesondere für zwei strategische Militärbasen in Dakar und Dschibuti. Einige Zeit vorher hatte Belgien einen gewaltigen Luftwaffenstützpunkt nahe Kamina im Kongo fertiggestellt.

Zusätzlich zu den regulären Stützpunkten in den alteingesessenen Kolonien konnten die imperialistischen Mächte Militäreinrichtungen in afrikanischen Territorien errichten, die während des Krieges in ihre Hände fielen. In diesem Zusammenhang waren die Vereinigten Staaten besonders wichtig, da sie in Form der North Atlantic Treaty Organisation (NATO) bereits die wichtigste Stütze des kapitalistischen Verteidigungssystems bildeten. Dadurch waren die Vereinigten Staaten – nachdem sie geholfen hatten, Nordafrika von den Faschisten zurück zu erobern – in der Lage, große Luftwaffenstützpunkte in Marokko und Libyen zu errichten. In Italienisch-Eritrea schritten die Amerikaner*innen mit modernen Radarstationen ein und Äthiopien trat Militärbasen ab.

Obwohl auf dem Papier unabhängig, hatte Liberia kaum eine andere Wahl als die gewaltige Militärpräsenz der Amerikaner*innen zu akzeptieren – eine logische Konsequenz der wirtschaftlichen Ausbeutung Liberias durch die Amerikaner*innen und deren dortige Vorherrschaft. Als die Vereinigten Staaten 1943 dem Bau eines Hafens in Monrovia zustimmten, gestand man ihnen auch zu, *»solche Marine-, Luft- und Militäreinrichtungen und -anlagen am Standort des Hafens und in dessen allgemeiner Umgebung zu errichten, zu nutzen, zu unterhalten und zu kontrollieren, wie für den Schutz der strategischen Interessen der Vereinigten Staaten im Südatlantik notwendig erscheint.«* Während des gesamten Krieges war der Flugplatz Robertsfield in Liberia für die Vereinigten Staaten von beträchtlichem Wert und hatte auch später noch einen militärischen Nutzen. Um die Angelegenheit weiter zu verkomplizieren, schlossen die Vereinigten Staaten mit Liberia 1951 einen so genannten Militärhilfspakt.

In den 1950er-Jahren, als die meisten Afrikaner*innen noch koloniale Untertan*innen waren, hatten sie natürlich über die Nutzung ihres Bodens zu militärischen Zwecken keinerlei Kontrolle . Praktisch ganz Nordafrika wurde zu einem Operationsgebiet der NATO, mit Stützpunkten, die auf die Sowjetunion ausgerichtet waren. Es hätte leicht zu einem Atomkrieg kommen können, ohne dass die afrikanischen Völker etwas davon gewusst hätten. In den frühen 1950er–Jahren hielten die Kolonialmächte Militärkonferenzen in afrikanischen Städten wie Dakar und Nairobi ab und luden dazu die Weißen aus Südafrika und Rhodesien sowie die Regierung der USA ein. Immer wieder wird deutlich, dass Afrika in zynischer Weise benutzt wird, um den Kapitalismus wirtschaftlich und militärisch zu stützen und so gezwungen wird, zu seiner eigenen Ausbeutung beizutragen.

Abgesehen davon, dass sie den Kapitalismus in Krisenzeiten retteten, haben die Kolonien das Leben des Kapitalismus stets verlängert, indem sie die inneren Widersprüche und Konflikte, die Teil des kapitalistischen Systems sind, abmilderten. Der Hauptwiderspruch innerhalb des Kapitalismus war von Beginn an der zwischen Kapitalisten und Arbeiter*innen. Um das System am Laufen zu halten, mussten die Kapitalisten ständig die Ausbeutungsrate ihrer Arbeiter*innen erhöhen. Gleichzeitig erlangten die europäischen Arbeiter*innen in den Fabriken und Bergwerken zunehmend die Kontrolle über die Produktionsmittel und lernten, in großen Unternehmen und innerhalb ihrer eigenen Gewerkschaftsstrukturen kollektiv zusammenzuarbeiten. Wenn die Bourgeoisie ihnen weiterhin den größten Teil der Früchte ihrer eigenen Arbeit vorenthält und sie sozial und politisch unterdrückt, dann sind diese beiden Klassen auf Kollisionskurs. Mitte des 19. Jahrhunderts hatte Marx vorhergesagt, dass es zu einem Klassenkonflikt in Form einer Revolution kommen würde, aus der die Arbeiter*innen siegreich hervorgehen würden. Diese Möglichkeit versetzte die Kapitalisten in schreckliche Angst, da sie nur all zu gut wussten, dass sie selbst an die Macht gekommen waren, indem sie gegen die Klasse feudaler Grundherren revoltiert hatten. Allerdings fügte der Imperialismus der Situation einen neuen Faktor hinzu – einen, der die Konfrontation zwischen Arbeiter*innen und Kapitalisten in den Metropolen hinauszögerte.

Zu einer Arbeiter*innenrevolution kam es nur in Russland und das befand sich am Rande Europas und war keines seiner kapitalistischen Zentren. Gerade diese Tatsache macht deutlich, wie sehr der Kapitalismus in Ländern wie Großbritannien, Frankreich und Deutschland durch die Ausbeutung der Kolonien und anderer Halbkolonien wie Lateinamerika, wo die Staaten nur dem Namen nach unabhängig waren, stabilisiert worden war.

Die Überschüsse aus Afrika wurden zum Teil verwendet, um den europäischen Arbeiter*innen ein paar mehr Annehmlichkeiten zu bieten und dienten als Bestechungsmittel, um letztere weniger revolutionär zu machen. Die Bestechung kam in Form höherer Löhne, besserer Arbeitsbedingungen und ausgebauter Sozialsysteme. Die Profite aus dem Kolonialismus verteilten sich auf verschiedensten Wegen über die gesamte europäische Gesellschaft. Die meisten Unternehmen boten günstige Konsumgüter aus der Massenproduktion an, wodurch das Leben der europäischen Hausfrau etwas leichter wurde. Instant-Kaffee beispielsweise machte dieses Getränk auch für die einfachen Arbeiter*innen erschwinglich. Währenddessen machte der Kapitalist immer noch ein Vermögen, indem er sicherstellte, dass der Kaffeebauer an der Elfenbeinküste oder in Kolumbien seine Ware nicht zu höheren Preisen verkaufen konnte. Auf diese Weise stand der Kolonialismus im Dienste aller Klassen und Sektoren Westeuropas und anderer kapitalistischer Metropolen.

Die europäischen Arbeiter*innen zahlten für das Bisschen materiellen Wohlstands, das als Krümel vom kolonialen Tisch für sie abfiel, einen hohen Preis. Die herrschende Klasse kontrolliert die Verbreitung von Informationen. Die Kapitalisten informierten und bildeten die Arbeiter*innen in den Metropolen so schlecht, dass sie zu Verbündeten in der kolonialen Ausbeutung wurden. Indem sie akzeptierten, sich wie Schafe leiten zu lassen, perpetuierten die europäischen Arbeiter*innen ihre eigene Versklavung durch die Kapitalisten. Sie hörten auf, nach politischer Macht zu streben und gaben sich damit zufrieden, um kleine Lohnerhöhungen zu feilschen, die gewöhnlich durch steigende Lebenshaltungskosten wieder ausgeglichen wurden. Sie hörten auf, kreativ zu sein und ließen die kulturelle Dekadenz der Bourgeoisie über sich hereinbrechen. Sie versäumten es, sich ein unabhängiges Urteil über die großen Fragen von Krieg und Frieden zu bilden und schlachteten so am Ende nicht nur die Kolonialvölker, sondern auch sich selbst ab.

Der Faschismus war die monströse Ausgeburt kapitalistischer Eltern. Er war das Endprodukt von Jahrhunderten kapitalistischer Grausamkeit, Ausbeutung, Herrschaft und Rassismus – hauptsächlich außerhalb Europas. Es ist von größter Bedeutung, dass viele Siedler*innen und Kolonialbeamte eine Neigung zum Faschismus zeigten. Die Apartheid in Südafrika ist nichts anderes als Faschismus. Sie begann seit der frühen Epoche der weißen Kolonisierung im 17. Jahrhundert Fuß zu fassen, insbesondere nachdem die Bergbauindustrie Südafrika im 19. Jahrhundert vollständig in den Machtbereich des Kapitalismus beförderte. Ein weiteres Beispiel des faschistischen Potentials des Kolonialismus ließ sich beobachten, als Frankreich 1940 von den Nazis überrannt wurde. Die französischen Faschisten kollaborierten mit Hitler, um in Frankreich das sogenannte

Vichy-Regime zu errichten, das die Unterstützung der weißen französischen Siedler*innen in Afrika fand. Ein noch bemerkenswerteres Beispiel des gleichen Effekts war die faschistische Ideologie, die von den weißen Siedlern in Algerien entwickelt wurde, die nicht nur gegen die Unabhängigkeit Algeriens unter algerischer Herrschaft waren, sondern auch danach strebten, die fortschrittlicheren oder liberalen Regierungen der französischen Metropole zu stürzen.

Innerhalb Europas selbst lassen sich einige besondere und äußerst aufschlussreiche Verbindungen ausmachen zwischen dem Verhalten der Kolonisator*innen und der Zerstörung des Wenigen, was der Kapitalismus zur menschlichen Entwicklung beigetragen hat. Als beispielsweise Oberst Von Lettow aus Ostafrika zurückkehrte, wo er während des Ersten Weltkriegs die Führung über die dort stationierten deutschen Truppen übernommen hatte, wurde er zu einem General der deutschen Armee befördert und befehligte 1919[184] das Massaker an deutschen Kommunist*innen in Hamburg. Das war ein entscheidender Punkt in der Geschichte Deutschlands, da – nachdem die progressivsten Arbeiter*innen erst niedergemacht waren – der Weg für die faschistische Deformierung der Zukunft geebnet war. In der brutalen Niederschlagung der Maji Maji in Tanganjika und im versuchten Völkermord an den Herero in Namibia (Südwestafrika) gewann die deutsche Herrscherklasse die Erfahrung, die sie später gegen Angehörige des jüdischen Glaubens, die deutschen Arbeiter*innen und gegen Linke einsetzten.

Als 1926 die faschistische Diktatur in Portugal errichtet wurde, bezog sie ihre Inspiration aus Portugals kolonialer Geschichte. Nachdem Salazar 1932 Diktator geworden war, verkündete er. dass sein »Neuer Staat« auf der Arbeit »niederer Völker« aufgebaut werden sollte, womit er selbstverständlich Afrikaner*innen meinte. Darüber hinaus mussten die portugiesische Bäuer*innen und die Arbeiter*innen Polizeiterror, Armut und Erniedrigung über sich ergehen lassen – sie bezahlten (und bezahlen noch immer) einen hohen Preis für den Faschismus im Inneren und den Kolonialismus im Äußeren.

Der Kolonialismus stärkte die herrschende Klasse Westeuropas und den Kapitalismus insgesamt. Besonders in seinen späteren Stadien gab er einer Produktionsweise, die bereits im Sterben lag, offenkundig eine Lebenszeitverlängerung. Aus jeder Perspektive – außer aus der der Minderheitenklasse der Kapitalisten – war der Kolonialismus eine bestialische Institution, die die Befreiung der Menschheit zurückhielt.

184 Bei Rodney im Original 1918. [Anm. d. Red.]

6. Der Kolonialismus als System zur Unterentwicklung Afrikas

Der schwarze Mann muss das Tragen der Bürde des weißen Mannes ganz schön teuer bezahlen.

—George Padmore (Westindischer) Panafrikanist, 1936

In der kolonialen Gesellschaft steht die Bildung im Dienst der Kolonisatoren... In einem Regime der Sklaverei war die Bildung nur eine Institution zur Erschaffung weiterer Sklaven.

—Erklärung der FRELIMO (Mosambikanische Befreiungsfront) Abteilung für Bildung und Kultur, 1968

Die angeblichen Vorteile des Kolonialismus für Afrika

Sozioökonomische Dienstleistungen

Konfrontiert mit den Beweisen für die europäische Ausbeutung Afrikas, gestehen viele bürgerliche Autor*innen zumindest teilweise ein, dass der Kolonialismus ein System war, das durchaus im Interesse der Metropolen arbeitete. Allerdings drängen sie dann darauf, dass eine weitere Frage zu klären sei, nämlich wie viel die Europäer*innen für die Afrikaner*innen getan haben; außerdem sei es notwendig, eine Bilanz des Kolonialismus zu ziehen. In dieser Bilanz führen sie sowohl die Gewinne als auch die Verluste auf und kommen dann ziemlich häufig zu dem Schluss, dass das Positive das Negative überwiege. Dieser spezielle Schluss lässt sich recht einfach anzweifeln, aber man sollte auch beachten, dass das Argument selbst irreführend ist. Es besitzt eine gewisse sentimentale Überzeugungskraft. Es appelliert an die verbreitete Meinung, dass es *»ja sicherlich immer zwei Seiten gibt.«* Das Argument besagt, dass es einerseits zwar Ausbeutung und Unterdrückung gab, andererseits die Kolonialregierungen aber viel zum Nutzen der Afrikaner*innen getan und Afrika aufgebaut hätten. Wir behaupten, dass diese Annahme vollkommen falsch ist. Der Kolonialismus hat nur eine Perspektive; die eines Räubers.

Was war es, was die Kolonialregierungen im Interesse der Afrikaner*innen taten? Angeblich bauten sie Eisenbahnen, Schulen, Krankenhäuser und desgleichen. Diese Leistungen waren in ihrer Gesamtsumme allerdings erstaunlich klein.

In den ersten drei Jahrzehnten des Kolonialismus wurde kaum etwas getan, dass auch nur annäherungsweise als Dienst an den Menschen Afrikas bezeichnet werden könnte. Erst nach dem letzten Krieg begann man aus politischen Gründen Sozialsysteme aufzubauen. Wie dürftig diese ausfielen, bedarf keiner weiteren Veranschaulichung. Immerhin sind die Statistiken, die die heutige Unterentwicklung Afrikas aufzeigen, dieselben Statistiken, die die Sachlage am Ende des Kolonialismus darstellen. Im Übrigen sind die Zahlen am Ende des ersten Jahrzehnts der afrikanischen Unabhängigkeit in Bereichen wie Gesundheit, Wohnen und Bildung häufig um ein Vielfaches höher als die Zahlen, die die neuen unabhängigen Regierungen übernommen hatten. Es wäre ein Akt dreistester Heuchelei, die armseligen Sozialleistungen, die während der Kolonialzeit zur Verfügung gestellt wurden, gegen die Ausbeutung aufzuwiegen und dann zu dem Schluss zu kommen, dass das Positive das Negative überwiege.

Den Arbeiter*innen Europas brachte der Kapitalismus Sozialleistungen – einmal als Nebenprodukt, indem er sie der Bourgeoisie und der Mittelschicht bereitstellte und später als Ergebnis bewusster politischer Entscheidungen. Nichts auch nur annähernd ähnliches geschah in Afrika. Im Jahr 1934, lange vor Einführung des Sozialstaates in Großbritannien, betrugen die Ausgaben für Sozialleistungen auf den britischen Inseln 6 Pfund und 15 Schilling pro Person. In Ghana betrugen sie 7 Schilling und 4 Pence pro Person und waren für koloniale Standards relativ hoch. In Nigeria und Njassaland waren es weniger als 1 Schilling und 9 Pence pro Kopf. Keine der anderen Kolonialmächte machten es besser und einige sogar noch viel schlechter.

Die Portugies*innen stechen hier hervor, da sie am lautesten prahlten und am wenigsten lieferten. Portugal rühmte sich damit, dass Angola, Guinea und Mosambik sich seit fünf Jahrhunderten in portugiesischem Besitz befanden, während derer man einem »Zivilisierungsauftrag« nachgekommen sei. Am Ende dieser fünfhundert Jahre, in denen man die Bürde des weißen Mannes geschultert und die »afrikanischen Eingeborenen« zivilisiert hatte, war es den Portugies*innen nicht gelungen, in Mosambik auch nur einen einzigen afrikanischen Doktor auszubilden; die Lebenserwartung im östlichen Angola betrug weniger als 30 Jahre. Was Guinea-Bissau betrifft, so gibt das Eingeständnis der Portugies*innen, dass Guinea-Bissau stärker vernachlässigt wurde als Angola und Mosambik, selbst einen gewissen Einblick in die dortige Situation.

Des Weiteren waren die begrenzten Sozialleistungen innerhalb Afrikas auf eine Weise verteilt, die das System der Herrschaft und der Ausbeutung widerspiegelte. Zuersteinmal wollten die weißen Siedler*innen und Auswanderer*innen denselben Lebensstandard wie die Bourgeoisie und die Akademiker*innen in den Metropolen. Sie waren umso entschlossener, sich in Afrika Luxus zu leisten, als viele von ihnen aus ärmlichen Verhältnissen in Europa stammten und in ihrer Heimat keine guten Dienstleistungen erwarten konnten. Es ist gemeinhin bekannt, dass Weiße in Kolonien wie Algerien, Kenia und Südafrika eine Infrastruktur errichteten, die es ihnen erlaubte, ein bequemes und angenehmes Leben zu führen. Das heißt also, dass die Gesamtheit der Annehmlichkeiten, die in diesen Kolonien angeboten wurden, nicht darauf schließen lassen, was der Kolonialismus für die Menschen Afrikas geleistet hat.

In Algerien betrug die Kindersterblichkeit unter weißen Siedler*innen 39 pro 1000 Lebendgeburten; bei den Algerier*innen, die in den Städten wohnten, sprang sie jedoch auf 170 pro 1000 Lebendgeburten. In der Praxis hieß das, dass die medizinischen Einrichtungen, sowie die Einrichtungen für Schwangere und die Sanitärdienstleistungen alle auf das Wohlergehen der Siedler*innen zugeschnitten waren. Ähnlich müssen auch alle Sozialstatistiken für Südafrika auf mindestens zwei Gruppen aufgeschlüsselt werden – Weiße und Schwarze – wenn sie korrekt interpretiert werden sollen. In Britisch-Ostafrika gab es drei Gruppen: einmal die Europäer*innen, die das meiste erhielten; dann die Inder*innen, die das meiste von dem nahmen, was übrig geblieben war; und drittens, die Afrikaner*innen, die in ihrem eigenen Land an letzter Stelle kamen.

In vorwiegend schwarzen Ländern ging der Großteil der Sozialleistungen ebenfalls an die Weißen. Der südliche Teil Nigerias zählte zu den Kolonialgebieten, die angeblich von einem wohlwollenden Mutterland am meisten erhalten haben. In Ibadan, einer der bevölkerungsreichsten Städte in Afrika, gab es vor dem letzten Krieg nur an die 50 Europäer*innen. Für diese wenigen Auserwählten unterhielt die britische Kolonialregierung eine gesonderte Krankenhausversorgung mit elf Betten in einer gut ausgestatteten Einrichtung. Für die halbe Millionen Schwarzer standen 34 Betten zur Verfügung. Diese Situation fand sich auch in anderen Regionen, sodass für die 4.000 Europäer*innen im Land in den 1930ern zwölf moderne Krankenhäuser zur Verfügung standen, während es für die afrikanische Bevölkerung, die mindestens 40 Millionen Köpfe zählte, nur 52 Krankenhäuser gab.

Die Bösartigkeit des Kolonialsystems hinsichtlich der Bereitstellung von Sozialleistungen zeigte sich am dramatischsten im Falle wirtschaftlicher Aktivitäten, die große Profite abwarfen, insbesondere in der Bergbauindustrie. Der Bergbau fordert der Gesundheit der Arbeiter*innen einen hohen Tribut ab und dass Bergleute in den Metropolen Zugang zu den medizinischen und versicherungstechnischen Leistungen erhielten, die ihr Leben und ihre Gesundheit schützen konnten, ist noch nicht allzulange her. Im kolonisierten Afrika ging die Ausbeutung der Bergleute mit völliger Verantwortungslosigkeit vonstatten. Im Jahr 1930 brachen in den Lupa-Goldferldern Tanganjikas Skorbut und andere Epidemien aus. Hunderte von Arbeiter*innen starben. Es ist nicht weiter verwunderlich, dass es keine Einrichtungen gab, die Leben hätten retten können, da die Bergleute nicht einmal genug Lohn erhielten, um sich ausreichend zu ernähren.

Der große Teil der schwarzen Bevölkerung Südafrikas, der zur Arbeiter*innenklasse gehörte, war in einem traurigen Zustand. Die Tuberkulose-Kommission im Jahr 1912 berichtete, dass in den Shantytowns

> *»kaum eine einzige Familie existiert, in der nicht mindestens ein Mitglied an Tuberkulose leidet oder stirbt. Die Krankenhausversorgung ist so desolat, dass unheilbare Tuberkulose und andere Fälle einfach zum Sterben nach Hause geschickt werden – und die Infektion weiter verbreiten. In einigen Gebieten muss sich ein einzelner Arzt um die Belange von 40.000 Menschen kümmern. Die Einheimischen müssen für die medizinische Behandlung bezahlen. Für arme Patienten wurden keine Vorkehrungen getroffen. Circa 65 Prozent der eingeborenen Kinder sterben, bevor sie das zweite Lebensjahr erreichen.«*

Das war bereits 1912, als die Grundlage für das südafrikanische Gold- und Diamantenimperium schon gelegt war. Danach wuchsen die Shantytowns an, die Zustände in den Slums verschlimmerten sich und die Regierung verschrieb sich der abscheulichen Apartheid-Politik, die eine Trennung der Rassen vorsah, um die Menschen Afrikas besser ausbeuten zu können.

Viele Afrikaner*innen zogen in die Städte, da dort (so schlimm sie auch waren) die Chancen immer noch ein bisschen besser standen als auf dem Land. Moderne Sanitäranlagen, Elektrizität, Wasserleitungen, befestigte Straßen, medizinische Versorgung und Schulen waren am Ende der Kolonialzeit noch genauso fremd wie zu ihrem Beginn – zumindest was den Großteil des ländlichen Afrikas anging. Und doch waren es die ländlichen Gebiete, die die Marktfrüchte anbauten und die Arbeitskraft stellten, mit denen das System am Laufen gehalten wurde. Die Bäuer*innenschaft dort wusste sehr wenig von den angeblichen »Vorzügen« in der kolonialen Bilanz.

Da selbst die dürftigen Sozialleistungen nur dazu gedacht waren, die Ausbeutung zu erleichtern, bot man sie keinen Afrikaner*innen an, deren Arbeit nicht direkt Überschüsse für den Export in die Metropolen erzeugte. Das heißt, dass nichts von dem Reichtum der ausgebeuteten Afrikaner*innen für die Unterstützung ihrer Schwestern und Brüder außerhalb der Geldwirtschaft eingesetzt werden konnte.

Es existieren zahlreiche Beispiele, um die obige Behauptung zu untermauern. Die »reichsten« Kolonien erhielten im Kolonialismus größere Sozialleistungen. Also mussten der Rand in Südafrika und Katanga in Kongo ihre relativ große Arbeiter*innenklasse versorgen. Viele Jahre lang stand man dem Ganzen gleichgültig gegenüber, doch schließlich führten aufgeklärte Eigeninteressen dazu, dass die Kolonisator*innen erkannten, dass mit afrikanischen Arbeiter*innen, die über eine gewisse Grundgesundheit und ein gewisses Maß an Lese- und Schreibkenntnissen verfügten, in industriellen Zusammenhängen mehr zu erreichen war. Das war derselbe Gedankengang, der zuvor auch die Kapitalistenklasse in Europa dazu brachte, einen Teil des von den Arbeiter*innen Erzeugten dafür zu verwenden, diese gesund und am Leben zu erhalten.

In den Ländern Afrikas, in denen man Marktfrüchte anbaute, kam es zu einer ähnlichen Situation, wobei die Tendenz dahin ging, sozioökonomische Leistungen in Kolonien oder Gebieten, die nur wenige Güter für den Export herstellten, zu verringern. Das erklärt, warum Afrikaner*innen an der Goldküste, in Uganda und in Nigeria als »wohlhabender« bezeichnet werden können als diejenigen in Dahomey, Tanganjika und im Tschad.

Innerhalb einzelner Länder herrschten beträchtliche regionale Unterschiede, abhängig davon, in welchem Maße die verschiedenen Teile eines Landes in die kapitalistische Geldwirtschaft integriert waren. So hatten der nördliche Teil Kenias oder der Süden des Sudan den Kolonisator*innen wenig zu bieten; und solche Gebiete wurden von den Kolonialmächten, was Straßen, Schulen, Krankenhäuser und so weiter betraf, einfach ignoriert. Auf der Distriktebene einer gegebenen Kolonie kam es oft zu Diskriminierungen bei der Versorgung mit gesellschaftlichen Annehmlichkeiten auf Grundlage dessen, wie hoch der Beitrag des jeweiligen Distrikts zu den exportierbaren Überschüssen war. So bemühten sich beispielsweise Plantagenbesitzer und Unternehmen um den Bau von Krankenhäusern für ihre Arbeiter*innen, da ein Mindestmaß an Gesundheitsvorsorge für sie eine wirtschaftliche Investition darstellte. In der Regel war ein solches Krankenhaus ausschließlich für die Arbeiter*innen des jeweiligen Unternehmens bestimmt und die Afrikaner*innen, die in der Nähe unter Subsistenzbedingungen außerhalb der Geldwirtschaft lebten, wurden völlig ignoriert

Die Arusha-Deklaration brachte eine der grundlegendsten Wahrheiten der Kolonialzeit in Afrika kraftvoll und simpel zum Ausdruck, als sie feststellte:

> *»Wir wurden in beträchtlichem Maße unterdrückt, wir wurden in beträchtlichem Maße ausgebeutet und wir wurden in beträchtlichem Maße missachtet.«*

Die Kombination daraus, unterdrückt, ausgebeutet und missachtet zu werden, wird am besten durch das Muster der wirtschaftlichen Infrastruktur in den afrikanischen Kolonien veranschaulicht – insbesondere ihrer Straßen und Eisenbahnschienen. Diese unterlagen einer klaren geographischen Verteilung, je nachdem in welchem Ausmaß eine bestimmte Region für Import-Export-Aktivitäten geöffnet werden musste. Wo keine Exportgüter zu holen waren, sah man für Straßen und Schienen keinen Grund. Die einzige geringfügige Ausnahme stellten gewisse Straßen und Schienen dar, die gebaut wurden, um Truppen zu bewegen und das Erobern und Unterdrücken einfacher zu gestalten.

Kommunikationsmittel wurden während der Kolonialzeit nicht errichtet, damit Afrikaner*innen ihre Freunde besuchen konnten. Vor allem wurden sie auch nicht dazu errichtet, um den Binnenhandel mit afrikanischen Waren zu erleichtern. Es gab keine Straßen, die verschiedenen Kolonien oder verschiedenen Teile derselben Kolonie so verbunden hätten, dass es hinsichtlich der Bedürfnisse und der Entwicklung Afrikas Sinn ergeben hätte. Alle Straßen und Schienen führten zum Meer. Sie wurden gebaut, um Gold oder Mangan oder Kaffee oder Baumwolle außer Landes zu schaffen. Sie wurden gebaut, um Holz- und Handelsunternehmen und landwirtschaftlichen Konzessionsgesellschaften das Geschäft zu ermöglichen – und für weiße Siedler*innen. Wurden afrikanische Interessen bedient, so geschah das rein zufällig. Doch leistete in Afrika die Arbeit und nicht das Kapital den Löwenanteil bei der Erledigung von Aufgaben. Die Kolonialmächte waren in der Lage, mit einem Minimum an Investitionen Tausende und Abertausende von Arbeiter*innen zu mobilisieren. Der Polizei und den Amtsträgern zahlte man Gehälter und die Arbeitskräfte schaffte man durch Kolonialgesetze, der Androhung von Gewalt oder durch die Anwendung von Gewalt herbei. Man nehme beispielsweise den Bau der Eisenbahnen. In Europa und Amerika waren für den Bau der Eisenbahn immense Kapitalaufwendungen vonnöten. Die Bauarbeiten verursachten hohe Lohnkosten und die Arbeiter*innen erhielten Bonuszahlungen, damit sie die Arbeit so schnell wie möglich erledigten. In den meisten Gebieten Afrikas, in denen sich die Europäer*innen eine Eisenbahn wünschten, bot man als Lohn Peitschenhiebe und für besondere Leistungen noch mehr Peitschenhiebe.

Auf die hohen Kosten an afrikanischen Menschenleben beim Bau der Eisenbahn von Brazzaville nach Pointe-Noire im (französischen) Kongo wurde bereits hingewiesen. Der Großteil der unerträglichen Zustände lässt sich damit erklären, dass Kapital in Form von Ausrüstung nicht zur Verfügung stand. Deshalb musste bloße Körperkraft an die Stelle von Erdbaumaschinen, Kränen, etc. treten. Eine vergleichbare Situation stellte der Bau von Nairobis Embakasi Airport dar. Da er während der Kolonialzeit (Baubeginn 1953) und mit amerikanischen Krediten errichtet wurde, schreibt man seine Existenz für gewöhnlich den Imperialisten zu. Es wäre jedoch viel exakter zu sagen, dass ihn die Menschen Kenias mit ihren eigenen Händen unter europäischer Aufsicht errichteten.

Embasaki, der anfangs eine Fläche von sieben Quadratmeilen einnahm und über vier Startbahnen verfügte, wurde als der *»erste von Hand errichtete internationale Flughafen der Welt«* beschrieben. Es fanden sich dort mehrere Tausend mutmaßliche Mau-Mau, die *»unter der Aufsicht bewaffneter Wachen an einer Millionen Tonnen schweren Ausgrabungsarbeit schufteten, Krater füllten, eine halbe Millionen Tonnen Steine verlegten – und das alles mit nichts weiter als Schaufeln, Steinhämmern und ihren bloßen Händen.«*

Die Finanzinstitute Kolonialafrikas vernachlässigten die Interessen der einheimischen Afrikaner*innen in noch skandalöserer Weise als es das europäisch orientierte Kommunikationssystem tat. Die Banken verliehen vor Ort sehr wenig Geld. In Britisch-Ostafrika wurden Kredite an Afrikaner*innen durch die Credit to Natives (Restriction) Ordinance (»Anordnung zur Begrenzung von Krediten an Eingeborene«) von 1931 ausdrücklich untersagt. Versicherungsgesellschaften bedienten fast ausschließlich die Interessen weißer Siedler*innen und kapitalistischer Unternehmen. Die politische Entscheidung, die kolonialen Reserven in den Währungen der Metropolen aufzubewahren, kann ebenfalls als »Dienstleistung« zum Nachteil der Afrikaner*innen angeführt werden. Die Währungsbehörden und Zentralbanken, die solche Dienste anboten, verweigerten Afrika den Zugriff auf seine eigenen, durch den Export angehäuften, Mittel. Stattdessen *stellten die Kolonialreserven in Großbritannien, Frankreich und Belgien afrikanische Kredite an Europa und Kapitalinvestitionen in Europa dar.*

Es ist notwendig, den oft glorifizierten Begriff des »europäischen Kapitals«, das in das koloniale Afrika und Asien investiert wurde, neu zu bewerten. Das Geld, das für Investitionen in das kapitalistische System zur Verfügung stand, war selbst das Ergebnis der vorangehenden Ausplünderung der Arbeiter*innen und der Bäuer*inn in Europa und dem Rest der Welt. Im Falle Afrikas war das Kapital, das im 19. Jahrhundert in den Handel investiert wurde, ein Teil des Kapitals, das aus dem Sklav*innenhandel stammte. Die Regierung Portugals war die erste in Europa, die Gefangene aus Afrika verschiffte und die letzte, die den Sklav*innenhandel einstellte. Ein großer Teil des Gewinns entglitt den portugiesischen Händen und ging stattdessen nach Großbritannien und Deutschland. Dennoch half der portugiesische Sklav*innenhandel den Portugies*innen selbst dabei, später koloniale Unternehmungen zu finanzieren, wie z. B. die gemeinsame kapitalistische Beteiligung an Landwirtschafts- und Bergbauunternehmen in Angola und Mosambik.

Wie bereits angedeutet, waren viele der Unternehmer aus den großen europäischen Hafenstädten, die sich auf den Import afrikanischer Agrarerzeugnisse nach Europa verlegten, zuvor im Sklav*innenhandel tätig. Dasselbe lässt sich auch über viele US-Firmen Neuenglands sagen. Einige der größten »Namen« in der Kolonialzeit waren kapitalistische Unternehmen, deren ursprüngliches Kapital aus dem Handel mit Sklav*innen oder aus der Sklaverei selbst stammte. Das große Versicherungs- und Bankhaus Lloyds fällt in diese Kategorie, da es von den Gewinnen aus den Sklav*innenregionen der Westindischen Inseln im 17. und 18. Jahrhundert gespeist wurde; die allgegenwärtige Barclays Bank hatte ihre Vorläuferinnen im Sklav*innenhandel. Worms et Compagnie ist ein französisches Beispiel für dasselbe Phänomen. Im 18. Jahrhundert war Worms eng mit dem französischen Sklav*innenhandel verbunden und entwickelte sich zu einem der mächtigsten Finanzhäuser, das am französischen Imperium in Afrika und Asien beteiligt war, mit besonderem Schwerpunkt auf Madagaskar und dem Indischen Ozean.

Das Beispiel von Unilever und der UAC, das im vorangehenden Kapitel beleuchtet wurde, verdeutlicht auch, dass Afrika von Kapital ausgebeutet wurde, dass durch afrikanische Arbeit entstanden war. Als Lever Brothers 1929 die Niger Company übernahm, wurden sie die Erben einer der berüchtigtsten Ausbeuterinnen Afrikas im 19. Jahrhundert. Die Niger Company war während der Jahre 1885 bis 1897 eine Handelskompanie mit vollen Regierungs- und Polizeibefugnissen. In dieser Zeit beuteten sie die Menschen Nigerias schonungslos aus. Außerdem war die Niger Company selbst ein Monopolunternehmen, das kleinere Firmen aufgekauft hatte, deren Kapital sich direkt zum Sklav*innenhandel zurückverfolgen lässt. Als die UAC aus der Fusion mit der Eastern and African Trading Company hervorging, gesellte sie sich zu weiterem Kapital, das aus einem Stammbaum hervorging, dessen Wurzeln im europäischen Sklav*innenhandel liegen. Das Kapital, das den großen französischen Handelsunternehmen CFAO und SCOA zur Verfügung stand, kann auf dieselben Ursprünge zurückgeführt werden.

Dem Prozess der Akkumulation und Reproduktion von Kapital in Ostafrika fehlt die Kontinuität, die sich in Westafrika beobachten lässt. Erstens, weil sowohl Araber*innen als auch Europäer*innen am Sklav*innenhandel in Ostafrika beteiligt waren. Zweitens, weil 1885 die Deutschen einschritten, auch wenn sie zuvor nicht beteiligt waren, während die Franzos*innen (die den Europäischen Sklav*innenhandel in Ostafrika während des 18. und 19. Jahrhunderts anführten) sich auf die Kolonisation der Inseln im Indischen Ozean konzentrierten, anstatt der des ostafrikanischen Festlands. Drittens, weil der deutsche Kolonialismus den Krieg von 1914 – 1918 nicht überdauerte. Dennoch flossen auf britischer Seite das Kapital und die Profite der kolonisierenden Ostafrika-Kompanie in die Handelsfirma Smith Mackenzie zurück.

Das Kapital, das in späteren Jahren in Kolonialafrika investiert wurde, war eine Fortsetzung des 19. Jahrhunderts, zusammen mit neuen Zuflüssen aus den Metropolen. Forscht man genauer nach, wo die Ursprünge dieser angeblich neuen Quellen liegen, würde sich wohl herausstellen, dass recht viele davon sehr eng mit der vorhergehenden Ausbeutung nichteuropäischer Völker verbunden waren. Es ist allerdings nicht notwendig, zu beweisen, dass jedes Unternehmen, das in Afrika Handel trieb, eine direkte oder indirekte Verbindung mit dem europäischen Sklav*innenhandel und der früheren Ausbeutung des Kontinents besaß. Es reicht, sich daran zu erinnern, dass Europas größte Quelle der ursprünglichen Kapitalakkumulation in Übersee liegt und dass die Profite aus Unternehmungen in Afrika, das Kapital, das in die Kolonien investiert wurde, überholten.

Ein konservativer bürgerlicher Autor, der über Kolonialafrika schrieb, bemerkt zur südafrikanischen Gold- und Diamantenindustrie:

> *»Abgesehen von dem ursprünglich gezeichneten Kapital [in der Diamantenindustrie] wurden alle Investitionsausgaben aus den Gewinnen bestritten. Ferner bescherte die Industrie internationalen Firmen, die mit Diamanten handelten, große Gewinne. Diese waren von besonderer Bedeutung, da ein beträchtlicher Teil des Reichtums, der von Diamantenfirmen angehäuft wurde, später in der Entwicklung [der Goldindustrie] des Rand investiert wurde.«*

Auch in Angola war das Diamantenunternehmen *Diamang* eine Investition, die sich schnell amortisierte und dann Kapital produzierte. Die Gewinne dieses Unternehmens beliefen sich allein in den Jahren 1954 und 1955 auf die Summe des investierten Kapitals plus 40 Prozent. Der Überschuss über die Investitions- und Unterhaltskosten wurde natürlich nach Portugal, Belgien und in die Vereinigten Staaten exportiert, wo die *Diamang*-Aktionäre ansässig waren – Angola investierte also in diese Länder.

In diesem Sinne waren eher die Kolonien die Schöpfer des Kapitals als die Länder, in die das ausländische Kapital hineinfloss.

Das Kapital war ständig in Bewegung: aus der Metropole in einen Teil der Kolonien, aus den Kolonien (über die Metropole) in andere Kolonien, von einer Metropole in die andere und aus der Kolonie in die Metropole. Doch durch die riesigen Profite, die seit der Sklaverei von nichteuropäischen Völkern erwirtschaftet wurden, verlief der Nettofluss von den Kolonien in die Metropole. Was in einem Jahr als »Profit« bezeichnet wurde, kam im nächsten Jahr als »Kapital« zurück. Selbst progressive Autor*innen schufen einen falschen Eindruck, indem sie von Kapital-»Exporten« aus Europa nach Afrika und von der Herrschaft »fremden« Kapitals sprachen. Was am Kapital in Kolonialafrika fremd war, waren die Hände in denen es sich befand, aber nicht sein Ursprung.

Verteidiger*innen des Kolonialismus sagen gerne, dass das Geld für Schulen, Krankenhäuser und andere solche Einrichtungen in Afrika von den britischen, französischen oder belgischen Steuerzahler*innen bereitgestellt wurde. Einzugestehen, dass die Gewinne einer bestimmten Kolonie in einem bestimmten Jahr mehrere Millionen Dollar betrugen und dennoch zu behaupten, dass die wenigen tausend Dollar, die für die Sozialleistungen in dieser Kolonie bereitgestellt wurden, das Geld der europäischen Steuerzahler*innen waren, entbehrt jeder Logik! Die wahre Situation lässt sich mit folgenden Worten schildern: Die afrikanische Bäuer*innen und die Arbeiter*innen produzierten für den europäischen Kapitalismus Waren und Dienstleistungen von einem bestimmten Wert. Einen kleinen Teil der Früchte ihrer Bemühungen durften sie in Form von Löhnen, Barzahlungen und äußerst begrenzten Sozialleistungen behalten – in dem Maße, wie es für die Erhaltung des Kolonialismus erforderlich war. Der Rest ging an die verschiedenen Nutznießer*innen des Kolonialsystems.

Die Zuverlässigkeit der verfügbaren Daten, die nur zu deutlich aufzeigen, dass der Kolonialismus – zum größten Teil – der Entwicklung der Metropolen diente und für die Kolonien nur einige Krümel als zufällige Nebenprodukte der Ausbeutung übrig hatte, kann kaum angezweifelt werden Die britischen Kolonialakten sind voll von Berichten königlicher Kommissionen, die dieses und jenes untersuchten; die Berichte (auf die hin nur selten Maßnahmen ergriffen wurden) lieferten den besten Beweis für die erschreckende Gleichgültigkeit der Kolonialregime gegenüber den Bedürfnissen der Afrikaner*innen. In den 1930er-Jahren kam es überall auf den Westindischen Inseln zu Unruhen aufgrund des nicht zu rechtfertigenden Leids der afrikanischstämmigen Bevölkerung, die in diesen Gegenden nach der Sklaverei ihrem Schicksal überlassen wurden. Die Königliche Kommission, die den Ursachen nachging, befand sie für derart schockierend, dass die vollständigen Ergebnisse der Untersuchungen während des Kriegs nicht veröffentlicht wurden, damit sie der Öffentlichkeit nicht enthüllten, dass der Kolonialismus kaum besser war als der Faschismus, den Großbritannien bekämpfte. Aus dieser Untersuchung ging die Idee hervor, Colonial Development and Welfare (CD&W) einzurichten. Ein Gesetz in diese Richtung wurde 1940 verabschiedet, aber erst 1944 standen Gelder für CD&W zur Verfügung, die als Kredite an Kolonialverwaltungen vergeben wurden.

Die Franzos*innen hatten ein Pendant zu CD&W in der Form von FIDES, das 1946 begonnen wurde. Von den frühesten Tagen der kolonialen Ausdehnung an, gab es in den Metropolen zwei Arten von Erklärungen für deren Motive. Eine war sehr freimütig und wandte sich an die verschiedenen Handelskammern in den europäischen Städten. Sie besagte einfach, dass die Europäer*innen am Kolonialismus festhielten, weil er so verdammt profitabel war – mehr nicht. Es gab allerdings auch noch andere Elemente, die es für nötig hielten, mit dem Spruch über die Fürsorge für die »unzivilisierten Eingeborenen« hausieren zu gehen. Dabei handelte es sich um eine Weiterführung früherer Rechtfertigungen der Sklaverei auf der Basis, dass sie die heidnischen Afrikaner*innen in christliche Länder brachte. Als der Kolonialismus während der letzten Jahrzehnte in schwere Kritik geriet, wurden etwas elaboriertere Anstrengungen unternommen, um ihn reinzuwaschen. Sowohl CD&W und FIDES waren Teil der Public-Relations-Propaganda des Kolonialismus, die versuchte, seine Niederträchtigkeit zu verschleiern und zu leugnen.

FIDES und CD&W sind zunächst einmal unter den Bedingungen der Nachkriegszeit in Europa entstanden, als die kapitalistischen Nationen Westeuropas verzweifelt auf Kolonien zurückgriffen, um sich vor dem Sozialismus und selbst vor der Konkurrenz der Vereinigten Staaten zu schützen. Mr. Bevin, ein bekannter Arbeiter*innenführer, der zum Verräter seiner Klasse und zum Sprecher des britischen Kapitalismus avancierte, machte die Beobachtung, dass *»die anderen beiden Weltmächte, die Vereinigten Staaten und Sowjetrussland, ungeheuere Rohstoffvorkommen besitzen. Soll Westeuropa seine Zahlungsbilanz und ein weltweites Gleichgewicht erreichen, ist es unerlässlich, dass [afrikanische] Ressourcen entwickelt und verfügbar gemacht werden.«* Eine nähere Untersuchung der Tätigkeit von CD&W und FIDES macht deutlich, dass sie nichts mit afrikanischer Entwicklung und sehr viel mit der Wohlfahrt des kapitalistischen Europas zu tun hatten.

Die sogenannte Entwicklungshilfe für Afrika floss beinahe ausnahmslos in den Bau wirtschaftlicher Infrastruktur und in die Bereitstellung gewisser Sozialleistungen. Von den CD&W-Krediten zwischen 1946 und 1956 gingen weniger als 1 Prozent in die Industrie. Im Fall von FIDES betrug die entsprechende Summe zwischen 1949 und 1953 weniger als 0,5 Prozent. Der Landwirtschaft erging es nur wenig besser, obwohl sie natürlich die Hauptaktivität der Afrikaner*innen darstellte. Die Kolonialverwaltung Nigerias erstellte einen Zehnjahresplan in der Hoffnung, sich beträchtliche Summen aus CD&W-Mitteln leihen zu können. Laut diesem Plan sollten von einer Gesamtsumme von 53 Millionen Pfund 1,824 Millionen Pfund in die Landwirtschaft fließen. Der Großteil dieses Landwirtschaftskredits sollte für den Bau einer Landwirtschaftsschule und für die Gehälter britischer »Experten« verwendet werden.

Andere britische Kolonien verfassten Zehnjahrespläne, die die gleichen Defizite aufwiesen, wie der für Nigeria; und tatsächlich waren sie alle nur Ausreden für die wirklichen Wirtschaftspläne, die nichts anderes waren, als eine Reihe unzusammenhängender Projekte, die von verschiedenen Ressorts der Regierung als Erweiterungen ihrer bisherigen Tätigkeiten entworfen wurden. Somit war nicht zu erwarten, dass diese Pläne fundamentale Veränderungen brächten; sie ignorierten auch vollständig entwicklungspolitische Aspekte wie die Förderung des afrikanischen Binnenhandels.

Der Großteil der »Entwicklungs«-Gelder traf in den Kolonien in Form von Krediten für Häfen, Eisenbahnen, Elektrizitätswerke, Wasserwerke, Ingenieursbetriebe und Warenlager ein, die langfristig für eine effizientere Ausbeutung notwendig waren. Auf kurze Sicht fungierten solche Bauarbeiten als Abnehmer für europäischen Stahl, Beton, Elektrogeräte und Schienenfahrzeuge. Ein Fünftel der Mittel von FIDES wurden für Prestigeprojekte in Dakar ausgegeben, die der französischen Industrie gelegen kamen und eine große Anzahl von Auswanderern beschäftigen. Selbst die Schulen, die mit FIDES-Mitteln gebaut wurden, waren unnötig teuer, da sie die Auflage erfüllen mussten, Beschäftigungsmöglichkeiten für weiße Auswanderer zu bieten. Zufälligerweise waren die Kredite immer daran geknüpft, dass damit Materialien gekauft wurden, die in der jeweiligen Metropole hergestellt worden waren.

Die »Entwicklungs«-Mittel wurden von den betreffenden Regierungen auf dem europäischen Geldmarkt aufgenommen und die Staatsregierungen der

Kolonialmächte boten ihren eigenen Bankiers und Finanziers garantierte profitable Absatzmöglichkeiten für ihr Kapital. Die Regierung Frankreichs begann 1956 mit einem Programm, das eine unverhohlene Form der Förderung ihrer eigenen Kapitalisten darstellte, während sie gleichzeitig Lippenbekenntnisse zur Entwicklung und zum Wohlstand Afrikas ablegte. Das Programm beinhaltete, dass eine Institution namens SDOM (Finanzgesellschaften für die Entwicklung der Überseegebiete), geschaffen wurde. SDOM war nichts anderes als ein Zusammenschluss privater Kapitalinteressen, denen primär am Öl Nordafrikas gelegen war und die von der Regierung großzügige Subventionen erhielten, um ihre Ziele zu erreichen.

Es gab viele Anzeichen, die den CD&W-Schwindel in den Augen vorsichtiger und besorgter Beobachter*innen entlarvten. Das Sekretariat für Kolonialangelegenheiten schuf einen Rat, der bei der Allokation von Zuwendungen helfen sollte und von wirklich mächtigen Mitgliedern der britischen Bourgeoisie dominiert wurde, unter anderem von den Direktoren der Barclays Bank. Da die CD&W-Mittel selbst für die hoffnungslosen Zehnjahrespläne der Kolonien ungenügend waren, ermutigte die britische Regierung die Kolonialverwaltungen, sich den Rest ihrer Finanzen auf dem freien Geldmarkt zu leihen. Das war ein weiterer Weg, um sicherzustellen, dass afrikanische Arbeitskraft und afrikanische Ressourcen einen Überschuss für gierige europäische Geldwechsler*innen abwarfen.

Barclays Bank war eine der ersten, die diese Gelegenheit ergriffen und den Kolonialregierungen Geld liehen, um die CD&W-Zuschüsse aufzubessern. Die Bank errichtete eine spezielle Übersee-Entwicklungsfirma, um Afrika dabei zu *»helfen«*, wobei der Vorsitzende der Bank versicherte, dass *»die Entwicklung des Kolonialreichs und das Wohlergehen seiner Einwohner eine Angelegenheit ist, die jeden Bürger [Großbritanniens] etwas angeht.«* Das war die Sprache der Öffentlichkeitsarbeit, die sehr gut mit der schäbigen Scheinheiligkeit zusammenpasste, die der weiße Mann praktizierte, seit er im Namen der Zivilisation und des Christentums zu Morden und zu Versklaven begann.

Als Teil der Verlogenheit des Kolonialismus wurde es en vogue davon zu sprechen, wie Europa Afrika in das 20. Jahrhundert holte. Diese Annahme hat sozioökonomische und politische Implikationen und es lässt sich zeigen, dass sie nicht nur in einigen, sondern in allen Bereichen falsch ist.

Oft heißt es, dass der Kolonialismus Afrika modernisierte, indem er dort die dynamische Eigenheiten des Kapitalismus einführte, wie beispielsweise das private Grundeigentum, das Privateigentum an den anderen Produktionsmitteln und die Geldverhältnisse. Hier ist es wesentlich, zwischen *kapitalistischen Elementen* und dem *Kapitalismus als umfassendes Gesellschaftssystem* zu unterscheiden. Der Kolonialismus führte einige Elemente des Kapitalismus in Afrika ein. Allgemein gesprochen: Wo immer der Kommunalismus mit der Geldwirtschaft in Kontakt kam, setzte sich die letztere durch. Der Anbau von Marktfrüchten und die Lohnarbeit führten fort von der erweiterten Familie als Produktions- und Verteilungsgrundlage.

Ein südafrikanisches Sprichwort besagt, »*der weiße Mann hat keine Familie, seine Familie ist das Geld.*« Das ist eine scharfsinnige Enthüllung des Unterschieds zwischen kapitalistischen und vorkapitalistischen Gesellschaften; als der Kapitalismus mit den großteils noch kommunalistischen Gesellschaften Afrikas in Kontakt kam, führte er die Geldverhältnisse auf Kosten der Familienbande ein. Der Kolonialismus verwandelte Afrika allerdings nicht in eine kapitalistische Gesellschaft, die mit der in den Metropolen vergleichbar wäre. Hätte er das geleistet, hätte man sich über die Grausamkeiten und die Ungleichheit des Kapitalismus beklagen, aber nicht behaupten können, der Kolonialismus wäre daran gescheitert, Afrika auf dem Pfad der geschichtlichen Menschheitsentwicklung nach vorne zu bringen.

Der Kapitalismus als System in den Metropolen oder Epizentren verfügte über zwei dominante Klassen: erstens die Kapitalisten oder die Bourgeoisie, die die Fabriken und Banken (die wichtigsten Mittel zur Produktion und Verteilung von Reichtum) besaßen; und zweitens die Arbeiter*innen oder das Proletariat, das in den Fabriken der besagten Bourgeoisie arbeitete. Der Kolonialismus schuf keine kapital- und fabrikbesitzende Klasse unter den Afrikaner*innen oder auch nur innerhalb Afrikas; auch schuf er kein nennenswertes städtisches Proletariat (insbesondere nicht außerhalb Südafrikas). Mit anderen Worten: Der Kapitalismus in der Form des Kolonialismus schaffte es nicht, in Afrika die Aufgabe zu bewältigen, die er in Europa bewältigt hatte, indem er die Gesellschaftsverhältnisse veränderte und die Produktivkräfte freisetzte.

Es ist ziemlich offensichtlich, dass die Kapitalisten der Metropole nicht antraten, um andere Kapitalisten hervorzubringen, die eine Konkurrenz für sie dargestellt hätten. Ganz im Gegenteil: Die Tendenz des Kapitalismus in Europa war von Anfang an eine von Wettbewerb, Verdrängung und Monopol. War die imperialistische Phase also erst erreicht, hatten die Kapitalisten der Metropolen keinerlei Absicht, in den Kolonien Konkurrenten groß werden zu lassen. Entgegen den Wünschen der Metropolen brachten allerdings einige Länder Asiens und Lateinamerikas ein paar lokale Kapitalisten hervor. Afrika stellt hier eine bedeutende Ausnahme dar, in dem Sinne, dass, verglichen mit anderen kolonisierten Völkern, viel weniger Afrikaner*innen selbst zu den mittleren Sprossen der bürgerlichen Stufenleiter Zugang hatten, hinsichtlich des Kapitals für Investitionen.

Ein Teil der Erklärung für Mangel an afrikanischen Kapitalist*innen liegt in der Ankunft von Minderheitengruppen, die keine lokalen Familienbeziehungen besaßen, die der gnadenlosen ursprünglichen Akkumulation, die der Kapitalismus benötigt, im Wege stehen konnten. Libanesische, syrische, griechische und indische Geschäftsleute stiegen aus den Reihen der Kleinkrämer auf und wurden kleinere und manchmal auch bedeutende Kapitalisten. Namen wie Raeeah und Leventis waren in Westafrika wohlbekannt, genauso wie Madhvani und Visram in Ostafrika als Kapitalisten bekannt wurden.

Zwischen den Mittelsleuten und den europäischen Kolonisator*innen kam es zu Konflikten, aber die letzteren bevorzugten es entschieden, Minderheiten zu ermutigen, als dabei zuzusehen, wie Afrikaner*innen sich selbst hocharbeiteten. In Westafrika beispielsweise waren die Geschäftsleute aus Sierra Leone sowohl in ihrer eigenen Kolonie als auch in anderen britischen Besitzungen, in denen sie sich niederließen, unerwünscht. In Ostafrika gab es insbesondere unter den Einwohner*innen Ugandas Hoffnung darauf, dass sie ihre eigenen Entkörnungsmaschinen kaufen und einige Funktionen der Kapitalisten im Baumwollanbau und in anderen Bereichen übernehmen konnten. Als jedoch 1920 eine Entwicklungskommission ernannt wurde, um Handel und Industrie zu fördern, begünstigte sie zuerst Europäer*innen und dann Inder*innen. Afrikaner*innen wurde es gesetzlich untersagt, Entkörnungsmaschinen zu besitzen.

Betrachtet man ganz Afrika, so standen die wenigen afrikanischen Geschäftsleute, denen es erlaubt war, emporzukommen, auf der niedrigsten Stufe der Leiter und können nicht im wirklichen Sinne als »Kapitalisten« bezeichnet werden. Sie besaßen nicht genügend Kapital, um in großem Maßstab in Landwirtschaft, Handel, Bergbau oder Industrie zu investieren. Sie waren sowohl vom Kapital der Europäer*innen als auch vom Kapital örtlicher Minderheiten abhängig.

Dass der europäische Kapitalismus daran scheiterte, afrikanische Kapitalisten hervorzubringen, ist vielleicht nicht so eindrucksvoll wie seine Unfähigkeit, eine Arbeiter*innenklasse zu schaffen und in Afrika industrielle Kenntnisse zu verbreiten. Im Kern seines Wesens war der Kolonialismus gegen den Aufbau einer afrikanischen Industrie abseits von Landwirtschaft und den extraktiven Sphären des Bergbaus und des Holzabbaus gerichtet. Wo immer interne Kräfte den Anschein machten, in Richtung afrikanischer Industrialisierung zu drängen, wurden sie von den Kolonialregierungen, die im Interesse der Industriellen in den Metropolen handelten, ausgebremst. In Senegal errichtete man 1927 Erdnussölfabriken und begann mit dem Export nach Frankreich. Kurz darauf wurden ihnen aufgrund von Protesten französischer Ölproduzenten Restriktionen auferlegt. Ähnliches geschah in Nigeria, wo man gegen die Ölfabriken vorging, die dort von den Libanes*innen errichtet wurden. Das Öl wurde weiterhin als Rohstoff für die Industrie nach Europa geliefert, aber zu diesem Zeitpunkt fand nicht einmal die einfache Verarbeitung von Erdnüssen zu Öl auf afrikanischem Boden die Zustimmung der europäischen Industriellen.

Die Politik der Nichtindustrialisierung führte in ganz Kolonialafrika zu vielen irrationalen Widersprüchen: Die Menschen des Sudan und Ugandas bauten Baumwolle an, aber importierten verarbeitete Baumwollprodukte, die Elfenbeinküste baute Kakao an, aber importierte Schokolade und Kakao in Konserven.

Die winzige Arbeiter*innenklasse Kolonialafrikas betätigte sich in Bereichen wie der Landarbeit und häuslichen Dienstleistungen. Das meiste davon war ungelernte Arbeit, wogegen im wirklichen Kapitalismus Fähigkeiten und Kenntnisse angesammelt wurden. Bei Projekten, bei denen technische Expertise nötig war, übernahmen Europäer*innen die Aufsicht und standen in ihren Helmen und weißen Hosen in der Gegend herum. Natürlich hatten Afrikaner*innen 1885 nicht das technische Know-How, das in Europa während des 18. und 19. Jahrhunderts angesammelt wurde. Dieser Unterschied war selbst zum Teil auf die Art der Beziehungen zwischen Afrika und Europa in der vorkolonialen Zeit zurückzuführen. Was allerdings von größerer Bedeutung ist, ist die unglaublich geringe Zahl an Afrikaner*innen, die in der Lage waren, während der Kolonialzeit »moderne« Fähigkeiten zu erwerben. An einigen Orten, wie beispielsweise Südafrika und Rhodesien, lag das an der speziellen rassistischen Diskriminierung auf dem Arbeitsmarkt, wo die besten Berufe den Weißen vorbehalten waren. Aber selbst wenn Weiße abwesend waren: Der Mangel an Qualifikationen unter den Afrikaner*innen war ein integraler Bestandteil des kapitalistischen Einflusses auf den Kontinent.

Es wurde bereits gezeigt, wie die Industrie in Europa die wissenschaftlichen Technologien förderte und vervielfachte. Die Kehrseite der Medaille zeigte sich in Afrika: Keine Industrie bedeutete auch kein Erwerb von Kenntnissen. Selbst in der Bergbauindustrie wurde dafür gesorgt, dass die wertvollste Arbeit außerhalb Afrikas verrichtet wurde. Es wird manchmal vergessen, dass es die Arbeit ist, die den Waren durch die Verwandlung der Produkte der Natur ihren

Wert verleiht. Ein Beispiel: Obwohl der Wert von Edelsteinen weit über ihrem praktischen Nutzen liegt, ist der Wert nicht nur einfach eine Frage der Seltenheit. Es musste Arbeit verrichtet werden, um die Diamanten zu finden. Das ist die spezielle Aufgabe von Geolog*innen und diese waren selbstverständlich Europäer*innen. Es musste auch Arbeit verrichtet werden, um die Diamanten auszugraben, was hauptsächlich körperliche Arbeit ist. Nur hier kamen Afrikaner*innen aus Südafrika, Namibia, Angola, Tanganjika und Sierra Leone ins Spiel. Danach musste Arbeit verrichtet werden, um die Diamanten zu schleifen und zu polieren. Ein kleiner Teil davon wurde von Weißen in Südafrika erledigt und das meiste von Weißen in Brüssel und London. Erst auf der Werkbank des gelernten Diamantschleifers wurde der Diamant zum Edelstein und stieg im Wert. Während der Kolonialzeit war es keinem Afrikaner und keiner Afrikanerin erlaubt, auch nur in die Nähe solcher Techniken zu gelangen.

Vieles von der Dynamik des Kapitalismus lag darin begründet, dass Wachstum mehr Möglichkeiten für weiteres Wachstum erschuf. Die großen Industrien erzeugten Nebenprodukte; sie stimulierten den Gebrauch lokaler Rohstoffe und vergrößerten die Transport- und die Bauindustrie – wie man bereits im Fall Unilever sah. Mit den Worten der Fachökonom*innen: Das waren die nutzbringenden »Vorwärts- und Rückwärtsbindungen.« Da die Industrien, die afrikanische Rohstoffe verwendeten, *außerhalb* Afrikas lagen, konnte es nicht zu nutzbringenden Vorwärts- und Rückwärtsbindungen *innerhalb* Afrikas kommen. Nach dem Zweiten Weltkrieg, begann Guinea mit dem Export von Bauxit. In den Händen französischer und amerikanischer Kapitalisten wurde Bauxit zu Aluminium. In den Metropolen wurde es für die Herstellung von hitzebeständigem Material, elektrischer Leiter, Zigarettenverpackungen, Küchengeräten, Glass, Juwelenohrringen, Schleifmitteln, Leichtbaustrukturen und Flugzeugen verwendet. Das Bauxit aus Guinea lieferte Anreize für die europäische Schifffahrt und für nordamerikanische Wasserkraftwerke. In Guinea führte der Bauxitabbau zu Löchern im Boden.

In Bezug auf Gold waren die finanziellen Folgen für Europa immens; afrikanisches Gold spielte eine wichtige Rolle in der Entwicklung des Geldsystems, der Industrie und der Landwirtschaft in den Metropolen. Doch – wie Bauxit und andere Mineralien – ist Gold ein endlicher Rohstoff. Hat man es erst einmal aus dem Boden eines Landes heraus geholt, ist es verloren und kann nicht mehr ersetzt werden. Diese einfache Tatsache wird oft verschleiert, solange die Produktion noch weiterläuft, wie in Südafrika beispielsweise. Aber sie wird einem auf dramatische Weise bewusst, wenn die Mineralien während der Kolonialzeit wirklich verschwunden sind. Im Süden Tanganjikas beispielsweise bauten die Brit*innen ab 1933 an einem Ort namens Chunya das Gold so schnell ab, wie sie nur konnten. Im Jahr 1953 hatten sie sich alles unter den Nagel gerissen und ins Ausland exportiert. Am Ende der Kolonialzeit war Chunya eines der rückständigsten Gebiete in ganz Tanganjika, das selbst als armes Aschenputtel Ostafrikas galt. Wenn das Modernisierung sein soll – und wenn man den Preis dafür bedenkt, der in Ausbeutung und Unterdrückung bestand – dann wären die Afrikaner*innen im Busch besser dran gewesen.

Industrialisierung bedeutet nicht nur Fabriken. Die Landwirtschaft selbst wurde in kapitalistischen und sozialistischen Ländern durch die intensive Anwendung wissenschaftlicher Methoden in den Bereichen Bewässerung, Werkzeuge, Pflanzenauswahl und Viehzucht industrialisiert. Das entscheidendste Versagen des Kolonialismus in Afrika, war seine Unfähigkeit, die Technik landwirtschaftlicher Produktion zu verändern. Der deutlichste Beweis, wie oberflächlich das Gerede von der »Modernisierung« Afrikas durch den Kolonialismus ist, ist die Tatsache, dass die überwältigende Mehrheit der Afrikaner*innen mit einer Hacke in den Kolonialismus hineinging und mit einer Hacke wieder herauskam. Einige kapitalistische Plantagen führten landwirtschaftliche Maschinen ein und der ein oder andere Traktor fand seinen Weg in die Hände afrikanischer Bäuer*innen, aber die Hacke blieb eindeutig das vorherrschende landwirtschaftliche Arbeitsgerät. Dem Kapitalismus gelang es, die Landwirtschaft in Europa zu revolutionieren, er konnte das Gleiche aber nicht für Afrika bewerkstelligen.

In einigen Distrikten brachte der Kapitalismus die technologische Rückständigkeit über die Landwirtschaft. In den Reservaten Südafrikas zwängte man viel zu viele Afrikaner*innen auf unzureichendes Land und zwang sie zu intensivem Ackerbau, wobei sie Methoden verwendeten, die nur für die Brandwirtschaft geeignet waren. In der Praxis bedeutete das eine Form des technischen Rückschritts, da das Land weniger und weniger abwarf und dabei zerstört wurde. Wo immer Afrikaner*innen an der Nutzung des Landes ihrer Ahnen gehindert wurden, lassen sich dieselben negativen Auswirkungen beobachten. Außerdem forderten einige der neuen Marktfrüchte – wie etwa Erdnüsse und Baumwolle – dem Boden viel ab. In Ländern wie Senegal, Niger und Tschad, die ohnehin schon am Rande der Wüste lagen, führte der beständige Anbau zur Auslaugung der Böden und zur Ausbreitung der Wüste.

Rassistisches Gedankengut ist so tief in der kapitalistischen Gesellschaft verwurzelt, dass die Unfähigkeit der afrikanischen Landwirtschaft, voranzuschreiten, der inhärenten Minderwertigkeit der Afrikaner*innen zugeschrieben wurde. Man läge viel näher an der Wahrheit, würde man sagen, dass es an den weißen Eindringlingen lag, auch wenn die eigentliche Erklärung nicht die individuelle Böswilligkeit der Kolonisator*innen oder deren rassistischer Ursprung ist, sondern die organisierte Niedertracht des kapitalistisch-kolonialen Systems.

Das Versäumnis, die landwirtschaftlichen Geräte und Verfahren für die afrikanische Bäuer*innenschaft zu verbessern, war keine Frage von Fehlentscheidung seitens der Kolonialpolitiker*innen. Es war ein zwangsläufiges Resultat des gesamten Kolonialismus, der auf der Einsicht beruhte, dass die internationale Arbeitsteilung auf die Qualifikationen in den Metropolen und die einfachen Arbeitskräfte in den Kolonien abzielte. Es war ebenso ein Ergebnis der beträchtlichen Gewaltanwendung (inklusive der Besteuerung) in afrikanischen Arbeitsverhältnissen. Man kann Menschen dazu zwingen, einfache physische Arbeiten auszuführen - aber nicht mehr. Das zeigte sich, als Afrikaner*innen als Sklav*innen auf den Westindischen Inseln und in Amerika eingesetzt wurden. Sie beschädigten Werkzeuge und führten Sabotageakte durch, die nur unter Kontrolle gebracht werden konnten, indem man die Überwachung ausweitete und Werkzeuge und Produktionsprozesse sehr einfach hielt. Sklav*innenarbeit war nicht geeignet, industrielle Beschäftigung auszuführen, sodass der Norden der Vereinigten Staaten 1861 in den Krieg zog, um die Sklaverei im Süden zu beenden und die wahren kapitalistischen Verhältnisse im ganzen Land zu verbreiten. Derselben Argumentation folgend, zeigt es sich, warum die verschiedenen Formen landwirtschaftlicher Zwangsarbeit in Afrika recht einfach gehalten werden mussten, was wiederum niedrige Löhne nach sich zog.

Die Kapitalisten bezahlten den Afrikaner*innen im Kolonialismus nicht genug, um sich und ihre Familien ernähren zu können. Das wird man leicht einsehen, wenn man die Geldmengen bedenkt, die afrikanische Bäuer*innen mit Marktfrüchten verdienten. Der Verkauf seiner Erzeugnisse brachte einem afrikanischen Bäuer*innen, der Marktfrüchte anbaute, selten zehn Pfund pro Jahr ein und oft war es weniger als die Hälfte. Davon musste der Bauer Werkzeuge, Saatgut und Transport bezahlen und der Mittelsperson ihren Kredit zurückerstatten, bevor er den Rest sein eigen nennen konnte. Bäuer*innen, die Kaffee oder Kakao anbauten und Palmenerzeugnisse sammelten, verdienten eher mehr als die, die mit Baumwolle und Erdnüssen handelten, aber selbst gewöhnliche Akwapim Kakaobäuer*innen oder Chagga Kaffeebäuer*innen verfügten nie über Geldmengen, die ausgereicht hätten, um für ihre Familie Nahrung, Kleidung und Unterkunft zu finanzieren. Stattdessen wurde weiterhin zusätzlich

Subsistenzwirtschaft mit Süßkartoffeln und Bananen betrieben. So schaffte es die Bäuer*innenschaft, sich zu ernähren und die paar Schilling, die man verdient hatte, wurden verwendet, um Steuern und die wachsende Zahl an Dingen zu bezahlen, die ohne Geld in den Geschäften der Mittelsleute nicht zu erwerben waren – Salz, Stoff und Paraffin. Hatte ein Bauer sehr großes Glück, hatte er Zugang zu Zinkblech, Fahrrädern, Radios und Nähmaschinen und war in der Lage, Schulgebühren zu bezahlen. Es muss aber betont werden, dass nur äußerst wenige in die letztgenannte Kategorie fielen.

Ein Grund, warum der afrikanische Bauer für seine landwirtschaftlichen Erzeugnisse so wenig erhielt, war, weil seine Arbeit ungelernte Arbeit war. Das war nicht die ganze Erklärung, aber es ist dennoch wahr, dass der Wert eines Produkts wie Baumwolle rasant anstieg, sobald es den elaborierten Verarbeitungsprozess in Europa durchlief. Karl Marx verwendete das Beispiel der Baumwolle, um zu verdeutlichen, wie die Kapitalisten sich einen Teil des Überschusses aneigneten, den jede Arbeiterin und jeder Arbeiter produzierten. Er erklärte, dass der Wert der verarbeiteten Baumwolle den Wert der Arbeit beinhalte, die in den Anbau der Rohbaumwolle geflossen war, plus einen Teil des Wertes der Arbeit, die in die Herstellung der Spindeln geflossen war, plus den Wert der Arbeit, die in die tatsächliche Fertigung geflossen war. Aus afrikanischer Sicht war die erste Schlussfolgerung, die daraus gezogen werden konnte, dass die Bäuer*innen, die den afrikanischen Boden bestellten, durch den Industriellen ausgebeutet wurde, der in Europa oder Amerika afrikanische Rohstoffe einsetzte. Zweitens ist es notwendig, sich zu vergegenwärtigen, dass der afrikanische Beitrag ungelernter Arbeit weit weniger wert war als der europäische Beitrag an Facharbeit.

Wir haben gesehen, dass eine Arbeitsstunde eines Baumwollbauern im Tschad weniger wert war als ein Zentimeter Baumwolltuch und er fünfzig Tage arbeiten musste, um genug Geld zu verdienen, um in Frankreich drei Meter von dem Stoff zu kaufen, den er selbst produziert hatte. Aber die französischen Textilarbeiter*innen (die moderne Spindeln benutzten) produzierten drei Meter Stoff in wenigen Minuten! Nimmt man an, dass der Franzose nicht näher an Gott heranreichte (der ja die gesamte Welt in nur sechs Tagen erschaffen und am siebten geruht hatte), dann muss es im kapitalistisch-kolonialistischen System Faktoren geben, die das steile Gefälle im relativen Wert der Arbeit in Tschad und Frankreich ermöglichten. Zuerst einmal wurden der Bauer im Tschad durch den Handel betrogen, sodass er billig verkaufte und teuer einkaufte und deshalb nur einen winzigen Bruchteil des Werts erhielt, den er mit seiner Arbeit schuf. Das wurde nicht durch mysteriöse »Marktkräfte« ermöglicht, wie es uns bürgerliche Ökonomen Glauben machen wollen, sondern dadurch, dass die politische Macht sich vollständig in den Händen der Kolonisator*innen befand. Es war eine Folge der monopolistischen Herrschaft, sowohl wirtschaftlich als auch politisch. Zweitens war die Menge an Zeit, die ein Bauer im Tschad benötigte, länger, da der Kolonialismus es ihm nicht gestatte, Werkzeuge zu erwerben, die die Anzahl der Stunden, die nötig waren, um eine bestimmte Menge an Rohbaumwolle zu produzieren, reduziert hätten.

Zu einem gewissen Grade wäre es im Interesse der Kolonialmächte gewesen, wenn in der afrikanischen Landwirtschaft bessere Techniken eingesetzt worden wären, die die Menge und die Qualität der Produktion gesteigert hätten. Alle Kolonialregierungen finanzierten in gewissem Maße wissenschaftliche Forschung im Bereich tropischer Landwirtschaft. Die Forschung widmete sich allerdings fast ausschließlich den Marktfrüchten, war in ihrem Ausmaß begrenzt und war einfacher auf großen Plantagen anwendbar als durch afrikanische Bäuer*innen, die über kein Kapital verfügten. Die kläglichen Summen, die während der Kolonialzeit in Afrika für die Verbesserung der Landwirtschaft aufgebracht wurden, stehen in scharfem Kontrast zu den immer größeren Summen, die im gleichen Zeitraum in Europa in die Forschung flossen – zum beträchtlichen Vorteil der Industrie und der Landwirtschaft in den Metropolen.

Seite an Seite mit den jeder Grundlage entbehrenden Behauptungen über sozioökonomische Modernisierung, standen Behauptungen von Verteidiger*innen des Kolonialismus, laut denen die europäische Herrschaft politischen Auftrieb und Emanzipation brachte. Eines der langlebigsten Argumente in dieser Beziehung ist, dass in Afrika im 19. Jahrhundert das Chaos herrschte und dass »Stämme«, wie die Ngoni und die Yao und Samoris *sofas*, alles hinmordeten, was ihnen in die Hände geriet. Folglich wurde Afrika durch Livingstone und Stanley gerettet. Größtenteils ist für solche wilden Behauptungen kein Platz mehr in den Werken der heutigen Generation europäischer Afrikaforschender, da sie nichts mit der Realität zu tun haben. Einige Autor*innen predigen allerdings noch immer, dass *»die Bantu von den erschöpfenden Kämpfen und von ihrer allgemeinen wirtschaftlichen und technischen Rückständigkeit nur dadurch gerettet werden konnten, dass man ihnen eine stabile [europäische] Regierung aufzwang.«*

Eine weitere angebliche Wohltat der Kolonisator*innen ist die Entwicklung des Nationalismus in Afrika. Hierbei handelt es sich um eine oberflächliche und freche Behauptung, die die zahlreichen afrikanischen Staaten am Vorabend der Kolonisation und die Richtung ihrer Entwicklung völlig ignoriert. Der Nationalismus ist eine bestimmte Form der Einheit, die aus historischer Erfahrung erwächst. Er ist ein Gefühl der Einheit, das soziale Gruppen überkommt, die versuchen, ihre eigene Umwelt zu kontrollieren und versuchen, ihre Erträge gegen andere konkurrierende Gruppen zu verteidigen. Der Nationalstaat sorgt außerdem für Ordnung und Stabilität innerhalb seiner eigenen Grenzen, für gewöhnlich zugunsten einer bestimmten Klasse. All diese Eigenschaften waren in den afrikanischen Staaten des 19. Jahrhunderts, von denen einige viel größer waren, als die von den Europäer*innen willkürlich abgesteckten Kolonien, bereits vorhanden.

Es stimmt, dass der heutige afrikanische Nationalismus die besondere Form der Übernahme der von den Imperialisten gezogenen Grenzen angenommen hat. Das war eine unvermeidliche Konsequenz der Tatsache, dass der Kampf um die Wiedererlangung der afrikanischen Unabhängigkeit durch den Verwaltungsrahmen der jeweiligen Kolonien beeinflusst war. Es zeugt jedoch von einer groben Unkenntnis der afrikanischen Vergangenheit, wenn man behauptet, der Kolonialismus habe Afrika durch Nationalstaaten politisch modernisiert, vor allem, wenn man damit unterstellt, dass ein solches Maß an politischer Organisation und Stabilität andernfalls unmöglich gewesen wäre.

Eine Behauptung der Kolonisator*innen, die zumindest einen Hauch von Plausibilität aufweist, ist, dass Kapitalismus und Kolonialherrschaft für die Afrikaner*innen größere individuelle Freiheit bedeuteten. Junge Männer, die Löhne verdienten oder Personen, die für Geld Landwirtschaft betrieben, machten sich damit unabhängig von den gemeinsamen Bedürfnissen ihrer Familien. Es lässt sich darüber streiten, inwieweit das ein lohnendes Phänomen war, aber man könnte sagen, dass es in etwa mit der Art und Weise vergleichbar ist, in der der Kapitalismus das Individuum in Europa von den Zwängen der Feudalgesellschaft und von den Fesseln befreit hat, die von moralisch selbstgerechten Menschen auferlegt wurden. Doch wenn eine Afrikanerin oder ein Afrikaner sich von den lästigen Verpflichtungen der Großfamilie löste, welche Freiheit hatte sie oder er dann gewonnen? Die Auswahl an Alternativen wurde von den Kolonisator*innen vorgegeben und man war nur insoweit »frei«, als man an der Geldwirtschaft und in den niedersten und unkreativsten Bereichen des europäisch orientierten Kultursektors teilnehmen konnte.

Es gibt eine verständnisvollere Schule von Afrikahistoriker*innen, die behaupten, dass die Initiative der Afrikaner*innen unterschätzt wird, wenn man den Kolonialismus als völlig negatives Phänomen betrachtet. Afrikaner*innen, so sagen sie, traten mutig in den Arbeitsmarkt ein, betätigten sich im Anbau von Marktfrüchten, in einigen Fällen im Handel, im Bildungsbereich und in den Kirchen. Das waren allerdings nur *Reaktionen* (wenn auch eifrige) auf die Optionen, die ihnen die die Kolonialist*innen anboten. Wirkliche historische Initiative eines ganzen Volkes oder von Individuen, erfordert, dass diese die Macht haben, die *Richtung* zu bestimmen, in die sie gehen wollen. Der letztgenannte Aspekt musste noch bis in die 1960er–Jahre warten.

Innerhalb jedes Gesellschaftssystems finden die Unterdrückten eigene Freiräume. In den Sklav*innenregimen Amerikas und der Westindischen Inseln beispielsweise, fanden die Afrikaner*innen Wege und Mittel, sich kleine Vorteile zu verschaffen. Sie schmeichelten und »beschwatzten« ihre Herr*innen, die so arrogant und engstirnig waren, dass sie sich leicht übertölpeln ließen. Im Kolonialismus spielten viele Afrikaner*innen ein ähnliches Spiel, um das zu sichern, was sie konnten. Afrikaner*innen, die Positionen als Dolmetscher*in, bei der Polizei oder bei Gericht innehatten, fanden Wege, ihren Willen gegenüber den herrschenden Europäer*innen durchzusetzen. Das sollte allerdings nicht mit Macht oder politischer Teilnahme oder der Ausübung individueller Freiheit verwechselt werden. Während der Sklaverei lag die Macht in den Händen der Sklavenbesitzer*innen; im Kolonialismus lag sie in den Händen der Kolonisator*innen. Der Verlust der Macht der verschiedenen afrikanischen Staaten bedeutete einen Verlust an Freiheit für jedes Individuum.

Der Kolonialismus war aus Sicht der Kolonialisierten eine Negation der Freiheit. Selbst in quantitativer Hinsicht konnte er den Afrikaner*innen keine moderne politische Befreiung bringen, die mit dem wenigen vergleichbar wäre, was der Kapitalismus als Verbesserung gegenüber dem Feudalismus erreicht hatte. Unter politischen Gesichtspunkten beinhaltete der Kapitalismus in den Metropolen Verfassungen, Parlamente und Pressefreiheit. Alle diese Dinge waren auf die europäische Arbeiter*innenklasse beschränkt, aber sie existierten in den Metropolen in der ein oder anderen Form seit dem Amerikanischen Unabhängigkeitskrieg und der Französischen Revolution. Aber Jules Ferry, ein früherer französischer Kolonialminister, erklärte, dass die Französische Revolution nicht zugunsten der Schwarzen in Afrika erkämpft wurde. Die Freiheit, Gleichheit und Brüderlichkeit der Bourgeoisie waren nicht für kolonisierte Untertan*innen gedacht. Die Menschen Afrikas mussten sich mit Bayonetten, Demonstrationsgesetzen und Kanonenbooten zufrieden geben.

Negativer Charakter, oder die sozialen, politischen und ökonomischen Konsequenzen

Die Diskussion zielte bisher darauf ab, aufzuzeigen, dass die Vorzüge des Kolonialismus gering und keine Geschenke der Kolonisator*innen waren, sondern zum größten Teil die Früchte afrikanischer Arbeit und Ressourcen. Tatsächlich war das, was die Kolonisator*innen *»die Entwicklung Afrikas«* nannten, nur eine zynische Kurzform für *»die Intensivierung der kolonialen Ausbeutung in Afrika zur Entwicklung des kapitalistischen Europas.«* Die Analyse ging darüber hinaus, um zu zeigen, dass eine Vielzahl falscher Behauptungen aufgestellt wurden, die angeblich zeigen, dass Europa Afrika entwickelte, indem es Letzterem gesellschaftliche Ordnung, Nationalismus und wirtschaftliche Modernisierung brachte. Allerdings würde all das noch nicht den Schluss rechtfertigen, dass der Kolonialismus negative Auswirkungen auf die Entwicklung Afrikas hatte. Mit der Behauptung, der Kolonialismus sei abträglich gewesen, soll die Aufmerksamkeit auf die Art und Weise gelenkt werden, in der die frühere Entwicklung Afrikas gebremst, gestoppt und zurückgedreht wurde. Anstelle dieser Unterbrechung und Blockade wurde nichts von kompensatorischem Wert eingeführt.

Die Kolonisation Afrikas dauerte in den meisten Teilen des Kontinents nur etwas mehr als 70 Jahre. Im Kontext der allgemeinen historischen Entwicklung ist das ein äußerst kurzer Zeitraum. Doch gerade in diesen Jahren war das Tempo der Veränderungen in anderen Teilen der Welt größer als je zuvor. Wie wir gesehen haben, revolutionierten die kapitalistischen Länder ihre Technologie, um in das Atomzeitalter einzutreten. Währenddessen wurde der Sozialismus eingeführt, der das semifeudale und semikapitalistische Russland auf ein Niveau anhaltenden Wachstums hob, das kein kapitalistischer Staat je erreicht hatte. Der Sozialismus leistete dasselbe für China und Nordkorea – er garantierte die Wohlfahrt und die Unabhängigkeit des Staates und reorganisierte die internen gesellschaftlichen Strukturen in weitaus dramatischerer Weise als jemals zuvor. An diesen entscheidenden Veränderungen müssen die Geschehnisse in Afrika gemessen werden. Zeit verstreichen zu lassen oder auch nur sich langsam zu bewegen, während andere große Sprünge nach vorne machen, entspricht praktisch einer Rückwärtsbewegung. Relativ zu seinen Kolonisator*innen geriet Afrika im politischen, wirtschaftlichen und militärischen Bereich immer mehr ins Hintertreffen.

Dass die kurze Zeit des Kolonialismus so entscheidend war und seine Folgen so negativ ausfielen, liegt vor allem daran, dass Afrika an Macht einbüßte. Macht ist die wichtigste Determinante in der menschlichen Gesellschaft, da sie für alle Beziehungen innerhalb einer Gruppe und zwischen Gruppen grundlegend ist. Sie impliziert die Fähigkeit, die eigenen Interessen zu beschützen und, falls nötig, jemand anderem den eigenen Willen mit allen zur Verfügung stehenden Mitteln aufzuzwingen. In den Beziehungen zwischen den Völkern bestimmt die Machtfrage die Verhandlungsfähigkeit, das Ausmaß, in dem ein Volk die Interessen eines anderen respektiert und schließlich das Ausmaß, in dem ein Volk als physische und kulturelle Einheit überlebt. Wenn sich eine Gesellschaft gezwungen sieht, sich einer anderen Gesellschaft völlig auszuliefern, dann ist das allein bereits eine Form der Unterentwicklung

Während den Jahrhunderten des vorkolonialen Handels, konnte sich Afrika, trotz der nachteiligen Handelsbeziehungen mit Europa, zumindest etwas Kontrolle über das gesellschaftliche, politische und wirtschaftliche Leben bewahren. Dieses kleine Maß an Kontrolle über die internen Angelegenheiten verschwand im Kolonialismus. Der Kolonialismus ging viel weiter als der Handel. Er bedeutete eine Tendenz zur direkten Aneignung der sozialen Institutionen Afrikas durch die Europäer*innen. Afrikaner*innen hörten auf, eigenen kulturelle Ziele und Standards zu setzen und verloren die Kontrolle darüber, die jungen Mitglieder ihrer Gesellschaft zu erziehen. Dabei handelte es sich zweifellos um große Rückschritte.

Der Tunesier Albert Memmi stellt dazu folgenden These auf:

> *»Der schwerste Schlag, der die Kolonialisierten traf, war der, von der Geschichte und der Gemeinschaft abgeschnitten zu werden. Die Kolonialisation besetzt jede freie Rolle, sowohl im Frieden als auch im Krieg; sie übernimmt jede Entscheidung über ihr Schicksal und das der Welt und die gesamte kulturelle und gesellschaftliche Verantwortung.«*

So generalisierend diese Behauptung erscheinen mag, ist sie doch vollkommen wahr. Die Trennung von der Geschichte folgt logisch aus dem Verlust der Macht, den der Kolonialismus darstellte. Die Macht, unabhängig zu handeln, ist die Garantie dafür, aktiv und bewusst an der Geschichte teilzunehmen. Kolonialisiert zu werden, bedeutet, in der Geschichte nur noch die passivste Rolle zu übernehmen. Ein eindrucksvolles Beispiel für die Tatsache, dass Kolonialafrika ein passives Objekt war, bietet der Umstand, dass es für weiße Anthropolog*innen ein attraktives Ziel für das Studium »primitiver« Gesellschaften darstellte. Der Kolonialismus entschied, dass Afrikaner*innen die Geschichte genauso wenig aktiv beeinflussten wie z. B. irgendwelche Käfer – Objekte, die man unter dem Mikroskop betrachtete und auf ungewöhnliche Merkmale hin untersuchte.

Die negativen Auswirkungen des Kolonialismus auf politische Angelegenheiten war ziemlich dramatisch. Afrikanische Staaten verloren über Nacht ihre Macht, Unabhängigkeit und ihre Bedeutung – egal, ob sie vorher große Reiche oder kleine Stadtstaaten waren. Einige traditionelle Herrscher*innen blieben im Amt und die formale Struktur einiger Königreiche wurde teilweise beibehalten, aber die Substanz des politischen Lebens war völlig verändert. Die politische Gewalt ging über in die Hände ausländischer Herrscher. Natürlich hatten schon in früheren Jahrhunderten zahlreiche afrikanische Staaten den Zyklus von Aufstieg und Niedergang durchlaufen. Aber die Kolonialherrschaft war anders. So lange sie andauerte, konnte kein afrikanischer Staat gedeihen.

Konkret ist festzustellen, dass der Kolonialismus die überlebenden Feudalstaaten Nordafrikas gewaltsam zerschlug; dass die Franzos*innen die großen muslimischen Staaten des Westsudan sowie Dahomey und die Königreiche in Madagaskar auslöschten; dass die Brit*innen Ägypten, den mahdistischen Sudan, Aschanti, Benin, die Yoruba-Königreiche, Swasiland, Matabeleland, die Lozi und die ostafrikanischen Reiche des Zwischenseengebietes als große Staaten ausschalteten. Des Weiteren sollte festgehalten werden, dass eine Vielzahl kleinerer und wachsender Staaten von den Belgier*innen, Portugies*innen, Brit*innen, Franzos*innen, Deutschen, Spanier*innen und Italiener*innen vom Angesicht Afrikas getilgt wurden. Letzten Endes waren die, die dem Anschein nach überlebten, nichts anderes als Marionettenstaaten. So wurde der Sultan von Marokko unter der 1912 begonnenen Kolonialherrschaft nominell beibehalten und dasselbe galt für den Bey von Tunis, aber Marokko und Tunesien standen ebenso unter der Macht der französischen Kolonialverwalter wie das benachbarte Algerien, wo die feudalen Herrscher gänzlich beseitigt wurden.

Manchmal handelte es sich bei den afrikanischen Herrschern, die auserwählt wurden, um als Verwalter der Kolonialregierung zu dienen, ganz offensichtlich um Marionetten. Die Franzos*innen und Portugies*innen hatten die Gewohnheit, ihre eigenen afrikanischen »Häuptlinge« auszuwählen, die Brit*innen gingen nach Igboland und erfanden »bevollmächtigte Häuptlinge« und sämtliche Kolonialmächte hielten es für angebracht, »übergestellte« oder »höchste« Herrscher zu etablieren. Sehr häufig verachtete die örtliche Bevölkerung solche kolonialen Handlanger. Es gab traditionelle Herrscher wie den Sultan von Sokoto, den Kabaka von Buganda und den Asantehene von Aschanti, die in den Augen der Afrikaner*innen ein hohes Ansehen genossen. Allerdings hatten diese keine Macht, außerhalb der engen Grenzen zu handeln, die ihnen der Kolonialismus gesetzt hatte, ohne sich als »Gäste der Regierung Seiner Majestät« auf den Seychellen wiederzufinden.

Man kann so weit gehen, zu sagen, dass die Kolonialherrschaft die faktische Auslöschung der politischen Macht Afrikas auf dem gesamten Kontinent bedeutete, da Liberia und Äthiopien im Rahmen des kontinentalen Kolonialismus nicht mehr als unabhängige Staaten funktionieren konnten. Insbesondere Liberia musste sich dem politischen, wirtschaftlichen und militärischen Druck aus dem Ausland in einer Weise beugen, die kein wirklich unabhängiger Staat hätte akzeptieren können; und obwohl Äthiopien bis 1936 standhaft blieb, waren die meisten kapitalistischen Nationen Europas nicht geneigt, es als souveränen Staat zu behandeln, vor allem weil es afrikanisch war und Afrikaner*innen als koloniale Untertan*innen betrachtet wurden.

Der Stillstand der politischen Entwicklung in Afrika weist einige Merkmale auf, die erst nach sorgfältiger Untersuchung und nach Abnahme der Scheuklappen, die die Kolonialmächte ihren Untertan*innen aufgesetzt hatten, gewürdigt werden können. Ein interessantes Beispiel ist das der Rolle der Frau in der Gesellschaft. Bis heute hat es die kapitalistische Gesellschaft nicht geschafft, die Ungleichheit zwischen Mann und Frau zu beseitigen, die bis zum Sozialismus in allen Produktionsweisen fest verwurzelt war. Die Kolonisator*innen Afrikas legten, was die Schulbildung für Frauen und deren Emanzipation anging, gelegentlich Lippenbekenntnisse ab. Objektiv verschlechterte sich aufgrund der Kolonialherrschaft der Status der Frauen allerdings.

Eine realistische Einschätzung der Rolle der Frau im unabhängigen Afrika vor der Kolonialzeit, zeigt zwei gegensätzliche, aber miteinander verknüpfte Tendenzen. Zuerst einmal beuteten Männer Frauen durch polygame Arrangements aus, die darauf ausgelegt waren, sich die Arbeitskraft der Frauen zunutze zu machen. Wie immer ging die Ausbeutung mit Unterdrückung einher und es gibt Belege dafür, dass Frauen manchmal behandelt wurden wie Lasttiere, wie beispielsweise in den muslimischen Gesellschaften Afrikas. Es gab allerdings in allen afrikanischen Gesellschaften in variierendem Grade auch eine gegenläufige Tendenz, die Würde der Frauen sicherzustellen. Das Mutterrecht war in den afrikanischen Gesellschaften weit verbreitet und bestimmte Frauen besaßen eine Reihe von Privilegien, die auf der Tatsache beruhten, dass sie den Schlüssel zum Erbe darstellten.

Noch wichtiger ist, dass einige Frauen über echte politische Macht verfügten, die sie entweder über die Religion oder direkt innerhalb des politisch-konstitutionellen Apparats ausübten. In Mosambik wurde die Witwe eines Nguni-Königs zur Priesterin des Schreins, der in der Grabstätte ihres verstorbenen Mannes errichtet worden war und der regierende König musste sie in allen wichtigen Angelegenheiten konsultieren. In einigen Fällen waren Frauen sogar Staatsoberhäupter. Unter den Lovedu in Transvaal war die Regenkönigin eine Schlüsselfigur, die sowohl politische als auch religiöse Funktionen übernahm. Die bedeutende Rolle für Frauen, auf die man am häufigsten stieß, war die der

»Königinmutter« oder »Königinschwester.« In der Praxis war dieser Posten von einer Frau königlicher Abstammung besetzt, die die Mutter, Schwester oder Tante des herrschenden Königs in Gegenden wie Mali, Aschanti und Buganda war. Ihr Einfluss war bedeutend und es kam vor, dass die »Königinmutter« die wahre Herrscherin war und der männliche König eine bloße Marionette.

Was afrikanischen Frauen nun im Kolonialismus geschah, war, dass ihre gesellschaftlichen, religiösen, gesetzesmäßigen und politischen Privilegien und Rechte verschwanden, während ihre wirtschaftliche Ausbeutung anhielt und oftmals intensiviert wurde. Sie wurde intensiviert, weil die Arbeitsteilung nach Geschlecht häufig gestört wurde. Traditionell verrichteten in Afrika Männer neben dem Kriegshandwerk und der Jagd auch die schweren Arbeiten, wie das Fällen von Bäumen, das Urbarmachen von Land und das Bauen von Häusern. Als sie ihre Höfe verlassen mussten, um Arbeit zu suchen, blieben die Frauen zurück, zusammen mit allen Arbeiten, die für ihr eigenes Überleben, das der Kinder und – was die Lebensmittel anbelangte – auch das der Männer, notwendig waren. Da Männer leichter und in größerer Zahl als Frauen in den Lohnarbeitssektor eintraten, wurde die Arbeit der Frauen im neuen Wertesystem des Kolonialismus der Arbeit der Männer weit untergeordnet: Die Arbeit der Männer war »modern« und die der Frauen »traditionell« und »rückständig.« Die Verschlechterung des Status der afrikanischen Frauen war daher mit dem Verlust des Rechts verbunden, selbst zu bestimmen, welche Arbeit von Wert ist und welche nicht.

Eine der wichtigsten Erscheinungsformen des historischen Stillstands und der Stagnation im kolonialen Afrika ist das, was gemeinhin unter dem Begriff »Tribalismus« zusammengefasst wird. Unter diesem Begriff wird in seinem gewöhnlichen journalistischen Kontext verstanden, dass die grundlegende Loyalität der Afrikaner*innen nicht ihrem Staat, sondern ihrem Stamm gilt und dass jeder Stamm eine fundamentale Feindseligkeit gegenüber anderen Stämmen *beibehält*. Die Beispiele, die von der kapitalistischen Presse und der bürgerlichen Forschung bevorzugt herangezogen werden, sind die des Kongo und die Nigerias. Aus ihren Berichten geht hervor, dass die Europäer*innen versuchten, aus den kongolesischen und nigerianischen Völkern eine Nation zu machen, was aber scheiterte, weil die verschiedenen Stämme ihren jahrhundertealten Hass aufrechterhielten und die Eingeborenen, sobald die Kolonialmacht sich zurückzog, *wieder* daran gingen, sich gegenseitig umzubringen. Dieses Phänomen bezeichnen Europäer*innen oftmals mit dem Wort »Atavismus«, um anzudeuten, das die Afrikaner*innen wieder zu ihrer primitiven Wildheit zurückkehrten.

Selbst eine oberflächliche Betrachtung der Vergangenheit Afrikas zeigt, dass solche Annahmen das genaue Gegenteil der Wahrheit darstellen.

Es bedarf einer kurzen Erklärung, was mit Stamm eigentlich gemeint ist – einem Begriff, der bisher in dieser Analyse vermieden wurde, teils weil er für gewöhnlich einen abwertenden Beiklang hat und teils wegen seiner Unbestimmtheit und der Ungenauigkeit mit der er in der Literatur über Afrika verwendet wird. Dem Prinzip des Familienlebens folgend, organisierten sich Afrikaner*innen in Gruppen, die gemeinsame Vorfahren besaßen. Theoretisch war der Stamm die größte Gruppe von Leuten, die für sich die Abstammung von einem gemeinsamen Vorfahren in der fernen Vergangenheit beanspruchten. Generell ließe sich über solch eine Gruppe also sagen, dass sie derselben Ethnie angehörten und dass ihre Sprache größtenteils dieselbe war. Darüber hinaus waren Mitglieder desselben Stammes selten auch Mitglieder derselben politischen Einheit und äußerst selten teilten sie alle dieselben gemeinsamen gesellschaftlichen Ziele in Bezug auf Dinge wie Handel und Kriegsführung. Stattdessen basierten afrikanische Staaten manchmal vollkommen auf einem Teil einer bestimmten ethnischen Gruppe oder (öfter) auf einem Zusammenschluss von Mitgliedern verschiedener ethnischer Gemeinschaften.

Die großen afrikanischen Staaten des 19. Jahrhunderts waren allesamt multiethnisch und dehnten sich beständig aus, was so etwas wie »Stammes«-Loyalität immer mehr zu einem Relikt der Vergangenheit machte und durch Bindungen aufgrund von Nation und Klasse ersetzte. In allen Teilen der Welt ist diese Substituierung rein ethnischer Bindungen durch Bindungen aufgrund von Nation und Klasse allerdings ein langwieriger historischer Prozess; über lange Zeiträume hinweg bleiben immer bestimmte regionale Gruppen von Menschen bestehen, die ihre eigenen engen regionalen Loyalitäten haben, denen verwandtschaftliche, sprachliche und kulturelle Bindungen zugrunde liegen. In Asien erreichten die Feudalstaaten Vietnam und Burma in den Jahrhunderten vor der Kolonialherrschaft ein hohes Maß an nationaler Homogenität. Es gab aber einige »Stämme« oder »Minderheiten«, die außerhalb des Wirkungsbereichs des Nationalstaates und der nationalen Wirtschaft und Kultur blieben.

Zuallererst blockierte der Kolonialismus die weitere Entwicklung der nationalen Solidarität, weil er die einzelnen asiatischen oder afrikanischen Staaten zerstörte, die die Hauptakteure in der Auflösung der fragmentierten Loyalitäten waren. Und weil ethnische und regionale Loyalitäten, die unter den Begriff »Tribalismus« fallen, vom Kolonialstaat nicht wirkungsvoll aufgelöst werden konnten, neigten sie zweitens dazu, auf ungesunde Weise zu gären und zu wachsen.

In der Tat erachteten es die Kolonialmächte manchmal für nützlich, die internen Eifersüchteleien der Stämme anzustacheln, um die Kolonisierten davon abzuhalten, sich mit dem Hauptwiderspruch gegenüber den europäischen Herren zu befassen – die klassische Technik des Teilens und Herrschens. Dies wurde von den Belgier*innen bewusst gefördert; die rassistischen Weißen in Südafrika hatten in den 1950er Jahren einen sorgfältigen Plan ausgearbeitet, um die unterdrückte afrikanische Bevölkerung als Zulu, Xhosa und Sotho zu »entwickeln«, damit der Marsch in Richtung einer breiteren afrikanischen Solidarität auf grundlage von Nationalität und Klasse aufgehalten und umgekehrt werden konnte.

Der Bürgerkrieg in Nigeria wird für gewöhnlich als Stammesangelegenheit betrachtet. Das zu akzeptieren würde allerdings bedeuten, die Definition des Stammes so auszuweiten, dass sie auch Shell und Gulf Oil umfasste! Abgesehen davon muss darauf hingewiesen werden, dass es in der Geschichte des vorkolonialen und unabhängigen Nigerias nirgendwo ein Massaker an Igbos durch Hausas oder irgendeinen anderen Vorfall gab, der darauf hindeutet, dass sich die Menschen vor dem 19. Jahrhundert wegen ihrer ethnischen Herkunft bekämpften. Natürlich gab es Kriege, aber diese hatten eine rationale Wurzel in Handelsrivalitäten, religiösen Überzeugungen und den Konflikten um politische Expansion. Was zu Beginn der neuen Epoche der politischen Unabhängigkeit in Nigeria als Tribalismus bezeichnet wurde, war selbst ein Produkt der Art und Weise, wie man die Menschen im Kolonialismus zusammenbrachte, um sie auszubeuten. Es war das Ergebnis administrativer Maßnahmen, verfestigter regionaler Spaltungen und des unterschiedlichen Zugangs bestimmter ethnischer Gruppen zur kolonialen Wirtschaft und Kultur.

Sowohl Uganda als auch Kenia in Ostafrika befinden sich in einer Situation, in der ein angeblich aus dem Stammeswesen herrührender Grund eine herausragende Rolle spielt. Es besteht kein Zweifel, dass die Existenz des Buganda-Königreichs innerhalb des unabhängigen Uganda gewisse Probleme mit sich bringen würde. Aber selbst wenn man auf die Baganda fälschlicherweise die Definition eines Stammes anwendet, so bleibt das Buganda-Problem immer noch ein Problem des Kolonialismus. Es erwuchs aus der Anwesenheit der Missionar*innen und der Brit*innen, durch die britische Landnahme (Mailo) in Uganda im Jahr 1900 und daraus, dass Großbritannien die herrschende Klasse der Baganda als »Sub-Imperialist*innen« innerhalb der Kolonie Uganda gebrauchte.

Das Kolonialsystem in Kenia unterschied sich aufgrund der Anwesenheit weißer Siedler*innen von demjenigen in Uganda. Keine afrikanische Gruppe durfte Unteroffiziere für das Kolonialamt stellen, da die weißen Siedler*innen selbst diese Funktion ausübten. Die weißen Siedler*innen nahmen sich das beste Land und versuchten dann, mit afrikanischer Arbeit eine neue Welt zu erschaffen. Die afrikanische Gemeinde, die gleich außerhalb des Sektors der weißen Siedler*innen lag, wurde allerdings nach Stammesprinzipien reguliert. Eine der zahlreichen königlichen Kommissionen des britischen Kolonialismus veröffentlichte 1934 einen Bericht über Kenia. Ein zeitgenössischer Historiker kommentierte den Bericht folgendermaßen:

> *»Nach den Empfehlungen der Kommission, die von der britischen Regierung angenommen wurden, soll Kenia in zwei nach Rasse getrennte Blöcke aufgeteilt werden – einen afrikanischen und einen europäischen. Im afrikanischen Sektor sollen alle wirtschaftlichen, sozialen und politischen Entwicklungen entlang Stammesprinzipien verlaufen. Der Rassismus wurde somit institutionalisiert.«*

Die menschliche Aktivität in kleinen Gruppen, die nur durch verwandtschaftliche Beziehungen wie den Stamm verbunden sind, ist eine Durchgangsphase, die alle Kontinente im Stadium des Kommunalismus durchlaufen haben. Als sie in Afrika aufhörte, eine Durchgangsphase zu sein und institutionalisiert wurde, geschah das, weil der Kolonialismus die afrikanische Entwicklung unterbrach. Das meinte Memmi, als er davon sprach, dass die Menschen Afrikas von der Geschichte abgeschnitten wurden. Revolutionäre afrikanische Denker wie Frantz Fanon und Amilcar Cabral brachten dieselbe Meinung auf etwas andere Art zum Ausdruck, als sie davon sprachen, dass der Kolonialismus die Afrikaner*innen zu *Objekten der Geschichte* machte. Wie die afrikanischen Sklav*innen der vorkolonialen Zeit wurden die kolonialisierten Afrikaner*innen in Positionen gepresst, die europäischen Interessen entgegen kamen und für den afrikanischen Kontinent und seine Völker schädlich waren. Im Folgenden sollen einige weitere sozioökonomische Auswirkungen dieser Situation untersucht werden.

Der vorkoloniale Handel trat einen Trend der Auflösung der afrikanischen Wirtschaft und der technologischen Verarmung los. Die Kolonialherrschaft hat diesen Trend noch beschleunigt. Eine Geschichte, die häufig erzählt wird, ist die, dass man, um einen Anruf von Accra in der britischen Kolonie der Goldküste nach Abidjan in der angrenzenden französischen Kolonie der Elfenbeinküste zu tätigen, erst mit einer Telefonistin in London verbunden werden musste, die einen dann mit einer Telefonistin in Paris verband, die eine Leitung nach Abidjan anbieten konnte. Daran ließ sich sehen, dass die Wirtschaft der Goldküste in die britische Wirtschaft und die Wirtschaft der Elfenbeinküste in die französische Wirtschaft integriert war, während aneinander angrenzende afrikanische Kolonien wenige bis gar keine wirtschaftlichen Beziehungen hatten. Der folgende Schluss, zu dem die Wirtschaftskommission der Vereinten Nationen für Afrika 1959 gelangte, bringt es direkt auf den Punkt;

> *»Das herausragendste Merkmal der Verkehrssysteme Afrikas ist die relative Isolation, in der sie sich innerhalb der Grenzen der einzelnen Länder und Gebiete entwickelt haben. Das zeigt der Mangel an Verbindungen zwischen Ländern und Gebieten innerhalb derselben geographischen Teilregion.«*

Ein kleiner Teil des afrikanischen Handels wurde über die Grenzen der Kolonien hinweg weitergeführt. So ist beispielsweise der jahrhundertealte Handel mit Kolanüssen und Gold aus den Wäldern Westafrikas nach Nordafrika nie ganz zum Erliegen gekommen. Außerdem entwickelten sich neue Formen afrikanischen Handels, insbesondere im Hinblick auf die Lieferung von Nahrungsmitteln in Städte oder Gebiete, in denen Marktfrüchte angebaut wurden und in denen ein Mangel an Nahrungsmitteln herrschte. Diese Art des Handels konnte sich vollständig auf eine Kolonie beschränken oder aber über koloniale Grenzen hinweg betrieben werden. Die gesamte Energie, die in den Ausbau des innerafrikanischen Handels floss, war jedoch im Vergleich zum exportorientierten Handel äußerst gering. Da dieser innerafrikanische Handel den Europäer*innen keine Vorteile brachte, wurde er von ihnen nicht gefördert und bis zum Ende der Kolonialzeit wurden nur 10 Prozent des afrikanischen Handels intern abgewickelt.

Es ist auch erwähnenswert, dass Afrika die Möglichkeit verwehrt wurde, gesunde Handelsbeziehungen mit anderen Teilen der Welt abseits von Europa und Nordamerika aufzubauen. Etwas Handel wurde noch über den Indischen Ozean getrieben, aber insgesamt kann man sagen, dass die Straßen in Afrika zu den Seehäfen führten und die Seewege nach Westeuropa und Nordamerika. Diese Einseitigkeit ist heute Teil des Systems der Unterentwicklung und der Abhängigkeit.

Die schädlichen Auswirkungen des Kapitalismus auf die afrikanische Technologie ist in der Kolonialzeit noch deutlicher erkennbar als in den früheren Jahrhunderten. Trotz des Sklav*innenhandels und der Einfuhr europäischer Güter hatten die meisten afrikanischen Handwerksindustrien zu Beginn der Kolonialzeit noch Lebenskraft. Sie waren technologisch nicht vorangeschritten und hatten sich nicht vergrößert, aber sie hatten überlebt. Die Massenproduktion der jüngeren Phase des Kapitalismus hat die afrikanischen Industrien wie die Tuch-, Salz-, Seifen- und Eisenindustrie und sogar die Töpferei praktisch ausgelöscht.

In Nordafrika hatte das Kunsthandwerk vor der Kolonialisierung die größten Fortschritte aufzuweisen - von der Messing- bis zur Wollindustrie. Wie in den Städten des feudalen Europa blühten in algerischen Städten wie Oran, Constantine, Algier und Tlemcen die Handwerksbetriebe. Aber der französische Kolonialismus zerstörte die Handwerksindustrien und warf Tausende aufs Pflaster. Das Gleiche war in Europa selbst geschehen, als neue Maschinen Handwerker*innen in Orten wie Lancashire und Lyon arbeitslos machten, aber in diesem Fall wurden die neuen Maschinen zur Grundlage der vorherrschenden Produktionsweise und ehemals unabhängige Handwerker*innen kehrten als Proletarier*innen in die Fabriken zurück, um andere Fähigkeiten zu erlernen und die Produktionskapazität ihrer Gesellschaft zu erweitern. In Afrika kam es einfach nur zur entschädigungslosen Zerstörung. Als die politische Unabhängigkeit errungen wurde, war die überlebende Handwerkskunst darauf ausgerichtet, Tourist*innen anzuziehen, anstatt die realen Bedürfnisse der afrikanischen Bevölkerung zu erfüllen.

Wie im Falle des europäischen Sklav*innenhandels ist die Zerstörung der Technologie durch den Kolonialismus auf die Hindernisse zurückzuführen, die dem afrikanischen Unternehmungsgeist in den Weg gelegt wurden. Die große Mehrheit der Afrikaner*innen, die es in die koloniale Geldwirtschaft zog, stellten einfach nur körperliche Arbeit zur Verfügung, die statt dem Forschungsgeist eher die Transpiration anregte. Afrikaner*innen, die im Handelssektor beschäftigt waren, waren in einigen Fällen bedingt erfolgreich. Der Ideenreichtum westafrikanischer Marktfrauen ist weithin bekannt, wurde aber nur für belanglose Zwecke eingespannt. Das Problem, das sich Kapitalisten und Arbeiter*innen in Europa bei der Herstellung von Insektiziden aus afrikanischem Pyrethrum stellte, erforderte, dass der Ideenreichtum in eine technische Richtung gelenkt wurde. Aber das Problem, mit dem sich eine afrikanische Marktfrau durch die Notwendigkeit konfrontiert sah, auf jede Konserve importierter Sardinen einen Penny mehr Profit zu machen, wurde manchmal durch den Einsatz von etwas mehr Nachdruck, manchmal mit einer Prise Unehrlichkeit und manchmal unter Zuhilfenahme von »juju«[185] gelöst.

Der Kolonialismus brachte die afrikanischen Arbeiter*innen dazu, das Verfahren der Eisengewinnung aus dem Boden aufzugeben und sich stattdessen

185 Westafrikanisches Glaubenssystem, unter Zuhilfenahme des Zaubers sollten u.a. verschiedene Parteien zum Abschluss eines Geschäfts gebracht werden. [Anm. d. Red.]

darauf zu konzentrieren, aus Europa importierten Metallschrott zu verarbeiten. Die einzige Kompensation für diese Unterbrechung wäre die Bereitstellung moderner Technik zur Gewinnung und Verarbeitung von Eisen gewesen. Diese Technik wurde Afrika aufgrund der internationalen Arbeitsteilung des Imperialismus allerdings vorenthalten. Wie bereits gesehen, wurde die Nicht-Industrialisierung Afrikas nicht dem Zufall überlassen. Sie wurde mit Absicht erzwungen, indem der Transfer von Maschinen und Wissen, der zu dieser Zeit Konkurrenz für die europäische Industrie bedeutet hätte, unterbunden wurde.

In der Zeit der afrikanischen Entwicklung, die dem Kolonialismus voran ging, schritten einige Gebiete schneller voran als andere und bildeten die Keimzellen für das Wachstum auf breiter regionaler Basis. Das nördliche Nigeria war eines davon und versank während der Kolonialzeit praktisch in Tiefschlaf. Die Brit*innen schnitten es vom Rest der muslimischen Welt ab und fossilisierten Nigerias Gesellschaftsverhältnisse, sodass die Leibeigenen keine Veränderungen zu Lasten der herrschenden Aristokratie mehr erreichen konnten.

Auf allen Kontinenten und innerhalb der Nationalstaaten waren einige Merkmale des Wachstums immer bedeutender als andere und boten so dem Rest der Gesellschaft einen Vorsprung. In der feudalen Gesellschaft Europas übernahmen Städte diese Rolle, während die elektrische Industrie ein Beispiel für einen ähnlichen Entwicklungsmotor in den kapitalistischen Gesellschaften der Kolonialmächte in den ersten Jahrzehnten dieses Jahrhunderts darstellten. Der Kolonialismus lieferte Afrika keine wirklichen Wachstumsansätze. Eine Kolonialstadt in Afrika war im Wesentlichen eher ein Verwaltungs- als ein Industriezentrum. Die Städte zogen zwar eine große Anzahl an Afrikaner*innen an – aber nur, um ihnen ein sehr prekäres Leben auf der Grundlage ungelernter und unregelmäßiger Beschäftigung anzubieten. Zwar hatten europäische Städte Slums, aber das Elend der Städte in unterentwickelten Ländern ist ein spezielles Phänomen. Es war eine Konsequenz der Unfähigkeit dieser Städte, die Rolle der Erweiterung der Produktionsbasis zu übernehmen. Glücklicherweise war es um Afrika in dieser Hinsicht nie ganz so schlecht bestellt wie um Asien und Lateinamerika.

Anstatt das Wachstum zu beschleunigen, beschleunigten koloniale Aktivitäten wie der Bergbau und der Anbau von Marktfrüchten den Verfall des »traditionellen« afrikanischen Lebens. In vielen Teilen des Kontinents wurden wesentliche Aspekte der Kultur negativ beeinflusst, nichts Besseres folgte nach und alles was übrig blieb war eine leblose Hülle. Die kapitalistischen Kräfte hinter dem Kolonialismus waren in erster Linie an der Ausbeutung der Arbeitskräfte interessiert. Selbst in Gebieten, die nicht direkt in die Geldwirtschaft eingebunden waren, wurden die Arbeitskräfte ausgebeutet. Indem man sich diese Arbeit aneignete, vergriff man sich an dem Faktor, der die eigentliche Stütze der Gesellschaft war, denn das »traditionelle« afrikanische Leben war nicht mehr »traditionell«, nachdem man es seiner üblichen Arbeitskräfte und Arbeitsorganisation beraubt hatte.

Während der Kolonialzeit, erschienen in Zentral- und Südafrika viele dünn besiedelte Dörfer, in denen Frauen, Kinder und alte Männern lebten. Sie betrieben Subsistenzlandwirtschaft, die nicht produktiv genug war und die Kolonisator*innen stellten sie den Gebieten gegenüber, in denen Marktfrüchte angebaut wurden und die im Vergleich dazu florierten. Es waren allerdings genau die Auswirkungen des Kolonialismus, die so viele Dörfer verlassen und dem Hunger ausgesetzt hinterließen, da die arbeitsfähigen Männer abgewandert waren, um woanders eine Anstellung zu finden. Von keinem Gebiet, das seiner arbeitenden Bevölkerung beraubt wurde, konnte erwartet werden, dass es sich weiterentwickeln würde.

Einige Orte innerhalb verschiedener Kolonien waren ausreichend weit von den Städten und der Kolonialverwaltung entfernt, um weder Marktfrüchte anbauen noch Arbeitskräfte zur Verfügung stellen zu müssen. Im südlichen Sudan beispielsweise gab es Menschen, die weiterhin ein Leben führten, das dem früherer Jahrhunderte nicht unähnlich war. Doch selbst für solche traditionellen afrikanischen Gesellschaften gab es keinen Spielraum mehr, um sich weiterzuentwickeln. Sie waren durch den Einfluss der Kolonialmächte auf den Rest des Kontinents isoliert. Sie konnten nicht mit anderen Teilen Afrikas interagieren. Sie waren dem immer weiteren Vordringen der Geldwirtschaft ausgeliefert und wurden immer mehr als historische Relikte betrachtet. Das klassische Beispiel dieses Typs gehemmter historischer Entwicklung findet sich in den Vereinigten Staaten, wo die amerikanischen Ureinwohner*innen, die den von den Weißen verübten Massenmord überlebt hatten, in Reservate eingepfercht und zur Stagnation verdammt wurden. Die Indigenen-Reservate in Nordamerika sind lebende Museen, die von weißen Tourist*innen besucht werden, um dort Kuriositäten zu erwerben.

In Südafrika und Rhodesien verfolgte man offen die Politik der »Ureinwohnerreservate.« Innerhalb eines Reservats, war das Hauptproduktionsmittel das Land. Aber die Fläche und die Fruchtbarkeit des zugeteilten Landes waren vollkommen unzureichend, um die Zahl der Afrikaner*innen, die man dorthin trieb, zu ernähren. Die Reservate waren Quellen billiger Arbeitskraft und Abladeplätze für die, die in der Geldwirtschaft des rassistischen Südteils Afrikas keinen Platz hatten. Weiter nördlich gab es keine »Reservate« genannten Gebiete, außer im kolonialen Kenia und in sehr begrenztem Umfang auch in Tanganjika. Aber die Geldwirtschaft verwandelte den traditionellen Sektor stetig zu etwas, das sozial genauso benachteiligt war wie ein Reservat.

Die Geldwirtschaft des Kolonialismus war ein wachsender Sektor. Das lässt sich nicht leugnen. Es wurde allerdings schon darauf hingewiesen, wie begrenzt dieses Wachstum war, wenn man den Kontinent in seiner Gesamtheit betrachtet. Das Wachstum im sogenannten modernen Sektor hatte negative Auswirkungen auf den nichtmonetären Sektor. Es bleibt hervorzuheben, dass das Wachstum in Afrika während des Kolonialismus so beschaffen war, dass es keine Entwicklung darstellte, d.h. es hat die Fähigkeit der Gesellschaft nicht erweitert, mit der natürlichen Umwelt zu interagieren, die Beziehungen zwischen den Mitgliedern der Gesellschaft zu regeln und die Bevölkerung vor externen Kräften zu schützen. Eine solche Aussage wird bereits durch die Unfähigkeit des Kapitalismus, qualifizierte Arbeitskräfte im kolonialen Afrika zu fördern, implizit bestätigt. Ein System, das der Akkumulation von Fähigkeiten im Wege stehen muss, entwickelt nichts und niemanden. Das ist auch in der Art und Weise impliziert, in der Afrika in wirtschaftliche Kompartimente aufgeteilt wurde, die keine Beziehung zueinander hatten, sodass, auch wenn der Umfang der Geschäftstätigkeit innerhalb jeder aufgeteilten Kolonie zunahm, es keine Entwicklung gab, die mit der vergleichbar war, die die verschiedenen Bundesstaaten der USA miteinander verband.

In jüngerer Zeit haben Ökonom*innen im kolonialen und post-kolonialen Afrika ein Muster erkannt, dass »Wachstum ohne Entwicklung« genannt wurde. Diese Formulierung erschien nun bereits als Titel von Büchern über Liberia und die Elfenbeinküste. Es bedeutet, dass Güter und Dienstleistungen eines bestimmten Typs zunehmen. Es mag sein, dass mehr Kautschuk und Kaffee exportiert wird, von den Einnahmen mögen mehr Autos importiert werden und es mag auch sein, dass mehr Tankstellen gebaut werden, um diese Autos zu betanken. Aber die Profite gehen ins Ausland und die Wirtschaft wird immer abhängiger von den Metropolen. In keiner afrikanischen Kolonie kam es zu einer wirtschaftlichen Integration oder wurden Vorkehrungen getroffen, um die Wirtschaft selbständig zu machen und auf die eigenen Bedürfnisse vor Ort auszurichten. Daher wuchs der so genannte Enklaven-Import-Export-Sektor, aber das einzige, was sich entwickelte, waren Abhängigkeit und Unterentwicklung.

Eine weitere Erkenntnis des Wachstums ohne Entwicklung im Kolonialismus war die übermäßige Abhängigkeit von einem oder zwei Exportartikeln. Der Begriff »Monokultur« wird verwendet, um diejenigen kolonialen Wirtschaften zu beschreiben, bei denen ein einziges landwirtschaftliches Erzeugnis im Mittelpunkt steht. Liberia war (im Landwirtschaftssektor) eine Monokultur, die von Kautschuk abhängig war, an der Goldküste war es Kakao, in Dahomey und im Südosten Nigerias Palmenerzeugnisse, im Sudan Baumwolle, in Tanganjika Sisal und in Uganda ebenfalls Baumwolle. In Senegal und Gambia waren Erdnüsse für 85 bis 90 Prozent der Geldeinnahmen verantwortlich. Im Endeffekt verlangte man von zwei afrikanischen Kolonien, dass sie nichts anderes anbauten als Erdnüsse!

Jedes Ackerbau treibende Volk besitzt ein Grundnahrungsmittel und eine Vielzahl zusätzlicher Nahrungsmittel als Ergänzung. Historiker*innen, Agrarwissenschaftler*innen und Botaniker*innen haben alle dazu beigetragen, die große Nahrungsmittelvielfalt innerhalb der vorkolonialen Wirtschaft Afrikas aufzuzeigen. Es gab zahlreiche Nutzpflanzen, die auf dem afrikanischen Kontinent domestiziert wurden, es gab einige wild vorkommende Nahrungsmittel (besonders Früchte) und ferner waren die Afrikaner*innen nicht konservativ, wenn es um die Übernahme nützlicher Nahrungsmittelpflanzen asiatischer oder amerikanischer Herkunft ging. Eine diversifizierte Landwirtschaft war Teil der afrikanischen Tradition. Bei der Monokultur handelte es sich um eine Erfindung der Kolonisator*innen.

Diejenigen, die die koloniale Arbeitsteilung rechtfertigen, behaupten, sie sei »natürlich« gewesen und habe die relativen Spezialisierungskapazitäten der Metropolen und der Kolonien berücksichtigt. Europa, Nordamerika und Japan waren in der Lage, sich auf die Industrie und Afrika, sich auf die Landwirtschaft zu spezialisieren. Somit war es ein »Wettbewerbsvorteil« des einen Teils der Welt, dass er Maschinen baute, während der andere sich damit beschäftigte, den Boden einfach mit Hacken zu bearbeiten. Diese Art der arroganten Aufteilung der Welt war nicht neu. Im 15. Jahrhundert wollten die feudalen Monarchien Portugal und Spanien die gesamte Welt für sich und ließen sich vom Papst eine Linie um den Globus ziehen, nach der sie aufgeteilt werden sollte. Aber Großbritannien, Holland und Frankreich waren ganz und gar nicht überzeugt, dass Adam einen letzten Willen hinterlassen hatte, nach dem die Erde an Portugal und Spanien fallen sollte. In gleicher Weise kann man sich fragen, ob es denn ein Testament gibt, laut dem der Gambia-Fluss den Erdnussanbau erben sollte, während der Clyde-Fluss (in Schottland) eine Heimat für den Schiffsbau werden sollte.

An der Monokultur war nichts »natürlich.« Sie war eine Folge imperialistischer Bedürfnisse und Machenschaften, die sich in Gebiete erstreckten, die nominell politisch unabhängig waren. Die Monokultur war ein Merkmal von Regionen, die unter imperiale Herrschaft gefallen waren. Gewisse Länder Lateinamerikas wie Costa Rica und Guatemala wurden von kapitalistischen US-Firmen gezwungen, sich so stark auf den Anbau von Bananen zu konzentrieren, dass sie verächtlich als »Bananenrepubliken« bezeichnet wurden. In Afrika zeitigte diese Konzentration auf eine oder zwei Marktfrüchte für den Verkauf im Ausland viele nachteilige Folgen. Manchmal verdrängten die Marktfrüchte Grundnahrungsmittel – und führten so zu Hungersnöten. In Gambia beispielsweise war vor der Kolonialzeit der Reisanbau weit verbreitet, aber es wurde so viel vom besten Land auf den Erdnussanbau umgestellt, dass im großen Maßstab Reis importiert werden musste um zu verhindern, dass die Hungersnot endemisch wurde. In Aschanti schürte die Konzentration auf Kakao die Ängste vor einer Hungersnot in einer Region, die zuvor für ihre Süßkartoffeln und andere Nahrungsmittel berühmt war.

Die Gefahr der Hungersnot war allerdings nur ein kleiner Nachteil, verglichen mit der extremen Anfälligkeit und Unsicherheit von Monokulturen. Wenn die Nutzpflanzen von internen Faktoren wie Krankheiten betroffen waren, kulminierte dies in einer unglaublichen Katastrophe, wie zum Beispiel an der Goldküste, als der Kakao dort in den 1940er-Jahren von der Swollen-Shoot-Krankheit befallen wurde. Außerdem war der afrikanische Erzeuger*innen aufgrund der (von außen gesteuerten) Preisschwankungen den kapitalistischen Manövern stets hilflos ausgeliefert.

Aus kapitalistischer Sicht eigneten sich Monokulturen deshalb am besten, weil sie die kolonialen Ökonomien vollkommen abhängig von den Käufern der Erzeugnisse in den Metropolen machten. Nach dem Ende des europäischen Sklav*innenhandels fühlte sich nur eine Minderheit der Afrikaner*innen dem kapitalistischen Austausch so sehr verpflichtet und so sehr von europäischen Importen abhängig, dass sie die Beziehung zu Europa um jeden Preis fortsetzen wollte. Der Kolonialismus verstärkte die Abhängigkeit Afrikas von Europa hinsichtlich der Anzahl der Personen, die in die Geldwirtschaft eingebunden wurden und hinsichtlich der Anzahl sozioökonomischer Aspekte des afrikanischen Lebens, die ihre Existenz von der Verbindung zur Metropole ableiteten. Es entstand die lächerliche Situation, dass europäische Handelsfirmen, Bergbauunternehmen, Reedereien, Banken, Versicherungsgesellschaften und Plantagen Afrika ausbeuteten und gleichzeitig den Afrikaner*innen das Gefühl gaben, dass ohne diese kapitalistischen Dienstleistungen kein Geld und keine europäischen Waren zu bekommen seien und Afrika deshalb in der Schuld seiner Ausbeuter*innen stehe!

Der Faktor der Abhängigkeit wirkte sich auf jeden Aspekt des Lebens in den Kolonien aus und kann unter den negativen sozialen, politischen und wirtschaftlichen Folgen des Kolonialismus in Afrika als krönendes Vergehen betrachtet werden, das hauptsächlich für die Beibehaltung der kolonialen Beziehung in die Epoche verantwortlich ist, die als Neokolonialismus bezeichnet wird.

Zu guter Letzt muss noch auf eine der wichtigsten Folgen des Kolonialismus für die afrikanische Entwicklung aufmerksam gemacht werden – und das ist die verkümmernde Wirkung auf den Körperbau der Afrikaner*innen als Spezies. Der Kolonialismus schuf Bedingungen, die nicht nur zu regelmäßigen Hungersnöten führten, sondern zu chronischer Mangelernährung und dem physischen Verfall der Menschen Afrikas. Wenn diese Behauptung völlig überzogen klingt, dann nur, weil die bürgerliche Propaganda selbst Afrikaner*innen so konditioniert hat, dass sie glauben, Mangelernährung und Hunger wären seit frühester Zeit das *natürliche* Los der Menschen Afrikas. Ein schwarzes Kind mit transparentem Brustkorb, großem Kopf, aufgeblähtem Bauch, hervorstehenden Augen und spindeldürren Armen und Beinen war das Lieblingsplakat der großen britischen Wohltätigkeitsorganisation namens Oxfam. Das Plakat stellte einen Fall von *kwashiorkor* dar – extremer maligner Unterernährung (Proteinmangel). Oxfam rief die Menschen Europas dazu auf, hungernde afrikanische und asiatische Kinder vor *kwashiorkor* und ähnlichen Krankheiten zu retten. Oxfam belastete ihr Gewissen nie damit, dass Kapitalismus und Kolonialismus den Hunger, das Leiden und das Elend der Kinder überhaupt erst verursacht hatten.

Es gibt eine hervorragende Studie des brasilianischen Wissenschaftlers Josue de Castro über das Phänomen des Hungers in der Welt. Es enthält umfangreiche Daten über die Ernährungs- und Gesundheitsbedingungen der Afrikaner*innen in ihrem unabhängigen vorkolonialen Zustand oder in Gesellschaften, die von kapitalistischen Zwängen unberührt sind und stellt dann Vergleiche zwischen ihnen und den kolonialen Bedingungen an. Die Studie stellt überzeugend dar, dass die afrikanische Ernährung zuvor abwechslungsreicher war, da sie auf einer vielfältigeren Landwirtschaft fußte, als sie im Kolonialismus möglich war. Bezüglich der speziellen Defizite in der Ernährung litten diejenigen Afrikaner*innen am meisten unter dem Kolonialismus, die am weitesten in die koloniale Wirtschaft eingebunden wurden: die städtischen Arbeiter*innen.

Um etwaige Zweifler*innen zufrieden zu stellen, sind im Folgenden einige von de Castros Beobachtungen (gelegentlich durch andere Daten ergänzt) aufgelistet:

(1) Forschende, die die Ernährungssituation »primitiver« Afrikaner*innen im tropischen Afrika untersuchten, sind sich einig, dass diese keine klinischen Anzeichen einer unausgewogenen Ernährung zeigten. Eines der auffälligsten Indizien für die Überlegenheit der Ernährung der afrikanischen Ureinwohner*innen ist der hervorragende Zustand ihrer Zähne. Ein Forscher fand unter sechs ethnischen Gruppen in Kenia nicht einen einzigen Fall von Karies und keine einzige Verformung des Zahnbogens. Aber sobald diese Menschen die »zivilisierte« Ernährung vorgesetzt bekamen, die im Kolonialismus zur Verfügung stand, begannen ihre Zähne sofort zu verfallen.

(2) In Ägypten litten die Bäuer*innen – oder *fellahin* – schon immer an regelmäßig wiederkehrenden Hungersnöten, aber im Kolonialismus verschlimmerte sich dieser Zustand noch einmal zu chronischem Hunger. Das Eingreifen der Brit*innen brachte die Essgewohnheiten der Bäuer*innen aus dem Gleichgewicht; der Vergleich mit früheren Berichten zeigt, dass einst eine viel größere Bandbreite an Hülsenfrüchten und Obst zur Verfügung stand.

(3) Kwashiorkor (die Krankheit, die auf den Oxfam-Plakaten abgebildet war), ist überall da zu beobachten, wo Afrikaner*innen länger mit Europäer*innen in Kontakt kamen. Ein Ausschuss für Ernährung im Kolonialreich stellte fest, dass in Gambia auffallend wenig tierisches Fett und Eiweiß zur Verfügung steht. Der Mangel an hochqualitativem Eiweiß ist eine der Hauptursachen für *kwashiorkor* und auch hier würde ein Vergleich mit dem, was die Europäer*innen seit dem 15. Jahrhundert in Gambia gesehen haben, darauf hindeuten, dass sich nach der Ankunft der Weißen ein Wandel vollzogen hat. In Gambia wurden in früheren Zeiten nicht nur eine Reihe verschiedener Nahrungsmittel angebaut – es war auch ein Land der Viehzucht, in dem beträchtliche Mengen an Fleisch konsumiert wurden. Im 17. und 18. Jahrhundert wurden jährlich Tausende von Rinderhäuten verkauft und die lokale Bevölkerung aß das Fleisch. Wie also konnten sie unter einem Mangel an tierischem Fett leiden!

(4) Studien in Äquatorialafrika enthüllten häufige Anzeichen von Mangelernährung, da Afrikaner*innen, die in den Dienst der Kolonisator*innen traten, keine frischen Nahrungsmittel zur Verfügung standen. Zu den Anzeichen gehörten Beriberi, Rachitis und Skorbut. Rachitis ist eine in gemäßigten Klimazonen typische Krankheit, zu der ungenügendes Sonnenlicht beiträgt. Aber nachdem der Kolonialismus das System der richtigen Nahrungsaufnah-

me im tropischen Afrika so zerstört hatte, reichte selbst die Sonne dort nicht mehr aus, um die Knochen der Kinder gerade zu halten. Skorbut ist so eng mit dem englischen Seemann verbunden, dass er den Spitznamen »Limey« erhielt, weil er Limetten aß, um Skorbut vorzubeugen, wenn er auf langen Seereisen keinen Zugang zu frischen Lebensmitteln hatte. Und dennoch brach während der Kolonialzeit mitten in Tanganjika eine Skorbut-Epidemie aus – unter Arbeiter*innen in den Goldfeldern, deren Löhne und Arbeitsbedingungen es ihnen nicht erlaubten, frische Zitrusfrüchte und andere Nahrungsmittel zu erwerben.

(5) In Südafrika verschoben der Kapitalismus und die Besiedelung durch Weiße die afrikanische Ernährung von Fleisch und Gertreide hin zu einer Abhängigkeit von (Mais-)Mehlspeisen. Pellagra, oder »Saure Haut«, war in Südafrika bis circa 1914 unbekannt. Ab dann wurde es unter den Afrikaner*innen zur Plage, da es von einem Mangel an Milch und Vollkornmehl herrührt.

(6) Ein offizieller Bericht über Basutoland (dem heutigen Lesotho) enthielt Folgendes:

> *»Laut den alteingesessenen Einwohnern sind der Körperbau und die Gesundheit der Basuto heute nicht mehr das, was sie einmal waren. In jedem Dorf, jeder Arzneiausgabe, jeder Schule und jedem Rekrutierungsbüro zeigt sich die Mangelernährung. Leichter Skorbut und subskorbische Zustände sind keine Seltenheit; Pellagra wird immer häufiger und eine geringere Widerstandsfähigkeit gegen Krankheiten immer deutlicher. Es setzt sich auch die Erkenntnis durch, dass das Auftreten von Lepra mit einer falscher Ernährung in Zusammenhang steht.«*

Um das Argument zu untermauern, dass der Kolonialismus eine schädliche Wirkung auf die Afrikaner*in als körperliche (und damit geistige) Einheit hatte, ist es nützlich, auf die afrikanischen Völker hinzuweisen, die es – was ihre Ernährung betrifft – bis heute geschafft haben, ihre eigene Lebensweise zu bewahren. Die Hirtenvölker der Massai, Galla, Ankoli, Batutsi und Somali fallen alle in diese Kategorie. Ihr Körperbau ist generell so hervorragend, ihre Widerstandskraft und Ausdauer so groß, dass sie zum Gegenstand wissenschaftlicher Forschung geworden sind, um herauszufinden, warum es ihnen so viel besser geht als den »wohlgenährten« Kapitalisten, die an Herzkrankheiten zugrunde gehen.

Im Lichte der vorherrschenden Bilanz der Kolonialherrschaft bleiben uns noch die europäischen Innovationen in Afrika, wie die moderne Medizin, die klinische Chirurgie und die Impfung zu beachten. Es wäre absurd, zu leugnen, dass dies objektiv gute Dinge sind, wie limitiert sie quantitativ auch waren. Sie müssen allerdings sowohl mit den zahlreichen Verschlechterungen, die Afrika in allen Bereichen aufgrund des Kolonialismus erfahren hatte, als auch mit den Verdiensten Afrikas für Europa, gegengerechnet werden. Die europäische Wissenschaft erfüllte die Bedürfnisse ihrer eigenen Gesellschaft, insbesondere die der Bourgeoisie. Die Bourgeoisie litt nicht an Hunger und Mangelernährung. Die bürgerliche Wissenschaft beachtete diese Dinge deshalb erst gar nicht als Bedürfnisse, die es zu erfüllen oder zu beseitigen galt – nicht einmal bei ihren eigenen Arbeiter*innen und erst recht nicht bei Afrikaner*innen. Das ist nur eine spezifische Anwendung des allgemeinen Prinzips, dass die Ausbeutung Afrikas dazu diente, die Kluft zwischen Afrika und dem kapitalistischen Europa zu vergrößern. Die Ausbeutung und der Wettbewerbsnachteil sind die Zutaten für die Unterentwicklung.

Die Erziehung zur Unterentwicklung

Bildung ist in jeder Art von Gesellschaft wesentlich, um das Leben ihrer Mitglieder zu bewahren und ihre soziale Struktur zu erhalten. Unter gewissen Umständen fördert Bildung auch den gesellschaftlichen Wandel. Der größte Teil dieser Bildung erfolgt außerschulisch, indem er durch die Beispiele und das Verhalten der Alten in der Gesellschaft an die Jungen weitergegeben wird. Unter normalen Umständen erwächst die Bildung aus der Umgebung, wobei der Lernprozess direkt mit dem System der gesellschaftlichen Arbeit verbunden ist. Bei den Bemba aus dem Gebiet, das damals das nördliche Rhodesien war, konnten Kinder im Alter von sechs Jahren ohne zu zögern 50 bis 60 Baumarten aufzählen, wussten aber sehr wenig über Zierpflanzen. Die Erklärung liegt ganz einfach darin, dass die Kenntnis der Bäume in einer Umgebung der Brandwirtschaft und in einer Situation, in der zahlreiche Haushaltsprobleme mittels aus Bäumen gewonnener Produkte gelöst wurden, eine Notwendigkeit darstellte. Blumen waren für das Überleben allerdings irrelevant.

Tatsächlich war der wesentliche Aspekt der vorkolonialen afrikanischen Bildung ihre Relevanz für die Afrikaner*innen – in starkem Gegensatz zu derjenigen, die später eingeführt wurde. Die folgenden Merkmale der ursprünglichen afrikanischen Erziehung können als Besonderheiten betrachtet werden: ihre engen Verbindungen zum Gesellschaftsleben, sowohl in einem materiellen als auch in einem spirituellen Sinne; und ihre progressive Entwicklung in Einklang mit den aufeinanderfolgenden Stadien der physischen, emotionalen und mentalen Entwicklung eines Kindes. Es fand keine Trennung von Bildung und produktiver Tätigkeit oder von körperlicher und intellektueller Bildung statt.

Alles in allem entsprach die vorkoloniale afrikanische Bildung auf überwiegend außerschulischem Wege den Gegebenheiten der vorkolonialen afrikanischen Gesellschaft und brachte gut ausgebildete Persönlichkeiten hervor, die in diese Gesellschaft hineinpassten.

Einige Aspekte der afrikanischen Bildung erfolgten schulisch: Soll heißen, es gab einen speziellen Plan und eine bewusste Teilung zwischen Lehrenden und Lernenden. Die Schulbildung im vorkolonialen Afrika war – wie auch die außerschulische Bildung – direkt mit den Zielen der Gesellschaft verknüpft. Die Lehrpläne waren auf bestimmte Lebensphasen im Leben jedes Individuums beschränkt, insbesondere die Zeit der Initiation oder des »Erwachsenwerdens.« Viele afrikanische Gesellschaften hatten Beschneidungszeremonien für Männer oder für beide Geschlechter und für eine gewisse Zeit vor den Zeremonien wurde ein Lehrplan entworfen. Diese Zeitspanne konnte zwischen einigen Wochen und mehreren Jahre liegen. Ein berühmtes Beispiel für Letzteres war die Initiationsschule der Poro–Bruderschaft in Sierra Leone. Schulbildung gab es auch noch in späteren Lebensabschnitten, zum Beispiel beim Übergang von einer Altersstufe zur nächsten oder beim Eintritt in eine neue Bruderschaft. Spezialisierte Tätigkeiten wie die Jagd, das Organisieren religiöser Rituale und die Ausübung der Heilkunde erforderten definitiv eine schulische Bildung innerhalb der Familie oder des Clans. Solcherlei Bildungspraktiken stammten alle noch aus der Zeit des afrikanischen Kommunalismus, aber sie hielten sich bis in die entwickelteren feudalen und präfeudalen Gesellschaften Afrikas hinein und fanden sich auch noch am Vorabend des Kolonialismus.

Als sich die Produktionsweise in Afrika in Richtung Feudalismus bewegte, erschienen auch neue Besonderheiten innerhalb des Bildungssystems. Es kam beispielsweise zu einer formelleren Spezialisierung, da das Verhältnis von schulischer zu außerschulischer Bildung mit dem technologischen Fortschritt zunimmt. Abseits der Jagd und der Religion, machte es die Arbeitsteilung notwendig, Gilden einzurichten, um die Techniken der Eisenverarbeitung, Lederherstellung, Stoffproduktion, Töpferei und des professionellen Handels, etc. weiterzugeben. Die Betonung militärischer Stärke führte ebenfalls zu schulischer Bildung in diesem Bereich, wie in den bereits erwähnten Fällen Dahomey, Ruanda und Zulu. Eine Staatsstruktur mit einer deutlich abgegrenzten Herrscherklasse förderte immer den Gebrauch der Geschichte als Mittel zur Verherrlichung derjenigen Klasse, die sich gerade an der Macht befand. So gab es im 19. Jahrhundert im Yoruba–Staat Ketu eine Geschichtsschule, in der ein Meister seinen Schüler*innen eine lange Liste der Könige von Ketu und ihrer

Errungenschaften einbläute. Das Vertrauen auf das Gedächtnis allein setzte dieser Art von Bildung natürlich enge Grenzen, weshalb die Bildung in den afrikanischen Ländern, in denen sich die Schrift durchgesetzt hatte, viel weiter fortgeschritten war.

Entlang des Nils, in Nordafrika, in Äthiopien, im westlichen Sudan und entlang der ostafrikanischen Küste, lernte eine Minderheit der Afrikaner*innen lesen und schreiben und riefen so eine Situation herbei, die mit der in Asien und Europa vor dem Ende des 19. Jahrhunderts vergleichbar war. Wie in anderen Teilen der Welt, war die Schriftkunde in Afrika mit der Religion verbunden, sodass in islamischen Ländern die Bildung auf den Koran ausgerichtet war und im christlichen Äthiopien die Bildung dazu diente, Priester und Mönche auszubilden. Der muslimische Unterricht war in der Primarstufe besonders umfangreich und wurde auch in der Sekundarstufe und an den Universitäten angeboten. In Ägypten gab es die Al-Azhar Universität, in Marokko die Universität von Fez und in Mali die Universität von Timbuktu – jede davon ein Zeugnis des Bildungsstandards, der in Afrika vor dem Eindringen des Kolonialismus erreicht wurde.

Die Kolonisator*innen führten in Afrika nicht die Bildung ein: Sie führten ein neues System schulischer Bildungsinstitutionen ein, die diejenigen, die es bereits gab, teils ergänzten und teils ersetzten. Das Kolonialsystem brachte auch Werte und Praktiken hervor, die auf eine neue außerschulische Bildung hinausliefen.

Der Hauptzweck des kolonialen Schulsystems war es, Afrikaner*innen dazu auszubilden, die niedrigsten Stellen der örtlichen Verwaltung zu besetzen und in kapitalistischen Privatfirmen zu arbeiten, die den Europäer*innen gehörten. In der Praxis bedeutete das, dass einige Afrikaner*innen dazu auserwählt wurden, an der Beherrschung und Ausbeutung des gesamten Kontinents teilzunehmen. Es handelte sich dabei nicht um ein Bildungssystem, das aus der afrikanischen Umwelt erwachsen war oder um eines, dass dazu geschaffen war, die vernünftigste Verwendung der materiellen und gesellschaftlichen Ressourcen zu fördern. Es war kein Bildungssystem, dass darauf ausgerichtet war, jungen Menschen Selbstvertrauen und Stolz zu vermitteln, einer afrikanischen Gesellschaft anzugehören, sondern eines, dass ein Gefühl der Ehrerbietung gegenüber allem Europäischen und Kapitalistischen einflößte. Das Bildungssystem in Europa wurde dominiert von der Klasse der Kapitalisten. Dieselben Klassenvorurteile wurden automatisch auch nach Afrika übertragen und – um die Sache noch schlimmer zu machen – waren in dem Paket der kolonialen Bildung auch noch der Rassismus und der kulturelle Hochmut, die der Kapitalismus in sich trug, enthalten. Die koloniale Schulbildung war eine Bildung zur Unterordnung, Ausbeutung, der Schaffung geistiger Verwirrung und der Entwicklung der Unterentwicklung.

Ein Schulsystem europäischer Art gab es in den ersten 40 Jahren des Kolonialismus kaum. In diesem Zeitraum gaben Missionar*innen Unterricht, mit dem sie ihre eigenen christianisierenden Zwecke verfolgten und erst in den 1920er-Jahren führten die Kolonialmächte eine Reihe von Untersuchungen durch, um die Bildungsmöglichkeiten in Afrika auszuloten. Danach wurde die koloniale Bildung systematisch und messbar; ihr größtes Ausmaß erreichte sie aber erst in der Zeit nach dem Zweiten Weltkrieg.

Die koloniale Bildung war eine Reihe von Beschränkungen innerhalb weiterer Beschränkungen. Die ersten praktischen Einschränkungen waren politisch-finanzieller Natur, was bedeutet, dass anstatt der tatsächlichen Verfügbarkeit finanzieller Mittel, politische Entscheidungen die Höhe der Ausgaben bestimmten. Die Regierungen in den Metropolen und ihre afrikanischen Verwaltungen behaupteten, dass die finanziellen Mittel für Bildung nicht ausreichten. Noch bis ins Jahr 1958 hinein behauptete das British Colonial Office über das nördliche Rhodesien:

> *»Bevor nicht mehr Geld für den Bau von Schulen zur Verfügung steht, lässt sich kein schneller Fortschritt erwarten und die konkreten Chancen, allen Kindern eine vollständige Grundschulausbildung zukommen zu lassen, liegen noch in weiter Ferne.«*

Es ist erstaunlich, dass Nordrhodesien mit seinem immensen Kupferreichtum nicht genug Geld für die Bildung der Afrikaner*innen hatte! Es lässt sich nicht mit Sicherheit sagen, ob die Kolonisator*innen versuchten, andere zu täuschen, oder ob es ihnen gelungen war, sich selbst zu täuschen; wahrscheinlich gehörten die meisten verwirrten weißen Siedler*innen in Rhodesien zu letzterer Kategorie, denn sie argumentierten immer wieder, dass Afrikaner*innen pro Kopf nicht so viele Steuern zahlten wie Europäer*innen und dass sie daher nicht erwarten könnten, in den Genuss von Bildung und anderer Dienstleistungen zu kommen, die aus den Steuern der weißen Siedler*innen finanziert wurden. Hier zeigt sich die fundamentale Unfähigkeit zu begreifen, dass der Reichtum eines Landes nicht von den Steuereinnahmen, sondern von der Produktion herrührt. Im nördlichen Rhodesien produzierten afrikanischer Boden und afrikanische Arbeit enormen Reichtum, aber afrikanische Kinder hatten im Kolonialismus auf diesen Reichtum keinen Zugriff, um eine Schulbildung zu erhalten.

Wie bereits erwähnt, wurde das meiste des afrikanischen Überschusses exportiert und von dem kleinen Teil, der als Staatseinnahme zurückblieb, floss wiederum nur ein winziger Teil in die Bildung. In jeder Kolonie war das Budget für Bildung, verglichen mit den Summen, die im kapitalistischen Europa selbst ausgegeben wurden, unglaublich gering. Im Jahr 1935 wurde von den Gesamteinnahmen, die sich aus der Besteuerung der Afrikaner*innen Französisch-Westafrikas ergaben, nur 4,03 Prozent in die Bildung investiert. In der britischen Kolonie Nigeria waren es nur 3,4 Prozent. In Kenia flossen bis ins Jahr 1946 sogar nur 2,26 Prozent der Einnahmen in die Ausbildung afrikanischer Menschen. Im Jahr 1960 waren diese Prozentbeträge zwei, drei oder viermal erhöht worden, aber da sie von Anfang an so niedrig waren, blieben sie noch immer unbedeutend.

Da so geringe Summen ausgegeben wurden, folgt daraus, dass eine andere grundlegende Beschränkung quantitativer Natur war, in dem Sinne, dass nur sehr wenige Afrikaner*innen es schafften, eine Schule zu besuchen. In ganz Französisch-Äquatorialafrika (Tschad, Zentralafrikanische Republik, Gabon und Kongo Brazzaville) waren 1938 nur 22.000 Schüler*innen eingeschrieben – und das stellte einen beträchtlichen Sprung im Vergleich zu den vorherigen fünf Jahren dar. Im Jahr 1938 boten die Franzos*innen in Französisch-Westafrika 77.000 Schüler*innen eine Schulbildung an, bei einer Gesamtbevölkerung von mindesten 15 Millionen Menschen. Eine sehr erhellende Tatsache ist, dass 1945 mehr als 80.000 Schüler*innen unabhängige islamische Schulen in Französisch-Westafrika besuchten – nur geringfügig weniger, als die Schüler*innen, die von den Franzos*innen erbaute Schulen besuchten. Mit anderen Worten: Erst in den letzten Phasen des Kolonialismus begann die herrschende europäische Macht damit, den Afrikaner*innen in den früheren islamischen Staaten Westafrikas Bildungseinrichtungen zur Verfügung zu stellen, deren Schüler*innenzahlen größer waren als die des vorhergehenden Schulsystems.

Gelegentlich ließ die französische Regierung in Nord- und Westafrika den Korangrundschulen und den *medresas* – den islamischen Sekundarschulen – finanzielle Unterstützung zukommen. Insgesamt jedoch wurde das vorkoloniale Schulsystem Afrikas einfach ignoriert und ging dem Verfall entgegen. In Algerien litten die arabisch-islamischen Bildungseinrichtungen schwer unter den französischen Eroberungskriegen, während andere bewusst unterdrückt wurden, als die Franzos*innen die Oberhand erlangten. In ganz Französisch-Nordafrika litten die alten etablierten islamischen Universitäten, da der Kolonialismus sie ihrer ökonomischen Grundlage beraubte, auf die sie sich zuvor gestützt hatten. Wie bei so vielen anderen Aspekten des afrikanischen Lebens muss das, was die Kolonialist*innen einbrachten, gegen das abgewogen werden, was sie aufhielten und was sie sowohl real als auch potentiell zerstörten.

Die britischen Kolonien waren, was die Arbeiten im Bildungsbereich anging, etwas besser als die französischen, hauptsächlich wegen der Initiative von Missionar*innen als wegen der britischen Regierung selbst. Ghana, Nigeria und Uganda hatten es vergleichsweise gut, soweit sich das für koloniale Bildung sagen lässt. Natürlich gilt das nur in einem bloß relativen Sinne und die absoluten Zahlen waren nie groß. Sierra Leone erging es bildungstechnisch besser als Französisch-Westafrika, weil vor dem letzten Krieg von hundert Kindern sieben die Schule besuchten, während es in Französisch-Westafrika nur fünf von hundert waren. Was die Brit*innen betrifft, so wird ihre geringfügig bessere Bilanz in einigen Kolonien auch durch die sehr schlechten Bildungseinrichtungen für Afrikaner*innen in Kenia, Tanganjika, den zentralafrikanischen Gebieten und Südafrika selbst, das lange Zeit unter britischer Verantwortung stand, ausgeglichen.

Eine Beschränkung des Bildungssystems Kolonialafrikas, die von statistischen Durchschnittswerten verdunkelt wird, war die große Chancenungleichheit zwischen verschiedenen Regionen derselben Kolonie. In vielen Kolonien hatten nur die Afrikaner*innen, die in oder nahe einer Stadt lebten, die Möglichkeit eine Schulbildung zu erhalten. In Madagaskar beispielsweise verfügte die Hauptstadt Antananarivo über die bedeutendsten Bildungsstätten; in Gambia war die Alphabetisierungsrate in der Stadt Banjul relativ hoch, aber außerhalb niedrig; und in Uganda besaß die urbanisierte Region Buganda auf Bildung praktisch ein Monopol. Im Allgemeinen spiegelte die Ungleichheit des Bildungsniveaus die Ungleichheit der wirtschaftlichen Ausbeutung und die Geschwindigkeit wider, in der verschiedene Teile einer Kolonie zur Geldwirtschaft übergingen. So wurden die nördlichen Gebiete der Goldküste bildungstechnisch vernachlässigt, da sie den Kolonisator*innen keine Produkte für den Export lieferten. Im Sudan war die ausgedehnte südliche Region in einer ähnlichen Position. Innerhalb Tanganjikas sind die Karten der großen Baumwoll- und Kaffeeanbaugebiete nahezu deckungsgleich mit Karten, die zeigen, in welchen Gebieten koloniale Schulbildung zur Verfügung stand. Das bedeutet, dass denjenigen, die die Kolonisator*innen nicht ohne Weiteres ausbeuten konnten, nicht einmal der Hauch einer Schulbildung angeboten wurde.

Je näher man die Bildungsangebote des Kolonialismus untersucht – selbst in ausschließlich quantitativer Weise –, desto weiter verblassen sie zu völliger

Bedeutungslosigkeit. Es muss beispielsweise angemerkt werden, dass es eine äußerst hohe Zahl an »Abbrecher*innen« gab. Ein großer Teil derjenigen, die angemeldet waren, schloss die Schule niemals ab. In großen kapitalistischen Staaten wie den USA, brechen viele das College oder das Studium ab; im kolonialen Afrika fanden die Abgänge in den Grundschulen statt, mit Raten von bis zu 50 Prozent. Für jede Schüler*in, die die Grundschule abschloss, blieb eine*r auf der Strecke. Die Abbrecher*innen kamen aus den Grundschulen, weil kaum eine andere Art von Schulen existierte – dieser Mangel an weiterführender, technischer und Universitätsbildung war ein weiteres Hindernis.

Afrikaner*innen wurden in kolonialen Schulen ausgebildet, um Bürogehilf*innen und Kuriere zu werden. Ein Übermaß an Bildung wäre für diese Tätigkeiten sowohl überflüssig als auch gefährlich gewesen. Deshalb war weiterführende Bildung während der Kolonialzeit rar und andere Formen der höheren Bildung praktisch nicht existent. Die, die bereitgestellt wurde, war hauptsächlich für Nicht-Afrikaner*innen vorgesehen. Noch im Jahr 1959 gab Uganda circa 11 Pfund pro afrikanische Schüler*in, 38 Pfund pro indische Schüler*in und 186 Pfund für jedes europäische Kind aus – wobei der Unterschied größtenteils daher rührt, dass für die Kinder der Kapitalisten und ihrer Mittelsleute weiterführende Bildung angeboten wurde. In Kenia war die Diskriminierung noch schlimmer und die Anzahl europäischer Kinder hoch. Im Jahr 1960 besuchten in Kenia mehr als 11.000 europäische Kinder die Schule, von denen 3.000 eine weiterführende Bildung erhielten. In der Siedler*innenkolonie in Algerien war es ähnlich. Im Jahr 1954 wurden nur 20 Prozent der Schüler*innen weiterführender Schulen als »muslimisch« geführt, womit praktisch »algerisch« gemeint war, um sie von Europäer*innen zu unterscheiden. Anderen Minderheiten erging es ebenfalls besser als der einheimischen Bevölkerung. So spielten beispielsweise Menschen jüdischen Glaubens in Nordafrika und insbesondere in Tunesien die Rolle der Mittelsleute und ihre Kinder erhielten alle eine Bildung bis auf Sekundarstufenniveau.

Afrikanische Länder ohne einen großen Bevölkerungsanteil an weißen Siedler*innen wiesen – was die Chancen auf allen Ebenen und besonders die Chancen auf höhrere Bildung betraf – ebenfalls rassistische Strukturen im Bildungssystem auf. Im Jahr 1946 hatte die Sekundarschule in Senegal 723 Schüler*innen, von denen 174 Afrikaner*innen waren. Später errichtete man in Dakar eine Universität (für ganz Französisch-Westafrika) und trotzdem waren in den 1950er-Jahren – am Vorabend der Unabhängigkeit – mehr als die Hälfte der Studierenden französischer Herkunft.

Die Portugies*innen fanden bisher keine Erwähnung, da in ihren kolonialen Territorien kaum erwähnenswerte Bildungseinrichtungen existierten. Über viele Jahre hinweg blieben die statistischen Daten verschlossen und als sie gegen Ende der Kolonialzeit veröffentlicht wurden, waren die Zahlen häufig aufgebläht. Unbestreitbar ist, dass ein afrikanisches Kind, das in den portugiesischen Kolonialgebieten aufwuchs, nur eine Chance von eins zu hundert hatte, über die zweite oder dritte Klasse hinaus Unterricht zu erhalten. Die Sekundarschulen, die errichtet wurden, waren für Europäer*innen und Inder*innen, wovon letztere hauptsächlich aus Goa stammten. Die Kolonialmächte, die in Afrika nur kleine Territorien besaßen, waren Spanien und Italien. Wie Portugal waren auch sie vom Blickwinkel des kapitalistischen Europas aus rückständig und boten ihren kolonialen Untertan*innen nur eine geringfügige Grundschulbildung und keine weiterführende Bildung.

Belgien fiel, was koloniale Bildung betraf, in eine besondere Kategorie. Obwohl klein, war Belgien doch ein relativ entwickeltes und industrialisiertes Land und herrschte über eines der reichsten Gebiete Afrikas: den Kongo. Für koloniale Verhältnisse hatten die Menschen des Kongo und Ruanda–Urundis einen recht ordentlichen Zugang zu Grundschulbildung, aber alles, was darüber hinaus ging, war fast unerreichbar. Das war die Folge bewusster politischer Entscheidungen der belgischen Regierung und der katholischen Kirche. Der afrikanische »Wilde« sollte schrittweise zivilisiert werden. Ihm eine weiterführende Bildung zukommen zu lassen wäre damit vergleichbar gewesen, einem kleinen Kind, dass noch auf Brei angewiesen war, ein Steak vorzusetzen. Darüber hinaus waren die Belgier*innen derart interessiert an der Wohlfahrt der afrikanischen Massen, dass sie behaupteten, Afrikaner*innen mit höherer Bildung seien nicht in der Lage, ihrem eigenen Volk zu dienen! Konsequenterweise empfahl erst 1948 eine belgische Kommission den Bau weiterführender Schulen für Afrikaner*innen in den Kolonien. Es ist nicht im Geringsten überraschend, dass der Kongo, als er die politische Unabhängigkeit erlangte, bei einer Bevölkerung von mehr als 13 Millionen Menschen, nur über 16 Hochschulabsolvent*innen verfügte.

Pädagog*innen sprechen oft von der »Bildungspyramide«, die von der Grundschulbildung ausgeht und sich über die Sekundarstufe, die Lehrausbildung, die höheren Fachschulen und die Hochschuleinrichtungen nach oben entwickelt – wobei die letztgenannte so klein ist, dass sie als Spitze der Pyramide dargestellt werden könnte. In ganz Afrika war die Basis der Grundschulbildung schmal und trotzdem neigte sich die Pyramide sanft, da so wenige derjenigen, die die Grundschulbildung absolvierten, ihre Ausbildung fortsetzen konnten. Nur in bestimmten britischen Kolonien wurde die Pyramide durch deutlich höhere Bildung und Universitätsbildung abgeschlossen. Westafrika hatte die Achimota–Schule und die Schule in Yaba, dazu noch die Universität Fourah Bay. Auch die Universiät von Ibadan und die Universität von Ghana wurden einige Jahre vor dem Ende der Kolonialherrschaft gegründet. Im Sudan existierte das Gordon College, das sich zur Universität von Khartoum entwickelte und in Ostafrika die Makerere Universität.

Die folgenden Daten aus dem Jahr 1958 lassen sich verwenden, um die Bildungspyramide für das südliche Rhodesien darzustellen, wo die Ausbildung afrikanische Menschen nicht erwünscht war. Die Gesamtzahl der Kindergarten–Einschreibungen betrug 227.000. In den Grundschulen traten 77.000 Schüler*innen das erste Schuljahr an und 10.000 schafften es bis in die sechste Klasse. Die weiterführenden Schulen begannen mit 3.000 Schüler*innen, von denen es 13 bis in die zwölfte Klasse schafften. Afrikanische Hochschulabsolvierende gab es in diesem Jahr keine an der kürzlich gegründeten Universität von Salisbury, aber im Jahr 1960 waren es drei.

Die Quantität der Bildung, die Europa Afrika angedeihen ließ, zeigt sich in den Statistiken vom Beginn der neuen afrikanischen Staaten. Einige Forschende erarbeiteten einen statistischen Bildungsindex, mit dem sich Bildungseinrichtungen mit den Zahlen von 0 bis 100 bewerten lassen, von den schlechtesten bis zu den fortgeschrittensten. Auf diesem Index erreichen die meisten afrikanischen Länder Werte niedriger als 10. Die entwickelten Ausbeuterländer und die sozialistischen Staaten liegen für gewöhnlich über 80. In einer Veröffentlichung der UNESCO über den Stand der Bildung im *unabhängigen Schwarzafrika* heißt es:

> *»Von dieser Bevölkerung (von ca. 170 Millionen) befinden sich wenig mehr als 25 Millionen im Schulalter und von diesen haben beinahe 13 Millionen keine Möglichkeit, eine Schule zu besuchen – und von den ›privilegierten‹ 12 Millionen schließen weniger als die Hälfte ihre Grundschulausbildung ab. Von hundert Kindern sehen nur drei eine weiterführende Schule von innen, während nicht einmal zwei von zweitausend die Chance haben, irgendeine Form höherer Bildung in Afrika selbst zu erlangen. Der geschätzte Anteil an Analphabet von 80 bis 85 Prozent ist fast zweimal so hoch wie der weltweite Durchschnitt.«*

Die imperialistischen Weißen verwenden die obigen Beweise, um sich über Afrikaner*innen lustig zu machen, weil diese nur »analphabetische Eingeborene« seien und würden einwenden, dass Analphabetismus ein Teil des »Teufelskreises der Armut« wäre. Dieselben Leute prahlen aber andererseits auch lautstark damit, dass sie Afrika die Bildung gebracht hätten. Es ist schwierig nachzuvollziehen, wie sie beides glauben können. Wenn das unabhängige Afrika nach wie vor ohne die Vorzüge moderner Bildung auskommen muss (was der Fall ist), dann hat das zweifellos etwas mit den 75 Jahren kolonialer Ausbeutung zu tun; die Absurdität ist noch umso größer, wenn man bedenkt, wie viel Afrika in dieser Zeit produzierte und wie viel davon in die Entwicklung sämtlicher Aspekte der kapitalistischen Gesellschaft Europas geflossen ist, seiner Bildungseinrichtungen inklusive. Cecil Rhodes konnte es sich leisten, weißen Studierenden an der Universität von Oxford üppige Stipendien zu hinterlassen, nachdem er ein Vermögen mit der Ausbeutung Afrikas und seiner Einwohner*innen gemacht hatte.

Diejenigen Afrikaner*innen, die Zugang zur Bildung erhielten, wurden mit gewissen qualitativen Problemen konfrontiert. Die Qualität war, gemessen an den vorherrschenden europäischen Standards, schlecht. Die Bücher, die Lehrmethoden und -disziplin wurden alle im 19. Jahrhundert nach Afrika gebracht; alles in allem blieben die kolonialen Schulen dem 20. Jahrhundert gegenüber erstaunlich desinteressiert. Neue Ideen, die sich in den kapitalistischen Metropolen durchsetzten, erreichten nie die Kolonien. Insbesondere die fantastischen Durchbrüche der Naturwissenschaften schafften es nicht in afrikanische Klassenzimmer, da es nur wenige Schulen gab, in denen naturwissenschaftliche Themen unterrichtet wurden. Auf ähnliche Weise hatte auch die Entwicklung der höheren technischen Bildung in Kolonialafrika kein Gegenstück.

Bei der Übertragung einer Version des europäischen Bildungssystems nach Afrika kam es zu zahlreichen Absurditäten. Wenn die oben erwähnten Demba-Kinder in die Schule gingen, gab es für sie dort kein Programm, das sich auf die Pflanzenwelt bezog, mit der sie sich sonst vertraut gemacht hätten. Stattdessen lehrte man sie etwas über Blumen – und dazu ausgerechnet über europäische Rosen. Dr. Koli Busia legte dazu vor einigen Jahren das folgende Geständnis ab:

> *»Am Ende meines ersten Jahres an einer weiterführenden Schule (Mfantsipirin, Cape Coast, Ghana), fuhr ich über die Weihnachtsferien nach Hause nach Wenchi. Ich war seit vier Jahren nicht mehr zu Hause gewesen und bei diesem Besuch wurde mir meine Isolation schmerzhaft bewusst. Ich verstand unsere Gemeinschaft weit weniger als die Jungen, die auch in meinem Alter waren, aber nie die Schule besucht hatten. In den Jahren, in denen ich das College und die Universität besuchte, fühlte ich zunehmend, dass die Bildung,*

die ich erhielt, mir mehr und mehr über Europa vermittelte und immer weniger über meine eigene Gesellschaft.«

Am Ende wusste Busia so wenig über die afrikanische Gesellschaft, dass er vorschlug, dass unabhängige Afrikaner*innen mit der faschistischen/rassistischen weißen Minderheit, die in Südafrika die Apartheid aufrecht erhält, *»in Dialog treten«* sollten.

Einige der Widersprüche zwischen den Inhalten kolonialer Bildung und der Realität in Afrika waren wirklich nicht miteinander vereinbar. An einem heißen Nachmittag in einer Schule im tropischen Afrika, lauschte eine Klasse voller schwarzer, strahlender Gesichter ihrem Geographieunterricht über die Jahreszeiten – Frühling, Sommer, Herbst und Winter. Sie lernten von den Alpen und vom Rhein, aber nichts über das Atlasgebirge Nordafrikas oder den Fluß Sambesi. Befanden sich diese Schüler*innen in einer britischen Kolonie, würden sie pflichtbewusst schreiben, dass *»wir 1588 die Spanische Armada besiegten«* – zu einer Zeit, als Hawkins Afrikaner*innen raubte und Queen Elizabeth I. ihn dafür zum Ritter schlug. Befanden sie sich in einer französischen Kolonie, würden sie lernen, dass *»die Gallier, unsere Vorfahren, blaue Augen hatten«* und eingebläut bekommen, dass *»Napoleon unser größter General war«* – derselbe Napoleon, der auf der Karibikinsel Guadeloupe die Sklaverei wieder einführte und nur daran gehindert wurde, auf Haiti dasselbe zu tun, weil seine Truppen von einem noch größeren Strategen und Taktiker besiegt wurden – dem Afrikaner Toussaint LOuverture.

Bis zu einem gewissen Grad wandten die Europäer*innen ihre eigenen Lehrpläne gedankenlos an, ohne auf die afrikanischen Verhältnisse einzugehen, aber sehr oft taten sie dies bewusst, um zu verwirren und zu täuschen. Noch 1949 legte ein Bildungsbeauftragter in Tanganjika sorgfältig dar, dass die Afrikaner*innen dieser Kolonie in der Grundschule mit Propaganda über die britische Königsfamilie bombardiert werden sollten. *»Das Motiv des [britischen] Königs als Vaterfigur sollte im ganzen Lehrplan betont und in jeder Unterrichtseinheit erwähnt werden«*, sagte er. Des Weiteren drängte er darauf, dass afrikanischen Kindern zahlreiche Bilder der englischen Prinzessinnen und ihrer Ponys in Sandringham und Windsor Castle gezeigt werden sollten.

Das wenige, was in kolonialen Schulen über die Vergangenheit Afrikas gesagt wurde, handelte von europäischen Aktivitäten in Afrika. Dieser Trend wurde mittlerweile immerhin soweit rückgängig gemacht, dass die heutige Generation afrikanischer Schüler*innen beim Gedanken daran, dass die Europäer*innen das Mount-Kenya-Massiv oder den Fluss Niger »entdeckt« hätten, nur lächeln können. In der Kolonialzeit jedoch war das Paradox, dass wer immer eine Gelegenheit hatte, sich bildungsmäßig in die Irre führen zu lassen, sich glücklich schätzen konnte, dass diese Irreführung ein Mittel war, um in dem System, dass die europäischen Kapitalisten in und für Afrika errichtet hatten, persönlich weiter zu kommen.

Die Franzos*innen, Portugies*innen und Belgier*innen machten deutlich, dass das Bildungssystem auf jeder Ebene dazu geschaffen war, »den afrikanischen Eingeborenen zu zivilisieren« und natürlich konnte nur ein zivilisierter Eingeborener darauf hoffen, eine lohnende Anstellung und Anerkennung von den Kolonisator*innen zu erhalten. Laut den Franzos*innen hatten Afrikaner*innen, nachdem sie die französische Bildung erhalten hatten, eine Chance *assimilées* zu werden – Menschen, die an die überlegene französische Kultur angepasst oder in sie integriert werden konnten. Die Portugies*innen verwendeten das Wort *assimilado*, das exakt dasselbe bedeutet und das portugiesische Kolonialrecht unterschied scharf zwischen einem Eingeborenen und einem *assimilado*. Letzterer wurde manchmal auch als *civilisado* bezeichnet, weil er Portugiesisch lesen und schreiben konnte. Diese Sorte Afrikaner*innen wurde mit bestimmten Privilegien belohnt. Die große Ironie dabei war, dass in Portugal bis ins Jahr 1960 fast die Hälfte der Bevölkerung aus Analphabet*innen bestand und deshalb, hätte man sie demselben Test unterworfen, als unzivilisiert gelten hätten müssen. Währenddessen stolzierten die Belgier*innen mit demselben System herum. Sie nannten ihre »gebildeten Bantu« im Kongo die *évolués* (*»die, die sich entwickelt haben«* – von der Wildheit zur Zivilisation, dank der der Belgier*innen...).

Die Brit*innen vermieden strikte rechtliche Unterscheidungen zwischen gebildeten und ungebildeten Afrikaner*innen, aber sie förderten dennoch die kulturelle Nachahmung. Gouverneur Cameron von Tanganjika war in den 1920er-Jahren als »progressiver« Gouverneur bekannt. Aber als man ihn dafür attackierte, dass er versuchte die afrikanische Persönlichkeit im Bildungssystem zu bewahren, stritt er die Anschuldigungen ab und erklärte, dass es sein Ziel sei, dass Afrikaner*innen aufhören sollten, wie Afrikaner*innen zu denken und stattdessen »redliche Engländer*innen« werden sollten. Schüler*innen, die aus den Missionen Livingstonias oder Blantyres in Malawi kamen, waren wegen der Bemühungen schottischer Missionar*innen als schwarze Schott*innen bekannt. In Sierra Leone ging der kulturelle Einfluss der Weißen zurück bis in das 18. Jahrhundert und Kreolen aus Sierra Leone nahmen sogar unter dem Rest der schlecht ausgebildeten Schwarzen eine herausragende Rolle ein. Die Kreolen waren mit einem christlichen englischen Namen oder selbst mit einem europäischen Nachnamen nicht zufrieden: Sie mussten zwei europäische Nachnamen wählen und sie mit einem Bindestrich verknüpfen. In der Praxis bedeutete diese Ausbildung mit all ihren verzerrten Werten natürlich, dass die Handvoll Gebildeter nur so weit vorankam, wie es der Kolonialismus den Afrikaner*innen im öffentlichen Dienst oder in der Beschäftigung privater kapitalistischer Unternehmen erlaubte.

Während der Kolonialzeit und danach, stand das koloniale Bildungssystem zu recht dafür in der Kritik, dass es nicht mehr Schüler*innen weiterführender Schulen und nicht mehr Universitätsabsolvierende hervorbrachte. Und dennoch lässt sich sagen, dass sich unter denjenigen, denen die meiste Bildung zuteil wurde, die entfremdetsten Afrikaner*innen des Kontinents fanden. Das waren die, die sich entwickelt hatten und assimiliert wurden. Auf jeder weiteren Stufe des Bildungssystems, wurden ihnen die Werte des kapitalistischen Systems der Weißen eingebläut, denen sie schließlich erlagen und, nachdem man ihnen Gehälter bezahlte, konnten sie es sich leisten, einen Lebensentwurf zu pflegen, der von außerhalb importiert wurde. Zugang zu Messern und Gabeln, dreiteiligen Anzügen und Pianos veränderte ihre Mentalität noch weiter. Es gibt einen bekannten Calypsonier von den Westindischen Inseln, der, als er sich über seine koloniale Schulzeit lustig machte, bemerkte, dass er, wäre er ein guter Schüler gewesen, mehr gelernt hätte und ein Trottel geworden wäre. Unglücklicherweise produzierte das koloniale Schulsystem viel zu viele Trottel und Clowns, die von europäischen Ideen und dem Way of Life der europäischen Kapitalistenklasse fasziniert waren. Einige gelangten an den Punkt der völligen Entfremdung von afrikanischen Bedingungen und der afrikanischen Art zu Leben und zwitscherten – wie Blaise Diagne aus dem Senegal – fröhlich, dass sie »europäisch« seien und immer bleiben würden.

Man kommt um die Schlußfolgerung des afrikanischen Pädagogen Abdou Moumouni nicht herum, dass »die koloniale Erziehung das Denken und die Gefühle der Afrikaner*innen korrumpierten und sie mit abnormen Komplexen belud.« Daraus folgte, dass diejenigen, die europäisiert wurden, im selben Maße de-afrikanisiert wurden – als Konsequenz der kolonialen Erziehung und der allgemeinen Atmosphäre des Lebens in den Kolonien. Im heutigen Afrika gibt es viele Beispiele für die schmähliche Behandlung von Teilen der afrikanischen Kultur in der Kolonialzeit, die auf Kulturimperialismus und weißem Rassismus beruhte. Was selten behandelt wird, ist die Tatsache, dass viele Afrikaner*innen Opfer des Faschismus wurden – durch die Hände der Portugies*innen und Spanier*innen, durch die Hände der Italiener*innen und für kurze Zeit – in den späten 1930er- und den frühen 1940er-Jahren – durch das französische Vichy-Regime und durch die Hände der Brit*innen und der Bur*innen in Südafrika während unseres gesamten Jahrhunderts. Die faschistischen Kolonialmächte waren zurückgebliebene kapitalistische Staaten, in denen sich der Polizeiapparat der Regierung mit der katholischen Kirche und den Kapitalisten verbündete, um portugiesische und spanische Arbeiter*innen und Bäuer*innen zu unterdrücken und sie im Zustand der Ignoranz zu belassen. Verständlicherweise wollten die faschistischen Kolonisator*innen dasselbe auch für die Arbeiter*innen Afrikas und ließen an den Afrikaner*innen noch zusätzlich ihren Rassismus aus, so wie Hitler es an den Jüd*innen getan hatte.

Wie die meisten Kolonialverwaltungen, ließ auch die der Italiener*innen in Libyen die afrikanische Kultur unbeachtet. Nachdem aber der Faschist Mussolini an die Macht kam, wich die Gleichgültigkeit einer aktiven Feindseligkeit, vor allem in Bezug auf die arabische Sprache und die muslimische Religion. Die Portugies*innen und Spanier*innen hatten schon immer ihre Verachtung für die Sprachen und Religionen Afrikas deutlich gemacht. In den portugiesischen Kolonien waren Kindergärten und Grundschulen für Afrikaner*innen nie etwas anderes als Agenturen für die Ausbreitung der portugiesischen Sprache. Die meisten Schulen unterlagen als Zeichen der Einheit von Staat und Kirche im faschistischen Portugal der Kontrolle der katholischen Kirche. In der kaum bekannten spanischen Kolonie Guineas (Rio Muni), war die geringfügige Bildung, die man Afrikaner*innen zukommen ließ, darauf ausgelegt, den Schüler*innen den Gebrauch der lokalen Sprachen auszutreiben und ihren Herzen »die heilige Furcht vor Gott« einzuflößen. Schulen im kolonialen Afrika waren für gewöhnlich mit den Namen von Heiligen geehrt oder mit den Namen der Herrscher, Entdecker und Gouverneure der Kolonialmacht versehen. In Spanisch-Guinea verfolgte man diese Praxis ebenfalls, was darin resultierte, dass Kinder in Rio Muni die José-Antonio-Schule durchlaufen mussten – was in etwa einer Adolf-Hitler-Schule auf deutschem Gebiet gleichkäme, da die Schule zu Ehren José Antonios benannt wurde, dem Gründer der faschistischen Partei Spaniens.

Ein weiterer Aspekt der kolonialen Bildungs- und Kultursysteme, der untersucht werden muss, ist die Art und Weise, in der der europäische Rassismus und die Verachtung nicht nur durch Feindseligkeit gegenüber der afrikanischen Kultur, sondern auch durch Paternalismus und durch Lobpreisung negativer und statischer sozialer Merkmale zum Ausdruck kamen. Es gab zahlreiche Kolonisator*innen, die alles, was afrikanisch war, für alle Ewigkeiten erhalten wollten, solange es ihnen nur malerisch und exotisch erschien. Diesen Personen gelang es lediglich, das afrikanische Leben von den potentiell positiven Aspekten der internationalen Welt abzuschneiden. Ein exzellentes Beispiel hierfür war Albert Schweitzers Arbeit in Gabon, wo er eine schmutzige und unhygienische Krankenstation leitete, in der Hunde, Katzen, Ziegen und Hühner, unter dem Vorwand, dies passe in die afrikanische Kultur und Umgebung, frei herumliefen.

Noch im Jahr 1959 verteidigte ein Freund und Kollege Albert Schweitzers seine nicht-keimfreie Klinik mit folgenden Worten:

> *»Nun zu den Haustieren in der Klinik. Einige Leute sind geschockt wegen der Ungezwungenheit, mit der Tiere und Menschen nebeneinander leben und auch wenn es in hygienischer Hinsicht nicht immer zu rechtfertigen ist, so trägt das Durcheinander doch beträchtlich zum Charme des Ortes bei.«*

Der Autor war ein Zahnarzt aus New York, der selbst natürlich einen Anfall bekommen würde, wenn eine Ziege oder ein Huhn in seine Klinik in New York spazieren würde. Er wusste nur zu gut, dass in Schweitzers Spital *»die Ziegen, Hunde und Katzen, die die Krankenstationen besuchten, von Mikroorganismen der schrecklichsten Art nur so wimmelten«*, aber verteidigte ihr Zusammenleben mit Afrikaner*innen, denn das war Teil ihrer Kultur und ihres Charmes, den es zu bewahren galt!

Im Bildungssektor, verfolgten die Belgier*innen eine Sprachpolitik, an der zeitgenössische Nationalist*innen Gefallen finden könnten, da sie darauf bestanden, das die Grundschulbildung in einer der fünf afrikanischen Hauptsprachen des Territoriums stattfinden sollte. In der Praxis nutzten sie diese anscheinend progressive Entscheidung, um die ethnischen Gruppen im Kongo voneinander zu isolieren und die Gebildeten von weiterer Bildung abzuschneiden, da die Missionar*innen nur das in die lokalen Sprachen übersetzten, was sie als wünschenswert erachteten. Die Politik der Verhöhnung der afrikanischen Kultur erreichte in Südafrika mit dem berüchtigten Bantu Education Act von 1953, mit dem versucht wurde, die Unterschiede zwischen Zulu, Sotho, Xhosa, Venda usw. zu fördern, ihren stärksten Ausdruck – Unterschiede, die Teil eines frühen Entwicklungsstadiums waren und die bereits überwunden worden wären, wenn die europäische Intervention nicht stattgefunden oder wenn unter weißer Herrschaft nicht spezifische Schritte die anachronistischen »Stammes«-Einheiten aufrechterhalten erhalten hätten.

Nicht alle kolonialen Pädagog*innen und Verwaltungsbeamte übernahmen die Position, nach der Afrikaner*innen ausgebildet werden sollten, um besser versklavt werden zu können, bewusst. Ganz im Gegenteil dachten die meisten von ihnen, dass sie den Menschen Afrikas einen Gefallen taten und einige waren aufgeklärt genug, um zu erkennen, dass es möglich wäre, einen Lehrplan auszuarbeiten, der weniger von der afrikanischen Lebenswirklichkeit getrennt war. Selbst der französische Bildungsminister war schockiert, als er 1928 erfuhr, dass Afrikaner*innen beigebracht wurde, dass ihre Vorfahren, die Gallier, blaue Augen hatten. Ab den 1920er-Jahren brachten sowohl Großbritannien als auch Frankreich koloniale Pädagog*innen und Bildungsausschüsse hervor, die darauf drängten, in Afrika relevantere Lehrpläne einzuführen. Sie unterbreiteten auch Vorschläge wie zum Beispiel in den Grundschulen lokale Sprachen zu sprechen, den Mädchen mehr Bildung zukommen zu lassen und der Ausrichtung der Erziehung auf ein Angestelltenverhältnis ein Ende zu setzen. Die scheinbar progressive Natur dieser Empfehlungen konnte allerdings nicht über die Tatsache hinwegtäuschen, dass die koloniale Bildung ein Instrument war, das der europäischen Kapitalistenklasse dabei half, Afrika auszubeuten. Was auch immer koloniale Pädagog*innen dachten oder bewerkstelligten, konnte diese grundlegende Tatsache nicht ändern.

Zu empfehlen, dass afrikanische Mädchen eine Schule besuchen sollten, war mehr als nur eine politische Entscheidung. Es hatte ungeheure gesellschaftliche Folgen und unterstellt, dass die Gesellschaft gebildete Frauen vernünftig einsetzen würde. Die kapitalistische Gesellschaft der Metropolen hatte es selbst nicht geschafft, Frauen zu befreien, ihnen gleiche Bildungschancen zu gewähren oder ihnen verantwortungsvolle Arbeitsplätze zu bieten, in denen sie genauso viel verdienten wie Männer. Somit war es Wunschdenken, zu glauben, dass das koloniale Bildungssystem ernsthaftes Interesse an afrikanischen Frauen hätte, insbesondere da die Kolonisator*innen das Bewusstsein der Menschen in dieser Angelegenheit hätten ändern müssen, das die Merkmale feudaler und präfeudaler Gesellschaften aufwies. Nirgendwo schuf der Anbau von Marktfrüchten oder der Export von Erzen Möglichkeiten für gebildete Frauen. Genau wie in den kapitalistischen Metropolen ging man davon aus, dass der öffentliche Dienst Männersache sei. Der äußerst begrenzte Beschäftigungssektor in den Kolonien hatte deshalb gebildeten Frauen nichts anzubieten und moderne Bildung blieb ein Luxus, mit dem nur wenige von ihnen in Kontakt kamen.

Ein anderer progressiver Vorschlag einiger kolonialer Pädagog*innen war es, die landwirtschaftliche und technische Ausbildung auszuweiten. Aber eine wirkliche technische Ausbildung wurde ausgeschlossen, da der grundlegende Zweck der kolonialen Wirtschaft die Entwicklung der Industrie und des Wissens innerhalb Afrikas nicht erlaubte. Nur in seltenen Fällen, wie im Kongo, bestand eine objektive Notwendigkeit, Afrikaner*innen technisch auszubilden. In den späteren Phasen der Kolonialherrschaft im Kongo war die Ausbeutung mineralischer Bodenschätze bereits so weit entwickelt, dass ein praktischer Bedarf an extensiven technischen Grundfähigkeiten unter den afrikanischen Arbeiter*innen bestand. Ein paar wenige Katanges*innen und andere Kongoles*innen erhielten auch eine technische Ausbildung auf Sekundarschulniveau. Bezeichnenderweise ergriffen in diesen Fällen die Privatunternehmen die Initiative, da ihre Gewinne auf dem Spiel standen und die Fachschulen eine Erweiterung ihrer Produktionsprozesse waren. Was aber immer auch an qualifizierten Arbeitskräften in dem eingeschränkten Bereich des Bergbaus und der Industrie in Afrika benötigt wurde, wurde größtenteils dadurch abgedeckt, dass man Europäer*innen ins Land holte.

Die Landwirtschaft wurde nicht wie in Skandinavien oder Neuseeland als wissenschaftliche Industrie betrieben, wo die Weißen ihr auf kapitalistischer Grundlage nachgingen. Wie bereits erwähnt, wurde die Produktion von Marktfrüchten in Afrika durch minimale Ausgaben seitens der Europäer*innen und ohne den Einsatz neuer Technologien am Laufen gehalten. Als die Bildungsberater*innen also eine landwirtschaftliche Ausbildung vorschlugen, die für die Bedürfnisse der Afrikaner*innen relevant war, bedeutete das keine Bereicherung des afrikanischen Wissens. In vielen kolonialen Schulen wurde der Landwirtschaftsunterricht zu einem schlechten Witz. Er war ein Teil der Schinderei innerhalb der Institution. Die Lehrkräfte erhielten keine landwirtschaftliche Ausbildung und konnten somit auch nichts Wissenschaftliches weitergeben. Die Kinder kultivierten nichts als Widerwillen gegen die harte *shamba*-Arbeit[186] – und tatsächlich wurde sie auch als eine Form der Bestrafung genutzt.

Die ersten Bildungsausschüsse maßen der religiösen und moralischen Akzentuierung der Ausbildung auch noch höchste Priorität bei – etwas, das in Europa selbst bereits verschwand. Die Rolle der christlichen Kirche im Bildungsprozess verlangt selbstverständlich besondere Aufmerksamkeit. Die christlichen Missionar*innen waren genauso Teil der Kolonialkräfte wie die Entdecker*innen, Händler*innen und Soldaten. Ob in einer bestimmten Kolonie die Missionare die anderen Kolonialkräfte nach sich zogen oder ob es sich andersrum verhielt, darüber mag sich streiten lassen; aber die Tatsache, dass die Missionar*innen im praktischen Sinne Handlanger des Kolonialismus waren, lässt sich nicht bezweifeln, mögen sie sich selbst auch in einem anderen Licht sehen. Der impe-

186 Landarbeit [Anm. d. Red.]

rialistische Abenteurer Sir Henry Johnston hatte eine Abneigung gegenüber den Missionar*innen, aber er räumte ihnen das Lob ein, dass *»jede Missionsstation eine Übung im Kolonisieren ist.«*

In Europa hatte die Kirche lange ein Monopol auf den Schulunterricht inne – von der Feudalzeit bis hinein in die kapitalistische Epoche. Im späten 19. Jahrhundert begann sich diese Situation in Europa zu verändern; aber, soweit es europäische Kolonisator*innen betraf, wurde das koloniale Bildungssystem in Afrika der Kirche überlassen. Die Stärken und die Schwächen dieses Schulsystems müssen eindeutig der Kirche zugeschrieben werden.

Sowohl innerhalb als auch außerhalb von Kirche und Schule war das Kirchenpersonal wesentlich daran beteiligt, während der Kolonialzeit moralische Werte festzulegen. Sie lehrten eine Ethik der zwischenmenschlichen Beziehungen, die an sich schon an die höheren Instinkte der Afrikaner*innen appellieren konnte, so wie sie zuvor andere Europäer*innen bewegt hatte. Natürlich gab es eine gewaltige Diskrepanz zwischen dem Verhalten der Europäer*innen und den christlichen Prinzipien, mit denen man sie in Verbindung brachte; und auch für die Afrikaner*innen galt, dass die Motive für die Annahme des christlichen Glaubens oft nichts mit den Inhalten dieser Religion zu tun hatten. Tatsächlich war die Kirche als Quelle der Bildung für viele Konvertit*innen wahrscheinlich attraktiver als die Kirche als Religionsspenderin.

Alles, was die Kirche in irgendeiner Form lehrte, kann als Beitrag zur schulischen und außerschulischen Bildung im kolonialen Afrika betrachtet werden und ihre Lehren bedürfen einer Betrachtung in ihrem gesellschaftlichen Kontext. Die Rolle der Kirche war in erster Linie, die sozialen Verhältnisse des Kolonialismus zu bewahren, sozusagen in Erweiterung ihrer Rolle als Bewahrerin der sozialen Verhältnisse des Kapitalismus in Europa. Deswegen betonte die christliche Kirche Bescheidenheit, Demut und Hinnahme. Seit den Tagen der Sklaverei auf den Westindischen Inseln wurde die Kirche unter der Bedingung hinzugeholt, dass sie die afrikanischen Sklav*innen nicht mit Lehren der Gleichheit vor Gott aufwiegeln solle. In jenen Tagen lehrte man die Sklav*innen die Schönheit und Güte aller Dinge zu besingen und dass der Sklav*innenhalter in seinem Schloss genauso als Geschöpf Gottes akzeptierte werden solle wie die Sklav*innen, die in elenden Hütte hausen und 20 Stunden am Tag unter der Peitsche schuften musste. Auch in Afrika konnte man sich darauf verlassen, dass die Kirchen lehrten, angesichts der Ausbeutung auch die andere Wange hinzuhalten und die Botschaft in die Köpfe zu pflanzen, dass im nächsten Leben schon alles gut sein werde. Nur die niederländisch-reformierte Kirche Südafrikas war offen rassistisch, aber alle anderen waren insofern rassistisch, als ihr europäisches Personal sich nicht von anderen Weißen unterschied, die als Folge des jahrhundertelangen Kontakts zwischen Europäer*innen und dem Rest der Welt Rassismus und Kulturimperialismus in sich aufgesogen hatten.

Im Dienst des Kolonialismus übernahm die Kirche häufig die Rolle der Vermittlerin dessen, was kulturell vorschriftsgemäß war. Die traditionellen afrikanischen Religionen wurden mit dem Teufel in Verbindung gebracht (der ohnehin schwarz war) und es dauerte eine sehr lange Zeit, bis europäische Kirchenmänner die in Afrika vorherrschenden religiösen Vorstellungen als Religion akzeptierten, anstatt sie als Magie und Hexenwerk anzusehen. In ihrer Feindseligkeit gegenüber den Manifestationen afrikanischer Kultur und Religion, erfüllte die christliche Kirche aber durchaus einige progressive Aufgaben. Praktiken wie das Ermorden von Zwillingen oder Gottesurteile waren bei den europäischen Missionar*innen verpönt und dabei handelte es sich um abergläubische Ideen, die ihre Wurzeln in einer frühen Phase der Entwicklung Afrikas hatten, als so etwas wie die Geburt von Zwillingen wissenschaftlich nicht erklärt werden konnte und so eine religiöse Furcht erzeugte.

Es muss angemerkt werden, dass – lange vor dem kolonialen Wettlauf – in Westafrika viele Ausgestoßene der Gesellschaft sowie Personen, die unter religiösen und sozialen Vorurteilen zu leiden hatten, die ersten waren, die zur christlichen Kirche übertraten. Was von einem Teil der Bevölkerung befürwortet wurde, wurde von einem anderen Teil abgelehnt und in unserem Jahrhundert rief der Kulturimperialismus der Kirche heftigen Widerstand hervor. Die vorherrschenden afrikanischen Sitten wie die Polygamie attackierte man ohne Berücksichtigung ihrer sozioökonomischen Funktion. Bei der Frage der Monogamie führten die christlichen Missionare kein religiöses Prinzip ein, sondern eher eine Facette der kapitalistischen Gesellschaft Europas. Damit ihre Propaganda wirken konnte, mussten die Aktivitäten der Europäer*innen einen Wandel in den erweiterten Familienstrukturen der afrikanischen Gesellschaft herbeiführen. Das ging sehr langsam vonstatten und in der Zwischenzeit akzeptierten viele Afrikaner*innen die religiösen Aspekte, während sie die kulturellen Anhängsel und die europäischen Missionare selbst ablehnten.

Viel wurde schon geschrieben über die kolonialafrikanische Strömung, die als Unabhängige Kirchenbewegung bekannt ist. Dabei handelte es sich um einen Trend, bei dem tausende afrikanischer Christ*innen teilnahmen, indem sie aus den europäischen Kirchen (vor allem aus protestantischen Kirchen) austraten und unter christlich-afrikanischer Führung ihre eigenen Gebetsstätten errichteten. Die Motive waren unterschiedlich. Einige unabhängige Kirchen waren in äußerstem Maße nationalistisch, wie die, die von John Chilembwe gegründet wurde, der 1917 einen bewaffneten nationalistischen Aufstand in Njassaland (Malawi) anführte. Andere entstanden als Reaktion der Afrikaner*innen, die Priester oder Pastoren werden wollten, auf die Diskriminierung, die sie vonseiten der weißen Missionar*innen erfuhren. Ein konstanter Faktor war die Empörung über die Art, wie die Europäer*innen die Afrikaner*innen zwangen, sich als Europäer*innen zu identifizieren. Gegen dieses Konzept aufbegehrend, stellte eine Unabhängige Zulu-Kirche die örtliche Bevölkerung vor die Frage: *»Bist du ein Jude oder ein Zulu? Warst du dabei, als sie ihren Herrn ans Kreuz schlugen?«* Nichtsdestotrotz akzeptierten viele Afrikaner*innen das entmenschlichende Prinzip der Entfremdung vom eigenen Selbst. Die afrikanische Identifikation mit den Europäer*innen (seien sie Heid*innen oder Jüd*innen) war eine Säule der außerschulischen Bildung der Kolonialzeit.

Letztendlich war das vielleicht wichtigste Prinzip der kolonialen Erziehung das des kapitalistischen Individualismus. Wie viele Aspekte der Vorstellungen, die den Überbau einer Gesellschaft ausmachen, hatte er – historisch gesehen – sowohl negative als auch positive Seiten. Das europäische Bürgertum war progressiv, als es das Individuum gegen die exzessive Kontrolle des Familienvaters und die gesammelten Regularien der Kirche und der feudalen Gesellschaft verteidigte. Das kapitalistische System ging aber dann dazu über, die Rechte der individuellen Eigentümer*innen gegen die Rechte der Masse der ausgebeuteten Arbeiter*innen und Bäuer*innen zu verteidigen. Als der Kapitalismus während der Kolonialzeit seinen Einfluss auf Afrika ausübte, war die Idee des Individualimus bereits in ihrer reaktionären Phase. Er diente nicht länger dazu, die Mehrheit zu befreien, sondern diente eher dazu, die Mehrheit zum Vorteil einiger weniger zu versklaven.

Als der Individualismus auf Grund und Boden angewandt wurde, bedeutete das, dass das Privateigentum und der Verkauf von Land in einigen Teilen des Kontinents vorherrschend wurde. Viel weiter verbreitet war die neue Übereinkunft, dass individuelle Arbeit der jeweiligen Person und nicht einem größeren Kollektiv, wie dem Clan oder einer ethnischen Gruppe, nutzen sollte. So wich die Praxis kollektiver Arbeit und gleichmäßiger gesellschaftlicher Verteilung gewinnorientierten Bestrebungen. Oberflächlich betrachtet, schien es so, als brächte der Individualismus Fortschritt. Einige Individuen besaßen große Kaffee-, Kakao- oder Baumwoll*shambas* und andere brachten es durch Bildung in der Kolonialverwaltung zu einigem Ansehen. Als Individuen hatten sie ihr Los verbessert und wurden Vorzeigemodelle des Erfolgs innerhalb der Gesellschaft. Jedes Erfolgsmodell ist ein Erziehungsmodell, das die Gedanken und Taten von jung und alt in einer Gesellschaft lenkt. Das Modell persönlichen Erfolgs im Kolonialismus war in Wahrheit ein Modell des Auseinanderbrechens und der Unterentwicklung der gesamten afrikanischen Gesellschaft.

Es ist ein verbreiteter Mythos innerhalb des kapitalistischen Weltbilds, dass das Individuum durch Entschlossenheit und harte Arbeit zum Kapitalisten werden kann. In den Vereinigten Staaten wird gewöhnlich jemand wie John D. Rockefeller, Sr. als Beispiel für jemanden angeführt, der es »vom Tellerwäscher zum Millionär« gebracht hatte. Um die Moral von Rockefellers Erfolgsgeschichte zu vervollständigen, wäre es notwendig, all die Details und all die Millionen von Menschen zu erwähnen, die ausgebeutet wurden, damit ein Mann ein Multimillionär werden konnte. Das Anhäufen von Vermögen lässt sich nicht durch harte Arbeit allein bewerkstelligen, andernfalls wären die Afrikaner*innen, die als Sklav*innen in Amerika und auf den Westindischen Inseln arbeiteten die reichste Bevölkerungsgruppe der Welt. Der Individualismus oder der Kapitalist muss vor dem Hintergrund der harten und nicht entlohnten Arbeit der Massen betrachtet werden.

Der Gedanke des Individualismus war in Kolonialafrika destruktiver als in der kapitalistischen Gesellschaft der Metropolen. Von den letzteren lässt sich behaupten, dass vom Aufstieg des Bürgertums die arbeitenden Klassen indirekt profitierten, indem er die Technologie voranbrachte und den Lebensstandard anhob. Aber in Afrika brachte der Kolonialismus keinen dieser Vorzüge mit sich – er intensivierte nur die Rate der Ausbeutung afrikanischer Arbeit und exportierte dann den Mehrwert. In Europa führte der Individualismus zum Unternehmer- und Abenteurertum von der Art, die Europas Eroberung der restlichen Welt einleitete. In Afrika zerstörte sowohl das schulische Bildungssystem wie auch das außerschulische Wertesystem des Kolonialismus die gesellschaftliche Solidarität und förderte die schlimmste Form des entfremdeten Individualismus ohne soziale Verantwortung. Das verzögerte den politischen Prozess durch den die Gesellschaft versuchte, ihre Unabhängigkeit wiederzuerlangen. Bis hierhin wurde ständig behauptet, Entwicklung wurzelte in der materiellen Umwelt, in den Produktionstechniken und in den sozialen Beziehungen, die sich aus der Arbeit der Menschen ergaben. Es existieren sogenannte »Verschwörungstheorien der Geschichte«, in denen die Geschehnisse ganzer Epochen so dargestellt werden, als handele es sich dabei um die geheimen Machenschaften irgendeines Kollektivs. Bei der Untersuchung von Afrikas Beziehungen zu Europa ist solch ein Ansatz nicht empfehlenswert. Hinsichtlich der kolonialen Bildungspolitik findet man allerdings noch am ehesten Elemente einer bewussten Planung durch eine Gruppe von Europäer*innen, um über einen beträchtlichen Zeitraum und bis in die Zukunft hinein das Schicksal von Millionen von Afrikaner*innen zu kontrollieren. Bei den Franzos*innen zeigte sich die Planung der kolonialen Erziehung zur Unterwerfung Afrikas am deutlichsten, da französische Politiker*innen und Verantwortungsträger*innen die Gewohnheit hatten, ihre Gedanken zu Afrika offen zu äußern. Wir zitieren im Folgenden also die französischen Kolonisator*innen selbst, um zu zeigen, dass das koloniale Bildungssystem wesentliche politische Belange nicht dem Zufall überließ, sondern bewusst politische Entscheidungen ausführte, die es erschweren sollten, dass die Völker Afrikas ihre Freiheit wiedererlangten.

Seit der Zeit des imperialistischen Wettlaufs um Afrika, erkannten französische Anführer, dass es von größter Wichtigkeit war, in den Teilen Afrikas, die von Frankreich beansprucht worden waren, diverse Schulen zu errichten, sodass die französische Sprache und Kultur von einigen Afrikaner*innen angenommen werden konnte, die sich dann mit Frankreich, anstatt mit Großbritannien oder Portugal oder einem anderen europäischen Rival*innen identifizieren würden. Das galt insbesondere in umstrittenen Grenzgebieten. Eugène Etienne, ein französischer Minister zu Beginn der Kolonialzeit, verkündete, die Ausweitung der französischen Sprache wäre eine notwendige »Maßnahme der nationalen Verteidigung.« Schon 1884 wurde eine *Alliance Française* gebildet, die ein Instrument des Bildungs- und Kulturimperialismus sein sollte und von der französischen Regierung anerkannt und unterstützt wurde. Die Berichte der *Alliance Française* zeigen deutlich, dass sie sich selbst als einen Arm des französischen Imperialismus sahen, der kämpfte, damit Frankreich sich behaupten konnte. Beispielsweise schrieb die *Alliance Française* über die französischen Schulen in Oberguinea im späten 19. Jahrhundert:

> *»Sie müssen den fürchterlichen Einfluss der englischen Schulen Sierra Leones in dieser Region bekämpfen. Der Wettstreit zwischen den zwei Sprachen wird um so erbitterter, je weiter man sich in den Süden begibt, der von den englischen Eingeborenen und ihren Methodistenpfarrern überrannt wurde.«*

Wie wir bereits im Falle Portugals und Spaniens gesehen haben, wurde der Verbreitung der Sprache der europäischen Kolonialmächte größte Bedeutung beigemessen. Belgien wiederum förderte die lokalen Sprachen als Mittel der Spaltung und Verzögerung. Nur in Tanganjika, das unter deutscher Herrschaft stand, gab es eine positive Reaktion auf die Möglichkeiten des Suaheli als Unterrichtssprache, sodass diese Sprache, die sich bereits durch Handel, politische

Beziehungen und persönliche Kontakte verbreitet hatte, einen weiteren Impuls erhielt.

Neben der Sprache war in den meisten Kolonien die Religion eine weitere Säule des Kulturimperialismus. Die Kirche spielte in französischen Kolonien nie so eine bedeutende Rolle wie sie es in anderen Teilen Afrikas tat, die von überwiegend katholischen Ländern kolonialisiert worden waren; und auch die protestantischen Kirchen in britischen Kolonien spielten eine viel wichtigere Rolle als die Kirche in Französisch-Afrika. Die Erklärung hierfür liegt darin, dass die bürgerliche Revolution Frankreichs im 18. Jahrhundert antiklerikaler war als jede andere bürgerliche Revolution und die katholische Kirche in Frankreich im Jahr 1905 – nach vielen Jahren schlechter Beziehungen – vollständig vom Staat getrennt war. Nichtsdestotrotz bat die französische Regierung die katholische Kirche im eigenen Land um Hilfe bei der Sicherung nationaler Interessen, als sie sah, dass Missionsschulen England dabei halfen, sich in Afrika festzusetzen.

Aus Sicht der Kolonisator*innen war das größte Problem, nachdem die Grenzen einer Kolonie endgültig entschieden waren, die Mitarbeit der Afrikaner*innen bei der Ausführung politischer Entscheidungen sicherzustellen, die für die Metropolen günstig waren. Der Einsatz von Gewalt war zum Erreichen dieses Zwecks immer eine Option, aber nackte Gewalt behielt man lieber in Reserve, anstatt sie für Alltagsangelegenheiten zu gebrauchen. Nur die Erziehung konnte die Basis für ein reibungsloses Funktionieren der kolonialen Verwaltung schaffen. Zuerst einmal war da das grundlegende Sprachproblem, das sich bei der Kommunikation zwischen Europäer*innen und Afrikaner*innen ergab. Meistens verwendeten Europäer*innen Übersetzer*innen, um Befehle weiterzugeben, aber man wusste, dass diese die Möglichkeit ergriffen, um sich Vorteile zu verschaffen und Befehle abzuändern oder sogar zu sabotieren. Ein Sprichwort in französisch Kolonialafrika lautete »Übersetzung ist gleichbedeutend mit Verrat« und die einzige Möglichkeit, sie zu umgehen, war es, der breiten Bevölkerung Französisch beizubringen.

Ferner bestand noch der praktischen Aspekt, Afrikaner*innen zu besseren Arbeiter*innen auszubilden, genauso wie auch europäsiche Arbeiter*innen eine Ausbildung erhielten, um effizienter zu sein und einen zusätzlichen Mehrwert für die Kapitalisten zu produzieren. In Kolonialafrika erkannte die europäische Bourgeoisie, dass eine geringfügige Bildung den Wert der Arbeitskraft maximieren würde. Albert Sarraut, ein französischer Kolonialminister, hob 1914 die Bedeutung dessen hervor, was er *»den ökonomischen Nutzen der Bildung der [afrikanischen] Massen«* nannte. Einige Jahre vorher hatten die Franzos*innen eine besondere Verlautbarung ungefähr desselben Inhalts für Madagaskar ausgegeben. Eine Anordnung aus dem Jahr 1899 deutete an, dass der Schulunterricht dazu da war, um

> *»...die jungen Madagassen in treue und gehorsame Untertanen Frankreichs zu verwandeln und eine Bildung anzubieten, die industriell, landwirtschaftlich und gewerblich sei, um sicherzustellen, dass die Siedler und die verschiedenen öffentlichen Dienstleistungen der Kolonie ihre Personalanforderungen erfüllen konnten.«*

In der Praxis war es nicht notwendig, die Massen zu unterrichten, denn nur eine Minderheit der afrikanischen Bevölkerung trat auf eine Weise in die koloniale Wirtschaft ein, dass ihre Leistung durch Bildung hätte gesteigert werden können. Tatsächlich konzentrierten sich die Franzos*innen darauf, eine kleine Minderheit auszuwählen, die gründlich dem französischen Kulturimperialismus ausgesetzt wurden und Frankreich dabei helfen würde, seine ausgedehnten kolonialen Besitzungen zu verwalten. William Ponty, ein früher Generalgouverneur Französisch-Westafrikas, sprach davon, *»eine Elite junger Menschen [zu formen], die dazu bestimmt ist, uns in unseren Bemühungen zu unterstützen.«* Henry Simon (damals Kolonialminister) entwarf 1919 ein Programm für eine weiterführende Bildung in Afrika, mit dem Ziel, die *»besten einheimischen Elemente zu vollständigen Franzos*innen zu machen.«*

Der deutlichste Ausdruck der politischen Folgen der französischen Bildungspolitik in den Kolonien zeigte sich in den 1930ern und zu dieser Zeit folgten auf die Worte auch Taten. Brevié, der 1930 Generalgouverneur Französisch-Westafrikas war, drängte auf die Ausweitung der höheren Grundschulbildung für Afrikaner*innen, *»um uns bei unserer Kolonialisierungsarbeit zu helfen.«* Brevié wurde durch den Umstand ermutigt, dass bis dahin *»eine einheimische Elite [entstanden war], für deren Hingabe zu einer gründlichen und reinen französischen Kultur sich bereits Anzeichen erkennen ließen.«* Mit der Unterstützung des Generalinspektors für Bildung fuhr der Gouverneur also fort, seine Pläne zu skizzieren, nach denen afrikanische Schüler*innen weiterführende Schulen besuchen sollten, um koloniale Kader zu werden. Jedes soziopolitische System braucht seine Kader. In Shakas Armeen übernahmen die jüngsten Alterskohorten diese Rolle, in der Sowjetunion die Komsomol oder Jungkommunist*innen. Einem Kader anzugehören verlangte nicht nur eine Ausbildung für einen handwerklichen Beruf, sondern auch eine politische Orientierung, um innerhalb des Systems als leitendes Element zu dienen. Die Franzos*innen und andere Kolonialist*innen verstanden dies sehr gut. Brevié drückte es wie folgt aus:

»Es geht keineswegs nur darum, Lehrlinge, Angestellte und Beamte je nach den wechselnden Bedürfnissen des Augenblicks auszubilden. Die Rolle dieser einheimischen Kader ist viel weitreichender.«

Nur in Nordafrika, mit seiner großen Population weißer Siedler*innen, hielten es die Franzos*innen nicht für notwendig, eine lokale Elite dazu zu ermutigen, unter Anleitung der Metropole und des Gouverneurs die Geschäfte zu führen, auch wenn selbst in Algerien einige Untertanen auftauchten, die Beni Oui Oui genannt wurden – wortwörtlich »Ja–ja–Männer«, die entgegen der Interessen ihrer Brüder und Schwestern immer bereitwillig die Anweisungen der Franzos*innen ausführten. Ein anderer weitsichtiger Aspekt der französischen Bildungspolitik war die Art, wie sie die Söhne von Häuptlingen zwangen, sich Bildung anzueignen. Es war ein bewusster Versuch, sich die Loyalität derer zu sichern, die im unabhängigen Afrika noch vor kurzem politische Macht innehatten und es war ein Versuch, eine Kontinuität zur vorkolonialen Phase herzustellen. Wie die Franzos*innen selbst sagten: Durch das Unterrichten der Söhne der traditionellen Herrscher *»entsteht ein Band zwischen den einheimischen Kadern, gebildet aus uns und denen, die die einheimische Gesellschaft anerkennt.«*

Im Jahr 1935 besuchte eine Gruppe britischer Pädagogen Französisch–Afrika und gaben mit einer Mischung aus Neid und Bewunderung zu, dass es Frankreich gelungen war, eine Elite aus Afrikaner*innen nach dem Bilde der Franzos*innen zu schaffen – eine Elite, die dabei half, die französische Kolonialherrschaft zu sichern. In mal größerem und mal kleinerem Umfang brachten alle Kolonialmächte ähnliche Kader hervor, um ihre Kolonialreiche in Afrika und anderswo zu verwalten und zu stützen.

Nach dem Zweiten Weltkrieg wurde es offensichtlich, dass die Kolonialherrschaft in Afrika nicht für immer in derselben Form aufrechterhalten werden konnte, denn Asien war schon weggebrochen und Afrika unruhig. Als sich die Erkenntnis, dass das Ende in Sicht war, allgemein durchsetzte, wendeten sich die imperialistischen Mächte an ihre kolonialen Kader und gaben ihnen die Zügel der Politik des politisch unabhängigen Afrika in die Hand. Es sollte betont werden, dass die Entscheidung, Afrika in die Freiheit zu entlassen, nicht von den Kolonialmächten, sondern von den Menschen Afrikas getroffen wurde. Trotzdem trug der Übergang vom Kolonialismus zu dem, was heute als Neokolonialismus bekannt ist, durchaus das Element der Verschwörung in sich. Im Jahr 1960 äußerte der damalige britische Premierminister Harold Macmillan den oft zitierten Satz, dass *»ein Wind des Wandels über Afrika weht.«* Das war die bürgerliche Art, das auszudrücken, was der chinesische Premier Zhou

Enlai bald bestätigte: nämlich, dass *»Afrika reif für eine Revolution«* war. Um die afrikanische Revolution hinauszuzögern oder zu kapern, wandten sich die Kolonialmächte einer Gruppe zu, die sie bereits für einen anderen Zweck geschaffen hatten – die Elite der kolonialistisch geschulten Afrikaner*innen, aus deren Reihen wo immer möglich diejenigen ausgewählt wurden, die sich am besten für eine Beförderung in eine politische Führungspostition eigneten; die Verwaltung und der Militärapparat wurden in die Hände ähnlich vertrauenswürdiger Kader gelegt.

Einige wenige weitsichtige Europäer*innen sahen von Anfang an, dass das koloniale Bildungssystem ihnen nützlich sein würde, falls und wenn Afrika seine politische Unabhängigkeit wiedererlangen würde. So erklärte Pierre Foncin, einer der Gründer der *Alliance Française*, zu Beginn dieses Jahrhunderts, dass *»es notwendig ist, die Kolonien durch ein sehr festes psychologisches Band an die Metropole zu binden, für den Tag, an dem ihre fortschreitende Emanzipation in einer Form der Föderation endet – was wahrscheinlich ist. Sie müssen in Sprache, Denken und Geist französisch sein und bleiben.«* Doch waren es die Brit*innen, die als erste erkannten, dass sie sich dem Unvermeidlichen beugen und Afrika in die Unabhängigkeit entlassen sollten. Während die Franzos*innen einige wenige afrikanische Vertreter in ihr eigenes Parlament in Frankreich einführten, um zu versuchen, die afrikanischen Territorien weiter an Frankreich zu binden, begannen die Brit*innen damit, die Übergabe an bestimmte, ausgewählte Afrikaner*innen vorzubereiten.

In den imperialistisch-kapitalistischen Ländern gab es (und gibt es noch immer) Eliteschulen, die den Großteil des politischen und anderweitigen Führungspersonals bereitstellen. Die elitären Internatsschulen Englands, wie Eton, Harrow, Rugby und Winchester sind bekannt dafür, Kaderschmieden der britischen Herrscherklasse zu sein und viele Expert*innen räumen ihnen einen höheren Stellenwert ein als den Universitäten, die Schüler*innen dieser höheren Schulen zwangsläufig besuchen. In Frankreich war und ist es üblich, dass Studierende, die von Schulen wie der Lycée Louis le Grand und der École Normal Supérierure Rue d'Ulm kommen, die Kabinettsminister*innen und oberen Führungskräfte des Landes stellen. In den Vereinigten Staaten besuchte, trotz des Mythos, dass es jeder an die Spitze schaffen kann, ein großer Teil der herrschenden Klasse exklusive Schulen wie die privaten Knabenschulen Groton, St. Paul's, St. Mark's und Philips Exeter.

Unter afrikanischen Bedingungen war jeder, der während der Kolonialzeit eine Schule besuchte, praktisch zur Elite gehörig, da die Zahl derjenigen, die auch nur das Privileg einer Grundschulausbildung genossen, so niedrig war. Darüber hinaus gab es in jeder Kolonie in der Regel mindestens eine weiterführende Schule oder ein höheres Institut, das die Aufgabe hatte, das politisch-administrative Personal Afrikas in der Zeit der politischen Unabhängigkeit auszubilden. Die Namen der Kabinettsminister und Staatssekretäre der einzelnen afrikanischen Länder finden sich in den Schulakten des Gordon College (Sudan), der Alliance High School (Kenia), des King's College Budo (Uganda), der Tabora Secondary School (Tansania), Livingstonia (Malawi), William Ponty (Senegal), der Sierra Leone Grammar School, Mfantsipim (Ghana), der Lycée Gallieni (Madagascar) und einiger anderer. Außerdem existierten daneben noch Makerere, Fourah Bay und Achimota – lange bestehende universitäre oder hochschulnahe Einrichtugen.

Rückblickend betrachtet erscheint es nun völlig einleuchtend, dass einer der bedeutendsten Aspekte des kolonialen Bildungssystems von den Streitkräften und der Polizei bereitgestellt wurde. Koloniale Armeen wie die King's African Rifles, die französische Armee und die Congolese Force Publique brachten Feldwebel hervor, die später die Majore und Generäle des unabhängigen Afrika und – in mehreren Fällen – Staatsoberhäupter wurden. Polizisten wurden ähnlich rasant befördert, auch wenn ihre politischen Positionen etwas schwächer waren als die der echten Militärs. Wie ihre zivilen Pendants war die zukünftige Elite von Polizei und Militär ausgebildet worden, um die Rolle rangniedriger Helfer der kolonialen Oberherren zu übernehmen, aber sobald die Unabhängigkeit in Sicht war, waren die Kolonisator*innen der Meinung, dass sie die erforderlichen Qualitäten für koloniale Kader mitbrachten und geeignet wären, Teil der herrschenden Klasse des neokolonialen Afrika zu werden. In einigen Fällen beeilten sich die Kolonialmächte gegen Ende der Kolonialzeit damit, ein paar Afrikaner an den höheren Institutionen wissenschaftlicher Gewalt in den Metropolen auszubilden, insbesondere an der Militärakademie Sandhurst, der Hendon Polizeischule in Großbritannien und der Militärakademie St. Cyr in Frankreich. Die wenigen, die für eine solche Ausbildung ausgewählt wurden, wurden die Crème de la Crème der militärischen Elite, entsprechend der afrikanischen Zivilist*innen, die entweder in Afrika oder im Ausland eine Universität besucht hatten.

Das meiste, was das koloniale Bildungssystem hervorbrachte, war nichts Außergewöhnliches. Bildungssysteme werden geschaffen, um als Stützen der jeweiligen Gesellschaft zu dienen und die Gebildeten der jungen Alterskohorten tragen ihre Werte automatisch in die Gesellschaft hinein, sobald sie an der Reihe sind, in ihr Entscheidungen zu treffen. In Afrika bildeten die Kolonialist*innen untergeordnete Verwaltungsangestellte, Lehrkräfte, Unteroffiziere und Schalterbeamte für die Eisenbahn aus, um die kolonialen Verhältnisse zu bewahren; und es überrascht nicht, dass solche Individuen koloniale Werte in die Zeit nach der Wiedererlangung der Unabhängigkeit mitbringen würden. Die Kolonialist*innen unterdessen versuchten, wo immer möglich sicherzustellen, dass diejenigen Personen, die ihnen am nächsten standen, weiterhin afrikanische Regierungen stellten und neue Ämter in der Politik und in der nationalen Polizei übernahmen. Eine solche Darstellung der Ereignisse würde von vielen Europäer*innen und auch von vielen Afrikaner*innen als einseitig bezeichnet werden. In gewissem Sinne trifft das zu und diese Einseitigkeit ist auch beabsichtigt. Es ist eine Darstellung dessen, was das koloniale Bildungssystem, gemessen *an seinen eigenen Zielen*, erreichte. Die andere Seite davon ist nicht das Positive, das sich den kolonialen Pädagog*innen anrechnen lässt, sondern eher das Positive, das trotz der Bemühungen und Absichten der Kolonialist*innen und wegen der Kämpfe der Menschen Afrikas daraus hervorging.

Entwicklung durch Widerspruch

Die einzige positive Entwicklung im Kolonialismus war sein Ende. In diesem Kapitel soll kurz skizziert werden, wie diese Entwicklung zustande kam, wobei insbesondere auf den gebildeten Sektor eingegangen wird.

Im Gegensatz zu einer subjektiven Interpretation dessen, was am Kolonialismus gut und was schlecht war, existiert auch ein Ansatz, der genau nachverfolgt, welche Ziele sich die Kolonialist*innen steckten und was sie erreichten und welche gegensätzlichen Ziele sich die Menschen Afrikas steckten und was sie erreichten. Manchmal waren Afrikaner*innen darauf beschränkt, die kolonialen Institutionen einfach nur so gut es ging zu manipulieren, aber zusätzlich erwuchsen innerhalb der kolonialen Gesellschaft bestimmte fundamentale Widersprüche, die nur dadurch gelöst werden konnten, dass die Afrikaner*innen ihre Selbstbestimmung als Volk wiedererlangten.

Die Analyse auf Basis wahrgenommener Widersprüche ist charakteristisch für den Marxismus. Deshalb nähern sich sowjetische Historiker*innen dem Zerfall des Kolonialismus innerhalb des folgenden Rahmens:

> *»Der Kolonialismus hielt die Entwicklung der versklavten Völker zurück. Um die koloniale Ausbeutung zu vereinfachen, hemmten die Imperialisten mit Absicht den wirtschaftlichen und kulturellen Fortschritt in den Kolonien, bewahrten und erneuerten überholte Formen gesellschaftlicher Verhältnisse und*

schürten Zwietracht zwischen den Nationalitäten und Stämmen. Der Drang nach riesigen Gewinnen befahl jedoch eine Entwicklung der extraktiven Industrie, der Plantagen und der kapitalistischen Landwirtschaftsbetriebe und den Bau von Häfen, Eisenbahnen und Straßen in den Kolonien. Folglich fanden in den Kolonien, ungeachtet des Willens der Kolonisatoren, gesellschaftliche Veränderungen statt. Neue gesellschaftliche Kräfte formierten sich – ein industrielles und landwirtschaftliches Proletariat, eine nationale Bourgeoisie und Intelligenzija.«

Unter den verschiedenen Teilen der afrikanischen Bevölkerung innerhalb des sogenannten modernen Sektors, der durch die kapitalistische Tätigkeit entstanden war, war die marktfruchtanbauende Bäuer*innenschaft die größte. Afrikanische Marktfruchterzeuger*innen lagen im schweren Konflikt mit den Kolonisator*innen, in deren Mittelpunkt der niedrige Preis für afrikanische Produkte und manchmal Landveräußerungen standen. Landwirtschaftliche Lohnarbeiter*innen und Arbeiter*innen in den Städten hatten definitiv ihr Land verloren und leisteten Widerstand gegen die Lohnsklaverei. Sie taten das, indem sie sich organisierten, so wie es das Proletariat in Europa seit seiner Entstehung tat; und durch straffe Organisation machten sie ihre Präsenz viel deutlicher als es ihre begrenzte Anzahl sonst erlaubt hätte. Am Ende machten sich die zahlenmäßige Überlegenheit der Bäuer*innen und derer, die einen Fuß im »Subsistenz«-Sektor hatten, in den Massenparteien bemerkbar. Aber während sich die Bäuer*innenschaft auf sporadische Rebellionen und Boykotte verließ, um ihren Beschwerden Ausdruck zu verleihen, befanden sich die Lohnarbeiter*innen in einem längerfristigen Prozess des Verhandelns, Petitionierens und des Streikens.

Die kleinste der gesellschaftlichen Gruppierungen war die der gebildeten Elite oder Intelligenzija. Wie bereits bemerkt, war die Zahl der Afrikaner*innen, die während der Kolonialzeit eine Bildung empfingen, so klein, dass jeder, der eine Schule besuchte, zu den Privilegierten zählte und zu einer Elite gehörte. Es gab nur wenige Rechtsanwält*innen und Ärzt*innen, die meisten von ihnen in Nord- und Westafrika. Allgemein gesprochen bestand die Intelligenzija aus Studierenden, Beamten und Lehrkräften. Die Gruppe der Gebildeten überschnitt sich auch mit dem Führungspersonal der Arbeiter*innenbewegung, mit der traditionellen afrikanischen Herrscherschicht, mit ehemaligen Soldaten und Polizisten und mit Kaufleuten und unabhängigen Handwerker*innen.

Zusammengenommen spielten die Gebildeten eine weit größere Rolle im Kampf um die afrikanische Unabhängigkeit, als es ihre Zahl erwarten ließ, weil sie es auf sich nahmen und dazu aufgerufen wurden, die Interessen aller Afrikaner*innen zu artikulieren. Sie mussten auch die politische Organisation bereitstellen, die sämtliche Widersprüche des Kolonialismus vereinen und sich auf den Hauptwiderspruch konzentrieren würde – den zwischen der Kolonie und der Metropole.

Der Widerspruch zwischen den Gebildeten und den Kolonisator*innen war nicht der tiefgreifendste. Letztendlich war es den Kolonisator*innen möglich, sich zurückzuziehen und die Ansprüche des größten Teils der afrikanischen Intelligenzija zu befriedigen, ohne das Los der Bäuer*innen und der Mehrheit der Arbeiter*innen, die am stärksten ausgebeutet und unterdrückt wurden, in irgendeiner Weise zu erleichtern. Solange die Differenzen zwischen den Kolonisator*innen und den gebildeten Afrikaner*innen aber anhielten, waren sie dennoch entscheidend.

Es wurde bereits lang und breit erörtert, dass die koloniale Bildung nur eine begrenzte Zahl an Afrikaner*innen erreichte, dass sie sich auf die Grundschulbildung beschränkte und dass ihre pädagogische und ideologische Funktion darin bestand, den Interessen Europas anstatt denen Afrikas zu dienen. Aber selbst so wäre die Anzahl der eingeschriebenen Schüler*innen noch viel geringer ausgefallen, wären da nicht die Bemühungen seitens der Afrikaner*innen selbst gewesen. Das Angebot weiterführender Schulen wäre noch schmaler gewesen und der ideologische Inhalt noch negativer ausgefallen, wenn die Aktivitäten der afrikanischen Massen nicht in ständigem Widerspruch zu den Zielen der europäischen Kolonisator*innen gestanden hätten. Hauptsächlich erfüllte die Ausbildung zur weiteren Versklavung nie ganz ihren Zweck; stattdessen erwuchsen verschiedene Stufen des Widerspruchs, die zur Unabhängigkeit führten und in manchen Fällen am Ende des Kolonialismus eine neue sozialistische Epoche einleiteten.

Wenn es irgendetwas Ruhmvolles an der Geschichte der kolonialen Bildung in Afrika gibt, dann liegt es nicht in den Brosamen, die die europäischen Ausbeuter*innen fallen ließen, sondern in dem gewaltigen Elan, den die Menschen Afrikas dabei zeigten, die Prinzipien des Systems zu meistern, dass sie beherrschte. In den meisten Kolonien gab es eine Anfangsphase der Gleichgültigkeit gegenüber der Schulbildung, aber als man erst einmal verstanden hatte, dass der Schulbesuch einen der wenigen Wege darstellte, auf denen man in der kolonialen Gesellschaft aufsteigen konnte, begannen die Afrikaner*innen danach zu schreien und *die Kolonisator*innen viel weiter zu drängen, als diese eigentlich gehen wollten.*

Als die Menschen Afrikas große Lasten auf sich nahmen, um in die Marktfrucht-Ökonomie einzutreten, kam das im Allgemeinen den Zielen der europäischen Kapitalisten entgegen. Die afrikanischen Initiativen im Bildungsbereich zeitigten allerdings Ergebnisse, die zumindest einigen der Ziele kolonialer Ausbeutung zuwiderliefen.

Wir bezogen uns bereits mehrere Male auf die Bildung in französisch Kolonialafrika aus Sicht der französischen Politik. Französische Verwaltungsbeamte äußerten sich ebenfalls zu den afrikanischen Anstrengungen, über die begrenzte Anzahl an Kadern hinauszugehen, die den Franzos*innen vorschwebte und die sie bereit waren aus afrikanischen Steuermitteln zu finanzieren. Im Jahr 1930 berichtete der Generalgouverneur Französisch-Westafrikas:

> *»Jede neu eröffnete Schule ist sofort bis zum Überlaufen voll. Überall rufen Scharen an Eingeborenen nach Bildung. Hier will ein Häuptling eine eigene Schule, also baut er sie; dann wieder bietet das eine oder andere Dorf an, die Kosten zu tragen, um eine Schule auszustatten. An bestimmten Orten an der Elfenbeinküste bezahlen die Dorfbewohner die Lehrkräfte aus eigener Tasche. Unsere Schüler kommen aus 20 bis 50 Kilometer entfernt gelegenen Ortschaften.«*

Der Enthusiasmus der Afrikaner*innen, sich mehr und höhere Bildung anzueignen, beschränkte sich nicht nur auf einen Teil des Kontinents, auch wenn er sich in manchen Gebieten früher zeigte und ausgeprägter war. Die Goldküste und Sierra Leone beispielsweise hatten eine Tradition europäischer Bildung, die bis in das 17. Jahrhundert zurückreichte. Es war deswegen keineswegs überraschend, dass 1824 das *Times Educational Supplement* bemerkte, dass es an der Goldküste eine universelle Nachfrage nach mehr und besserer Bildung gab. Es war die Goldküste, die J. E. K. Aggrey hervorbrachte, den ausgezeichneten afrikanischen Pädagogen und Nationalisten; und was schulische Bildung betraf, befeuerte er die Fantasie der Afrikaner*innen weit über die Goldküste hinaus.

Es existierte eine deutliche Korrelation zwischen dem Grad der kolonialen Ausbeutung und dem Ausmaß an bereitgestellten Sozialleistungen. Das galt insbesondere für den Bildungsbereich, sodass städtische Gebiete sowie Gebiete, in denen Bergbau betrieben oder Marktfrüchte angebaut wurden, praktisch ein Schulmonopol besaßen. Das lag teils an der kapitalistischen Politik, die Arbeitskraft der Arbeiter*innen zu verbessern, war aber auch eine Folge der in der Geldwirtschaft unternommenen Anstrengungen der Afrikaner*innen. Sie stellten Forderungen an die Kolonialverwaltung und demonstrierten eine nicht unbeträchtliche Opferbereitschaft und Selbstverleugnung, um mehr schulische

Einrichtungen zu erhalten. So zeigt sich, dass die Igbos, die ein Einkommen aus Palmöl erzielten, einen beträchtlichen Anteil ihres kleinen Verdiensts verwendeten, um Schulen zu bauen – für gewöhnlich in Zusammenarbeit mit der Kirche. Im Übrigen sollte an dieser Stelle erwähnt werden, dass Schulen, die unter dem Namen Kirchen- oder Missionsschulen liefen, oftmals vollständig von Afrikaner*innen finanziert wurden. Sie bezahlten Kirchenabgaben, spendeten für das Erntedankfest, zahlten manchmal in einen speziellen Bildungsfonds ein und entrichteten häufig Schulgebühren. Dieses Muster war in Igbo-Land weit verbreitet und auch in anderen Teilen Kolonialafrikas nicht ungewöhnlich. Die Existenz von Schulen sollte von der Kirche über das Palmöl bis zur Arbeit der Menschen zurückverfolgt werden. Man darf auch nicht vergessen, dass Missionar*innen, Verwaltungsbeamte, weiße Siedler*innen – alle miteinander – von afrikanischer Arbeit und afrikanischen Ressourcen lebten.

In den Marktfruchtanbaugebieten Britisch-Afrikas wurde es auch gängige Praxis, zu versuchen, Landwirtschaftsverbände und ähnliche Institutionen zu nutzen, um damit den Bildungsbereich zu finanzieren. Immerhin waren die Landwirtschaftsverbände angeblich im Interesse der Bäuer*innenschaft gegründet worden. Sie konzentrierten sich auf den Export von Überschüssen in Form von Dollarreserven für Großbritannien, aber gegen Ende der Kolonialherrschaft in der Epoche der Selbstverwaltung wäre es ein zu großer Skandal gewesen, den Afrikaner*innen nicht einen kleinen Teil der Erträge ihrer Arbeit zukommen zu lassen; und so wurden die Landwirtschaftsverbände dazu gebracht, einige Mittel für den Bildungssektor bereitzustellen. Im Jahr 1953 stimmte der Legislativrat Ugandas dafür, 11 Millionen Pfund aus dem Baumwollpreisstabilisierungsfonds für Sozialleistungen aufzuwenden, wobei ein großer Teil in die landwirtschaftliche Ausbildung ging.

Afrikaner*innen, denen es finanziell etwas besser ging, zeigten ihre Philanthropie dadurch, dass sie afrikanischen Kindern dabei halfen, die Schule zu besuchen. Die historischen Aufzeichnungen über das afrikanische Bildungswesen während der Kolonialherrschaft offenbaren einige Leckerbissen, wie die Tatsache, dass die erste weiterführende Schule in Somalia 1949 nicht von der Kolonialverwaltung oder auf Initiative der Kirche, sondern von einem somalischen Händler gegründet wurde. Natürlich wird in Afrika immer noch von allen, die bereits eine Schule abgeschlossen haben und Gehalt beziehen, erwartet, dass sie dabei helfen, mindestens ein weiteres Mitglied ihrer Großfamilie auszubilden. Und das deshalb, weil die Großfamilie und die Dorfgemeinschaft oftmals Opfer brachten, um ihr oder ihm dabei zu helfen, selbst eine Ausbildung zu bekommen. Das galt für Mauretanien ebenso wie für die Reservate Südafrikas und keine Afrikaner*in wird Schwierigkeiten haben, eigene Beispiele dafür zu nennen.

Mittlerweile sind einige Biographien von Afrikaner*innen erhältlich, die während der Kolonialzeit zu Prominenz gelangten, für gewöhnlich in der afrikanischen Unabhängigkeitsbewegung. Aus der Lektüre solcher Biographien ergibt sich zweifelsfrei, was für ein *Kampf* es war, während der Kolonialzeit eine Ausbildung zu erhalten. Zur selben Schlußfolgerung kommt man auch beim Lesen moderner afrikanischer Romane, da sich die Romanciers (während sie sogenannte Erzählungen verfassen) damit befassen, die Realität einzufangen. Verteidiger*innen des Kolonialismus reden, als wäre die Bildung ein großes Mahl gewesen, dass den Afrikaner*innen auf einem Tablett serviert worden sei. Das war sie nicht. Die Krümel an Bildung, die man fallen ließ, waren so klein, dass die Leute sich darum stritten. Sie sparten unglaublicherweise etwas von ihren geringen Einkommen auf und schickten ihre Kinder zur Schule; und afrikanische Kinder legten auf dem Schulweg Meilen zurück und dachten sich nichts dabei.

Neben den körperlichen und finanziellen Opfern, mussten Afrikaner*innen in einigen Kolonien auch noch eine politische Schlacht schlagen, damit das Prinzip der afrikanischen Bildung akzeptiert wurde. Die fraglichen Kolonien waren diejenigen mit weißer Siedlerbevölkerung.

In Kenia stellten weiße Siedler*innen klar, dass, soweit es sie betraf, ein ungebildeter Afrikaner besser war als ein gebildeter und dass einer mit nur rudimentärer Bildung zumindest besser war als einer, der mehr als ein paar Jahre Schulunterricht empfangen hatte. Der Beecher–Bericht über das Bildungswesen in Kenia (angefertigt 1949) war stark von weißen Siedler*innen beeinflusst und gestand freimütig:

> *»Analphabeten mit der richtigen Einstellung zu körperlicher Arbeit sind den Erzeugnissen der Schulen, die der körperlichen Arbeit nicht unmittelbar zugeneigt sind, vorzuziehen.«*

Da weiße Siedler*innen im Kolonialsystem dem Zentrum der Macht nahe standen, waren sie in der Lage, ihre Bildungsprinzipien in Kenia durchzusetzen; Afrikaner*innen erhielten nur wenig Bildung. Praktisch gesehen bedeutete das eine Ausnahme von der Regel, dass auf verstärkte Ausbeutung mehr Sozialleistungen folgten, aber die Kikuyu (die in Kenia am stärksten ausgebeutet wurden) nahmen die Situation nicht tatenlos hin. Ein Ansatz war es, die Kolonialregierung mit Forderungen zu bombardieren, auch wenn Afrikaner*innen in einer weitaus weniger günstigen Position dafür waren als die weißen Siedler*innen.

Die Forderungen waren teilweise erfolgreich. Der Beecher-Bericht gestand den Afrikaner*innen zähneknirschend einige Schulen der Primär- und Sekundarstufe zu, indem er Plätze für 40 Prozent der afrikanischen Kinder in der Grundschule, 10 Prozent in der Grund- oder Mittelstufe und 1 Prozent im Sekundarbereich vorschlug. Im Jahr 1960 existierten allerdings schon doppelt so viele Grundschulen, wie die weißen Siedler*innen bis zu diesem Datum eigentlich eingeplant hatten und die Zahl der weiterführenden Einrichtungen betrug das Dreifache von der von den weißen Siedler*innen errungenen Empfehlung.

Außerdem gab es dort, wo die Regierung zögerte, Schulen zu bauen oder aus afrikanischen Steuermitteln Missionar*innen dafür zu bezahlen, einen noch größeren Anreiz, Bildungsangelegenheiten selbst in die Hand zu nehmen. In Kenia kam es zu einer Flut an sogenannten unabhängigen Schulen, vergleichbar der der Unabhängigen Kirchen und tatsächlich auch größtenteils aus diesen hervorgehend. Die Unabhängigen Schulen in Kenia bildeten zwei große Vereinigungen: die Kikuyu Independent Schools Association und die Kikuyu Karinga Education Association, gegründet 1929.

So wie die christlichen Missionen der Europäer*innen Schulen nutzten, um Konvertit*innen anzulocken, maßen auch die Unabhängigen Kirchen der Schulung in der Praxis große Bedeutung bei. John Chilembwe leistete in dieser Hinsicht mit der Hilfe von Brüdern, die aus den Reihen afrikanischer Abkömmlinge in den Vereinigten Staaten rekrutiert wurden, Bemerkenswertes.

Ein weiterer Stimulus des Fortschritts im Bildungsbereich während der Kolonialzeit war die islamische Religion. In Nordafrika befanden es Muslim*innen oft für nötig, ihre Anstrengungen auf Schulen zu konzentrieren, die nicht von den Kolonisator*innen gebaut worden waren. Die Gesellschaft der reformistischen Ulema begann 1936 mit einem breit angelegten Grundschulprogramm. Bis zum Jahr 1955 unterrichteten die Grundschulen 45.000 algerischen Kinder und ab 1947 leitete die Gesellschaft auch eine große weiterführende Schule. Auch in Tunesien finanzierte eine Initiative der Bevölkerung Koran-Grundschulen, in denen sie Plätze für 35.000 Kinder zur Verfügung stellte – was einer Grundschulbildung für jedes viertes Kind entsprach.

In Marokko besaßen die islamischen Schulen, die durch die Bemühungen der Bevölkerung errichtet worden waren, die ungewöhnliche Eigenheit, auf die Emanzipierung der Frau abzuzielen, indem sie einen hohen Prozentsatz an Mädchen unterrichteten – weit höher als der an staatlichen Schulen. Die französische Kolonialverwaltung vermied es bewusst, diese Schulen in ihren offiziellen Berichten zu erwähnen und versuchte ihre Existenz vor Besucher*innen geheim zu halten.

Ein weiteres bemerkenswertes Beispiel afrikanischer Selbsthilfe im Bereich der Bildung war das Projekt, das vom Graduates‹ General Congress des Sudan finanziert wurde. Im Jahr 1937 von Studierenden, Kaufleuten und öffentlichen Bediensteten gegründet, begann der Graduates‹ Congress, ein Schulbauprogramm durchzuführen. Innerhalb von vier Jahren wurden mit der Hilfe von Spenden einhundert Schulen eröffnet. Ein kleineres, aber nicht weniger spannendes Experiment, war das der Bugabo United Schoolboys Association, die 1947 von zwei Schülern in Mwanza, Tanganjika gegründet wurde. Sie machte sich die Erwachsenenbildung zum Ziel und lockte in kurzer Zeit über eintausend Menschen aus allen Altersgruppen an. Die Organisator*innen errichteten ein Lager, in dem sie diejenigen unterbrachten und versorgten, die dort erschienen und vermittelten ihnen die Grundlagen der Bildung.

Dass Kikuyu-Bäuer*innen oder Ga-Marktfrauen oder Kabyle-Hirt*innen sparten, um Schulen zu bauen und ihre Kinder unterrichten zu lassen, war nicht ganz in Übereinstimmung mit den Zielen der Kolonialist*innen, denen daran gelegen war, dass Zahlungen für Marktfrüchte und anderes in Zirkulation befindliches Geld durch den Kauf von Konsumgütern als Profite in die Metropolen zurückkehrten. Und so etablierten Afrikaner*innen im Kleinen eine Prioritätenfolge, die sich von der der Kolonialist*innen unterschied. Das nahm in den letzten Jahren des Kolonialismus noch zu, als Bildung in der Epoche der Selbstverwaltung als politisch signifikant betrachtet wurde.

Da sie in Kolonialafrika in der Zeit nach dem Zweiten Weltkrieg eine höhere Bildung empfangen hatte, konnte eine Person aus Französisch-Afrika es bis zum Mitglied der Französischen Nationalversammlung in Paris bringen, während ein kolonialer Untertan Großbritanniens es als gewähltes oder nominiertes Mitglied in die örtliche gesetzgebende Versammlung schaffen konnte. Diese Ämter entbehrten jeder Macht und waren Möglichkeiten, die nur eine kleinste Handvoll nutzen konnten, aber sie waren dennoch Anreize, die Afrikaner*innen das Gefühl gaben, dass mit Bildung erhebliche vertikale Mobilität einherging. In den späten 1940er-Jahren war es in Französisch-Äquatorialafrika der afrikanische Gouverneur Félix Éboué, der die Forderungen nach mehr Bildung für Afrikaner*innen anführte; und er war in gewissem Maß erfolgreich, indem er seine Herr*innen im französischen Übersee-Ministerium in Zugzwang setzte. Im selben Zeitraum und auch danach, war es ebenfalls afrikanische Anstrengung in den Legislativräten, die die Bildungsfrage im Vordergrund behielt. Die Brit*innen hatten sorgfältig einige wenige Afrikaner*innen und einige »Häuptlinge« ausgewählt, die den Gouverneur in der gesetzgebenden Versammlung beraten sollten. Im Allgemeinen waren sie dekorativer Natur, wie die Federn auf dem Helm des Gouverneurs, aber beim Thema Bildung konnte kein*e Afrikaner*in es vermeiden, wenigstens etwas Unmut mit der traurigen Gesamtsituation zu äußern.

Aus rein quantitativer Sicht, drängten die Afrikaner*innen letztlich die Kolonisator*innen und insbesondere die Brit*innen dazu, ein größeres Bildungsangebot aufzustellen als es das Kolonialsystem gestattete – und das war ein wichtiger und explosiver Widerspruch, der den Afrikaner*innen dabei half, die politische Unabhängigkeit wiederzuerlangen.

Es wurde beobachtet, dass britische Kolonien dazu neigten, einen gebildeten Sektor zu schaffen, der die Aufnahmekapazitäten der kolonialen Wirtschaft überstieg. Die Erklärung hierfür liegt in den Bemühungen afrikanischer Menschen, auch wenn es stimmt, dass die Franzos*innen beim Ablehnen afrikanischer Forderungen rigoroser vorgingen und sich an ihren Plan hielten, nur ein Elitekader auszubilden, das den französischen Interessen dienen sollte. Wie die Dinge in einer Kolonie wie beispielsweise der Goldküste standen, gingen die afrikanischen Anstrengungen zweifellos weiter, als es für die Wirtschaft notwendig gewesen wäre. Die Goldküste war eine der ersten Kolonien, die die »Krise der Grundschulabsolvent*innen« oder den »Sekundarstufenengpass« erlebten. Das bedeutet, dass unter denjenigen, die die Grundschule verließen, viele frustriert waren, weil sie weder Plätze an weiterführenden Schulen, noch Arbeit finden konnten, die den Werten, die sie in der Schule erworben hatten und der durch den Kapitalismus verursachten inneren Schichtung der afrikanischen Gesellschaft entsprachen.

Manchmal wird behauptet, Kwame Nkrumah hätte in der Convention People's Party die Analphabet*innen organisiert. Das war eine Anschuldigung, die andere konservativ gebildeten Ghanaer*innen verächtlich vorbrachten, die der Meinung waren, Nkrumah ginge zu schnell zu weit. In Wahrheit waren die Schocktruppen in Nkrumahs Jugendbrigade nicht ungebildet. Sie hatten die Grundschule besucht und konnten die Manifeste und die Literatur der nationalistischen Revolution Afrikas lesen. Allerdings waren sie äußerst unzufrieden, weil sie erst relativ spät (unter anderem) zur Bildungsszene der Goldküste hinzu stießen und in dem überschaubaren afrikanischen Establishment der Kakao-Monokultur für sie kein Platz war.

Die Kolonialmächte zielten darauf ab, ein gewisses Maß an Bildung zu vermitteln, um den Kolonialismus aufrechtzuerhalten; Afrikaner*innen eigneten sich über verschiedene Wege mehr Bildung an, als man ihnen bewilligte; das war einer der Faktoren, die eine schwere Krise nach sich zogen und die Brit*innen dazu zwang, darüber nachzudenken, ihren Kolonialapparat von der Goldküste abzuziehen. Man beschleunigte auch den Zeitplan für die Unabhängigkeit gegen den Willen der Brit*innen. Wie wohlbekannt ist, war die Wiedererlangung der Unabhängigkeit in Ghana nicht nur ein lokaler Vorfall, sondern einer, der für das gesamte Afrika von höchster Bedeutung war; sie hebt daher die Wichtigkeit zumindest eines der Widersprüche der Bildung für die Erlangung der politischen Unabhängigkeit in Afrika hervor.

Die Goldküstenkolonie war nicht die einzige, in der es aufgrund der flachen Bildungspyramide zum Problem des Engpasses kam. Im Gebiet, das einst die koloniale Föderation von Rhodesien und Njassaland war, äußersten sich in den 1950er–Jahren Pädagog*innen zur Gundschulabsolvierendenkrise. Sie behaupteten, sie hätten einen Überschuss an Sechstklassabsolvierenden. Eine Reihe Kolonien, die nur eine unbedeutende Anzahl afrikanischer Schulkinder ausbildete hatte einen Überschuss Grundschulabsolvierender! Was das bedeutete war, dass der Kolonialismus so bankrott war und Afrika so unterentwickelt hatte, dass es keine Verwendung für mehr als eine Handvoll Personen mit Schulbildung hatte. Des Weiteren hatten die Kolonisator*innen allen sich abmühenden Afrikaner*innen versichert, dass, wenn sie die missioniarische Erziehung erduldeten, sie einen Schreibtischjob und einen Zutritt zur Zivilisation bekommen würden; aber als sie die Schule verließen, entdeckten afrikanische Jugendliche, dass dieses Versprechen eine Lüge war. Ein Sechstklassabsolvent der Zentralafrikanischen Föderation schrieb 1960 einem Magazin folgenden Leserbrief:

> »*Nachdem ich die sechste Klasse bestanden hatte, verbrachte ich ein ganzes Jahr zu Hause, da ich nirgendwo einen Platz bekam, an dem ich meine Ausbildung weiterführen konnte. Anfang dieses Jahres begann ich mich nach Arbeit umzusehen, aber scheiterte auch hier – von Januar bis heute. Hätte ich gewusst, dass meine Ausbildung nutzlos sein würde, hätte ich meinem Vater gesagt, er solle sein Geld nicht damit verschwenden, mich sechs Jahre lang auf die Schule zu schicken.*«

Es wäre nicht abwegig, anzunehmen, dass der Verfasser dieses Briefs der Zentralafrikanischen Föderation der weißen Siedler*innen gegenüber ablehnend eingestellt war. Ob er den Sachverhalt bewusst verarbeitete oder nicht, er handelte doch zwangsläufig als das Produkt der widersprüchlichen Kräfte innerhalb des Kolonialismus – Kräfte, die in Bezug auf sein eigenes Leben die Diskrepanz zwischen Versprechen und Erfüllung hervorbrachten.

Gelegentlich ließen die frustrierten Schulabsolvent*innen ihren Gefühlen in einer Weise freien Lauf, die nicht konstruktiv war. Als beispielsweise 1958 an der Elfenbeinküste das Problem des Engpasses in Bildung und Beschäftigung auftauchte und die Jugend dort vor dem Hintergrund einer konfusen Führung entschied, dass ihr Feind die Menschen aus Dahomey und Senegal waren, die an der Elfenbeinküste arbeiteten. Insgesamt aber half die frustrierende Situation den Afrikaner*innen dabei, klarer zu erkennen, dass der Feind die Kolonialmacht war und gab der Bewegung zur Wiedererlangung der afrikanischen Unabhängigkeit eine weitere Plattform.

Die Menschen Afrikas gerieten mit der kolonialen Struktur nicht nur wegen der Quantität der Bildung aneinander, sondern auch wegen der Qualität. Einer der Hauptstreitpunkte war die koloniale Ausbildung in der Landwirtschaft, die bereits angesprochen wurde. Die Kolonisator*innen schienen überrascht zu sein, das ein Kontinent voller Ackerbauern eine Ausbildung ablehnte, die angeblich zum Ziel hatte, die Höhe ihrer Erträge aus dem Ackerbau zu steigern. Tatsächlich sprachen sich einige Afrikaner*innen aus allem Anschein nach eigennützigen elitären Gründen gegen eine landwirtschaftliche Ausbildung und andere Reformen aus, die die Lehrpläne »afrikanisieren« sollten. Beispielsweise forderte eine Person aus Guinea, dass es keine einzige Abweichung von dem Lehrplan geben solle, der im Mutterland Frankreich verwendet wurde. »*Wir wollen denselben Lehrplan und dieselben Abschlüsse wie in Frankreich, denn wir sind genauso Franzosen wie die Franzosen in der Metropole*«, erklärte er. In Tanganjika gab es während der Zeit der deutschen Kolonialisation ebenfalls Proteste gegen eine Abänderung des schulischen und literarischen Bildungsprogramms, das mit Leib und Seele aus Europa eingeführt worden war. Ein prominenter Afrikaner aus Tanganjika, Martin Kayamba, behauptete, dass »*diejenigen, die denken, dass literarische Bildung für Afrikaner ungeeignet sei, vergessen, wie wichtig und unverzichtbar jede Art der Bildung ist und verweigern so den Menschen Afrikas die Mittel des Fortschritts.*«

Behauptungen wie die obige müssen in ihrem richtigen Kontext gesehen werden, um zu verstehen, warum die Reaktion der Afrikaner*innen vollkommen gerechtfertigt war. Im Wertesystem der Kolonialist*innen nahm Handarbeit einen niedrigen und bürokratische Schreibtischarbeit einen hohen Stellenwert ein. Noch wichtiger war, dass die koloniale Wirtschaft denjenigen, die über eine literarische oder »bücherzentrierte« Ausbildung verfügten, eine andere Entlohnung bot als denjenigen mit handwerklichen Fähigkeiten. Es war äußerst schwierig, Afrikaner*innen, die bei klarem Verstand waren, davon zu überzeugen, dass eine Ausbildung, die sie oder ihn darauf vorbereitete, für 100 Schilling im Jahr im Boden herumzugraben, angemessener wäre als eine Ausbildung, die zur Arbeit im öffentlichen Dienst qualifizierte, der 100 Schilling im Monat abwarf. Wenn Europäer*innen Weisheiten dieser Art predigten, waren die Menschen Afrikas skeptisch.

Sehr skeptisch waren sie auch gegenüber den Steuern, die während der Kolonialzeit erhoben wurden. Sie wollten weder sich noch ihre Hühner je zählen lassen, da sie die bittere Erfahrung gemacht hatten, dass die Kolonisator*innen auf diese Weise die Steuern festlegten. Gleichermaßen wurde beim Thema Bildung kolonialen Plänen, abgeänderte Lehrpläne anzubieten, kein Vertrauen geschenkt, da solche Pläne fast ausnahmslos eine noch minderwertigere Ausbildung bedeuteten – und dazu noch eine, die noch unverhohlener darauf abzielte, eine Bildung zugunsten der Unterentwicklung zu sein. Das extremste Beispiel eines kolonialen Bildungssystems, das darauf ausgelegt war, Afrikaner*innen dazu auszubilden, ihrer »natürlichen« Rolle als Menschen, die körperlicher Arbeit nachgingen, gerecht zu werden, war dasjenige Südafrikas nach der Einführung des Bantu Education Act von 1953. Die früheren Versuche der Brit*innen und Franzos*innen, etwas aufzubauen, dass sie »Farmschulen« oder »Einführungsschulen« nannten, glichen allerdings ebenfalls der Vorgehensweise, die seither skrupellos von den Rassist*innen Südafrikas verfolgt wird. Die nicht-literarische Ausbildung wirkte oberflächlich betrachtet so, als wäre sie für Afrika von größerer Relevanz, aber in Wahrheit war es eine minderwertige Ausbildung für Menschen, die angeblich ebenfalls minderwertig waren, um sie dazu zu bringen, sich in ihre eigene Ausbeutung und Unterdrückung zu fügen. Wie Abdou Moumouni es formulierte: »Koloniale Bildung war Ramschware.« Sie bot nach europäischen Standards einen Ersatzstoff minderer Qualität, um den – wie es hieß – begrenzten intellektuellen Fähigkeiten der Afrikaner*innen gerecht zu werden. In Französisch-Kolonialafrika waren die Abschlüsse selten mit denen vergleichbarer Stufen in den Metropolen gleichwertig und in Britisch-Ostafrika ermahnte ein Regierungsvertreter die Pädagog*innen dazu, die Kluft zwischen ihnen und den »schmutzigen Wilden« zu beachten, die die Brit*innen zu zivilisieren versuchten. Vor diesem Hintergrund enthüllte sich insbesondere die landwirtschaftliche Ausbildung als Schwindel.

Dementsprechend war der Kampf gegen landwirtschaftliche oder ländliche Schulen einer der heftigsten, den afrikanische Nationalist*innen zu führen hatten und half dabei, das Bewusstsein für die fundamental ausbeuterische und rassistische Natur des Kolonialismus auf allen Ebenen der afrikanischen Gesellschaft zu schärfen. In Französisch–Westafrika beispielsweise stießen die Farmschulen nach dem letzten Krieg auf entschiedene Ablehnung und mussten von der französischen Kolonialregierung abgeschafft werden. In Tanganjika und Njassaland fiel die Konfrontation zwischen den Kolonisator*innen und dem afrikanischen Volk noch weit schärfer aus, da die Opposition gegen die landwirtschaftliche Ausbildung mit der Opposition gegen die landwirtschaftlichen Innovationen der Kolonialist*innen (wie z.B. die Terrassierung) einherging, die den Menschen ohne vorherige Absprache und ohne Rücksichtnahme auf die unterschiedlichen Bedingungen in unterschiedlichen Regionen aufgezwungen wurden.

In Ostafrika unternahmen die Brit*innen ein paar entschlossene Anstrengungen, um eine ihrer Meinung nach relevante landwirtschaftliche Ausbildung einzuführen. Ein Pilotprojekt wurde in Nyakato in Tanganjika gestartet; dabei wandelte man 1930 eine weiterführende Schule in eine Schule für Landwirtschaft um. Sie bestand neun Jahre lang und ihre Lehrkräfte rekrutierte man aus Großbritannien und Südafrika. Letztendlich scheiterte das Projekt aber am Protest der Studierenden und der lokalen Bevölkerung. Obwohl die Schule behauptete, neue landwirtschaftliche Fähigkeiten zu vermitteln, ließ sich leicht erkennen, dass sie Teil eines Programms war, das die »richtige Einstellung« und den »natürlichen Platz« definierte, die die Europäer*innen für die Einheimischen vorsahen.

In den 1940er–Jahren, als die Menschen Afrikas danach strebten, das Bildungssystem zu verändern, mussten sie natürlich auch eine Stimme in den Versammlungen fordern, in denen die die Bildungspolitik formuliert wurde. Das war an sich schon eine revolutionäre Forderung, da von einem kolonialisierten Volk erwartet wird, dass es sich regieren lässt und nicht, dass es an den Entscheidungsprozessen mitwirkt. Aber die Afrikaner*innen beunruhigte in der Frage der Bildungspolitik nicht nur die Kolonialverwaltung, sondern traten auch den Missionar*innen auf die Füße, die im Allgemeinen der Meinung waren, dass sie bei der Aufteilung Afrikas den Bildungsbereich vermacht bekommen hatten. All diese Streitigkeiten führten in Richtung der Befreiung der kolonialisierten Völker, da im Hintergrund immer die Frage der politischen Herrschaft mitschwang.

Es wäre verfehlt, anzunehmen, dass gebildete Afrikaner*innen vorausschauend und mit der Absicht vorgingen, die afrikanische Unabhängigkeit wiederzuerlangen. Es gab tatsächlich nur sehr wenige, die 1939 schon Häuptling Essien von Calabar beigepflichtet hätten, als er behauptete:

»Ohne Bildung wird es uns unmöglich sein, unser Ziel zu erreichen – die wirtschaftliche und politische Unabhängigkeit Nigerias.«

Nichtsdestotrotz stellte (sowohl schulische als auch außerschulische) Bildung eine gewaltige Kraft dar, die die Situation im Nachkriegs-Afrika dahingehend veränderte, dass sie innerhalb von zwei Jahrzehnten dem größten Teil des kolonialisierten Afrikas die politische Unabhängigkeit brachte.

Auch einige Europäer*innen sahen nur die sogenannten »Gefahren« voraus, die es mit sich brachte, den Afrikaner*innen eine moderne Bildung zu vermitteln: nämlich die Möglichkeit, dass sie zur Freiheit führen könnte. Die Europäer*innen waren sicherlich nicht im Geringsten glücklich über Schulen europäischer Art, die nicht der direkten Kontrolle der Kolonisator*innen unterlagen. Die unabhängigen Schulen Kenias beispielsweise zogen sowohl den Unmut der weißen Siedler*innen der Kolonie als auch den anderer Europäer*innen außerhalb Kenias auf sich. Ein Bericht einer katholische Mission nahe Tanganjikas aus dem Jahr 1933 warnte davor, Afrikaner*innen in Tanganjika Schulen errichten zu lassen, die sie selbst kontrollierten. Darin hieß es:

»Unabhängige Schulen verursachen Probleme in Kenia. Solche Schulen können leicht zu Keimzellen des Aufstands werden.«

Als in Kenia der Mau-Mau-Krieg für Land und Freiheit ausbrach, war eine der ersten Handlungen der britischen Regierung, die 149 Schulen der Kikuyu Independent Schools Association, 21 Schulen der Kikuyu Karinga Education Association und 14 andere unabhängige Schulen zu schließen. Man betrachtete sie als *»Trainingslager der Rebellion«* – ein Begriff, der im Wesentlichen die Angst einfängt, die in dem oben genannten Bericht der katholischen Mission zum Ausdruck kam. Die Europäer*innen wussten allzugut, dass, wenn sie die Köpfe der Afrikaner*innen nicht kontrollierten, sie schon bald auch die physische und politische Kontrolle über sie verlieren würden.

Ebenso wurden auch in Nordafrika die Selbsthilfe-Schulen der kolonialisierten Menschen Algeriens und Tunesiens von der französischen Kolonialmacht und den weißen *colons*, oder Siedler*innen, nicht gerne gesehen. Der Zweck dieser Schulen, die von der Gesellschaft der reformistischen Ulema in Algerien errichtet worden waren, war es, modern und wissenschaftlich zu sein, aber das Lernen gleichzeitig im Kontext der arabischen und algerischen Kultur zu präsentieren. Die Schüler*innen der Ulema-Schulen begannen ihren Unterricht mit dem Singen der Zeilen: *»Arabisch ist meine Sprache, Algerien ist mein Land, der Islam ist meine Religion.«* Es war deshalb nicht weiter verwunderlich, dass die Kolonisator*innen Schüler*innen und Eltern schikanierten und mit der Begründung, dass es sich auch bei diesen Schulen um Keimzellen des Aufstands handelte, zu repressiven Maßnahmen griffen.

Die Missionar*innen verlangten nach Kontrolle über die Schulen, weil sie eines der Zugpferde für die Kirche selbst war und weil sie sich selbst als Experten auf Seiten des Kulturimperialismus (den sie »Zivilisierung« nannten) sahen. Es gab aber auch andere Europäer*innen, sowohl innerhalb als auch außerhalb der Kolonien, die jede Art von Schule rundheraus ablehnten – seien es nun christliche, unabhängige, staatliche oder islamische. Ausgehend von einem rassistischen Standpunkt, behaupteten sie, Bildungsangebote für Afrikaner*innen seien Perlen vor die Säue; einige der heftigsten Ausdrucksformen des Rassismus richtete sich gegen gebildete Afrikaner*innen. Beginnend in der Zeit von Individuen wie Lord Lugard bis zu den Tagen der letzten Kolonialbeamten wie Sir Alan Burns, demonstrierten viele Kolonisator*innen ihre Feindseligkeit gegenüber gebildeten Afrikaner*innen. Diese weckten in den Kolonisator*innen ein Gefühl äußersten Unbehagens, da sie nicht in das Bild passten, das sich Europäer*innen gerne vom *»unbefleckten afrikanischen Wilden«* machten.

Aber begibt man sich zum Kern der Sache, lässt sich erkennen, dass die weißen Rassisten nicht ernsthaft glaubten, dass es Afrikaner*innen nicht möglich wäre, sich das Wissen anzueignen, über das die Europäer*innen dieser Zeit verfügten. Ganz im Gegenteil befand sich der Beweis für die Existenz gebildeter Afrikaner*innen direkt vor ihren Augen und insbesondere die weißen Siedler*innen befürchteten, dass viel zu viele Afrikaner*innen das Wissen des weißen Bürgertums zu gründlich meistern würden, wenn man ihnen die Gelegenheit dazu gäbe. Diese Afrikaner*innen würden sich dann weigern, für zwölf Schilling im Monat als Landarbeiter*innen zu schuften; sie würden als angelernte Arbeitskräfte mit den Europäer*innen konkurrieren und – was die Hauptsache war – sie würden sich selbst regieren wollen.

In den Akten des Kolonialismus stößt man nicht selten auf Bemerkungen folgender Art:

> *»Was für Gründe gibt es, die Eingeborenen auszubilden? Ihr gebt ihnen die Waffen in die Hand, mit denen sie euch vernichten werden!«*

In gewissem Sinne waren diese Europäer*innen einfach nur Träumer*innen, denn den Afrikaner*innen Bildung zuteil werden zu lassen, war keine Option, die hätte vermieden werden können; es war eine objektive Notwendigkeit, um den Kolonialismus zu erhalten. P. E. Mitchell, der später Gouverneur von Uganda wurde, bemerkte 1928, dass »so sehr er es auch bedauern mag, *kein*

Direktor für Bildung den Bedarf an Angestellten, Zimmerleuten, Schuhmachern usw. ignorieren kann, die in europäischen Methoden ausgebildet werden, um die europäische Nachfrage zu bedienen. Diese Männer werden nicht ausgebildet, um an irgendeinen Platz im Leben ihrer eigenen Leute zu passen, sondern um die wirtschaftlichen Bedürfnisse einer fremden Rasse zu befriedigen.« Zur gleichen Zeit war das zur Verfügung stehende Bildungsangebot auch eine Folge des unbezähmbaren Drangs der afrikanischen Menschen, die innerhalb des fremden Systems nach oben kommen wollten. Die Europäer*innen, die strikt dagegen waren, Afrikaner*innen Bildungsmöglichkeiten anzubieten, verstanden also die Widersprüche ihrer eigenen kolonialen Gesellschaft nicht. Andererseits verteidigten sie aber auch die Interessen des Kolonialismus. Erstens konnten die Kolonisator*innen, so sehr sie sich auch bemühten, nicht das Denken aller Afrikaner*innen, die sie in den Schulen ausbildeten, beeinflussen. Die Ausnahmen stellten diejenigen dar, die sich später als größte Gefahr für Kolonialismus, Kapitalismus und Imperialismus entpuppten. Zweitens hatten die kleinmütigsten und am stärksten gehirngewaschenen der gebildeten Afrikaner*innen Konflikte der einen oder anderen Form mit den Kolonisator*innen; und in der Verfolgung ihrer eigenen Gruppen- oder Einzelinteressen trug die Bildungselite dazu bei, die Struktur der Kolonialherrschaft zu entlarven und zu untergraben.

Mit dieser Unterscheidung im Hinterkopf lassen sich sowohl die Widersprüche betrachten, die zwischen den Kolonisator*innen und den afrikanischen Gebildeten insgesamt entstanden, als auch diejenigen, die zwischen den Kolonisator*innen und bestimmten Individuen unter den afrikanischen Gebildeten entstanden.

Wie bereits bemerkt, betrafen die Beschwerden, die aus den niederen Reihen der während der Kolonialzeit ausgebildeten Afrikaner*innen hervordrangen, die unzureichenden Bildungseinrichtungen und Arbeitsplätze. Diejenigen, die weiterführende Schulen oder höhere Bildungseinrichtungen besucht hatten, fanden kaum Zugang zu einträglichen und verantwortungsvollen Stellen, da für sie die unteren Ränge der öffentlichen Verwaltung und der Wirtschaft vorgesehen waren. Nach 20 Jahren der Arbeit konnte sich ein*e Afrikaner*in äußerst glücklich schätzen, wenn er es zum »Bürovorsteher«, oder im Polizeidienst zum Wachtmeister gebracht hatte. Um auf den Schaden noch den Spott folgen zu lassen, erhielten Europäer*innen, die der gleichen Arbeit nachgingen wie Afrikaner*innen dafür höheren Lohn; und Weiße, die niedriger qualifiziert waren und über weniger Erfahrung verfügten, wurden zu Vorgesetzten der Afrikanern*innen, die die Arbeit machten, für die erstere bezahlt wurden. Im öffentlichen Dienst der Kolonien reichte es aus, ein Europäer*innen zu sein. Es war irrelevant, ob eine weiße Person ignorant oder dumm war; sie oder er konnte sicher sein, ein saftiges Gehalt einzustreichen und in den Genuss beträchtliche Privilegien zu kommen. Der Anführer Guinea-Bissaus, Amílcar Cabral, führte für diesen Typus ein Beispiel an:

> *»Ich arbeitete als Agrarwissenschaftler unter einem Europäer, von dem jeder wusste, dass er einer der größten Idioten in Guinea war; ich hätte ihn seinen Job mit verbundenen Augen lehren können, aber er war der Boss; und das macht viel aus, das ist die Gegenüberstellung, die wirklich zählt.«*

Fragen nach Gehalt, Beförderungen, Urlaub und Zuschüssen waren für die meisten afrikanischen Angestelltenverbände und Sozial- oder »Verbesserungs«-Verbände von vorrangigem Interesse. Man sollte sich bezüglich des Faktors Eigeninteresse keinen Illusionen hingeben. Aber ihre Beschwerden waren berechtigt, sowohl was den Unterschied zwischen ihrem Lebensstandard und dem der weißen Auswanderer*innen oder Siedler*innen anging, als auch was die Ideologie der Bourgeoisie betraf, die Afrika kolonialisiert hatte. Der Bildungsprozess hatte einige Afrikaner*innen mit einem Verständnis der internationalen Gemeinschaft und der bürgerlichen Demokratie ausgestattet; und zwischen den Idealen der bürgerlichen Demokratie und der Existenz des Kolonialsystems, das die Freiheit negierte, klaffte eine äußerst unbefriedigende Glaubwürdigkeitslücke. Die Gebildeten begannen zwangsläufig in die Richtung zu driften, aus der die Forderungen nach nationaler Unabhängigkeit kamen, genauso wie gebildete Inder*innen es viel früher auf dem indischen Subkontinent getan hatten.

Laut offiziellen spanischen Quellen erreichte das Schulsystem in Spanisch-Guinea alles was sich die Kolonisator*innen davon erwartet hatten. Es brachte die benötigten Afrikaner*innen hervor, die Spanier*innen mehr liebten als die Spanier*innen sich selbst, aber niemanden der sich gegen das Kolonialregime auflehnte. Es fällt einem schwer, zu glauben, dass diese Aussagen der Wahrheit entsprechen; die Spanier passten gut darauf auf, dass niemand davon Wind bekam, wie es in den kleinen spanischen Kolonien in Afrika wirklich zuging. Wenn es allerdings stimmen würde, dass das koloniale Bildungssystem in Spanisch-Guinea dem Plan gemäß nur weiß getünchte Afrikaner*innen produzierte, dann würde das eine bemerkenswerte Ausnahme der allgemeinen Regel darstellen. Wo auch immer entsprechende Beweise zur Verfügung stehen, zeigt sich, dass der Kulturimperialismus der kolonialen Bildung zwar in großem Maße, aber nie vollkommen erfolgreich war. Er brachte *dem Plan gemäß* viele »loyale Kikuyu«, »Capricornisten«, »Anglophile« und »Frankophile« hervor, aber es produzierte auch *trotz seiner selbst* die Afrikaner*innen, die von den Kolonisator*innen Emporkömmlinge, Unzufriedene, Agitator*innen, Kommunist*innen und Terrorist*innen genannt wurden.

Aus Sicht der Kolonisator*innen begannen die Probleme oft mit afrikanischen Studierenden, die ihr Studium noch nicht abgeschlossen hatten. Der Sudan beispielsweise blickt auf eine Geschichte nationalistischer Studierendenproteste zurück und Madagaskar war in dieser Hinsicht herausragend. Vom Beginn unseres Jahrhunderts an, wuchs in Madagaskar trotz der besonderen Schritte, die von zwei französischen Gouverneuren eingeleitet wurden, eine politisierte Studierendenbewegung heran. Bis zum Jahr 1916 hatten madagassische Studierende die Vy–Vato–Gesellschaft gegründet und versuchten, die Franzos*innen aus dem Land zu werfen. Als Vy Vato entdeckt wurde, wurden die Studierenden brutal unterdrückt. Wie es aber oft geschieht, zogen die Studierenden Inspiration aus dem Märtyrer*innentum ihrer Kolleg*innen und tauchten zu einem späteren Zeitpunkt in der nationalistischen Szene wieder auf.

Studierende, die an den Universitäten in den Metropolen zugelassen wurden, waren die begünstigtsten und verwöhntesten unter den Afrikaner*innen, die von den weißen kolonialen Oberherren ausgewählt wurden, um europäisiert zu werden; und trotzdem waren sie unter den ersten, die lautstark und konsequent dafür stritten, dass die Freiheit, Gleichheit und Brüderlichkeit, von der man ihnen erzählt hatte, auch auf Afrika Anwendung finden sollte. Afrikanische Studierende im Frankreich der Nachkriegsjahre wurden sorgfältig in die Reihen der damals konservativen französisch–nationalistischen Studierendenschaft eingegliedert, aber schon bald rebellierten sie und bildeten die Föderation der Studierenden aus Schwarzafrika (Federation of Students of Black Afrika, FEANF), die sich der kommunistischen International Union of Students (Internationale Studierendenvereinigung) anschloss. In Großbritannien bildeten afrikanische Studierende eine Vielzahl ethnischer und nationalistischer Organisationen und engagierten sich in der panafrikanischen Bewegung. Immerhin waren die meisten von ihnen dorthin geschickt worden, um die britische Verfassung und das britische Verfassungsrecht zu studieren und das Wort »Freiheit« taucht in diesem Zusammenhang (wozu auch immer) ziemlich häufig auf!

Die Faschisten, die Afrika zu gewissen Zeiten während der kolonialen Epoche regierten, versuchten, die Ideale der bürgerlichen Demokratie gleich ganz zu umgehen. Als die italienischen Faschisten beispielsweise zwischen 1922 und 1941 in Somalia das Sagen hatten, entfernten sie alle Geschichtsbücher, in denen Mazzini und Garibaldi erwähnt wurden – zwei wichtige Führer des demokratischen Flügels der italienischen Nationalbewegung des 19. Jahrhunderts. Die Angestellten und Unteroffiziere, die diese Bildung empfingen, traten dennoch in die Somali Youth League (Somalische Jugendliga) ein und kämpften an der Spitze der Volksmassen für die Unabhängigkeit.

Der Kern der Sache ist, dass es nicht wirklich notwendig war, die Idee der Freiheit aus einem europäischen Buch zu entlehnen. Was die gebildeten Afrikaner*innen aus der europäischen Schulbildung mitnahmen, war eine bestimmte Ausformulierung des Konzepts der politischen Freiheit. Es bedurfte allerdings nicht viel, um eine Reaktion ihrer eigenen instinktiven Neigung zur Freiheit hervorzurufen und – wie schon beim Beispiel Somalias bemerkt wurde – manifestierte sich diese universelle Neigung, nach der Freiheit zu streben, unter den Afrikaner*innen, selbst dann, wenn die sorgfältigsten Schritte unternommen wurden, um sie auszulöschen.

Es gab keinen Bereich des kolonialen Lebens, in dem gebildete Afrikaner*innen vollkommen loyal gegenüber den Kolonisator*innen erschienen und es auch blieben. Von Lehrkräften hätte man erwartet, dass sie von der Kultur der Beherrschung durchtränkt waren, um sie an andere Afrikaner*innen weiterzugeben, aber letztendlich standen viele von ihnen an der Spitze der nationalen Unabhängigkeitsbewegungen. Von afrikanischen Priestern und Pastoren hätte man erwartet, dass sie loyale Diener Gottes und seines europäischen Personals wären, aber die Kirche brachte noch während des Ersten Weltkriegs in Njassaland John Chilembwe hervor. Kurz danach, als Simon Kimbangu seine Unabhängige Kirche gründete, drohte er im Kongo den Kolonialist*innen damit, den Bolschewismus einzuführen!

Besonders interessant ist, dass die Kolonisator*innen sich der Loyalität ihrer afrikanischen Truppen nicht sicher sein konnten. Es wurde bereits erörtert, dass die Armee und die Polizei ausbildende und sozialisierende Einrichtungen waren, die die Macht und das Wertesystem der Kolonialist*innen und Kapitalisten festigen sollten. Wie erfolgreich sie dieser Aufgabe nachkamen, lässt sich an der Anzahl der Veteranen aus Burma und Indochina ablesen, die auf den Kontinent zurückkehrten, um jeweils loyal die Politik der Brit*innen oder der Franzos*innen durchzusetzen. Colonel Bokassa aus der Zentralafrikanischen Republik und Colonel Lamizana aus Obervolta liefern zwei hervorragende Beispiele, da beide vom Kampf gegen die Vietnames*innen bis an einen Punkt aufgestiegen waren, an dem sie bereit waren, mit dem faschistischen Apartheidstaat Südafrika in Dialog zu treten. Zurückgekehrte Soldaten spielten aber auch eine durchaus positive Rolle in den nationalen Unabhängigkeitskämpfen nach den beiden

Kriegen. Und gelegentlich, gegen Ende der Kolonialherrschaft, meuterten afrikanische Truppen und Polizei, wie 1959 in Njassaland.

Afrikanische Gewerkschafter*innen gingen auch im Kolonialismus zur »Schule.« Zunächst störten die Organisation und die Aktivitäten der kleinen Lohnarbeiter*innen in Afrika die Kolonialherren ungemein. Ihr anfänglicher Wunsch war, den Dissens der Arbeiter*innen einfach zu unterdrücken und (als es so schien, als würde das nicht gelingen) ihn zu vereinnahmen und in »akzeptable« Bahnen zu lenken.

Der Britische Gewerkschaftsbund (TUC) unterstützte eine Reihe afrikanischer Gewerkschaften und versuchte, sie dazu zu bewegen, eine strikte Trennung von industriellen Angelegenheiten (wie Löhnen und Arbeitszeiten) und politischen Angelegenheiten zu akzeptieren. Aber der TUC handelte in diesem Zusammenhang im Interesse der britischen Bourgeoisie und es gelang ihnen nicht, die Arbeiter*innenklasse in Afrika zurückzuhalten. Afrikanische Arbeiter*innen erkannten, dass es zwischen privaten Arbeitgebern und der Kolonialverwaltung keinen Unterschied gab. Tatsächlich war die Kolonialverwaltung selbst einer der größten Arbeitgeber, gegen den die Arbeiter*innen einiges vorzubringen hatten. Folglich waren in den 1940er- und 1950er-Jahren Streiks üblich, die gezielt mit dem Kampf um die Unabhängigkeit verbunden waren, insbesondere an der Goldküste, in Nigeria und dem Sudan.

Der Widerspruch zwischen französischen Arbeiter*innen und afrikanischen Arbeiter*innen in den französischen Kolonien trat in akuter Form zu Tage. Die französische Gewerkschaftsbewegung (und besonders die Kommunistische Gewerkschaft, die CGT), bestand darauf, dass Afrikaner*innen keine separaten Gewerkschaften bildeten, sondern Mitglieder französischer Gewerkschaften werden sollten – genau wie alle anderen Arbeiter*innen auch. Dieses Arrangement unterstützte die juristische Fiktion, dass Orte wie Dahomey und die Komoren keine Kolonien waren, sondern schlicht Überseegebiete Frankreichs. Sékou Touré aus Guinea war einer der ersten, der mit der Schirmherrschaft der französischen Gewerkschaften brach und eine unabhängige afrikanische Gewerkschaft gründete. Damit machte Sékou Touré klar, dass der Hauptwiderspruch im Kolonialismus der zwischen kolonialisierten Völkern einerseits und der kolonialisierenden Nation andererseits war. Solange die afrikanischen Arbeiter*innen kolonialisiert waren, mussten sie sich in erster Linie als afrikanische Arbeiter*innen sehen, anstatt als Mitglieder eines internationalen Proletariats. Diese Interpretation, die in völliger Übereinstimmung mit der Realität stand, führte dazu, dass die Gewerkschaftsbewegung in Französisch-Westafrika eine in hohem Maße politisierte und nationalistische Rolle einnahm. Das war eine Errungenschaft, die sowohl den Chauvinismus weißer, französischer Arbeiter*innen als auch die Klasseninteressen der französischen Bourgeoisie bezwang.

Die Einstellung der weißen Arbeiter*innenklasse der Metropolen gegenüber ihren afrikanischen Kolleg*innen war beeinflusst von den vorherrschenden rassistischen Werten der kapitalistischen Gesellschaft. Tatsächlich erhöhte der Faktor Rassismus den Hauptwiderspruch zwischen den Kolonisator*innen und den Kolonisierten. Diskriminierende, rassistische Praktiken und Maßnahmen fanden sich in jeder Kolonie – in unterschiedlichem Maße an Offenheit oder Heuchelei. Manchmal präsentierte sich der Rassismus offen feindselig, manchmal paternalistisch. Er spiegelte auch nicht notwendigerweise das Verlangen der Europäer*innen wider, Afrikaner*innen ökonomisch auszubeuten. In Südrhodesien hatte die rassistische Diskriminierung sehr viel damit zu tun, dass die weißen Siedler*innen ihre Arbeitsplätze und ihr gestohlenes Land behalten konnten; wenn aber ein semi–alphabetisierter Inspektor einen gebildeten Sierra Leoner beleidigte, dann darf das als »willkürlich« bezeichnet werden. In so einem Zusammenhang gefährdete der Rassismus sogar die ökonomische Ausbeutung und war schlicht ein Ausdruck der Vorurteile, die über die Jahrhunderte herangereift waren.

Der Rassenwiderspruch erstreckte sich wegen der Geschichte des Sklav*innenhandels weit über die Küsten Afrikas hinaus. Es ist nicht im Geringsten überraschend, dass panafrikanische Ideen am nachdrücklichsten von den Menschen der Westindischen Inseln, wie Garvey und Padmore, und Nordamerikas, wie W. E. B. Du Bois und Alphaeus Hunton zum Ausdruck gebracht wurden. Diese Personen erhielten ihre Ausbildung alle innerhalb der internationalen kapitalistischen Struktur der Ausbeutung auf Grundlage von Klasse und Rasse. Nachdem sie realisiert hatten, dass ihr niedrige Stellung in der amerikanischen Gesellschaft durch ihre schwarze Hautfarbe und die Schwäche Afrikas bedingt war, sahen sich die Panafrikanist*innen gezwungen, sich mit dem zentralen Problem der europäischen Ausbeutung und Unterdrückung des afrikanischen Kontinents auseinanderzusetzen. Unnötig zu erwähnen, dass die imperialistischen Mächte nicht vorhersehen konnten, dass die Erniedrigung von Millionen von Afrikaner*innen in der Neuen Welt schließlich nach Hinten losgehen und Afrika dabei helfen würde, sich selbst zu befreien.

Der Prozess, in dem Afrika um die 30 souveräne Staaten hervorbrachte, war äußerst komplex und zeichnete sich durch ein Wechselspiel von Kräften und

Kalkulationen der verschiedenen afrikanischen Gruppen, der Kolonialmächte und von Interessengruppen innerhalb der Metropolen aus. Die Unabhängigkeit Afrikas wurde beeinflusst von internationalen Ereignissen wie dem Zweiten Weltkrieg, dem Aufstieg der Sowjetunion, der Unabhängigkeit Indiens und Chinas, der Befreiungsbewegung in Indochina und der Bandung-Konferenz. Auf dem afrikanischen Kontinent selbst wirkte die »Dominotheorie«, sodass das Wiedererstarken Ägyptens unter Nasser, die frühe Unabhängigkeit Ghanas, des Sudan und Guineas und die nationalistischen Kriege in Kenia und Algerien alle dabei halfen, die noch verbliebenen Kolonien zu Fall zu bringen. Es muss allerdings betont werden, dass die Bewegung hin zur Wiedererlangung der Unabhängigkeit von den Menschen Afrikas *initiiert* wurde und – in welchem Maße dieses Ziel auch verwirklicht worden sein mag – so muss doch die Antriebskraft des Volkes berücksichtigt werden.

In einer Konferenz, abgehalten 1948 von den Franzos*innen in Brazzaville (und unter dem Vorsitz von General de Gaulle), verkündete man explizit, *»das der Übergang zur Selbstverwaltung in den Kolonien,* selbst in ferner Zukunft, *vermieden werden muss.«* Wie jeder weiß, zogen die Franzos*innen es schließlich doch noch in Betracht, den afrikanischen Völkern die Unabhängigkeit zu gewähren, nachdem die Menschen Algeriens ihnen eine heilsame Lektion erteilt hatten. Und als es Guinea 1958 vorzog, unabhängig zu sein, anstatt seine Rolle als ewiger Fußabtreter Frankreichs zu akzeptieren, verloren die französischen Kolonialverwalter*innen buchstäblich ihren Verstand und benahmen sich wie wildgewordene Schweine, bevor sie aus Guinea fortsegelten. Sie konnten die Idee der afrikanischen Unabhängigkeit einfach nicht ertragen.

Neben den Portugies*innen gehörten auch die Belgier*innen zu den Kolonisator*innen, die sich angesichts des afrikanischen Nationalismus am widerstrebendsten zurückzogen. Im Jahr 1955 schlug ein belgischer Professor vor, dem Kongo in 30 Jahren die Unabhängigkeit zu gewähren und dieser Mann wurde als radikal angesehen! Bekanntermaßen war der Kongo einer der Orte, an dem der Imperialismus erfolgreich die afrikanische Revolution vereinnahmen konnte. Aber die Reihenfolge der Geschehnisse muss dennoch beachtet werden. Zuerst war es die Intensität der kongolesischen und afrikanischen Forderungen, die – soweit es Belgien betraf – die Unabhängigkeit denkbar machten; und zweitens war es genau die Stärke und das Potential der nationalistischen Bewegung unter Lumumba, die die Imperialisten dazu zwangen, auf Mord und Invasion zurückzugreifen.

Die Brit*innen bilden sich viel darauf ein, dass sie dem Gedanken der Selbstverwaltung unmittelbar nach dem letzten Krieg nachgaben, aber von der Selbstverwaltung war es noch ein großer Schritt bis zur Unabhängigkeit und das Konzept, Menschen auf die Unabhängigkeit vorzubereiten, war nichts weiter als ein politischer Taschenspielertrick. Lady Margery Perham, eine wahre Stimme des bevormundenden Kolonialismus, gab zu, dass der Zeitplan des Kolonialamtes für die Unabhängigkeit angesichts der mobilisierten afrikanischen Bevölkerung über den Haufen geworfen werden musste. Im Übrigen haben selbst die afrikanischen Anführer nie gehofft, dass sie die nationale Souveränität so schnell erlangen würden, bis die Massenparteien begannen, erdrutschartig an Fahrt aufzunehmen.

Die Tatsache, dass diese Analyse sich auf die Rolle der gebildeten Afrikaner*innen in den Unabhängigkeitsbewegungen konzentrierte, soll nicht von der unverzichtbaren Tätigkeit der afrikanischen Massen ablenken, die in manchen Fällen Leib und Leben opferten. Kurz: Es reicht aus, zu sagen, dass die Menschen Afrikas in ihrer Gesamtheit die Pläne der Kolonisator*innen durchkreuzten und weiter in Richtung Freiheit drängten. Eine solche Position mag wie eine bloße Wiederbelebung einer gewissen rosigen und romantischen Sicht auf die afrikanische Unabhängigkeit erscheinen, die in den frühen 1960er–Jahren populär war, aber das Gegenteil ist der Fall: Sie ist sich der armseligen Realität des neokolonialen Afrikas voll bewusst. Es muss (aus einer revolutionären, sozialistischen und menschenzentrierten Perspektive) konstatiert werden, dass selbst die »politische Unabhängigkeit« nach dem Kolonialismus eine positive Entwicklung darstellte.

Die Attribute der Souveränität zu erlangen ist nur ein Schritt auf dem Weg zur Wiedererlangung der Unabhängigkeit Afrikas. Als Afrika 1885 politisch und rechtlich aufgeteilt war, hatten die Völker und Staatswesen bereits einen großen Teil ihrer Freiheit eingebüßt. In seinen Außenbeziehungen verlor Afrika seit dem 15. Jahrhundert in beträchtlichem Maße die Kontrolle über seine eigene Wirtschaft. Letztendlich war es aber der Verlust der politischen Souveränität während des Wettlaufs um Afrika, der entscheidend war. Deswegen ist klar, dass das Wiedererlangen der politischen Souveränität bis in die 1960er–Jahre ein unvermeidlichen erster Schritt ist, um die vollständige Freiheit zu erlangen, in allen Bereichen eigene Entscheidungen treffen und sich frei entwickeln zu können.

Ferner entstanden während der Zeit der nationalistischen Revolutionen gewisse ideologische Minderheitentrends, die die Wurzeln der zukünftigen Entwicklung Afrikas darstellen. Die meisten afrikanischen Anführer*innen der Intelligenzija und sogar der Arbeiter*innenbewegung waren bekennend kapitalistisch und teilten vollumfänglich die Ideologie ihrer bürgerlichen Herren; Houphouët-Boigny wurde von den französischen Kolonisatoren einmal als »Kommunist« bezeichnet! Er verteidigte sich 1948 energisch gegen diese falsche Anschuldigung:

> *»Wir haben gute Beziehungen zur Kommunistischen Partei [Frankreichs], das ist wahr. Aber es ist offensichtlich, dass das nicht bedeutet, dass wir selbst Kommunisten sind. Kann man behaupten, dass ich, Houphouët-Boigny, ein traditioneller Häuptling, ein Doktor der Medizin, ein Großgrundbesitzer, ein Katholik - kann man behaupten, dass ich ein Kommunist bin?«*

Houphouët-Boignys Argumentation ließ sich auf viele weitere afrikanische Anführer*innen in der Zeit der Unabhängigkeit anwenden. Die Ausnahmen bildeten diejenigen, die die kapitalistische Weltsicht rundheraus ablehnten oder sich zumindest an die idealistischen Grundsätze der bürgerlichen Ideologie, wie beispielsweise individuelle Freiheit, hielten - und durch Erfahrung zu der Erkenntnis kamen, dass diese Ideale in einer Gesellschaft, die auf der Ausbeutung des Menschen durch den Menschen beruhte, bloße Fantasien blieben. Offensichtlich hatten sich alle Anführer des nonkonformistischen Typs in direktem Widerspruch zu den Zielen der schulischen und außerschulischen kolonialen Bildung entwickelt; und ihre Differenzen mit den Kolonisator*innen waren zu tiefgreifend, um durch bloße »politische Unabhängigkeit« beigelegt zu werden.

Die Unabhängigkeit Afrikas wurde mit Pomp, Feierlichkeiten und einem Wiederaufleben traditioneller afrikanischer Musik und Tanz begangen. *»Ein neuer Tag ist angebrochen«, »Wir befinden uns an der Schwelle eines neuen Zeitalters«, »Wir sind nun in das politische Königreich eingetreten«* - das waren die Phrasen der Stunde und sie wurden wiederholt, bis sie zu Klischees wurden. Doch all das hin und her von Cotonou nach Paris und von London nach Lusaka und all das Hissen und Streichen von Flaggen kann nicht als vollkommen bedeutungsleer bezeichnet werden. Der Rückzug der den Kolonisator*innen direkt unterstehenden Militär- und Justizapparate war notwendig, bevor irgendwelche neuen Alternativen hinsichtlich politischer Organisation, Gesellschaftsstruktur und wirtschaftlicher Entwicklung vorgelegt werden konnten.

Die oben genannten Themen wurden von der Minderheit der afrikanischen Anführer*innen, die in ihrer Denkweise einen nicht-kapitalistischen Entwicklungsweg eingeschlagen hatten, am ernsthaftesten behandelt. Die Probleme wurden im Zusammenhang der Ungleichheit und den Widersprüchen nicht nur zwischen Afrika und Europa, sondern auch innerhalb Afrikas als Folge von vier Jahrhunderten Sklaverei und einem Jahrhundert Kolonialismus betrachtet. Soweit es die Masse der Bäuer*innenschaft und der Arbeiter*innen betraf, machte das Ende der offenen Fremdherrschaft den Weg frei für ein tieferes Verständnis von Ausbeutung und Imperialismus. Selbst in Ländern wie Kamerun, wo die Imperialisten die Bäuer*innenschaft und die Arbeiter*innen brutal niederschlugen und ihre eigene bewährte Marionette installierten, wurden Fortschritte erzielt, insofern die Massen bereits einen Versuch unternommen hatten, ihr Schicksal selbst in die Hand zu nehmen. Dieses Element des bewussten Handelns kennzeichnet die Fähigkeit, Geschichte zu machen – als Ringen mit dem Erbe der objektiven materiellen Zustände und der gesellschaftlichen Verhältnisse.

Nachwort

Von A. M. Babu

Lässt sich die wirtschaftliche Entwicklung der unterentwickelten Volkswirtschaften auf irgendeinem Wege abkürzen? Diese Frage beanspruchte das letzte Jahrzehnt die Aufmerksamkeit vieler interessierter Parteien. Unter ihnen finden sich Universitätsdozent*innen, internationale Ökonom*innen, die Vereinten Nationen und ihre Organisationen, die OAU, Planungsbüros und Wirtschaftsminister*innen. Im Laufe des Jahrzehnts wurden zahlreiche internationale Konferenzen unter verschiedener Schirmherrschaft abgehalten und bändeweise Entschlüsse, Leitlinien, Informationstexte und Dissertationen veröffentlicht. Das Endergebnis fiel negativ aus. Die Entwicklungsländer bleiben weiterhin unterentwickelt, wobei sich ihre Position gegenüber den entwickelten Ländern nur verschlechtert.

Im Großen und Ganzen bleibt die Frage nach wie vor unbeantwortet. Werden wir die gleiche Übung in diesem Jahrzehnt noch einmal durchexerzieren? Es scheint so. Wieder haben die UN die Zweite Wirtschaftliche Dekade mit demselben Eifer und Trara ausgerufen, wie schon die erste. An die Industrienationen erging derselbe Appell, spendabel zu sein und den Entwicklungsländern *»ein Prozent ihres Nationaleinkommens«* zu überlassen, als ob die Weltbevölkerung weiterhin die Armut hinnehmen könnte, damit die Reichen wohltätig sein können! Wenn frühere Erfahrungen irgendeine Aussagekraft haben, dann werden die 70er-Jahre dieselben Enttäuschungen bringen, die gegen Ende der 60er-Jahre ihren Höhepunkt erreichten.

Was – so lautet nun die Frage – ist schief gelaufen? Gibt es etwas, das in der Natur der Unterentwicklung liegt und Entwicklung zu so einer unmöglichen Aufgabe macht? Unter den Lösungsansätzen, die angeboten wurden – z. B. kulturelle, gesellschaftliche, psychologische, sogar wirtschaftliche – findet sich keiner, der zuversichtlich stimmende Ergebnisse gezeitigt hätte. Tatsächlich wirkten sich fast alle von ihnen negativ aus und verschlechterten ohnehin schon schlimmen Zustände noch weiter. Werden wir mit denselben Experimenten weitermachen, auf Kosten der Menschen, die – seien wir ehrlich – das gesamte vergangene Jahrzehnt hindurch die ganze Last dieser Experimente tragen mussten? Das ist die Frage, die sich alle Entwicklungsländer, insbesondere diejenigen

Afrikas, stellen müssen. Und je früher, desto besser, denn es bleibt nur noch sehr wenig Zeit, bis unsere Volkswirtschaften dauerhaft verformt und für einen sinnvollen Wiederaufbau in der Zukunft wahrscheinlich zu stark beschädigt sind.

Dr. Walter Rodney liefert mit diesem Werk ein erfrischendes Diskussionsangebot, das durchaus dazu führen könnte, die richtige Lösung zu finden. Er stellt die grundlegendsten und fundamentalsten Fragen über die Natur der Unterentwicklung und wirtschaftlicher Rückständigkeit. Im Gegensatz zu vielen anderen Werken dieser Art, die sich dem Problem im Grunde auf eine eher metaphysische Weise nähern (allerdings in wissenschaftliche Terminologie gekleidet), folgt Dr. Rodney der Methode des historischen Materialismus, der im Prinzip sagt: *»Um die Gegenwart zu verstehen, müssen wir in die Vergangenheit blicken und um die Zukunft vorherzusagen, müssen wir sowohl Gegenwart als auch Vergangenheit betrachten.«* Das ist ein wissenschaftlicher Ansatz. Wir können uns zumindest sicher sein, dass die Schlussfolgerungen nicht durch subjektive Verzerrungen getrübt sein werden.

Insbesondere nachdem man Rodneys Ausführungen gelesen hat, ist es klar, dass wir während des letzten Jahrzehnts in Bezug auf ökonomische Rückständigkeit die falschen Fragen gestellt haben. Wir *»blickten nicht in die Vergangenheit, um die Gegenwart zu verstehen.«* Mit der nun berühmten Theorie der »Armutsspirale« sagte man uns, unsere Armut sei *der Grund* für unsere Armut und wir haben es akzeptiert. Und wir drehten uns im Kreis beim Versuch, aus dieser Spirale auszubrechen. Hätten wir die fundamentalen Fragen gestellt, die Dr. Rodney in seinem Werk aufwirft, hätten wir unsere Wirtschaft nicht der rücksichtslosen Ausbeutung ausgeliefert, die die »Auslandsinvestitionen« über uns gebracht haben, die uns von den Vertreter*innen der Theorie der Armutsspirale aufgedrängt wurden. Denn es ist klar, dass die Auslandsinvestitionen *der Grund* und nicht die Lösung für unsere ökonomische Rückständigkeit sind.

Sind wir nicht deshalb unterentwickelt, weil wir in der Vergangenheit kolonialisiert wurden? Für die Tatsache, dass praktisch die gesamte unterentwickelte Welt entweder direkt oder indirekt von westlichen Mächten kolonialisiert wurde, gibt es keine andere Erklärung . Und was ist Kolonialismus anderes als ein System von »Auslandsinvestitionen« imperialistischer Mächte? Wenn er in der Vergangenheit zu unserer Unterentwicklung beitrug, ist es dann nicht naheliegend, dass er auch jetzt zu unserer Unterentwicklung beiträgt, selbst wenn die politische Macht nun in unseren Händen liegt? So formuliert präsentiert sich die Frage nach der Unterentwicklung, selbst für Außenstehende, gleich viel verständlicher. Und so, lehrt uns Dr. Rodney, sollten wir unsere Fragen stellen.

Die unvermeidliche Schlussfolgerung ist, dass Auslandsinvestitionen nicht nur dabei helfen, unsere Wirtschaft zu unterminieren, indem sie gewaltige Profite abschöpfen, sondern ihr auch noch größeren Schaden zufügen, indem sie sie in eine Schieflage zerren. Wird dieser Prozess nicht rechtzeitig aufgehalten, könnte diese Verzerrung endgültig sein. Solange wir, wie seit Jahrhunderten, weiterhin für den sogenannten Weltmarkt produzieren, der auf dem harten Fundament der Sklaverei und des Kolonialismus errichtet wurde, wird unsere Wirtschaft kolonial bleiben. Jede Entwicklung wird vollkommen zufällig sein und die große Mehrheit der Bevölkerung vollständig aus dem Wirtschaftsgeschehen heraus gehalten. Je mehr wir in Exportzweige investieren, um den »Weltmarkt« zu erobern, desto mehr Geld *fehlt uns*, um in die Entwicklung der Menschen zu investieren und desto ineffektiver sind folglich unsere Entwicklungsbemühungen.

Da diese Art der Investitionen nicht viel zur Entwicklung einer materiellen und technischen Grundlage im eigenen Land beiträgt, reagieren unsere Volkswirtschaften immer nur darauf, was die westliche Welt zu kaufen und zu verkaufen bereit ist und kaum auf unseren internen Entwicklungsbedarf. Das ist der Grund, warum – obwohl die meisten unserer Entwicklungspläne umfangreiche Mittel für »ländliche Projekte« vorsehen – der größte Teil dieser Mittel in die städtischen Projekte zurückfließt und somit das Gefälle zwischen Stadt und Land verschärft. Slums, Arbeitslosigkeit, gesellschaftliche Fehlanpassungen und zu guter Letzt politische Instabilität sind unsere herausragendsten Merkmale.

Fast ohne Ausnahme haben alle ehemals kolonialisierten Länder die Grundvoraussetzung der Entwicklung ignoriert – nämlich, dass der Entwicklungsprozess, um wirklich effektiv zu sein, damit beginnen muss, die Wirtschaft von ihrer kolonialen, auf äußere Impulse reagierenden Struktur, hin zu einer auf innere Impulse reagierenden Struktur zu transformieren. Was wir falsch gemacht haben, ist, dass wir blind den Annahmen gefolgt sind, die uns von unseren Ausbeuter*innen vermittelt wurden. Diese Annahmen können kurz wie folgt zusammengefasst werden: Das Wachstum in unterentwickelten Ländern wird zurückgehalten von unzureichendem Wachstum im Exportsektor und ungenügenden finanziellen Ressourcen und wird durch »Bevölkerungsexplosionen« in diesen Ländern noch verschlimmert. Und die verordnete Kur lautet wie folgt: Exporte steigern, Hilfen und Kredite aus Industrieländern erhöhen und Bevölkerungswachstum bremsen.

Das gesamte letzte Jahrzehnt hindurch galten unsere Bemühungen dem gewissenhaften Befolgen der oben genannten Verordnungen und selbst wenn unsere eigenen Erfahrungen sie wieder und wieder als falsch entlarven, halten wir uns nur noch fanatischer an sie! Was wir am nötigsten haben, scheint ein Prozess der geistigen Dekolonialisierung zu sein, da weder der gesunde Menschenverstand noch eine solide Wirtschaftswissenschaft, ja nicht einmal unsere eigene Erfahrung uns hier helfen.

Die Erfahrungen anderer Länder, die einen anderen Weg gewählt haben – einen Weg der ökonomischen Erneuerung – sind hier besonders hilfreich. Man nehme beispielsweise Nordkorea und Albanien. Beide Länder waren noch bis in die späten 1950er-Jahre unterentwickelt. Der Grund dafür, dass sie die größten wirtschaftlichen Fortschritte verzeichnen konnten, liegt darin, dass sie sich entschieden haben, nicht für den so genannten Weltmarkt zu produzieren, sondern ihre Ressourcen für die Entwicklung einer materiellen und technologischen Basis im eigenen Land zu verwenden.

Der Bericht der Pearson Commission, »*Partners in Development*«, wurde – selbst von den Entwicklungsländern – dafür gelobt, eine neue Ära einzuleiten; eine Art Wendepunkt in der internationalen Zusammenarbeit für Entwicklung. Selbst wenn die Empfehlungen *in vollem Umfang* angenommen und umgesetzt würden, ist es zweifelhaft, ob sie etwas an der immer größer werdenden Kluft zwischen den Industrie- und den Entwicklungsländern ändern würden. Das liegt daran, dass sie es vermieden hat, die grundlegendste Frage anzugehen, nämlich »Kann es eine Entwicklung geben, wenn unsere Produktionsstrategie von den Bedürfnissen des Weltmarktes beeinflusst wird, der fast ausschließlich vom Muster der Produktion und des Konsums innerhalb der kapitalistischen Zonen Europa und Amerika bestimmt wird?« Mit anderen Worten: Wenn wir unsere Volkswirtschaften deformieren, um sie den Anforderungen des Weltmarktes anzupassen, die nicht immer mit den Anforderungen unserer eigenen Entwicklung vereinbar sind, berauben wir dann nicht unsere Volkswirtschaften der Fähigkeit zu einem sich selbst tragenden Wachstum, das eine Voraussetzung für Entwicklung ist?

Indem wir die Frage auf diese Weise stellen, ist es möglich, durch die Nebelwand internationaler Weltverbesserer zu sehen und zu beginnen, zu verstehen, was die wahre Ursache unserer Unterentwicklung ist. Es ist selbstverständlich zu viel zu erwarten, dass Pearson oder Menschen mit seinen liberalen Neigungen, die Frage auf diese Art stellen werden, da ihre Ausbildung und ihre Anschauung diese Art der Fragestellung fast schon als moralisch verwerflich und ökonomisch subversiv betrachten.

Als Anführer der Entwicklungsländer sind wir allerdings verpflichtet, diese Art der Fragestellung zu übernehmen, da wir die Verantwortung auf uns genommen haben, einen Kurs der Entwicklung einzuschlagen, dessen Erfolg oder Scheitern auf die eine oder andere Weise Auswirkungen auf das Wohlergehen von Hunderten Millionen Menschen haben wird, die mehr als zwei Drittel der menschlichen Spezies ausmachen. Zu lange schon haben wir ihr Schicksal von einer Produktionsweise bestimmen lassen, die nicht die Befriedigung ihrer Bedürfnisse zur Grundlage hat, sondern die externen Interessen dient, die ihren Ausdruck in den als gegeben hingenommenen Gesetzen von Angebot und Nachfrage des sogenannten Weltmarktes findet. Wir haben ihre Ausbildung so verkorkst, dass die »Fähigkeiten«, die sie entwickeln sollen, darauf ausgerichtet sind, den gleichen Zielen des Weltmarktes zu dienen, anstatt eine interne materielle Basis zu entwickeln. Das Ergebnis ist, dass wir uns technologisch und in Bezug auf die entwickelte Welt eher rückwärts als vorwärts bewegen. Folgsam akzeptierten wir für unsere Leute die sogenannte internationale Arbeitsteilung und verurteilten sie somit dazu, sich auf Primärgüter zu spezialisieren, deren Produktion weder der Entwicklung technologischer Fertigkeiten noch der Erfindung fortgeschrittener Maschinen zuträglich ist – zwei Dinge, die die Voraussetzungen für wirkliches Wirtschaftswachstum sind.

Die Bedeutung von Dr. Rodneys Buch liegt darin, dass es sich – zurecht – an die Massen und nicht an die Regierenden richtet. Und hoffentlich wird es dazu beitragen, die Massen in Bewegung zu setzen. In Ermangelung einer engagierten Führung, fielen viele afrikanische Länder der Ausbeutung durch das Militär zum Opfer – in einem Ausmaß, dass auf dem Afrikagipfel heute Generäle die Mehrheit stellen. So stehen die Dinge, wie man es erwartet, denn wenn die politische Führung ihre Orientierung verliert, wenn sie vor Verwirrung keine Anstrengungen mehr zeigt, Lösungen für die Probleme der Menschen zu finden und damit beginnt, Reichtum für den persönlichen Gebrauch anzuhäufen, dann neigt die politische Führung dazu, in ihren Staatsgeschäften immer »kommandierender« zu werden. Logik und Vernunft werden subversiv. Und wenn Politiker*innen beginnen, zu kommandieren, dann werden sie auch redundant, denn wer ist besser darin, Kommandos zu erteilen, als die Armee?

Bis auf sehr wenige Ausnahmen, müssen wir traurigerweise eingestehen, dass Afrika mit dem aktuellen Konglomerat aus Leuten, die auf dem Kontinent als Regierende durchgehen, schlecht gedient ist. Während Asien und Lateinamerika Giganten wie Mao, Ho und Ché hervorbringt, die die Fantasie nicht nur ihrer Kamerad*innen in ihren eigenen Ländern, sondern die der ganzen Welt inklusive der Industrieländer inspirieren und befeuern, brachte Afrika nur Nyerere hervor, den es an der Macht hielt, wohingegen wir Lumumba ermordet und

Anführer wie Ben Bella und Nkrumah eingesperrt oder ins Exil geschickt haben; alles auf Wunsch der Imperialisten – unserer Spender, unserer Geldgeber, unserer Gönner, unserer Herren, unserer Handelspartner.

Bei allem nötigen Respekt: Es ist schwer vorstellbar, dass, abgesehen von ein oder zwei ehrenwerten Ausnahmen, irgendeiner der gegenwärtigen Führer in der Lage ist, ernsthaft für die Rechte seines Volkes einzustehen, wohl wissend, dass diese Rechte notwendigerweise den Interessen des Imperialismus zuwiderlaufen. Und doch ist eine solche Haltung notwendig, wenn wir unsere Pflicht als Führungspersönlichkeiten wirklich erfüllen wollen; andernfalls haben wir kein Recht, den Menschen unsere Führung aufzuerlegen. Während die meisten Staats- und Regierungschefs auf dem Kontinent beim Beheben des Elends der Menschen keine Dringlichkeit zeigen, weil sie das Schlimmste davon ja nicht zu erdulden haben, können die Massen, die das sehr wohl müssen, nicht mehr warten. Deshalb bleibt zu hoffen, dass Dr. Rodneys Buch von so vielen Menschen wie möglich gelesen wird, denn es ist zu einer Zeit erschienen, in der wir es dringend brauchen, um zu handeln.

Nach der Lektüre dieses erschütternden Berichts über die Unmenschlichkeiten der Sklaverei, der Unterwerfung, der Entbehrung und der Erniedrigung, als ganze Zivilisationen ausgelöscht wurden, um den imperialistischen Interessen des Westens zu dienen, als sesshafte Gesellschaften mit imperialistischer Waffengewalt aufgelöst wurden, damit die Plantagenbesitzer der »Neuen Welt« ihre entwurzelten und daher dauerhaft verfügbaren Arbeitskräfte zum Aufbau der heute fortschrittlichsten kapitalistischen Wirtschaft einsetzen konnten, wird völlig klar, dass der einzige Ausweg aus unserer derzeitigen Sackgasse der Weg der Revolution ist – ein vollständiger Bruch mit dem System, das für all unser vergangenes und gegenwärtiges Elend verantwortlich ist.

Unser zukünftiger Kurs muss von der Dialektik geleitet werden. Wenn wir durch das Betrachten der Vergangenheit ein Bild von der Gegenwart gewonnen haben, müssen wir nun in die Vergangenheit und auf die Gegenwart blicken, um ein Bild von der Zukunft zu erhalten. Unser Handeln muss an unsere konkrete Erfahrung anknüpfen und wir dürfen uns nicht metaphysischen Hoffnungen und Wünschen hingeben – hoffend und wünschend, dass sich die Bestie, die uns unsere ganze Geschichte hindurch nachstellt, eines Tages in ein Lamm verwandeln würde; das wird sie nicht. Wie Engels sagte: »*Nicht in der geträumten Unabhängigkeit von den Naturgesetzen liegt die Freiheit, sondern in der Erkenntnis dieser Gesetze... Freiheit des Willens heißt daher nichts andres als die Fähigkeit, mit Sachkenntnis entscheiden zu können.*« Wir kennen die Sache nur zu genau – und sie ist ein Monstrum. Sind wir in der Lage, eine Entscheidung zu treffen – jetzt, da Dr. Rodney uns mit der Sachkenntnis ausgestattet hat? Das Volk muss antworten.

Dar es Salaam, Tansania
Dezember 1971
A. M. Babu

Weiterführende Literatur

Kapitel 1.

Zu den Themen »Entwicklung« und »Unterentwicklung« findet sich eine große Menge an Literatur, auch wenn es trotzdem weniger ist, als man bei der Wichtigkeit der Thematik erwarten würde. Das meiste von dem, was verfügbar ist, versucht, den Kapitalismus zu rechtfertigen. Es besteht deshalb eine enge Konzentration auf die »wirtschaftliche Entwicklung« und speziell auf die kapitalistischen Ökonomien, statt auf eine Analyse der menschlichen Gesellschaftsentwicklung. Dieser Ansatz wird von marxistischen Autor*innen in den Metropolen und zunehmend auch von Wissenschaftler*innen der unterentwickelten Welt in Frage gestellt.

Friedrich Engels, Der Ursprung der Familie, des Privateigentums und des Staats, Berlin; Manifest, 2023.
Karl Marx, Vorwort Zur Kritik der Politischen Ökonomie, Marx-Engels-Werke, Band 13.
Karl Marx: Pre-Capitalist Economic Formations. Edited and with an Introduction by Eric J. Hobsbawm. Translated by Jack Cohen, New York 1965[187]

Diese drei Werke sind Auszüge aus den Schriften der Begründer dessen, was wir heute Marxismus nennen. Die meisten der Veröffentlichungen von Marx und Engels weisen einen Bezug zum Thema Entwicklung auf, wobei das Hauptaugenmerk auf dem Feudalismus und der kapitalistischen Epoche liegt.

Richard T. Gill, Economic Development: Past and Present. Englewood Cliffs, N.J.: Prentice-Hall, 1963.
Ragnar Nurske, Problems of Capital Formation in Underdeveloped Countries. London: Oxford University Press, 1953.

187 Teil der Ökonomischen Manuskripte, die als »Grundrisse« veröffentlicht wurden und in deutscher Ausgabe im Dietz Verlag 1987 als Buch herausgegeben wurde. Rodney bezieht sich auf die englische Ausgabe, in der auch ein Auszug aus »Die Deutsche Ideologie« enthalten ist, die von der allgemeinen geschichtlichen Entwicklung der Gesellschaften handelt sowie eine 60-seitige Einleitung von Eric Hobsbawm. Diese Ausgabe spielte eine wichtige Rolle bei der Diskussion über die Frage der Abfolge historischer Gesellschaftsformationen und der Kritik am stalinistischen Etappenmodell. [Anm. d. Red.]

Hierbei handelt es sich um typische Beispiele der bürgerlichen Sichtweisen auf Entwicklung und Unterentwicklung. Das erste ist ein Text, für nordamerikanische College-Schüler*innen, verfasst von einem kanadischen Ökonomen und das zweite ist ein regelmäßig wiederaufgelegtes Werk von einem der berühmtesten bürgerlichen Vertreter der Theorie des »Teufelskreises der Armut.« Unglücklicherweise sind sie auch Beispiele der Sorte Bücher, die in den Regalen jeder beliebigen Universität oder öffentlichen Bibliothek Afrikas vorherrschen. Die Leser*innen sind eingeladen, diese Verallgemeinerung zu überprüfen.

J. D. Bernal, Wissenschaft: Science in History (4 Bände). Rowohlt, Reinbek bei Hamburg 1970
Joseph Needham, Science and Civilization in China. Cambridge: Cambridge University Press, 1954.[188]

Diese beiden sind etwas länger, sollten aber durchgearbeitet werden. Wissenschaft und Technologie entspringen den Bemühungen, die natürliche Umwelt zu verstehen und zu kontrollieren. Eine Vertrautheit mit der Geschichte der Wissenschaft ist unabdingbar, um ein Bewusstsein für die Entwicklung der Gesellschaft zu entwickeln. Needhams Werk ist hier ebenfalls angeführt, um die relativ weit verbreitete Ansicht zu widerlegen, bei der Wissenschaft handele es sich um etwas eigentümlich Europäisches.

Celso Furtado, Development and Underdevelopment. Berkeley: U. of California Press, 1967.
A. Gunder Frank, Kapitalismus und Unterentwicklung in Lateinamerika. Europäische Verlagsanstalt, Frankfurt am Main 1968
Tamas Szentes, The Political Economy of Underdevelopment. Budapest: Akadémiai Kiadó, 1971.

Der erste Autor stammt aus Brasilien, einem Land mit einer langen Geschichte der Abhängigkeit von und der Ausbeutung durch Europa und Nordamerika. Das Buch von Frank gibt die Denkart vieler progressiver lateinamerikanischer Intellektueller wieder und seine Sichtweise ist bei Marxist*innen in den Metropolen mittlerweile fest etabliert. Szentes ist ein ungarischer Ökonom, der die Erkenntnisse des Marxismus systematisch auf die aktuellen Daten und Entwicklungen der unterentwickelten Welt und des Imperialismus im Allgemeinen anwendet.

188 Von der 7-bändigen englischen Ausgabe wurde nur der 1. Band ins Deutsche übersetzt (Wissenschaft und Zivilisation in China, Suhrkamp, 1984) [Anm. d. Red.]

Samir Amin, The Class Struggle in Africa. Cambridge, M.A.: Africa Research Group, 1977.

Samir Amin stammt aus Nordafrika. Er sticht hervor sowohl hinsichtlich des Umfangs seiner Werke als auch der Qualität seiner Erkenntnisse. Der oben angeführte Text ist ziemlich allgemein gehalten und deckt umrisshaft die Zeit seit den Anfängen der Entwicklung im altertümlichen Afrika bis in die Gegenwart und der erwarteten sozialistischen Zukunft ab. Man kann davon ausgehen, dass noch weitere seiner Werke in das Englische übertragen werden (verfasst sind sie auf Französisch).

Kapitel 2.

An Studien zur Frühgeschichte Afrikas mangelt es aus vielen Gründen, aber der offensichtlichste ist der, dass die Kolonialist*innen der afrikanischen Geschichte so lange so wenig Bedeutung beimaßen, dass sie es nicht der Mühe wert befanden, sie zu rekonstruieren. Ein weiterer entscheidender Faktor ist, dass Studien zu Afrika hauptsächlich von bürgerlichen Anthropolog*innen aus Europa durchgeführt wurden, deren philosophische Sicht auf »primitive Gesellschaften« dazu führte, dass sie die Gesellschaften Afrikas von ihrem historischen Kontext trennten. Man konzentrierte sich auf kleinste Einheiten und kümmerte sich nicht um das Gesamtbild. Die neue Afrikaforschung gibt es noch nicht lange genug, als dass sie schon irgendwelche bedeutenden Durchbrüche hätte erzielen können. Die wenigen Bücher, die weiter unten aufgelistet sind, sind Teil dieses neuen Ansatzes.

Basil Davidson, Africa: history of a continent, New York: Macmillan, 1966.
Henri Labouret, Africa before the White Men, New York: Walker and Co., 1963.
Margaret Shinnie, Ancient African Kingdoms, New York: St. Martin's Press, 1965.
K. M. Panikkar, The Serpent and the Crescent, New York: Asia Publishing House, 1963.

Die oben aufgelisteten Bücher sind Untersuchungen, die von Nichtafrikaner*innen aus einer sympathisierenden Perspektive heraus verfasst wurden und wertvoll genug sind, um in Afrika anerkannt und oft gelesen zu werden. K. M. Panikkar ist ein außergewöhnliches Beispiel eines asiatischen Wissenschaftlers mit beruflichem Interesse am afrikanischen Kontinent

J. Ajayi and I. Espie (editors), A Thousand Years of West African History, New York: Humanities Press, 1969.

B. A. Ogot and J. A. Kieran (editors), Zamani, a Survey of East African History, New York: Humanities Press, 1968.

Afrikanische Historiker*innen haben damit begonnen, Synthesen der Geschichte des Kontinents zu liefern, indem sie relevante Sammlungen zusammenstellen – gewöhnlich über einen bestimmten Teil des Kontinents, wie in den zwei oben genannten Beispielen. Unglücklicherweise ist die Qualität von Sammlung zu Sammlung unterschiedlich und die afrikanische Autor*innen haben bisher noch keinen zusammenhängenden Überblick der Gebiete vorgelegt, mit denen sie sich angeblich beschäftigen.

G. J. Afolabi Oj, Yoruba Culture, a Geographical Analysis. London: University of London Press, 1967.

B. M. Fagan, Southern Africa during the Iron Age. New York: Praeger, 1965.

Was diese ungleichen Bücher gemeinsam haben ist ein Bewusstsein für die materielle Umwelt. Afolabi Ojo ist ein nigerianischer Geograph und B. M. Fagan ist ein englischer Archäologe.

Kapitel 3.

Das Thema des afrikanischen Beitrags zur Entwicklung Europas enthüllt mehrere der Faktoren, die die Fähigkeit von Autor*innen, die Realität korrekt darzustellen, einschränken. Sprache und Nationalität beispielsweise sind wirkungsvolle Kommunikationsbarrieren. Englische Werke berücksichtigen nur selten die Auswirkungen, die die Beteiligung an der Sklaverei und anderen Formen des Handels, durch die Afrika in vorkolonialer Zeit ausgebeutet wurde, auf Frankreich, Holland und Portugal hatten. Der ideologische Graben ist für die Tatsache verantwortlich, dass die meisten bürgerlichen Autor*innen über Phänomene wie die Industrielle Revolution in England schreiben, ohne auch nur einmal den europäischen Sklav*innenhandel als einen Faktor der Primärakkumulation von Kapital zu erwähnen. Marx selbst maß den Quellen der Kapitalakkumulation in Übersee große Bedeutung bei. Aber selbst Marxisten (selbst so berühmte wie Maurice Dobb und E. J. Hobsbawm) konzentrierten sich viele Jahre lang nur darauf, die Evolution des Kapitalismus aus dem Feudalismus zu untersuchen und erwähnten dabei die massive Ausbeutung der Afrikaner*innen, Asiat*innen und der amerikanischen Ureinwohner*innen nur beiläufig.

Eric Williams, Capitalism and Slavery. Chapel Hill: University of North Carolina Press, 1944.
Oliver Cox, Capitalism as a System. New York: Monthly Review Press, 1964.

Cox, ein Afroamerikaner, weist auf die einfache Tatsache hin, dass der Kapitalismus seit jeher ein internationales System ist. Eric Williams, der von den karibischen Inseln stammt, beleuchtet sehr präzise und detailreich die Verbindung zwischen dem britischen Kapitalismus und der Versklavung der Afrikaner*innen.

W. E. B. Du Bois, The Suppression of the Atlantic Slave-Trade to the United States of America—1638-1870, New York: Social Science Press, 1954.
Richard Pares, Yankees and Creoles: the Trade between North America and the West Indies before the American Revolution. London: Longmans Green, 1956.

Diese beiden Werke liefern Daten über den Beitrag afrikanischer Arbeit an der Entwicklung des Kapitalismus in den Vereinigten Staaten zu Zeiten der Sklaverei.

Leo Huberman, Man's Worldly Goods: The Story of the Wealth of Nations. New York and London: Harper Bros., 1936.
Frederick Clairemonte, Economic liberalism and underdevelopment; studies in the disintegration of an idea. Asia Publishing House, 1960

Hubermans Buch ist eine hervorragende Gesamtdarstellung davon, wie sich in Europa der Kapitalismus aus dem Feudalismus entwickelte. Es beinhaltet einen Abschnitt, in dem die Rolle der Sklaverei hervorgehoben wird. Clairemonts Studie behandelt die Rolle des indischen Subkontinents beim Aufbau Europas.

Philip D. Curtin, The Image of Africa, Madison: University of Wisconsin Press, 1964.
Winthrop Jordan, White Over Black: American Attitudes towards the Negro 1550- 1812. Chapel Hill: Published for the Institute of Early American History and Culture at Williamsburg, 1968.

Diese beiden Texte sind in Bezug auf die Frage nach dem Aufstieg des weißen Rassismus von Bedeutung, auch wenn keiner davon die Verbindung zwischen Rassismus und Kapitalismus ausreichend beleuchtet.

Kapitel 4.

Der Abschnitt dieses Kapitels, der die afrikanische Gesellschaft behandelt, ist eine Fortsetzung von Kapitel 2; und die Bücher, die dort angeführt werden, sind auch in diesem Kontext relevant. Mit dieser jüngsten vorkolonialen Periode befassen sich mehr afrikanische Autor*innen, was natürlich ein Aspekt eines nationalen Kampfes ist. Es existieren auch mehr und bessere Monographien zu bestimmten Themen und Gebieten. Aber die Entstehung des Imperialismus ist aus afrikanischer Sicht noch nicht ernsthaft untersucht worden und es fehlt eine Theorie, die die zahlreichen und mittlerweile gut dokumentierten Fakten zu den Geschehnisse in Afrika zwischen 1500 und 1885 miteinander verbindet.

J. B. Webster and A. A. Boahen, History of West Africa; the Revolutionary Years—1815 to Independence, New York: Praeger, 1967.
Basil Davidson with J. E. Mhina, History of East and Central Africa to the Late Nineteenth Century. New York: Doubleday Anchor Book 1967.

Diese beiden sollten in die Liste der grundlegenden Texte aufgenommen werden, die regionale Überblicke über einen langen Zeitraum hinweg bieten. Sie haben den Vorzug, dass es sich bei ihnen um zusammenhängenden Darstellungen und nicht nur um gesammelte Aufsätze handelt.

Walter Rodney, West Africa and the Atlantic Slave Trade. Nairobi: Published for the Historical Association of Tanzania by the East African Publishing House, 1969.
E. Alpers, The East African Slave Trade. In: An Economic History of Tropical Africa, Routledge, 1977.
I. A. Akinjogbin, Dahomey and Its Neighbours, 1708–1818 Cambridge; Cambridge University Press, 1967.

Die ersten beiden sind kurze Abrisse über die Auswirkung, die der Sklav*innenexporte auf die betroffenen afrikanischen Gebiete hatte. Der Dritte ist ein detaillierter Bericht eines nigerianischen Autors über Dahomeys Beziehung zu den Europäern.

Jacob U. Egharevba, A Short History of Benin, Ibadan; Ibadan University Press, 1968.
B. A. Ogot, History of the Southern Luo. Nairobi; East Africa Publishing House, 1967.
Isaria Kimambo, A Political History of the Pare of Tanzania c. 1500–1900. New York: International Publications, 1971.

Jan Vansina, Kingdoms of the Savanna. Madison; University of Wisconsin Press, 1966.

Die ersten drei sind gute Beispiele wissenschaftlicher Arbeiten von Afrikaner*innen über historische Entwicklungen, die vor dem Kontakt mit Europa begannen. Sie zeichnen sich dadurch aus, dass sie als Grundlage ihrer Darstellung die mündlichen Überlieferungen aus Afrika verwenden. Das Vierte (von einem Europäer), war eine bahnbrechende Arbeit, die sich stark auf mündliche Überlieferungen bezog, um die Geschichte Zentralafrikas zu rekonstruieren.

J. Ade Ajayi, Christian Missions in Nigeria, 1845–1891. New York: International Publications, 1971.
E. A. Ayandele, The Missionary Impact on Modern Nigeria 1842–1914, New York: Humanities Press, 1967.

Ein Aspekt der imperialistischen Epoche, der von afrikanischen Historiker*innen (und vielen Nicht-Afrikaner*innen) untersucht wurde, ist, wie aus den oben genannten Werken hervorgeht, der der christlichen Missionare.

Kapitel 5.

Auch hier haben nur wenige Autor*innen Kapitalismus und Imperialismus als Gesamtsystem betrachtet, das den Transfer von Überschüssen und anderer Leistungen von den Kolonien in die Metropolen beinhaltet. Und wo sich ein Bewusstsein für die Einheit des Systems finden lässt, folgt nicht zwangsweise eine detaillierte Analyse. Man stößt praktisch an die Schranken des imperialistischen Standpunkts. So haben europäische Marxist*innen oder weiße Marxist*innen aus den USA, die den räuberischen Charakter des modernen Kapitalismus in ihren eigenen Ländern entlarven, das im Allgemeinen nicht mit der Ausbeutung Afrikas, Asiens und Lateinamerikas in Verbindung gebracht – außer in der jüngsten neokolonialen Periode.

George Padmore, Afrika unter dem Joch der Weissen. Rotapfel, 1936.
Kwame Nkrumah, Africa Must Unite. New York: International Publishers, 1970.
——Neo-colonialism, the Highest Stage of Imperialism.
W. A. Hunton, Decision in Africa. New York: International Publishers, 1957.

Die vehementesten Äußerungen über den Nutzen, den Europa aus Afrika zog, stammen von politisch engagierten panamerikanischen Intellektuellen, wie diesen drei.

Grover Clark, The Balance Sheets of Colonialism. Facts and Figures on Colonies, New York: Russell and Russell, 1967.
D. K. Fieldhouse, Colonial Empires: A Comparative Survey from the Eighteenth Century. New York: Delacorte Press, 1966.

In diesen beiden Texten wird behauptet, dass der Kolonialismus nicht in erster Linie wirtschaftlicher Natur gewesen wäre und die Kolonisator*innen nichts dabei gewonnen hätten. Das zweite Buch ist aktuell und der Standpunkt wird durchaus noch immer vertreten.

U.S.S.R. Institute of History, A History of Africa 1918–1967. «Nauka" Publishing House, Moscow 1968
Pierre Jalée, The Pillage of the Third World. New York: Monthly Review Press, 1970.

Diese (marxistischen) Texte, die sich speziell mit Afrika und dem ausgebeuteten Sektor der kapitalistischen Welt befassen, machen noch einmal deutlich, dass die Metropolen in den Kolonien riesige Überschüsse erwirtschaftet haben.

Kapitel 6.

Die Kolonialherrschaft hat ein umfangreiches Schriftmaterial hervorgebracht, das als eine der Grundlagen für die historische Rekonstruktion dienen kann. Selbst Menschen, die keine Fachleute für afrikanische Geschichte sind, wären gut beraten, sich einige Originalquellen, wie die von Lord Hailey zusammengestellten Daten, anzusehen. Einige der anthropologischen Texte liefern bei sorgfältiger Betrachtung auch Informationen und Einblicke in die detaillierten Veränderungen der afrikanischen Gesellschaftsstrukturen.

Allerdings sind vor allem auch die Generationen, die unter dem Kolonialismus gelitten haben, lebende Archive der Geschichte des Kontinents. Das kollektive Wissen der Menschen Afrikas, das sie aus ihren Erfahrungen gezogen haben, ist die authentischste Grundlage für die Geschichte der Kolonialzeit. Unglücklicherweise wurden viele dieser Erfahrungen noch nicht niedergeschrieben, aber die Biografien prominenter Afrikaner*innen wie Nnamdi Azikiwe, Kwame Nkrumah, Oginga Odinga und Kenneth Kaunda sowie die politischen Schriften dieser und anderer führender Persönlichkeiten – insbesondere Mwalimu Nyerere und Sékou Touré – geben einige Einblicke. Die Bücher von Padmore und Hunton, die in der Literatur zu Kapitel 5 erwähnt wurden, sind in diesem Kontext von noch größerer Relevanz.

Jack Woddis, Africa, the Roots of Revolt. London: Lawrence and Wishart, 1961.
——Africa, the Lion Awakes. London: Lawrence and Wishart, 1961
Gann, L. H., Duignan, Peter, Burden of Empire – an Appraisal of Western Colonialism in Africa South of the Sahara. New York: Praeger, 1967.

Der erste Autor und seine Werke sind bekannt dafür, den antikolonialen Standpunkt Afrikas zu unterstützen. Das zweite Beispiel ist eine koloniale Auslegung, die dazu einen Kontrast darstellt.

Abdou Moumouni, Education in Africa. New York: Praeger, 1968.
Sloan and Kitchen, The Educated African. A Country-by-country Survey of Educational Development in Africa. New York: Praeger, 1968.

Das zweite Buch ist nützlich wegen der darin enthaltenen Daten. Moumoumis Buch ist hervorragend, was die Analyse betrifft.

Frantz Fanon, Schwarze Haut, weiße Masken. TURIA + KANT, 2019.
——Die Verdammten dieser Erde. Suhrkamp, 1981.
——Für eine afrikanische Revolution. Politische Schriften. März, 2022.

Diese Werke sind insofern einzigartig, als sie die psychologischen Aspekte der Versklavung und Kolonisierung von Afrikaner*innen aufzeigen, sei es nun in Amerika oder auf dem afrikanischen Kontinent. In der Analyse der letzten Phasen des afrikanischen Kolonialismus und der Entstehung des Neokolonialismus ist Fanon unübertroffen.

sozialismus heute

MAGAZIN FÜR MARXISTISCHE THEORIE UND PRAXIS

Ab Januar 2020 gibt die Sol Sozialismus Heute – Magazin für marxistische Theorie und Praxis heraus. Mit dem Magazin wollen wir die aktuellen und programmatischen Artikel unserer Monatszeitung Solidarität – Sozialistische Zeitung mit ausführlicherem Material ergänzen. Hinzu kommen Übersetzungen von Artikeln von Schwersterorganisationen der Sol weltweit und dem Komitee für eine Arbeiterinternationale, dem die Sol angeschlossen ist.

Sozialismus Heute – Das Magazin für marxistische Theorie und Praxis will einen Beitrag aus marxistischer Sicht zu diesen Debatten leisten. Für uns ist Marxismus keine Sammlung dogmatischer Lehrsätze, kein starres Schema oder prophetische Weissagung der Zukunft, sondern Anleitung zum Handeln.

SOLIDARITÄT

Sozialistische Zeitung — **Sol** Sozialistische Organisation Solidarität

Es gibt Tausende von Zeitungen. Aber die Interessen von Beschäftigten, Erwerbslosen, Jugendlichen, ihr Alltag, ihre Probleme, ihre Ängste tauchen dort nicht auf.

Tausendmal wird »erklärt«, warum die Bundeswehr im Ausland Frieden schafft, warum Scholz was gegen den Klimawandel tut, warum Lohnverzicht Arbeitsplätze sichert. Wir wollen tausendmal erklären, welche Ziele das deutsche Militär verfolgt, wer die Umwelt zerstört und weshalb die Reallöhne sinken. Die Solidarität liefert Informationen, die sich bei BILD, ZEIT oder SPIEGEL nicht finden. Wir lassen AktivistI*inen des Widerstands zu Wort kommen, berichten über Debatten in der Partei DIE LINKE und über die Arbeit von kämpferischen Gewerkschafter*innen. Die Solidarität ist seit September 2019 die Zeitung der Sol – Sozialistische Organisation Solidarität. Wir sind Teil einer internationalen Organisation, des CWI (Committee for a Workers' International). Darum können wir aus erster Hand von Generalstreiks in Südeuropa, Widerstand in Asien oder Massenbewegungen in USA und Israel berichten. Die Solidarität ist nicht nur eine linke Zeitung, sondern auch eine sozialistische Zeitung. Wir befassen uns mit den Lehren der Arbeiter*innenbewegung. Mit der Methode des Marxismus analysieren wir die Entwicklung des Kapitalismus. Vor allem aber zeigen wir eine Alternative zur Profitwirtschaft auf und machen Vorschläge, wie darauf hingearbeitet werden kann. In der Solidarität geben wir eine Vision davon, wie eine Welt ohne Konzernherrschaft aussehen könnte.

Die Periodika der Sol können bequem online unter https://solidaritaet.info/abo/ oder über www.manifest-buecher.de bezogen werden.

WALTER RODNEY FOUNDATION

Walter Rodney (1942–1980) was a historian, Africanist, professor, author and scholar–activist. Rodney challenged assumptions of Western historians about African history, provided a framework to address the underdevelopment of the African continent and its people, and proposed new standards for analyzing the history of oppressed peoples. Rodney's works provide a platform to discuss contemporary issues and are comprehensive historical resources.

The Walter Rodney Foundation (WRF) is a 501(c)(3) not–for–profit organization that was formed by the Rodney Family to share the life and works of Dr. Walter Rodney with students, scholars, researchers, activists and communities worldwide. The WRF seeks to advance Rodney's contributions to the praxis of scholarship, political activism and consciousness, and social change. Proceeds from this book support the work of The Walter Rodney Foundation.

CONTACT:

The Walter Rodney Foundation

3645 Marketplace Blvd, Suite 130–353

Atlanta, GA 30344

walterrodneyfoundation.org

Phone:	678.597.8754 | Fax : 404.601.1885
Email:	walterrodneyfoundation@gmail.com
Twitter:	@RodneyProject
Facebook:	facebook.com/thewalterrodneyfoundation

KEY ROLES and ACTIVITIES of THE WALTER RODNEY FOUNDATION

Walter Rodney Papers: In 2003, the Walter Rodney Papers were donated by the Rodney family to the Atlanta University Center Robert W. Woodruff Library (AUC RWWL) in Atlanta, Georgia. The Collection is the largest and most comprehensive collection of writings, speeches, correspondence, photographs and documents created by or about Walter Rodney anywhere in the world and are available for viewing and research. Travel Awards are available. Contact 404.978.2052 or archives@auctr.edu.

Publications: Rodney authored more than ten books and fifty articles, including How Europe Underdeveloped Africa and A History of the Upper Guinea Coast. An up-to-date bibliography of all books, papers, journals and articles written by and about Walter Rodney is maintained. The Foundation also publishes the peer-reviewed journal, Groundings: Development, Pan-Africanism and Critical Theory.

Walter Rodney Legacy Projects: Ongoing worldwide outreach to collect, record and preserve oral history, information and memories about Dr. Walter Rodney. All materials will become a part of the Walter Rodney Collection at the AUC RWWL.

Walter Rodney Symposium: Since 2004, an annual symposium is held in Atlanta, Georgia, during the week of Walter Rodney's birthday (23 March). The goal is to bring together scholars, researchers, activists, students and the community to discuss contemporary issues from a Rodney perspective and how Rodney's methodology remains relevant today.

Walter Rodney Speaker Series: An annual spring lecture series started in 2013, based on the life and legacy of Dr. Walter Rodney. In collaboration with Atlanta area colleges and universities, undergraduate and graduate students can register for the course component and receive credit towards their degrees.